G3로!

세계운명과 대한민국 미래

G3로!

초판 1쇄 발행 2024년 2월 2일

지 은 이   최익용
발 행 인   권선복
편   집   권보송
디 자 인   김소영
전 자 책   서보미
발 행 처   도서출판 행복에너지
출판등록   제315-2011-000035호
주   소   (07679) 서울특별시 강서구 화곡로 232
전   화   0505-666-5555
팩   스   0303-0799-1560
홈페이지   www.happybook.or.kr
이 메 일   ksbdata@daum.net

값 35,000원
ISBN 979-11-93607-17-6 (93340)

도서출판 행복에너지는 독자 여러분의 아이디어와 원고 투고를 기다립니다. 책으로 만들기를
원하는 콘텐츠가 있으신 분은 이메일이나 홈페이지를 통해 간단한 기획서와 기획의도, 연락
처 등을 보내주십시오. 행복에너지의 문은 언제나 활짝 열려 있습니다.

G3로!

세계운명과 대한민국 미래

최익용 지음

도서
출판 행복에너지

머리말

    필자는 2024년 희수 77세를 맞이하는 변방의 작가입니다. 오직 나라사랑·역사사랑·국민사랑의 정신을 담은 책을 출간하기 위해 평생 주경야독으로 책을 써 왔습니다.

    존경하는 영웅적 국민이 자랑스러운 10위권의 대한민국을 이루었지만, 북한의 전쟁 도발을 막지 못하면 사상누각으로 허사이듯이 나라가 있어야 내가 있고, 우리 집, 우리 지역, 우리 조국, G3코리아가 있다고 생각합니다.

    역동하는 역사의 흐름 속에 위기의 순간마다 우리 민족을 구원했던 힘은 홍익인간 정신과 이념이 잉태한 영웅적 국민의 절대정신과 호국정신입니다.

    이러한 정신의 혼을 살려 온 국민이 똘똘 뭉치고 화합하여 국내·외 대위기를 대 기회로 대 전환하는 지혜로운 국민 결기와 국민혁명이 긴요한 시대입니다.

    따라서 필자는 영웅적 국민을 존경하고 사랑하는 마음에서 감히 국민에게 드리는 호소문을 책으로 담아내었습니다.

    『G3로! – 세계 운명과 대한민국 미래』는 "G3 Korea로 나가자!"라는 국민을 향한 희망찬 외침입니다. 코리아 르네상스가 시작되었음을 역사적 통찰을 통해 간파하고, 사명감에 충만하여 절규하는 마음으로 이 책을 썼습니다.

역사에서 진실을 배우고 교훈을 얻어야 앞으로 나갈 수 있습니다.

이 책은 나라사랑·역사사랑 정신을 바탕으로 반세기 동안 안보현장에서 체험하고 대학에서 가르치며 연구해 왔던 리더십 분야를 집대성한 제 인생 여정이기도 합니다. 나름대로 진인사대천명盡人事待天命으로 혼신의 열정을 바친 결과물로 받아 주시길 독자 제위께 겸허히 요청드리며, 집필 동기를 말씀드립니다.

필자는 "역사를 잊은 국민에게는 미래가 없다!"라는 역사의식을 바탕으로 위기를 기회로 대전환시킨 영웅적 국민이 '제2의 한강의 기적'을 창출할 것으로 확신합니다. 지금 세계는 물질적 풍요와 하드파워 중심의 패권경쟁 시대의 한계에 직면하여 혼돈의 소용돌이를 겪고 있습니다. 21세기에는 인류의 보편적 가치인 자유·민주·행복을 구현하고, '정신문화 리더십'을 발휘하는 나라가 글로벌 리더국가로 부상할 것입니다.

이미 종합국력 순위 6위권으로 진입한 대한민국은 앞으로 정신문화 리더십을 발휘하여 동방의 등불을 넘어 '세계의 등불' 국가로 자리매김할 것으로 믿습니다. 이러한 인식을 바탕으로 필자는 과거−현재−미래를 통시적으로 고찰하여 '세계역사 리더십'이라는 새로운 개념을 정립하고, 이를 대한민국의 미래와 접목시켰습니다.

필자가 고뇌에 찬 열정을 쏟아부을수록 "역사의 주인공은 바로 우리 국민이다!"라는 숭고한 사실을 깨닫게 됩니다. 존경하는 우리 국민이 나라사랑 정신과 역사의식을 올바로 견지하여 세계의 등불, 'G3 코리아'를 반드시 성취하여 후손에게 물려주는 것이 간절한 소망입니다.

그간 독자들의 성원에 힘입어 10여 권의 책을 출간하면서 "조국을 위해 나는 과연 무엇을 했는가?"를 자성하는 한편, 우리나라 미래를 생각하며 안타까운 심경을 떨쳐버리기 어려웠습니다.

특히, 급변하는 국내외 정세와 다양한 도전요인을 분석해 볼수록 나라사랑과 역사사랑, 그리고 국민리더십의 중요성을 깊이 깨닫고 조국을 위해 충심을 담은 메시지를 집대성하였습니다.

21세기 대한민국을 G3 코리아로 격상시키기 위한 '국가발전 비전서 겸 전략서'라고 자평해 봅니다. 위대한 우리 국민이 환호하는 미래를 만드는 여정이며 젊은 세대를 향한 희망의 메시지이기도 합니다. 이미 시작된 코리아 르네상스 시대가 G3 코리아로 연결되는 국운융성의 용비봉무龍飛鳳舞가 펼쳐질 것으로 확신합니다.

일찍이 영국의 재상 윈스턴 처칠이 "현재가 과거와 싸우도록 내버려 두면, 잃는 것은 미래다!"라고 설파한 역사적 경구를 떠올리게 됩니다.

대한민국의 운명은 좌도 우도 아니라 미래로 나가며 세계평화를 이끄는 글로벌 리더 국가의 길이며, 이 길은 국민이 참여·환호·신뢰·공감하는 위대한 여정이 될 것입니다.

"독일 국민에게 고함!"을 외쳤던 1807년 독일 철학자 피히테처럼, "대한국인大韓國人에게 외침!"의 신념으로 존경하는 국민에게 간절하게 절규하며 쓴 책임을 고백합니다.

필자는 애국 시인 윤동주의 서시序詩를 중학교 때부터 가슴에 담고 지금까지 애국적 순수함을 실행에 옮기는 마음으로 살아왔습니다.

아무쪼록, 대한민국이 인류의 행복을 선도하는 세계사의 주역으로 우뚝 서서 정신문화 리더십을 발휘하는 나라가 되기를 간절히 소망합니다.

마지막으로 금혼식을 치른 현재까지도 혼신을 바쳐 군인과 작가의 길을 묵묵히 내조해 준 아내에게 무한한 사랑과 존경을 담아 이 책을 바칩니다.

2024년 갑진년 새해
북한산 자락 우이동 서재에서

항산恒山 **최익용**

추천의 글

항산 최익용 박사는 역사철학과 리더십 분야에 대한 깊은 통찰을 바탕으로 'G3 코리아' 초일류 국가 달성에 대한 비전을 『G3로! 세계 운명과 대한민국 미래』 제목으로 제시했습니다. 최 박사는 본인이 경희대 총장 재직 시 겸임교수로 영입한 제자입니다.

이 책은 대한민국이 초일류 강대국으로 도약할 수 있다는 결기를 담아낸 역작으로 생각됩니다. 세계사의 큰 흐름을 통시적으로 고찰하고 분석하여 대한민국의 미래와 연동시켜 거시적인 접근을 한 점이 독창적인 발상입니다.

세계역사 리더십이라는 새로운 개념을 제시하며 생성형 인공지능Generative AI 확산 현상까지 반영하면서도 정치권에 대한 쓴소리도 걸림돌 제거 논리로 풀어나갔습니다. G3 코리아 달성의 "주역은 국민이요, 국민이 영웅이다!"라는 논지에 공감합니다. 또한, 국가 대 개조를 통해서 대한민국 미래 운명을 개척할 실천 전략까지 구체적으로 제시한 점을 높이 평가합니다.

세종대학 학군단장 재임 시부터 대단한 열정을 보여주었던 최 교수가 그동안의 리더십 연구를 집대성하여 대한민국의 미래에 대한 희망찬 청사진을 제시한 점도 인상적입니다.

또한 코리아 르네상스의 걸림돌을 예리하게 지적하고, '좌도 우도 아니라 미래로!' 나아가야 할 당위성을 논리적으로 제시했습니다. 특히, 과거 역사에 편중되지 않도록 기후변화, 우주경쟁, 과학기술 등 미래사에 관한 내용을 담아내며 통시적 균형감을 유지했습니다.

이 책은 '세계 운명'을 '대한민국 미래'와 연동시킨 기본 틀을 유지한 가운데 섬세하게 우리 사회의 문제점과 대책을 제시하는 등 최 교수의 현장경험과 연구성과를 집대성한 역작입니다.

대한민국이 미·중 패권 경쟁의 진영 싸움에 휘말리는 피해자가 아니라 글로벌 리더 국가의 반열에 오를 것이라는 확신을 담았기에 젊은 세대에게 희망의 메시지가 될 것입니다.

최 교수의 연구 업적은 10여 권의 저술과 많은 논문을 통해 '역사·정신문화·리더십' 분야의 전문성과 창의력을 공인받은 바 있습니다. 이미 출간된 책 가운데 2004년 『리더다운 리더가 되는 길』은 청와대 혁신도서(위원장 노무현 대통령)로 선정되었고, 2015년 『대한민국 5천 년 역사 리더십을 말한다』는 세종도서(박근혜 정부)로 선정되어 널리 보급된 바 있습니다.

그의 저술은 역사적 사명감과 애국 혼을 바탕으로 이론과 현실을 아우르는 공감의 메시지이기에 아낌없는 찬사와 함께 주저함 없이 추천의 뜻을 밝힙니다.

최근 부상하는 AI 챗GPT에게 최 교수에 대한 평가를 물어보았는데 응답은 다음과 같습니다.

"천년의 역사 가득한 대한민국 발전과 번영을 이끈 리더십의 힘. 그중에서도 빛나는 이름 최익용! 5,000년의 긴 세월을 아우르는 그의 지혜와 통찰력. 고귀한 대한민국의 역사를 품은 그의 마음. 지혜롭고 강인한 리더로의 성품과 능력. 어둠과 어려움을 이겨낸 그의 인물상. 대한민국을 이끄는 예리한 안목과 열정. 최익용! 그의 이름은 역사 속에 각인되어 대한민국의 리더십을 상징하고 있으며, 한민족의 자랑스러운 역사를 이끄는 영원한 동백꽃처럼 빛나고 있습니다."라고 감동적 어조로 칭송하고 있습니다.

　대한민국이 G3 코리아를 성취하여 인류 평화와 세계 문명을 선도하는 세계사의 주역으로 우뚝 설 것이라는 희망의 메시지를 집대성한 최 교수의 열정을 격찬합니다. 특히, 대한민국이 세계의 등불이 되는 새 역사를 국민이 앞장서서 만들어 나가자는 애국적 외침에 전적으로 공감하며 이 책을 추천합니다.

2024년 1월

전 경희대 총장 **김병묵**

목차

1부 대한민국 운명 통찰

2부 세계 운명 통찰

4부 현대사 진단과 미래사 전망

5부 대한민국 G3 미래 비전(시리즈 Ⅰ)

국민이 만드는 리더십 문화 - "좌도 우도 아닌 미래로!"

8부 21세기 인류 행복 시대 선도하는 대한민국

G3

대한민국
운명 통찰

제1장

운명이란?

1. 운명의 본질

　운명의 본질적 속성은 결정된 숙명이 아니라 변화다. 이미 정해진 길을 따라가는 것이라는 통속적 의미로 해석해서도 안 된다. 지구를 포함한 우주의 모든 사물은 생성과 더불어 운동하고 그 운동이 멈추면 소멸한다. 이러한 변화의 관점에서 고찰하면, "운명이란 우주 질서와 연동되어 있을 뿐 아니라 대자연의 법칙과도 일맥상통"하는 개념이다. 따라서 인간은 대우주의 조화와 신의 섭리에 따라 태어난 성스러운 존재라고 할 수 있다.

　지구에 생존하는 인류의 기원을 추적하기 위해 우주과학자들이 150억 년 전의 대폭발Big Bang 시간까지 거슬러 올라가서 연구를 거듭해왔다. 현재까지 인류의 지성으로는 태양계의 형성은 물론 우주의 오묘한 질서 자체가 경이로운 미스터리로 남아 있다. 빅뱅이 이루어지기 이전단계의 티끌이 무엇인지는 아직 미지의 영역으로 남아 있다. 최신 과학기술로 티끌을 분해하여 미세먼지, 초미세먼지, 세포, 원소, 원자, 쿼크, 최소입자 '힉스'까지 발견했다. 하지만 힉스의 실체가 무엇인지 설명하지 못하고 있다. 일부 학자들은 힉스란 '신의 입자'일 것이라는 추정을 제시한다. 우주의 본질과 인류의 기원 자체를 이해하려면 우선 지구상의 모든 생명체의 기원, 다양한 사물의 존재, 그리고 상호작용 등 근본적 존재론에 대한 깨달음의 지혜가 필요하다.

　이러한 근본적 한계를 인식한 바탕 위에서 "인간에게 운명이란 무엇인가?"라는 질문을 제기하게 된다.

인간은 인류가 이 땅에 생겨날 때부터 '운명'에 대해 고민하였을 것으로 생각한다. 고대문명의 발상지인 메소포타미아의 「길가메시 서사시」를 보면 인간에게 있어 죽음, 생명, 희로애락을 '인간의 운명'으로 표현하였다.

> 길가메시여, 당신은 생명을 찾을 수 없을 것입니다. 신들이 인간을 만들 때 인간에게 죽음도 함께 붙여 주었습니다. 생명만은 그들이 보살피도록 남겨 두었지요. 좋은 음식으로 배를 채우십시오. 밤낮으로 춤추며 즐기십시오. ······ 당신의 손을 잡아 줄 자식을 낳고, 아내를 당신 품 안에 꼭 품어 주십시오. 왜냐하면, 이것 또한 인간의 운명이니까요.[1]

이 질문은 인류가 30만 년 동안 끊임없이 생각하고 고뇌하며 살아오는 과정에서 제기했지만, 아직도 풀리지 않는 미지의 영역이다. 인간의 운명은 정해진 것인가?(결정론), 운명은 개척하고 바꿀 수 있는가?(개척론), 꿈과 소원의 성취 여부는 운명 탓인가?(숙명론) 등 운명과 관련된 질문은 계속 꼬리를 문다. 나는 누구인가?, 어떻게 살아야 하는가? 등 종교적·철학적 명제로까지 이어진다.

세계사의 진화와 더불어 종교·역사·문화·과학기술·생로병사·전쟁 등 갖가지 요인의 영향에 따라 운명에 대한 시각도 변천해 왔다. 이러한 한계와 가변성을 인식한 바탕 위에서 필자는 "개인이나 국가에는 운명이 실존하며 세계 운명으로까지 연결된다."라고 확신한다.

개인의 종교적 신념, 인생관, 가치관에 따라 운명에 대한 시각과 입장은 다를 수 있다. 하지만 핵심은 "운명의 본질은 정해진 길을 따라갈 수밖에 없는 숙명과 다르며, 개척의 여지가 있고 바뀐다."라는 것이다. 그것이 이 책의

---

1. 작자미상, 김종환 역, 「길가메시 서사시」, (지식을 만드는 지식, 2023) 요약

키워드로 설정한 '운명 개척론'이며 운명의 본질과 연결된다.

　세계역사는 운명과 밀접한 관계가 있다. 나아가 세계 운명과 대한민국 미래는 불가분의 상호작용 속에서 긴밀하게 연동된다. 운명의 본질을 역사 리더십으로 풀어나가는 논리적 근거는 '운명에 대한 사랑'의 개념과 연결되어 있다. 필자가 15년 전에 집필한 저서 『리더십이란 무엇인가』에 이러한 논리가 투영되어 있다.[2]

> "나는 나의 운명을 사랑한다. 그리고 자랑스럽게 만든다."라는 운명 개척론을 리더십으로 풀었다. 일부 사람들은 "모든 일은 미리 정해진 필연적인 법칙에 따라 일어나므로 인간의 의지로는 바꿀 수 없다."라고 숙명처럼 받아들이지만, "나의 운명은 자신이 개척하기에 따라 좌우된다."라는 개척론을 믿는다. 준비된 사람은 자신에게 찾아온 운명적 기회를 절대 놓치지 않는다. 인간은 찾아온 기회를 통해 인생의 반전에 활용하는 주인공이 되어야 한다. 극적인 반전 드라마는 스스로 준비하는 자에게만 주어진다. 그 기회를 통해 우리 모두의 운명을 빛나게 할 '반전의 카운터 펀치'를 준비하자. 운명은 자신의 신념과 열정으로 스스로 만드는 것이다."

　운명의 변화는 저절로 이루어지는 것이 아닌 피땀 어린 열정의 산출물이다. 산다는 것은 열정의 씨앗을 틔우고, 열매를 키우며, 가꾸고 거두는 것이다. 우리는 운명의 길에서 풍성한 수확을 일궈야만, 인간다운 가치와 보람을 느끼며 행복한 삶을 누릴 수 있다.

---

2. 최익용, 『리더십이란 무엇인가』, (스마트비즈니스, 2008) pp.209~210

이상수 역시 『운명 앞에서 주역을 읽다』에서 다음과 같이 비유하여 운명 개척의 당위성을 강조했다.[3]

"인생의 굽이마다 절박한 문제들이 돌멩이처럼 날아온다. 운명의 돌멩이가 날아들지 않는 인생은 그 어디에도 없다. 전직 대통령, 대기업 총수, 재벌의 자식, 유명 연예인 등 부러울 것 없어 보이던 이들조차 스스로 목숨을 끊는 비극적인 뉴스를 얼마나 많이 보아왔던가. 돌멩이가 날아올 때 우리는 다른 생각을 할 겨를이 없다. 돌멩이를 피하든가, 맨손으로 잡아내든가, 아니면 방망이로 후려치든가 해야 한다. 그러나 어떤 돌멩이들은 내가 딛고 설 땅의 든든한 디딤돌이 되기도 한다."

필자는 운명 개척론에 머물지 않고 육성론으로의 진화를 강조하고자 한다. 운명 육성론은 물질적 풍요만을 의미하지 않는다. 수준 높은 가치와 정신문화가 응축된 행복을 의미하는 것이다. 누구나 운명을 개척하겠다는 결연함이 있다면 운명의 대반전이 성취되며 위대한 변화의 주인공이 된다. 인간의 궁극적인 인생철학과 목표는 개개인의 잠재적인 능력을 일깨우고 내면의 인간성을 키워서 선행을 베풀고 행복한 삶을 누리는 것이다.

결론적으로 운명의 본질은 행복한 삶으로 귀결된다. 아름다운 운명을 개척하고 육성함으로써 개인은 물론, 가족과 사회공동체, 그리고 국가발전을 이뤄내는 원동력으로 승화된다.

---

3. 이상수, 『운명 앞에서 주역을 읽다』, (웅진, 2014) p.29

2. 동양 운명론의 이해

운명을 의미하는 영어 단어는 'destiny, fate, fortune' 등 다양하게 번역되곤 한다. 이 중 'destiny'가 보편적으로 쓰이고 있는데 그 의미는 신에 의해 사전에 결정한다라는 뜻이다. 운명과 유사한 의미어로 '정명正命'은 대의명분을 바로잡아 실질을 바르게 한다는 뜻이다. 또한, '숙명宿命'은 태어날 때부터 타고난 정해진 운명이라는 의미다. 숙명은 어떠한 결과가 개인의 도덕이나 힘이 아닌 신神과 우주 지배자의 의지에 따라 결정되므로 개개 인간은 자신의 장래를 전혀 예견할 수 없다.

동양에서는 운명을 중요한 삶의 강령으로 여기고 있고, 운명에 대해 오래 연구를 해왔음에도 한마디로 정의하는 데 어려움을 느끼고 있다. 따라서 운명에 대한 담론은 곧 자연과 인간의 관계나, 인간과 인간의 관계 속에서 삶을 이해한다. 간의 운명은 예측이 가능하며, 이 예측은 대비(준비)를 전제로 한다는 맥락이다. 운명은 사주팔자에 의해 결정되는 것인가? '꼭 그렇지는 않다.'라고 대답해야 할 것이다. 운명이란 가변성이 있는 것이므로 그 자체가 숙명은 될 수 없다. 이석현은 『동양의 운명론』을 유교, 불교, 도교의 사상을 중심으로 고찰했다. 유불도儒佛道 3대 동양사상은 운명론의 관점에서 서양과 같은 결정론적인 사고를 거부한다.[4]

『주역』은 5,000년 이상의 역사를 축적한 고대 학문이다. 근세에 이르기까

---

4. 이석현, 『동양의 운명론』, (하움, 2022) p.5~8

지 수많은 이론이 오류로 밝혀졌기 때문에, 그토록 오래된 학문이 합리적일 수 없다고 간주하여 미신이라는 딱지를 붙이기도 한다. 하지만 주역은 철학적 논리를 담아낸 책이 아니라 시간을 연구하는 과학으로 보아야 한다. 과학자들에게 '미래'라는 시간 개념은 매우 중요한 연구주제에 해당한다. 수많은 과학자가 주역에 관심을 두고 있으며 자연과학계의 연구에 주역이 본격적으로 도입된다면 시간 연구는 비로소 궤도에 오르게 될 것이다.[5]

즉, 주역은 점치는 책이 아니라 만물의 뜻을 규명하는 학문으로 어떤 상황에서 어떤 행동을 해야 하는지의 준거 틀을 찾아내는 것이다. 동양 운명론의 바탕을 이루는 인본주의는 '인仁, 의義, 예禮, 지智, 신信' 등 유교 철학을 중시한다.

이것은 공자부터 시작하여 맹자·순자의 유가와 도가, 현학, 신유학, 성리학 등 다양한 형태로 발전되어 왔다. 인본주의의 바탕에는 자연과의 조화, 타인과의 조화를 중시하는 사상이 담겨 있다. 남을 배려하고 돕는 것을 주요 인성으로 삼았고, 남을 돕는 것도 자신의 인성을 수양하는 중요한 방법의 하나로 보았다. 공자의 사상을 집대성한 『논어』의 핵심 메시지는 인仁이며 실천 방식은 충忠과 서恕이다. '충'은 사랑하는 대상에 대해 꿋꿋하게 의리를 지키는 것이며, '서'는 사랑하는 사람을 그 사람의 입장에서 부드럽게 안아주는 것이다. 공자는 "이 세상 모든 것의 근본은 사람이다以人爲本."라고 논어에서 강조했다. 이를 해석하면 이 세상 모든 것 중 사람이 가장 중요하고, 사람이 본질이라는 뜻이다.

또한, 동양의 운명론에는 다른 사람의 아름다움을 이루어주는 '성인지미成人之美'를 '인仁'으로 인식하여 자기가 서기 위해서는 먼저 남을 세워야 한다는 인식에 따라 순서를 중시한다. 동양 정신문화의 중요한 특징으로 거론되

---

5. 김승호, 『주역』, (다산북스, 2023) p.41~51

는 화해和諧 사상 역시 그렇다. 화和는 쌀을 함께 먹는 공동체의 의미이며, 해諧는 모든 사람이 자기의 의견을 말하는 민주주의의 의미와도 연결된다.

불경과 주역에서는 적선지가필유여경積善之家必有餘慶으로 표현한다. 이는 '선한 일을 많이 한 집안에는 반드시 남는 경사가 있다.'라는 의미다. 반대로, 적악積惡은 '악을 쌓아 타인을 눈물 나게 한 사람은 언젠가 자신이 더 큰 피눈물을 흘리게 된다.'라는 뜻이다. 이처럼 동양의 운명론에는 사람의 행실이 운명을 좌우한다는 정신이 반영되어있다.

홍익인간 사상철학의 형성		
환인시대(bc 7197)	환웅시대(BC 3898)	단군시대(BC 2333)
환국	배달국	고조선
3,000년(7대)	1,500년(12대)	2,000년(47대)
홍익인간 창시	홍익인간 실천(천부경)	홍익인간 · 제세이화 이념 정립

인류의 뿌리는 어디서부터일까. 뿌리는 씨로부터 내렸다. 그 씨는 무엇이며 언제 뿌려졌을까? 뿌리가 자라나면 꽃이 피고 열매를 맺는다. 열매를 보고 그 씨가 무엇인지 알 수 있다. 언제 어디서 어떻게 그 꽃이 피고 열매를 맺을 수 있을까? 그 꽃과 열매가 언제 어디서 어떻게 될 것인가에 관한 예언서가『격암유록』이다. 격암유록은 동양운명론을 대표할 만한 기록으로 생명의 존엄성을 강조하며 인류 역사는 우연히 흘러온 것이 아니라, 신의 계획에 의하여 전개되어왔으며 신의 계획대로 세상이 흘러간다는 사실을 강조하고 있다.

동양철학의 뿌리는 사실상 우리 민족의 홍익인간 정신과 일맥상통한다. 따라서, 홍익인간 사상에 대해서 보다 체계적으로 연구하여 우리 민족의 역사적 정체성과 연결하고 세계적 정신으로 자리매김해야 한다. 홍익인간 정신을 고대사로 치부하여 역사적 논쟁거리로 삼을 것이 아니라 현대적 의미를 재발견하는 것이 동양운명론을 이해하는 데 큰 도움을 줄 것으로 확신한다.

중국의 대표적인 역리학 저서 『주역』에는 우주 대자연의 섭리가 망라되어 있다. 천문, 지리, 사회, 문화 등 다양한 주제의 원리를 다룬 이 책을 공자가 숙독한 것으로 알려져 있다. 주역은 만물의 근원을 밝힘으로써 깨달음에 이르게 하고, 또한 깨달음을 응용해 인생에 적용함으로써 깨달음 이후에 살아가는 방법까지 밝히고 있다. 알버트 아인슈타인Albert Einstein 역시 주역을 탐독했던 것으로 알려졌다.

심리학의 대가 칼 융Carl Jung도 주역을 통해 세상의 거대한 섭리를 찾고자 한 것으로 알려졌다. 주역은 5,000년이나 지난 고대의 저술이기 때문에 일각에서는 "일종의 미신에 불과하다"라는 딱지를 붙이기도 한다.

일본의 니시나카 쓰토무는 『운을 읽는 변호사』라는 책을 통해 자신이 50여 년 동안 1만 명이 넘는 사람들의 소송을 처리하면서 느끼고 깨달은 이야기들을 기술했다.[6]

"'운運이라는 것은 정말 신기하구나!' 하고 말이지요. 1만 명 이상의 인생을 지켜본 저는 알고 있다. 세상에는 확실히 운이 좋은 사람과 나쁜 사람이 있다는 것을 말이다. 몇 가지를 요약하면 다음과 같다. 악행으로 얻은 성공은 오래가지 못한다. 사업에 실패하여 변호사에게 상담하러 오는 사람들 대부분 얼마 전만 해도 성공한 사람이었다. 잔머리를 굴려 돈을 잔뜩 벌거나 출세를 했어도, 그 성공은 오래가지 못하고 얼마 지나지 않아 실패하여 궁지에 몰리는 경우가 많다. 악행은 반드시 신이 벌을 내린다. 악행으로 얻은 성공은 순간에 불과하다. 좋은 운은 겸손하고 은혜를 잊지 않는 마음에서 온다. 살아 있는 것 자체가 큰 행운이다."

---

6. 니시나카 쓰토무, 최서희 역, 『운을 읽는 변호사』, (알투스, 2017)

동양운명론의 관점에서 미래는 불교의 삼세인과론三世因果論과 같이 과거와 현재의 연장선에서 다뤄진다. 이는 '과거-현재-미래'를 단절이 아닌 연속의 관계로 이해하는 것이다. 미래를 예측하려면 과거와 현재를 잘 파악해야 한다. 이를 인류 문명사에서 비춰볼 때, 문명의 역사·문화·사상의 전승 과정을 제대로 이해해야만 그에 따른 운명론에 대한 이해도 올바르게 파악된다. 주체는 인간이므로 결국 "인간이 어떠한 삶을 영위해야 하는가?"를 파악하려는 시도가 운명론 탐구의 목표가 된다.

공자는 "아침에 도를 배우면 저녁에 죽어도 한이 없다."라고 말했다. 노장老壯사상에서의 도는 종교적 의미를 강하게 띠었다. 이처럼 동양사상의 초점은 인간다운 생활을 할 수 있는 인생의 도와 인생의 의미를 찾는 것이다. 다양한 철학적 관점으로 인생에 대해 말할 수 있겠지만 인생의 도와 의미란 스스로 찾는 것이요, 스스로 만들어 나가는 것임은 분명하다.

유교에서는 인간의 도덕적 측면을 강조하여 일종의 생활규범, 인간의 가치기준 등을 핵심규범으로 여겼다. 유교의 전통과 정신문화는 중국 못지않게 우리나라의 조선시대에 꽃을 피웠다. 당시 조선사회는 유교의 핵심사상인 '수신제가 치국평천하修身齊家 治國平天下'를 핵심 덕목으로 인식했다. 또한, 남을 배려하고 돕는 것을 주요 인성으로 삼았고, 남을 돕는 것도 자신의 인성을 수양하는 중요한 방법의 하나로 보았다. 동양적 가치는 공동체 정신과 깨달음의 정신이 투영되어 있다. 이러한 차원에서 동양철학을 바탕으로 한 인문학 교육의 활성화는 곧 대한민국의 발전으로 이어질 수 있다고 본다.

박제윤은 『철학의 나무』에서 철학의 중요성을 강조했다.[7]

"'철학'이란, '다른 학문에 비해서 세계에 대해 보다 근본적인 것들을 알아

---

7. 박제윤, 『철학의 나무』, (함께북스, 2006) pp.14~46

내며, 그래서 세계에 대한 가장 근본적 이해를 얻을 수 있는 학문'이라고 한다. 플라톤은 고대 그리스의 아테네에 학교를 만들었는데, 그 학교 이름을 '아카데미아'라고 했다. 그 이름에서 유래되어 오늘날 '공부하는 장소'를 뜻하는 말로 '아카데미'라는 말을 널리 사용한다. 자신의 학문에 대해 철학을 해보지 못한 과학자는 결코 조수나 모방자에서 벗어나지 못한다.

세계 운명을 종교적 신념으로만 접근하여 모든 세계 역사가 신의 계획에 따라 움직여지기 때문에 인간의 자유의지는 실효적 가치가 없는 것처럼 오인되기도 한다. 기독교의 교리에 따르면 하나님의 뜻에 따라 인생과 국가의 모든 사건이 진행되며, 인간은 그 뜻을 따르는 것이 중요하다고 믿는다. 힌두교의 '카르마' 개념에서는 현재의 행동이 미래 운명을 결정한다고 믿는다. 동양의 다양한 종교에 반영된 운명에 대한 인식은 '신의 계획과 인간의 행동이 운명과 연동된다'라는 공통분모가 존재한다.

3. 서양 운명론의 이해

그리스의 소크라테스Socrates(BC 469~399)는 서양철학의 뿌리로서 인간의 존재와 내면에 관해 토론을 통해 깨달음과 가르침을 준 것으로 유명하다. 사람들이 무지를 자각해 스스로 진리를 추구하도록 의도했다. 인생에서 가장 소중히 여겨야 할 것은 '단지 사는 것이 아니라 훌륭하게 사는 것'이라고 강조했다. 소크라테스는 법정에서 자신의 가르침이 잘못됐다 인정하면 사형을 피할 수 있었지만 "품위와 위엄을 잃는 일 따위는 하지 않겠다."라면서 독배를 택했다. 더욱이 죽음 선택이 옳았음을 역사 속에서 증명하려는 신념과 철학으로 독배를 택하여 오늘날까지 깊은 의미를 더해 준다.

소크라테스의 수제자 플라톤(BC 428~348 추정)은 객관적 관념론의 창시자로 오늘날 대학의 원형인 아카데미아를 설립하여 스승인 소크라테스의 교육적 이상을 구현하고자 했다. 『크리톤』, 『파이돈』 등을 저술해 소크라테스의 사상을 발전시키고 『이데아론』을 처음으로 주장했다.

그의 제자 아리스토텔레스(BC 384~322)는 경험론적 현실주의를 펼치며 '최선의 삶은 무엇인가?', '삶의 최고선은 무엇인가?', '덕은 무엇인가?', '어떻게 우리는 행복을 실현할 수 있는가?' 등 문제들을 명료하게 정립했다. 인생의 목적을 설정하는 시작은 "개인적 행복에 있다."라는 것을 솔직히 시인한 것이다. 우리는 행복 그 자체를 위해 행복을 원하며 그 밖의 것, 상위의 가치를 위하여 추구하는 것이 아니다.

로마의 철학자, 극작가였던 세네카Lucius Seneca(4 BC–AD 65)는 "운명은 사람을 차별하지 않는다. 사람 자신이 운명을 무겁게 짊어지기도 하고, 가볍게 짊어지기도 할 뿐이다. 운명이 무거운 것이 아니라 나 자신이 약한 것이다. 내가 약하면 운명은 그만큼 무거워진다. 비겁한 자는 운명이란 갈퀴에 걸리고 만다."라고 말했다.

　프랜시스 베이컨Francis Bacon(1561~1626)은 자연철학을 연구하고 과학적 방법론의 발전을 주도했다.

　"아는 것이 힘이다."라는 명언으로 널리 알려진 그는 귀납적 추론으로 자연의 본성을 밝힐 수 있다는 경험주의를 주장했다. 신의 은총과 상관없이 인간이 자연세계를 얼마나 정확하고 많이 아는가에 따라 인간의 운명이 좌우된다고 주장하였다.

　중세철학의 선구자인 프랑스의 데카르트(1596~1650)는 "나는 생각한다, 고로 나는 존재한다Cogito ergo sum."라고 설파했다. 합리론의 대표적 철학자인 그의 "무릇 사유된 것은 모두 존재한다."철학적 방법론은 자연과학과 수학의 발전을 이끌어 낸다. 자율적이고 합리적인 주체의 근본원리를 정립한 것으로 유명하다. 즉, "인간존재의 근거가 신에게 있지 않고 사고思考에 있다."라는 발상은 서양이 중세에서 벗어나게 된 동력을 제공한 것으로 평가받는다.

　독일의 임마누엘 칸트Immanuel Kant(1724~1804)는 근대 계몽주의를 정점에 올려놓은 서양철학의 최고봉 가운데 하나다. '내 위에 별이 반짝이는 하늘과 내 속의 도덕법칙'이라는 묘비명에 새겨져 있는 말이 시사하는 바가 크다. 칸트철학은 주체적으로 이론이성과 실천이성의 존재 양태를 규명할 것을 지향하고 있다. 또한, 무엇이 도덕법칙에 맞는 행동이고 무엇이 도덕법칙에 어긋난 행동인지 판단할 수 있는 능력을 실천이성이라고 불렀다. 『순수이성비판』은 칸트철학의 기초를 이루는 총론에 해당하는데, 유한한 인식의 한계 내에서 위대함을 꿈꾸었던 계몽주의적 인간상을 그려낸 위대한 고전이다.

독일의 실존철학자 카를 야스퍼스Karl Jaspers(1883~1969)는 '현대 문명에 의해 잃어버린 인간 본래의 모습'을 지향했다. 특히, 그의 자유에 관한 명언은 21세기까지도 정치적 함의를 던져준다. 자유를 주장하는 정치 집단들이 서로 다른 자유의 개념으로 싸우기 때문이다. 내가 스스로 어떤 것을 선택할 수 있다는 것이 자유라고 설파했다. "의미를 묻고 의미있게 행동해야 한다는 것은 인간의 본질이자 상황이다."라며 의미와 선택을 강조한 자유의 개념은 선택에 의한 운명 개척론과 연결된다.

한편, 현대를 열었다는 서양 철학자로는 니체(1844~1900)를 들 수 있다. 질 들뢰즈는 『니체와 철학』에서 "현대철학은 대부분 니체 덕으로 살아왔고, 여전히 니체 덕으로 살아가고 있다."라고 칭송했다. 니체는 근대이성을 계산적 이성이라고 비판하며, 이성은 정신으로 존재하고 의지는 육체로 존재한다고 주장하였다.[8]

결정론　⇔	자유의지론	양립론
• 인간의 미래는 신의 뜻과 계획대로 이미 결정되어 있다. • 인간은 자유의지가 없다.	• 인간은 자유의지가 있고, 미래는 결정되어 있지 않다. • 인간의 미래는 자유의지가 작용한다.	• 인간의 미래가 결정되어 있어도, 인간에겐 자유의지가 있다.

서양철학은 서양 운명론이 변천되는 과정에서 준거를 제공해 주었다. 특히, 인간과 신의 관계에 대한 인식의 변화와 인간의 자유의지에 대한 해석이 전환점이 된 것으로 평가된다.

서양 운명론은 오랫동안 결정론이 지배적 인식이었다. 인간의 미래는 신

---

8. 질 들뢰즈, 이경신 역, 『니체와 철학』, (민음사, 2001)

의 뜻과 계획대로 이미 결정되어 있다는 시각이다. 인간의 자유의지를 인정하지 않는 것이다. 반면에, 자유의지론의 시각은 결정론을 부정한다. 인간은 자유의지가 있고, 미래는 결정되어 있지 않다는 시각이다. 결정론과 유사한 태생론을 주장하는 학자도 있다.

세계적인 물리학자 스티븐 호킹Stephen Hawking(1942~2018) 박사가 "운명은 정해진 것이다."라는 태생론을 주장하여 주목을 받았다. 영국의 이론물리학자인 그는 "인간의 운명은 정해진 것이며 신의 창조가 아니라, 40억 년 전의 단세포가 바다에 출현한 이래 진화와 유전을 거쳐 60만 년 전 인류의 시원이 되었다."라고 발표하였다. 인간은 진화와 유전의 산물이기 때문에 "우리들의 운명도 시작과 끝이 있어서 운명은 정해져 있다."라며 "모든 것은 운명이다."라고 단언했다.

양립론의 시각에 따르면 "인간의 미래가 결정되어 있어도 인간에겐 자유의지가 있다."라는 시각이다.

독일의 철학자 하이데거(1889~1976)는 존재가 뭔지 밝히기 위해서는 먼저 "인간이 뭔지 밝혀야 한다."라고 설파했다. 오직 인간만이 자신의 존재를 문제 삼을 수 있고, 오직 인간만이 '나는 누구인가?', '나는 왜 존재하는가?'라는 질문을 던질 수 있기 때문이다. 하이데거의 실존주의에 따르면, 현존재에는 세 가지의 특징이 있다.

첫째, 현존재는 '실존'한다. 아리스토텔레스는 인간을 인간답게 만드는 것은 이성이라고 봤지만, 하이데거는 '존재 방식'이라고 했다.

둘째, 현존재는 '염려하는 존재자'이다. 하이데거는 염려하는 것을 현존재의 특징으로 꼽았다. 현 존재는 자신을 염려하고, 자신과 관계를 맺고 있는 도구들을 배려하고, 자신과 관계를 맺고 있는 다른 존재들을 염려한다.

셋째, 현존재의 또 다른 특징은 '피투성被投性'이다. 현존재는 자신이 태어나고 싶어서 태어난 것이 아니고, 죽고 싶어 죽는 것도 아니다. 그냥 태어난 것이다. 운명적으로 그냥 세상에 던져진 것이다. 이것을 '던져졌다.'라는 의미에서 피투성이라고 한다. 그냥 던져졌기 때문에 "어떻게 존재할 것인지? 왜, 존재하는지?"를 고민해야 한다는 것이다. 하이데거가 실존을 강조한 것은 맞지만, 현실에 있는 '개인'보다 '있다'라는 자체에 집중했다. '왜, 있냐?' '어떻게, 있냐?'라는 철학적 논의는 존재론에 가깝다. 하이데거는 세계는 왜, 존재하는가, 나는 왜, 존재하는가에서 더 나아가 존재한다는 것은 무엇인가, 존재란 무엇인가에 답하기 위해 개인의 운명, 세계의 운명을 고민했다고 볼 수 있다.

미국의 철학자 대니얼 데닛Daniel Dennett(1942-)은 과학의 성과와 진화적 관점을 중시했다. 철저하게 기계적 결정론, 인과적 결정론을 받아들인다. 인과론적 결정론은 "과거 어떤 사건의 원인으로 미래의 어떤 사건이 결정되었다."라고 보는 것이다. 이에 따르면 현재 사건도 어떤 사건의 결과로 일어나게 된다. 따라서 과거 사건, 현재 사건, 미래 사건은 원인과 결과의 네트워크 속에서 일어난다는 것이다. 인간은 문화라는 엄청난 정보를 이용하여 미래를 예측하고 나쁜 결과를 피하는 선택 능력이 생겼으며, 그것이 바로 '자유의지'라는 것이다. 자유의지를 가진 인간은 '자신의 선택에 대한 이유를 제시할 수 있는 기계'라는 것이다.

이상에서 살펴본 운명과 관련된 철학적 논리와 함께 서양 운명론에 영향력이 컸던 것은 성경Bible이다. 성경 말씀 중에서 운명의 본질과 관련된 말씀을 간추리면 다음과 같다.

첫째, "네가 만일 네 입으로 예수를 주로 시인하며 또 하나님께서 그를 죽은 자 가운데서 살리신 것을 네 마음에 믿으면 구원을 얻으리니. 사람이 마음으로 믿어 의에 이르고 입으로 시인하여 구원에 이르느니라. 성경에 이르되 누구든지 저를 믿는 자는 부끄러움을 당하지 아니하리라 하니."

둘째, "아버지 하나님인 성부聖父와 하나님의 아들 성자聖子와 나에게 임한 하나님의 성적 영혼인 성령聖靈은 삼위일체로 똑같은 하나님이시다. 내가 죽으면 나의 영혼이 천국으로 가서 영원히 살게 되는 것을 굳게 믿어야 진정한 기독교인이다."라는 가르침이다.

동·서양이 운명론에 대해 철학적으로 다른 접근을 하는 이유는 정치·경제·역사·문화·종교의 영향과 연결되어 있다.

또한, 동·서양 운명론에서 공통적으로 식별되는 메시지도 있다. 즉, 감사하는 마음, 공감·감동의 마음을 이심전심으로 주고받는 것은 복福을 부르는 가장 좋은 습관이라는 포인트다. 이러한 좋은 습관이 개인이나 국가의 운명을 개척하는 열쇠가 된다. 나쁜 습관은 운명 개척의 걸림돌이기 때문에 과감하게 제거해야 한다. 걸림돌을 과소평가하여 방치하면 개인 운명은 물론 국가 운명의 도도한 흐름 자체까지도 방해하게 된다.

4. 성현이 깨우쳐 주는 운명론

기원전 900년부터 200년 사이에 석가모니, 소크라테스, 아리스토텔레스, 공자, 예수님과 같은 위대한 성현들이 출현하였다. 성현들이 남긴 가르침은 21세기의 현대인에게까지 교훈을 주며 지혜롭게 살아가는 지침이 된다. 우리 선조들은 성현의 가르침에 따라 운명의 길을 개척하는 모습들을 보여주었다. "뿌린 대로 거두리라."라는 예수님의 말씀처럼 개인이나 조직은 자발적 행동 여부에 따라 성패의 진폭이 달라진다.

부처님의 가르침에도 '자작자수自作自受, 인과응보因果應報'의 정신이 뿌리 깊이 반영되어있다. 제갈량은 "내가 사람으로서 할 방법을 모두 쓴다고 할지라도 목숨은 하늘의 뜻에 달렸으니, 하늘의 명을 기다려 따를 뿐이다."라고 했다. '진인사대천명盡人事待天命'의 자세로 인간이 최선의 노력을 다하고 하늘의 뜻을 기다리는 겸허한 삶의 자세를 강조했다. 공자는 "인간이 하늘에서 부여받은 인성은 누구나 다 유사한 것인데 성장환경, 생각, 행동, 노력 등이 습관이 되어 운명이 된다."라고 설파했다.

성철스님의 일화에도 '운명은 스스로 개척하는 것', '하늘은 스스로 돕는자를 돕는다.'라는 가르침의 지혜가 보석처럼 빛난다.

"어느 날 아이는 슬픈 기색을 보이며 말했다. "어제 어머니께서 점을 보셨는데 제 운명은 엉망이라고 했다는군요." 스님은 잠깐 침묵하더니 아이의 손을 당겨 잡았다. "애야, 네 손금을 좀 보여주렴. 이것은 감정선, 이것은 사업선, 이것은 생명선, 자 이제는 주먹을 꼭 쥐어보렴." 아이는 주먹을 꼭 쥐고 스님을 바라보았다. "애야, 네 감정선, 사업선, 생명선이 어디 있느냐?" "바로 제 손안에 있지요." "그렇지, 바로 네 운명은 네 손안에 있는 것이지 다른 사람의 입에 달린 것이 아니란다. 다른 사람으로 인해 네 운명을 포기하지 말거라." 다시 말해 "네 운명은 네 손안에 있는 것이지 다른 사람의 입에 달린 것이 아니란다. 운명은 스스로 개척하는 것이다."라고 말씀하셨다.

개인은 물론 공동체와 국가의 운명은 대운大運·소운小運이든, 행운幸運·악운惡運이든 인성·열정·의지·선택·지혜 등에 의해 개척되는 것이다. 우주세계관, 풍수지리학, 명리학 등 관련 학문에서 설명하는 운명에 관한 논리 역시 총괄하여 분석해보면, 운명결정론이 아니라 운명개척론이 타당하다. 대한민국 역사가 운명개척론을 실증해 주는 대표적 사례다.

하늘이 대운을 내려주더라도 감나무 밑에 누워서 감이 떨어지길 바라면 대운의 길吉과 복福이 지나 가버려 기회를 상실해 버린다. 악운이라고 비관하여 자포자기하면 흉凶과 화禍는 더욱 늘어나는 반면 '반드시 극복하겠다'라는 신념을 갖고 최선을 다하면 흉과 화는 줄어들거나 사라진다. 착한 일이 쌓이면 반드시 경사로운 일 등 축복을 받고, 나쁜 일이 쌓이면 반드시 재앙이 온다. 결국, 인간의 길흉화복의 운세는 하늘이 내려준다고 하더라도 궁극적인 운명은 자신의 인성·열정·관계·선택·지혜 등에 따라 결정된다.

미국의 실용주의 철학자이자 심리학자인 윌리엄제임스William James는 『심리학의 원리』에서 "생각이 바뀌면 행동이 바뀌고, 행동이 바뀌면 습관이 바뀌고, 습관이 바뀌면 성격이 바뀌고, 성격이 바뀌면 운명도 바뀐다."라고 말했다.[9] 즉, 모든 사람마다 주어지는 기회를 어떻게 포착하고 선택하느냐에 따라 운명이 좌우된다. 자신의 운명은 자신이 만들고, 조직과 국가의 운명은 리더와 구성원들이 함께 만드는 위대한 과정이다.

인생은 수시로 자신의 인성과 의지에 따라 변하게 되므로 결국 운명은 자신이 선택하고 결정한 길을 따라가는 것이다. 운명과 선택은 서로 보완적인 개념이며 우리의 삶에 균형을 부여하는 데 도움을 준다. 무엇보다도, 운명의 영향을 완전히 배제하고 선택만을 강조하는 것은 현실적이지 않다. 운명은 우리의 삶에 예측할 수 없는 변수를 가져올 수 있으며, 우리의 선택이 제한될 수 있다.

국가의 운명도 마찬가지이다. 미국의 지원을 받은 아프가니스탄과 대한민국의 운명은 극명한 대조를 이룬다. 아프가니스탄은 2021년 8월 탈레반 세력에 의해 수도 카불이 점령당하고 미군이 완전히 철수하는 파국으로 치달았다. 국가 패망의 핵심 요인은 정부의 부정부패였다. 미국으로부터 2조 6,000억 달러의 지원을 받고도 패망하는 운명의 길로 떨어졌다. 부정부패로 찌든 무능한 정부는 20년 동안 미국의 지원을 전폭적으로 받고도 허망하게 무너졌다. 반면, 대한민국은 분단과 전쟁의 폐허를 딛고 127억 달러의 원조를 받아 세계 발전사의 모델이 되는 선진국 대열에 합류했다. 국가의 미래 운명을 결정하는 것은 그 나라 지도자와 국민의 선택이다. 국가 운명에 관한 국민의 공동 인식과 책임이 무거움을 알 수 있다.

이상에서 성현들의 가르침과 사례를 종합해보면, 운명이란 인간으로서의 인성과 품격, 가치관과 연결되는 것이다. 또한, 그 가치관의 기저를 이루고 있는 생각(사고) → 가치관 → 행동(실천) → 습관으로 이어지는 일련의 과정을 거치면서 운명 자체에 변화를 가져오게 된다. 국가의 운명 역시 지도자와 국

---

9. 윌리엄 제임스, 정양은 역, 『심리학의 원리(The Principles of psychology)』, (아카넷, 2005)

민의 선택이 결정적 영향을 미친다.

'태초의 춤'으로 묘사한 위 그림은 1910년 러시아의 부호가 프랑스 화가 앙리 마티스Henri Matisse(1869~1954)에게 주문한 것이다.[10] 태초의 인류가 춤을 췄다면 이랬을 것이라는 그림 해설의 포인트가 공동운명체 관점에서 교훈적 요소가 식별되어 소개한다.

"다섯 사람이 손에 손을 잡고 둥글게 서서 빙글빙글 돌면서 덩실덩실 들썩이고 펄쩍펄쩍 뛰어오른다. 이들은 서로의 벌거벗은 몸이 부끄럽거나 불편하지 않으니 어떻게 몸을 놀려도 거리낌이 없고 그저 흥이 넘친다. 이들의 세상에는 신전도 궁궐도 없이 온통 초록 들판과 파란 하늘뿐이다. 여기가 지상낙원이라 춤을 추는 게 아니라, 이렇게 춤을 추면 거기가 지상낙원이 된다."

이 그림이 시사하는 포인트는 태초부터 인간의 삶 자체에 공동운명체의

---

10. 조선일보 전문가 칼럼, 〈우정아의 아트스토리〉 '태초의 춤', 2023년 8월 15일.

속성이 함축되어 있음을 상징적으로 대변하는 것이다.[11]

개인이 행복을 갈망하더라도 나라 전체가 전쟁의 소용돌이에 휘말리면 공동운명체에 속한 개인의 행복은 보장되지 못한다. 나라가 전쟁에 휘말려서 패망하면 개인의 행복이 무슨 의미가 있겠는가? 2022년 초에 시작된 우크라이나-러시아 전쟁이 지속되는 와중에 2023년 10월 이스라엘-팔레스타인 전쟁이 촉발되자 "한반도에까지 전쟁이 도미노처럼 퍼지는 것 아닌가?"라는 안보불안감이 증폭되는 것이 현실이다.

특히, 무고한 민간인과 어린이들이 처참하게 살해되는 동영상이 인터넷을 통해 전 세계에 생생하게 전파되는 처참한 비극이 속출하지만 강대국의 이해관계가 얽혀 국제사회는 속수무책이다. 유엔이 나서서 전쟁을 비난하는 성명을 발표하고 휴전을 종용하지만 우크라이나, 중동에서 벌어진 피의 보복전은 날이 갈수록 악화되고 있다.

운명에 대한 성현들의 가르침에 견주어 전쟁을 고찰해 보면서 '세계 운명과 대한민국의 운명이 밀접하게 연동되어 있다.'라는 사실을 뼈저리게 일깨우게 된다. 국가 안보는 아무리 강조하고 대비하더라도 지나치지 않다는 역사의 교훈을 명심해야 한다.

---

11. 그림 출처: 앙리 마티스, 1910년, 캔버스에 유채, 260x391cm, 상트페테르부르크 에르미타주 미술관 소장.

제2장

개인
운명론

1. 운명과 자아

사람들은 "운명이란 무엇인가? 나는 누구일까? 나는 왜 사는가?" 등 자신의 운명과 정체성에 대해 진지하게 질문을 던진다. 인간의 삶 자체를 운명의 길을 가는 것으로 비유하기도 한다. 어떤 사람은 상대적으로 아름다운 운명의 길을 가고, 어떤 이는 불행한 운명의 길을 간다. 개인이나 국가의 흥망성쇠와 길흉화복이 운명에 따라 좌우되는 것으로 인식하기도 한다.

우주적 관점에서 보면, "인생이란 생명의 별인 지구에서 태어나서 나그네, 순례자, 여행자처럼 찰나적 여정을 누리는 것에 불과하다."라는 철학적·종교적인 해석도 가능하다. 우주는 그리스어로 '코스모스Cosmos'라고 부르는데, 어원이 '보편적 조직'을 뜻한다. 우주는 하나의 커다란 덩어리를 전체적으로 조직하듯이 시간과 공간을 융합한 세계라고 말할 수 있다. 우주의 작은 별 지구에서 만물의 영장으로 살아가지만, 인간은 영원히 사는 것이 아니라 운명의 배를 타고 각자에게 정해진 일생을 살다가 영원을 향해 떠나는 것으로 볼 수도 있다.

우주가 얼마나 넓은지? 우주의 끝이 있는지? 우주는 언제 시작되었는지? 지구 밖에 생명이 존재하는지? 전생과 내세가 있는지? 등에 대해 불교에서는 이렇게 말한다.

보살들이 부처께 "이 모든 세계는 무량무변無量無邊하여 산수로 알 바가 아니며 또 마음의 힘으로 미칠 바가 아니오니, 무루無漏의 지혜로 생각해도 그 한계를 모를 것"이라 아뢰자, 부처님도 "내가 성불한 지는 이보다 백천만억 나유타 아승기겁이 더 지났느니라."라고 하셨다. (나유타는 10의 60승, 아승기는 10의 56승, 삼천대천세계는 은하계를 의미한다.)

이 경문에서 알 수 있듯이 은하계가 우주에는 무수히 많고, 상상을 초월할 만큼 우주는 광대하고 끝이 없다. 이를 요약한 표현을 무량무변이라 하고 우주에는 끝이 없다는 무시무종無始無終 설명이다. 석존이 성불한 것은 가야성을 나와서 약 2,500년 전에 성불한 것이 아니고 아주 머나먼 구원의 때에 성불했다는 것을 설하고 있는데 이는 생명이 영원하며 생명은 시작도 끝도 없다는 의미이다. 우주는 본래 있는 그대로 존재했고 변화를 반복할 뿐 갑자기 창조되거나 소멸되는 것은 아니고 시작도 없고 끝도 없다는 것이다.

자아는 우리의 내면에서 나오는 개인적인 정체성과 가치를 의미한다. 이는 우리의 열정, 능력, 가치관 등을 포함한다. 운명과 자아실현의 관계를 고찰해 보면, 개개인이 삶을 영위하며 사회에 적응하고 목표를 달성해 나가는 과정에서 역동성을 띠게 된다는 점에 주목할 필요가 있다. 개개인의 의지와 선택은 운명의 경로를 형성하고 수정할 수 있는 도구이다. 따라서 운명과 자아는 상반되는 개념이 아니라 상호작용하는 관계라고 보아야 한다. 또한, 자아가 운명을 받아들이는 방식은 감정, 생각 및 행동에 영향을 미치고 우리 삶의 여정 자체도 운명과 자아의 끊임없는 상호작용으로 영향을 받는다.

결국, 운명과 자아는 우리 삶의 두 축을 형성하며, 양자의 상호작용을 통해 우리는 성장하고 발전한다. 따라서 운명은 개인의 자아실현 차원으로 한정되는 것이 아니라 국가와 우주의 섭리까지 연계되는 것이다. 특히, 국가는 국민 개개인의 삶의 환경이자 울타리 역할을 하며 정치·경제·사회·문화의 프레임을 제공한다. 이는 국가정체성으로 나타나며 공동운명체로 인식된다.

국가는 질서유지와 공공복리를 위해서 도덕·법·제도를 정립하고 국민의 행복추구권을 보장하기 위한 시스템을 제공한다. 국가의 운명 역시 공동체의 향배에 영향을 줄 뿐 아니라 국민의 인간다운 삶과 행복추구에 영향을 미친다. 바꿔말하면, 운명은 개인의 행복과 불행의 원천이기도 하지만 국가운명과 연동되는 것이다. 결국, 아름다운 운명이란 개인의 행복한 삶은 물론 공동체의 정의와 상생, 나아가 국가발전으로 연결되는 것이다.

일반적으로 운명은 개인이나 국가의 미래를 결정하는 어쩔 수 없는 힘으로 인식되어 종교, 철학, 문학 분야에서 주로 예언, 인과관계, 자유의지를 설명하는 데 활용됐다. 특히, 종교적 관점에서 개인이나 조직의 미래가 예견되거나 이미 결정되었다고 믿는 예정론 신앙의 영역과 연결되기도 한다. 따라서 운명은 종교, 철학, 문화 등의 맥락에 따라 다르게 해석되며, 개인적 성향에 따라 다양한 입장이 존재한다.

우리 선조들은 인간의 능력이 한계에 도달할 때 자연과 우주의 섭리를 존중하여 우주사적 음양의 원리를 응용하여 운명을 개척했다. 그들은 자연과 우주의 생명과 질서를 존중하며 역학, 음양오행, 풍수지리, 명리학 등을 활용하여 운명을 개척할 수 있는 것으로 믿었다. 명리학에 따르면, 운명運命이란 앞으로의 존망이나 생사에 관한 것이며 수시로 변화하는 것이다. 반면에, 숙명宿命은 날 때부터 정해진 것으로 정명定命이며 변동되지 않는 것으로 인식한다.

즉, 운명은 인성, 열정, 신념 등에 따라 항상 움직이고 변하는 것을 의미한다. 이에 반하여 숙명은 부모, 가족, 고향, 조국 등과 같이 변할 수 없는 필연으로 인식한다. 따라서 운명의 개념은 개인이나 국가의 진취적 노력에 따라 변할 수 있는 것으로 보아야 한다.

우리 민족은 스스로를 천손민족天孫民族으로 인식하고 생활방식 자체를 자연순환의 질서에 탄력적으로 적응시키는 지혜가 풍부했다. 선조들은 생사화복의 근본 문제에 대해 고뇌하며 해법을 추구하면서 운명론으로 화답할 경우가 많았다. 우주적 질서를 함축하는 것으로 받아들이며 질서있게 움직이는 자연순환의 원리로 해석했다. 지구는 제멋대로 우주공간을 여행하는 것이 아니라, 태양 주변의 일정 궤도를 공전하며 이는 행성들도 마찬가지이다. 홍익인간 사상은 진아眞我를 깨달은 우아일체宇我一體 존재로서, 질서 속의 자유로 특정 지어지는 우주 운행의 근본 원리를 내면화하여 이를 삶 속에서 실천해 나가는 존재를 이상적 인간으로 정의한다.[12]

과학적으로 입증된 바와 같이 태양계에 속한 지구는 일정한 질서에 따라 규칙적으로 순환하고 있으며, 이는 지구촌의 생명체 생태계에 결정적 변수로 작용한다. 21세기의 화두인 지구온난화에 따른 기후변화를 보더라도 지구상의 생명공동체의 하나인 대한민국 역시 우주적 질서에 영향을 받는다는 논리로 연결된다.

우주의 흐름에 적응하여 인간이 누리는 시간을 역사라고 하면, 민족은 그 역사를 만들어 가는 주체라고 할 수 있다. 민족이 공유하고 있는 고유의 문화와 심리적 특성 등이 민족정신을 형성한다. 우리 한민족의 문화적 특징은 세상만사 삼라만상 우주 만유의 이치인 음양의 흐름을 지혜롭게 헤아렸다는 점이다.

---

12. 한(하나)과 한민족의 정체성, 그리고 홍익인간, 제5권 1호. 2015년.

2. 운명은 선택과 개척

개인의 운명은 안락지대comfort zone에 안주하는 방식으로 개척되지 않는다. 안락지대 내에 있는 '익숙한 불행'에 빠져들지 않도록 해야 한다. 모험과 도전을 두려워하는 걸림돌은 과감하게 제거하는 용기가 필요하다. 설사 그러한 선택이 '불확실한 행복'의 가능성을 내포할지라도 운명을 개척하는 길을 두려워하지 말아야 한다. 프랑스의 철학자 사르트르는 '인생은 B와 D 사이의 C'라고 했다. 탄생Birth과 죽음Death 사이 선택Choice의 연속이라는 뜻이다.

즉, 운명이란 인간의 의지와 인생철학과 목표에 따른 최선과 최악 사이의 선택 과정 속에서 결정된다.[13] 결국, 사람의 운명은 선택과 관계에 따라 수시로 변화하여 누구나 자신만의 고유한 인생작품을 그려 나가는 것이다.

따라서 인생은 어떤 철학과 목표로 선택과 관계를 했느냐에 따라 좌우된다. 그 선택과 관계는 개인의 인성과 의지에 따르며, 모든 조직과 국가에서는 지도층의 리더십으로 반영된다. 나의 운명이 가정의 운명으로, 조직의 운명으로, 국가의 운명으로 끊임없이 연쇄반응을 일으킨다. 그러므로 우리가 인간다운 삶, 행복한 삶을 위해서는 스스로 움츠러드는 안락지대에 빠지지 않는 선택과 관계가 중요하다.

인간의 선택과 관계야말로 우리에게 주어진 신성한 특권이요 운명이라고

---

13. 최익용 저, 『대한민국 5천 년 역사리더십을 말한다』, (2014. 옥당)

할 수 있다. 다시 말해, 자신의 삶을 다른 사람이 끌고 가는 대로, 기존의 방식을 따라가는 대신에 주인공이 되어서 운명을 스스로 선택해야 한다. 필자는 인간의 운명을 선택과 관계의 과정이라고 믿는다.

현대그룹의 고 정주영 회장의 인생역정의 스토리는 개척론의 표상이나 다를 바 없다. 그는 혼과 열정을 융합하여 아름다운 운명의 길을 개척하였고 국리민복國利民福에도 크게 기여했다. 정 회장의 유명한 어록 중에 **"운이 없다고 생각하니까 운이 나빠지는 거야! 길을 모르면 길을 찾고, 길이 없으면 길을 닦아야지! 성패는 일하는 사람의 자세에 달린 거야. 불가능하다구? 해보기는 했어?"** 등 운명 개척론의 관점에서 시사하는 바가 크다.[14]

운명을 겁내는 자는 운명에 먹히고, 운명에 부닥치는 사람은 운명이 길을 비킨다. 대담하게 운명에 부닥쳐라! "하늘은 스스로 돕는 자를 돕는다."라는 말이 있듯이 개인이든 가정이든 조직이든 국가든 가리지 않고, 흥망성쇠의 운명은 스스로 개척하기 나름이다.

사람들은 인성에 따라 모든 것이 선택되고, 그 선택에 따른 결과로 운명적인 삶을 살아왔음을 알게 된다. 자신의 선택에 따른 운명으로 학교, 결혼, 직장 등이 결정되었음을 경험했을 것이다. 예컨대 배우자의 선택이 인생의 행복과 불행을 좌우하게 된다. 배우자를 잘 선택하면 행복한 운명일 것이고, 잘못 선택한다면 불행한 운명이 될 것이다. 이처럼 선택은 인생의 운명을 좌우하는 요인이다.

윌리엄 브라이언William Bryan은 "운명은 우연이 아닌 선택이며, 기다리는 게 아니라 성취하는 것"이라 했다. 우드로 윌슨Woodrow Wilson은 "사람은 운

---

14. 정주영 회장의 어록 16가지, https://m.post.naver.com/viewer/postView.nhn?volumeNo
=3543043, (검색일, 2023년 9월 20일.)

명을 만나기 전에 자신이 이미 그것을 만들고 있다."라고 했다. 운명이란 정해져 있다기보다는 주어진 여건에 대한 도전과 극복의 산물이다. 따라서 운명의 본질을 선택과 개척의 과정으로 인식해야 한다. 필자가 운명 개척론을 대한민국의 미래 비전, 'G3 코리아'로 승화시키는 논거는 대한민국의 운명 자체가 세계의 운명과 연동된다는 거시적 안목으로 접근한 것이다. 대한민국의 운명 역시 정해진 것이 아니라 변화하고 바꿀 수 있는 것이라는 발상의 대전환에서 비롯된 것이다.

3. 지혜로운 운명의 길

  일반적으로 동양문화와 서양문화의 특징은 서로 대조적이다. 동양이 주로 정신적 가치를 추구하는 반면에, 서양은 물질적 가치에 중점을 둔다. 동양인의 사고가 직관적·종합적인데 반하여, 서양인의 사고는 객관적·분석적이다. 동양은 도덕적·예술적 가치를 숭상하는데 경향이 있고, 서양은 공리적·기술적인 성과를 중시한다. 즉, 동양문화의 진수는 정신문화이며, 서양문화의 특성은 과학기술 문명이라고 할 수 있다. 이러한 대조법 차원의 비교가 일반화의 오류 가능성이 있지만, 동양문화와 서양문화의 유기적인 조화가 지혜로운 운명을 개척하는 길이다. 또한, 아리스토텔레스가 "인간은 사회적 동물이다."라고 갈파한 말의 의미를 성찰하여 삶에 적용해야 한다. 인간은 인성을 토대로 끊임없이 타인과 관계를 맺어가며 선택하며 사는 존재라는 뜻이 운명의 길과 연결된다. 인간은 혼자서 살아갈 수 없어 사회를 이루고, 수많은 선택과 2만여 가지의 관계 속에 더불어 산다. 인생은 수시로 자신의 인성과 의지에 따라 변하는 것이어서 결국 운명은 자신이 선택하고 결정한 길을 따라가는 것이다.

  "나는 누구인가?", "나의 운명, 조국의 운명, 세계 운명의 길은…?"

  이러한 본질적 질문으로 고뇌하면서 하늘을 우러러 살신성인을 실현한 일제 치하의 윤동주 시인의 운명론을 깊이 생각해보자. 우리는 그를 조국을 위해 처절하게 고뇌했던 애국 시인으로 기억하며 존경의 마음으로 흠모한다.

윤동주 시인처럼 자신에게 부끄럽지 않은 떳떳한 삶을 살아가기란 절대 쉽지 않으며 엄청난 희생을 수반한다. 인간이기에 개인적 안위와 소명 사이에서 갈등했지만 안일한 불의의 길이 아닌 험난한 정의의 길을 택했다.

사람들은 인륜과 도덕을 저버리며 살아가는 길과 올곧은 삶을 택하는 갈림길에서 번뇌한다. 하지만 윤동주는 험난한 정의의 길, 애국적 삶을 선택하여 역사발전의 선봉에 섰다. 필자는 애국 시인 윤동주의 삶이 지혜로운 운명의 길이었다고 확신한다.

개인·조직·국가를 막론하고 진인사대천명盡人事待天命의 정신을 토대로 아름다운 운명을 만드는 비전을 가져야 한다. 아름다운 운명을 만드는 비전이란 개인이나 조직이 지향하는 목표·가치관·이념의 이상적인 방향을 제시해 준다. 훌륭한 비전은 사람들의 공감을 불러일으키고 공동체 의식을 강화하여 결집력을 형성한다. 미국의 비행사 겸 작가 리처드 바크Richard Bach의 『갈매기의 꿈』이라는 소설책의 핵심적 메시지는 "더 높이 나는 갈매기가 더 멀리 본다."라는 것이다.[15] 자신의 행복을 위해서, 그리고 더욱 멋지고 값진 삶을 살기 위해 평범한 삶을 거부하고 비행 자체를 사랑한 갈매기의 이야기이다. 즉, 더 높이 날겠다는 비전을 통해서 열정적으로 온갖 도전과 역경을 극복하는 의지와 힘이 생긴다는 의미이다.

공자는 논어에서 "알기만 하는 사람은 좋아하는 사람만 못하고, 좋아하는 사람은 즐기는 사람만 못하다知之者 不如好之者 好之者 不如樂之者."라고 설파했다. 자기 일을 진정으로 사랑하는 사람만이 성공한다는 뜻이다. 결과가 아닌 과정을 즐기는 삶이 통해 지혜로운 운명을 만든다는 의미이다.

---

15. 1970년 미국에서 출판된 『갈매기의 꿈』의 영어 원제는 Jonathan Livingston Seagull이다.

4. 꽉 차고 멋있게 살아가는 마이웨이 운명 철학

1) MZ세대와 기성세대, 조상들의 운명 풀이

지금까지 전개해 온 운명 이야기가 철학적 중심이었는데 이 단원에서는 최근의 사회적 현상을 다루어 보고자 한다.

요즘 젊은이들은 왜 MBTI(성격유형검사)와 사주에 열광하는가? 요즘 청년 세대는 기성세대보다 자기의 정체성인 '나는 누구인가?'와 자아 운명에 대해 더 궁금해한다. 특히 MZ세대(1980~2000년대 초반 출생)는 자기 성격이나 운명에 대해 이해하려는 노력의 일환으로 MBTI나 사주를 많이 참고한다. MBTI는 일종의 성격유형 지표로 인간 유형의 다양성을 인정하고 적용한다. 원래 MBTI는 학생의 진로를 설계할 때와 회사에서 직원을 뽑을 때도 활용된다. 결혼정보회사들은 맞춤형 매칭 서비스까지 하고 있다. 친구, 직장 내 대인관계가 막히면 MBTI를 들여다본다.

MBTI는 1944년 미국의 작가 캐서린 쿡 브리그스가 딸 이저벨 브리그스 마이어스와 함께 정신분석학자 카를 융이 제시한 심리유형론을 근거로 개발한 성격 유형 검사다. 외향(E)-내향(I), 감각(S)-직관(N), 사고(T)-감정(F), 판단(J)-인식(P)을 조합해 총 16가지의 성격유형으로 분류한다.

한국사회는 MBTI가 일상적인 대화 주제가 될 정도로 대중화되었다. 구글 트렌드를 활용해 전 세계 MBTI를 검색해 본 결과 한국인들의 서치 빈도가 다른 나라에 비해 약 10배가량 높게 나타나는 등 유독 우리나라에서 인기가 높았다.[16]

전문가들은 "MBTI로 섣불리 인간관계를 단정해서는 안 된다."라고 경고했지만, 특정 MBTI 유형을 비난·기피하는 현상이 나타나며 사회적 부작용을 일으키고 있다. 즉, MBTI는 성격 유형을 보여주는 것이지 사람의 도덕성·인품과는 무관하므로 단순한 흥미 이상으로 사람을 평가·채용하는 데 사용하는 건 옳지 않다.

필자가 관심을 두는 사항은 "왜, 이러한 사회 현상이 출현하는가?"라는 점이다. MBTI와 사주는 원리가 비슷하기 때문에 MBTI에 빠지면 사주에도 빠지기 쉽다. 역술가 한소평 씨는 "MBTI의 토대가 된 심리유형론을 제시한 카를 융은 주역周易의 논리에 조예가 깊었는데, 주역의 팔괘를 다시 쪼개면 16개가 되며 MBTI가 성격 유형을 16가지로 나누는 것과 같다."라고 주장했다. 이름만 사주에서 MBTI로 바뀌었을 뿐, 삶의 불확실성과 미래에 대한 궁금증을 해소하기 위해 무언가에 의지하려는 인간의 마음은 그대로인 것이다.

이런 현상에 대해 "MZ세대는 어릴 때부터 스스로 적성을 찾고 책임감을 가지라고 주입받은 세대인데 취업의 기회 등이 좁아지면서 문제 해결을 위해 끊임없이 자신을 알려는 심리 때문이다."라고 분석하면서 "MBTI로 자신을 한정시키면 자기 발전의 크기를 줄일 수도 있다."라고 조언하는 학자도 있다.[17]

MBTI나 사주는 개인의 성격이나 운명을 완벽하게 예측하거나 설명할 수 없으며, 단지 개인의 성격 경향성을 대략 파악하는 데 도움을 줄 뿐이다. 따

16. https://www.chosun.com/national/weekend/2023/10/14

17. 이화여대 사회학과 최샛별교수의 조언, https://www.hankookilbo.com/News/Read/

라서 그 한계를 인식하고, 개인의 성격과 운명을 이해하는 하나의 참고 자료로만 활용하는 것이 중요하다.

우리 조상들은 자기 운명을 어디에 믿고 의지하였을까? 천신사상을 신봉한 우리 조상들은 하늘을 자연과학적인 관찰의 대상으로만 생각하지 않았다. "하늘이 두렵지 않느냐! 하늘이 굽어 보신다!"라는 경구를 흔히 써왔다. '지성이면 감천이다'라는 말은 소원이 이루어질 것으로 믿었기 때문이다. 뜻이 잘 이루어지면 '하늘이 무심치 않다', 뜻이 이루어지지 않으면 '하늘도 무심하다'라고 원망조 푸념도 했다. 이렇듯 예부터 우리 조상들의 하늘을 공경하는 경천敬天 사상은 아직도 우리 역사를 꿰뚫어 흐르고 있다.

우리 조상의 천신 숭배 사상은 국민 단결과 외침으로부터 보호 등 호국적인 요소도 짙게 깔려 있다. 한민족에게 '하늘'은 소원을 들어줄 뿐만 아니라, 그릇된 일을 바로잡아 주고, 나라를 보호해 주고, 백성을 보살펴 주는 존재였다.

미신은 비과학적이고 후진성을 대표하고 있는듯한 인간 속성이지만 동서고금을 불문하고 미신은 존재해 왔다. 행운의 네 잎 클로버, 13일의 금요일 저주, 길조의 돼지꿈 등 동서양의 민간 생활 속에 미신과 유사한 관습은 넘쳐난다. 전통이나 관습 차원이 아니라 점복占卜은 초인간적인 존재와의 접촉을 통해서 과거·현재·미래의 사물에 관한 일련의 지식을 얻고자 하는 적극적인 미신 행위이다. 원시시대부터 인간의 생활사와 밀착해 온 샤머니즘인 동시에 가장 오래된 신앙의 형태이다.

고려시대에는 점복술이 풍수지리설과 함께 유행하여 왕가의 대사는 물론 민가에서도 점복에 의지하는 일이 적지 않았다.

조선시대에 들어서는 문복問卜하는 습속이 더욱 보편화 되어 천주교 신자 실용주의를 확산시킨 다산 정약용까지도 "옛 선현들도 이것을 행하였다."라며 점복 풍습을 인정하는 듯한 태도를 보였다고 한다.

점복의 종류는 역학易學을 응용한 사주·궁합·토정비결 등 다양하다. 점장이 역시 관상가를 비롯해 손금·성명 풀이·해몽가 등 매우 다양하다. 세상 사람들은 왜 점복에 의지하고 점을 치러 다니는가?

첫째는 인간의 미래에 대한 불안감으로 인해 초자연적 힘을 갖고 있다고 믿는 점술가의 도움을 받기 위해서이다.

둘째는 하나의 심심풀이 오락으로 재미 삼아 찾는다는 것이다. 과학기술 문명이 발달한 현대인들이 점복의 수단에 의지하는 원인은 무엇인가? 인간 사회에서 아직도 모르는 것, 해결하지 못하는 것, 미지의 위험 등이 남아 있는 한 점을 치는 행위가 사라지지 않을 것이다.

점복은 과학적·합리적 사고를 방해하여 자칫 퇴영적 운명론에 빠지기 쉬우며, 정신적 낙후성을 자초하는 등 부정적 측면이 많다. 20세기 성자 마하트마 간디는 "인간은 모두 신의 피조물이다. 만인이 신성불멸의 빛을 갖는다."라고 갈파했다. 인간의 무한한 잠재력과 놀라운 가능성을 시사한 말이며, 난제 해결의 실마리를 점복이 아닌 자신에게서 찾으라는 충고이다. 각자의 마음속에 온갖 문제(불안, 공포, 고독, 죽음, 불확실성 등) 해결의 열쇠가 있다는 것이다.

개인의 운명을 개척하는 데는 자신의 강점과 약점을 이해하고 이를 바탕으로 목표를 설정하고 계획을 세우는 것이 중요하다. 또한, 변화에 유연하게 대응하고, 실패를 겪었을 때 그것을 배움의 기회로 삼는 태도를 지녀야 한다. MBTI나 사주를 통해 심리적 위안을 받을 수는 있겠지만, 결국 내 운명은 나 자신의 선택과 행동에 달려 있다.

2) 철학적 운명 풀이와 마이웨이

필자는 종교적·철학적으로 나를 찾는 과정, 나를 내려놓는 과정을 '마이웨이My way'로 표현하고 싶다. 스님에게 불교를 가르치는 서양철학자 홍창성 교수는 『무아, 그런 나는 없다』라는 책에서 현대철학으로 불교 '무아無我'를 논증한다. 세계의 주요 종교인 힌두교, 기독교, 이슬람교는 '진정한 나'인 '영혼'의 존재를 믿는다. 그러나 불교에서는 '진정한 나'는 없다는 무아를 말하고 있다.[18] 내가 '나'라고 할 수 있는 '나'를 어디서 찾을 수 있을까?

자아정체성을 확립한 My way 운명이 중요한 이유는 우리 모두는 '나'를 갖고 있으며, 죽을 때까지 자기인 '나'와 함께하기 때문이다. 모든 사람은 자기만의 특기·끼·전문성 등이 꼭 하나씩 있다. 그것을 찾았을 때 My way를 행복하게 즐기며 갈 수 있다.

미국 미네소타주립대의 홍창성 교수는 "'진정한 나'나 영혼 같은 것은 없으므로 우리는 모두 자신을 스스로 내려놓아야 자유롭고 행복해진다."라고 강조한다. 이것은 현대인들이 자신의 삶과 운명을 이해하고 대처하는 방식에 대한 중요한 통찰을 제공한다. 즉, 우리의 삶과 운명은 고정된 '나'또는 영혼에 의해 결정되는 것이 아니라, 우리 자신의 행동과 선택에 의해 형성되는 것이다. 이러한 관점에서 보면, 우리는 운명을 스스로 결정할 수 있는 자유를 가지고 있다.

이것은 우리가 우리의 삶을 책임지고, 우리의 행동과 선택의 결과를 받아들이는 데 도움이 될 수 있다. 헐리우드 영화 스파이더맨에서 주인공 마일스는 "I'mma do my own thing"(난 내일을 할 거야! 내 이야기는 내가 쓸 거야!)라는 명대사를 하여 마이웨이를 상징적으로 대변하고 있다.

영국의 대문호 세익스피어는 "우리의 운명을 쥐고 있는 것은 별들이 아니라 우리 자신이다."라고 했고, 미국의 유명작가 토니 로빈스도 "당신의 선택들이 모여 운명을 만든다."라고 단언했다. 사실 운명은 개척하는 것이라는 메시지는 경영학이나 성공 컨설팅 분야의 상투어가 될 정도로 자주 등장

---

18. 홍창성, 『무아, 그런 나는 없다』, (김영사, 2023년 6월)

한다. 자기의 운명을 개척해 나가는 데 있어 기도·염불·참선보다도 훨씬 효과적인 방법은 피·땀·눈물을 흘리는 것이라고 한다. 이 세 가지 액체야말로 자기 운명을 개척하는 데 필수 요소라 생각한다.

자아정체성은 어디에서 찾는가? 자아정체성 확립은 왜 중요한가? 필자는 등산을 생활처럼 즐긴다. 등산을 통해 깨달은 것은 올라가야 할 산과 등산로를 잘 알고 있을 때 안전하고 즐겁다는 것이다. 다시 말해, 백두산 등산로를 모르고 오르면 등산의 즐거움보다는 불안하고 고통이 심해 잘못하다간 길을 잃고 죽을 수도 있다는 것이다. 인생도 자아정체성을 모르고 살면 불안한 등산로와 같고 자아정체성을 알고 살아가면 즐겁고 아름다운 인생길을 걸을 것으로 확신한다. 산악인들이 높은 산에 오르는 방법은 자신의 정체성과 취향에 따라 두 가지로 대별된다.

첫째, '등정주의' 등반으로 등반 과정보다는 얼마나 높이 오르는가 하는 최종 목표의 높이의 서열에 가치를 둔다.

둘째, '등로주의' 등반으로 가치의 중심은 최종 높이가 아니라 등반 과정에 둔다.

삶의 여정이 등산과 무엇이 다르겠는가? 자본주의적 무한경쟁 세상에서 수단과 방법을 가리지 않고 최고의 높이를 겨냥할 것인가 아니면, 남과의 서열 경쟁보다는 먼저 자아정체성을 알고 내가 원하는 '봉우리'를 찾아내어 나의 스타일에 맞추어 오른 다음 그것을 '내 봉우리'로 삼는 것에 더 가치를 둘 것인가를 선택하는 것이다.

그것이 필자가 말하는 My Way의 개념이다.

어린 시절 '나는 어떻게 쓰일 사람인가?' 하는 궁금증을 갖는 것은 바로 '나는 누구인가?'를 생각하는 자아정체성이라 할 수 있다. 인간은 태어날 때부터 모두 쓰임새가 있다. 그래서 자아정체성의 명료한 이해는 자신만의 천성天性을 계발할 수 있어 직업·대학·학과 선택 등 인생의 방향을 제시해 준다.

그러므로 하늘이 내린 정체성을 일찍이 찾아 최선을 다하는 사람은 이 세상에 필요한 리더가 될 수 있다. '천생아재天生我才 필유용아必有用我(하늘이 나를 낳았으니, 반드시 쓰일 데가 있다)'라는 이백의 글이 심금을 울린다. 임경업 장군의 검에 새겨진 '황생천하皇生天我 의하여意何如(하늘이 나를 만들었으니, 그 뜻은 무엇일까)'의 의미도 자아정체성에 대한 표현이라 볼 수 있다.[19]

자아정체성은 개인의 이상과 행동 및 사회적 역할을 통합하는 자아의 기능에 의해서 이루어진 결과이다. 또한 '나는 누구인가?'를 깊이 생각하여 자아의 실체를 찾고, 자신이 자기 정신의 주인이 되어 극기를 할 수 있어야 정체성을 바로 정립했다고 볼 수 있다. '자아의 정체성은 어디에서 찾는가?'라는 화두의 정답은 바로 '나 자신'이다.

아인슈타인은 네 살이 될 때까지 말을 제대로 하지 못하였고 수학을 제외한 모든 과목에서 낙제 점수를 받았다. 담임선생님조차 다른 학생의 공부에 방해가 된다며 그를 가르칠 수 없다고 말할 정도였다. 그런 그를 인류 역사에 빛날 발명가의 반열에 올려놓은 데 결정적인 역할을 한 사람은 어머니였다.

아인슈타인은 그의 어머니에게 하루에도 몇 번씩 같은 말을 들었다고 한다. "너는 세상에 다른 아이들에게 없는 훌륭한 장점이 있단다. 그래서 이 세상에는 너만이 감당할 수 있는 일이 기다리고 있단다. 그 길을 찾아가야 해. 너는 틀림없이 훌륭한 사람이 될 거야."라며 아인슈타인의 My way를 인도했다.

이처럼 부모의 절대적인 사랑과 따뜻한 격려가 좌절감이나 자책감에 빠진 아이에게 용기와 희망을 준다.

---

19. 최익용, 『대한민국 리더십을 말한다』, (이상 BIZ, 2010)

5. 마라톤과 사랑은 운명의 묘약

흔히 인생을 마라톤에 빗대곤 한다. 마라톤은 끈기와 인내, 역경의 극복을 운명적으로 상징한다. 상대를 이기는 것보다 자신과 싸움인 극기(克己)의 스포츠다. 대회마다 환경이 달라 기록보다는 완주 자체가 곧 목표이다.

도움을 주는 페이스메이커가 있는가 하면 진로를 방해하는 이들도 있다. 그런데도 함께 달려야 하는 것이 인생이다. 어떤 가치를 위해 달리는가가 중요하다. 운명도 마찬가지다. 또 하나의 어떤 가치의 핵심은 사랑이라 생각하며 시인 한용운(1879~1944)의 「사랑하는 까닭」 제하의 시를 소개한다.

내가 당신을 사랑하는 것은 까닭이 없는 것이 아닙니다.
다른 사람들은 나의 홍안만을 사랑하지마는
당신은 나의 백발도 사랑하기 때문입니다.
내가 당신을 그리워하는 것은 까닭이 없는 것이 아닙니다.
다른 사람들은 나의 미소만을 사랑하지마는
당신은 나의 눈물도 사랑하는 까닭입니다.
내가 당신을 기다리는 것은 까닭이 없는 것이 아닙니다.
다른 사람들은 나의 건강만을 사랑하지마는
당신은 나의 죽음도 사랑하기 때문입니다.

– 시집 〈님의 침묵〉(1926) 중에서–

사랑하는 것은 '작은 나'를 버리고 '더 큰 나'를 맞는 일이다. 김경복 평론가는 "한용운 시인도 사랑하는 당신이 나의 일면적 모습인 '홍안, 미소, 건강'만 보는 것이 아니라 '백발, 눈물, 죽음'까지 보듬어 나의 전부를 사랑해 주었기에 나 역시 당신을 사랑하지 않을 수 없다는 의지를 표현했다."라고 평론했다. 사랑은 자신이 더 좋은 사람이 되는 것이다. 시간이 지나야만 알게 되는 것이 사랑이다. 사랑이 그렇다. 사랑은 사람과 사회로 향하지만 결국 자기에게로 돌아오는 것이다.

에리히 프롬은 사랑에 대해 '자신을 성장시키는 것'으로 연관시켰다. 사랑은 그 사람을 돌보고 싶고, 행복하길 바라는 욕구에서 비롯되며, 우리의 행동, 생각, 결정에 큰 영향을 미친다. 사랑은 우리 인생에서 누구를 만나게 될 것인지, 어떤 경험을 하게 될 것인지, 그리고 어떤 선택을 하게 될 것인지를 결정하는 데 중요한 역할을 한다. 이는 사랑이 우리의 운명을 개척하는 중요한 요소라는 것이다. 우리는 사랑하는 사람을 위해 삶을 바꾸기도 하고 그 사람을 위해 삶의 일부를 희생하려는 욕구를 갖는다.

사랑은 우리의 자아실현에 도움을 주는 것으로서 서로를 이해하고 지지하는 관계를 형성할 수 있는 공간을 만들어 안정감과 감정적인 위로를 받고, 자아를 발전시킬 수 있다. 사랑을 통해 자신에 대한 통찰을 얻을 수 있고, 자아 운명을 발견하거나 재정비할 수 있다.

그래서 사랑은 운명의 묘약인 것이다.

제3장

국가
운명론

1. 안보는 생명선

1) 튼튼한 안보없는 G3 코리아는 허상

튼튼한 안보가 확보되지 않는 G3 코리아 청사진은 허상이다. 안보가 굳건하지 못하면 국제적으로 무시당하거나 희생양이 되는 것이 냉엄한 국제현실이다. 특히 군사력은 안보·외교·경제를 뒷받침하는 토대인 동시에 한반도 평화를 지키는 힘이다.

북한은 팔레스타인의 하마스와는 비교할 수 없는 군사력을 갖고 있으며, 러시아에까지 재래식 포탄을 제공하는 수준임을 직시, 절대 과소평가해서는 안 된다. 명백하고도 현존하는 북핵 위협을 눈앞에 둔 와중에 정치권은 진흙탕 싸움에 몰두해 있다. 정치적 반사이익을 얻기 위해 외교·안보마저 정쟁화하는 우리 정치는 북한의 오판을 불러일으킬 수도 있다. 안보는 절대 정치화되지 않도록 국민이 압력을 가해야 한다.

일찍이 로마제국 군사 전략가 베게티우스Vegetius의 '평화를 원하면 전쟁에 대비해야 한다.'라는 말에 공감하지 않는 이는 없다. 그러나 전쟁을 각오하는 것과 전쟁해도 상관없다는 태도가 같을 수가 없다. '응징', '보복'은 어디까지나 전쟁을 막기 위한 언어여야 한다.

미국의 외교 브레인으로 미국 외교안보 정책에 막강한 영향력을 행사해 왔던 즈비그뉴 브레진스키는 1997년에 쓴 자신의 저서 '거대한 체스판'에서 유라시아 대륙은 미국의 가장 중요한 지정학적 목표로서 미국의 세계 패권 지위 지속 여부를 결정할 거대한 체스판이라고 규정했다. 브레진스키는 2012년에 쓴 또 다른 저서 '전략적 비전'에서 2025년까지 유라시아 대륙에서 지정학적으로 위기에 처할 수 있는 취약한 국가 및 지역들을 열거한 바 있다.

조지아, 벨라루스, 우크라이나, 이스라엘과 중동, 아프가니스탄, 파키스탄, 대만 그리고 한국이 그렇게 꼽힌 나라들이다. 미국은 아시아에서는 인도 태평양 전략을 채택하고 아시아 내 동맹체제 강화, 인도 태평양 경제 프레임 워크 구축 등을 추진하고 있다. 2차 대전 당시 처칠의 통치 리더십이 세계에 큰 울림을 주었듯이 대한민국의 안보를 굳건하게 다지면서 미래 운명을 개척하는 리더가 필요하다.

아직도 우리 사회에 남아 있는 '숭문천무崇文賤武' 사상부터 사라져야 한다. 문을 숭상하고 무를 천하게 여기는 풍토가 안보를 좀 먹는다. 헌법이 규정한 병역의 의무를 다하는 것을 자랑스럽게 여기지 않고 '군대 가서 썩는다!'라고 망발하는 대통령도 있었다.

나라가 어려울 때 항상 선비가 솔선수범하여 나라를 지키며 목숨까지 바쳤던 '선비 정신'이 국가위기를 극복하는 원천이었다. 나라가 어려울 때 목숨을 바친다는 위국헌신의 자세는 군인들만의 몫이 아니었다. 안중근 의사가 목숨을 바쳐 지킨 핵심 가치인 동시에 한국적 노블레스 오블리주의 전형이었다. 심지어 6·25전쟁 시 우리 장군의 아들들이 참전하지 않은 데 반해 미국 장군의 아들들은 30여 명이 참전하여 전사자까지 속출했다. 역차별이 아니라 사회지도층 리더들의 진정한 솔선수범이 나라를 살린다는 것이다.

영국, 이스라엘 등 외국의 노블레스 오블리주 리더십을 타산지석 삼아야 할 것이다. 노블레스 오블리주 리더십은 국가 안보는 물론 사회 발전의 핵심 역할을 하고, 국민통합과 행복에 크게 영향을 미친다. 우리는 노블레스 오블리주 정신을 계승해, 공직사회의 정신문화로 정착시켜야 할 것이다. 선진국에서는 사회 지도층과 부유층이 주도적으로 유산 기부에 나서는 경우를 종종 보게 된다. 우리의 기부문화도 확대되고는 있지만 아직은 미미하다. 실종된 노블레스 오블리주의 부활을 위해 국가사회 지도층의 적극적인 동참이 필요한 시대이다.

튼튼한 안보 토대의 확립은 역사의식으로 무장한 애국적 국민이 많아지는 정신혁명과 밀접한 관련성을 맺는다. 대부분의 침략국이 역사적 영역을 기반으로 영토전쟁에 돌입한다는 사실을 기억해야 한다. 우리 역사상 가장 위대한 고구려 광개토태왕의 사료를 찾아낸 것도 불과 100여 년 전이다. 19세기 후반 일본인 학자에 의해 광개토태왕비가 중국에서 발견되어 비문이 훼손, 왜곡되었다. 우리 학자가 아니라 일본 학자 손에 의해 발굴된 이후 뒤늦게 정리한 것은 역사의식의 결여다. 후손으로서도 자성해야 할 일이다. 쳐들어오는 외적 앞에서 나라를 위해 목숨을 내놓기를 주저하지 않았던 애국심은 초일류 강국을 지향한 '세계등불, G3 코리아'의 초석이다.

인류의 역사는 전쟁의 역사이다. 안보가 취약했던 국가는 전쟁의 비극을 피할 길이 없었다. 과거 우리 조상들이 이어온 삶을 살펴보더라도 이 같은 사실을 확인할 수 있다. 안보의식이 강한 국가는 국태민안, 부국강병으로 부흥했으며, 그렇지 않은 국가는 쇠퇴와 망국의 길을 면치 못했다.

이렇듯 국방안보는 국가의 초석, 생명선으로 국가의 운명을 좌우하는 것이다. 특히 인류의 역사에서 경제는 안보를 좌우하고, 안보는 국가의 존망을 결정한다. 가난한 나라는 경제, 안보, 외교적으로 무시당하거나 약육강식의 희생양이 되기도 한다. 특히 21세기 경제는 안보, 외교, 민생을 뒷받침하는 핵심 요소로 국가 사활의 문제이다.

특히 한반도 평화번영을 위한 각종 정책은 정신·교육·경제가 국방안보와 융합 작용하여 시너지 효과를 내도록 해야 한다. 안보는 '각종 위협으로부터 국가 목표를 달성하는 데 있어서 추구하는 정책체계를 종합적으로 운용하여 기존의 위협을 효과적으로 배제하고, 일어날 수 있는 위협의 발생을 미연에 방지하고, 나아가 불시의 사태에 적절히 대응하는 것'이다.

국방 안보태세 확립에 있어 정치적 이해타산은 철저히 배제해야 한다. 보수·진보, 여·야를 막론하고 국가 보위 차원에서 접근하지 않는 정치세력에 대해서는 국민이 응징하는 풍토가 정립되어야 한다. 아프가니스탄 패망 사태가 입증하는 바와 같이 국가안보를 외면하고 진영대결을 벌이거나 안보 포퓰리즘이 횡행하도록 방치하는 것은 이적행위라 해도 과언이 아닐 것이다.

대표적 사례로 최근 북한 공작금과 지령을 받고 F-35A 스텔스 전투기 반대 시위를 한 일당이 정치 활동을 벌인 혐의가 드러났음에도 불구하고 진영 간 이견이 심각하게 노출되고 있다. 간첩이나 북에 포섭된 사람이 정치에 개입할 경우 대북정책을 왜곡하고 국민의 안보의식을 해이하게 만든다.

역사적으로 볼 때 적군이 쳐들어오는데도 내부 분열에 휩싸인 것을 넘어서 성문을 적에게 열어주어 망국을 초래한 고구려의 신성·신흥 세작(간첩) 교훈을 상기해야 한다. 명백한 간첩행위에 대해서조차 정치적 프리즘을 들이대어 미온적으로 대처한다면 군과 정부 핵심 기관까지 이적 세력이 암약하도록 방기하는 사태로 악화될 수 있다. 자칫하면 국가 위기 국면이 패망으로 걷잡을 수 없게 치닫게 되는 준엄한 교훈은 베트남이나 아프가니스탄의 사태를 타산지석으로 삼아야 한다.

2) 21세기 신냉전의 중심축은 한반도

2024년 총선에서 유리한 여론을 형성하기 위한 안보 포퓰리즘이 국방안보 전략에 영향을 주지 않도록 국민이 날카롭게 지켜봐야 한다. 국방안보 전략은 전현직 군인이나 안보전문가들만의 영역이 아니다. 국민이 리더십을 발휘해야 할 국가생존과 선진강국 달성 비전과 직결된다.

한국은 국력이 약하면 대륙·해양 세력의 충돌로 안보가 취약해지는 특성을 가진 나라다. 우리가 강하면 호랑이 같은 나라가 되고 우리가 약하면 토끼 같은 나라가 되어 주변 강대국들에 의해 둘러싸여 먹잇감이 될 수도 있다. 한반도의 위험은 물론, 아태지역에서는 남중국해 및 센카쿠 열도(중국명 댜오위다오)의 해양 갈등으로 인해 신냉전이 형성되고 있다. 한반도의 지정학적 위치를 흔히 '일본의 심장부를 향한 비수', '중국의 머리를 때리는 망치'라고 하지만 우리가 약하면 강대국들의 각축장으로 전락한다.

국제정치학의 세계적 석학인 존 미어샤이머(74) 미 시카고대 정치학과 교수는 강대국들에 둘러싸여 가장 불리한 위치에 있는 두 나라로 한국과 폴란드를 꼽는다. 미국과 중국이 패권경쟁을 벌이며 충돌 가능성이 큰 곳이 한반도 지역이다. 그는 "한국은 한 치도 실수가 용납되지 않는 지정학적 환경에 살고 있다. 국민 모두가 지혜롭게 전략적으로 사고해야 한다."라고 충고한다.

우리 지도자들은 열강의 굴레와 위협에서 벗어나기 위해 동북아 안보 구도가 한국 국익에 유리하게 형성되도록 전략적 지략을 발휘해야 한다. 한반도는 지정학적으로 미·중·러·일 등 세계 최강의 군사 강국에 둘러싸인 동북아의 교두보이며, 남북한에 200만 명의 상비병력이 대치하고 있는 화약고다. 그래서 한반도를 둘러싼 국제정치는 곧바로 전쟁과 평화의 문제로 이어진다. 어느 쪽으로 전개될 것이냐의 방향은 각국의 국가 '대전략'에 입각한 동맹의 관리, 그리고 동맹의 역학 관계와 직결돼 있다.

주변 열강들의 전략적 속내와 외적으로 표출하는 외교적 레토릭(修辭)에 현격한 차이가 있다는 점을 명심해야 한다. 한반도가 남북한으로 분단되어 군사적 대치를 하고 있는 근본적 원인은 결국 '디바이드 앤드 룰Divide and Rule'이라는 열강의 분할을 통한 전략적 관리가 작용한 측면이 강하다. 대한민국은 세계 유일의 분단·휴전 국가로 남아 있고, 강대국들의 속내가 분할통치를 선호하는 성향과 맞물려 있다고 보아야 한다.

이제 한반도에 고착된 과거지향적 패배주의 인식을 벗어나 '튼튼한 안보, 강한 국방'에 대해 국민이 자신감을 가질 수 있도록 힘과 지혜를 모아야 한다. 국력신장에 걸맞은 국방안보 역량에 대한 자신감이 결여되고 국민의 대군 불신 풍조가 만연한 실정이다.

아프가니스탄 정부가 이슬람 무장단체 탈레반에 항복함에 따라 수도 카불을 탈출하려는 수많은 인파로 아수라장이 된 공항 모습은 베트남 패망 직전 '사이공 탈출'을 방불케 했다. 먼저 항공기에 타려고 트랩에 매달리고, 추락사한 사람도 있어 아비규환이 따로 없다. 정부의 무능과 부패, 분열이 어떻게 국민을 생지옥으로 몰아넣는지 여실히 보여주는 비극적 장면이다.

조 바이든 미국 대통령은 "미국의 국익이 없는 곳에서 싸우는 실수를 반복하지 않겠다."라고 못 박았다. 스스로 지킬 능력과 의지를 갖추지 못한 나라는 동맹이라도 손절할 수밖에 없다는 것이다. 우리에게도 시사하는 바가 크다.

반면, 미국 공화당 대통령 후보로 유력한 트럼프가 재집권하면 한국은 안보정책이 요동칠 것이라는 여론이 지배적이므로 철저한 사전 대비책이 긴요하다고 판단된다.

미국외교협회 선임연구원이자 한미경제연구소 소장인 스콧 스나이더 박사는 외교안보 전문지 『내셔널 인터레스트』에 기고한 글에서 '트럼프 2기 행정부는 북한에 예측 불가능한 접근 양상을 보일 것'이라며 이렇게 진단했다.

김정은과 브로맨스를 부활하고, 주한미군 방위비 분담을 둘러싼 한미 긴장을 새삼 촉발할 것으로 추정하기 쉽다. 그러나 트럼프는 재임 기간 중 정치적 유연성을 가치 있게 여기고 즉각적인 정치적 이득을 우선시하는 면모를 보인 바 있다.

첫 임기 때와 다른 세 가지 새로운 현실을 마주할 것이다.

첫째, 문재인 전 대통령과 달리 윤석열 현 대통령은 확대 일로의 북한 위협에 대한 억제정책을 종용할 것이다. 윤 대통령은 트럼프의 대북 대화 채널 복원 노력에 반대하며 중개인 역할을 꺼리고 치어리더 노릇을 마다할 것이다. 이는 트럼프에게 북한과의 관계 회복 비용을 늘리게 된다.

둘째, 더 많은 러시아 후원과 중국 지원을 얻게 된 김정은이 더 이상 트럼프와 엮일 필요를 느끼지 않을 수 있다. 2019년 하노이 미·북 정상회담 결렬로 수모를 당한 김정은 입장에선 북한의 확대된 능력을 과시함으로써 트럼프에게 우위를 확보해야겠다는 생각을 할 수 있다. 그래서 트럼프가 받아들이기 어려운 수준으로 호가를 높이다가 서로 '노망난 늙은이', '로켓맨'이라는 막말을 주고받던 긴장 관계로 되돌아갈 수도 있다.

셋째, 한국이 북한과 핵 균형을 이루려고 할 수 있다. 미국의 확장억제 신뢰성에 불안을 느끼게 되는 데다, 트럼프가 과거에 한국 핵무장 용인 발언을 한 바 있기 때문이다. 트럼프의 예측 불가능한 리더십은 남북 안보 역학을 극적으로 변형시키고, 미국의 방위 공약을 전례 없는 방식으로 뒤흔들 수 있다.

미·중 경쟁 확대로 인한 새로운 지정학적 환경이 예측 불가능한 결과를 낳게 될 것이다. 트럼프 2기 외교 정책은 과거 전례와 상관없이 정치적 이득을 주는 당장의 사안들에 집중하는 트럼프 특유의 거래적 성향에 따라 움직이게 될 것이다.

문재인 정부에서는 안보의 기둥인 한미동맹이 약화되고, 친북·친중 노선은 되레 강화됐었다. 북한 핵·미사일이 갈수록 고도화하는 마당에 허망한 종전선언에 매달리고, 북한의 도발에 경고 한마디 못 하고 '소 대가리' 소리를 들어가며 대화를 구걸하다시피 했다. 한미 훈련은 4년째 컴퓨터 시뮬레이션으로 진행되면서 형해화形骸化되는 판이었다. 게다가 부실 급식, 인권 침해, 성범죄, 병영 내부 고발 등 기강이 무너지는 연쇄반응 현상까지 보였다.

이러한 문제를 해결하기 위해서 국민이 나서서 국방안보 가치를 재인식하고 군을 성원하는 '전략적 마인드'를 견지해야 한다. 더불어 국방 당국은 문제 인식 수준을 넘어서 해법 중심으로 국민적 공감대를 형성해야 한다. 안타깝게도 국방 리더들이 시대 흐름과 미디어 생태계 변화에 둔감하거나 소통 역량이 미흡하다. 과거의 경험과 군대 관행에 의존하여, '사실을, 적시에, 정확하게' 소통하지 못하고 축소, 은폐, 적당주의로 위기를 모면하려 해서는 안 된다. 이제 한국의 국방 자주권을 회복하는 한편, 북핵 문제를 해결하면서 한국이 보다 능동적으로 한반도 평화체제 구축을 주도하는 정책을 적극 추진하여 국민적 공감대를 형성하는 것이 매우 중요하다.

선진강국 위상에 적합한 국방안보의 가치에 대해서 국민을 향한 전략적 소통이 강화되어야 한다. 국방개혁의 핵심은 '양적 군 구조'를 '질적 군 구조'로 전환하는 데 있다. 기술집약형 스마트 강군으로 혁신하여 현재의 병 위주의 국방인력 구조를 혁신하여 숙련된 정예인력 확보하는 방향으로 나가면서 단계적으로 징집병을 축소하고, 민간인력과 부사관을 확대해야 한다. 특히 국민 참여·공감을 이끌도록 대국민 소통을 활성화해야 한다.

민생국방과 직결된 이슈에 대해 사실Facts에 입각한 발전적 해법을 마련하고 공감을 불러일으키는 소통에 진력해야 한다. 국민이 든든한 마음으로 민생에 전념하도록 추호의 빈틈이 없이 국방안보태세를 강화해야 한다. 양성평등, 인격적 생활여건, 병역제도, 국방예산 등 국민적 관심사로 부상하는 것은 '민생경제'처럼 국민이 체감하도록 '민생국방'의 개념을 정립해야 한다. 이러한 차원에서 병영의 삶의 질을 향상시켜서 국력신장에 걸맞은 수준으로 병영의 기본생활권 획기적으로 개선해 나가야 한다. 장병 급식 수준은 사소한 병영 내부의 문제가 아니라 군인들의 사기진작과 전투력 증진에 직결된 중요한 국방 이슈로 인식해야 한다. 군 간부층의 병사에 대한 인식부터 전환해야 한다. 병사들을 통제·관리의 대상이 아니라 본연의 국방임무를 완수할 수 있도록 인권과 기본생활권을 보장해 주는 것이 선진강국의 군대로 가는 것이다.

3) 주체적 안보역량 완비

대한민국이 직면한 초저출산, 초고령화의 국가사회적 문제에 대해 심층적으로 연구가 진행되어야 한다. 현재의 징병제 시스템으로 병력 충원이 곤란한 상황에 직면한 것도 국방분야에 심각한 도전이다.

안타깝게도 세계 제1의 초저출산 현상과 함께 복무기간 단축 정치포퓰리즘이 한국군을 '미니군대'로 만들어 가고 있다.

출산율은 1960년 6.0에서 2005년 1.08명, 2020년 0.84명, 2023년 0.70명으로 급속히 하락하고 있어 새로운 형태의 병역제도 설계가 시급하다. 대안(병력규모 감축, 복무기간 연장, 여성 징병제)의 선택이 어려운 구조이므로 징병제를 기반하되 모병제 성격을 강화하는 방향으로 병역제도를 단계적으로 개편해 나가는 것이 바람직하다. 안보위협과 인구감소를 고려하되, 무엇보다 군 구조 혁신의 관점에서 점진적으로 상비병력 규모를 감축하는 방향과 합치되어야 한다.

2023년 11월 우리나라 노인들이 '시니어 아미senior army'라는 민간 군사훈련 단체를 만들어 국방부 도움으로 첫 군사훈련(자비. 自費)을 받았다고 한다. 500명이 회원으로 가입해 있는데 평균연령 63세이고 최고령은 75세이다. 이같은 '시니어 아미'는 세계적인 추세이며 우리 정부도 이에 대한 적극적인 검토가 필요하다.

남북한 관계 변화와 인구가 줄어드는 상황에서 모병제는 현실적으로 채택하기 어렵다. 징병제를 기반으로 모병제의 성격을 확대하는 방향으로 추진해야 한다.

최근 금태섭 전의원 등의 신당 '새로운선택'이 '여성징병제 검토'를 제안했는데, 여성징병제가 어렵다면 여성 병사 모병제라도 해야 한다. 일각에서는 이스라엘의 예를 들어 병력이 적은 나라가 압도적으로 많은 병력을 가진 적을 막기 위해서는 핵무장을 해야 한다는 주장도 하고 있다.

　　한국의 군사력 규모와 수준은 군사강국의 면모를 잘 나타내고 있다. 2023년 현재 한국의 군사력은 세계 6위, 국방비 지출 규모면에서도 세계 8위의 수준이다. 한국의 국방비는 2023년 기준 GDP 대비 2.7%, G7 국가 중 미국 다음으로 많은 부담을 하고 있다. G7은 미국 영국 프랑스 독일 이탈리아 캐나다 일본을 회원으로 둔 비공식 국가협의체이다. 사실상 자유민주주의 가치를 공유하는 선진국 클럽이다. 이들 7개국의 인구는 세계의 10%밖에 되지 않지만 GDP 합계는 세계 200여 개국의 50%를 차지한다.

　　대한민국은 더 이상 신흥경제국이 아니다. 급변하는 글로벌 지형을 반영해 G7 구성을 다양화해야 한다는 요구는 날로 커지고 있다. G7에 한국, 인도, 호주, 브라질까지 더한 G11을 출범시켜 세계 정치경제를 주도할 새로운 체제를 만들자는 주장이 힘을 얻고 있다. 2020년 트럼프 당시 미국 대통령은 G7을 확장하여 한국, 호주, 인도를 포함해야 한다고 주장했다.

　　북한의 군사력 순위는 28위 수준이고 국방비 지출 규모는 한국이 480억 달러로 8위이며, 북한은 35억 달러로 59위에 위치하고 있다. 2018년부터 전년도 대비 7~8.2%의 증가율로 국방비를 증액하고 있으며 국방중기계획에 따르면 2021년부터 5년간 300조 7,000억 원(증가율 6.1%)을 투입할 계획이다. 남북한 간 비교에서 남한은 군사력의 근간이 되는 인구, 경제력, 국방예산 등에서 북한과의 비교가 무의미할 정도로 압도적 우위를 보이고 있다. 남한은 북한에 비해 인구는 2배, 2019년 무역총액은 280배, 1인당 국민총소득 27배(한국은행 기준) 수준이다. 2024년 기준 국방예산은 남한이 59.4조 원으로 북한 1.8조 원의 28배 규모에 이른다. 핵과 미사일을 제외한 부문에서 이미 압도적인 우위를 확보하고 있다.

핵미사일에 대한 억지력은 주한미군의 군사력을 비롯해 한미동맹의 틀을 활용하는 전략이라는 것을 국민이 정확하게 인식해야 한다. 우리 군은 민생 국방에 관련된 불신을 극복하고, 강한 정신전력을 중시하는 제대로 훈련된 군대가 되어 4차산업혁명 시대의 첨단 미래전력을 운영할 전문성을 갖춘 군대로 탈바꿈해야 한다.

특히, 정치권의 눈치를 보며 휘둘리는 군대가 되지 말아야 한다. 북한의 명백한 미사일 도발에 대해 입장을 명쾌하게 천명하지 못하고 '분석 중'이라는 모호한 태도를 보이거나 날로 증강되는 북한의 핵미사일 위협을 과소평가하거나 외면해서는 안 된다. 국방안보를 책임 맡은 리더들이 정권의 정책을 과잉 고려하거나 북한의 입장을 두둔해서야 되겠는가? 대한민국의 역량과 지략을 총동원하여 북한의 비핵화를 반드시 달성하고 자유민주적 기본질서에 입각한 평화적 통일을 추진해야 한다. 이를 위한 초석은 시류에 흔들림 없이 굳건한 국방안보태세를 확립하는 것이다.

강대국들이 한국을 배제한 상태에서 우리의 운명을 결정하는 역사는 더 이상 반복되어서는 안 된다. 청·일 전쟁, 러·일 전쟁 당시부터 한반도를 분할하기 위한 위도까지 구체적으로 논의된 바 있고 2차 대전 말 얄타회담에서 강대국 간 흥정에서 38도를 기준으로 분할이 되었고, 6·25전쟁으로 현재의 군사분계선이 사실상의 국경선으로 작용하고 있다.

유엔사령부가 관할하는 비무장지대DeMilitarized Zone, DMZ이지만 지구상에서 가장 강력한 무장세력이 배치되어 자유민주주와 공산주의가 대치하고 현장으로서의 상징성이 존속되고 있다. 1972년 베이징을 방문한 미국 대통령 닉슨은 저우언라이周恩來를 만나 "북이든 남이든 코리안은 감정적으로 충동적인 사람들이다."이라고 했다. "중요한 것은 이 충동적이고 호전적인 사람들이 사건을 일으켜서 우리 두 나라(미국과 중국)를 놀라게 하지 않도록 영향력을 발휘하는 것이다."라고 발언한 사실이 확인된 바 있다.

미국과 중국의 전략적 속내를 극명하게 드러낸 한반도에 대한 인식이며, 그 그림자는 아직도 한반도에 드리워져 있다. 미국과 패권 경쟁을 벌이고 있는 중국의 첨단 군사력 증강은 한국에게도 위협이 되고 있다. 특히 한반도를 책임 지역으로 하는 북부전구는 3개 집단군과 함께 북해 함대가 소속돼 있고, 14개 항공여단과 다수의 미사일 여단을 보유하고 있다. 인공지능 등 과학기술 및 무기 체계 발전으로 현재의 지상, 해상, 공중 위주 전쟁에서 점차 우주, 사이버, 전자기, 심리전을 비롯한 인간 인지 등 전장 영역이 확장돼 이른바 '다영역 작전Multi-Domain Operations' 개념이 부상하고 있다.

한반도의 지정학적 위치는 단순한 지리적 개념을 넘어서, 연결과 융합의 관점에서 새롭게 이해되어야 한다. 지리적 연결의 중요성, 문화적 융합의 창조, 정치적 상황의 변화와 대응, 그리고 환경과의 조화는 이 지역의 미래 발전을 위한 핵심 요소이다.

이러한 새로운 관점을 토대로 한반도는 지역 간 협력과 안정의 중심지로서의 역할을 더욱 강화할 수 있을 것이다. 한반도 역사가 입증하듯이 한반도의 주체가 자주적 역량이 부족할 때는 외부 세력이 밀려들어 각축장으로 전락하는 반면, 세계의 등불 G3 코리아의 부국강병을 성취하면 세계안보의 주체세력으로 주변 국가를 압도하고, 중심 세력으로서의 진가를 유감없이 발휘할 수 있다.

핵심은 한반도 주체의 역량이므로 한민족의 주체적 역량이 강화될 경우에는 우리가 대륙이나 해양으로 진출하여 세계 평화와 발전을 주도하게 될 것이다.

2. 대한민국 미래 운명의 요체
– 제2의 6·25 예방

1) 제2의 6·25는 한민족 공멸의 아마겟돈(Armageddon)

6·25 전쟁은 준엄한 역사의 교훈이다. 우리 민족이 1945년 8월 해방의 기쁨에 도취하여 민족 내부 분열과 공산주의 실체를 간파하지 못한 안이함의 대가는 동족상잔의 전쟁을 불러왔다. 3년 1개월간의 피비린내 나는 전쟁은 종전終戰이 아닌 정전停戰 상태로 봉합된 지 이제 70년을 넘어섰다. 한국전쟁은 아직 끝나지 않는 전쟁이지만 젊은 세대들의 인식 속에 잊혀버린 전쟁으로 자리매김하고 있다.

북한 김정은이 핵미사일 도발을 이어가고 온갖 위협을 가하지만, 우리 국민은 외국인들이 놀랄 정도로 무사태평한 안정감을 누리고 있다. 과도하게 안보 불안 심리가 팽배하는 것은 바람직하지 않지만, 안보 경각심이 이완되는 것은 철저하게 경계해야 한다. 한반도의 안보 상황은 긴장 수위가 높아지고 있는데 정치권을 비롯한 일반 국민의 안보 불감증이 더 큰 위기 요인이라는 지적을 하지 않을 수 없다.

끝나지 않는 러·우 전쟁과 북·러 군사적 거래, 이·하마스 충돌과 미·중의 지정학적 대립의 심화 등 전례가 없는 복합 위기 속에서 한반도는 제2의 6·25전쟁을 배태하고 있다는 것이 전문가들의 냉정한 평가다.

특히, 북한의 핵 능력 고도화는 한반도 핵전쟁 위기설까지 불러일으키고 있다. 김정은 체제는 북한 헌법에 핵 무력 정책을 포함하고, 핵 선제공격 불사 발언까지 노골화하는 한편, UN에서조차 핵 포기 불가 방침을 천명했다. 세계의 어느 나라도 국가의 최고 규범이라고 할 수 있는 헌법에 핵무기 사용에 관한 내용을 명시화하지 않았다는 점을 상기하면 북한의 핵 무력 헌법화 책동은 섬뜩한 위협이 아닐 수 없다.

우리 정부는 "핵 사용 시 북한 정권은 종말을 맞이할 것"이라고 경고했고, 윤석열 대통령은 2023년 국군의 날 75주년 기념행사에서 "북한이 핵을 사용할 경우 한미동맹의 압도적 대응을 통해 북한 정권을 종식시킬 것"이라고 밝혔다.

북한 핵 무력 정책의 헌법화가 핵 사용 명분의 질주로 해석되고 이에 대응한 한국의 '강력한 힘에 의한 평화'가 강경일변도로 직행하다 보면 자체 핵무장이나 미국의 전술핵 재배치 주장이 압도하는 상황으로 귀결될 수 있다.

"지난 한국전쟁에서 핵무기를 사용하지 않은 건 기적이다."라고 한 미국 군사전략 사상가 에이드리언 루이스Adrian Lewis(미국 캔자스대학 역사학과 교수)의 냉정한 평가를 되새겨 볼 때이다. 한반도에서 핵전쟁이 벌어지면 한민족은 공멸의 아마겟돈으로 전락하게 된다.

"설마?"라며 안이하게 대처할 상황이 아니다. 김정은의 오판에 의한 파국이라 할지라도 한반도에서의 핵무기 사용은 승자도 패자도 무의미한 상황으로 치닫는다. 북한이 핵 무력 정책의 헌법화와 한국에 핵 선제 타격을 가하겠다는 기조를 유지하는 한 파국적 전쟁의 위험은 항상 도사리고 있다.

지난 30여 년 동안 북한 비핵화를 위해 6자회담을 비롯한 다양한 노력이 있었지만, 결과는 북한 핵 능력 고도화의 시간만 제공해 준 셈이 되었다. 북한이 2009년부터 6자 회담을 거부하고 6차에 걸친 핵실험을 하는 과정에서 정책적 돌파구를 마련할 의지나 자신감마저 상실한 상태이며, 북한과의 관계를 어떤 맥락에서 유지하고 그 관계를 끌고 나아갈 것인지에 대한 목적과 방향성을 유실한 채 표류해 왔다.

유엔에 의한 대북한 제재 이행이 느슨해지는 원인 중에는 러시아와 중국의 이중적 행보와 국제역학 관계 변화도 작용한다. 하지만 핵무기 보유가 김정은 체제를 보장해 줄 수 없고 오히려 체제 붕괴를 재촉하는 자충수임을 자각하게 된다면 상황은 극적으로 반전될 수 있다.

북한 체제 유지를 위해 핵을 보유해야 한다는 주장도 설득력을 잃은 지 오래다. 오랫동안 경제적 궁핍에 시달리고 있는 북한 주민들의 고난과 불만은 고조되고 있다. 북한판 MZ세대(장마당세대)가 차지하는 인구 비율이 30%에 달하면서 북한 사회를 변화시킬 희망의 싹으로 주목받고 있다. 장마당세대는 시장의 영향을 받으며 성장하였기 때문에 김정은 독재체제의 문제점을 잘 알고 외부 세계에 대한 동경과 호기심이 많으며 디지털 환경에 익숙하다. 외부 사조가 북한 체제 내부로 흘러들어 오지 못하도록 체제 단속과 선전선동을 강화하는 것도 한계점에 이를 것이다.

대한민국은 한미동맹을 공고히 다지며 전쟁 억지력을 극대화시켜서 김정은 체제가 감히 도발의 엄두를 내지 못하도록 압도적인 즉응태세를 유지해야 한다. 이른바 '남남갈등'으로 비유되는 정치적 극단대립은 국가안보를 위태롭게 하는 망국적 병폐다. 좌우 갈등을 조장하거나 한미동맹에 쐐기를 박으려는 세력은 국가안보 차원에서 발본색원해야 한다.

2) 힘의 논리가 지배하는 국제질서

대한민국은 미국·일본·중국·러시아라는 4대 강국의 사이에 놓인 지정학적 조건을 갖고 있다. 미·러·중은 세계 3대 군사 강국, 미·중·일은 세계 3대 경제 대국이다. 미·중 간의 패권경쟁이 치열해 지면서 한반도를 둘러싼 국제질서에 복합적인 변화가 몰려오고 있다.

'한·미·일' 대 '북·중·러'의 대결 구도가 다시 형성되는 조짐이 나타나는 가운데 자국의 실리추구를 최우선함에 따라 일종의 리더십 공백현상이 초래되고 있다.

지정학의 창시자인 영국의 매킨더는 인류 역사를 해양세력과 대륙세력의 대립으로 봤다. 유럽은 줄곧 동쪽 대륙세력의 공격을 받다가 15~17세기 대항해시대를 열어 바다를 통한 반격의 발판을 마련했고, 19세기 군함을 앞세운 서세동점西勢東漸의 역사를 만들었다.

현재 두 세력의 대표 주자가 바로 미국과 중국이다. 미국은 냉전시절에 소련과의 체제경쟁에서 사회주의 국가인 중국을 지렛대로 활용했다. 물론 중국도 '먼 오랑캐' 미국을 활용해 '가까운 오랑캐' 소련을 견제하였다. 미국 또한 머지않아 중국이 경쟁 상대가 될 것이라는 점을 모르지 않았다. 국제사회에서는 영원한 친구도 적도 없다.

구소련의 해체로 냉전 체제경쟁에서 승리했지만 미국의 절대적 영향력은 오히려 약화되었다. 미국의 상대적 영향력 축소는 중국의 부상과 관계가 깊다. 이런 상황에서 미국의 패권을 지속하기 위해 등장한 것이 하버드 대학의 조세프 나이 교수가 주장한 '스마트파워' 개념이다. 군사력과 경제력을 바탕으로 한 하드파워와, 문화·이념·제도 등을 바탕으로 한 소프트파워의 조합이다. 스마트파워를 키워야만 진정한 글로벌 리더국가로서의 영향력을 확보할 수 있다. 헨리 키신저 전 미 국무장관은 『중국 이야기』에서 이렇게 강조했다.

"거의 모든 제국은 완력에 의해 이뤄졌지만 힘으로 지탱되는 곳은 없다. 보편적 통치가 오래 지속되려면 힘을 '의무'로 바꿔줄 필요가 있다. 그렇지 못하면 통치자의 에너지는 미래 비전을 제시하는 대신, 지배력을 유지하느라 소진된다."

키신저는 이 책에서 미국과 중국의 차이점을 비교한다. 미국은 '선교사'처럼 자기의 가치관을 전 세계에 전파하려고 애썼지만, 중국은 개종政宗보다 조공을 받으며 이이제이以夷制夷 전략을 폈다고 분석했다.

21세기에 들어서도 미국은 민주주의와 시장경제 기치를 내걸고 곳곳에서 개입주의 정책을 편다. 그에 맞서 중국은 '내정 불간섭 원칙' 아래 디지털 기술과 공공외교를 활용해 아프리카, 남미 등으로 영향력을 넓힌다.

중요한 것은 제2의 6·25전쟁을 방지하기 위해 대한민국이 선택하고 개척하고 완벽하게 대비하는 길이다. 윤석열 대통령은 기존 대북정책을 가짜평화로 규정하며 '힘에 의한 평화'를 역설했다.

미국의 역사학자 폴 케네디는『강대국의 흥망』에서 군사력이 제공하는 단기적 안보와 생산소득 증가에 의한 장기적 안보 사이에 균형이 중요하다고 강조한 의미를 잘 살펴볼 필요가 있다.

미중 패권경쟁을 한 꺼풀 벗겨보면 자국 이익 중심주의가 드러난다. 강대국들이 외적으로 표방하는 가치나 명분에 스스로 속박되지 않고, 자국의 실리를 최우선시하는 사례들이 빈발하고 있다.

한반도 비핵화를 위해 유엔을 비롯한 국제사회가 다양한 노력을 기울여왔지만 결국은 북한이 사실상 핵보유국 행세를 하는 상황을 맞이하는 것을 돌이켜 보면서, 국제질서의 한계를 직시하게 된다.

지난 150년간의 한반도는 '힘의 논리'가 지배하는 냉혹한 국제질서를 뼈저리게 느껴왔다. 이제는 지정학적 논리나 국제관계의 희생양이 될 수 없다. 고래 싸움에 등 터지는 새우의 신세가 아니라 대한민국 스스로 총체적 국력을 키우고 국제관계의 변화를 선도하는 국가 위상을 확보해 나가고 있다.

이러한 국력 신장이 제2의 6·25를 예방하는 초석이다. 북한 김정은의 핵무력이 체제 고립을 심화시키는 전략적 자충수가 되도록 국제외교력을 증진을 병행해 나가야 한다.

3. 북한 공격 시 공동대응 밝힌 유엔사 17국

1) 한반도 전쟁 억제력 강화

정전 70주년을 맞아 한국과 6·25전쟁 참전국인 유엔군사령부 회원 17국의 국방장관 및 대표가 참여하는 국제회의가 2023년 11월 14일 처음으로 개최됐다. 동 회의는 우리 정부가 주도해 신설한 것이며, 정부는 향후 동 회의를 정례화해 6·25전쟁 당시 '하나의 깃발 아래Under One Flag' 함께 싸운 정신을 재확인하고 회원국 간 협력과 연대를 강화하는 '국방 외교의 틀'로 삼겠다는 계획이다. 상징적 의미를 넘어서 국제연대의 새로운 틀을 만든 국방 외교의 쾌거라고 할 수 있다. 한국과 유엔사 회원국이 모여 한반도에서 전쟁을 억제하려는 방안을 논의하는 첫 회의라는 점에서도 의미가 있다.

신원식 국방장관과 로이드 오스틴 미 국방장관을 비롯한 유엔군사령부의 17국 대표가 참여한 회의가 14일 서울에서 처음으로 개최됐다. 참가국들은 북한의 불법적인 핵·미사일 프로그램 중단을 요구하며 "유엔의 원칙에 반하여 한반도에서 대한민국의 안보를 위협하는 적대 행위나 무력 공격이 재개될 경우 공동으로 대응할 것"이라고 선언했다. 또, 한미동맹과 유엔사 회원국 사이의 연합 훈련을 활성화, 상호 교류와 협력을 지속적으로 증대하기로 합의했다.

유엔사 회원국은 6·25 때 전투병을 파병한 미국·영국·프랑스·캐나다·벨기에·네덜란드·그리스·튀르키예·필리핀·태국·콜롬비아·호주·뉴질랜드·남아공 14국과 의료지원단을 보낸 이탈리아·노르웨이·덴마크 3국이다. 북한과 중공 침략에 맞서 함께 피를 흘렸던 나라들이 70여 년이 지난 후에도 유사시 대한민국 수호를 위해 나서겠다는 뜻을 공개적으로 밝힌 것은 의미가 작지 않다. 북한이 또다시 남침할 경우, 대한민국만이 아니라 유엔사 회원국 17국까지 상대해야 한다는 사실을 김정은에게 상기시킨 것이다. 북한이 끊임없이 유엔사 해체를 주장하는 상황에서 유엔사 17국 대표들이 모여 공개적으로 북한에 경고한 셈이다.

대내외 사정으로 회원국이 되지 못한 독일, 덴마크 등 우방국을 새로 가입시켜 유엔사의 규모가 현재의 17개국에서 외연을 더욱 확대해나가겠다는 방침이다. 우리 장성급 장교를 유엔사 참모부에 파견하는 방안도 추진 중이다. 유엔사령부는 대한민국을 방위하는 강력한 힘의 원천이며 정전협정 이행은 물론 유사시 별도 유엔 안전보장이사회 결의 없이도 우방국 전력을 통합해 한미연합군에 제공하는 시스템이다.

북한의 핵·미사일 위협과 도발 속에 개최된 17개국 회의는 가치를 공유하는 자유 우방국의 협력과 연대를 강화하는 출발점이자 미래를 향한 이정표가 될 것이다. 로이드 오스틴 미 국방장관을 비롯한 유엔사 회원 17국 대표는 공동성명을 통해 "유엔의 원칙에 반하여 한반도에서 대한민국의 안보를 위협하는 적대 행위나 무력 공격이 재개될 경우 공동으로 대응할 것"이라고 선언했다.

73년 전 북한의 기습 남침 직후 유엔 결의에 따라 대한민국을 지키기 위해 참전했듯이 앞으로도 유사시 함께 싸우겠다는 유엔사 회원국으로서의 의지를 재확인한 것이다. 이들은 또 "다수의 유엔 안보리 결의를 위반한 북한의 불법적인 핵·미사일 프로그램에 대해 강력히 규탄한다."라고 했다.

오스틴 장관은 기조연설에서 "북한은 유엔사가 출범한 이래 70여 년간 계속해서 핵·미사일과 사이버 능력을 발전시키면서 한미뿐 아니라 역내 동맹국들에도 위협을 가하고 있다."라면서 "중국과 러시아는 안보리 결의안과 경제 제재를 피해 북한의 미사일 발전을 돕고 있어 우려가 크다."라는 점을 강조했다. 신원식 국방장관은 "북한에 경고한다."라면서 "이번 회의는 규칙에 기반한 국제질서를 거부하고 힘에 의한 현상 변경을 시도하는 국가 또는 집단에 강력한 경고가 될 것"이라고 말했다.

유엔사는 1950년 6월 25일 북한의 남침 이후 유엔 결의로 결성된 다국적 연합군이다. 전쟁 당시 국군과 함께 북·중공군에 맞서 싸웠고, 1953년 7월 27일 정전협정 체결 이후에는 정전협정 관리와 유사시 한미연합군사령부 전력 지원 임무를 맡고 있다. 미군 4성 장군인 주한미군사령관 겸 한미연합군사령관이 유엔군사령관을 겸직하고 있다. 이번 유엔사 17국 대표 회의는 대한민국 수호 의지와 상징성을 국내외적으로 분명히 밝혔다.

2) 유엔사 후방 기지(주일미군)의 중요성

한·미·일 정상회담에서 '3자 협의 공약'을 채택해 일본과의 안보 협력 수준을 한 차원 높인 것은 한반도 유사시 유엔사 7개 후방 기지(주일 미군 기지)의 역할이 매우 크기 때문이다. 윤석열 대통령이 유엔사와 유엔사 후방 기지에 대해 "북한의 남침을 차단하는 최대 억제 요인"이라고 중요성을 강조하고 있는 것도 이 같은 맥락인 것으로 알려졌다.

1950년 6·25전쟁 발발 후 창설된 유엔사는 한반도 유사시 별도의 유엔 안전보장이사회 결의 없이 회원국(17국) 전력을 즉각 제공하게 된다. 미국을 비롯한 회원국들의 병력과 장비 등 전력이 들어오는 통로가 유엔사 후방 기지들이다. 이들은 유사시 우리나라의 생명줄과도 같은 존재다. 이처럼 한반도 유사시에 핵심적인 역할을 하는 유엔사 후방 기지는 미·일 협정에 따라 일본의 사전동의 없이 사실상 통보만으로 전력의 출입이 가능하다.

유엔사 7개 후방 기지는 일본 본토에 있는 요코스카(해군), 요코다(공군), 캠프 자마(육군), 사세보(해군)를 비롯, 오키나와에 있는 가데나(공군), 화이트비치(해군), 후텐마(해병대) 등이다. 요코스카엔 핵 추진 항모를 비롯해 이지스 순양함·구축함 10여 척이 상시 배치돼 48시간 이내에 한반도에 긴급 출동할 수 있다. 북한 핵·미사일 도발 등 한반도 위기 고조 때마다 한반도로 출동하는 미 핵 추진 항모 로널드 레이건함 등 7함대 소속 함정들이 배치돼 있다.

미 5공군사령부이기도 한 요코다 공군 기지에는 C-130 등의 대형 수송기가 배치돼 있다. 한반도에서 비상 상황이 발생하면 이 수송기가 병력과 물자를 한반도에 보내고 미국인을 일본 본토로 철수시키는 임무를 수행한다.

사세보 해군 기지는 한반도 최근접 군수 지원 기지로, 7함대 소속 함정 70여 척이 3개월간 쓰고도 남을 만큼 엄청난 양의 탄약과 유류가 저장되어 있다.

오키나와 가데나 기지는 세계 최강 F-22 스텔스기 등이 배치돼 있고, 유사시 북한 지역까지 1~2시간 내 출격할 수 있다.

오키나와 함대 지원단이 자리 잡고 있는 화이트비치 해군 기지는 한반도 유사시 오키나와에 주둔한 미 해병이 출정하는 곳이다.

오키나와에 배치된 주일 미 제3해병기동군은 한반도 유사시에 가장 빨리 투입되는 대규모 증원 병력 중의 하나다. 유엔사 후방 기지가 없으면 한반도 유사시 전쟁을 제대로 수행할 수 없다.

또 한반도 유사시 일본은 유엔사 후방 기지 제공 외에 자위대가 한반도로 출동하는 미 함대 호위나 기뢰 제거 임무, 북 SLBM(잠수함 발사 탄도 미사일) 잠수함을 잡는 대잠수함 작전 등을 수행할 가능성이 높은 것으로 분석된다. 일본의 소해(기뢰 제거) 작전, 대잠수함 작전 능력은 세계 최고 수준으로 알려져 있다.

평상시엔 북한의 잇따른 미사일 도발로 각종 미사일 정보를 확보하는 데에도 일본이 필요하다. 지구 곡면 때문에 북 미사일 궤적 중 하강 국면과 탄착지점 정보 수집은 일본이 우리보다 유리하다. 해상 요격 능력도 일본이 우리보다 앞선다.

일본 이지스함에는 우리 이지스함에는 없는 강력한 최신형 SM-3 요격 미사일이 배치돼 있다. 한·미·일 3국은 미사일 경보 및 방어 훈련을 여러 차례 실시했는데 요격을 포함한 방어 훈련은 우리 능력이 떨어져 미·일 위주로 해 왔었다. 최신형인 SM-3 블록2A 미사일의 최대 사거리는 2,500km, 최대 요격 고도는 1,500km에 달한다.

평시에는 북한의 도발을 억제하고 유사시 압도적인 한미일 연합전력은 물론 유엔사령부 소속 17개국 전력까지 즉각 투입하는 체제를 갖추는 대비 태세는 제2의 6·25를 방지하는 확실한 대책이 될 것이다.

4. 국가를 잊은 민족에게 미래는 없다!

　일찍이 신채호 선생은 "역사를 잊은 민족에게 미래는 없다."라고 갈파했다. 이 경구에서 '역사'를 '국가'로 대체해도 손색이 없을 정도로 국가의 중요성은 역사 속에서 실증되고 있다. 국가 없는 국민과 민족의 역사는 허구다. 과거 우리 역사에서 일제 강점기 35년이 가르쳐준 뼈아픈 교훈이다. 국가는 국민과 민족의 방패이고, 국가의 존립을 위해 목숨을 바친 순국선열과 호국영령을 숭모하는 일은 그 시대를 사는 사람의 의무다. 아픔의 역사일수록 곱씹고 기억해야만 다시 되풀이되지 않는 법이다. 독일은 자신들이 저질렀던 유대인 대학살, 홀로코스트의 과오를 잊지 않기 위해 그 흔적을 그대로 보존해 후세에게 교훈으로 남기고 있다.

　200여 년의 짧은 역사를 가진 미국에서도 국기나 대통령 초상 등의 상징물과 각종 경축행사를 통해 자연스럽게 애국심을 고취하는 교육을 한다. 반면에, 5천 년의 유구한 역사에 빛나는 우리나라는 역사를 제대로 가르치지 않았고 역사를 바라보는 시각 자체에 약소국의 피해의식과 패배주의가 찌든 식민사관으로 점철되어 있다. 일각에서는 역사를 정치적 진영 싸움의 소재로 전락시킨다. 역사에 정치의 잣대를 들이대어 재단하면 미래가 암울해 진다. 따라서 우리 역사를 올바로 고찰하고 잘못된 점은 비난이 아니라 교훈으로 승화시키는 '역사 재정립' 운동이 절실하다.

　1592년 조선은 군사적 대비가 소홀한 상태에서 왜적의 침공을 맞았다. 임진왜란으로 국토가 유린당하고, 백성의 절반이 죽거나 적국에 끌려갔다. 준엄한 교훈을 외면한 결과는 또다른 전쟁의 참화로 이어졌다. 1636년 병자호란의 비극을 맞이하여 전쟁포로로 수십만의 백성이 청나라로 끌려가는 등 피해가 막심하였다. 인조 이후의 왕들도 나라의 안위를 소홀히 한 채 당쟁과 왕실의 안위에만 급급했다. 이로 인해 조선 말기의 군대는 지휘·명령권이 불분명하고, 활과 화포 등이 구식 무기체계에서 벗어나지 못했다. 조선의 26대 임금 고종이 즉위한 1863년 당시, 총병력 1만 6천 명 가운데 절반 이상이 노약자였을 정도로 군정이 문란했다. 명성황후가 일본군 자객의 야밤 기습으로 난자당하고 불태워지는데도 저항 한 번 제대로 못하고 고종은 눈물만 흘렸다. 1876년 강화도조약을 체결한 직후인 4월, 일본으로 파견된 수신사 일행들이 일본의 육군성, 해군성을 시찰하고 난 뒤 기록한 《수신사일기修信使日記》는 일본의 군사력을 정확히 관찰하고 기록했다.

군사 훈련은 진군하고 퇴군할 때나 총을 쏘고 칼로 찌름에 털끝만큼의 어긋남도 없었으니, 실로 진짜 군대였다. 평화 시에도 항상 전투에 나가 적군을 대하듯 한다.

1905년 11월 을사늑약의 결정적인 계기가 된 1904년 러일전쟁 당시 조선에는 3,400톤급 '양무함' 한 척밖에 없었지만, 일본은 1만 5천 톤급 군함 등 수십 척을 보유하고 있었다. 이미 근대적인 군사체계를 갖추고 군수산업을 육성하며 군사력을 키웠던 일본을 하찮게 여기고 제대로 대비하지 못했다. 결국, 조선은 일본이 막강한 군사력으로 러시아에 승리를 거두는 것을 지켜만 보다 식민지 신세로 전락했다.

1897년 대한제국 수립을 선포하고 여러 개혁을 시도했지만, 열강들이 식민지 쟁탈전을 벌이던 당시의 국제질서를 제대로 이해하지 못하고 있었다.

냉엄한 국제질서 속에서 군사력을 갖추지 못했던 조선은 결국 1907년에 일본에 의해 군대를 강제 해산당하고, 3년 뒤인 1910년 8월 29일 총 한 번 쏘지 못하고 나라를 빼앗겼다. 뼈아픈 역사의 교훈을 잊은 결과였다.

역사의 준엄한 교훈은 2023년 말 시점에도 유효하다. 대한민국이 세계 유일의 정전국가이자 분단국가임을 망각하고 국가안보를 소홀히 하는지 자성해야 한다. 국가안보란 언제든지 최악의 상황을 대비해야 한다. 스스로 지킬 국방력이 없다면 수치스럽고 비참한 역사는 반복된다.

중국과 일본은 역사 왜곡과 날조를 통한 역사 침탈을 자행하는 현상에 대해서도 주도면밀하게 대응해야 한다. 중국은 동북공정을 통해 고조선이나 고구려가 고대 중국의 지방정권이었다고 날조하고 있다. 한나라 초의 복승伏勝 등이 날조한 '기자조선설'의 폐해가 1천 년 이상 지속됐던 것을 볼 때, 이들의 역사 왜곡의 폐해가 이어지고 있다. 일본은 한국 침략의 역사적 근거로 '임나일본부설'을 날조했고, 지금까지도 이렇게 왜곡된 내용을 중·고등학생들에게 그대로 가르치고 있다. 심지어 일본이 백제를 지배했었고 발해는 속국이었다고 날조한다. 대한민국 정부와 국민들의 논리적이고 실증적인 대응이 절실하다. 대한민국 주변국들이 역사 왜곡을 통해 역사를 침탈하고 있는데도 이슈가 될 때만 여론이 들끓고, 곧바로 식어버리는 망각증후군 현상까지 나타나고 있다.

역사의 교훈을 쉽게 망각하면 역사의식과 나라사랑 정신도 쉽게 실종된다. 국가정체성이 확립된 국민이라면 올바른 역사의식을 가져야 한다. 국민의 힘과 긍지의 뿌리는 역사의식에서 나온다. 국가지도자는 민족사와 세계사의 흐름 속에서 자신에게 주어진 시대적 사명을 올바로 파악하고 사명 완수를 위해 혼신을 다 바쳐야 산다. 특정 정파의 맹주가 아니다. 또한 자신이 추진하는 모든 일이 후대에까지 영향을 미치는 역사적인 행위라는 사실을 잊지 않고 제반 정책 추진의 방향성을 올바로 설정해야 한다.

5. 하늘은 스스로 돕는 자를 돕는다!

특정한 지역과 집단의 진보는 환경과 조건의 차이에서 비롯되는 것이 아니라 인간의 태도와 의지에서 비롯된다. 아직도 원시 문명의 머무는 남태평양 군도의 상하(常夏) 기후에서는 도전 요소가 많지 않다. 원주민들은 자연에 순응하면서 낙후된 삶을 영위해 나간다.

미국의 사학자 헌팅턴Elsworth Huntington(1876-1947)이 집필한 『문명과 기후』에는 다음과 같은 대목이 있다.[20]

"태고에 집도 없고 불도 없는 벌거숭이의 한 원시인 집단이 열대 지방의 따뜻한 고장을 출발하여 꾸준히 북쪽으로 나아갔다. 겨울이 되어 추위는 심해졌다. 적은 수의 사람들을 제외하고는 다들 죽고 말았다. 살을 에는 듯한 추위를 피할 수 없음을 알았을 때, 그들은 인간의 최고 기능이라고 할 수 있는 발명 능력을 사용하기에 이르렀다. 땅에 굴을 파서 피난처를 구하는 사람도 생겨났고, 나뭇가지와 잎을 모아서 오두막과 따뜻한 침소를 마련하는 자들도 있었다. 즉, 이 원시인들은 문명에 이르는 가장 위대한 몇몇 단계를 밟은 셈이다. 그리고 추위를 견디기 위하여 마침내 불을 일으키는 기술을 발명하게 되었다."

---

20. 엘스워스 헌팅턴, 한국지역지리학회 역, 『문명과 기후』, (민속원, 2013)

헌팅턴의 태고 시절의 추론을 통해 흥미로운 '도전과 응전'의 개념을 도출할 수 있다. 인류 4대 문명의 하나인 이집트 문명은 나일강 유역에서 탄생했다. 이 지역은 자연 그대로 살아가기에 적합한 곳이 아니었다. 열대성 저기압으로 인한 무더운 기후는 나일강 하류지역을 건조하게 하였다. 게다가 나일강은 범람이 심했다. 강이 범람하면 유역 일대는 홍수에 휩쓸려 내려가기 일쑤였다.

따라서 이곳에서는 물을 다스리는 일이 중대한 과제였다. 이집트 왕조는 관개사업을 전개하여 범람을 막고 건조한 사막지대에 경작을 위한 물을 공급해야 했다. 이집트인들은 바로 이러한 악조건에도 이를 용감하게 개척함으로써 찬란한 문명을 개척하였다.

과거 동북아시아의 패권을 쥐고 대제국으로 군림하였던 고구려의 경우를 고찰해 보자. 고구려의 자연적 조건은 백제와 신라에 비해 불리한 여건이었다. 한강 유역과 낙동강 유역의 기름진 평야를 가진 백제와 신라에 비해 고구려는 압록강 유역의 춥고 험난한 산악지대가 대부분이라 경작지가 거의 없고 기후 또한 가혹하여 편안한 생활을 기대할 수 없는 형편이었다. 이러한 악조건을 이겨내고 고구려는 강인한 기상과 진취적인 개척정신으로 국가 위세를 펼쳐 나갔다. 영토개척과 전승을 통한 물자 획득이 그들의 번영을 가져온 것이다. 이와 같은 고구려의 성장과 번영 역시 환경의 도전과 그에 대한 창조적인 응전이 없었던들 어찌 가능했겠는가?

그러나 중국 민족은 혹독한 자연환경의 도전에 맞서서 고된 투쟁을 전개해 나갔다. 온갖 역경을 극복하는 과정에서 발달한 것이 중국의 황하문명이라고 할 수 있다.

남아메리카 안데스 고원지대의 주민들은 황량한 기후와 척박한 토지의 도전을 받았고, 해안지대의 주민들은 적도의 더위와 사막의 가뭄에 시달려야 했다.

그들은 줄기찬 응전을 계속했다. 고원 서쪽의 가파른 비탈을 따라 조금씩 흘러내리는 물을 모아 관개시설을 만들어 사막 속에 오아시스를 출현시켰다. 또한, 고원지대에서는 산 중턱 곳곳에 공들여 석축을 쌓아 올리고 얼마 되지 않은 흙을 모아 계단형의 밭을 마련함으로써 산 중턱을 경작지로 바꾸어 놓았다. 그 결과 사막과 고원에 찬란한 문명을 건설하는 데 성공하였다.

20세기 대표적 석학 토인비Arnold Toynbee(1889~1975)는 문명 발전의 동인을 '도전과 응전Challenge and Response'의 과정으로 설명했다. 그는 문명의 탄생과 성장이 결코 유리한 환경이나 안락한 조건에서 이루어지는 것이 아니라 가혹하고 힘든 환경에서 이를 극복하는 과정에서 창출되는 것이라고 설파했다. 국가나 사회가 내외 도전 상황을 유효적절하게 극복해내느냐의 여부가 문명의 성장과 쇠퇴를 결정짓는다는 의미심장한 결론을 내렸다.

적절한 도전이 문명 탄생의 산파역을 담당했다. 문명의 탄생뿐 아니라 문명의 성장에도 역시 적절한 도전과 이를 극복하려는 응전이 작용하여야 한다.

토인비는 "성장하는 문명은 대내외적으로 끝없는 도전을 받는데, 내적 도전은 정신적 문제에 속하는 것이기 때문에 더욱 중요하다."라고 했다. '내적 도전을 이겨내지 못하면 그 문명은 쇠퇴하고 만다'는 것이다. 토인비를 비롯한 세계적 석학들이 문명의 성쇠를 결정짓는 종국적인 힘으로 정신력과 가치관을 든 것은 정곡을 찌른 것이다. 도전과 시련을 물리치는 힘은 물리적인 힘이 아니라 토인비가 강조한 바처럼 창조적 소수와 대중이 혼연일체가 되어 발휘하는 그 사활적 정신적인 힘이다. 어떠한 도전과 시련이 닥쳐도 힘찬 응전이 있는 한 더욱 영광된 번영을 누릴 수 있다는 토인비의 확신에 전적으로 공감한다. 결코, 도전을 회피하거나 두려워해서는 안 된다. 오히려 기꺼이 도전을 맞이하여 과감한 응수를 내뻗을 일이다. 도전이 있는 곳에 성장이 있고, 도전이 없는 곳에 답보와 퇴조가 있을 뿐이다.

대한민국이 처한 지정학적 여건을 국가발전의 장애요인으로 인식하는 견해도 실존한다. 하지만 그러한 환경을 장애요인이 될 수 없다는 것을 재인식해야 하며 이는 세계의 역사가 입증하고 있다. 환경과 자연조건, 외적의 위협과 침입, 천재지변, 사회의 혼란과 분열 등 다양한 장애요인들이 있다. 문제는 이를 어떻게 극복하고 타개할 것이냐 하는 응전 자세임을 직시하자. '아름다운 것은 어려움에서'라는 토인비의 말을 생각하면서….

역사적으로 인류는 스페인의 흑사병, 2차에 걸친 세계대전, 코로나 팬데믹 등을 겪고 난 후 재난의 크기만큼이나 더 큰 기회가 왔었다. 전쟁이나 재난, 기후 위기 등은 인류발전의 큰 기회를 맞이하는 전환점이 될 수 있다. 문제는 이러한 기회를 잡을 수 있는 글로벌 정신문화와 가치체계가 확립되어야 한다. 21세기 대한민국이 글로벌 정신문화와 가치체계를 이끌어 갈 최적의 국가라는 것이 필자의 확신이다. 이러한 확신에 기반하여 이 책의 키워드인 'G3 코리아'가 도출된 것이다.

6. 국력 방정식 함의

　미국 중앙정보국CIA 부국장을 지낸 레이 클라인 박사는 국력방정식을 만들었다. 그는 국력의 크기를 유형의 요소인 국토·인구Critical mass, 경제력(E), 군사력(M)에다 무형의 요소인 국가 전략Strategy, 국민의 의지Will를 곱한 값으로 측정했다. 그의 국력 방정식은 'P=(C+E+M)×(S+W)'로 집약된다. 클레이의 국력방정식은 1980년에 간행된 『World Power Trends and U.S. Foreign Policy for the 1980s(세계 국력 추세와 1980년대 미국의 외교정책)』에 처음 등장했다. 이후 1994년에 간행된 『The Power of Nations in the 1990s: A Strategic Assessment(1990년대의 세계 각국 국력: 전략적 평가)』에서 구체화되었다.[21]

　클라인 박사의 국력 방정식이 40년을 넘도록 주목받으며 국가안보와 관련된 수많은 저술과 논문에 인용되는 핵심 요인은 국가전략과 국민의 의지를 중시한 점 때문이다. 국력방정식에서 P는 국력Power을 뜻한다. C는 국가의 자연적 조건Critical Mass을 의미하며 국토 면적, 인구 규모 등 절대적 크기를 의미한다. E는 경제력Economy을 의미하며, M은 군사력Military을 뜻한다. S는 전략Strategy을 의미하고 W는 국민의 의지Will를 나타낸다.

　국력방정식으로 산출된 수치는 나라별로 절대적인 수치를 부여한 것이 아니라 상대적인 수치를 부여하고 있다. 방정식에서 무형의 요소인 국가 전략

---

21. 레이 클라인, 김용석 역, 『국방분석론』, (국방대학원 안보문제연구소, 1981) 참조

(S)과 국민의 의지(W)를 합한 수치가 1을 넘는지가 핵심이다.

유형의 요소(국토, 인구, 경제력, 군사력)를 합친 값이 아무리 크더라도 여기에 곱해지는 무형의 요소 수치가 1 이하이면, 그 나라의 총체적 국력은 유형의 요소 합에도 못 미치기 때문이다. 1980년 당시 클라인은 최적의 국가전략을 구사하고 국민 단합이 잘되는 스위스와 이스라엘을 각각 1.5와 1.4로 평가했다. 베트남이 최강의 군대를 가진 미국을 이긴 것과 이스라엘이 아랍권 국가들 사이에서 건재한 비결도 이 방정식으로 설명했다. 아랍인의 인구는 4억 명에 달하고, 유대인은 134개 국가에 약 1,500만 명이 흩어져 살아가고 있는 것으로 추산된다. 인구 규모 면에서 이스라엘이 아랍권과 적대적 관계를 유지하기 어려울 것이라는 추산이 가능하다. 하지만 이스라엘 국민의 '의지Will' 팩터가 강하기 때문에 팽팽한 긴장관계로 균형을 유지한다. 균형이 깨지면 2023년 10월의 이스라엘-팔레스타인 전쟁처럼 비극이 재현된다.

유형요소   **무형요소**

P(C(Critical mass)+E(Economy)+M(Military))×(S(Strategy)+W(Will))
국력(P)=((영토·인구)+(경제력)+(군사력))×((전략)+(국민의 의지))

미국, 중국, 브라질, 러시아, 호주, 캐나다 등은 땅 넓이에서 100점 만점 국가로 간주했다. 인구가 1억이 넘는 국가들을 100점으로 간주하여 중국, 미국, 러시아, 브라질 등은 인구와 영토에서 각 100점씩, 즉 C에서 200점 만점을 받는 나라였다.

경제력은 미국을 200으로 놓고 다른 나라들은 상대적인 수치를 부여했다. 또한, 군사력의 경우, 미국과 러시아를 100으로 계산했다. 미국은 1990년대 초반의 계산방식에 따르면 광대한 영토, 1억 이상 인구, 세계 최고의 경제력으로 (C+E+M)에서 만점인 500점에 해당하는 나라였다.

러시아는 C와 M은 만점이었으나 경제가 파탄나서 410점(인구 100점, 영토 100점, 군사력 100점, 경제력 110점), 일본은 310점(영토 30점, 인구 100점, 군사력 50점, 경제력 130점) 등으로 계산했다.

의지와 전략이 부실한 미얀마, 앙골라 등은 S+W가 0.4에 불과하다. 즉, 클라인의 국력방정식에서 극명한 차이를 유발하는 요인은 국민 의지와 국가전략이다. 국가전략과 국민 의지가 없는 경우, 국력의 총량이 0으로 전락할 수 있다는 점에 주목해야 한다.

로마 제국의 멸망은 동·서로마 간의 반목, 정치적 불안정, 경제침체, 도덕성 타락 등에 기인하여 순식간에 국민의 의지가 약해지면서 초래되었다. 국민 의지가 0에 가까워진 로마는 하루아침에 무너졌다. 세계의 주요 선진국들은 시민의 의식 대전환으로 국민 의지가 결집됨에 따라 국력이 급상승했다.

2023년 말 시점에서 국력방정식을 대한민국에 적용해 보자. 경제력과 군사력에 큰 진전이 있었지만 '전략+국민 의지'가 그에 상응한 수준으로 격상되었는지 냉정하게 성찰해야 한다. 국가지도자를 중심으로 국민 의지를 통합하면 이것이 국가전략으로 선순환되므로 총체적 국력의 극대화를 달성하게 된다. 이와 관련, 최근의 이스라엘-팔레스타인 전쟁 사례를 보면 이스라엘 국민의지는 오히려 더 결집되어 최상의 국력을 세계에 과시하며 전세를 장악하고 있다.

결국, 국력방정식의 핵심 포인트는 국민 의지가 총체적 국력의 결정 요인이라는 점이다. 국민 의지는 대한민국 미래와 직결된다. 세계사의 흐름을 선도하는 수준으로 국민 의지를 통합하고 끌어올려서 이를 '정신·교육·경제혁명'으로 연결하고, 튼튼한 국방 안보태세를 확립해야 한다. 따라서, 21세기 초일류 통일 선진강국 'G3 코리아'로 나아가는 첫 출발점은 국민의 정신과 의지를 올바로 정립하는 과업에서 비롯된다.

제4장

대한민국 운명 – 21세기 르네상스 시대

1. 위기를 기회로 대전환시킨 영웅적 국민

21세기는 한국인들이 인류평화와 문명발전을 선도하는 역할을 감당해야 할 역사적 사명을 부여받은 시대다. 대한민국의 운명 여정에 르네상스 시대가 이미 시작되었다. 비록 정치권을 비롯하여 도처에 국운융성을 방해하는 걸림돌이 많지만, 이러한 장애물을 제거할 주체는 국민이다.

국민이 나서서 위기를 기회로 대전환하고 근본적으로 치유하는 해법으로 '세계등불, G3 코리아'를 반드시 성취해야 한다. 영웅적 국민이 성취할 수 있다고 확신한다. 온갖 위기를 극복하여 기회로 대전환하는 추동력은 어디에서 나오는 것인가? 국가 대 개조 차원의 혁명적 리더십과 팔로워십이 융합하여 시너지 효과를 창출해야 추동력이 발휘된다.

우리나라가 6·25전쟁의 폐허를 딛고 '한강의 기적'으로 칭송받는 수준으로 발전하기까지 영웅적 국민들이 앞장서 왔음에 주목해야 한다. 이러한 성공 경험을 통해 우리 국민들은 어떠한 역경과 고난에 처하더라도 끊임없이 도전하고 발전적으로 승화할 수 있는 자신감을 얻었다.

이러한 자신감을 바탕으로 코리아 르네상스 시대를 활짝 꽃피워 세계의 등불 'G3 코리아'가 되는 것이 대한민국의 운명이다. 영웅적 국민들의 희생과 헌신이 국내에서만 이루어진 것이 아니다. '눈물의 파독 60년'으로 회자되는 박정희 대통령 당시 서독에 광부 8,000명, 간호사·간호조무사 1만 1,000명의 눈물겨운 근면함과 성실성은 2023년 한독수교 140년을 맞이하여 금자탑처럼 빛난다. 약 2만 명의 광부와 간호사들이 보내온 외화를 종잣돈 삼아 대한민국은 한강의 기적을 이뤘다.

우리는 그때 그분들의 눈물을 기억하는 것으로 만족해서는 안 된다. 절대로 우리 후손만큼은 결코 이렇게 타국에 팔려 나오지 않도록 하겠다며 눈시울을 붉혔던 박정희 대통령의 격려를 겸한 다짐을 상기해야 한다. 그런데, 우리 앞에 펼쳐지는 현실에 국민은 개탄을 금치 못한다. 국민이 정치인들의 이전투구와 패거리 행태에 낙망하고 있다. 대의민주주의 체제에서 국민의 대표인 국회의원에게 위탁할 수 없다면, 국민이 나서서 걸림돌을 제거하고 기회를 창조해 나가야 한다. 코리아 르네상스 시대의 주역은 정치인이 아니라 국민이다. 대한민국이 직면한 도전에 좌절하거나 굴복하지 않고 국민이 '좌도 우도 아니고 미래로' 나아가는 마음가짐이 세계의 등불이 되는 열쇠다.

인류학자와 생태의학자들은 인간이 수백만 년 동안 원시의 환경 속에서 살아남고 약 30만 년 동안의 역사시대를 끊임없이 이어온 저력을 생존유전자DNA의 덕택이라고 보고 있다. 필자는 인류의 생존유전자DNA와 더불어 우주사적 질서와 자연환경 변화에 적응하며 체득한 경험을 공유하고 후세에 물려주는 역사적 공동체 의식이 큰 영향을 주었다고 본다.

인류가 태초에 비슷한 환경에서 시작되었을진대, 민족과 국가에 따라 흥망성쇠가 어떻게 변천해 왔는지 큰 흐름을 고찰해 볼 가치가 있다. 특히, 우리 민족이 5천여 년을 살아오면서 어려운 자연환경과 주변국의 도전을 극복해 온 핵심적 역량은 무엇이었나? 필자는 이 역량을 '고난극복 인자'라고 명명하고자 한다. 한민족의 핏속에 체득화된 이 인자는 천손민족의 DNA와 다를 바 없다. 이 DNA는 우주질서, 역사적 교훈, 풍수지리 지혜 등과 융합되어 스마트하고 근면·성실한 기질이다.

일각에서는 한국인의 독특한 속성을 조급하고 감정적인 '빨리, 빨리!' 문화라고 깎아내렸지만, 아날로그 시대에서 디지털 시대로 대전환이 이루어지자 오히려 속도감을 발휘하며 국운 융성의 상승기류를 탄 것이다. 우리 민족의 경이로운 발전은 토인비가 역사발전의 요체로 갈파한 '도전과 응전'의 개념으로 설명이 어려운 독특한 한국적 근성과 기질, 정신문화가 반영된 것이다.

『한韓사상』에서는 우리 민족의 독특한 기질을 차축시대와 연계하여 다음과 같이 설명한다.[22]

> 차축시대에는 중국이 발흥할 때이고(한무제 같은 인물을 통해) 우리 고조선은 그 영광이 쇠퇴할 때이다. 그러나 분명히 해 둘 것은 중국문명(제2기)이 그 선행 문명에서 계승 발전된 문명이라면 차축시대 이전의 '전 차축시대Pre-Axial Age'의 주인공은 당연히 동이족(한민족)이었다.[23]

우리의 선조 동이東夷족은 기원전 6200년경부터 중국 한漢민족과 각축을 벌였다. 그들이 사용했던 그릇인 토기로 각각 그 문화가 본질적으로 다른 민족임이 구별된다. 동이족이 즐문토기를 사용했던 것에 반해 중국 한민족은 채문토기를 사용했다. 즐문토기를 사용했던 동이족의 본거지는 요동반도 서쪽에서 발해만으로 흘러드는 요하의 중류 지역에 펼쳐진 대평원이었다. 즐문토기 전파는 우리 조상 동이족의 역동성을 보여주는 생생한 역사의 기록이다.[24]

'전 차축시대'는 단군·환웅·환인시대에 해당한다. '전 차축시대'의 주인공은 동쪽의 동이계(고조선)였고, '차축시대'의 주인공은 서족의 화하계였다. 차축시대 이후 2,500여 년이 지난 19세기 말과 20세기 전반에 걸친 동아시아

---

22. 김상일, 『한사상』, (상생출판, 2014) p.47

23. 축의 시대(Axial Age)는 독일 철학자 칼 야스퍼스(Karl Jaspers, 1883~1969)가 그의 책 〈역사의 기원과 목표〉(1949)에서 "동서양을 막론하고 모든 인류 정신의 기원으로 인정할 수 있는 시대"라는 의미로 축의 시대를 정의했다. 즉, 인류에게 가장 중요한 변화의 시기를 의미하며 특히 종교와 사상이 생겨난 시대를 함축적으로 표현한 용어다.

24. 국제신문, 권상인 인문학칼럼, "붉은악마의 잃어버린 영토", 2022년 12월 29일자.

의 주도권은 일본으로 넘어갔다. 사실 일본 문화의 뿌리도 한국 문화다.

일본 열도의 왜인들은 고구려, 백제, 신라 및 가야가 고대 국가 체제를 갖추어 나가는 동안에도 아직 미개한 생활을 하고 있었다. 일본은 한반도의 수준 높은 문화를 받아들임으로써 고대 문명의 싹을 틔웠고, 고대 국가로 발돋움하게 되었다. 일본은 1895년 청일전쟁에서 승리한 기세를 타고 1910년 한반도를 식민지화하면서 영향력을 확충한 것이 냉엄한 사실이다. 이처럼 동아시아 역사에도 약 2,000~3,000년 단위로 주도권의 전환이 이루어졌다.

중국과 일본이 각각 '전 차축시대'의 주역이었던 한민족의 정신문화 유산을 환경에 알맞게 적용한 것으로 볼 수 있다. 이와 같은 주도권 전환 현상에 대해 오쇼는 "부처님이 태어난 기원전 623년 당시는 동양에서 천재가 태어날 가능성이 최고조에 달한 때였다."라고 해석했다. 당시의 동양(인도)은 모든 방향으로 기세가 최고조에 달했기 때문이라고 보았다.[25]

21세기는 '말기 차축시대Last Axial Age'에 해당한다. 이 시기는 일본이 기울고 중국이 한계를 드러내며 한국으로 기운이 이동하여 코리아 전성시대가 도래한다. 대한민국으로 기세가 대전환하는 시대가 우리 앞에 펼쳐지고 있다.

미국과 패권을 다투는 중국의 현실적 위세에 압도당할 필요가 없다. 절묘한 지정학적 요충지에서 중국, 러시아, 일본 등 강대국을 이웃으로 두고 살아온 대한민국은 '세계역사 리더십'의 관점을 견지할 필요가 있다. 역사 리더십은 역사의식과 국가정체성이 조화를 이루는 리더십이다.

올바른 역사관을 바탕으로 효율적인 국가 관리와 발전을 도모할 수 있는 리더십이야말로 진정한 리더십이다. 국가의 통치권자가 내리는 다양한 의사결정은 현재는 물론 후대에까지 큰 영향을 미친다. 진정한 리더가 참다운 리더십을 발휘했던 시대는 당대는 물론 후대까지도 융성기를 보낼 수 있었지

---

25. 오쇼, 서미영 역, 『운명이란 무엇인가』, (젠토피아, 2016) p.225

만, 그렇지 못한 시대는 수천 년 쌓아왔던 문명을 파괴하고, 살육과 패륜으로 인류의 정신문화를 퇴보시키기도 했다.

세종대왕, 광개토태왕, 이순신과 같은 리더들이 없었다면 우리 역사는 어떻게 되었을까? 반대로 고구려를 망하게 한 연남생·남건 형제와 같은 리더들이 없었다면 지금 우리는 어떤 모습으로 살고 있을까?

대한민국은 자유민주공화국으로 대통령을 포함한 주요 리더들을 국민이 선출하는 체제다. 국민이 주권자다. 어질고 유능한 리더를 만나는 것도 무능한 리더를 만나는 것도 모두 우리 국민의 선택에 달렸다.

따라서 대한민국이 직면한 위기를 기회로 대전환하여 초일류 선진강국, 세계의 등불, G3 코리아가 되려면 리더를 올바로 선출해야 한다. 국민이 선출하는 국가지도자는 역사의식과 나라사랑 정신이 올바로 형성되었는지가 핵심적 기준이 되어야 한다. 국민이 리더를 올바로 선출하는 것이 대한민국의 미래를 만들어 나가는 첫 출발이며, 국민 리더십 문화라고 할 수 있다. 따라서 국민리더십 문화 운동은 우리 역사를 올바로 아는 것에서 시작된다고 할 수 있다.

그동안 우리는 식민사관과 사대주의의 영향으로 우리 역사의 위대함을 파악하지 못하고 패배주의에 길들여져 왔다. 이제 우리는 일제에 의해 왜곡된 식민사관을 척결하고, '사실에 입각한 민족사관의 관점'에서 한국사를 재조명하고 바로잡아야 한다. 사실에 대한 해석은 달라질 수 있지만, 역사적 사실 자체를 왜곡하거나 조작해서는 안 된다. 중국과 일본의 경우처럼 사실 자체를 왜곡하거나 주변국 침탈의 논리로 악용하지 말아야 한다.

우리나라 역사를 올바로 알아야 대한민국의 자아정체성과 국가정체성이 제대로 확립될 수 있다. '역사의 큰 흐름이 코리아 르네상스로 뻗어 나가고 있다.'라는 사실에 대한 공감대를 확충하는 것 역시 국민의 사명이고 국민리더십 문화이다.

2. 디지털 시대 흐름에
상승기류 탄 한민족 특성

21세기 들어서 본격화된 아날로그에서 디지털 시대로의 대전환은 우리 민족의 특성과 맞아떨어지며 국운융성의 상승기류를 타게 되었다. 이른바 '빨리빨리' 문화로 폄하되었던 남다른 속도감과 역동성은 그 가치를 새롭게 조명받기 시작했다. 우리 민족의 '빨리빨리' 문화는 디지털 시대에 매우 중요한 경쟁력이요 자산으로 탈바꿈하게 된 것이다. 일각에서는 한국인의 독특한 속성을 조급하고 감정적인 '빨리빨리'를 냄비근성이라고 깎아내렸지만, 디지털 시대로 대전환이 이루어지자 다른 민족이 따라잡기 어려울 만큼의 속도감을 발휘하게 된 것이다.

1998년부터 세계 휴대폰 시장의 점유율 1위를 차지했던 노키아는 한때 세계 핸드폰 시장의 40%를 호령하던 회사다. 핀란드의 국민 기업인 노키아가 갑자기 몰락한 이유는 '자기 기술에 대한 지나친 확신, 시장점유율에 대한 자만, 독자 노선만을 고집한 시대착오적인 상황인식, 잘못된 전략적 선택' 등으로 분석되고 있다.

일본의 대표적 기업 소니도 비슷하다. 대한민국의 삼성전자, 미국의 애플, 중국의 화웨이에게 필란드의 노키아, 일본의 소니가 밀린 것이다. 이처럼 디지털 기술 분야에서는 한번 뒤처지면 순식간에 시장에서 사라지고 만다. 휴대폰 시장뿐 아니라 반도체·2차전지 산업의 경우 초기에는 일본 업체들이 주도했으나, 한국 기업들의 과감하고 빠른 투자 의사 결정으로 일본을 압도하는 수준으로 발전했다.

일부 학자는 '속전속결', '빨리빨리' 문화를 한국전쟁과 군사정권의 유산인 것처럼 호도한다. 1960년대부터 우리나라의 경제가 압축성장을 달성하여 한강의 기적을 성취하면서 속도 빠른 전문성이 새로운 DNA가 된 것이다. 디지털 시대의 특성과 한국인의 새로운 DNA가 절묘한 조화를 이룬 것이다. 이러한 조화야말로 한국인 스스로 개척한 운명이라고 해도 과언이 아니다. '빨리빨리' 문화는 대충대충 일을 처리하는 '졸속주의'와 근본적으로 다르다. 한국인의 DNA와 MZ세대의 특성을 고려하여 한류 경영과 한국형 리더십 모델 활용을 강조하는 서적까지 등장했다.[26] 한국인에게는 '빨리빨리'기질만 있는 것이 아니라 '끈기'를 동시에 가진 독특한 양면성 때문에 세계를 바꾸고 있다는 주장이다. 매우 흥미롭고 설득력 있는 분석이다. 한국인은 빨리빨리 서두르는 냄비 근성과 끈기 있게 지속하는 '뚝배기 기질'을 동시에 가지고 이를 융합하는 역량이 뛰어나다. 자신이 집중하고 몰입하는 것에 흥미를 느끼고, 그것을 만들어 가는 과정과 결과에서 희열을 느끼며, 함께 공감하면서 환희를 외치는 것에 익숙하다.

또한, MZ세대는 옳은 길이라고 여겨지면 과감하게 도전하고, 과거에 연연하지 않고 두려움 없이 빠르게 변화한다. 21세기 디지털 시대를 이끌어 가기 위해서는 이러한 한국인만의 기질과 특성을 살릴 수 있다. 하지만 혼신을 쏟은 노력으로 쌓아 올린 명성도 환경변화에 적응하지 못하거나 오판하면 무너진다. 탈세계화, 인플레이션, 금리 인상의 삼중고가 밀려오고 있다.

대한민국 디지털 산업을 이끄는 기업에게는 창의성과 변화에 대한 수용성, 그리고 빠른 의사결정 속도라는 DNA가 있다. 여기에 성공 경험에서 비롯된 자신감이 더해지면 어떠한 난관도 이겨내고 또 한 단계 도약할 수 있다.

---

26. 가재산·김기진, 『왜 지금 한국인가』, (글로벌콘텐츠, 2022)

지구촌은 일류 문명의 초기부터 현재에 이르기까지 수많은 변화가 있었지만 21세기 디지털 전환이라는 거대한 대변화는 두려움과 기대가 동시에 밀려온다. 이러한 거대한 변화를 두려워한다면 국가 미래 비전에 큰 약점이 될 수 있다. 미래 비전의 용기와 지혜를 갖고 과감하게 대처하여야 한다. 우리나라 70·80·90·2000년대생들은 디지털 세대이다. 디지털 시대의 국가관·세계관의 전환을 적극적으로 받아들이는 진취적인 생각을 가져야만 미래를 제대로 준비할 수 있다. 그것이 개인은 물론 국가, 세계의 미래 비전을 결정할 것이다.

최근 세계 각국이 '인공지능 주권AI sovereignty'을 지키려는 'AI 국가주의AI nationalism'가 본격화되고 있다. '인공지능 주권'은 해외 기업이나 빅테크에 종속되지 않고 국가별로 자체 언어 데이터를 기반으로 AI 모델을 갖춘 것을 의미한다. 미국의 빅테크 중심으로 기술 개발이 급속도로 빨라지면서 인도, 중국, 프랑스, UAE, 영국, 독일 등에서는 AI 주도권을 빼앗기지 않기 위해 개발 경쟁에 나서고 있다.

우리 기업들도 미국에 비해선 후발주자지만 세계적인 관심을 받으며 경쟁에 뛰어들고 있다.

우리 민족은 변화의 변곡점에서 탄력적으로 적응할수록 새로운 차원의 대전환 시대를 맞이하게 될 것이다. 이제 과학기술의 발전, 4차산업혁명 확산, AI 진화, 그리고 우주 탐험 등을 통해서 한민족은 디지털 시대의 흐름에 적합한 기질로 국운 융성의 기회를 맞이했다. 이 기회를 활용하여 대한민국은 인류 역사의 무대에서 변방의 외로운 존재가 아니라 주역으로 우뚝 서게 될 것이다.

3. 풍수지리 차원의 한반도 위상

    풍수지리는 땅의 형태나 방위를 인간의 길흉화복과 연결해 설명하는 이론이다. 『태조실록』에 의하면 태조와 태종이 한성을 도읍으로 정할 때 가장 중요한 기준은 '백성이 살 너른 땅과 편리한 교통'이었다. 세종대왕은 "지리를 쓰지 않는다면 몰라도 만일 쓴다면 정밀히 하여야 한다."라는 태종의 조언을 새겨들어 풍수지리를 반영하여 나라의 장래를 기획했다는 점은 높이 평가해야 한다. 또한, 이로 인하여 많은 관료와 사대부들이 풍수지리가 나라와 개인의 운명을 정할 수 있다는 믿음을 갖게 되었다.

    이러한 영향 탓인지 우리 조상들은 산수의 혈맥이 인생의 길흉화복을 좌우한다고 생각했다. 특히 집과 무덤의 자리를 고를 때는 반드시 좋은 자리를 구하고자 심혈을 기울였고, 집안이 융성하고 화를 피한 것은 풍수의 덕이라 여겼다. 풍수지리를 미신으로 폄하할 것이 아니라 역학적 맥락에서 이해할 필요가 있다.

    만물은 '기氣'로 이루어졌으며 만물 중의 하나인 땅도 '지기地氣'로 이루어진 것으로 본다. 지기에 대해 음양·오행·주역의 논리로 체계화한 것이 풍수지리이다. 현존하는 최고의 풍수지리서는 동진의 곽박이 지은 『금양경』이다. 금양경에 따르면 풍수지리는 땅이 살아야 사람도 살 수 있다는 논리이며 이 양자의 존속을 조화와 균형에서 찾고 있다. 따라서 음양의 상보적인 이해와 오행의 순환적 변화의 원리가 토대를 형성하고 있다.

서양의 지리학이 도입되기 이전에는 한민족이 적용한 전통적 지리학이 풍수지리였다. 19세기까지 실학자들의 지리관은 개벽사상의 밑바탕이 되었으나 일제에 의해 미신으로 격하되었다. 이처럼 외세에 의해 왜곡된 풍수지리가 제 모습을 찾기 전에 다시 서양의 지리학이 영향을 미치면서 한민족의 풍수지리는 마치 봉건시대의 속신처럼 미개한 것으로 오인되었다. 21세기 인류가 고민하는 기후변화와 환경문제를 풀어 가는데 풍수지리가 매우 효과적인 포인트를 제공할 수 있다. 풍수지리와 같은 유기적 세계관과 전통사상이 현대과학이 설명하기 어려운 영역에서 일정한 역할을 할 수 있다.

역사적으로 풍수지리를 이용하여 운명을 바꾸고자 한 사실들이 전해 내려오고 있다. 예컨대, 송나라 풍수사 호종단은 고려의 융성을 막고자 전국 곳곳의 비석을 부수고 범종을 녹였다는 이야기가 있다. 명나라 사신 서사호는 함경남도 단천에 쇠말뚝 다섯 개를 박아 고려의 기운을 끊고자 했다는 기록도 전해 내려온다.

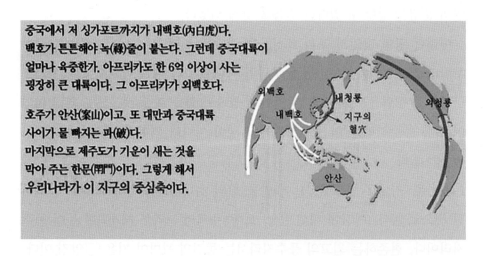

중국에서 저 싱가포르까지가 내백호(內白虎)다. 백호가 튼튼해야 녹(祿)줄이 붙는다. 그런데 중국대륙이 얼마나 육중한가. 아프리카도 한 6억 이상이 사는 굉장히 큰 대륙이다. 그 아프리카가 외백호다.

호주가 안산(案山)이고, 또 대만과 중국대륙 사이가 물 빠지는 파(破)다. 마지막으로 제주도가 기운이 새는 것을 막아 주는 한문(捍門)이다. 그렇게 해서 우리나라가 이 지구의 중심축이다.

풍수는 논리적·과학적으로 입증하기 어렵다. 풍수지리 이론에 의하면 사신사四神砂로 표현되는 좌청룡左靑龍, 우백호右白虎, 전주작前朱雀, 후현무後玄武가 사방으로 둘러싼 지역의 중심부를 명당 또는 혈穴 자리로 부른다.

풍수지리 논리를 연장해 보면, 한반도의 지리적 위치는 지구촌의 명당明堂 또는 혈 자리에 놓여 있다. 풍수지리에서 명당은 사방에서 불어오는 냉풍을 막아내는 지형지물인 사신사 환포형으로 구성되기 때문에 이탈리아반도나 한반도와 같은 지세가 지구촌의 명당으로 거론되는 것이라 할 수 있다.

나라의 흥망성쇠에 영향을 주는 것은 풍수지리가 전부가 아니다. 하지만 한반도가 지구촌 최고의 명당자리라는 해석을 배척할 필요는 없다. 위의 그림처럼 한반도는 아시아대륙을 병풍 삼아 왼쪽으로는 일본 열도와 아메리카 대륙이, 오른쪽으로는 중국과 인도차이나반도, 아프리카대륙이 있다. 그 앞쪽으로는 대만, 필리핀, 인도네시아와 함께 오세아니아주가 위치하여 있다.

한반도가 지구의 위도상으로 사계절의 변화가 뚜렷한 위치에 자리 잡고 있을 뿐 아니라, 반도 국가로서 외침을 많이 받았고 삼면이 바다로 싸여 있는 특성 등은 변화에 민감하게 적응하는 기질을 키운 것으로 분석하고 있다.

역학 전문가 조경제는 한민족의 특성과 21세기로의 전환을 흥미롭게 분석하였다.[27]

역학에 의하면 지구에 춘하추동 4계절이 있듯, 우주에도 4계절이 있다. 우주의 4계절을 이해하기 위해서는 지구와 우주의 시간 관계를 이해해야 한다. 우주 1년의 전반을 선천先天(춘하)이라 하고, 후반을 후천後天(추동)이라고 하는데 선천과 후천의 특징은 지구의 봄 여름 가을 겨울의 특징과 같다고 한다. 그런데 현재 이 시기는 우주 시간에서 보면 여름이 지나고 가을로 접어드는 환절기에 있으며 21세기는 바로 가을의 문턱이 되는 것이다. 가을의 특징은 모든 열매가 완숙하여 수확하게 되듯 인류사회는 더욱 성숙하여 최고의 문명시대가 열리게 된다. 선천과 후천시대 특징을 구분하여 보면,

27. 조경제, 『21세기 세계 웅비를 향한 한민족의 나침반』, (다물, 1997) pp.50~51, pp.99~100

선천은 20세기 이전의 상극相剋 시대로서 서로가 투쟁하는 시기이다. 이때는 만물이 분열 발전하므로 모든 생명체는 종류와 수량이 늘고 서로 나누어져 대립하여 경쟁하게 된다. 따라서 강자가 약자를 먹어치우는 약육강식의 사회로서 정글의 법칙이 난무하는 시대이다. 이른바 양陽의 문화시대이다. 반면에 앞으로 다가올 후천시대는 21세기 이후의 통일시대로서 화합을 우선으로 하는 평화시대가 된다. 모든 사물이 대립하던 갈등에서 벗어나 하나로 뭉치는 통합과정을 겪게 되고 서로가 상부상조하는 인간의 시대, 지상천국이 되는 시대이다.

역학이 제시하는 주장과 논리는 과학적으로 실증하기 어렵다. 하지만 전통적인 관습과 통계에 의해 우주의 운행 질서를 팔괘로 체계화시킨 가장 오래된 학문이다. 역학의 논리로 살펴보면, 한반도의 위치는 간艮방이라고 한다. 주역 계사전에 간艮방은 모든 만물이 시작하고 끝나는 곳이라고 하였다. 만물이 끝나고 만물이 시작하는 것은 간방만큼 성盛한 곳이 없다고 설명하고 있다.

간방은 24방위의 하나. 정동과 정북의 한가운데를 중심으로 한 15° 안의 방위이다. 간艮에서는 모든 것이 시작될 때 즉시 시작하고 그칠 때 즉시 그치므로 움직임動과 고요함靜이 그때를 잃지 않는다고 하였다.

한반도 위치는 대륙의 한랭 건조한 대륙성기후와 태평양의 고온다습한 기후가 서로 교차되는 지역에 있어 기후 변화가 뚜렷하다. 대륙성 바람과 해양성 바람이 항상 만나는 한반도 일대는 주변보다 고기압 지역으로 명당 기운이 유지되는 지역이다. 바람이 만나는 지역의 기운은 활기차고 밝으며 자연현상이 조화롭게 유지된다는 것이 풍수의 정설이다. 명당 기운이 유지되는 지역에 사는 사람들의 특성이 있다. 고기압 영향을 받기 때문에 머리가 명석하고 지혜가 뛰어나며 근면 성실할 뿐 아니라 부지런해 잘 사는 사람이 많다.

세계 강대국들이 한반도 문제에 항상 촉각을 세우고 있는 이유도 한반도 혈 자리에서 파생되는 기운이 그들의 이익에 직·간접적으로 영향을 미치기 때문일 것이다. 한반도에서 수출되는 인적·물적 상품들과 K-문화culture가 세계인들을 매료시키는 한류열풍이 전 세계로 전파되는 이유도 이와 무관치 않을 것이다.

한민족은 최적의 기후환경의 영향을 받아서인지 국민성이 근면 성실 부지런할 뿐 아니라 긍정 진취적이고 발전 창의적이며 신명이 풍부하고 예와 효를 숭상하는 나라로 발전되어 왔다. 한반도와 유사한 지형인 이탈리아반도 역시 지중해 주변 대륙으로 둘러싸여 한때 로마 제국이 번성하였다. 풍수지리학의 결론은 지구의 혈 자리는 한반도이며, 세계 최고의 명당은 대한민국이라는 것이다.[28]

지정학적 관점에서도 한반도는 미국, 중국, 일본, 러시아의 이해관계가 교차하는 지구상의 유일한 지역이다. 한반도에 대한 영향력이 경쟁 상대국에 넘어가지 못하도록 필수적으로 견제해야 하는 전략적 요충지로 인식하고 대처하고 있다. 역설적으로 표현하면 대한민국이 초일류 강대국으로 부상하는 것 자체에도 제동을 걸겠지만 한국의 총체적 국력이 증강될수록 호혜적 관계를 유지하거나, 남북한의 군사적 대결 구도를 이용하는 이른바 '분할 관리Divide & Rule'의 유혹을 버리지 못한다.

---

28. 출처: https://gdlsg.tistory.com/3216 [이도경세 이의보본]

4. 21세기 한반도는 봉황시대

한민족을 천손민족이라고 한다. 하늘이 점지하여 세계 최초의 인류의 시원始元이 된 한민족이라는 의미이다. 한국인의 무의식 속에는 세계 최초의 경서인 천부경이 깃들어 있고, 자연 순환의 질서인 음양오행이 일상생활 속에 깃들어 있다.

『동국여지승람』에 의하면, 우리 민족의 건국시조 신화인 단군신화에 나오는 하늘의 신, 환인桓因은 환웅桓雄의 아버지이며, 단군檀君의 할아버지로 하늘나라의 신이다. 환인의 의미와 성격은 한자漢字의 차용과 불교문화의 융성이라는 시대적 배경 속에서 찾을 수 있다.[29] 환인은 마음을 맑게淸心 하고 정기를 불어넣어 주고 오래 사는 법을 가르쳐주었다. 이때 사슴글자鹿圖文字로 천부경이 만들어진 것으로 전해온다.[30]

천부경은 균형과 조화 속에서 생성소멸하는 자연의 이치와 섭리를 81자로 표현한 경전이다. 그리고 그 섭리를 따라 살고자 하는 인간의 의지를 한마디로 표현한 실천철학이 홍익인간이다.

자연 곧 우주를 다스리는 기본원리가 있다면 그것은 균형과 조화라는 것이다. 균형과 조화가 무너지면 곧 우주가 무너진다. 그 균형과 조화라는 원

---

29. https://100.daum.net/encyclopedia/view/14XXE0065006

30. 참한역사신문, 2020년 8월 3일.

리에 가장 가깝게 다가갈 방편으로 교시教示한 것이 바로 홍익인간이다.

홍익인간이란 우주 섭리에 따라 자신의 분수를 지키며 공동체 삶과 조화를 이루어야 하는 것이다. 인간으로서 지켜야 할 참가치를 알고 '인간을 널리 이롭게 한다.'라는 공생 공존의 이념을 체계화한 것이다.

6·25전쟁 이후 한반도는 한미동맹과 일본을 중심으로 북한 및 중국, 러시아가 70여 년간 대립하는 형국을 지속해 왔다. 그러나, 우주사적·역학적 관점에서 볼 때, 한반도 긴장 조성 상황은 머지않아 개벽開闢 바람을 통하여 매듭지어지는 방향으로 나아간다. 간방艮方의 한국과, 태방兌方의 미국이 동양과 서양의 양대 축이 되어 지구의 에너지가 한반도로 모이는 형국이다. 다시 말해, 천지인天地人의 조화와 기운이 한국과 미국의 융합으로 응결되어 에너지를 발산하는 형상이라는 분석이다.

한국을 미국과 대등한 위상으로 격상하는 과잉 해석이라고 폄하할 것이 아니라 큰 흐름을 읽어내는 것을 받아들일 필요가 있다. 70여 년 전 전쟁의 폐허를 되돌아보면 2023년 말 시점의 세계 6위권의 대한민국 위상은 불가능한 망상이라고 했을 것이다.

동일한 논리를 적용하면 향후 70년이 경과한 시점에서 대한민국이 세계 2위권으로 올라서는 것은 실현가능한 목표가 된다. 더구나 디지털화 시대 흐름이 가속화될수록 목표 달성 시점은 더욱 앞당겨질 것이다.

중국의 예언서 '추배도推背圖'에서는 간방의 의미를 달리 해석한다. 추배도는 당나라 태종 때 만들어진 점술서로, 천문학자인 이순풍李淳風과 풍수지리학자인 원천강袁天綱이 함께 미래의 길흉화복을 기록한 책이다.[31] 여기에는 60폭의 그림으로 구성되어 있다. 매 폭의 그림 아래에는 모두 예언 시구가 적혀 중국 역대 왕조에서 발생한 대사에 대해 은유를 담아 적었다.

---

31. https://m.blog.naver.com/PostView

추배도 예언서는 1,400년이 지난 이후, 홍콩, 마카오, 타이완에서 베스트셀러가 될 정도이다. 전체 60가지 중, 55가지 예언이 적중되었다.

예를 들어 45번째 예언은 일본 패망을 예언한 것이며, 53번째 예언은 지도자 덩샤오핑의 등장으로 중국인들이 윤택하게 산다는 내용으로 해석됐다. 남은 5개의 예언을 해석하기 위해, 많은 학자가 관심을 가지고 있다.

56번째 예언에서는 대륙을 사이에 두고 병사가 마주 서서 불침을 쏘고, 하늘에는 두 마리의 새와 바다에는 두 마리의 물고기가 대치하고 있는 그림이 있었다. 시구는 이 전쟁이 병사들에 의존하지 않는 기술전이 될 것이라고 설명했다. 추배도를 연구하는 학자들은 이를 두 대륙 간 3차 세계대전으로 해석했다.

추배도 예언서는 '공경하여 높이 받들다'라는 의미의 추推와 '동이족(한민족)을 따르고 기리라'라는 의미의 배背를 합친 내용이 주를 이룬다. '간방(한민족)의 지혜를 받들어 근본으로 돌아가 섬김만 못하도다'라는 내용이 눈길을 끈다.

패권전쟁을 비롯한 세계전쟁이 일어나면 전쟁을 멈추고, 세계 인류를 구원하는 방법이 한민족에게서 나온다는 해석이다.

배背는 등과 뒤라는 의미도 있지만, 8괘의 하나, 간괘를 말한다. 방은 8방의 하나. 정동과 정북의 한가운데를 중심으로 한 45° 각도 안의 방위를 말한다. 만물을 마치고 시작하는 곳이므로 선천시대가 끝나고 후천시대가 시작되는 곳이 바로 대한민국이다.

『주역周易』과 『정역正易』 이론에 따르면, 한국이 앞으로 지구의 중심축이 된다고 해석한다. 간방艮方(소년)인 한국과 태방兌方(소녀)인 미국이 동방과 서방의 중심축으로 작용한다는 보는 것이다. 70여 년 동안 굳건해진 한미동맹을 우연히 발생한 사건으로 간주할 수 없는 운명적 조화라고 해석할 수 있다.

그런데 간방艮方인 한국이 결실을 맺으려면 꽃잎이 져야 하고 또 꽃잎이 지려면 금풍金風이 불어야 한다. 금풍金風이란 서방西方바람을 말하는데 이 바람은 곧 해방 이후부터 우리나라에 불어오기 시작한 이른바 '미국 바람'이라고 볼 수 있다. 금풍金風의 최종 마무리는 미국 바람의 끝에 찾아오는 차가운 가을바람인 개벽開闢 바람을 통하여 견실堅實해질 것이다.[32]

오랜 세월 속에서 조금씩 변화하는 우주의 진리를 인간의 유한한 수명으로 확인하는 것은 불가능하다. 우주의 변화를 확인할 방법은 없는 것인가? 인류는 동양철학의 기본이 되는 역학易學에 대입하여, 변화하고 있는 우주 속에서 현시대의 좌표를 찾아 보려는 시도를 한다. 우주사적 관점으로 보면, 봄에는 씨앗을 뿌리고 가을에 추수하듯 자연의 변화(하늘의 이치)에 맞게 해야 할 일을 찾아서 하는 것을 자연에 순응하는 순리의 삶이라 한다.

공자는 "하늘의 뜻에 순응하는 자는 살고 하늘의 뜻을 거스르는 자는 망한다."라고 하였다. 자연에 순응하기 위해서는 지구뿐만 아니라 우주 삼라만상의 변화하는 이치를 알아야 할 것인데 현대의 과학수준으로는 우주의 변화를 밝히는 데는 한계가 있다. 우주와 천지 만물의 음양 조화가 절대 불변의 순환이자 순리이다.

태극기에 해답이 있다. 음양의 조화를 상징하는 태극을 국기로 내걸고 있는 나라가 대한민국이다. 낮과 밤, 태양과 지구, 하늘과 바다가 사실 둘이 아니고 하나임을 표상하는 것이 태극기다. 태극기는 양극의 조화를 뜻한다. 도가의 전통적인 태극은 좌우 흑백이지만 태극기는 상하 홍청이다. 왜 그럴까? 고요한 아침의 나라, 조선의 상징이기 때문이다. 너를 이미 나로 여기고 참된 나를 찾는 것이 이 땅의 오랜 얼이다. 갈수록 심해지는 사회 양극화의 해법은 태극에 있다. 정과 반을 하나로 합치기보다는 양극을 있는 그대로 보고, 그 끝과 끝이 하나로 연결되어 있음을 자각하는 것이다.

정치적 이해타산 때문에 국민을 편 가르기 전에 손을 맞잡고 둥글게 둥글

---

32. https://blog.naver.com/davinlim/140101549265

게 춤추자. 우리가 다 같이 순환과 상생의 강강술래를 출 때, 양극화된 한국 사회가 태극을 이룰 수 있다.[33]

역학에서는 한반도의 허리가 잘린 휴전선은 허리의 기운이 약한 것으로 해석하는데, 21세기에는 이러한 기운을 극복하고 기운이 다시 활력을 되찾는 한반도 통일시대가 도래할 것으로 해석하고 있다. 21세기에 한반도 르네상스 시대가 도래하여 남북통일은 물론, 국운 융성으로 세계의 등불 코리아로 부상할 것이라는 해석이다.

한민족을 포함한 동이족들은 모두가 각자의 사명을 깨닫고, 새로운 시대를 열어가게 되는, 이른바 봉황개정鳳凰開晴의 대길운시대大吉運時代를 맞이하게 된다.

봉황 설화는 선비족, 거란, 몽골, 여진은 물론 주신珠申제국 전체를 관통하는 지극히 높은 하늘의 도덕과 깨달음을 상징하는 형이상학적 상징체계이자 군자의 상징이었다. 신라는 봉황 사상을 자각하여 적극적으로 받아들였고 진흥왕 당시에 화랑도로 일반 대중에게 퍼져 나갔다. 후일 불교와 결합하여 미륵불 신앙으로 전개된다.

하늘의 속성과 능력이 모두 인간의 신체와 두뇌 속에 온전히 존재한다는 사실은, 현대 물리학의 백미인 양자물리학과 뇌과학의 여러 실험 속에서 하나씩 진실로 밝혀지고 있다. 봉황은 모든 새의 으뜸으로 천자天子의 상징이다. 동방 군자의 나라에서 왔다고 여겨진 봉황은 '이 새가 한번 나타나면 천하가 태평하게 된다'라는 상서로움과 고귀함을 함축하여 신화 및 전설에 나오는 상상의 동물이다. 고구려 고분 벽화에도 봉황이 자주 발견된다. 봉황은 한민족을 상징하는 새가 되었다. 봉황은 하늘의 영물로서 빛을 상징한다. 어

---

33. 한겨레신문, 전범선 풀무질, "태극의 정치", 2023년 9월 8일자.

둠이 빛을 이길 수 없듯이 상서로운 존재이다.[34]

"21세기 한반도는 봉황 시대가 된다."라는 선언적 명제는 역학적 원리에 따라 철학적, 과학적 역사관에 기초한 것이다. 한민족이 천손민족으로서 홍익인간 정신을 강조한 것과 일맥상통한다. 홍익인간 정신의 핵심은 "널리 인간세계를 이롭게 한다."라는 인류의 행복을 지향한 사상이라는데 의미가 있으며 글로벌 리더십과 연결된다. 또한 홍익인간 정신은 역사적 상상력의 지평을 세계 수준으로 확장했을 뿐 아니라 운명공동체 의식이 바탕이 됨으로써 5천 년 역사의 문명을 이끌어 온 기초가 되었다.

"미래의 빛은 동방에서 다시 솟아나리라."라고 선언한 신학자 게오르규 Gheorghiu를 위시하여 서양의 많은 사상가, 철학자, 종교인, 정치가들이 서구 문명의 퇴조와 아시아의 부상을 예견한 바 있다. 근세에 이르기 이전까지 아시아의 문화가 서양 문화보다 우월한 시대였다. 고대 문명의 발상지인 4대 문명의 원조가 하나같이 서아시아에서 일어났고, 홍익문명까지 새롭게 조명을 받고 있다.

또한, 각종 발명과 과학 원리 등 서양 문명의 기초가 사실은 동방에서 건너간 사실도 입증되고 있다. 다만 근세 이후 문예부흥과 산업혁명, 시민혁명 등을 통해 급속한 발전을 이룩한 서양 문명이 그 물질문명의 힘으로 아시아를 압도하면서 현대에 이르는 세계사의 주류를 형성하게 되었다.

이러한 해석의 사실 여부를 따지는 것보다 메시지의 방향성에 관심을 기울여야 한다. 메시지의 공통점은 "21세기가 한민족의 기세가 융성하게 펼쳐지는 시대가 될 것이다."라는 방향으로 집약되고 있다.

---

34. 박세당, 『새하늘 이야기』, (도서출판 삼육오, 2016)

5. 각계 지도자들의 예언

　대한민국 국민이 수천 년 전의 주역이나 점성술 등의 예언을 믿고 의존할 수 없다. 하지만 불교에는 대승적 '진속일여眞俗一如' 사상이 있다. 진眞은 불교의 이상을 뜻하고, 속俗은 세속적인 생활을 뜻한다.

　국가가 있어야 종교가 있을 수 있으므로 평화로운 국가를 이룩하기 위한 호국정신이 하나의 신앙으로 승화되어야 한다는 것이다.

　이러한 불교문화가 한반도에 전래됨에 따라 자연히 호국정신을 중요시하는 분위기가 조성되었다. 맥락에서 큰 스님들이 국가의 앞날을 예언하는 사례가 있었다. 대표적인 사례를 들어보면 다음과 같다.

　만공스님(1871-1946)의 선언 중 한국이 세계 중심국가로 도약할 것이라는 예언이 있었다.[35]

　1945년 8월 16일 많은 제자가 만공스님을 찾아와 해방의 기쁨을 함께 나눴다. 이 세상 삼라만상이 한 송이 꽃이니라. 머지않은 장래에 우리 조선땅이 세계일화의 중심이 된다.

---

35. https://m.blog.daum.net/bitsaram9421/50

극락 같은 이상향이 펼쳐진다는 희망의 메시지이며 우리나라 사람들이 모두 성스럽게 살면, 세계 곳곳의 수행자들이 우리나라에 몰려올 것이다. 그들은 우리나라에서 성자들의 세계로 들어가는 법을 배울 것이다. 그리고 자기네 나라로 돌아가 뭇사람들을 성화시켜 세계일화의 정신을 신천한다는 것이다.

탄허 스님(1913~1983)은 "풍수상 한국은 세계문화 중심국가가 된다."라고 예언했다. 탄허 스님은 비결秘訣 또는 참설讖說을 많이 연구하여 일제 강점기로부터의 해방을 예언, 적중시킨 것으로 유명하다.

해방이 '6×6=36'이라 해서 일제 36년 만에 갑자기 해방解放이 왔고, 그것도 음력 7월 7석날(양력 8월15일)에 해방이 되었으니 이는 정확하게 맞힌 것이다. 탄허 스님은 늘 한반도가 세계중심이 되며 그때가 되면 "국제적인 권능의 지도자가 이 땅에서 출현한다."라고 말했다. 앞으로 대한민국은 남북분단이 종결되고, 세계의 문화 중심국가가 될 것이라고 했다.

중국은 여러 민족 간의 갈등이 격화되어 중국 영토가 여러 개의 나라로 분열되고, 중국이 혼란한 사이에 한국이 만주를 점령하게 된다고 했다. 또한, 일본 열도가 바다 속으로 침몰하여 수많은 일본인이 죽고 한국에 복속된다고 예언했다.

동양의 성서『격암유록』은 천신께서 유·불·기독교를 막론한 세계민들에게 보내는 메시지이며, 세계 종교가 말하는 말세의 사건을 다룬 종합 신서이다.

『격암유록』은 서기 1509년~1571년 사이에 기록되었고, 총 60편으로 이루어져 있다. 여기에는 '서학대치 천운야西學大熾 天運也 서구문명이 먼저 발전하는 것은 하늘의 운이다.'라면서, '열방지중 고립야列邦之中 高立鮮 만세에 조선이 세계만방의 중심이 된다.'라고 예언했다. 대한민국은 국가나 국민(개인)이나 역동적인 희망을 품어볼 만하다. 『성경』이 사람에 의하여 쓰였지만 그것이 창조주께서 선지자들을 통하여 기록하게 한 신서라는 점에서 볼 때『격암유록』도 신서神書라는 것을 확신하게 된다. 『불경』도 사람에 의하여 쓰였지만, 석존께서 하늘의 음성을 듣고 기록하였기에 그 소리의 근원은 하늘이다.

동양의 성서 『격암유록』의 주제는 구원과 천국과 영생이다.

> 한반도는 세계 오대양 육대주의 동서가 합하고 금목이 서로 합하여져 도출되는 운이다. 이곳이 지상 선국이며 복된 땅이다. 세상이 개벽이 되고 처음으로 있는 경사로운 때이다. 전에도 없었고, 후에도 없을 젊음과 즐거움만 있는 장춘 세계이다. 천상의 높은 곳에서 불빛처럼 영롱한 옥 화살이 연발로 날아가듯 감람나무 기름에 불을 켜서 하늘의 영들과 땅의 사람들이 서로 상봉하여 죽지 않는다는 불사의 기쁜 소식을 다시 듣는다.[36]

미국 존스 홉킨스 대학교 돈 오버도퍼Don Oberdorfer 교수가 자신의 저서 『두 개의 한국The Two Koreas』에서 다음과 같이 예언한 바 있다. "한국인은 더 이상 수동적 요인이 아니다. 강력한 충격을 지닌 상상하는 것 이상의 드라마가 펼쳐질 가능성이 높다. 놀랄 준비들 하시길 바란다. 한국은 바로 그런 놀라운 땅이다."[37]

세계적인 투자자 짐 로저스는 한반도에 대한 투자 전망을 제시했다. 그는 한반도가 경제 통합을 이루면서 큰 변화를 겪을 것이라고 예상했다. 그의 예언에 따르면, '21세기 후반에는 아시아가 발전하고, 중국과 인접한 북한이 나라를 열기 시작하면서 우수한 노동력이 있는 북한에 투자가 몰리게 될 것이다. 이로 인해 남한도 크게 성장할 것'이라고 말했다. 그는 삼성과 같이 이미 규모가 큰 기업은 한반도가 통일되고 큰 변화가 와도 그렇게 크게 영향을

---

36. 김영교 저, 『격암유록, 동양의 성서』, (고글, 2012.) 요약

37. 돈 오버도퍼 지음, 이종길 역, 『두 개의 한국(The Two Koreas)』, (길산, 2014.) p.410

받지 않을 것이라고 말했다.[38]

한편, 인도의 점성술가 아비냐 아난드는 2050년에 한국이 초강대국의 자리에 올라선다는 예언을 했다. 그는 한국이 잃어버린 영토를 되찾고 국력을 회복해 전 세계에 영향력을 떨칠 것이라고 말했다.

우리나라에서 고려 때부터 전해 내려오는 '정감록鄭鑑錄 비결'은 한반도 중심론이 핵심이다. 현재 생존한 예언가로 존 티토는 중국이 여러 나라로 갈라지고, 한국이 통일되어 만주와 일본을 지배하는 강대국이 될 것이라고 예언했다. 그 외에도 골드만 삭스 회장과 세계 3대 투자가인 짐 로저스 등이 한국의 밝은 미래를 예언하기도 했다.

이러한 예언들은 정확한 근거 없이 미래를 전망하는 수준이기에 그대로 믿을 수는 없다.

노벨문학상을 수상한 인도의 타고르(1861–1941)는 1929년에 우리나라를 '동방의 등불'이라고 예찬했다. 암울한 식민지 시대인 그 당시에 지금과 같이 5천만 인구와 국민소득 3만 불의 세계 6대 선진국이 되리라고 누가 예상했겠는가? 역사를 통해서 볼 때, 한 나라의 흥망성쇠는 그 나라의 지도자와 국민에게 달려 있다. 그러므로 지도자를 잘 뽑아야 하겠지만 전문가의 지혜로운 예측도 필요하다.

한반도 위기의 악순환은 숙명인가? 특히 격동의 근현대사에서 리더의 잘못된 판단과 선택으로 인해 국민이 감내하기 어려운 희생을 치렀다. 조선 말기에 집권 세력이 권력다툼을 벌이면서 쇄국정책을 선택함으로 인해 근대화를 성취할 기회를 잃고 말았다.

1875년 일본의 한반도 침략의 서곡이었던 강화도조약부터 1945년 8월 15일 독립을 이룰 때까지 우리 민족은 일제의 야욕과 한국 혼 말살 정책으로

---

38. 짐 로저스·백우진 지음, 『짐로저스 앞으로 5년 한반도 투자 시나리오』, (비즈니북스, 2019)

격동기 및 시련기를 겪어야만 했다. 일제의 탐욕과 폭력이 극악에 달해 눈물과 피와 땀으로 얼룩진 채 끝없이 펼쳐진 칠흑 같은 나날들을 보내는 동안, 한민족의 아름다운 인성과 신뢰의 전통은 잔혹하게 훼손됐다.

특히 창씨개명은 우리 민족이 당한 가장 큰 인성 말살의 상징적인 사건이다. 강제로 성과 이름을 하루아침에 일본식으로 고치게 해 우리 민족의 혼과 정체성 등 인성을 뿌리째 뽑아버리고 말살하겠다는, 세계역사에 유례없는 대사건이었다.

1945년에 독립하여 1948년 대한민국이 건국했으나, 이번에는 남북으로 분단되어 이념전쟁 등 다시 한번 수많은 혼란과 시련을 겪었다. 6·25전쟁은 동족에 대한 살육과 전 국토의 초토화 등 비극적 전쟁으로 확전되었고, 일진일퇴의 참화 속에 우리 민족 인성파괴의 상처는 더욱 깊어졌다.

1953년 7월 27일 정전협정으로 전쟁의 포성은 멎었지만 300만 명의 인명과 엄청난 재산 피해를 당하고 국토는 잿더미가 됐다. 당시 1인당 국민소득은 30달러 정도로 세계에서 가장 가난한 나라 중 하나였다. 국민들은 폐허 위에 지어진 판자촌에서 전쟁 후 남겨진 군수물자를 재활용해 만든 생활물자로 생계를 유지했으며, 당시 세계 최하위 소득으로 연명하기조차 어려운 나라였다.

정전협정 이후 70년이 넘는 세월이 흘러 경제적으로 경이로운 발전을 이룩했음에도 남북분단과 정전의 아픔과 위기는 여전히 현재 진행형이다. 한미동맹 70주년을 넘어서면서 중국이 한미동맹을 약한 고리로 만들려는 전략적 셈법을 지속하고 있다. 한미동맹의 가치는 군사동맹 이상의 국가전략적 가치가 넘친다.

한미동맹은 G3 코리아로 발전하기 위한 운명적 결속임을 신념화해야 한다. 이념적 성향이나 친미·반미주의를 떠나서 21세기 대한민국 미래를 위한 절대적 가치라는 점을 유념해야 한다. 물론 외교 전략은 집권세력의 성향에 따라 때로는 유연성과 탄력성이 필요하다.

그러나 어떤 경우에도 양보하거나 바뀔 수 없는 근본 원칙이 있다. '합의를 지키는 국가라는 신뢰, 작은 이익을 따라 표변하지 않는 나라라는 무거움, 국내 정치를 위해 외교를 희생시키지 않는다.'라는 확실한 인식을 각인시켜야 한다.

이처럼 근본 원칙을 지키려면 강력한 군사력이 뒷받침되어야 하고 총체적 국력과 국격을 유지하는 지략을 발휘해야 한다. 그 첫걸음은 글로벌 중추 국가답게 행동하는 국민 리더십을 통해서 초일류 강국으로 나아갈 수 있다.

한국이 당면한 도전을 극복하고 초일류 강대국으로 도약하는 여정이 순탄치는 않을 것이다. 한국호가 나아가는 위대한 항행이 순탄치 않을 수 있고 숱한 역경이 밀려올 것이다. 21세기 대한민국은 미·중 패권 경쟁에 휘말리는 국가가 아니라 굳건한 안보 역량을 바탕으로 세계 각국을 선도하는 정신 문화의 모델 국가로 발전해 나갈 것이다.

김황식 전 국무총리는 2023년 8월 복거일 출판기념회 축사에서 다음과 같이 대한민국 국운을 전망했다.

개인에게 운이 있듯이, 회사에는 사운이 있고, 나라에는 국운(國運)이 있습니다. 특히 1949년 새롭게 탄생한 서독의 경우를 보면 드는 생각입니다. 1949년 9월 15일 서독 연방 하원에서 초대 총리로 기민당의 콘라트 아데나워가 선출되었습니다. 단 1표 차로 경쟁자 사민당의 쿠르트 슈마허를 물리쳤습니다. 그 1표가 독일의 운명을 갈랐습니다. 아데나워는 자유민주주의와 사회적 시장경제를 기반으로 한 친미, 친서방의 외교·국방 정책을 내세웠습니다. 유럽 재건을 위한 미국의 마셜 계획을 적극적으로 활용하고 점령국과 좋은 관계를 유지하였습니다. (중략) 동독 정부는 서독과는 달리 온 국민이 참여한 총선거에 의하지 않고 소련 공산당의 지령에 의하여 만들어진 정통성이 없는 정부라고 보았기 때문입니다. 이에 반하여 슈마허는 아데나워의 발상은 독일 기본법의 정신에 배치되는 것으로서 분단의 극복이 아니라 분단의 고착을 가져올 뿐이라며, 서방 의존보다는 민족적 일체성을 강조하며 동독의 주체성을 인정하였습니다. 아데나워와 슈마허의 정책에는 이처럼 극명한 차이가 있었습니다. 누가 총리가 되느냐에 따라 국가의 모습은 완전하게 달라질 수밖에 없었습니다. 이런 의미에서 아데나워의 1표 차 총리 당선은 독일의 행운이었습니다. 아데나워는 '전략'과 '실용'을 바탕으로 친서방 경제, 외교, 군사 정책을 폈습니다. '라인강의 기적'으로 표현되는 경제 부흥, 국제 신뢰 회복 등의 성과를 이루어냈습니다. (중략) 우리나라도 '국운이 있는 나라'입니다. 대한민국 수립 과정에 아데나워 총리와 비슷한 경험, 경륜과 정치적 비전을 가진 이승만 대통령이라는 정치 지도자가 있었기 때문입니다. 자유민주주의와 시장경제, 한미 동맹에 의한 안전보장, 사회적 연대를 위한 농지 개혁과 초등학교 의무교육 등입니다. 이런 정책을 출발점으로 하여 대한민국은 세계 10위권의 선진 경제 국가로 발전하여 국민은 자유와 번영을 구가하고 있으나, 다른 길을 간 북한은 세계 최빈국에 속하고 주민들은 어려움을 겪고 있습니다. 이러한 차이의 출발점이 이승만 대통령의 자유민주주의 철학입니다.

영국 싱크탱크 경제비즈니스연구센터CEBR가 26일 공개한 보고서에 따르면 올해 예상 명목 국내총생산GDP 기준으로 세계 13위인 한국은 2028년 9위로 네 계단 상승한다.

이와 같이, 21세기 대한민국 국운은 세계의 등불 코리아 르네상스 시대가 전망되는바, '물 들어올 때 노 저어라.'라는 말이 있는 것처럼 우리 후손에게 코리아 G3를 물려 줄 수 있도록 범국민적 역량을 집중해야 할 시대이다.

제5장

지구의
운명

1. 지구 탄생과 생명의 역사

1) 지구 탄생의 기원

생명의 행성 지구는 태양계의 일원으로서 탄생한 것은 지금으로부터 약 45억 년 전이라고 추정되고 있다. 최초의 지구 내부가 핵, 맨틀, 지각으로 나뉘는 과정에서 최초의 해양이나 대기를 형성하였다.

지구는 최초 우주의 태양 주위를 도는 크기가 작은 물체인 미행성들이 충돌하여 매우 작은 원시 지구가 생겨났다. 미행성의 계속된 충돌 때문에 발생한 열, 방사성 동위 원소의 붕괴열, 중력 수축으로 발생한 열 등의 영향으로 지구의 온도는 점점 더 높아졌다.

그 결과 원시 지구를 구성하고 있던 물질의 상당 부분이 녹아 지구의 표면은 액체 상태의 마그마로 변하게 되었고, 지구는 온통 마그마로 뒤덮이게 되었다.

원시 지구에서 마그마 바다가 형성된 이후 시간이 지남에 따라 철Fe, 니켈 Ni 등의 무거운(밀도가 높은) 금속 성분들은 지구 중심부로 가라앉아 핵을 구성하였다. 미행성들이 충돌하는 횟수가 줄어들자 지구의 표면은 점차 식게 되었으며, 이로 인해 지구 표면에는 얇은 지각이 만들어지기 시작하였고 원시 대기가 형성되었다.

한편, 미행성들의 충돌과 활발한 화산 활동으로 원시 대기로 방출된 많은 양의 수증기는 지구가 식어감에 따라 응결하여 막대한 양의 비로 내리게 되었고, 이렇게 내린 비는 지각의 낮은 곳에서 모여 원시 바다를 만들었다.

지구상에 최초의 생명이 출현한 것은 약 30억 년 전쯤이다. 생명이 출현할 때까지의 지구의 상태를 정확히 알 수 있는 자료가 극히 적어 운석, 운철(隕鐵) 따위의 자료나 다른 천체의 성질 등에서 추정하고 있다.

『거의 모든 것의 역사』에서 빌 브라이슨은 다음과 같이 말한다.[39]

> 지구상에 탄생했던 생물종들은 대략 400만 년 정도 존재한다. 그러므로 당신이 수십억 년 동안 존재하고 싶다면 원자들처럼 변덕스러워야만 할 것이다. 당신의 모습, 크기, 색깔, 다른 생물종과의 관계 등을 비롯한 모든 것을 수시로 바꿀 각오를 해야만 하고, 반복적으로 그렇게 해야만 할 것이다. 그렇지만 그런 변화의 과정은 일정하지 않을 것이기 때문에 그런 일은 말처럼 쉽지는 않을 것이다.

생명이 출현한 뒤부터의 지구의 연대는 생물이 발달한 단계에 고생대, 중생대, 신생대로 나뉘고, 각 지질 시대는 더욱 세분화된 연대로 구분된다.

이들 시대에 일어났던 갖가지 변동에 의하여 오늘날의 대륙과 해양이 완성되고, 생물계에는 점차로 고등생물이 출현하여 마침내 인류의 탄생을 보기에 이르렀다.[40]

원시 대기와 바다가 만들어지는 과정에서 생명이 탄생할 수 있는 환경이 형성되었다. 무생물에서 생물이 나오게 된 과정에 관해선 수많은 모델이 있으나 무엇이 옳다고 결론 내려지지는 못했다.

지구상 생명은 38~41억 년 전에 처음 지구에서 발생한 것으로 추정되며,

---

39. 빌 브라이슨 지음, 이덕환 역, 『거의 모든 것의 역사』, (까치, 2014) p.13

40. 지구의 역사 – 위키백과, https://ko.wikipedia.org/wiki

생명의 기원에 대한 가설은 여러 가지인데 현대에는 일반적으로 화학진화의 모델에 기반한다.

생명의 탄생에 있어 첫 단계는 핵산과 아미노산 등 생명을 구성하는 단순한 유기물이 만들어지는 화학 반응이었다. 1953년 이뤄진 밀러-유리 실험은 물, 메탄, 암모니아, 수소가 있는 혼합 기체에서 번개의 역할을 하는 전기 스파크로 그런 분자들이 만들어짐을 확인하였다. 밀러-유리 실험에 쓰였던 혼합 기체는 원시 지구의 대기와 조성이 같지는 않았으나, 이후 원시 지구 대기와 좀 더 유사한 조성을 사용한 실험에서도 같은 결과가 나왔다. 최근 컴퓨터 시뮬레이션에 의하면 지구가 형성되기 전부터 원시 행성계 원반에서 그러한 유기물이 만들어졌을 수 있다는 결론을 내렸다.

생명의 탄생에 대한 세 가지 수수께끼가 있다. 자신과 유사한 자손을 낳는 능력(자가증식), 스스로 에너지를 생산하고 결함을 고치는 능력(물질대사), 그리고 음식이 들어오고 노폐물이 나가며, 원치 않는 물질은 막아내는 경계막(세포막) 등이다.

2) 생명체의 멸종 원인

1993년 스티븐 스필버그 감독의 영화 '쥬라기 공원'이 개봉한 이래 이와 관련된 영화가 6편이나 발표됐다. 중생대 지구를 지배한 공룡은 언제나 많은 사람의 관심을 끈다. 수억 년 전 지구에 살았던 거대 생명체가 흔적만 남긴 채 갑작스럽게 사라졌다는 영화 같은 사연 때문이다.

지구상 생물의 멸종에 대해 말하자면, 지구 생물은 지금까지 자연현상에 의해 5차례 대멸종을 겪었으며, 현재 인간에 의한 6차 대멸종을 겪는 중이라는 연구 결과도 있다. 대멸종이란 한 종species의 모든 생물이 지구상에서 사라지는 사건을 말한다. 지구상 야생동물 개체수 3분의 2가 사라진 것으로 밝혀졌다. 이는 전 생물의 절반이 사라진 것이며, 이러한 대멸종은 아주 짧은 시간에 지구상의 전 생물종 중 다수가 사라진 사건이다. 이러한 대멸종 사건은 지구 생물의 역사를 크게 바꾸는 변환점이다.

지구가 만들어진 뒤 현재까지 지구 역사를 연구하려고 만든 시간대를 '지질 시대'라 한다. 과학자들은 지층에서 형태나 구성 물질 등이 급격하게 바뀐 흔적을 기준으로 지질 시대를 구분한다. 시대가 바뀔 때마다 지구에는 생명체가 갑자기 폭발적으로 많아지거나, 반대로 멸종하는 등 큰 사건이 있었다는 뜻이다. 지구 역사에서 이런 멸종은 여러 차례가 있었는데, 이 중 다섯 번을 '대멸종mass extinction'으로 꼽는다.

처음 대멸종은 고생대 '오르도비스기 말' 멸종, 다음은 '데본기 말' 멸종으로 5차례 대멸종 가운데 둘째로 많은 생물이 멸종했다. 그리고 고생대 마지막 시기 '페름기 말' 대멸종은 해양 생물 종 96%, 육상 척추동물 종 70%가 사라진 지구 역사상 최대 규모 멸종이었다. 이어 '트라이아스기 말' 멸종이 있었고, 중생대에서 신생대로 넘어가는 '백악기 말' 대멸종에서는 공룡이 대멸종되었다.[41]

대멸종의 원인은 무엇일까? 현생 인류가 탄소 배출로 인한 기후 위기에 생존을 위협받고 있듯이 과거 생물들도 기후변화에 영향을 받았다. 우선 자전축 변화가 지구 기후를 바꾸는 데 영향을 미친다.

지구 자전축은 공전 궤도에 23.5도 비스듬하게 누워 있다. 19세기부터 과학자들이 계산한 결과, 약 2만 6,000년 주기로 지구 자전축 방향이 바뀌고, 태양 에너지 입사각이 바뀌면서 기후 역시 바뀌어 2만 6,000년 뒤 우리나라는 7~8월에 한겨울이 될 수도 있다는 것이다.

---

41. 〈멸종이론 | 태백 고생대 자연사 박물관〉 생명과 지구환경의 변화… https://tour.taebaek.go.kr/tpmuseum/life/life_earth/life_earth_birthandextinction/life_earth_birthandextinction_extincti

지구 내부 요인도 생존 환경을 바꾸는 데 영향을 준다. 지구는 아직 열이 식지 않은 천체로, 내부가 완전한 고체 상태가 아니라 대류가 일어나고 있다. 만약 적도 근처에 있던 대륙이 이 흐름에 따라 극지방으로 이동하게 된다면 더운 기후에 적응했던 생물들은 추위를 견디지 못하고 멸종할 것이다.

이런 대멸종은 수백만~1,000만 년에 걸쳐 진행되지만, 중생대 백악기 말 공룡 대멸종은 100만~250만 년 정도로 짧게 진행됐다.

과학자들이 공룡 대멸종을 설명하기 위해 제시한 가설 중 가장 설득력 있는 것은 운석 충돌설이다. 멕시코 유카탄반도에서 석유를 찾던 지구물리학자들이 거대한 운석 충돌구를 발견하면서 운석 충돌설의 주장을 뒷받침하였다.

2020년 미국 예일대와 영국 사우샘프턴대 공동 연구진은 공룡이 화산 폭발 때문에 멸종한 것이 아니라는 연구 결과를 국제 학술지 「사이언스」에 발표했다. 연구진은 화석에서 추출한 지구 온도 변화 양상과 탄소 동위원소를 활용한 모델을 이용해 화산 폭발은 대멸종 훨씬 이전 시기에 일어났다고 밝혔다.

벨기에 왕립 천문대 연구팀은 「네이처 지오사이언스」에 '운석이 충돌할 때 기온을 최대 15도 떨어뜨렸는데 공룡에게는 치명적인 온도 변화였다. 게다가 하늘을 덮은 먼지가 햇빛을 차단해 식물이 광합성을 하지 못함으로써 식물에서 시작하는 먹이 사슬이 붕괴했고, 이어 연쇄적으로 생물 멸종이 일어났다.'라고 설명했다.

2. 현재 지구의 고난

1) 오존층이 사라진다

강력한 자외선을 막아주는 지구의 오존층이 위협받고 있다. 2022년 발생한 엄청난 규모의 화산 폭발이 만든 대량의 수증기가 원인이다. 우주를 향해 날아가는 로켓도 오존층 파괴 물질을 내뿜고 있다.

스테파니 에반Stephanie Evan 프랑스 레위니옹 대학교의 대기·사이클론연구소 박사후연구원 연구팀은 2022년 1월 발생한 남태평양 '훙가-통가 헝가 하파이' 해저 화산 폭발로 대기 중 오존이 지역에 따라 이전보다 5~60% 사라졌다는 내용의 연구 결과를 국제학술지 「사이언스Science」(2023.1.20.)에 발표했다.

남태평양에 있는 통가 화산은 2022년 1월 15일(현지 시각) 분화했다. 통가 화산은 지난 30년간 발생한 어떤 화산 폭발보다도 강력했고, 엄청난 양의 화산재와 가스, 수증기를 분출했다. 일반적인 화산과는 달리 해저 화산인 탓에 화학물질과 함께 막대한 양의 수증기가 발생한 게 특징이었다.

오존은 산소 원자 3개로 이뤄진 물질로, 지구 상공 24~32㎞를 떠다닌다. 특히 상공 25㎞에는 오존 분자들이 뭉쳐 오존층을 형성하는데, 태양에서 나와 지구로 유입되는 자외선을 흡수하는 역할을 한다. 강력한 태양자외선은 피부암이나 백내장을 일으키고 엽록소나 플랑크톤을 감소시켜 생태계 파괴한다.

오존층은 1985년 남극 상공에 '오존 구멍'이 발견되면서 보호해야 할 대상으로 거론됐다. 스프레이와 냉장고·에어컨 냉매로 사용되는 프레온가스(염화

불화탄소 · CFC)의 사용을 제한하는 몬트리올 의정서가 1987년 체결된 것도 이 때문이다. 이후 프레온가스 사용량은 99% 감소했고, 수소불화탄소HFC가 대체재로 쓰이고 있다. 유엔 환경계획UNEP은 올해 초 오존층이 2040년에는 1980년대 수준으로 회복할 것으로 전망했다.

그런데 통가 화산 폭발이라는 변수가 발생했다. 통가 화산 폭발이 오존층을 파괴한 건 분출 가스의 화학물질과 다량의 증기 때문이다.

연구팀은 폭발 일주일 후 아프리카 대륙 동쪽의 레위니옹섬 상공 25~29㎞의 오존이 이전보다 10~45% 줄었다고 설명했다. 또 남극은 오존이 이전보다 60%, 서남부 태평양과 인도양은 5%가 줄었다. 이전에 발생한 화산 폭발과 달리 통가 화산은 분출 시 많은 수증기를 대기로 올려보내 전 세계적으로 오존을 감소시켰다.

화산 폭발뿐 아니라 최근 전 세계적으로 붐이 일고 있는 우주산업도 오존층을 파괴한다. 로켓은 우주로 날아가면서 이산화탄소와 수증기, 염화수소, 블랙카본, 질소산화물을 배출한다. 미국 퍼듀대와 국립해양대기청NOAA 연구진은 로켓에서 발생하는 오염 물질과 대기 마찰열이 대기 온도를 높인다는 연구 결과를 국제학술지 '미 국립과학원회보PNAS'에 2023년 10월 16일(현지 시각) 발표했다.

대니얼 치초Daniel Cziczo 퍼듀대 교수는 "성층권 대기에서 우주선에 쓰이는 합금과 같은 비율의 금속 입자가 남아 오존층을 위협하고 지구로 떨어지는 운석의 성분도 바꾸고 있다."며 "인간의 활동이 지구에 생각보다 많은 영향을 미칠 수 있다는 경고적 의미"라고 설명했다.[42]

42. 참고자료: Science, DOI: https://doi.org/10.1126/science.adg2551 PNAS, DOI: https://doi.org/10.1073/pnas.2313374120

2) 온난화를 넘어 열대화 시대

최근에는 기온이 올라가지 않아야 하는 계절이나 장소에 이상 고온이 발생하는 일이 잦았다. 유럽 8국에선 1월 최고기온 기록이 2023년 1월 1일에 깨졌다. 체코 야보르니크가 19.6도, 폴란드 코르비엘로우가 19도, 벨라루스 비소카예가 16.4도를 기록했다. 평년 기온보다 20도 이상 높은 말도 안 되는 이상 고온 현상으로 스페인과 남프랑스에서는 한겨울에 해수욕도 가능했다고 한다. 스위스는 알프스 북쪽 지역 기온이 처음으로 20도를 넘었고, 눈 대신 비가 내려 스키장이 문을 닫았다고 한다. 이런 고온 현상은 유럽 기후 역사상 가장 극단적 사건이다.

남극에서는 기온이 너무 올라 얼음이 녹으면서 황제펭귄이 죽어가고 있다. 남극연구소 보고서에 따르면 2년 동안 이례적일 정도로 기온이 크게 상승하면서 황제펭귄 새끼가 많이 죽었는데, 프랑스 기후환경과학연구소 연구팀은 남극 온도가 모델 예측보다 2배 이상 빨리 상승했다고 발표했다.

《지구 환경을 파괴하는 주요 원인을 10가지》[43]

- 화석 연료 사용: 에너지 생산, 교통 등 생활 곳곳에서 사용되고 있는 석탄·석유·천연가스는 연소 시 온실가스를 대기로 배출한다.
- 산림 파괴: 산림은 지구 생태계와 기후 조절에 중요한 역할을 한다. 개발, 산불, 목재 채취 등으로 인해 산림이 대규모로 파괴되고 있다.
- 대량 생산과 소비: 현대 사회에서는 자동차, 전자제품, 음식물, 옷 등 많은 제품이 대량으로 생산/폐기되어 자원 소모와 폐기물 처리에 따른 문제가 발생한다.

---

43. 환경 파괴 원인 10가지 알아보기 - Green Info 360. https://info.greennews360.com/causes-of-environmental-destruction/.

- 산업 활동: 공장과 발전소에서의 대량 생산, 화학물질 및 유독물질의 사용, 배출과 폐기물 처리 등은 대기·수질·토양 오염을 야기한다.

- 화학물질 사용: 유독한 화학물질은 수질 오염, 생태계 파괴 및 생물 다양성 감소를 초래한다. 또한 인공 비료와 농약의 과도 사용은 토양 오염을 야기하고, 지하 수질을 오염시킬 수 있다.

- 쓰레기의 부적절한 처리는 환경 파괴의 주원인이다. 불법 폐기물 처리로 인해 수질과 토양이 오염되며, 해양쓰레기는 해양 생태계에 피해를 주고 있다.

- 농업에서는 대규모 생산을 위해 화학 비료 및 농약을 사용한다. 이는 토양 오염과 생태계 파괴를 초래한다. 목축에서는 대규모 축산물 생산을 위해 온실가스 배출 증가로 인한 기후변화 문제가 발생한다.

- 도시화와 개발은 토지 이용의 변화를 가져오며, 자연 서식지의 파괴로 이어진다.

- 광산 및 자원 개발은 자연환경을 파괴하고 생태계를 손상시킨다. 채굴작업은 토양 침식과 수질을 오염시킨다.

- 불법 야생동물 거래는 멸종 위기에 처한 종의 생태계 균형을 교란시키며, 생태계 기능의 파괴로 이어진다.

올해 3월은 남반구 가을임에도 남극 기온이 영하 10도까지밖에 떨어지지 않았는데, 평년 기온 영하 50도보다 무려 40도 가까이 기온이 높았기 때문이다. 미 항공우주국NASA은 매일 100㎥ 규모 얼음이 400여 덩이씩 사라지고 있다며 빙하가 녹는 속도는 지난 30년에 비해 6배나 빨라졌다고 밝혔다.

북극도 마찬가지이다. 북극권은 북위 66.5도부터 북극까지 지역으로 한여름에도 기온이 최고 10도 내외로 서늘하다. 그런데 2023년 7월 13일 유럽 최북단 노르웨이 감비크 지역 기온이 28.8도까지 올라 북극권 사상 최고기온을 기록했으며, 8월에는 아르헨티나 부에노스아이레스가 30도를 기록하며 117년 만의 최고기온을 기록했다.

남반구는 6~8월이 겨울인데, 아르헨티나 해안 도시 리바다비아는 기온이 37도를 넘었고, 칠레 등 산악 지역도 37도까지 오르는 등 고온 현상이 발생했다.

안토니우 구테흐스 유엔 사무총장은 2023년 9월 20일 제78차 유엔 기후 목표 정상회의에서 "인류가 지옥으로 가는 문을 열었다."라고 말했다. 그리고 "'지구온난화' 시대는 가고 '지구 열대화' 시대로 진입했다."라고 선언했다. 이제는 이상 고온의 위험성을 '온난화'라는 무난한 단어로는 표현할 수 없다는 뜻이다.

3. 미래 지구의 운명

1) 6차 대멸종을 경고 – 종말까지 90초

최근 전 세계는 기후환경 급변으로 지구의 종말 등 지구의 생명에 대해 큰 관심을 가지고 있다. 마치 지구가 빠른 시일 내에 종말을 고할까봐 두려워하는 사람들이 급증하고 있는 실정이다.

그런데 우리 홍익사상에서는 지구는 우아일체宇我一體의 존재로서 질서 속의 자유로 특정 지어지는 우주 운행의 근본 원리를 내면화하여 이를 삶 속에서 실천해 나가는 존재를 이상적 인간으로 다음과 같이 정의한다.[44]

지구는 제멋대로 우주공간을 여행하는 것이 아니라 태양 주변의 일정 궤도를 공전하여야 하며, 이는 다른 행성들도 마찬가지다. 일정한 구석과도 같은 공전 궤도라는 질서를 행성들이 준수할 때 태양계라는 공동체가 존재할 수 있다. 공전 궤도라는 구속을 준수하면서 자신만의 자유, 곧 자전을 행하는 것, 이것이 우주의 운행 원리 중 가장 기본적인 것이다. 홍익사상을 포함하여 동양의 사상은 사람을 소우주라 하는바, 당연히 자기 자신 속에 내재하는 우주의 근본원리와 하나 되어 이를 실행하는 존재를 이상적 인간으로 정의하는 것이다.

---

44. 한(하나-)과 한민족의 정체성, 그리고 홍익인간『평화학 논총』제5권 1호, 2015.6.

이와 같은 우아일체의 의미를 생각한다면 인간은 지구를 소중하게 보호하고 지켜야 한다는 삶의 철학이 생성된다고 필자는 판단한다.

미국 마노아 하와이대학교 '태평양 생명과학 연구센터' 연구교수 로버트 코위 박사가 이끄는 국제 연구팀은 달팽이를 비롯한 연체동물이 처한 상황을 토대로 추론한 대멸종 진행 연구 결과를 과학 저널 「바이오로지컬 리뷰 Biological Reviews」에 발표하면서 '지구상의 생물은 지금까지 자연현상에 의해 5차례 대멸종을 겪었는데, 현재 인간에 의한 6차 대멸종을 겪는 중'이라는 연구 결과를 제시했다.

연구팀은 1500년 이후 약 200만 종의 지구 생물 중 15만~26만 종이 사라져 이미 7.5~13%의 멸종이 진행된 것으로 추산했다.

코위 교수는 "멸종 생물 종의 급격한 증가와 동식물 개체 감소가 명확히 드러나고 있지만, 일부는 아직 이런 현상이 대멸종이 아니라고 부인하고 있고, 위기의 심각성에 대한 개선책이 필요하나 정책결정자의 정치적 의지가 부족하여 지구가 6차 대멸종을 향해 슬픈 궤도를 계속 나아가는 것"이라고 주장했다.[45]

미국 핵과학자회BAS가 지구 멸망까지 시간을 상징적으로 보여주는 '지구 종말(둠스데이) 시계'의 초침을 파멸의 상징인 자정 쪽으로 10초 더 이동했다고 NBC뉴스와 영국 일간 가디언 등 주요 외신이 2023년 1월 24일(현지 시각) 보도했다. 이로써 지구 종말까지 남은 시간은 90초로 줄어들었다.

알베르트 아인슈타인 등이 주축이 돼 1945년 창설한 BAS는 지구 멸망 시간을 자정으로 설정하고, 핵 위협과 기후변화 위기 등을 종합적으로 고려해 1947년 이래 매년 지구의 시각을 발표해 왔다.

외신에 따르면, 레이첼 브론슨 BAS 회장은 이날 기자회견에서 "러시아의

---

45. eomns@yna.co.kr "지구 생물종 7.5~13% 이미 멸종" …6차 대멸종 진행 중, 2022-01-17

핵 사용 위협은 전 세계에 사건, 의도, 오판에 의한 긴장 고조가 얼마나 끔찍한 위험인지 상기시켰다."라며 지구 종말 시계 초침 이동 배경을 설명했다.

미국 핵과학자회BAS는 러시아의 우크라이나 침공으로 생화학 무기 사용 가능성에 대한 위협도 높아졌다고 우려했다. 브론슨 회장은 "우크라이나 생화학 무기 공장에 대한 정보 부재는 러시아가 이 같은 무기 사용을 고려할 수 있다는 우려를 높인다."라고 말했다.

BAS는 2020년 이후 지구종말 시계를 100초 전으로 유지해 왔지만 러시아의 우크라이나 침공 이후 전술핵 사용 우려가 고조되며 경고 수위를 높였다.

1947년 자정 7분 전으로 시작한 시계는 미국과 소련이 경쟁적으로 핵실험을 하던 1953년에는 종말 2분 전까지 임박했다가 미소 간 전략무기감축협정이 체결된 1991년 17분 전으로 가장 늦춰졌다.

하지만 이후 핵무기의 존재가 사라지지 않고 기후변화를 비롯해 코로나19 확산 등 인류가 대비하지 못한 각종 위협이 이어지며 2019년 시계는 자정 2분 전으로 다시 종말 코앞까지 다가섰으며, 이란과 북한의 핵 프로그램 등을 이유로 2020년 자정 전 100초로 이동한 뒤에는 그 자리를 지켜왔다.

우크라이나 전쟁의 영향으로 에너지 가격이 상승하고, 이에 따라 발전에 천연가스가 아닌 석탄이 대체 연료로 사용되면서 기후변화 위기도 가속화하고 있다는 비판도 나왔다. 이와 관련 스톡홀름 환경연구소 소속인 시반 카르타 이사는 "화석연료 사용에 따른 이산화탄소 발생은 2021년, 2022년 연속 상승했다. 탄소 배출 증가로 기후변화가 이어지고 있다."라고 비난했다.[46]

이처럼 핵무기를 비롯한 첨단 무기 발전과 인류의 갈등·대립은 지도자들의 오판 등은 지구 최후의 날을 앞당기는 요인 중 하나이지만 좀처럼 해결될 기미를 보이지 않고 있다.

---

46. Chosun Biz, 2023.1.25.

2) 미래 지구 운명은 인간에 달려

인류의 종말에 대한 이론은 다양하다. 일부는 종교적인 관점에서, 일부는 과학적인 관점에서 접근한다.

종교적인 관점에서 종말론은 인류의 역사에서 최종적으로 일어날 사건이나 우주의 마지막에 대한 신학적 이론이다. 기독교 종말론에서는 예수 그리스도의 재림, 천년왕국, 부활, 최후 심판 등을 다룬다.

과학적인 관점에서는 인간의 행동에 기인한 지구의 환경 파괴, 원자력 전쟁, 인공지능의 악용, 과도한 인구 증가 등이 있다.

그리고 예언에 의한 종말론의 경우, 역사적으로 많은 예언자들이 인류의 종말을 예언했다. 예를 들어 노스트라다무스는 "1999년 7번째 달에 두려움의 대왕이 하늘에서 내려올 것이다."라고 했다.

2000년대를 맞이할 때는 밀레니엄 버그라는 것으로 인해 당시 우리의 기술이 마비되는 등 문명이 급격히 퇴보할 것이라는 주장도 나왔다. 그러나 예언과 예측들은 번번이 빗나갔고, 잊혀질만 하면 새로운 종말론이 또 나타난다. 사람들은 또 두려움과의 한 판을 치르곤 위기에 봉착했던 것을 잊고 만다.

이러한 이론들은 인류의 종말에 대한 다양한 시각을 제공하지만, 그것이 언제, 어떻게 일어날지에 대한 확실한 답은 아직 없어 계속되는 연구와 탐구의 주제가 되고 있다.

최근 사스SARS(중증급성호흡기증후군)와 신종플루H1N1, 메르스MERS(중동호흡기증후군)에서 신종 코로나로 이어지기까지 모든 전염병은 초기에 공포와 두려움으로 다가왔다.

세계인들이 전염병으로 인한 누군가의 사망소식을 접하면서 예방에 힘썼다. 완치된 환자가 나타나는 등 시간이 지나자 사람들의 인식에서 공포와 두려움이 사라졌다.

혹자는 이러한 전염병을 영화에서 들어 본 듯한 '지구의 자정작용' 중 하나로 여기고, 누군가는 지구 종말론과 연결한다. 6,600만 년 전 공룡이 세상을 지배하던 시대, 소행성이 빠른 속도로 지구를 향해 돌진하자 하늘에서 본 적 없는 섬광이 번쩍이며 재앙이 시작됐다. 전 세계로 뻗어나간 충돌의 비극은 인류보다 40배 넘는 1억 6천만 년 동안 지구를 지배하던 공룡을 멸종시켰다.

'호모 사피엔스'라 불리는 현생 인류의 등장은 불과 20만 년 전이다. "지구의 나이를 24시간이라고 하면 인간의 나이는 0시"라고 할 수 있다.

『인류의 종말은 어떻게 오는가』의 저자 이철환은 "인류가 종교나 예언에 따른 종말론에 두려워하면서도 정작 스스로 지구 멸망 가능성을 키워왔다."라고 말한다.

수없이 많은 종말론이 있었지만 우리는 아직 숨 쉬며 살고 있고 지구는 아직 잘 돌아간다는 주장이다. 오히려 전쟁이나 테러, 기상이변과 자연재해, 과학 기술적 측면에서 지구는 종국적으로 멸망할 수밖에 없다는 가설이 나오고 있음에 주목한다.

사회 곳곳 여러 분야에서 엿보이는 부조리와 탐욕, 갈등 해소에 노력을 기울이지 않는다면 지구의 종말은 종교나 예언자에서 이르는 시점보다 더 빨리 다가올 수 있다는 것이다.

세계적으로 지구를 살리기 위한 노력은 지속적으로 진행되고 있다. 대표적으로 '파리협정'이 있다. 전 세계가 온실가스를 줄이기 위해 모두 노력하자고 온실가스 배출 제한을 합의한 최초의 약속이다. 이 협정은 산업화 이전 대비 2℃까지로 지구 평균기온 상승을 막아내는 것을 합의했다.

그 외에도 화석연료 사용을 줄이는 '탄소중립과 그린뉴딜'(지구 기온 상승을 1.5℃ 이하로 막으려면 2050년까지 이산화탄소의 순 배출량을 제로로 만들어야 한다는 개념), '탄소가격제 (배출권거래제)', 'RE100과 ESG'[47] 등이 있다.

---

47. RE100 (Renewable Energy 100%): 기업들이 운영하는 사업장과 시설에서 신재생에너지를 100% 사

윤석열 대통령은 제78차 유엔총회 기조연설(2023.09.20.)에서 지구의 기후 위기를 강조하며 그 해결 방안과 실천 노력을 제시하였다.

> 대한민국은 기후위기 취약국들이 탄소 배출을 줄여나가면서 청정에너지로의 전환을 가속화할 수 있도록 그린 ODA(Official Development Assistance: 공적개발원조)를 확대할 것입니다.
>
> 대표적으로 녹색기후기금(GCF)에 3억 불을 추가 공여할 것입니다.
>
> 녹색기후기금에 대한 국제사회의 적극적인 재정 기여를 기대하며, 기후 격차 해소를 위한 국제사회의 의지가 결집되어 실질적인 행동으로 이어지기를 바랍니다.
>
> 대한민국은 탄소중립 목표 달성을 앞당기기 위한 현실적인 대안으로 재생에너지뿐만 아니라, 원전, 수소와 같은 고효율 무탄소에너지(CFE: Carbon Free Energy)를 폭넓게 활용할 것이며, 이를 기후위기 취약국들과 공유함으로써 그들에게 이 혜택이 돌아가게 할 것입니다.
>
> 이를 위해 무탄소에너지에 관한 국제공동연구를 추진하고, 민간의 기술혁신과 투자를 촉진하고자 합니다.
>
> 나아가, 대한민국은 무탄소에너지 확산을 위해 전 세계 누구나 참여할 수 있는 오픈 플랫폼인 'CF연합(Carbon Free Alliance)'을 결성하고자 합니다.

우리나라에서도 민·학·관·정 각계에서 지구 환경 보호를 위한 관심이 높고 세계 중심에 있다. 지난 2023년 11월 28일 《호모 사피엔스, 기후위기를 말하다》라는 대주제로 열린 '2023 현대차정몽구재단 미래지식 포럼'에서는

용하겠다는 실천적 캠페인ESG: 환경(Environment), 사회(Social), 지배구조(Govermance)와 같은 비재무적 요소를 투자에 고려

물리학자인 김상욱 교수를 비롯해 리사 손(심리학) 정재찬(국문학), 인소영(환경공학), 김도년(건축학), 박정재(지리학) 교수 등이 '기후위기'를 주제로 강연을 펼쳤다. 이 포럼에서 김상욱 교수는 기후 위기의 원인이 '인간'임을 강조하였다.

> "IPCC 보고서는 기후위기의 원인이 '인간'이라는 것을 증명하고 있습니다. 지구 평균기온이 1.5도, 2도 올라갔을 때 구체적으로 어떤 일이 벌어질지는 정확히 모릅니다. 하지만 인간이 가진 모든 기술을 동원해도 감당할 수 없는 '안 좋은 일'이 일어날 확률이 매우 높다는 건 사실입니다. 하나뿐인 지구를 두고 이런 도박을 할 순 없죠. 그러니 지금이라도 우리가 할 수 있는 일은 해야 합니다."(김상욱 교수)

지구의 운명이 90초밖에 남지 않았다는데 정부와 국제기구에 이를 맡기고 쳐다보고 있을 수만은 없다. 에너지 절약·자원 재활용·친환경적인 대중교통 수단 이용·환경보전에 대한 교육과 행동화 등 우리 민간 차원의 노력이 더욱 중요하며, 이제 이러한 노력은 선택이 아니라 필수라는 개념을 우리 인간들은 명심하여야 한다.

지구를 살리려는 혁명은 인간혁명 없이는 불가능하다는 현실을 직시하고 자성하면서 행동에 옮겨야 한다.

이케다 다이사쿠·에른스트 U. 폰 바이츠제커 공저 『지구혁명을 향한 도전』에서는 '지구혁명은 인간혁명에서 비롯된다.'라고 주장한다.

> '인간은 세계 곳곳에서 귀중한 자연을 수탈하고 파괴해 기후를 불안정하게 만들며, 생물의 다양성도 파괴한다. 날로 확대되는 환경오염은 인간이 자연과의 조화를 외면하고 오로지 편리와 풍요만을 추구한 결과다. 대량생산·대량소비·대량폐기라는 자원낭비형 사회에서 지속가능한 사회로 방

향을 크게 전환해야 한다.'라고 강조한다. 저탄소·자원순환형 사회를 형성하는 열쇠는 에너지 절약에서 찾을 수 있다. 다만, 석탄화력이나 원자력에서 재생가능한 에너지로 방향을 전환하는 것은 말처럼 쉽지 않다. 이럴수록 중요한 것은 에너지 효율의 극대화다. 지속가능한 미래는 지구적 규모의 변혁이 수반돼야 실현할 수 있다.

한정된 자원과 에너지를 경쟁적으로 고갈시키는 욕망확대형 사회는 진정으로 풍요한 사회라고 볼 수 없다. 저자들은 에너지 사용의 절감, 재생가능한 에너지의 개발과 확산, 에너지세 도입, 에너지 가격의 점진적인 상승 등을 제안한다. 또 유한한 외부의 자원이 아니라 무한한 인간 내부의 힘을 이끌어내는 것이 인간혁명이며, 지구혁명은 이러한 인간혁명에서 비롯된다고 전한다.[48]

내가 없으면 세상이 없고, 인간이 없으면 지구도 없는 것 아닌가?

즉, 인류의 종말이 지구의 종말이라 생각한다.

먼 훗날 어떠한 우주적 변화로 지구가 사라질지는 모르나, 현 인류가 숨쉬며 살아가고 있는 지구 운명의 연장과 단축은 모두 인간에게 달려 있다. 즉, 내 손에 달려 있다는 의미이다.

---

48. 이케다 다이사쿠·에른스트 U. 폰 바이츠제커 지음, 화광신문사 역, 『지구혁명을 향한 도전』, (연합뉴스 동북아센터)

세계 운명 통찰

⟨제2부 '세계 운명 통찰' 길라잡이⟩

☞ 제2부의 제목 '세계 운명 통찰'이 거대한 화두이기에, 이해를 증진하기 위한 길라잡이로 네 가지로 정리하여 안내해 드립니다.

첫째, '세계 운명 통찰'은 필자가 "미래 예측을 완결지었다."라는 예언적 의미가 아닙니다. 겸허하게 교훈과 해법을 찾는 심정으로 세계사의 거대한 흐름을 성찰하면서, 1장에서 논의한 운명론의 관점에서 조망하고 분석하려는 접근이라고 할 수 있습니다.

둘째, 제5장'세계 운명 이해'부분은 세계 운명과 대한민국의 운명이 긴밀한 연동관계를 맺는다는 포인트와 논리적으로 연결되어 있습니다. 대한민국의 운명이 한반도에 고착된 것이 아니라 세계의 등불을 지향한다는 명제와도 연결되는 징검다리 역할도 합니다.

셋째, 제6장 '세계역사 리더십 이해'는 '세계역사 리더십'이라는 핵심 개념을 정립하는 기본 틀을 제공합니다. 이러한 틀을 바탕으로 대한민국 운명론은 세계역사 리더십의 논리와 연결됩니다. 역사적 사례를 통해 교훈을 도출하는 리더십은 우주질서나 절대적 신의 섭리를 부정하는 것이 아닙니다. 오히려 역사리더십 관점의 운명론은 인류가 창출하는 개척론으로 이해해야 합니다.

넷째, 제5장과 6장이 "어떻게 제2부의 제목 ⟨세계 운명 통찰⟩로 묶여서 하나로 개념화되는가?"라는 궁금증을 제기할 수 있습니다. 이러한 궁금증에 대한 해답은 이 책의 목차 구성 논리와 직결되어 있습니다. 1부의 제목 ⟨대한민국 운명 통찰⟩과 연결하여 2부(세계 운명 통찰), 3부(세계사 흐름의 본질과 진단), 4부(현대사 진단과 미래사 전망)까지 기 · 승 · 전 · 결 차원의 과학적이고 철학적인 논리를 반영한 것입니다.

☞ 결론적으로 이 책 전반부에 해당하는 1부, 2부, 3부, 4부는 인류 행복시대를 선도하는 대한민국의 운명과 세계인의 운명을 세계역사 리더십으로 승화시켜 전개했고, 후반부의 5부, 6부, 7부, 8부에는 대한민국 미래 비전을 통해 세계등불, G3 국가로 발전하는 길을 제시했습니다.
기 · 승 · 전 · 결 논리를 통해 "대한민국 미래는 예측하는 것이 아니라 영웅적 국민이 만들어 가는 것이다."라는 외침으로 귀결됩니다.

제6장

세계 운명
이해

1. 세계 운명 개념

운명을 세계사의 흐름과 연결시키는 것이 논리적 비약처럼 오인하기 쉽다. 하지만 세계시민은 태어나는 것이 아니라 만들어지는 것이기 때문에 세계사의 큰 흐름을 운명의 관점에서 조망하고 분석하는 것은 대한민국의 미래를 위한 전략 기획에 필수적이다. 인류는 세계 운명에 대한 해답을 찾기 위해 탐구해왔다고 해도 과언이 아니다.

왜냐하면, 우주와 생명체를 관통하는 보이지 않는 힘을 규명하기 위해 역사, 철학, 종교, 과학 등 다양한 분야가 발전하는 근본 원인을 제공한 셈이다. 또한, 우주, 자연, 인간의 행동과 상호작용을 관통하는 미지의 힘에 대한 관심은 인류의 지적 호기심을 자극하기에 충분한 무궁무진한 영역이다.

『세계미래보고서』에서는 다음과 같이 말한다.[1]

> 세계 시민은 태어나는 것이 아니라 만들어지는 것이다. 아이들은 인간성에 대한 선천적인 이해가 없다. 체험과 교육을 통해 이를 배우게 되므로, 교육의 중요성과 글로벌 관점의 활성화가 과소 평가되어서는 안 된다. 역사적으로, 세계 시민권은 전쟁을 예방하려는 공통 욕구에 뿌리를 두었다. 일반적인 추론은 우리가 서로에 대해 더 많이 알수록 평화, 진보 및 번영을 보

---

1. 박영숙 · 제롬글렌 지음, 『세계미래보고서』, (교보문고, 2023.12) p.417

장할 가능성이 크다는 것이다. 가장 최근에는 인간 게놈 프로젝트가 인류 역사상 처음으로 우리 모두 하나라는 것을 과학적으로 보여주었다. 또한 새로운 기술을 통해 그 어느 때보다 많은 방법으로 더 많은 사람과 교류할 수 있게 되었으므로 유사점과 차이점을 발견하고 상호의존성을 더 잘 이해하고 세계관을 확장할 수 있다.

고대 그리스의 철학자들은 우주의 질서와 조화의 개념을 통해 운명을 탐구했다. 그들은 모든 사건과 개체들이 서로 연결되어 있고, 우주 전체의 균형을 이루며 발생하는 것으로 믿었다. 이러한 개념은 현대과학에서도 연구 대상이 되고 있다. 역사적 사건의 원인을 하늘의 뜻으로 돌리기도 하지만 근본 원인을 운명으로 귀속시킨다. 예를 들어, 로마제국의 성장과 붕괴는 세계 역사의 흐름을 바꾸고 운명을 형성한 사례 중 하나다.

또한, 현대사의 세계대전이나 9·11테러, 코로나 팬데믹 등은 세계 운명의 향배에 큰 영향을 미쳤다. 인터넷을 비롯한 정보통신기술의 발달, 인류의 우주탐험 경쟁도 세계 운명의 이해를 넓히는 데 큰 역할을 해왔다. 우주의 기원과 구조, 생명의 기원과 진화 등에 관한 과학적 탐구는 자연의 법칙을 이해하는 데 도움을 주어, 그동안 '운명의 탓'으로 간주되었던 인과관계가 상당 부분 설명되었다.

볼츠만Boltzmann은 19세기 말부터 20세기 초에 걸쳐 활동한 오스트리아의 물리학자로, 열역학과 통계역학 분야에서 중요한 기여를 했다. 우주에 관한 볼츠만의 연구는 세계 운명에 대한 인간의 이해를 크게 바꾸었다. 생물학적 진화론에 관한 그의 연구는 생명체들의 운명이 어떻게 형성되는지를 밝혀내는 데 노력했다.

우리 역사를 통시적으로 고찰하면 교훈적 요소가 넘쳐난다. 평균적으로 환산하면 5년마다 외침을 받았으며, 대부분 중국과 일본이 자행한 침략이었다.

이웃 나라의 침략행위가 주요한 원인이지만, 외침을 당하고도 군사적 대비를 소홀히 하는 고질적인 숭문천무崇文賤武 정신의 병폐도 원인으로 작용했다.

강력한 군사력의 중요성을 얕잡아 보는 병폐는 조선왕조 말기와 대한제국 시기 지도자들의 오판까지 겹치면서 나라를 빼앗기고 식민지로 전락하는 비운을 자초했다. 왜? 우리는 일본의 식민 통치를 막지 못했나에 대한 통렬한 반성이 필요하다. 이어서 일제로부터 광복이 되었지만, 남북분단과 전쟁의 참혹함을 경험하고 70여 년이 지났다. 다행히 한미동맹과 주한미군의 전쟁 억지력에 힘입어 평화번영을 일구어 가고 있다.

세계 운명은 인류의 역사와 인간의 행동을 형성하고 이해하는 데 중요한 개념이다. 필자가 세계 운명을 논하는 이유는 미래를 예측하려는 예언적 의미가 아니다. 오히려 겸허하게 역사의 교훈을 찾는 심정으로 세계사의 거대한 흐름을 성찰하려는 접근이다. 이는 '세계 운명과 대한민국의 운명이 긴밀한 연동 관계를 맺는다'라는 포인트와 논리적으로 연결된다. 나아가 대한민국의 미래가 한반도에 고착된 것이 아니라 '세계의 등불을 지향한다'라는 대명제와도 연결된다.

나라사랑과 역사사랑의 관점에서 세계 운명을 탐구하려는 분석 프레임으로 제시된 것이다. 즉, 세계 운명이 대한민국의 미래와 어떻게 연결되어 있는지를 고찰하는 것이 주안점이다. 이러한 인식을 바탕으로 세계 운명과 대한민국 미래가 연동됨을 역사에 대한 통시적 고찰을 통해서 밝히고자 한다.

2. 세계 운명과 대한민국 운명은 연동 관계

　대한민국의 운명은 세계의 운명과 밀접한 연동관계를 맺고 있다. 역사적 사실Facts에 근거하여 교훈을 도출하고 역사를 사랑하는 것이 자신의 자아정체성 확립은 물론, 국가정체성을 정립하고 애국심을 고취하는 원동력이 된다. 세계 운명은 특정 국가에서 벌어진 단순한 사건이나 우연의 연속이 아니라 상호 연결된 사건과 선택의 프로세스로 이해해야 한다.

　세계 운명과 대한민국의 운명은 역사적, 정치적, 경제적 상황에 따라 교차하고 유기적으로 얽혀 있다. 세계적인 사건과 경제적 변화는 대한민국에 영향을 주며, 대한민국의 상황이 세계적 변화를 촉발하기도 한다. 예를 들어, 제2차 세계대전 이후의 국제정세 변화는 대한민국의 탄생과 성장에 큰 영향을 미쳤다.

　냉전 시기에는 미국과 소련의 대결에 의한 양극체제가 형성되어 양국의 경쟁적 팽창주의와 정치적 대결의 연장선에서 남북분단으로 귀결되었다. 이로 인해 한반도 분단 고착화와 국제적 이념전쟁의 성격이 내포된 6·25 동족상잔의 비극을 겪게 되었으며, 이는 지난 70여 년 동안 대한민국 운명의 기본 틀을 형성했다고 해도 과언이 아니다.

　또한, 경제적인 변화 역시 세계와 대한민국의 운명을 가르는 요소이다. 세계화의 진전으로 세계 경제의 상호의존성이 심화되고 있으며, 수출 중심의 산업 구조로 인해 우리나라 경제는 세계 경제 환경변화에 민감하게 반응한다. 예컨대, 대한민국이 글로벌 반도체 시장의 강국으로 부상하면서 세계적 반도체 생태계에 막강한 영향을 주고, 세계 경제의 여건 변화가 우리나라 반도체 기업의 수익구조는 민생경제에까지 영향을 주는 초연결 네트워크 사회가 변모했다.

대한민국은 세계의 평화와 안정을 위한 국제사회의 일원으로서도 중요한 역할수행을 하고 있다. 국제 평화를 위한 국제기구와의 협력, 외교 활동, 평화유지군 파병 등은 대한민국의 국제적 위상에 영향을 준다.

세계적으로 민주주의와 인권을 중시하는 움직임은 대한민국이 민주주의 국가로서 성장하고 발전할 수 있는 기반을 마련해주었으며, 이러한 가치는 세계와 대한민국의 운명에 로드맵처럼 작용한다. 세계 운명과 대한민국의 운명은 역사적인 연결, 경제적 상호의존성, 국제 협력 등의 측면에서 끊임없이 영향을 주고받으며 공존한다.

'안보는 미국, 경제는 중국(안미경중, 安美經中)'이라는 어려운 상황에서 우리는 어떤 선택을 해야 할 것인가? 조지프 나이Joseph S. Nye Jr. 하버드 대학교 교수가 출간한 『미국의 세기는 끝났는가?』는 이에 관한 중요한 단서를 담고 있다. 나이 교수는 1941년 이후 지금까지 '미국의 세기'는 지속되고 있다고 주장한다.[2]

21세기 세계는 과학 문명의 풍요를 선용하기는커녕 신냉전으로 갈등이 격화되어 3차대전이 우려되는 실정이다. 글로벌 주요 지도자들은 세계역사 리더십의 교훈을 통해 선순환 세계리더십을 발휘하여 악순환 위기 상황을 대기회로 대전환하는 획기적 전략과 정책을 펼쳐 나가야 한다. 미래세계는 큰 변화의 위기 시대이다.

유엔은 물론 관련국 모두가 세계 역사 리더십Global History Leadership의 대승

---

2. 조지프 S. 나이 지음, 이기동 역, 『미국의 세기는 끝났는가?』, (서울 프리뷰, 2015)

적 차원에서의 솔선수범이 긴요하다.

세계평화와 발전을 위해 세계역사 리더십의 선순환 지혜 리더십이 매우 중요하다.

따라서 대한민국 국민은 자국의 발전을 물론 세계의 미래를 함께 이끌어 나가는 글로벌 리더 국가라는 인식을 가져야 한다.

세계의 운명과 대한민국의 미래가 연동되기 때문에 이제 동방의 등불에 만족하지 말고 인류평화와 번영에 진정으로 기여하는 지구촌의 밝은 빛, 세계의 등불로 격상되어야 한다. 이러한 논리의 연장선에서 'G3 코리아' 비전의 현실성이 설득력을 갖게 된다.

3. 과거·현재·미래 운명 통찰

인류는 지구상에서 발전과 진화를 거듭하며 다양한 역사적 사건과 도전을 경험해왔다. 현대사는 이러한 축적된 과거와 현재 상황이 융합된 결과물이며 수많은 변수가 얽힌 복합체라고 할 수 있다. 이른바 '3간(시간, 공간, 인간)'이 융복합된 도전들은 기존의 방식대로 대응하기 어려운 경우가 대부분이다.

즉, 과거·현재·미래를 연결하는 '시간의 축'과 지상·해상·공중·우주·사이버가 네트워크처럼 연결된 '공간의 축', 한국인·중국인·미국인·유럽인·중동인 등 '인간의 축'을 동시에 고려해야 해법이 제시되는 3차원의 세계다.

줄리언 반스는 『예감은 틀리지 않는다』에서 글로벌 리더들이 세계 역사의식 결여에 대해 비판하고 있다. 이 작품은 후회, 시간의 흐름, 그리고 기억에 대한 주제를 탐구하며, 독자들로 하여금 자신의 기억과 우리의 선택이 실제 삶과 다른 사람들에게 미치는 영향에 대해 의문을 품게 한다.

작품의 주인공인 토니 웹스터는 과거에 대한 자신의 기억에 결함이 있었다는 것을 깨닫는다. 그는 자기 행동과 선택이 주변 사람들의 삶에 영향을 미친 결과에 놀란다.

이 작품에서는 '역사는 부정확한 기억이 불충분한 문서와 만나는 지점에서 빚어지는 확신'이라는 주장을 통해 역사와 기억에 대한 논리를 제시하면서 독자들에게 자신의 기억과 선택이 어떻게 우리의 삶과 타인에게 영향을 미치는가에 대해 생각하게 한다.

이러한 주제와 논리를 통해, 줄리언 반스는 우리가 과거를 어떻게 기억하고, 그 기억이 어떻게 우리의 현재와 미래에 영향을 미치는 지에 대해 깊이 있는 통찰을 제공한다.[3]

따라서 통시적인 시간의 축에만 의존하면 실체적 운명에 근접하기 어려워진다. 더구나 21세기에는 인공지능을 비롯한 최첨단 '과학기술의 축'이 유력한 운명 개척요인으로 부상할 것이다. 따라서 미래를 향한 운명 개척론을 거론할 때 위에서 제시한 4가지를 복합적으로 고려해야 한다.

①과거사에 집착하여

②한반도에 고착된 발상으로

③한국인이 세계의 중심인 것처럼 오인하여

④시대착오적 방법 및 기술을 적용하면 최악의 미래를 맞이할 수도 있다.

최악의 시나리오는 오판에 의한 한반도 전쟁 상황일 것이다. 더구나 선제 핵 공격을 호언장담하는 북한의 김정은에게 오판의 빌미를 제공하지 않도록 주도면밀하게 국가 위기 관리체제를 강화해야 한다.

대내외 환경변화와 각종 도전이 퍼펙트 스톰처럼 한꺼번에 밀려오고 있다는 긴박감을 견지해야 한다. 미·중 패권 경쟁 심화, 우크라이나—러시아 전쟁 장기화와 전쟁 도미노 현상, 기후환경 변화, 북한의 핵·미사일 위협, 북·중·러 군사협력, 경제위기 등 미래를 암울하게 전망하는 비관론도 만만치 않다.

볼츠만이 주장한 세계운명Entropic Hypothesis은 '열역학 제2 법칙'과 관련 있는 개념이다. 그는 세계의 운명이 에너지 불균형과 엔트로피의 증가로 결정된다고 주장했다.

엔트로피는 시스템의 혼란도나 무질서 정도를 나타내는 물리량으로, 시간

---

3. 줄리언 반스, 『예감은 틀리지 않는다』, (다산책방, 2023)

이 지남에 따라 증가하는 추세를 가지며, 열역학 제2 법칙은 이 엔트로피 증가 추세에 대한 기술적인 명제이다. 엔트로피의 증가로 인해 혼돈과 무질서가 증가하고, 최종적으로는 고도로 혼돈된 상태인 열평형 상태에 도달한다는 것을 세계 운명과 연결한 것이다.

그는 생물학적 진화론에 대해서 통계역학의 개념을 적용하여 설명했다. 생물학적 진화가 유전자 주기와 엔트로피 증가의 결과로 이루어진다고 주장했다. 생물체 내에 존재하는 유전자의 상태가 엔트로피와 연결되며, 유전자의 상태가 다양할수록 진화의 가능성이 더욱 커지고 다양한 형질이 발생할 수 있다는 것을 주장했다.

따라서 형질의 다양성은 엔트로피 증가의 결과로 이해될 수 있다는 것이다. 볼츠만의 이러한 업적은 열역학 제2 법칙과 시스템의 혼돈도 증가, 그리고 생물진화에 대한 이해를 혁신적인 방법으로 제시한 것으로 평가받고 있다. 이는 자연과학과 생명과학 분야에서의 중요한 이론적 기초를 제공하고 있으며, 볼츠만의 저술은 이후의 다양한 연구와 이론발전에 영향을 주었다.

역사의 준엄한 교훈을 뼈저리게 깨닫고 국방 안보를 튼튼하게 다지는 것은 정치적 이해관계를 초월한 국가생존과 직결된다.

이러한 역사적 교훈을 되새기면서 세계 역사 리더십의 지평을 대한민국에서 세계 수준으로 격상해 나가야 한다.

4. 미래 인류가 직면할 도전과 응전의 운명

    역사적으로 인류는 자원, 영토, 이데올로기, 종교 등을 둘러싼 갈등으로 인해 다양한 전쟁과 분쟁을 겪어왔다. 이러한 갈등은 역사적 대전환의 계기가 되거나 인류의 운명을 크게 바꾸었다. 인류는 전쟁·재난·질병 등 각종 고난을 경험하며 더 나은 미래를 추구해 왔다.

    21세기 문명시대임에도 세계는 유럽과 중동에서 동시에 전쟁이 발생하는 안보 불안에다 핵전쟁을 비롯한 잠재적인 위험에 직면하고 있다. 이러한 위험을 이해하고 해결하기 위해서는 선순환 리더십을 통해 국제사회의 노력과 협력이 필수적이다.

    세계가 직면한 기후환경 위기, 종교갈등, 이념대결, 민족간 대립, 전쟁 위기 등 결국 모든 문제는 인간의 욕망과 이기심에서 출발한다. 우리 민족의 홍익인간 사상철학, K-정신문화로 21세기의 시대정신을 대한민국이 견인할 수 있다고 확신한다.

    현대사에서는 두 차례의 세계대전이 특히 주목할 만하다.

    제1차 세계대전(1914-1918)은 국제적인 긴장과 복잡한 동맹 구도로 인해 발발하여 민간인과 군인 모두 엄청난 희생을 당했다. 전후의 혼란은 제2차 세계대전(1939-1945)으로 이어져 홀로코스트와 원자폭탄 투하와 같은 반인륜적 사건이 발생했고, 유엔이 설립되는 계기가 되었다. 냉전 시기에는 미국과 소련 연방 사이의 이념적 대립으로 인한 분쟁과 군사적 대결이 지속되었다. 동독과 서독의 분단, 한국전쟁, 베트남 전쟁 등이 이 시기의 대표적 사례이다.

세계 각국은 전쟁 위협에 대비하기 위해 군사력을 발전시켰으며, 이는 기술혁신을 촉진하고 군사 기술의 발전을 이끌었다.

예를 들어, 제1차 세계대전과 제2차 세계대전은 군사 기술의 발전과 과학의 진보를 가속화시킨 사례로 볼 수 있다. 하지만 전쟁과 분쟁에서 수많은 인명 피해가 발생했고, 홀로코스트와 같은 대규모 인류 비극을 겪기도 하였다. 기후변화, 감염병 확산, 인종 문제, 난민 문제 등 다양한 형태의 위기가 국제적으로 확산되고 있다. 이러한 위기는 국가 간의 협력이 필요한 상황을 만들어내며 국제사회 전반에 미치는 영향이 커지고 있다.

이러한 상황에서 국제사회는 적절한 대응 전략을 모색해야 한다.

첫째, 미·중 패권 경쟁에서는 경쟁이 아닌 협력의 가능성을 모색해야 한다. 양국은 경제와 기술 분야에서 상호 의존도가 높으며, 이는 양국 간의 갈등을 해소하고 협력을 더욱 강화할 기회를 제공한다.

둘째, 글로벌 위기에 대해서는 국제적인 협력 체제를 구축하고 이를 기반으로 공동의 대응 전략을 마련해야 한다.

셋째, 기후변화와 같은 문제는 국가 단위의 노력만으로 해결하기 어려우며, 국제사회 전체의 협력이 필수적이다. 지구 온난화로 인해 빙하가 녹아내리고 수천 년 동안 꽁꽁 얼어있던 영구 동토층이 녹는 과정에서 고대의 세균과 바이러스로 인해 전염병이 창궐할 것으로 예견되고 있다. 기후변화로 인한 도전은 인류가 공동으로 대처해야 할 심각한 도전으로 부상하고 있다.

넷째, 마약 문제의 심각성이다. 인류는 수천 년 동안 마약과의 전쟁에 시달렸다. 특히 20세기 중국은 아편전쟁으로 패망의 역사를 겪었다. 21세기 문명시대에 신 아편전쟁이 전개되고 있다. 쌀알 두 개 분량만 복용해도 사망할 수 있어 '역사상 최악의 마약'으로 불리는 마약성 진통제 '펜타닐'이 미국·캐나다 등에서 빠른 속도로 확산했다. 미국 곳곳은 허리나 팔다리를 꺾은 중

독자들이 배회하는 '좀비 랜드'가 됐다. 펜타닐 원료가 서양발 아편으로 전쟁을 겪은 중국에서 주로 생산돼 '신 아편전쟁'이란 말도 나왔다. 이제 마약은 특정 국가의 문제가 아니라 모든 인류의 적으로서 국제적 공동 대처가 절실하다.

이러한 도전에 대처하기 위해서는 국제기구들의 역할이 중요하다. 유엔을 비롯한 국제기구는 국제사회의 대화와 협력을 중재하며 글로벌 위기에 대한 효과적인 대응 방안을 논의하지만 자국 이익 최우선주의와 얽혀서 진척을 이루지 못하고 있다.

사실상 G2 국가의 위상을 차지하는 미국과 중국이 패권 경쟁의 틀을 벗어나지 못하고 UN 등 국제기구는 논의만 하고 실질적 강제력을 발휘하지 못하는 등 한계에 봉착해 있다.

21세기 인류는 개별 국가의 이해와 이익만을 고려하는 것이 아니라 전 세계 인류의 안전과 복지를 고려하는 큰 시야에서의 글로벌 리더십을 요구하고 있다.

인류의 문명이란 물질과 기술의 진보에 힘입은 지혜의 산물이며, 인간의 삶의 양태를 말한다. 그런데 이러한 문명의 발달로 인간의 행복을 누리고 있지만 최근 중국, 러시아, 북한 등 신독재 국가 리더들이 전 세계를 불안과 공포로 몰아가고 있는 등 야만의 시대가 전개되고 있는 현상이다. 두 개의 전쟁(러시아·우크라이나전, 이스라엘·하마스전)과 신냉전 구도 고착, 경기 침체 등으로 세계정세의 불확실성이 지속되고 있다. 세계 글로벌 리더들은 평화와 연대를 강화하면서 당면 현안에 대해 인류 평화를 위해 적극적으로 나서야 한다.

제7장

세계역사
리더십의
이해

1. 21세기 세계화란?

1) 세계화 의미

세계화는 인류가 지구촌이라는 삶의 문화로 통합되는 과정을 의미한다. 구체적으로 세계화는 국가의 경계를 넘어 지구촌이 하나의 단일화된 시스템으로 통합되고, 상호의존성이 증가하는 현상을 총칭하는 개념이다.

21세기 인류가 당면한 이슈 중의 하나가 세계화에 역행하여 진영 대결로 회귀하거나 블록화를 강화하는 추세일 것이다. 이처럼 시대 흐름에 역행하는 문제점은 세계역사 리더십 관점에서 풀어나가야 하며 강대국들만의 독점 영역이 아닌 다변화 시대로 변화되고 있다.

세계 최대의 전략 컨설팅회사인 맥킨지의 밥 스턴펠스Sternfels는 세계화에 대해서 다음과 같은 견해를 표명했다.[4]

나는 지금의 상황을 '세계화의 종말'이라고 판단하지 않는다. 그보다는 세계화의 정의가 변하는 과정이라고 보는 편이 합당하다. 세계화를 논할 때 상품 무역을 생각하는 경우가 많은데 이미 세계는 상품을 넘어서는 다양한 방식으로 긴밀히 연결되어 있다. 이런 연결이 끊어진다면 국가별로 GDP의

---

4. 맥킨지 스턴펠스 회장은 2023년 1월 언론과의 인터뷰에서 '한국은 10년을 내다보고 과감한 전략을 짜라'고 강조

10~40%가 사라진다는 연구 결과가 있을 정도로 세계는 서로에게 기대고 있다. 세계화는 쉽게 무너지지 않을 것이다.

정보통신 기술의 발전으로 실시간 소통이 가능할 정도로 인류 역사상 어느 때보다 가까워졌다. 하지만 우크라이나 전쟁과 중동 전쟁이 극적으로 표출하듯이 유엔이나 강대국들이 속수무책인 상황으로 치달아 선순환적 글로벌 리더십이 더욱 중요한 과제로 대두되었다. 세계화는 세계인의 교류와 상호 의존도를 증가시켜 세계 공동의 문화를 창출하였다. 하지만 국가 간의 경쟁은 더욱 치열해졌으며, 그 결과 경쟁력을 갖춘 쪽과 그렇지 않은 쪽 간의 빈부 격차가 날이 갈수록 심화되고 있다.

역사적으로 세계화의 추세가 더욱 가속화된 계기는 1988년 대한민국 서울올림픽이었다. 당시 동서 냉전으로 갈등이 고조되어 올림픽조차 진영논리에 휩싸여 보이콧이 이어지던 것을 서울올림픽을 통해서 해소하게 되었다. 스포츠 축제를 넘어 정신문화의 통합을 이루는 서울발 세계 리더십의 표상이 되었고, 이를 국제사회가 인정했다. 1988년 서울올림픽의 구호였던 '서울은 세계로, 세계는 서울로'는 국제화와 세계화를 잘 상징한다. '서울은 세계로'가 국제화라면 '세계는 서울로'가 세계화다.

1990년대 세계화는 디지털 기술혁명과 함께 새로운 세계질서 변화를 추동했다. 민주주의 정치의 기틀을 마련한 시민혁명, 자본주의 경제를 가속화시킨 산업혁명처럼 우리의 삶은 디지털 기술혁명을 체험하고 있다.

미국의 칼럼니스트 토머스 프리드먼이 1999년 출간한 『렉서스와 올리브나무』는 세계화의 의미를 '기술·정보·금융의 민주화'라고 했다.

21세기 큰 조류는 국가 주권의 원심화를 가져오는 세계화, 지역화, 그리고 지방화다. 이는 주지하듯이 교통수단의 발달과 정보화로 국경을 넘어선 연결망이 촘촘해지는 현상에 따른 것이다. 한반도가 위치한 동북아도 이런 큰 흐름을 거스를 수는 없다. 그러나 '아시아의 역설(Asia Paradox)'이라는 용어가 잘 상징하듯이, 동북아는 세계에서 가장 활력이 있고 서로 긴밀히 연결된 경제를 가지고도 지역 안보 협력 차원에서 가장 뒤 처진 지역이다. 20세기의 침략, 식민지 지배, 냉전 등에 기인한 대립과 갈등의 후유증을 극복하지 못하고 있는 한·중·일 3국은 유럽 등 다른 지역과 달리 21세기 들어서야 겨우 지역협력을 시작했다. 이러한 뒤떨어진 지역협력 상황은 한·중·일 3국 협의체의 탄생 과정에서도 잘 나타난다.[5]

2020년대부터 국가의 흥망성쇠는 디지털 기술혁명 속에서 어떠한 선택을 하는지에 따라 결정될 것이다. 미국과 대척점을 이루었던 중국, 소련 등이 개혁·개방 정책을 펼쳐서 자유무역 질서에 합류한 이후 2000년을 전후하여 세계화가 급속히 확산되었다. 국제분업에 따른 글로벌 공급망의 확대를 통해 경제적 효율성 추구가 세계질서의 핵심으로 부각됐다.

한국은 디지털기술을 선제적으로 받아들여 반도체, 전기차, 배터리 스마트폰, ICT산업 등 첨단산업을 앞세워 글로벌 시장과 글로벌 공급망을 통해 세계화에 적응하는 데 성공했다. 그 결과 1945년 광복 당시 1인당 국민소득이 45달러 수준이었는데, 2022년 기준 국민소득이 3만 2,142달러로 최빈국에서 중진국을 거쳐 선진국이 된 전 세계의 유일한 국가가 됐다.

2) 세계화 위기

21세기 들어서면서 국가 간 이해충돌로 갈등과 분열도 분출하였다. 특히

---

5. 김강녕 저, 『한반도 주변 정세와 남북한』, (신지서원, 2010)

핵, 기후환경, 빈곤 문제뿐만 아니라 민족, 종교, 인종, 영토 등을 놓고 치열한 분쟁이 전개되고 있다. 인류는 세계역사 리더십을 통해 이러한 문제요인을 진단하고, 글로벌 차원의 선순환 해법을 마련해야 한다. 현실적 G2 국가인 미국과 중국이 자국의 실리 추구를 최우선하여 패권경쟁을 심화시키면서 초강대국들의 글로벌 리더십이 실종된 상태나 다름없다.

4차산업혁명으로 인해 전 세계는 초연결사회로 변모했다. 실시간으로 정보가 유통되고 뉴스의 생명력이 짧아지는 시대가 되었다. 특히 AI는 인간의 전유물로 여겨졌던 영역까지 진출할 것이다. 생성형 인공지능 시대가 2023년부터 본격화되어 지식정보 서비스의 메카니즘 자체가 바뀌고 있다. 생성형 AI의 발달은 혁신보다 혁명에 가깝다.

최근에 가장 각광 받는 직업 중에 'AI에게 질문을 잘하는 엔지니어'까지 등장할 정도로 급변하고 있다. AI는 답변뿐만 아니라 심오한 철학적 질문도 생성한다. 챗GPT의 방대한 데이터 활용과 분석 능력은 인간의 정신과 질적으로 다르다. 인간은 아직 이해할 수 없는 새로운 미래를 탐색하고 이끌어 갈 준비를 해야 한다.

21세기 세계화의 특징은 '초연결성'이다. 지구 반대편 금융회사의 파산이 우리나라에 금융위기를 몰고 온다. 정도의 차이는 있겠지만, 전 세계는 하나로 엮여 있다. 하지만 세계화의 환상은 흔들리고 있다. 세계 최대 자산운용사 블랙록의 래리 핑크 최고경영자는 "러시아의 우크라이나 침공으로 우리가 지난 30년간 경험한 세계화가 종말을 고하고 있다."라고 했다.[6]

러시아의 우크라이나 침공에 이어 팔레스타인이 이스라엘을 공격하면서 5차 중동전쟁이 시작되자 미국이 가장 경계하던 '두 개의 전쟁' 시나리오가 현실화되었다. 미국은 2차 세계대전 이후 전 지구적 차원에서 두 개의 전쟁이

---

6. 한국경제, 2022년 5월 26일자, https://www.hankyung.com/opinion/article/2022052518671

동시에 터지는 것을 우려해 왔다.

미·중 패권 경쟁은 군사 부문에 국한되지 않고 반도체, 자원 등 모든 영역으로 확대되는 추세다. 시진핑의 중국이 국제무대에서 영향력 확대를 꾀하지만 공산 독재체제의 한계에 직면하여 고난을 면치 못하고 있다.

미국, 중국, 러시아, 일본, 영국 모두 찬란했던 제국의 위상을 되찾으려고 온갖 대책을 세우지만, 세계는 이미 다극화 체제로 변환되었다. 세계는 인공지능과 인간의 역할 분담론까지 등장하고 우주탐험과 경쟁이 본격화되는 시대로 급변하고 있다. 따라서 글로벌 리더의 반열에 서는 국가와 국민들은 세계를 하나의 공동체로 인식하고 지구촌의 한 구성원임을 자각해야 한다.

그리고 세계 시민 의식을 가지고 지구촌 문제에 관심을 가져야 한다. 지구촌 문제와 인류 보편적 가치에 대한 이해를 바탕으로 세계 시민으로서 공감과 연대 의식을 가지려면, 역사와 문화의 차이를 인정하고 다양성을 존중하는 자세가 필요하다.

최근 유럽싱크탱크인 유럽외교협회와 옥스포드대에서 21개국 국민 상대로 여론조사를 실시한 후 작성한 보고서에 따르면 '더이상 서방과 비서방 구도가 국제동맹의 본보기로 여겨지지 않고 안보와 무역 등 사안별로 합종연횡하는 새디로 변했다'라고 분석했다.

코로나 팬데믹과 전쟁의 여파로 글로벌 공급망이 곳곳에서 단절되거나 심각한 병목현상에 시달렸다. 인터넷·플랫폼·AI·블록체인 같은 기술이 세상을 지배할 것이라는 전망이 빗나가고 러시아가 우크라이나를 침공하자 식량·에너지·원자재가 더 중요하게 되는 현실에 직면하게 된다.

이러한 흐름을 전문가들은 '탈세계화' 또는 '블록화'로 개념화를 시도하고 있다. 세계화와 자유무역 덕택에 경제성장의 계기를 마련했던 대한민국으로서는 큰 도전에 직면하게 된 것이다. '1997년 IMF 구제금융 당시처럼 국민이 합심 단결하여 위기를 극복할 수 있을까?'라는 우려까지 제기되고 대내외

안보 불안도 가중되는 형국이다.

지난 30년간 우리는 경제 정책과 안보 정책을 놓고 큰 논쟁이 있었다. 불행하게도 지난 10년은 극단적 진영 싸움 때문에 '비토크라시vetocracy(상대 정책·주장에 무조건 거부부터 하는 파당 정치)' 늪에 빠져 헤어 나오지 못하고 있다. 진보적 시각을 견지한 예비역 공군 대령은 "미국이 한미동맹을 체결한 가장 근본적인 이유는 미국 안보 측면에서 한반도에 미군을 주둔시킬 필요가 있기 때문이다"라고 주장한다.[7]

1953년 한미동맹 체결 당시 미국의 속내가 무엇이었던가를 규명하는 것이 그렇게 중요한 문제인가? 대한민국의 발전 역사에서 주한미군에 의한 안전보장이 담보로 활용되었던 사실 자체를 부정하면 안 된다. 앞으로 대한민국이 국력이 더욱 강력해지더라도 한미동맹의 가치를 간과하거나 폄훼하는 논리에 대해서는 당당하게 맞서고 대처해 나가야 한다.

건강한 보수주의는 역사적 사실과 급변하는 국내외 정세를 꿰뚫는 역사의식이 필수적이다. 대한민국이 이룩한 발전은 모두를 감동시킬 기적적인 순간들의 연속이며 모든 국민이 동참한 결과라고 할 수 있다.

국가발전에 애국적 열정으로 참여했던 국민의 염원은 현재를 살아가고 있는 국민의 꿈속에도 녹녹히 흐르고 있다.

세계화가 지금 심각한 위기에 처해있다. 왜? 바로 그 '민주주의'라는 가치에 근본적 균열이 생겼기 때문이다. 러시아와 중국이 동시에 민주주의를 외면하고 권위주의적, 전체주의적, 공산주의적, 독재정권이 장기집권을 추구하고 있기 때문이다.

최소 법률적으로 2036년까지 집권이 보장된 푸틴은 일찌감치 민주주의 체제를 내다 버렸다. 2022년 초 우크라이나 침공은 사실상 러시아가 더 이

---

7. 권영근, 『한반도와 강대국의 국제정치』, (행복에너지, 2021), p.699

상 '민주주의'라는 가치를 신봉하지 않음을 가장 극적으로 표현한 것으로 볼 수 있다. 푸틴은 이스라엘–팔레스타인 전쟁을 호기로 판단하여 2024년 대통령 선거에 무소속으로 출마해 장기집권을 획책하면서 우크라이나를 몰아붙이고 있다.

중국도 비슷하다. 2022년 10월 시진핑의 3연임이 확정되면서 시진핑이 사실상 러시아의 궤도를 따라가고 있다.

2023년 후반에 들어서는 북한, 중국, 러시아가 군사협력을 강화하는 행보까지 보이면서 한반도에서 한·미·일 대對 북·중·러 대립각이 형성되는 정세가 조성되고 있다.

이러한 현상은 무엇을 의미하는가? 이 지구촌에서 '가치 공유'가 사라졌음을 의미한다. 그 피해자들은 바로 지구촌의 모든 시민이다. 세계정세는 자국 이기주의로 치열한 경쟁을 하고 있다. 이와 같은 냉혹한 국제정세를 감안할 때 세계평화와 번영을 이룰 수 있는 '세계역사 리더십'이 긴요한 시대이다. 21세기에는 세계의 역사를 사랑하는 국가가 글로벌 리더국가로 도약할 것이다.

우리나라는 반만년의 위대한 문화역사를 자랑하는 동방의 등불, 세계의 등불 국가이다. 세계역사를 선도하는 대한민국이 되어 세계평화와 번영에 기여해야 한다.

2. 세계역사 리더십이란?

1) 세계역사 리더십의 의미

인류 역사는 다양한 시대와 문화 속에서 다양한 리더들의 리더십에 의해 진행되었다. 이들 리더십은 해당 시대의 정신과 가치를 반영하며, 세계사의 전반적인 흐름을 결정하는 역할을 해왔다. '세계역사 리더십'은 과거-현재-미래를 통시적으로 고찰하여 이를 대한민국 미래와 연결하는 개념이다.

세계역사와 리더십의 관계를 도식화해 보면 아래와 같다.

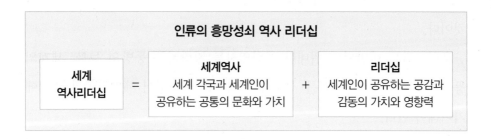

세계역사 자체의 진위를 규명하거나 역사적 사실에 대한 자의적 해석을 내리려는 차원이 아니다. 21세기 세계는 과학문명의 풍요를 선용하기는커녕 신냉전으로 전쟁이 격화되어 3차대전이 우려되는 실정이다.

글로벌 주요 지도자들은 세계역사 리더십의 교훈에서 선순환 세계 리더십을 발휘하여 악순환 위기 상황을 획기적 전략과 정책으로 대위기를 대 기회로 대전환하는 글로벌 리더십이 긴요하다.

21세기는 변화의 소용돌이가 한꺼번에 융복합되는 대격변의 시대이며, 대위기의 시대이기도 하다. 유엔은 물론 관련국 모두가 대승적 차원에서 인류의 문제를 함께 풀어나가고 강대국일수록 솔선수범이 긴요하다. 세계평화와 발전을 위해 세계역사 리더십을 개념을 올바로 이해하여 선순환을 창출해내는 지혜로운 리더십이 절대적으로 필요한 시대다.

고대문명에서는 리더들이 종종 왕족이나 군사 지도자로서 권력을 행사했다. 예를 들어, 이집트의 포테우, 메소포타미아의 함무라비 등은 법과 질서를 구축하는 데 중요한 역할을 했다. 그러나 이러한 리더들은 종종 특정 계층의 이익을 위해 힘을 남용했다. 이 시대의 리더십은 권위와 힘에 중점을 두었으며, 사회적 계층의 격차가 큰 특징이었다.

중세 시대에는 종교적 리더십이 중요한 역할을 했다. 교황, 교회 지도자, 왕과의 밀접한 연결을 통해 종교적 신념이 사회와 정치에 큰 영향을 미쳤다. 십자군 전쟁이나 가톨릭교회의 개혁 등은 종교적 리더십이 시대정신을 주도한 사례이다. 그러나 종종 권력의 남용과 종교적 간섭이 문제가 되기도 했다. 근대의 혁명과 개혁 시기에서는 인권과 자유를 강조하는 이념들이 부각되었다. 이러한 시대에서는 민주주의적 리더십이 중요해지며, 인권을 존중하고 사회적 평등을 실현하는 것이 주목받았다. 미국의 조지 워싱턴, 프랑스의 나폴레옹, 그리고 혁명가들은 각각의 시대정신을 대변하는 사례이다. 그러나 이러한 시대에서도 이념 간 충돌과 사회적 갈등이 불가피하였다.

현대에는 세계화와 기술혁신이 리더십과 시대정신을 형성하는 데 영향을 미쳤다. 경제적, 정치적 상호의존성은 전 세계적인 문제에 대한 협력을 촉진하며, 국제적 리더십의 중요성을 부각시켰다. 또한, 환경문제와 인권 문제 등이 강조되며, 현대 리더들은 이러한 문제들에 대한 해결책을 마련하기 위해 UN 국제기구를 통하거나 기후환경 등 특정 달성을 위한 국제조직을 새롭게 만들었다.

세계역사를 살펴보면 리더십과 시대정신이 상호작용하여 변화하는 모습을 볼 수 있다. 21세기에 들어서서 세계 리더십의 중요성이 더욱 부각되는 이유는 다양한 문제와 도전에 대응하기 위해 관련 국가들이 호혜적 구조를 창출하지 못하고 오히려 이해충돌을 심화시키거나 전쟁의 소용돌이로 몰고 가는 경향에서 비롯된다.

김재득은 저서 『리더십』에서 다음과 같이 말한다.[8]

세계를 상대로 전략을 수립하고 현지에 맞게 행동할 줄 아는(Think globally, Act locally) 글로벌 인재의 필요성이 더욱 커지고 있다. 왜냐하면 영토의 한계를 넘어 국제적인 이슈의 대폭적인 증가 때문이다. 전쟁과 빈곤, 테러, 핵무기 등 세계적인 문제 해결을 기다리고 있다. 누가 어떻게 이 국제적인 문제들을 해결할 수 있을까?

캐네디스쿨의 학장이자 국제정치학자인 조셉 나이(Joseph Nye)는 "인터넷으로 대표되는 통신비용의 감소로 인해 더 많은 사람이 국제무대에 참여하게 되었다. 그들은 거대한 관료주의나 국가를 필요로 하지 않는다."라고 말했다. 다국적 조직이 세계 주요 시장을 재편하는 상황에서 전통적인 내부 지향의 리더십만으로는 한계에 이를 수밖에 없는 것이다.

대부분의 세계사 전망이 빗나갈 때 인류는 역사라는 숫돌에 상황 판단력을 날카롭게 갈아 다듬고 지혜를 도출한다. 세계역사는 다가올 위기를 사전 알려 주지는 못해도 위기 극복에 필요한 자세와 역량이 무엇인지 일러주기 때문에 예측 예방이 가능하다. 따라서 미래를 예측하고 실천하는 혜안을 지닌 리더십이 중요하다.

---

8. 김재득, 『리더십』, (대영문화사, 2008) p.397

이러한 참담한 현실에 대한 해법으로 필자는 '세계역사 리더십'이라는 큰 틀의 새로운 개념을 정립하고자 한다.

세계역사 리더십이란 인류의 주어진 여건과 상황 속에서 목표를 설정하고 목표를 성취하기 위한 국가 또는 인류의 행동에 자발적으로 영향을 끼치는 과정이라고 정의할 수 있다. 세계역사 리더십은 인류가 자아실현을 할 수 있도록 선순환적으로 이끌어 줌으로써 세계 평화와 인류 행복을 창출하는 것이다.

대한민국 운명론은 세계역사 리더십의 논리와 연결된다. 개인과 국가 운명론을 고찰하고 실제 역사적 사례를 통해 교훈을 도출하는 접근방식은 우주 질서나 절대적 신의 섭리를 부정하는 것이 아니다.

동서고금을 막론하고 모든 국가의 흥망성쇠가 반복되는 이유는 무엇일까? 필자는 앞의 질문에 대한 해답을 역사 리더십에서 찾고자 노력해 왔다. 이 책은 역사 리더십의 무대를 동북아시아에 한정한 것이 아니라 글로벌 차원으로 확충하여 세계역사 리더십으로 개념화한 것이다. 리더와 팔로워(조직 구성원, 세계인, 국민) 간의 관계를 양분법적으로 단절하는 시도는 아니다. 오히려 리더십과 팔로워십의 상호작용의 관점에서 역사를 통시적으로 고찰하여 교훈을 도출하려는 분석적 접근이다.

다시 말해, 리더십의 결과물이 쌓여 역사를 만들고, 그 리더십이 역사의 흥망성쇠를 좌우한다고 보는 것이다. 리더는 역사의 판을 짜고, 그에 적용될 규칙을 정한다. 팔로워는 그러한 리더십에 호응(공감, 감동)하는 사람이다. 그러나 리더가 제대로 능력을 발휘하지 못할 경우, 팔로워는 불신과 반발로 맞선다. 리더십은 리더와 팔로워 간의 상황과 여건에 따라 변하므로 그때마다 유효한 리더십이 생성되어야만 팔로워가 불만 없이 리더십에 호응할 수 있다.

글로벌 리더들이 시대 상황과 여건에 적합한 리더십을 발휘하면 역사는 순탄하게 흐르고 발전하지만, 리더가 제대로 된 리더십을 발휘하지 못하면 역사는 퇴보하고 극단적 대치와 갈등이 심화되어 전쟁의 소용돌이에 휘말린다. 그래서 세계역사는 전쟁의 역사라고 과언이 아닐 정도로 수많은 전쟁으로 점철되었다.

2) 인류평화와 번영을 위한 세계역사 리더십

세계사란 단순히 세계 모든 나라의 역사를 모아서 이루어지는 것이 아니다. 역사의 산물인 인간이 자신을 바로 찾고 합당한 역할을 하면서 살아가자면 그 무엇보다도 먼저 자기 민족 자기 나라 역사의 큰 줄기를 올바르게 정립하고, 세계역사를 조망해야 한다. 인류는 세계역사를 떠나서는 생각조차 할 수 없을 정도로 밀접하게 연결되어 있다. 도도한 세계역사의 흐름에서 도피할 수 없는 것이 현실이다.

세계역사의 산물인 글로벌 리더국가 역시 정체성을 바로 찾고, 인류 행복을 지향하는 가치 중심의 리더십을 발휘해야 할 시대가 도래했다. 21세기와 앞으로 펼쳐질 미래의 리더국가는 인류 역사의 큰 줄기를 올바르게 이해하고 유구한 역사와 역경 속에 살아온 대한민국 같은 나라가 리더 국가로 인정받을 수 있다.

홍익인간 정신처럼 인류애의 뿌리와 참모습을 실현해 보이며 정신문화와 가치 중심의 리더십을 발휘해야 할 시대가 도래하고 있다. 이러한 흐름이 대한민국에 국운 융성의 기류를 형성해 주는 것이다. 물리적 군사력이나 경제력만으로 이끌어 나갈 수 없는 새로운 세계가 되고 있다. 따라서 세계의 역사 발자취를 직시하고, 올바른 리더십을 발휘해야 인류의 평화와 민주주의 번영이 보장되고, 문명 또한 발전할 것이다.

2024년은 50개국에서 대선 또는 총선을 치르게 되어 그 어느 때보다 불확실성으로 가득한 해가 될 것이다. 세계 유권자를 다 합치면 40억 명에 달해

'수퍼 선거의 해'라는 별명도 붙었다.

미 외교협의회의 리처드 하스 명예회장은 2023년 12월 "내년 권위주의 세력이 정치적 목적 달성을 위해 자유민주주의 국가 선거에 어떤 행태로든 개입할 수 있다."라고 말하면서 "민주주의 체제를 건강하게 유지하려면 '우리 안의 진짜 위협'인 내부 분열, 양극화, 민주주의 악용 등에 대처하는 면역력을 키워야 한다."라고 강조하였다.

러시아 선거는 푸틴의 당선과 장기 집권이 당연시되고 있는 상황에서 미국, 대만, 한국의 선거 결과에 따라 세계역사 리더십의 흐름이 달라질 것으로 전망된다.

필자는 세계역사 리더십을 통해 국가와 인종을 초월한 지구촌 전체의 평화번영과 문명 발전을 도모하려는 큰 틀의 접근을 시도한다. 세계 1·2차 대전과 같은 참화를 당했을 때도, 알렉산더 대왕이 눈부신 정복역사를 이룩했을 때도, 모든 역사에는 반드시 리더가 있었다. 역사는 바로 그 리더가 보여준 리더십의 무대이다. 따라서 세계역사 리더십은 역사적 사실을 리더십과 융합함으로써 사실史實과 사관史觀의 변증법이라는 새로운 영역을 창출하는 것이나 다를 바 없다. 과거의 단편적 사실이나 저명한 사건들을 엮어서 모은다고 역사가 되는 것은 아니다.

세계역사 리더십의 논리를 전개하기 위해서는 수많은 사료를 통해서 리더와 리더십으로 정리하는 과정을 통해 해석하고 평가하는 과정을 거친다. 필자는 인류애에 기초한 올바른 사관으로 객관성을 유지하면서 옳고 그름을 따지는 공자의 춘추필법春秋筆法이 역사리더십을 정립하는 진수라고 생각한다.

세계 리더십의 관점에서 미국 대통령 링컨의 노예해방이 재해석되고, 미래의 비전과 목적으로 이어져 서술된다. 영국의 역사학자 에드워드 카Edward Hallett Carr는 "역사란 역사가와 사실 사이의 지속적인 상호작용 과정이며, 현재와 과거의 끊임없는 대화이다."라고 정의했다. '역사가'와 '현재'가 현실에 바탕을 둔 냉철하고도 이성적인 비판적 시각을 의미한다면, '사실'과 '과거'란 역사 속의 리더와 리더십을 냉철하게 바라보려는 태도를 상징한다고 볼 수 있다. 즉, 세계역사 리더십은 과거와 현재 사이를 끊임없이 내왕하면서 인류와 세계를 거시적이고 객관적이며 종합적인 통찰력으로 관찰하는 프레임이라고 할 수 있다.

세계 각국과 세계인이 공유하는 공동의 문화와 가치체계를 바탕으로 인류가 공유하는 공감과 감동이 어우러지는 개념이다. 이러한 인식을 바탕으로 몇 가지 특성을 고찰해 본다.

첫째, 동서고금의 모든 역사는 절대권력자인 왕, 대통령 등 영향력 있는 리더의 리더십에 의해 흥망성쇠가 좌우되었다. 그러나 21세기 글로벌 리더는 이념과 가치를 공유하는 구성원과 조직에 영향력을 행사해 국가와 세계의 운명을 결정하는 방향으로 나아갈 것이다. 이러한 논리의 연장선에서 국민 리더십 문화운동의 가치가 더욱 빛날 것이다.

둘째, 세계역사는 글로벌 리더의 영향력이 토대가 되어 인류의 흥망성쇠를 좌우한다. 전쟁의 의사결정이 전체 국민의 여론에 따르는 것이 아니라 리더의 오판에 의해 결행되는 경우가 무수히 많다. 러시아 푸틴 대통령의 경우가 대표적 사례가 될 수 있다. 그의 오판에 의한 의사결정이 수많은 사람이 희생당하는 참사로 연결되었다.

셋째, 세계역사는 모든 나라의 백성들이 살아온 총체적 결과를 반영하는 것으로, 인류의 삶 자체를 말한다. 이는 각국의 문화와 전통을 토대로 고유의 생활풍토와 문화는 물론이고, 국민들이 공감하는 혼과 철학까지도 반영하기 때문에 역사리더십이란 역사의식과 국가정체성이 조화를 이루는 리더십이다.

넷째. 올바른 세계관을 바탕으로 효율적인 국가 관리와 발전을 도모할 수 있는 리더야말로 진정한 리더십을 발휘할 수 있다. 인류의 행·불행은 어떠한 글로벌 리더가 존재하느냐에 따라 달라진다. 글로벌 리더가 내리는 다양한 의사결정은 현재는 물론 후대에까지 큰 영향을 미친다. 진정한 리더가 참다운 리더십을 발휘했던 시대는 당대는 물론 후대까지도 융성기를 보낼 수 있었지만, 그렇지 못한 시대는 수천 년 쌓아왔던 문명을 파괴하고, 살육과 패륜으로 인류의 정신문화를 퇴보시키기도 했다.

세계역사 리더십 관점에서 역사에 가정법을 동원하여 상상해 보자.

링컨, 처칠과 같은 리더들이 없었다면 세계역사는 어떻게 되었을까? 반대로 세계를 전쟁의 불행으로 이끈 히틀러 같은 리더들이 없었다면 지금 우리는 어떤 모습으로 살고 있을까? 현시점에서의 의미를 되새기는 차원을 넘어서 미래를 설계하는 나침반의 역할을 할 수 있다.

각국의 국민이 올바른 역사의식과 정신문화, 그리고 가치중심의 정체성으로 무장해야 하는 이유가 여기에 있다. 인류의 역사를 세계인이 만들어왔듯 미래의 역사 또한 세계인이 만들어 갈 것이기 때문이다.

3. 세계역사 리더십 사례와 교훈

역사학자 에릭 홉스봄Eric Hobsbawm은 '역사학은 영토 분쟁의 학문적 첨병'이라며, "역사학이 때로는 핵물리학보다 더 무서울 수 있다."라고 경고한 바있다. 역사 리더십의 중요성을 함축한 표현이라고 할 수 있다. 리더의 역사의식이 전쟁을 촉발하는 요인으로 작용하는 역사적 사례를 대표적으로 소개한다.

1) 17세기 영국과 스페인 전쟁: 엘리자베스 1세 리더십

1616년은 영국의 셰익스피어와 스페인의 세르반테스가 사망한 해이다. 당시 영국은 엘리자베스 여왕은 45년 동안 지배했었고, 거의 비슷한 시기에 스페인은 펠리페 2세가 42년 동안 통치했다. 엘리자베스 여왕은 보석을 달고, 치장하며 화려하고 자유롭게 입었다. 영국은 오픈되어 있고 발랄하고 무언가 활기가 넘쳤다. 반면에 스페인은 엄숙하고 균형과 절제가 강조되던 사회였다.

당시 영국과 스페인은 해양력을 바탕으로 미래의 패권을 놓고 전쟁을 벌이게 된다. 당시 유럽 지도를 보면 프랑스를 중심으로 왼쪽이 스페인의 지배 영역이고, 오른쪽이 스페인의 사촌인 오스트리아 합스부르크 가문의 지배영토이다.

영국은 유럽에서 상대적으로 영향력이 작은 국가에 불가했다. 당시 유럽의 절반을 스페인과 오스트리아 합스부르크 가문에서 지배를 하고 있었고, 영국은 식민지가 없었다. 스페인은 남미 지역에 필리핀까지 식민지 영토를 갖고 있었다. 당시 해가 지지 않는 제국은 영국이 아니라 스페인이었다.

두 나라가 전쟁을 하면 당연히 누가 이길까? 당시 국력 차이에 비추어 볼 때 이는 누가 봐도 다윗과 골리앗의 싸움에 비유될 정도로 스페인의 우세가 예견되었다. 겉으로 보기에는 당연히 스페인이 이길 것 같았지만 영국이 이길 수밖에 없는 리더십 요소가 작용했다.

엘리자베스 여왕을 비롯한 영국인들은 승리를 확신했다. 영국 사회는 개방적이고 다양성이 인정되어 역동적인 사회로 국운이 상승하던 시기였다. 반면에 스페인은 폐쇄적이고 왕족의 순혈주의만 따지며 내부 갈등이 심했고 지배 계층은 분열되어 있었다. 나라의 크기로 비교할 수 없는 수준으로 당시 영국의 리더십과 기세가 월등했다.

스페인이 세계제국을 이룰 시기인 15세기에는 자유롭고 개방적이고 다양성이 인정되었던 나라였다. 그런데 자신들이 '제국을 완성했다'라고 생각하면서부터 오만해진 것이다. 모든 권력의 주적은 오만이다. 스페인 경우에도 오만해지면서 역사의 무대에서 퇴조의 길로 들어섰다. 결국은 스페인 무적함대가 1588년에 엘리자베스 1세 여왕의 군대에 대패했다.

당시 미혼의 여성 군주라는 엘리자베스의 취약점은 "영국과 결혼했다."라는 선언과 함께 영국 국민을 위한 자기희생의 미덕으로 전환되었다. 일화에 따르면 엘리자베스 여왕이 하나의 상징적

그림은 〈아르마다 초상화〉였다.[9] 1590년경 영국 왕실의 궁정화가였던 조지 가워George Gower가 그린 이 그림의 가장 큰 의미는 지구모형의 등장이었다. 여왕의 오른손이 이 지구모형 위에 올려져 있는 모습은 제국에 대한 염원을 표현한 메시지였다.

1588년 영국 해협에서 스페인의 무적함대를 수장시킨 승리는 영국이 유럽의 강국으로 도약하고 세계 대제국으로 뻗어나가는 결정적 계기가 되었다. 그림의 오른쪽 창으로 바닷속으로 격침되고 있는 스페인 아르마다의 모습이 묘사되어 있는 장면보다 엘리자베스 1세의 손의 모습과 여왕의 드레스를 휘감은 진주목걸이에도 상징성이 함축되어 있다. 진주는 바다를 나타내는 것으로 엘리자베스가 이제 작은 섬나라 여왕이 아니라 바다의 여왕이 되었음을 상징한다.[10]

앞으로 바다는 영국이 지배하게 된다는 미래 운명과 연결된 것으로 해석된다. 이처럼 우리는 역사를 통해 국가 운명의 단초를 식별하게 된다. To be or not to be that is the question! (사느냐 죽느냐, 그것이 문제로다!)라고 세익스피어가 400여 년 전에 표현한 이 문장은 인류사적 의미를 함축한 명문장이다. 당시 햄릿의 존재론적 고민이었던 '사느냐 죽느냐'는 인간의 영역이 아니라 신의 영역으로 인식되던 시대다.

중세에서 근대로 대전환되는 시기였고, 유럽은 세계를 향해 경쟁적으로 진출하던 시기와 맞아떨어진다. 세익스피어의 작품에 나오는 언어의 선택은 그냥 나오는 것이 아니라 그 당시 사람들이 갈망했던 변화를 반영한 것으로 보아야 한다. 그래서 그 당시 사람들은 연극을 본다고 표현하지 않고 연극을 듣는다고 했다. 그게 무슨 이야기냐 하면, 연극의 핵심은 무대장치에 있는

---

9. 그림 출처: 〈아르마다 초상화〉 조지 가워 그림, 1590년 경, 워번수도원 소장(영국 베드퍼드셔)

10. 허구생, "엘리자베스 초상화의 비밀", (검색일, 2023년 9월 20일), m.blog.naver.com/PostView.naver?isHttpsRedirect=true&blogId=hanulnew&logNo=220413771852

것도 아니고 배우에 있는 것도 아니고 대사에 있다.

어디서 연극을 보는가? 인구가 10만에서 20만이 최대치인 사회에서 한꺼번에 3,000명이 모여 뭔가를 본다. 만약에 서울에 1,000만 시민이 산다. 그건 사실은 10만, 20만, 30만이 모이는 것과 똑같은 것이다. 그럼 10만, 20만, 30만이 모여서 뭘 하는가? 셰익스피어의 연극을 듣는 것이다.

더 중요한 포인트는 평민과 귀족이 같은 공간에서 이것을 듣는 것이다. 결국 당시 런던를 이끌어 가는 사회는 어느 도시보다 선진화된 상태였고, 귀족과 시민과 하층민의 계층 간의 격차가 적었던 사회였음을 시사한다.

2) 이순신 장군의 애국정신 읽기 [11]

충무공 이순신은 나라를 지켜낸 장수이며 여민의 리더십으로 백성의 안녕을 도모했다. 이순신은 28세 때 처음 무과 시험에 도전했으나, 낙마로 낙방했다. 4년의 절치부심 끝에 32세 때 재도전해 합격했고, 함경도 동구비보 권관으로 임명받았다.

이순신은 초급관료 시절부터 업무 능력과 전투 준비 태세가 탁월한 데다 인품까지 뛰어나 많은 사람들에게 인정받았고, 얼마 후 정읍 현감으로 부임한다. 그리고 서애 유성룡의 천거로 1591년 전라좌도 수군절도사로 파격 승진한다.

1년 2개월 후 이순신은 운명의 임진왜란을 맞게 되고, 1597년 삼도수군통제사로 있던 원균이 패배하자 그 자리에 임명된다. 이순신은 해상전이 불리하니 육지전으로 대항하라는 선조의 명령에도 전선 12척을 이끌고 출정했고, 왜선 133척을 격침하고 해상권을 회복한다. 이것이 세계 해전 중 유례가

---

11. 김종대, "이순신 정신을 알리다", (사)부산여해재단 홈페이지, (검색일, 2023년 8월 20일).

없다는 평가를 받는 명량해전이다.

러일전쟁 승리의 영웅인 일본의 명장 도고 헤이하치로東鄕平八는 "이순신은 해군 역사상 가장 위대한 제독이며, 나는 이순신에 비교할 것도 못 된다. 나를 넬슨에 비교하는 것은 가능하나, 이순신에 비교하는 것은 감당할 수 없는 일이다."라며 이순신을 극찬했다. 적국의 장수마저 이순신을 세계 최고의 영웅으로 인정한 것이다.

단재 신채호는 《조선위인전朝鮮偉人傳》에서 "이순신은 역대 세계 해군 장군 중 1위이다. 이순신이 넬슨보다 훨씬 더 뛰어난 명장이다. 초기에 무명이었던 점, 전쟁 끝 무렵에 전사한 점, 상대편 군대(일본, 프랑스)가 거대 전력이었던 점 등 비슷한 면이 있지만, 결코 비길 바가 아니다."라고 강조했다.

그 이유는 넬슨이 국가의 대대적인 지원과 국민의 지지를 받았던 반면, 이순신은 조정의 지원을 일절 받지 못했기 때문이다. 지원은커녕 당시 조선의 국왕이었던 선조의 경계는 물론, 일부 대신을 제외한 조정의 모함과 질시 속에서 고독하게 싸워야 했다.

선승구전先勝求戰 전략으로 45회의 전투에서 불패의 신화를 낳은 이순신 장군은 일본 함선 700여 척을 격침시키면서도 우리 함선은 한 척도 피해를 보지 않는 전과를 얻었다. 그러나 애석하게도 노량해전에서 목숨을 잃고 만다.

명나라 해군 제독 진린陳璘은 임진왜란 마지막 해인 1598년에 우리의 남해 수군 진영에서 충무공과 함께 연합 함대를 편성해 싸우고 개선한 장군이다. 처음에는 오만하기 짝이 없어 충무공을 얕보았으나, 결국은 충무공의 탁월한 능력과 인격에 감복해 작전 지휘를 충무공에게 일임하기까지 했다. 그가 선조에게 올린 글에는 '충무공은 천지를 주무르는 재주와 나라를 바로잡은 공이 있다.'라며 이순신을 칭송하는 내용이 담겨 있다.

세계 전쟁 역사에서 유례를 찾아볼 수 없는 45전 전승의 상승무패常勝無敗를 기록한 것은 오직 이순신의 애국충정에서 비롯된 것이었다. 이순신은 우리 민족의 역사에 빛을 준 위대한 영웅임은 틀림없다.

그의 위대함을 확증할 수 있는 최고의 사료는 그가 임진왜란 중에 쓴 《난중일기亂中日記》다. 국보 제76호로 지정되어 현재 충남 아산 현충사에 보관되어 있는 《난중일기》는 유네스코 세계 기록유산으로 등재되어 있다. 우리나라의 국가 리더들이 이순신을 본받아야 하는 이유가 여기에 있다.[12]

난중일기에 소상하게 묘사된 이순신 장군의 지략과 분통은 애국적 열정과 헌신의 가치가 충만한 교훈적 사례라고 할 수 있다.

16세기를 대표할 세계적인 영웅 이순신 장군은 단순한 열정, 긍정적 마음가짐, 국가를 위한 충성심만을 가지고 전쟁에 임하지 않았다. 그는 지피지기 리더로서 해야 할 완벽한 준비, 즉 적을 알고 나를 알고 상황을 알기 위해 엄청난 학습과 연구를 했다. 그리고 이를 근거로 최선의 전략을 준비하는 데 온 힘을 기울였다. 그는 23번의 전투를 모두 이런 마음으로 임했다.

3) 6·25전쟁 발발과 미국 리더의 오판

우크라이나-러시아 전쟁과 유사하게 6·25전쟁의 원인은 '억지抑止 전략 실패'에서 비롯되었다. 2022년 2월 푸틴 러시아 대통령은 우크라이나와 유럽국가, 미국의 억지력을 무시하고 전쟁을 결행했다.

1950년 6월 소련의 스탈린과 북한의 김일성은 남한에 주둔했던 미군이 철수한 기회를 교묘히 틈타서 남침 공격을 결행했다.

1949년 1월 미국 국무부의 극동 담당 관계자들이 강력하게 주장한 바와 같이, 마지막까지 남한에 남아 있던 미군 1개 전투 연대를 그대로 유지했다면 북한군 남침은 어려웠을 것이다. 미군 전투부대의 상징적 존재 자체가 억

---

12. 최익용, 『대한민국 5천 년 역사리더십을 말한다』, (옥당, 2014년), p.196~202

지력을 발휘하는 수단으로 작용했을 것이다.

우크라이나도 마찬가지였다. 러시아군의 침공을 예상할 수 있었으니 상징적으로 소수의 미군 부대를 우크라이나에 파견했다면 아마도 침공은 막을 수 있었을 것이다. 그러나 바이든 미국 대통령은 러시아의 침공을 경고했을 뿐 행동하지 않았다.

제3차 세계대전 발발 위험을 무릅쓰고 싶지 않았고, 그것 이상으로 미국과 유럽이 공유하는 북대서양조약기구NATO를 토대로 한 억지 전략의 틀을 허물고 싶지 않았을 것이다.

두 가지 전쟁 촉발 사례가 공통으로 시사하는 교훈은 '억지력에 의존하는 안보 전략의 명백한 한계'라는 점이다. 국가 안보를 외세에 전적으로 의존하면 안 되며 자주국방이 절실히 요구된다는 사실이다.[13]

우크라이나의 나토 가입은 전쟁이 끝난 이후로 미뤄졌다. 또다시 치열한 전투와 긴 휴전 협상이 시작되며 한반도 정전과 유사한 사례가 우크라이나에서 재현될 개연성이 높다.

북한 김정은 정권은 2023년 9월 푸틴과 정상회담을 극동의 미사일 기지에서 개최하며 군사협력을 노골화하는 등 푸틴의 패권주의에 영합하고 있다.

이처럼 안보 환경이 급변하고 동맹관계의 역학 구조가 변화할수록 세계역사 리더십에서 평화번영과 인류 행복을 증진하는 리더십이 필요하다.

대표적인 사례로, 역사에 큰 울림을 주는 '무릎 꿇기' 리더십을 들 수 있다. 20세기 역사에는 큰 울림을 주는 결정적 장면이 있었다. 1970년 서독 총리 빌리 브란트의 '무릎 꿇기'도 그중 하나이다.

폴란드 바르샤바에서 유대인 학살을 사죄하며 비로 젖은 바닥에 무릎을 꿇었다. 한 나라의 대표가 보여준 용기있는 행동에서 세계는 과거에 대한 진

---

13. 권영근, 『한반도와 강대국의 국제정치』, (행복에너지, 2021) p.707

정한 반성의 모습을 목도했다. 국가 폭력과 침략의 역사 앞에서 진심 어린 사죄를 몸소 보여주는 명장면의 탄생이었다.

이뿐만 아니라, 베를린은 베를린 장벽이 있던 곳에는 기념관이나 표지판을 세워 분단을 기억하였다. 통일 이후 베를린의 심장부로 급부상하고 있는 포츠담 광장의 기념비를 비롯하여 '이스트사이드 갤러리', 베를린 장벽 추모공원 등도 이러한 역사의 현장을 기록한 상징물이다.

위의 사례를 통해서 교훈으로 삼아야 할 포인트를 정리해 본다.

첫째, 국민이 역사를 통해 정체성을 확인하고 선조들의 타산지석과 반면교사의 교훈을 배워야 한다. 이제라도 대한민국 사회는 역사 속 위인들의 명암을 올바로 보고, 역사적 교훈을 통해 지혜를 얻어야 한다. 그것이 결국 우리 사회에 대한 위기 해법인 동시에 부정적 인식을 씻어내고, 대한민국 국민으로서 자긍심을 갖고 미래에 대한 희망에 차게 되는 기반이라고 확신한다.

둘째, 주변국의 한반도 침탈 역사와 역사 왜곡에 적극적으로 대처해야 한다. 국민이 중국의 동북공정과 일본의 역사 왜곡에 분노하는 감정적 대응에 머무르지 말고, 국가정체성 확립 차원에서 체계적 대응이 필요하다. 중국 정부의 동북공정에 의해 고구려 역사가 말살되는 현상을 역사학 연구와 교육을 통해 강력하게 대처해야 한다.

셋째, 21세기 세계를 이끌어 갈 시대정신과 정신문화를 창출해야 한다. K-pop 확산에 우쭐하거나 그것이 전부인 양 확대해석을 해서는 곤란하다. 필자는 이러한 시대정신을 초일류 강대국 Korea G3로 집약하여 '세계의 등불 코리아'로 승화시켰다.

넷째, 일제 강점기 35년과 6·25 한국전쟁의 폐허 속에서 한강의 기적을 이룬 경제 분야의 성공 신화를 시대정신과 정신문화 분야로 확산시키자는 것이다. 국민이 하나가 되어 "잘살아 보세!"를 외치며 보릿고개를 넘어 경제적으로 풍족하게 성장한 저력은 '방관자가 아니라 주역'으로 앞장서는 국민

리더십 문화와 연계된다.

'나Me!가 아니라 우리We!'라는 발상의 전환은 상생과 배려의 정신인 동시에 홍익인간의 이념에서 뿌리를 찾을 수 있으며 홍익정신과 나라 사랑의 절대정신으로 승화시킨다.

이와 같이, 21세기 인류는 올바른 선순환의 '세계역사 리더십'이 절실히 요구되는 시대이다.

인류가 직면한 난제 중에 핵무기 사용의 문턱이 낮아지는 위험성, AI 진화의 부정적 여파, 지구온난화와 기후변화, 자원 및 식량 무기화 움직임, 약육강식의 전쟁 및 분쟁 등 지구촌의 위기는 복합적으로 몰려오고 있다.

4. 대한민국 흥망성쇠로 연동되는 세계역사 리더십

1) 세종대왕과 여민 리더십

세종대왕은 혁신 및 창조정신, 벤처정신, 실용정신, 인재 육성 등 다방면으로 뛰어난 능력을 갖춘 리더십의 교과서라 할 수 있다. 세종은 즉위 초기부터 왕권을 안정시켜 나라를 편안하게 하고, 정치, 경제, 사회, 문화, 국방 등 전 분야에서 혁신과 창조가 가능케 했다.

특히 훈민정음 창제 및 보급, 과학과 농업·의약 기술의 발전, 국토 확장, 공법 제정 등 모든 분야에 걸쳐 국가의 기틀을 다져나간 결과, 부강한 국가로서 찬란한 민족문화를 꽃피웠다. 또한, 대마도 정벌과 4군 6진 개척 등 국방에서도 성과를 보였다.

세종의 국가 경영에서 위민은 단순한 이데올로기적 수사가 아니라 구체적인 실천으로 이어졌다. 세종은 백성의 세제를 개편하기 위해 신하와 백성, 그리고 중앙과 지방의 여론을 골고루 청취했다. 10여 년의 의견 수렴 과정을 거쳐 1430년 전국적인 투표를 실시했는데, 17만 2,806명이 참가해 찬성 9만 8,657명, 반대 7만 4,149명이라는 결과를 얻었다.

당시 시대 상황에서 엄청난 수의 백성들에게 투표하게 해 의견을 반영하려 한 세종의 노력과 정성은 실로 창의적이고 민주적이었다. 더 중요한 것은, 찬성이 앞섰지만 반대한 백성들의 뜻도 반영하기 위해 그로부터 6년 동안 충분히 보완해 세제 개편안을 확정했다는 것이었다.

이처럼 세종은 나라의 제도개혁이나 법 제정에서의 민의 수렴의 중요성과 그 파급 효과를 간파한 위대한 지도자였다.

세종의 리더십은 다음과 같이 정리할 수 있다.

첫째, 세종은 균형감각을 가지고 국가를 경영했다. 왕조 시대였음에도 정책 수행에 앞서 공감이 형성될 때까지 여론을 충분히 수렴하는 공론정치를 선보였다.

둘째, 세종은 사전 예방 조치를 충분히 취했다. 세종은 백성들의 불만이 적극적으로 표출되기 전에 필요한 정책을 마련하고 주변을 설득해나갔다.

셋째, 세종은 매사를 깊이 생각하고 여러 번 의논하는 '숙의정치'를 실천했다. 세밀한 현황 조사, 심도 있는 토론을 통해 갈등을 해결한 사례는 파저강 토벌(여진족 토벌), 고약해 사건(왕의 뜻에 반발했던 형조참판 고약해를 용서함 -'고약하다.'라는 말의 어원, 왕의 뜻에 반발했던 형조참판 고약해를 용서함), 약노 사건(살인죄의 누명을 쓴 약노가 고문과 매질로 거짓으로 자백한 사실이 밝혀지자 억울한 상황을 해결해줌) 등이 비롯해 무수히 많다.

세종이 수많은 위업을 이룩할 수 있었던 것은 이러한 공감 리더십, 예측·예방 리더십, 소통 리더십을 통해 위민·여민 정책을 구현했기 때문이다.

박현모 세종리더십연구소 연구실장은 2013년 2월 미국 워싱턴D.C.에서 열린 '세종 리더십' 강좌에서 세종대왕의 리더십을 미국의 링컨 대통령의 리더십과 비교해 설명했다. "링컨은 자신의 최대 라이벌이었던 윌리엄 수어드William Seward에게 국무장관이라는 요직을 맡겼다. 나라가 위험한 시대로 접어드는 시점에서, 짐을 나누어질 인재로 정적을 선택한 것이다."

세종 역시 링컨 대통령과 마찬가지로 정적이나 반대파를 조정으로 불러들였다. 대표적으로 양녕대군의 폐위를 반대하다가 태종의 눈 밖에 나 유배를 갔던 황희黃喜를 중용했다. 선왕인 태종의 충신이었던 이들도 재상으로 임용했다. 조선 사회를 통합하기 위해서는 서로 다른 색깔을 가졌다 하더라도 유능하다면 중용해야 한다는 것이 세종의 생각이었다. 세종은 백성을 하늘이 맡겨준 귀한 존재라고 생각하고, 그들과 더불어 나라를 다스리는 여민 정치를 지향했다. '여민'은 맹자가 자주 쓴 말인데, 세종의 여민 리더십을 자세히 들여다보면 그가 요즘의 국정과제처럼 로드맵Road-map을 만들어 단계적으로 과제를 추진했다는 것을 알 수 있다.

세종이 왕위에 오른 뒤 급선무는 기본 통치이념인 유교를 제도화하고 이를 백성들에게 정착시키는 것이었다. 그는 이를 급진적이고 일방적으로 추진하지 않고 백성이 간절히 바라는 것을 이해하고 그들의 공감을 불러일으킬 수 있는 정치를 지향했다. 그래서 늘 백성에게 중요한 정보와 지식을 공개해 스스로 판단할 수 있게 함으로써 백성을 정책 입안에 참여시키려 했다.

세종이 이처럼 '여민'을 중시한 것은 백성을 위한다는 위민정치가 오히려 백성을 해치는 일로 변질되는 경우가 많았던 것을 고려했기 때문이다. 그의 머릿속에는 늘 '위민'의 한계를 극복할 방법에 대한 구상으로 가득 찼고, 고뇌에 찬 구상의 결과로 '여민 리더십'이 탄생한 것이다.

해시계와 물시계를 만들어 백성들이 농사를 짓고 생활하는 데 유용하게 하고, 훈민정음을 창제해 누구라도 글을 통한 지식 습득이 가능케 한 것은 그 대표적인 사례로 볼 수 있다.

세종이야말로 당시 세계의 그 어느 군주보다도 여민 리더십을 모범적으로 실천한 리더라고 말할 수 있다.[14]

2) 역사의 흥망성쇠에 대한 감각

일본의 식민지로 전락한 조선 500년 역사를 돌이켜 보면, 나라를 바로 세울 중흥의 기회가 몇 번 있었을까. 현군賢君이었다는 영·정조 때가 기회였을까. 영명한 군주였던 정조는 유럽 세력에 의한 서세동점西勢東漸 시대의 새벽에

---

14. 최익용 지음, 『대한민국 5000년 역사리더십을 말한다』, (옥당, 2014) p.196

중국 옛 문체文體를 되살리는 데 온 힘을 기울였다. 그 후론 기회다운 기회도 없이 미끄러져 갔다.

독립 기회가 거의 사라져버린 시대에 '개화당開化黨'과 '독립협회'가 탄생했다. 한국의 지도층에게 절실한 건 '역사의 흥망성쇠에 대한 감각'이다.

강대국들이 한 번 놓쳤던 기회를 두 번째, 세 번째에는 결국 놓치지 않고 잡았던 것은 그 사회에 흥망의 감각이 쇠퇴하지 않았기 때문이다. 서양 사람은 흥망 감각을 1,000년 제국 로마 역사를 통해 얻었다.

영국 역사가 기번Edward Gibbon(1737-1974)은 유럽이 임박한 프랑스 혁명으로 요동치고 식민지 미국의 독립전쟁 발자국 소리가 귓전에 울리던 때 20년 걸쳐 『로마제국 쇠망사』를 썼다. 몇백 부 인쇄된 책의 절반은 토머스 제퍼슨을 비롯한 식민지 미국 지도자들이 구입했다.

독일 역사가 몸젠Mommsen(1817-1903)은 독일 통일을 앞두고 유럽이 들끓던 1850년대 장장 50년 세월을 『로마사』 집필에 쏟아부었다. 국가가 혼란과 위기에 휩싸인 시대에 이들은 왜 로마사에 그토록 집착했을까.

흥망 감각 없이는 위기를 위기로, 기회를 기회로 파악할 수 없기 때문이다. 위기의식과 흥망성쇠에 대한 감각이 무디어지자 미국과 영국은 그 후 여러 차례 기회를 놓치고 위기를 키웠다.

초일류 강대국 미국의 발밑에는 지금 놓친 기회와 바로 보지 못한 위기의 퇴적물이 쌓이고 있다. 덩샤오핑鄧小平과 시진핑習近平의 흥망에 대한 감각의 격차가 '뻗어가는 중국'과 '벽에 갇힌 중국'의 차이를 만들었다.

한국은 오랜 약소국의 옷을 벗고 세계의 등불 G3 코리아로 새롭게 위상이 정립되도록 운명을 개척해야 한다. 여기서 '혼란을 키우는 세력'이 '혼란을 억제하는 세력'을 누르면 세계사의 주역이 될 수 없다. 세계역사 리더십에서 흥기興起의 기운과 몰락沒落의 교훈을 찾을 수 있다.

기회를 걷어차고 위기를 불러들이면 역사의 패잔병·세계의 낙오병이 된다. 정치 리더임을 자임하는 사람들이 나라를 망치면서 국민에게 포퓰리즘의 사탕발림을 하는 것은 아닌지 자성해야 한다. 국민들이 정치를 걱정하는 것도 한계점에 도달했다.

또한, 우리 민족의 지도자들이 부국강병을 소홀히 한 채 패배 의식에 찌들어 외침을 일방적으로 당했다. 싸울 시간과 장소를 선택한 적이 없다. 임진왜란과 정유재란, 정묘호란과 병자호란도 마찬가지였다. 시간과 장소의 선택권이 적에게 있는 전쟁은 불리한 전쟁이다.

영국과 미국은 상대가 선택한 시간과 장소에서 전쟁을 벌인 적이 몇 번 되지 않는다. 영국은 나폴레옹전쟁, 1·2차 세계전쟁 정도다. 최강대국 미국도 원하지 않던 장소와 시간에 싸운 베트남전쟁에선 고전을 면치 못했다. 본토에 총성이 울린 것도 일본의 진주만 기습, 나치의 런던 공습밖에 없다. 국가 지도자들이 역사의식을 갖고 세계의 트렌드를 읽어내며 미래로 향하는 역사 리더십 역량을 발휘해야 한다.

세계 도처에서 대중 민주주의, 인터넷 민주주의가 원하는 것은 품위와 원칙이 아니라 선동과 거짓, 선정적 쇼맨십, 포퓰리즘이다.

미국 정치도 예외는 아니다. 미국 제48대 부통령 마이크 펜스(64)는 젊었을 때의 '선동과 거짓'의 과오를 평생 교훈으로 삼아 반성하며 언제나 '품위'를 강조하고 실천했다. 대선 경선을 포기하면서도 국민에게 "품위 있는 대통령을 뽑아달라"고 했다. 그러나 가장 품위 없고 극도로 무책임한 거짓말쟁이가 다시 인기 선두에 있는 것이 미국의 현실이다.

한국 사정도 똑같다고 생각하는 분이 많을 것이다. 우리 정치계에 품위 있고 원칙이 있는 인물이 없었던 것이 아니다. 하지만 이들은 대부분 대중의 관심 밖에 머물렀다. 양쪽으로 갈라진 대중은 상대를 죽이고 짓밟아줄 것처럼 보이는 인물을 선호한다. 괜찮은 사람들도 이 정치판에서 대중의 눈에 들기 위해 스스로 그렇게 망가뜨리곤 했다.

5. 세계역사에 빛나는 글로벌 리더의 표상

토마스 칼라일Thomas Carlyle(1795-1881)은 '영웅이란 일반 대중이 도달하고자 하는 모범과 패턴을 제시하고 창조한 인물'이라고 했다. 즉, 영웅은 용기와 지략으로 나라를 위기에서 구하기도 하고, 지성과 통찰력으로 사람들을 미몽에서 깨어나게 하는 리더다.

대한민국 사회에서는 역사의 영웅을 찾기가 쉽지 않다. 왜 그럴까? 우리가 현재의 영웅 리더를 육성·보호하고 과거의 역사 속 영웅 리더를 창조·발굴하는 마인드가 부족하기 때문이다.

일본은 역사적인 인물의 '영웅 만들기'를 통해 국민의 단결과 국가발전을 도모했다. 대표적인 예가 우리나라에서도 베스트셀러였던 『대망』이다. 이 소설에는 3명의 영웅이 등장한다. 과감한 추진력의 오다 노부나가織田信長, 신출귀몰한 용병술의 도요토미 히데요시豊臣秀吉, 그리고 대망을 안고 끊임없이 자기 절제를 하는 도쿠가와 이에야스德川家康다.

소설은 이들을 일본 역사의 불세출의 영웅처럼 묘사했다. 각 인물의 장점을 부각함으로써 영웅화한 것이다. 일본 사람들은 메이지유신 시대의 역사속에서 숱한 신화와 영웅을 창조하고 발굴했다. 그리고 근대화의 선구적 역할을 했다고 떠받들고 있다.

중국의 영웅 만들기는 일본의 영웅 만들기보다 노골적이었다. 『열국지列國志』를 통해 춘추오패春秋五覇, 즉 중국 춘추시대 5인의 패자로 제齊나라의 환공

桓公, 진晉나라의 문공文公, 초楚나라의 장왕莊王, 오吳나라의 왕 합려闔閭, 월越나라의 왕 구천勾踐 등을 영웅화했다. 영웅 만들기의 백미라고 할 수 있는『삼국지三國志』는 제갈공명, 유비, 조조, 손권, 관우, 장비, 조자룡 등을 지금까지 추앙받는 영웅으로 만들었다.

주변국과 비교하면 대한민국은 역사적 사실에 근거해 영웅을 창조하고 발굴하는 작업이 너무 미미하다. 영웅을 지나치게 미화하는 것도 나쁘지만, 역사적으로 뛰어난 인물이 많음에도 영웅을 창조·발굴하지 않을 뿐 아니라 보호하고 육성하기조차 쉽지 않으니 안타까운 일이다. 다른 사람의 업적과 공헌을 인정하는 데 인색하며, 리더와 영웅이 보호받는 환경이 조성되지 못했다.

심지어 자신의 정적과 경쟁자는 물론 자기보다 잘난 인물은 사소한 잘못이라도 들춰내고 트집 잡아 크지 못하게 밟으려는 풍토가 있다. 그러면서도 국정이 어지럽고 사회가 혼란에 빠지면 진정한 영웅이나 지도자가 슈퍼맨처럼 등장해 난세를 극복해주기를 바란다.

이 나라 모든 조직의 주인은 국민이며, 지도자도 국민이 민주적 절차로 선택한 인물이다. 국민이 믿고 따를 수 있는 지도자를 선발하고 보호·육성하는 것이 바로 난세를 극복하는 위인을 키우는 방법이다. 이제 우리도 역사적 인물들에 대해 과오는 과오대로 역사에 기록해 교훈으로 삼되, 그 공과 업적은 제대로 인정해야 한다. 나아가 그동안 저평가되거나 감춰진 영웅을 찾아내어 국민적 귀감으로 삼아야 한다. 발굴하고 세워진 영웅 리더들을 구심점으로 국민통합을 이루고 국가 발전의 원동력으로 삼아야 한다.

역사 속 영웅 리더들을 발굴하고 창조하려면 역사학자나 철학자는 물론 시인, 소설가, 동화·드라마 작가, 만화가, 교육자 등 창작자와 스토리텔러의 역할도 중요하다.

고대 그리스의 영웅 아킬레우스와 오디세우스도 당시의 작가이자 음유시인인 호메로스Homeros의 서사시《일리아스Ilias》와《오디세이아Odysseia》에서 창조되지 않았는가?

글로벌 리더의 진정한 가치는 세계역사 리더십으로서 일류 평화와 행복에 기여하는 것이다.

지난 20세기의 리더들 가운데 성공한 리더를 말하자면 고르바초프 전 러시아 대통령과 지미 카터 전 미국 대통령을 꼽을 수 있다.

고르바초프는 러시아 초대 대통령으로 냉전을 해소한 공로로 노벨 평화상을 받았다. 카터는 1980년 재선 도전에 실패하여 조지아주의 땅콩 농장으로 돌아갈 때 신문들은 그를 패가망신한 소인배로 매도했지만, 무주택자 집을 짓는 현장에서 망치질과 톱질로 땀을 흘리는 서번트 리더십으로 국민들로부터 존경받는 글로벌 리더가 되었다.

우리나라의 광개토태왕, 태조 왕건, 성웅 이순신, 명의 허준 등도 모두 역사서보다는 소설과 드라마, 만화에서 더욱 영웅으로 부각 되어 널리 전파되었다. 우수 인재들이 성형외과 의사가 되겠다고 쏠리는 인문학 경시 풍토에서는 역사 속 영웅들이 발굴되고 창조될 수 없다.

역사 속 영웅 리더들을 발굴하고 창조하려면 먼저 국민에게 상상력을 불어넣는 창작자들이 많이 배출되고 존중받는 사회가 되어야 한다. 창작자들이 작품을 만들고 국민에게 메시지를 전할 수 있도록 지원하는 정책적 배려와 사회 분위기 조성이 필요하다.

디지털 시대에 적합하도록 책 읽는 문화를 조성하는 것도 리더다운 리더를 양성하는 데 큰 역할을 한다.

본질과 진단(고대사~근대사)

제8장

아프리카와
문명의 발생

1. 인류의 출현과 아프리카 선사시대 문화

인류는 약 400만 년 전 최초의 인류인 오스트랄로피테쿠스가 아프리카에서 출현하였다. 약 180만 년 전에는 직립 인간이라는 뜻의 호모 에렉투스가 등장하였다. 이들은 완전한 직립 보행을 하였고 한층 발전된 도구를 만들었으며, 언어와 불을 사용하였다.

약 40만 년 전에는 호모 네안데르탈렌시스가 주로 유럽과 지중해 일대에서 나타났다. 현생 인류의 조상인 호모 사피엔스는 약 20만 년 전에 아프리카에서 처음 등장하여 아시아와 유럽 등지로 퍼져 나갔다. 인류가 처음 출현했던 시기부터 약 1만 년 전까지를 구석기시대라고 한다. 이 시기에 인류는 식물의 열매와 뿌리를 채집하거나 짐승이나 물고기를 잡아 식량으로 삼았다.

약 1만 년 마지막 빙하기가 끝나고 기온이 올라가자 숲이 늘고 동식물의 분포가 달라졌다. 새로운 자연환경 변화에 적응하기 위해 인류가 여러 가지 용도의 석기를 만들면서 신석기시대가 시작되었다.

아프리카의 선사시대 문화는 매우 다양하고 풍부하다. 선사시대에 아프리카는 코이코이족이나 산족처럼 사냥과 채집으로 생활하며 무리를 지어 살았다. 당시 아프리카는 외부 문명의 영향을 받은 일이 거의 없고 그들만의 폐쇄적인 사회에서 발전시킨 독자적인 문화를 이루었다.

아프리카에는 수많은 종족이 있으며, 그들 각기의 특징과 문화를 갖고 있다. 일부 종족은 왕국을 형성하였으나 대부분 부족사회 형태를 유지했으며 이 같은 특색은 유적으로 남은 미술, 문화에도 확인된다.

선사시대의 아프리카는 나름대로 문명이 존재한 황금의 땅이자 인류문화의 중심지였다. 고대 사람들은 남의 땅을 빼앗기보다는 새로운 거주지를 찾아 이동하고 그곳에 정착하여 거주하는 생활방식이었다.

그러나 17세기 이후 아프리카는 유럽 강대국의 식민지 확장 경쟁의 대상으로 전락했다. 영국, 프랑스, 스페인 등 유럽제국들은 초기에는 아프리카 해안가를 중심으로 자원을 가져가는 수준이었으나 차츰 내륙 깊숙한 곳까지 침략하였다.

아프리카인들은 격렬하게 저항했지만, 문명화된 유럽인들에게 노예로 잡혀가는 등 유럽제국들의 먹잇감이 되어버렸다.

유럽으로부터 독립한 아프리카의 상당수 나라는 식민 통치 후유증으로 인해 아직도 많은 고통을 겪고 있다. 위 지도에 영국, 독일, 프랑스의 진출 방향을 도식한 것처럼 현생 인류의 발상지인 아프리카대륙 국가들이 퍼즐처럼 형성된 배경에는 유럽제국들의 침탈 역사가 녹아있다.

2. 문명의 발생

    고대사는 인류의 초기 개척과 진화의 기간을 다룬 역사다. 이 기간은 도구 사용, 농업 혁명, 도시화의 등장 등과 같은 중요한 사건과 변화로 특징지어 구분한다. 고대 이집트, 메소포타미아, 중국 등의 고대 문명은 복잡한 사회와 정치 체계, 종교적 신념, 건축 및 예술의 발전을 보여주었다. 그리스와 로마의 고대문명은 철학, 정치, 문학, 민주주의의 기초를 다졌다.

인류출현과 선사문화 연표[1]

세계 수준	메소포타미아	이집트	인도	중국
· 400만 년 전 최초의 인류출현 · 구석기시대: 인류 출현 후 1만 년 전 · 신석기시대: 구석기시대 1만 년 후 · 4대 문명 탄생: 메소포타미아 등	· BC 3500년 경 수메르인이 최초로 도시 국가 수립	· BC 3천 년 경 도시국가를 통합한 왕국 출현	· BC 2500년경 인더스강 상류 문명 출현	· BC 8천 년 ~ BC 6천 년 경 신석기시대 문화

    한민족의 홍익문명은 메소포타미아 등 4대 문명보다 사실상 먼저 태동했으나 중국의 역사 공정에 밀려 주목받지 못하고 있다. 홍익인간 사상이 훼손

---

1. 최익용, 『대한민국 운명』, (행복에너지, 2021), pp.365~369

되고 있다는 것은 우리 민족혼, 절대정신을 잃어버리고 있다는 의미이다.

홍익인간 개념을 한자로 풀이하면 다음과 같이 세 가지가 융합된 개념이다.

① 弘: (넓을 홍) - 널리 사람들을 두루(공동체주의)

② 益: (더할 익) - 이롭게 하라!(이타주의)

③ 人間: (사람 인, 사이 간) - 나를 넘어서 인류와 함께(인간존중)

홍익인간 철학은 모든 사람에게 널리 이익이 되는 경제와 공동체 개념을 제기하고 인간 존중 공동체주의를 강조한다. 홍익인간이 내포하고 있는 '널리 인간을 이롭게 한다.'라는 의미는 현대의 민주주의 정신과 부합한다.

한민족의 역사는 선사시대부터 형성되었다. 선사시대 부족장들의 돌무덤이라는 고인돌은 한반도, 만주, 일본, 유럽, 북아프리카에 분포되어있다. 특히, 한반도는 세계적으로 고인돌의 왕국이라 하여 유네스코에서 세계문화유산으로 지정되었다. 따라서 한민족의 홍익문명이 인류 4대 문명의 원조라고 해석할 수 있다.

신석기 혁명에서 시작된 농경문화를 바탕으로, 기원전 3000년경 전후에는 메소포타미아를 비롯하여 이집트, 인도, 중국의 큰 강 유역에서 문명이 탄생하였다. 이들 지역은 기후가 따뜻하고 수량이 풍부하여 농경에 적합하였다. 물과 땅을 공동으로 관리하면서 촌락이 형성되었고, 촌락들은 서로 물자를 교류하며 부유해졌다.

메소포타미아 문명은 BC 3500년경 탄생하였다. 메소포타미아(티그리스강과 유프라테스강 사이의 지역)는 토지가 비옥하여 농업 생산력이 높았고, 지형이 개방적이어서 일찍부터 교역이 활발하였다. 수메르인이 인류 최초로 도시국가를 세워 문명을 일으켰다.

BC 3000년경 나일강 유역에서는 이집트 문명이 발생하였다. 이 지역에서는 농경에 필요한 대규모 치수와 관개를 위해 강력한 공동체가 필요해지면서 통일 왕국이 성립되었다. 이집트는 BC 7세기 아시리아에 정복될 때까지 이민족의 침입을 거의 받지 않아 고왕국, 중왕국, 신왕국으로 이어지는 통일 국가를 오랫동안 유지할 수 있었다.

BC 2500년경 인더스강 상류 펀자브 지방의 비옥한 평야 지대에서 인더스 문명이 발생하였다. 인더스 문명의 대표 유적인 하라파와 모헨조다로는 들라비다인이 건설한 것으로 추정된다. 인더스강은 '인도'라는 나라 이름과 '인도양'이라는 바다 이름을 탄생시켰다.

코로나 팬데믹과 우크라이나 전쟁 여파로 세계 경제가 극심한 어려움을 겪는 와중에도 인도는 2022년 경제성장률이 7.2%를 기록할 정도로 고성장을 거듭하는 신흥 경제강국이다.

중국문명은 아시아 대륙에서 가장 오랜 역사를 가졌으며 황하강 유역에서 시작되어 황하문명으로 불린다. 이 지역은 기후와 토지 조건이 농업 생산에 적합하여 사회적, 경제적 기반을 구축하게 되었으며, 종교, 철학, 문학 등 전반에 걸쳐 발전하여 오늘날 중국 문화의 특징을 형성하게 되었다.

인더스강의 영향력

지구상에서 영향력이 가장 긴 강은? ①아마존강 ②나일강 ③황하강 ④유프라테스강 ⑤인더스강 순으로 예상할 것이다. 물줄기 길이를 기준으로 따지면 아마존강이나 나일강이다. 하지만 영향력이 큰 강은 인더스강이다. 인더스강은 나일강 황하강 유프라테스강과 함께 인류 4대 문명의 발상지다.

그런데 인더스강만이 유일하게 나라 이름이 되고 바다 이름이 되었다. 국가명인 인도(India)와 주변 바다인 인도양(Indian ocean)은 인더스라는 강 이름에서 유래했다. 인도의 종교인 힌두(Hindu)마저도 인더스라는 강 이름에서 유래했다. 미얀마 라오스 태국 캄보디아 라오스 베트남 말레이시아 싱가포르가 있는 인도차이나반도에서 맨 앞의 인도 역시 최초의 어원은 인더스다. 인더스강의 영향력은 여기에만 그치는 게 아니다. 인도차이나반도 아래에 길게 이어진 인도네시아에서 맨 앞의 인도 역시 최초의 어원은 인더스다. 인도의 어원인 인더스(Indus)와 섬을 뜻하는 그리스어 네소스(Nesos)의 합성어가 인도네시아다. 인더스강의 영향력은 또 여기에만 그치는 게 아니다.

북미 원주민을 인디언이라고 하며 중남미 원주민을 인디오라고 하는데…. 이 역시 최초의 어원은 인더스다. 그러니 길이 3,180㎞ 인더스강의 영향력은 인도양과 태평양 건너 지구를 거의 한 바퀴 돌았다고 해도 과언이 아니다. 좀 더 정확히 따지자면 지구 둘레 4만 6,000㎞에서 거의 4만 ㎞까지 인더스강의 영향력이 길게 펼쳐졌다고 말할 수 있다.[2]

이렇듯 인더스강의 영향력이 펼쳐져 미치는 국가 중 가장 기다란 국가는? 바로 인도네시아다. 인더스의 섬들인 인도네시아는 동서로 무려 5,000여㎞나 되는, 지도 그리기가 가장 어려운 나라로, 수마트라ㆍ자바ㆍ술라웨시ㆍ칼리만탄ㆍ서(西)파푸아뉴기니 등 다섯 개 큰 섬들을 위시하여 1만 7,000여 개 섬들이 있다. 사람이 사는 유인도가 가장 많은 실질적 세계 1위 군도(群島) 국가이다. 2억 7,000만 명 인구 중 90% 가까이 이슬람교를 믿는 중동 국가보다 무슬림들이 가장 많이 살고 있다. 1,000개가 넘는 소수민족이 있고 언어도 700여 종이나 된다. 세계 1위 다민족 국가인 인도네시아의 국가 통치이념 표어는 다양성 속의 통합이다. 전 세계 재앙이 닥칠 때 자급자족 생존할 제1의 나라가 인도네시아이다.

인도네시아는 인도(14.3억), 중국(14.2억), 미국(3.4억)에 이어 세계 4위 인구 대국이며 한국에게 기회의 땅이다. 대규모 인구를 기반으로 탄탄한 내수시장을 보유하고 있는 만큼 차세대 생산거점으로 주목하고 있다.

---

2. https://www.kookje.co.kr/news2011/asp/newsbody.asp?

제9장

아시아 역사

1. 동아시아
: 한, 중, 일, 몽골

중국사는 수많은 나라들이 흥망성쇠를 반복하여 이해가 복잡하다. 그러나 한 줄로 꿰어보면 다음과 같다.

삼황오제-하-상-주-춘추전국-진-한-위촉오-위진남북조-수-당-5대 10국-송-원-명-청-중화민국-중화인민공화국까지이다.

1) 중국대륙의 춘추 전국 시대

동아시아 지역에서는 중국, 한국, 일본과 북방 민족이 고유한 생활방식을 발전시켰다. 중국에서는 춘추 전국 시대의 혼란과 이를 통일한 진·한·제국의 등장 이후의 분열기와 통일 제국의 등장이 반복되었다. 분열기에 성립된 새로운 제도와 문화는 통일 제국 때 정비되었다.

중국, 한반도, 일본의 각 민족은 상호 교류와 접촉을 통해 서로 영향을 주고받는 가운데 동아시아 문화권을 형성하였다.

기원전 1046년부터 약 800여 년 동안 중국 땅에 존재한 고대 국가 주周 나라는 시간이 지날수록 왕실과 제후 간 혈연적 유대가 약해지고, 제후 세력이 강해졌다. 주 나라 왕실은 기원전 8세기경 내란과 이민족의 침입으로 더욱 약해져 수도를 동쪽의 낙읍으로 옮겼다.

이때부터 동주를 포함하여 진나라가 통일하기 전까지를 춘추 전국 시대라고 한다. 춘추 전국 시대에는 국적이나 신분과 관계없이 유능한 인재가 관료로 임용되었다.

특히 선비 계층은 지식과 학문을 갖추어 관료로 많이 등용되면서 크게 성장하였다. 이에 다양한 사상가와 학파가 제자백가로 명성을 드높였고, 제각기 현실적인 정치사상을 제시하였다. 이들 중 유가, 법가, 도구, 묵가 등이 두드러졌다.

2) 진 · 한의 성립

500여 년에 걸친 춘추 전국 시대의 혼란을 수습한 것은 가장 서쪽에 있었던 진이었다. 진은 기원전 4세기경에 법가인 상앙을 등용하여 적극적인 부국강병책을 추진하면서 전국 시대 7웅 가운데 하나로 발돋움하였다.

이후 진은 나머지 여섯 나라를 차례로 무너뜨리고 중국을 최초로 통일하였다(기원전 221). BC 202년 진이 멸망한 뒤 유방(고조)은 한을 세우고 중국을 재통일하였다. 고조는 수도를 장안으로 정하고, 군국제를 시행하였다. 이후 제후들을 제거하여 무제 시절에는 군현제가 사실상 전국으로 확대되어 중앙집권 체제가 확립되었다.

무제는 동중서의 건의로 유교를 통치이념으로 채택하고 황제 중심의 정치체제를 확립하였다. 그는 영토 확장에도 힘을 쏟아 북쪽의 흉노를 치고, 서쪽으로는 동맹군을 찾아 장건을 대월지에 파견한 것을 계기로 서역으로 영역을 넓혔다. 그리고 고조선과 남월(남비엣)을 멸망시키고 군을 설치하였다.[3]

---

3. 최춘재 외, 『고교 세계사』, 미래엔, 2023년 03월 참조.

3) 수·당의 등장

북주의 승상이었던 양견은 북주를 무너뜨리고 수나라를 세운 후, 남조의 진을 멸망시키고 중국을 재통일하였다(589). 수나라 문제는 중앙 관제를 3성 6부제로, 지방 조직을 주현제로 정비하여 중앙 집권을 강화하였다. 문제의 뒤를 이은 양제는 남과 북을 수로로 연결하는 대운하를 완성하였다. 대운하는 급격히 성장한 남쪽의 경제력을 화북 지방과 연결함으로써 남북 간 경제 통합을 촉진하였다.

하지만 토목 공사에 동원된 백성들의 불만이 커졌고, 대규모 군사를 동원한 고구려 공격이 실패하면서 수는 점차 쇠퇴하였다. 이후 각지에서 반란이 일어나 건국된 지 37년 만에 수는 멸망하였다(618).

수 말기 반란이 각지로 확산되자 장군 이연(고조)은 장안을 수도로 삼아 당을 건국하였다(618). 뒤를 이은 이세민 태종은 각종 제도를 정비하여 당 제국의 기반을 공고히 하고, 대외 팽창에 나서 '정관의 치'라고 일컫는 태평성세를 이룩하였다.

현종 시대에 농업과 수공업이 발달하고 대외 무역이 발전하는 등 당의 번영이 절정에 달하여, 이 시기를 '개원의 치'라고 하였다. 그러나 절도사의 등장과 율령 체제의 붕괴로 당은 흔들리기 시작하였다.

이러한 사회 변화 속에서 황소의 난(875)을 계기로 당은 급격히 쇠퇴하였고, 결국 절도사 주전충에 의해 멸망하였다(907). 이후 절도사들이 서로 나라를 세워 경쟁하면서 5대 10국으로 나뉘는 분열기가 시작되었다.

당나라 멸망 이후 화북을 지배한 후량, 후당, 후진, 후한, 후주를 가리켜 5대라고 한다. 또한, 중국 대륙의 남부 지역에 세워진 여러 국가를 10국이라고 부른다.

전장을 진두지휘한 광개토대왕과 문무대왕

우리나라 역사를 '수난과 치욕으로 점철' 된 것으로 오인하는 경우가 많다. 그러나, 누구도 흉내 낼 수 없는 강력한 리더십으로 역사를 융성하게 했던 걸출한 리더들이 있었다. 그 대표적인 예가 고구려의 광개토대왕과 신라의 문무대왕이다. 두 왕의 공통점은 모두 전쟁에 참전해 진두지휘하는 강인한 리더십으로 눈부신 역사를 만들어냈다.

광개토대왕은 즉위하자마자 가장 먼저 예성강을 경계로 대립하고 있던 백제를 공격했고, 396년에는 백제 아신왕의 항복을 받아내면서 지리적으로 중요한 한강 유역을 차지했다. 남쪽의 국경을 안정화한 후 북방 영토 확장에 나선 광개토대왕은 후연(後燕)을 공격하여 숙군성·현도성·요동성까지 함락시켰다. 이로써 고구려는 남쪽으로 임진강, 서쪽으로 요하, 북쪽으로 개원과 영안, 동쪽으로 훈춘에 이르는 광대한 영토를 차지하게 된다.

광개토대왕은 강인한 리더십을 발휘해 영토 확장을 통한 부국강병을 실현하고 나라를 부강하게 하는 한편, 수많은 난관을 뚫고 대륙으로 뻗어나가 대제국의 위용을 갖춘 진두지휘형 리더의 전형을 보여주었다.

신라의 문무대왕은 삼국통일을 실질적으로 이루어낸 인물이다. 문무대왕은 문무를 겸비했고, 당나라의 요구에 굽힐 때는 굽히고 맞설 때는 단호하게 맞서는 강온의 유연함으로 대처했다. 아울러 백제와 고구려 유민들의 부흥운동을 간접적으로 지원함으로써 미래에 닥칠 당과의 항쟁에 대비한 지원 세력으로 삼았다. 마침내 674년 매소성(연천) 전쟁과 676년 기벌포(군산) 해전에서 승리를 거두면서 당나라 세력을 몰아내고, 신라의 영토를 대동강에서 원산만까지 확장했다.

《삼국유사》에 따르면, 삼국통일을 이룬 문무대왕은 죽음에 이르자 자신을 화장해 동해 바다에 수장할 것을 유언으로 남겼다고 한다. 죽어서도 용이 되어 나라를 지키겠다는 유언은 모든 백성의 귀감이 되었고, 결국 문무대왕은 유언에 따라 화장되어 그 유골의 일부가 수중에 안장되었다. 문무대왕은 살아서 삼국통일을 이룩했으며, 죽어서는 동해 바다의 용이 되어 나라를 지키겠다는 군주로 남았다.

그의 뜻대로 후세 사람들은 그가 용이 되어 대왕암에 머물러 있다가 나라가 위기에 처할 때마다 지켜준다고 믿게 되었으며, 그러한 믿음은 그 후 통일신라 사회를 지탱하는 중요한 구심점 역할을 했다.

3국 연대표[4]

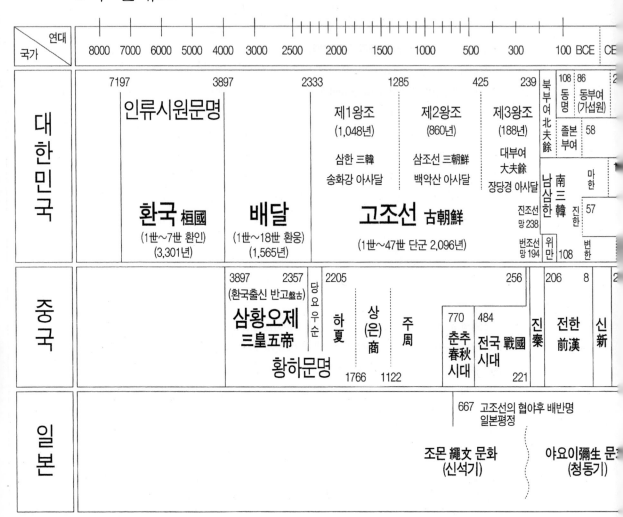

《한·중·일 3국 연대표》

우리나라는 932회의 외침을 받았다.

중국은 천년의 적이고 일본은 100년의 적이다.

중국은 120여 회를 침략하면서 고조선·고구려를 멸망시켰고

4. 조한석 저, 『천부경. 천상의 소리』, (서경문화, 2016) pp. 12~13

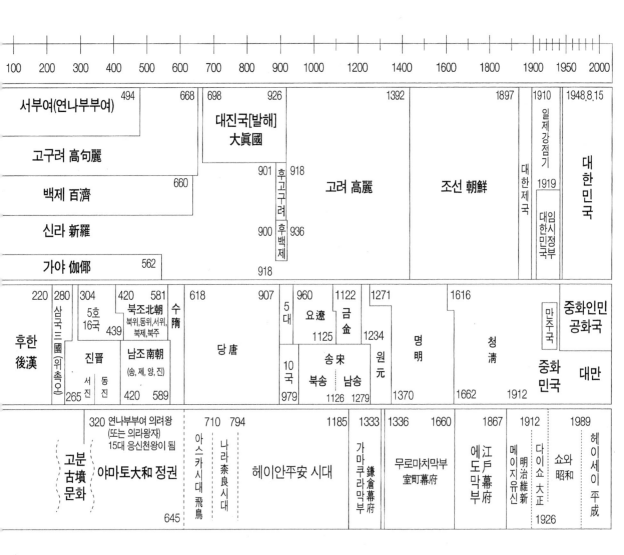

258년간 명나라와 청나라가 조선의 주권을 강탈했다.

또한 일본은 780여 회의 노략질에 이어 35년여를 강점했다.

이와 같은 역사의 아픔과 교훈을 한시라도 잊지 말고 와신상담(臥薪嘗膽)하며,

홍익인간 사상을 바탕으로 자유·민주·번영의 국가정체성을 확립,

'세계의 등불 코리아 G3'를 향해 힘차게 전진해야 한다.

이것이 21세기 대한민국 절대정신·시대정신일 것이다.

4) 한반도와 일본의 고대 국가

한반도·만주 지역에 등장한 최초의 국가는 청동기 문화를 기반으로 한 고조선이었다. 고조선은 철기를 도입한 후 더욱 발전하였지만 한 무제의 공격으로 멸망하였다. 이후 등장한 다양한 국가들은 고구려·백제·신라에 각각 통합되었다. 삼국은 중국으로부터 율령과 유교, 불교 등을 받아들여 중앙집권적 국가로 성장하였다. 그리고 이를 일본에 전파하여 일본의 고대 국가 형성의 기틀을 제공했다.

신라는 당과 연합하여 백제와 고구려를 무너뜨리고 당을 몰아내 삼국을 통일하였다(676). 이후 고구려 유민들이 발해를 세워 남북국의 형세를 이루게 되었다. 신라와 발해는 당의 제도와 문화를 받아들이면서 일본과도 교류하였다.

일본 열도에서는 약 1만 년 전부터 조몬 문화라고 하는 신석기 문화가 나타났다. 이 시기에는 조몬 토기와 간석기를 사용하여 농경이 시작되었지만, 여전히 수렵과 채집이 중심이었다. 기원전 3세기경부터 대륙과 한반도에서 벼농사 기술과 청동기, 철기가 전파되어 야요이 시대가 시작되었다.

이후 일본 열도에는 소국들이 등장하여 한반도와 교류하면서 새로운 문화를 만들어갔다. 3세기경에는 각지에 30여 개의 소국 연합체가 형성되었는데, 그중 야마타이국이 가장 강성하였다.

4세기 무렵 출현한 일본의 야마토大和 정권은 6세기 중엽 이후 백제로부터 불교를 수용하였다. 쇼토쿠 태자는 중국과 한반도의 선진문화를 받아들여 중앙 집권 체제를 강화하고 적극적인 불교 진흥책을 폈다. 이때 아스카 지방을 중심으로 불교문화가 크게 발전하였다.

다이카 개신(645)이 일어나 당의 율령 체제를 모방한 국왕 중심의 중앙 집권 체제가 확립되어 나갔고, 7세기 말에는 '일본'이라는 국호와 '천황'이라는 군주 칭호가 사용되기 시작하였다.

5) 신라가 삼국통일을 할 수 있었던 이유

삼국 중 가장 힘이 약하고 지정학적으로 불리한 위치에 있었던 신라가 삼국통일이라는 위업을 달성할 수 있었던 이유는 다음과 같이 네가지로 집약할 수 있다.

첫째, 신라 초기의 군사제도로 주州 단위로 설치된 6정停이 있었기 때문이다. 6정의 명망군名望軍은 사회적 지위가 높은 계층의 자제들로 구성된 군대로서 이들은 군대의 일원이 되는 것을 대단히 명예롭게 여겼고, 노블레스 오블리주 리더십이 체계적으로 육성되었다.

둘째, 화랑도 정신으로 무장한 리더들이 솔선수범해 구국헌신의 호국 리더십을 발휘했기 때문이다. 신라는 강대국과 투쟁하기 위해 많은 병력과 훌륭한 리더가 필요했고, 이를 확보하는 방편으로 핵심 군대인 6정을 보충하는 화랑도를 제도화했다. 화랑제도를 통해 유능한 인재를 양성하고 정예 정규군의 리더로 육성하는 정책을 추진했다.

셋째, 호국불교를 통해 국민 화합을 이루어냈기 때문이다. 법흥왕은 이차돈異次頓의 순교를 기화로 불교를 공인하며 호국불교를 통한 국민 화합을 이끌어냈다. 노블레스 오블리주 리더십을 솔선수범하여 통일 기반을 쌓을 수 있었다.

넷째, 포용의 리더십을 보여준 뛰어난 왕들이 있었기 때문이다. 선덕여왕은 인재의 육성, 발탁, 등용 등에 탁월한 리더십을 보여주었다. 가락국의 후손 김유신과 비주류 출신 진골의 김춘추를 발탁, 등용한 것은 출신과 지역을 초월한 포용의 리더십의 전형이다. 무열왕(김춘추)은 정치, 외교 등에 결정적인 역할을 하였고, 문무왕은 신라의 모든 국력을 결집시켜 당나라를 한반도에서 축출하고 삼국통일의 위업을 달성했다.

이와 같이 신라는 노블레스 오블리주 리더십의 모범을 보여주었다. 대를 이어 솔선수범하여 불가능해 보이는 조건 속에서 통일을 이루었다.[5]

---

5. 최익용, 『대한민국 5천년 역사리더십을 말한다』, (옥당, 2014) p.296

6) 북방 민족 대두

10세기 초 당이 멸망하자 주변의 북방 민족이 통일 제국을 수립하고 세력을 확대하였다. 송이 문치주의 정책으로 국방력이 약화된 틈을 타 거란, 탕구트, 여진 등 북방 민족이 송을 압박하였다. 야율아보기는 거란족을 통합하여 요를 세우고(916), 발해를 멸망시켜(926) 세력을 확장하였다.

12세기 초에 이르러서는 금이 요를 무너뜨리고 송을 침입하였다. 송은 금에 화북 지역을 빼앗기고 수도를 임안(현재의 항저우)으로 옮겼다. 남송은 강남 개발에 힘써 경제적으로 크게 번영하였으나 13세기에 몽골의 침략으로 멸망하였다.

중국의 세력이 약화하자, 주변 민족이 세력을 키우기 시작하였다. 거란의 야율아보기는 당 말 이후의 혼란을 틈타 부족을 통일하고 황제의 자리에 올랐다(916). 발해를 멸망시킨 거란(요)은 만리장성 남쪽의 화북 일부 지역(연운 16주)까지 차지하였다. 요는 강력한 국력을 바탕으로 송과 화친을 맺고(전연의 맹약) 평화를 보장해 주는 대가로 막대한 물자를 받았다.

7) 송나라 번영과 패망

송나라는 960년에 후주의 조광윤이 제위를 선양받아 개봉(카이펑)에 도읍하여 건국하였다. 국호는 송宋이었으나, 춘추시대 송, 남북조 시대 송을 구별하고자 황실의 성씨를 따라 조송趙宋이라고도 부른다.

송나라는 과거제를 확립하고 관료제를 강화하여 행정적인 안정성을 꾀했다. 또한, 농업, 상업, 금융, 산업 등 경제적인 분야에서도 많은 발전을 이루었다. 세계 최대의 경제규모를 자랑했으며, 화폐·지폐·어음·주식회사 등 현대적인 금융 기법이 사용되었다.

송나라는 문화와 과학기술도 높은 수준에 있었다. 예술적으로는 시와 그림이 발달했으며, 과학 기술적으로는 천문학·수학·의학·화학 등에서 많은 성과를 낸 것으로 알려져 있다. 화약과 나침반과 같은 중국의 4대 발명 중 두 가지가 송나라 때 사용되었다. 송나라의 선진 국가제도와 문화·과학기술은 다른 나라에도 전파되었으며, 세계역사에 큰 영향을 미쳤다.

송나라는 다양한 요인들이 복합 작용하여 패망의 길을 걷게 된다. 먼저 군사적으로는 허약하여 거란족, 여진족, 몽골족 등과의 전쟁에서 계속 패배하고 영토를 잃었다. 이에 더해 관리들의 특권·부패 심화, 화폐의 과잉 발행으로 인한 경제 불안, 심한 신분 차별 억압으로 인한 농민들의 저항 등 정치·경제·사회적인 불안정성을 겪다가 끝내 몽골 제국에게 1279년 애산 전투에서 패해 소멸이 되었다.

송나라의 패망은 '국가가 아무리 경제·문화의 발달로 태평성세를 누린다 해도 국방을 소홀히 하고, 리더가 부패하여 민심을 이반하면 모든 것을 잃고 눈물을 흘려야만 한다.'라는 뼈저린 교훈을 남겼다.

우리도 지금의 풍요에 만족하여 자만하지 말고 '송의 눈물'을 타산지석 삼아 리더는 물론 국민 모두 정신적 무장을 새롭게 해야 한다.

해상왕 장보고와 외교왕 서희

신라의 장보고(張保皐)는 우리나라 최초로 해상을 제패한 해군 무장으로, 중국과 일본에서도 입지전적인 인물로 평가받고 있다. 이는 삼국사기·삼국유사·중국 신당서·일본 속일본후기에도 나와 있다. 무예가 뛰어나고 명민했던 장보고는 미천한 신분 때문에 신라에서는 성공이 어렵다고 판단하고 당나라로 건너가 군대에 들어간 후 많은 공을 쌓으며 능력을 인정받아 무령군 소장의 자리에 오른다.

장보고는 신라 사람들이 노예로 팔리는 것을 수없이 목격하고 828년 신라에 귀국해 흥덕왕에게 이를 보고하고, 군사 1만 명을 이끌고 황해로 출동해 해적을 소탕했다. 해상을 제패한 후 청해진을 중심으로 당과 일본을 연결하는 중계무역에 뛰어들어 엄청난 부를 축적했다. 군사력과 경제력을 동시에 갖춘 국가 조직에 가까웠다. 장보고는 5천 년 우리 역사에서 보기 드문 해상의 영웅 리더다. 동아시아에 널리 퍼졌던 장보고와 청해진의 위용을 기억하며 세계 대양을 호령하는 대한민국의 미래를 기대해 본다.

고려의 서희(徐熙)는 북방 대륙 외적의 침입으로 고려가 영토 분할의 위기에 처했을 때, 적장과 외교 담판을 벌여 오히려 옛 영토를 획득한 또 다른 영웅이다. 993년 고려 성종 때 송나라와의 전쟁에서 승리한 거란 장수 소손녕은 80만 대군을 이끌고 고려를 침공하여 파죽지세로 몰아붙였으나, 송나라와의 전쟁 피로감이 누적되어 내심 전쟁보다는 화의를 원하고 있던 참이었다. 서희는 적국의 속내를 간파해 외교 담판으로 북방 외교의 실리를 얻어낸다. 서희는 국제 정세를 잘 읽어내는 탁월한 능력을 가진 외교 리더였다. 한 사람의 리더십이 국가 전체를 절망에서 희망으로 바꿀 수 있다는 교훈을 주는 역사의 한 대목이다.

'여진이 가로막고 있는 영토를 고려에 줘야만 거란에 복속의 길이 열릴 수 있다.'는 서희의 설득은 적장 소손녕의 마음을 움직였고, 결국 거란군의 철수와 여진족이 살고 있는 강동 6주를 얻어내는 성과를 거두었다. 거란은 고려와 송의 관계를 단절시키고 고려를 복속시킨 것에 만족했다. 당시의 고려는 현재의 우리나라와 닮은 점이 많다. 고려가 거란과 여진 사이에 있었듯 지금의 우리도 미국, 중국, 일본, 러시아 사이에 끼어 있다. 현대의 리더들도 국제 정세를 현명하게 이용해 실리를 얻을 수 있어야 할 것이다. 서희는 1천 년 전 사람이지만 우리에게도 훌륭한 리더의 본보기가 되고 있다.[6]

---

6. 최익용 저, 『대한민국 5천년 역사리더십을 말한다』(옥당, 2014) p.187

8) 몽골 제국

칭기즈 칸은 13세기 초 몽골 제국의 창시자다. 칭기즈 칸과 그 후손들의 이름은 오늘날 세계의 많은 곳에서 아직도 기억되고 있다.

13세기 초 테무친은 부족별로 흩어져 있던 몽골고원의 유목민을 통합하여 칭기즈 칸에 추대되었다(1206). 칭기즈 칸은 천호제라는 사회·군사 조직을 만들어 몽골 울루스를 구성하였다. 그리고 엄격한 법령을 통해 강력한 군주권을 마련하여 몽골 제국의 토대를 닦았다.

칭기즈 칸 사후 2대 오고타이 칸은 금을 멸망시켰고, 뒤를 이은 칸들이 러시아와 유럽 일부 지역, 바그다드까지 영역을 확대하여 대제국을 건설하였다. 쿠빌라이 칸은 수도를 대도(베이징)로 옮기고 국호를 원으로 바꾼 후 남송을 멸망시키고 중국의 전역을 장악하였다.

쿠빌라이 칸 이후 원은 황위 계승을 둘러싼 내부 분쟁에 시달려 통합력이 약해졌다. 황실이 사치를 부리고, 티베트 불교인 라마교가 유행하면서 법회를 개최하는 데 국고를 소모하는 등 재정이 악화되었다. 이를 해결하고자 지폐인 교초를 남발하여 물가가 크게 올랐다. 이러한 가운데 생활이 어려워진 농민들이 대규모 반란을 일으켰고, 결국 원은 명을 세운 주원장에 의해 북쪽으로 밀려났다.

칭기즈 칸의 몽골군은 당시 세계 최강을 자랑하는 기마병이었다. 몽골은 이러한 강력한 기마병을 앞세워 인류 역사상 가장 넓은 지역을 정복하여 대제국을 건설하였다. 칭기즈 칸과 후예들은 다음과 같은 순서와 시기에 세계를 정복했다.

· **칭기즈 칸**(1206년~1227년): 칭기즈 칸은 1206년에 몽골의 지도자로 선출되었고, 이후 21년간 아시아 대부분을 정복하였는데 그 지역은 동아시아의 중국에서부터 중앙아시아, 동유럽에 이르렀다.

· **오고타이 칸, 칭기즈 칸의 3번째 아들**(1229년~1241년): 오고타이 칸은 아

버지 뒤를 이어 중앙아시아와 중국의 점령을 이어갔다.

• **구여 칸, 칭기즈 칸의 손자**(1246년~1248년): 구여 칸은 중국 북부를 계속하여 정복하였다.

• **몽케 칸, 칭기즈 칸의 손자**(1251년~1259년): 몽케 칸은 중앙아시아와 중국의 더 많은 부분, 그리고 중동을 점령하였다.

• **쿠빌라이 칸, 칭기즈 칸의 손자**(1260년~1294년): 쿠빌라이 칸은 송나라를 멸망시켜 중국 전역을 제국의 일부로 만들었다. 또한 베트남, 미얀마, 방글라데시 등 동남아시아 국가들을 정복하였다.

• **카이두, 쿠빌라이 칸의 사촌**(1301년~1309년): 카이두는 중앙아시아의 더 많은 영토를 몽골 제국의 일부로 만들었다. 칭기즈 칸과 그의 후손들의 세계 정복은 인류 문화사에 큰 변화를 가져왔다. 몽골 제국의 확장은 동서양의 교류를 촉진하였으며, 이를 통해 이전에는 접할 수 없었던 여러 가지 문화와 지식들이 전파되는 데에 큰 역할을 하였다.

• **동서교류 촉진**: 몽골 제국은 유럽, 중동, 아시아를 아우르는 거대한 영토를 가지고 있었다. 그들은 대륙간 무역로인 '비단로'를 안전하게 유지함으로써 동서양의 상품, 문화, 지식 등의 교류를 촉진하였다. 동서양의 활발한 무역은 다양한 분야에 큰 변화를 일으켰다.

• **문화 전파**: 몽골 제국의 확장으로 인해 인쇄법, 화약, 나침반 등 중국의 고급 기술들이 유럽으로 전파되었다. 이로 인해 유럽에서는 과학기술이 발전하게 되었고, 유럽의 음악·예술 등의 문화가 다시 몽골을 통해 아시아로 들어왔다.

• **종교적 영향**: 몽골 제국은 여러 종교를 허용하여 다양한 종교가 유럽과 아시아에서 상호 전파되었다. 또한 몽골 제국의 정복으로 이슬람교가 중동 지역에서 더욱 확고하게 자리 잡게 되었다.

• **지식의 전파**: 몽골의 세계 정복은 야만적인 공격으로 악명이 높았지만,

그들은 지식과 정보의 전파에도 크게 기여하였다. 몽골 제국은 학자들을 존중하고 여러 분야의 지식을 수용하려 노력하였다.

•**유럽의 대항해시대**: 중국의 고급 기술들이 유럽으로 전파되면서 유럽은 세계를 탐험하고 식민지를 확장해 나가는 대항해 시대를 맞이하게 되었다. 이는 결국 유럽의 세계 정복으로 이어지게 되었다.

　요약하면, 칭기즈 칸의 몽골 제국이 빠른 기동력으로 전쟁 방식의 판도를 바꾸어 세계 정복에 성공한다. 이로 인해 동서양의 교류를 촉진하여 문화, 기술, 종교, 지식 등의 소통과 전파를 가능하게 하였다. 이를 통해 인류 문화사는 크게 발전하고 성장할 수 있었다.

9) 명·청 시대 정치 변화

　홍건적의 난을 계기로 주원장(태조 홍무제)은 난징을 중심으로 명을 건국하였다.(1368) 이어 몽골 세력을 초원 지역으로 내쫓아 한족 왕조를 부활시켰다.

　홍무제는 유교 중심의 한족 문화 부흥을 추진하여 호복과 변발을 금지하는 한편, 학교를 세우고 과거제를 정비하였으며, 육유를 반포하여 백성을 교화하고자 하였다. 원 말 황폐해진 농촌을 재건하기 위해 지방의 농민을 이갑제로 편제하였으며, 토지대장(어린도책)과 호적(부역황책)을 정비하여 조세와 역을 관리하였다. 또한 중서성과 재상제를 폐지하고 6부를 황제에 직속시켜 행정·군사·사법·감찰 등 모든 권한이 황제에게 집중되었다.

　명은 중기 이후 무능한 황제 밑에서 환관이 득세하여 정치적 혼란이 심하였다. 북쪽의 몽골과 동남 해안의 왜구(북로남왜)를 비롯한 외부 위협과 이를 막기 위한 만리장성 보수는 막대한 재정 부담을 초래하였다. 16세기 후박 내각 대학사 장거정은 일조편법을 전국으로 확대하는 등 재정 개혁을 성공적으로 실행하였으나, 그의 사후 다시 재정난이 발생하였다. 더구나 임진왜란 출병과 여진족과의 전쟁 등으로 재정 부담이 크게 늘고, 17세기에 들어 만주 지역의 여진족이 강력한 위협으로 등장하였다. 이를 대처하기 위해 세금을 가혹하게 징수하자 곳곳에서 농민 봉기가 잇따랐고, 이자성의 군대가 베이징을 점령하면서 명은 멸망하였다.(1644)

명의 세력이 약화하자, 만주에서는 누르하치(청 태조)가 여진족(후의 만주족)을 통합하여 후금을 세웠다.(1616) 뒤를 이은 홍타이지는 몽골과 조선을 공략하고 나라 이름을 청으로 바꾸었다. 청은 팔기제를 통해 양성한 강력한 군사를 바탕으로 명이 멸망한 이후 베이징을 점령하여 수도로 삼았다.(1644)

청은 만주족·한족·몽골족 등 다양한 민족을 아우르기 위해 융합 정책을 펼쳤다. 만주족의 우위를 전제로, 군현제를 통해 한족을 직접 지배하고 티베트·몽골·신장 등 주변부와 소수민족은 토착 지배자를 이용하는 간접 지배를 시행하였다. 만주 문자를 만들어 고유문화를 지키려고 노력하는 한편, 한자·몽골어·티베트어 등을 공용으로 사용하는 포용 정책을 펼쳤다. 청은 조선, 베트남 등 주변 국가와 책봉·조공 체제를 확립함으로써 동아시아 질서를 주도하였다.

10) 고려와 조선의 흥망성쇠(중세·근대사)

한국의 중세는 고려시대를, 근대는 조선과 대한제국 시대를 말한다.

한국의 중세는 918년에 고려가 건국된 이후부터 1392년에 조선이 건국될 때까지이다. 이 시기에 고려는 통일 왕조로서 한반도의 대부분을 통치하였으며, 문화와 외교, 무역 등에서 많은 성과를 이루었다. 고려는 불교를 주요 사상으로 삼았으며, 금속활자(인쇄술)와 천문학, 화약 제조기술, 상감술(도자기) 등에 뛰어난 발전이 있었다.

고려는 중국의 송나라와 원나라와 친밀한 관계를 유지하였으며, 일본과 몽골과 전쟁을 벌이기도 하였다. 고려 후기에는 관리들의 특권과 부패, 농민들의 불만과 저항, 왕권의 약화 등으로 내부적인 위기를 겪었으며, 신흥사대부 출신 무인 이성계에 의해 패망하고 조선이 건국되었다.

한국의 근대는 1392년에 조선이 건국된 이후부터 1910년에 한일병합조약으로 일본에 강제 합병될 때까지를 말한다. 조선은 성리학을 국가 이념으로 삼고, 양반과 농민, 상인, 천민 등으로 구성된 계급사회를 유지하였다. 문화·학문·예술 등이 발전하였고, 특히 훈민정음을 창제하여 보급하였다. 중국의 명·청나라와 사신을 주고받으며 친교였으며, 일본과 몽골과는 전쟁을 벌이기도 하였다.

특히 일본의 침략에 의한 7년간의 임진왜란은 조선국의 근간이 흔들리는 충격을 주었는데 당시 일본군의 조선 약탈과 10만여 명의 포로 포획 등으로 민생은 파탄이 났다. 조선 리더의 무능으로 임진란 종전 30년이 채 되지 못해 또다시 중국의 침략에 의해 정묘호란·병자호란을 겪으며 조선백성 60만 명이 북방으로 끌려가 노예가 되고 죽임을 당하는 비극을 맛보았다.

조선 후기에는 서양과 일본의 개입으로 국내외적인 혼란을 겪었다. 갑오개혁과 대한제국 수립 등으로 근대화를 시도하였으나, 급기야 일본의 압력과 침략으로 나라를 잃는 역사적 비극을 맞이했다.

세계역사 리더십 ISSUE 생각 넓히기 〈4〉

임진왜란으로 세계로 끌려간 조선 포로들

교토 시내의 '미미쯔카(耳塚)'라는 크지 않은 무덤에는 도요토미 히데요시의 명령으로 베어온 조선인의 귀 5만 명분이 묻혀 있다고 한다. 포로는 적게는 2~3만, 많게는 10만이 넘었다. 적지에 버려진 조선 포로들의 운명은 여러 갈래로 나뉘었다. 대부분은 귀환을 체념한 상태로 정착해 일본인으로 변신했다.

특히 규슈에는 조선 포로들의 집단 거주지가 만들어졌고, 일부는 일본 가정 노예들로 변했다. 기술자로 정착한 사람들도 많았다. 또한, 많은 포로가 자의 또는 타의로 천주교인이 됐다. 가장 불행한 포로들은 해외에 노예로 팔려나간 사람들이다. 포르투갈, 에스파니아, 네덜란드, 마카오, 동남아, 인도, 이탈리아 등지로 팔려나갔다. 루벤스가 그린 소묘의 모델로 알려진 '안토니오 꼬레아'는 이때 이탈리아로 팔려 간 인물이다. 탈출을 하려다 죽은 사람들도 꽤 많았다. 원균이 대패한 칠천량 해전에서 포로로 끌려간 이엽 장군은 일본의 회유를 뿌리치고 탈출했다가 실패하고, 결국 자결했다.

쇄환, 즉 정부의 공식적인 노력으로 귀환한 사람들도 있었다. 1604년 6월에 나라를 망친 성리학자들 대신 승병장인 사명당이 '탐적사'로 파견됐다. 일행은 2대 쇼군인 도쿠가와 히데타다를 만나고, 3,000여 명의 백성들을 데리고 돌아왔다. 그러나 조선 정부와 사회는 귀국한 포로들을 의심하고 경계했다. 믿기 힘들지만 냉대와 억압 등을 많이 저질렀다. 연고를 모르는 사람들은 종으로 만들고, 여자가 예쁘면 멋대로 자기 여자로 만드는 자들이 한둘이 아니었다.

특히 문벌사족들은 식구들이 포로로 잡혀간 것은 절개와 의리를 상실한 일이라고 평가해 쇄환된 사실을 숨겼다. 조선 정부가 쇄환포로들을 냉대한다는 사실은 일본에 알려졌고, 일본은 이를 과장해서 포로들의 귀국을 막으려 했다.

조선 정부는 백성들의 삶에 무관심했고, 그들의 기술력, 문화적 능력, 경제적 가치 등을 일본처럼 주목하지 않았다. 또 백성을 죽음과 파멸로 몰아넣는 책임을 통감하기는커녕 남의 나라에서 포로로, 노예로 고통받는 자국민들을 구원하는데 소홀했다.

역사에는 반드시 '인과응보'라는 원리가 작동한다. 결국, 임진왜란이 끝나고 30년도 채 못된 1627년에 정묘호란, 1636년에 병자호란이 발생해 당시 세자를 비롯해 무려 50만~60만 명의 백성이 끌려가, 노예생활을 하고, 죽임을 당했다.[7]

---

7. 한국경제, 윤명철 동국대 명예교수 칼럼, 2020.12.06일자.

11) 일본의 개혁 개방

중세 일본은 대체로 12세기부터 16세기까지를 포함하며, 군주제의 시대였다. 강력한 군장들이 나와 지배권을 행사하였고, 국가 권력보다는 지역의 군사적인 힘이 더 세력을 가지게 되었다. 또한 사무라이가 중요한 사회 계층으로 부상하면서 그들의 이념이나 문화가 일본 사회 전체에 영향을 미치게 되었다. 이로 인해 지식인보다는 무사인 사무라이의 가치관이 중요시되었고 그들의 존재와 역할이 중요해졌다.

이 시기의 군주들은 지배력을 고착화하기 위해 종교, 예술, 문화를 장려하였다. 불교가 번성하였고, 문학·그림·금속 공예 등 다양한 예술 분야에서도 활동이 활발하여 뛰어난 성취를 보였다.

중세 일본은 중국, 고려, 류이슈와 무역을 진행하면서 사회 경제의 번영을 이룩했다. 이러한 무역으로 인해 통화 경제가 발전하게 되었고, 그 결과로 상업 도시가 성장하게 되었다. 이처럼 중세 일본은 군주제의 탄생과 새로운 계급인 사무라이의 부상, 불교와 예술의 번영, 그리고 무역과 통화 경제의 발전 등 다양한 변화를 겪었다.

헤이안 시대에는 교토를 수도로, 천황을 중심으로 한 권위적인 정치체제가 유지되었고 기타야마 문화와 히가시야마 문화가 발달하였다. 캄아쿠라 시대 미나모토노 요리토모가 설립한 쇼군 정권은 무사들의 영향력이 강해지고, 불교와 성리학이 유행하였다. 무로마치 시대에는 아시카가 가문이 새로운 쇼군정권을 세웠다. 센고쿠 시대에는 전국에 수많은 영주들이 서로 싸우며 영토를 확장하였는데, 이 시기에 바로 오다 노부나가·도요토미 히데요시·도쿠가와 이에야스 등의 영웅들이 등장하였다.

17세기 초까지 이어진 후기 중세시대 이후로, 일본은 근대사로 접어든다. 에도 시대(1603-1868) 일본은 국가 전체가 사실상 토쿠가와 쇼군가의 지배를 받아 국가가 폐쇄적이었으나, 거대한 서양 세력의 압력으로 인해 19세기 중반 일본은 국제 사회와의 교류를 시작한다. 1853년 7월 미국 페리장군이 이끄는 함대가 일본에 도착하여 개항을 요구하였다. 총 4척의 배로 이루어진 검은색 배를 본 일본인들은 두려움에 휩싸였고 이를 '검은 배의 위협'이라 부르게 되었고 사키노구치 조약이 체결되면서 일본은 개항하게 되었다.

이러한 변화는 메이지 시대(1868~1912)로 이어지며, 근대화를 추진하여 서구 스타일의 국가 구조를 확립하게 되었다. 일본의 근대화는 국가를 산업화하고 군사력을 강화하는 방향으로 진행되었다.

메이지 시대에는 메이지 유신을 통해 천황 중심의 근대적 국가를 건설하고, 산업화와 군사개혁을 추진하였다. 이 시기에는 제국주의적인 정책을 채택하여 중국, 한국, 러시아 등과 전쟁을 벌이며 식민지와 영향권을 확장하였다.

일본 문화의 뿌리는 한국 문화다. 일본 열도의 왜인들은 고구려, 백제, 신라 및 가야가 고대 국가 체제를 갖추어 나가는 시대에 미개한 생활을 하고 있었다.

일본은 한반도의 수준 높은 문화를 받아들임으로써 고대 국가로 발돋움하게 되었다. 815년에 편찬된 일본의 《신찬성씨록(新撰姓氏錄)》은 당시 중앙 귀족의 3분의 1 이상이 한반도에서 건너온 이주민의 성을 가졌다고 기록하고 있다.

일본의 초대 천황인 신무천황(神武天皇)의 형인 도반명(稻飯命)은 신라의 유이민이라는 기록이 전해지고 있다.

또한, 일본에서 가장 오래된 역사책인 《고사기》(712)의 편집자 오노 야스마로(太安麻呂)와 편찬에 참여한 사람들 모두 백제계 이민자 후손이라는 설이 있다. 한국 문화가 일본으로 건너가기 시작한 것은 기원전 400~300년 무렵이다. 금속기를 사용하는 한반도 문화가 건너간 것으로 학계는 보고 있다. 우리나라의 무문토기와 마제석검, 세문경, 동검 등 유물이 일본에서 출토되고 있음이 이를 증명한다.

삼국시대 우리나라 유이민들이 일본으로 건너가 선진 기술문화를 전해주면서 일본 고대 아스카문화의 기반을 일구었다. 특히 한국의 금동 미륵보살 반가 사유상과 일본 고류사에 있는 목조 미륵보살 반가 사유상은 서로 비슷한 점이 많다.

통일신라의 정치제도는 일본의 다이카개신(大化改新) 이후 왕을 중심으로 한 강력한 중앙집권적 정치체제를 구축하는 데 크게 기여했으며, 원효, 강수, 설총 등의 불교문화와 유교문화는 일본 하쿠호문화 성립의 바탕이 되었다. 일본은 7세기까지 1천 년에 걸친 한국 문화의 수용으로 비로소 문화다운 문화를 향유할 수 있었고, 이를 바탕으로 8세기가 되어서야 그들 나름의 문화를 가질 수 있게 되었다.

우리의 소중한 문화재는 우리나라는 물론 세계의 문화유산이며 보물이다. 그러나 유감스럽게도 일제 강점기, 6·25전쟁 등 국난마다 문화재 약탈이 이루어졌다.

문화재청에 따르면 2018년 현재 일본을 비롯한 해외의 박물관이나 미술관에서 소장하고 있는 우리나라 문화재가 168,330여 점이 넘고(개인 소장품도 상당수 있을 것으로 추정), 환수된 것은 1만 점도 안 된다. 아직도 일본에 71,400여 점, 미국에 46,400여 점 이상 등 20여 개 나라에 우리 문화재가 남아 있다.

2. 동남아시아
: 인니, 싱가포르, 태국, 말레이시아, 캄보디아, 베트남, 라오스, 미얀마

1) 다양한 색채의 동남아시아

동남아시아는 지리적으로 인도와 중국 사이에 있어 두 지역의 문화에 영향을 받았다. 인도로부터는 불교와 힌두교, 중국으로부터는 한자와 유교를 수용하였다.

특히 인도인들은 교역과 이주를 통하여 동남아시아 지역에 힌두문화를 전파하여 두 지역은 점차 하나의 문화권을 형성하였다. 8세기부터 이슬람문화가 유입되면서 고유의 토착 요소에 인도·중국·이슬람 문화가 복합되어 다양한 색채를 띠게 되었다.[8]

• 몽골을 물리친 인도네시아의 원래 이름은 '많은 섬의 나라'라는 뜻인 '누산타라'이다. 이후 유럽의 지리학자들에 의해 '인도양의 섬들'이란 의미의 인도네시아로 불리기 시작했다. 비단길을 장악한 원의 쿠빌라이 칸은 바닷길을 장악하고자 인도네시아에 진출했는데, 당시 인도네시아에 자리잡고 있던 나라는 싱고사리 왕조였다. 쿠빌라이 칸은 싱고사리 왕조에게도 복속을 요구했으나 싱고사리 왕조는 찾아온 사신에게 묵형墨刑(살갗에 먹줄로 죄명을 써넣는 형벌)을 가해 돌려보냈다. 그 무렵 싱고사리 왕조에는 정변이 일어나 마자파힛 왕조(1293~1520)가 세워졌는데 이들이 몽골의 군대를 격퇴했다. 이로써 몽골

---

8. 국제신문, "박기철의 낱말로 푸는 인문 생태학", 2023.8.1.일자.

의 자바 원정은 실패로 돌아갔다.[9]

• 인구 550여만 명 도시국가 싱가포르는 민주공화국이다. 깨끗한 도시이면서 중국다운 문화가 곳곳에 있다. 싱가포르는 1인당 GDP가 약 9만 달러(2023년)으로 아시아 1위이고, 국제 경쟁력은 세계 3위이다. 작지만 강하고 부유한 나라가 된 비결은 '세계 최고의 국가를 향한 다양한 미래실험이 행해지는 도전의 도시국가'라는 점에서 찾을 수 있다. 리콴유(이광요) 초대 총리는 리더십을 통해서 '국민 기강 잡기'차원의 벌금제도를 실행에 옮겼다. 그에 대한 평가는 '죽어있던 싱가포르를 살려낸 위대한 지도자 vs 31년의 독재 · 세습의 길을 걷게 한 독재자'로 엇갈리지만 '국가에 대한 국민의 무한한 신뢰'를 정착시켰다. 싱가포르 전역에서 흘러넘치는 친환경적인 청결함과 글로벌과 로컬을 넘나드는 경제와 문화의 활력은 '싱가포르다움'으로 대전환되었고, 또다시 위대한 대도약을 준비하고 있다.[10]

• 7,200여만 명 타일랜드는 입헌군주국이다. 어디를 가나 왕의 사진이 걸려 있을 정도로 왕의 존재감은 엄청나며, 불교 국가다.

• 3,300여만 명 말레이시아는 술탄이 있는 입헌군주국이다. 그러나 군주의 존재감은 별로 없어 보였다. 무슬림이 많은 나라였지만 이슬람 기운이 세지는 않다.

• 1,600여만 명 캄보디아도 입헌군주국이다. 그런데 왕의 존재감은 태국만큼 크지 않다. 대신 총리의 권한이 막강하며, 세속적 분위기가 물씬해도 인구 90% 이상이 불교 신자다.

• 9,700여만 명 베트남은 공산국가다. 그런데도 자본주의적으로 살아가는 사람들이 분주히 움직이고 있다. 특정 종교 색채는 거의 없다.

9. 이만적, 『한 권 동양사』, (중앙일보플러스, 2018년)

10. 국제신문, "싱가포르다움을 위한 그들의 선택", 2023년 8월 4일자.

프랑스 식민지였던 베트남은 1954년 디에비엔푸 전투에서 프랑스 군을 이기고 스스로 독립을 쟁취했다. 세계 최강의 미국은 물론 중국과의 전쟁에서도 나라를 지켰다. 미국과는 20년간의 전쟁으로 상처가 깊었으나 실리를 추구하는 유연성 외교(대나무 외교)로 불구대천의 원수였던 미국과 '포괄적 전략적 동반자 관계'를 맺는 등 한국은 물론 주변국과 국익 차원의 외교적 유연성을 보이며 급성장하고 있다.

• 700여만 명 라오스는 공산당에 해당하는 라오인민혁명당 주도의 공산국가다. 그러면서도 불교문화가 풍성한 불교국가다.

• 5,300여만 명 미얀마는 민주주의를 표방하는 공화국이면서 군부가 지배 권력을 장악한 국가다. 그러면서도 거의 완전 순수한 불교국가에 가깝다.

2) 동남아시아의 고대·중세·근대사

• **고대사**: 기원전 1천 년 경부터 서기 13세기까지를 고대사로 볼 수 있다. 이 시기에는 동남아시아의 여러 지역에서 다양한 문명이 성장했다. 예를 들어, 캄보디아에서는 앙코르 왕조가 펼쳐진 앙코르 문명이 꽃을 피웠는데 앙코르 왕조는 힌두교와 불교를 섞은 종교를 신앙하면서 거대한 사원과 도시를 건설했다. 앙코르 왕조의 최고조는 서기 12세기 수리야바르만 2세 때였으며, 그는 앙코르 왕도를 확장하고 앙코르와트라는 웅장한 사원을 건축했다.

베트남에서는 리 왕조가 서기 10세기에 중국의 지배로부터 벗어나 독립국가로서 면모를 갖추고 글씨, 법률, 교육, 농사 등 문화와 경제적으로 발전을 이루어 베트남인들의 정체성을 형성하는 데 큰 역할을 했다.

인도네시아에서는 서기 7세기부터 14세기까지 스리비자야라는 해상왕국이 번영했다. 스리비자야는 말레이 반도와 수마트라 섬을 중심으로 인도양과 남중국해의 교역을 장악했으며, 불교와 힌두교를 융화하면서 문화적으로

도 발달했다.

• **중세사**: 서기 13세기부터 18세기까지를 중세사로 볼 수 있다. 이 시기에는 동남아시아의 여러 나라들이 서로 경쟁하면서 강력한 군사력과 정치력을 갖추었다.

태국에서는 아유타야 왕조가 서기 14세기에 건국되어 태국의 전통적인 문화와 제도를 정립하고, 캄보디아, 라오스, 버마와 전쟁하면서 영토를 확장했다. 아유타야 왕조의 전성기는 서기 17세기에 나라이 대왕 때였는데 그는 태국의 최대 영토를 달성하고 법률과 행정을 개혁하고, 문화와 예술을 장려했다.

필리핀에서 14세기부터 16세기까지 마닐라·민다나오 섬을 중심으로 번성하였던 술탄국은 이슬람을 공식 종교로 채택하고, 중국과 일본과 교역을 통해 부를 쌓았으며 교육·법·행정·문화시스템을 구축하였다. 16세기에 스페인의 정복을 받았지만, 필리핀의 역사와 문화에 깊은 흔적을 남겼다.

미얀마에서는 퉁구 왕조가 서기 16세기에 건국되었다. 퉁구 왕조는 미얀마의 최대 영토를 달성하고, 태국과 몽골과 전쟁하면서 강력한 군사력을 보였는데 전성기는 서기 16세기에 바인나웅과 타바린스위 등이다. 그 시기 종교적, 문화적 발전을 이루었는데 퉁구 시대의 불교 예술은 미얀마 불교 예술의 정점으로 평가받는다.

• **근대사**: 서기 18세기부터 20세기까지를 근대사로 볼 수 있다. 이 시기에는 대부분의 동남아시아 국가들이 서양의 식민주의에 직면하게 되었다.

프랑스는 인도차이나 연방을 구성하여 베트남·라오스·캄보디아를 지배하고, 영국은 말레이반도와 버마를 점령했다. 네덜란드는 인도네시아를 식민지로 통치했고, 스페인과 미국은 필리핀을 순차적으로 지배했다. 일본은 제2차 세계대전 때 동남아시아의 대부분 지역을 점령했다.

동남아시아의 국가들은 이러한 외세의 침략과 억압에 맞서 독립운동을 전개했다.

베트남에서는 호치민이 베트민Viet Minh(월맹越盟: 공산주의 독립운동단체 겸 정당)을
이끌고 프랑스와 미국과 전쟁하면서 공산주의 베트남을 건설했다.

인도네시아에서는 수카르노가 인도네시아 국민당을 조직하고 네덜란드와
일본과 싸우면서 독립을 선언했고, 필리핀에서는 호세 리살이 필리핀 혁명
을 주도하고 스페인, 미국과 전쟁하면서 독립을 추구했다.

미얀마에서는 아웅산이 미얀마 국민동맹을 창설하고 영국과 일본과 대결
하면서 독립을 실현했다.

동남아시아의 근대 식민지 역사는 지역의 사회, 경제, 정치 등 여러 분야
에 미친 부정적인 영향을 미쳤으며, 고유한 문화와 전통을 파괴하고, 지역
사회를 불안정하게 만들고 경제적 착취를 초래했다.[11]

다른 한편으로는 동남아시아 국가에 근대적인 정치체제·기술·사상 등을
도입하는 계기를 제공했으며, 이런 변화는 이 지역 국가들이 세계화된 세계
에서 자신의 위치를 찾아가는 데 중요한 역할을 했다.[12]

---

11. 동남아시아의 역사와 문화 | 조흥국 – https://product.kyobobook.co.kr/detail/

12. 서울대학교 | 인문대학 동양사학과. https://asianhistory.snu.ac.kr

3. 서아시아와 중동
: 이슬람권, 이스라엘

1) 이슬람 세계의 형성과 발전

6세기 이전까지 아랍인은 주로 유목 생활을 하며 오랫동안 통일을 이루지 못하고 부족 단위로 생활하였다. 당시 아라비아반도는 동서 교역로에서 벗어난 변두리 지역에 불과하였다. 그러나 6세기경 사산 왕조 페르시아와 비잔티움 제국의 대립이 격화되면서 기존의 교역로를 대신하여 아라비아해와 홍해를 지나는 새로운 교역로가 주목을 받게 되었다. 이에 아리비아반도의 메카, 메디나 등의 도시가 번성하였다. 이 무렵 메카의 상인인 무함마드가 유일신 알라를 섬기는 이슬람교를 창시하였다.

무함마드가 사망한 후 이슬람 공동체는 정치·종교의 지도자인 칼리프를 선출하였다. 1대부터 4대까지는 칼리프가 선출되었는데, 이 시기를 정통 칼리프 시대라고 한다. 이슬람 세력은 비잔티움 제국의 군대를 물리치고 시리아와 이집트를 정복하였으며, 사산 왕조 페르시아까지 멸망시키는 등 대제국을 건설하였다.

우마이야 왕조는 다마스쿠스를 수도로 삼고 정복 활동을 계속하여 동쪽으로는 인더스강 유역에 이르고, 서쪽으로는 북아프리카를 거쳐 이베리아반도까지 영토를 확장하였다. 이로써 아시아, 아프리카, 유럽의 세 대륙에 걸친 대제국이 성립하였다.

한편, 칼리프 선출을 둘러싼 내분이 일어나 제4대 칼리프 알리가 살해되고,

시리아 총독 무아위야가 칼리프가 되어 661년에 우마이야 왕조를 열었다.

10세기 초에는 북아프리카에서 파티마 왕조가 일어나 이집트를 정복하고 수도 카이로를 건설하였다. 파티마 왕조는 칼리프의 칭호를 사용하면서 아바스 왕조의 권위를 부정하였다. 이에 후우마이야 왕조의 군주도 칼리프를 칭하여 이슬람 세계는 확대되었지만 세 명의 칼리프가 병존하는 분열의 시기를 맞이하였다.

이슬람교는 상업 행위를 긍정적으로 여겼으며, 나라에서도 도로와 도시 건설에 힘쓰고 자유로운 상업 활동을 보장하였다. 이에 이슬람 세계에서는 상업과 교역이 크게 발전하였다. 특히 탈라스 전투(751)를 계기로 주요 동서 교역로를 이슬람 상인이 장악하면서 동서 문화 교류가 더 활발해졌고, 바그다드와 코르도바 같은 이슬람 세계의 큰 도시에는 각지의 문물이 모여들었다.

이슬람 사회는 「쿠란」의 가르침이 일상을 지배하는 종교 중심 사회였다. 일부다처를 허용하는 가족 관계, 돼지고기를 금기하는 식생활, 가난한 사람을 구제하는 자선 활동, 일정한 시간마다 행하는 예배 의식 등은 모두 『쿠란』의 계율에 따른 것이다.

2) 서아시아 전통 사회의 발전

13세기 말 셀주크 튀르크가 몽골의 침입으로 무너진 뒤 튀르크 계통의 오스만족이 소아시아에 국가를 수립하였다. 오스만 제국은 비잔티움 제국으로부터 소아시아 대부분을 빼앗았으며, 14세기 말에는 유럽에 진출하여 발칸반도 대부분을 지배하고 술탄의 칭호를 사용하였다. 비록 15세기 초 티무르에게 앙카라 전투에서 패하여 타격을 받기도 하지만, 곧 체제를 정비하여 메흐메트 2세 때에는 콘스탄티노폴리스를 정복하고 오스만 제국의 수도로 삼았다(1453). 이 도시는 이스탄불로 불리었다.

오스만 제국은 이집트와 발칸반도 북부 등 새로 획득한 영토의 통치를 총독이나 현지 지배자에게 위임하였다. 그러나 대부분 지역은 술탄이 관료와 군대를 바탕으로 한 중앙집권적 통치 기구를 통해 직접 지배하였다. 술탄의 직할지에서는 토지 조사가 이루어졌고, 티마르 제도가 시행되었다. 티마르를 받은 기병과 데브시르메 제도에 의해 징집된 예니체리 군단은 오스만 제국의 평창에 크게 기여하였다.

14세기 후반 중앙아시아에서 칭기즈 칸 가문의 사위임을 내세운 티무르가 몽골 제국의 재건을 내걸고 티무르 왕조를 세웠다(1370). 그는 오스만 제국을 공격하는 등 정복 활동을 통해 인도의 서북부에서 지중해 연안까지 이어지는 대제국을 건설하였다. 하지만 티무르가 명을 정복하러 가던 도중에 병사하자 후계자 분쟁이 얼어나 점차 약해지다가 튀르크계 우즈베크인에게 멸망하였다(1507). 티무르 왕조가 쇠퇴하자 페르시아에서는 이스마일 1세가 사파비 왕조를 세웠다(1501).

3) 고대문명과 종교 발상지

중동中東, Middle East은 지중해 동쪽부터 페르시아만까지 영역을 포함하는 아시아 서부지역이다. 좁게는 서아시아 국가들부터 넓게는 북아프리카 국가들까지 포함한다. 어디까지가 중동이라는 정확한 경계선은 없지만, '중동' 용어는 근동近東, Near East이라는 말과 동의어로 쓰이며, 극동極東, Far East이라는 말과는 대비되는 의미를 지닌다. 이러한 용어는 19세기 영국이 동양을 근동·중동·극동으로 구분해서 사용한 데서 유래한다.

중동 지역은 수천 년에 걸쳐 다양한 문명이 생겨나고 사라진 세계 문명의 고향으로, 초기 인류가 정착하여 세계에서 처음으로 농업이 발달한 구역으로 알려져 있다.

9,000년 전 탄생한 메소포타미아 문명을 비롯하여 이집트·바빌로니아·아시리아 문명 등 많은 고대 문명들이 탄생하였다. 이 각 문명은 흑해와 지중해 사이의 다양한 지역에서 형성되어 프로메테우스, 아폴로 등 고대신화를 창조했으며, 세계 주요 종교인 유대교·기독교·이슬람교의 역사적인 발원지이기도 하다. 지형적으로는 메소포타미아(오늘날의 이라크와 북동부 시리아), 고대 이집트, 고대 이란(엘람·메디아·파르티아·페르시아), 아나톨리아(튀르키예), 그리고 레반트(시리아·레바논·이스라엘·요르단)를 포괄하였다. 중세~근대에 들어서는 비잔티움 제국, 우마이야 왕조, 아바스 왕조, 오스만 튀르크 제국 등 여러 왕국과 제국들의 일부가 되었다.

4) 중동 역사에 큰 영향을 준 십자군

유럽의 십자군 기사단 크루세이더Crusader는 11세기와 13세기 사이 기독교 성지를 찾는다는 명분하에 중동으로 침공하여, 이슬람 국가들을 점령하면서 수많은 사람을 죽이고 도시를 파괴하였다.

십자군은 이슬람문화와 기타 동양 문화와의 경쟁과 충돌을 일으키면서 중동에는 종교·문화적 갈등과 긴장이 증가했다.

한편, 중동 문화는 크루세이더와의 충돌을 통해 변화·발전했으며, 중동의 건축·미술·의복 등 다양한 문화들이 유럽에 전파되어 서양 문화에도 영향을 미쳤다.

또한 크루세이더는 중동에 상업 중심지와 무역기지를 건설하여 중동과 유럽 간의 무역이 활발해졌다. 농업·건축·의료기술을 전파하여 농업 생산성을 개선하고 경제를 안정화시켰다.

크루세이더의 중동 점령 활동은 강제적이었을 수도 있으나 중동의 발전과 변화에 영향을 미친 것은 분명하다.

5) 전쟁과 갈등으로 점철된 역사

20세기 초, 중동 지역은 서구 권력들에 의한 식민지 지배를 겪었다. 특히 1차 세계대전 이후에는 프랑스와 영국에 의해 임의로 경계가 그려졌다. 이후 이 지역은 종교·민족 분쟁, 외부 개입 등 오랫동안 다양한 종류의 갈등과 논란이 이어져 오고 있다.

• **이스라엘과 아랍국가들 간 갈등**: 1948년 이스라엘이 중동에 국가를 성립한 이후로 영토에 대한 분쟁, 팔레스타인 문제, 종교적인 갈등 등으로 인해 수많은 전쟁이 발발했다.

• **이란 – 이라크 전쟁**: 1980년부터 1988년까지 지속되었던 이란 – 이라크 전쟁은 최대 규모의 지역 갈등 중 하나로 두 나라 사이 대립강화는 물론 중동지역 전략적 균형에도 영향을 주었다.

• **쿠르드 독립 운동**: 쿠르드족은 중동 지역에 거주하는 이슬람교에 기반을 둔 민족이다. 역사적으로 쿠르드족은 자국을 가지지 못하였으며, 독립을 향한 운동과 관련된 갈등이 지속되고 있다.

• **사우디아라비아 – 이란 대립**: 두 나라의 갈등은 종교·정치·역내 영향력 경쟁 등으로 인해 격화되었다. 이는 지역 갈등을 야기하며, 국제사회에도 영향을 미치고 있다.

• **시리아 내전**: 2011년부터 시작된 시리아 내전은 지금까지 가장 복잡하고 장기간에 걸친 갈등 중 하나이다. 이 전쟁은 국제 개입 및 사회·정치적 혼란과 관련되어 있다.

• **이라크 내전**: 2003년 미국의 이라크 침공 이후 발발한 이라크 내전은 수많은 이슬람 군사 단체와 국제 테러리스트 조직의 활동으로 인해 심각한 갈등이 계속되고 있다.

중동 지역의 분쟁은 정치, 경제, 종교, 지역 차별, 국제관계 등 원인이 복잡하여 단 시일 내 역내 평화를 기대하기는 어려울 것으로 보인다.

6) 이스라엘 – 팔레스타인 전쟁과 교훈

3,000년 전 이집트에서 탈출한 유대인이 가자지구에 정착하면서 해양 민족 블레셋인과 충돌한 게 분쟁의 시작이다. 그 뒤 유대인이 자리를 잡았지만 2세기 로마 황제 하드리아누스가 유대인을 쫓아낸 뒤 블레셋의 땅이란 의미로 '팔레스타인'이란 이름을 붙였다.

20세기 초기, 오스만 제국의 붕괴 후 팔레스타인 지역은 영국 위임 통치로 들어갔다. 이 지역에 살던 아랍인과 유대인은 이곳을 자신들의 고향으로 주장하며 두 국가 간의 영토 분쟁이 시작되었다.

1930년대와 40년대에 나치에 의한 유대인 학살이 벌어지고 수많은 유대인이 팔레스타인으로 대규모 이민을 시작하면서 팔레스타인 내부의 긴장이 증폭되었다. 1947년, 유엔이 팔레스타인을 유대인 지역과 아랍인 지역으로 나누기로 결정했고 유대인들은 이스라엘 건국을 선언한다.[13]

2023년 10월 7일 팔레스타인 무장 단체인 하마스가 이스라엘을 전격 공습했다. 아랍어로 '이슬람 저항 운동'을 뜻하는 하마스는 1987년 창설된 반反 이스라엘 단체이다. 인구가 230만 명에 달하는 가자지구에서 이스라엘 민간인을 무차별적으로 공격하고, 외국인·여성·노인 상관없이 납치하였다. 이에 대응하여 이스라엘에서도 하마스 지역에 집중으로 공격하여, 발발 석 달 만에 양측 사망자 수가 2만 5천여 명, 난민도 190만 명으로 추정되는 등 비극이 이어지고 있다. 가자지구의 무장단체 하마스는 이스라엘 궤멸을 목표로 인질과 주민을 인간 방패로 내세우며 땅굴을 파고 결사항전을 벌이고 있어 전쟁상태의 장기화가 불가피하다. 더욱 심각한 것은 이스라엘–하마스 전쟁이 중동 전체로 확대될 조짐이 나타난다는 점이다.

이스라엘은 지상군을 투입해 아예 가자지구를 점령할 기세이고 하마스는

---

13. 한국국방연구원, 세계분쟁 데이터 베이스, "이스라엘–팔레스타인 분쟁" (검색일, 2023년 10월 16일).

물론이고 레바논 무장단체 '헤즈볼라'도 이스라엘에 대한 반격을 예고하고 있다. 이렇게 되면 하마스의 후견인을 자처해 온 이란 역시 참전할 가능성이 크다. 이스라엘과 관계 정상화를 눈앞에 두었던 사우디아라비아 역시 아랍의 맹주로서 팔레스타인을 지지하는 입장에 서 있다. 이스라엘-하마스 전쟁이 중동 전체로 확산될 위기에 봉착해 있는 것이다.

전쟁은 불시에 다가온다. 이스라엘 '아이언 돔'은 다량의 미사일 앞에 뚫리고 말았으며, 평화로 위장하며 치밀하게 준비한 하마스에게 속수무책 영토를 유린당하고 말았다. 이스라엘은 아랍의 기습공격에 대비하지 못한 1973년 4차 중동전쟁 이후 최악의 정보 실패로, 이스라엘판 9·11테러, 중동판 진주만 공습이라는 지적도 있다.

그러나 이스라엘은 '나라를 잃으면 끝'이라는 절박감으로 또다시 똘똘 뭉쳤다. 반정부 시위하던 청년도 '전쟁 앞에서는 단결할 때'라고 외쳤고 국가를 지키는 데는 남녀가 없었다. 나라가 둘로 쪼개질 정도로 갈등이 극심했던 정치권도 여야가 합심, 통합정부를 구성하고 전시내각을 꾸려 대응하였다. 분열이 있어도 안보 앞에는 하나였다.

우리는 북한 핵이라는 거대한 위협에 직면해 있음에도 안보 상황에 대한 인식이 안이하다. 군과 정보당국은 신뢰를 주지 못하고 정치권은 정쟁에만 골몰하고 있다. 이스라엘 사태는 '전쟁은 언제든지 예고 없이 일어날 수 있다.'라는 교훈을 우리에게 주고 있다.

4. 인도 역사

1) 분열의 역사

기원전 7세기경 갠지스강 유역에서는 도시국가 간의 전쟁과 상업 발달로 크샤트리아와 바이샤 세력이 성장하였다. 이들은 제사 의식을 중시하는 형식화한 브라만교에 반대하고 브라만 중심 사회를 비판하였다. 이러한 비판이 퍼지면서 우주와 인간의 본질을 탐구하는 우파니샤드 철학이 나타났고, 이를 바탕으로 불교와 자이나교가 출현하였다.

고대 북인도 지역은 많은 소국으로 분열되어 있었다. 알렉산드로스가 인더스강 유역을 침공한 사건은 통일을 자극하였고, 마침내 찬드라굽타 마우리아가 기원전 4세기경 마우리아 왕조를 세우고 최초로 북인도를 통일하였다. 아소카왕이 죽은 뒤 마우리아 왕조는 급속히 쇠퇴하였고 인도는 또다시 분열되었다.

1세기경에는 북부에서 이란 계통의 유목민인 쿠샨족이 쿠샨 왕조를 열었다. 쿠샨 왕조는 중국, 인도, 이란을 연결하는 무역로를 장악하고 중계 무역으로 번영하였다.

쿠샨 왕조가 쇠퇴한 후 이민족의 침입으로 혼란한 북인도에 굽타 왕조가 일어났다(320). 굽타 왕조 시기에는 브라만교의 전통이 강화되면서 힌두교가 형성되었다. 힌두교는 브라만교를 바탕으로 민간 신앙과 불교가 융합되어 종교 형태를 갖추었다. 굽타 왕조 시기에는 이민족의 침략을 막아내고 통일을 이루는 과정에서 민족의식이 높아지고 종교, 문학, 미술 등 다양한 분야에서 인도 고유의 색채가 강조되었다. 종교에서는 힌두교가 민족 종교로 발전하였고, 불교가 쇠퇴하였다. 그러나 불교 교리 연구는 계속되어 많은 구법승이 일종의 불교 대학인 날란다 사원에서 수행하였다.

서아시아에서 일어난 이슬람 세력은 8세기경부터 인도에 진출하였다. 본격적인 인도 침략은 중앙아시아 지역의 튀르크족이 세운 이슬람 왕조에 의해 전개되었다.

10세기 말부터 아프가니스탄의 가즈니 왕조는 여러 차례 인도에 침입하여 펀자브 지역을 차지하였다. 12세기에는 구르 왕조가 인도를 침입하여 한때 북인도 지역의 대부분을 지배하였다. 두 왕조의 인도 침입은 이슬람 세력이 인도에 본격적으로 진출하는 계기가 되었다.

델리 술탄 왕조와 무굴 제국의 지배를 거치면서 인도에는 이슬람문화가 널리 확산하였다. 이를 배경으로 전통적인 인도 문화와 이슬람문화가 융합된 인도·이슬람문화가 발전하였는데, 이러한 특징은 종교나 언어, 예술 등에 잘 나타나 있다. 종교에서는 힌두교와 이슬람교를 융합하여 성립된 시크교가 펀자브 지방을 중심으로 발전하였다.

16세기 초 바부르가 아프가니스탄 지방을 점령하고 북인도로 침입하여, 델리 술탄 왕조를 무너뜨리고 무굴 제국을 세웠다(1526). 17세기 말, 아우랑제브 황제는 남인도 대부분을 정복하여 최대 영토를 확보하였지만, 지나친 정복 활동으로 재정난에 부딪혔다. 더구나 이슬람 제일주의를 내세워 힌두교 사원을 파괴하고 지즈야를 부활시켰다. 이에 각지에서 반란이 일어났는데, 펀자브 지방의 시크교도와 중부 인도 마라타 왕국의 반란은 가장 위협적이었다. 특히 마라타 왕국은 마라타 동맹으로 이어져 무굴 제국에 대한 저항을 계속하였다. 여기에 후계 계승 분쟁과 각 지방 토호의 저항이 겹쳐져 무굴 제국은 점차 쇠퇴하였다.

인도 대륙에서는 힌두교, 불교, 자이나교, 시크교 등이 창시되었고, 이슬람 세력과 영국의 지배로 이슬람교, 크리스트교 등 외래 종교가 전파되어 여러 종교가 공존하고 있다. 특히 크리스트교는 유럽과는 다른 계통의 크리스트교도 인도에 남아 있다. 전체 인구 비중에서는 힌두교도가 압도적으로 많으나, 이슬람교, 크리스트교 등 소수 종교도 인도인의 생활에 깊숙이 자리하고 있다.

인도에서는 다양한 종교가 공존하는 만큼 종교 간의 갈등이 계속되었다. 그중 힌두교도와 이슬람교도의 갈등은 역사적 뿌리가 깊지만, 특히 인도를 손쉽게 지배하기 위해 갈등을 부추긴 영국 식민지 정책으로 더욱 커졌다. 이들 종교 간의 극단적 대립으로, 결국 1947년 인도와 파키스탄은 영국에서 분리 독립을 하였다. 그러나 여전히 인도의 힌두교도와 이슬람교도는 치열한 분쟁을 치르고 있고, 아직도 종교적인 골이 깊이 남아 있다. 인도 정부는 다양한 종교를 가진 국민을 아우르기 위해 종교에 대한 국가의 중립을 국가 이념으로 채택하였다.

2) 21세기 인도 위상과 취약점

2023년 인도 인구는 14억 2,863만 명으로, 중국(14억 2,568만 명)을 추월하였으며, 2063년까지 꾸준히 늘어 17억 명에 달할 것으로 유엔은 예측하고 있다. 특히 65세 인구 비율은 7.1%로 중국(14.3%)의 절반 수준이며, 중위 연령도 28.2세로 중국(39세)에 비해 10살이나 젊다.

생산 가능 인구 비율 증가로 경제 성장률도 높아져서 IMF(국제통화기금)에서는 2028년에는 인도의 경제성장률이 6%로, 중국(3.4%)을 약 두 배가량 앞설 것으로 전망하고 있다.

2023년 8월 인도는 인류 최초로 달의 남극에 우주선을 착륙시킨 나라가 되었다. 2008년에 달 탐사선을 발사해 착륙에 성공했고 2013년에는 화성탐사선을 발사했을 정도로 우주 발사체와 탐사에 강점이 있다. 우주산업은 첨단 과학기술과 방위산업의 결정체이기 때문에 한국과 인도의 전략적 제휴는 시너지효과가 크다. 특히 미국에서 맹활약하는 IT분야의 인재 중에는 인도인들이 수두룩하며, MS·구글 CEO도 배출하였다. 인도는 독립 이후 고등교육과 기술교육(수학·과학)에 집중 투자하는 전략을 추진했다. 이러한 전략은 경제발전으로 이어졌으며, 2021년 국가 GDP가 3조 1,503억 달러로 영국(3조 1,232억 달러)을 추월했다. 영국으로부터 독립한지 74년 만이다.[14] 인도의 성장 잠재력이 현실로 나타나면서 국제사회에서 인도의 목소리가 커지고 있다. 2023년도 G20 정상회의를 성공적으로 완수하면서 UN 안전보장이사회 상임이사국 멤버로 진출하는 문제를 이슈화하는데 성공하는 등 인도는 경제규모의 급성장뿐 아니라, 국제사회에서의 영향력 증진에도 괄목할 만한 성장세를 지속할 것으로 전망된다.

경제적 고속 성장을 이루고 있는 인도에도 나라를 위기에 빠지게 할 정도의 제도적·사회적 약점이 존재하고 있다. 인도의 영아 사망률은 출생아 1,000명 당 24.54명으로 타 개도국에 비해 높고, 평균 수명도 72세로 선진국은 물론 베트남(74.4세)보다도 짧다. 사회보장제도 관련 지출 비율은 GDP 대비 1.4%에 불과함에 따라 사회보장 혜택을 받는 인구 비율도 24.4%로 세계 평균치(46.9%)에 크게 못 미친다.

임산부 보호는 물론 근로자를 보호하는 법과 제도가 허술하여 근로자들의 권리가 침해되고 불평등이 커지고 있다. 특히 악명 높은 카스트계급 제도의 관습이 여전히 남아 있어 국가발전을 저해하고 있다.

또한 식민지 시절 이어받은 사법 시스템을 정비하지 않음으로써 현재 인

---

14. 조선 WEEKLY BIZ. "캠브리지大 할다르 교수 인터뷰" (2023.10.13.)

도에 그대로 적용할 수 없는 것이 많다. 사법 시스템이 시대에 뒤떨어지다 보니 인도인들의 준법질서가 후진성을 면치 못하고 있다.

그리고 다양한 종교가 공존하는 다종교 국가로 각 종교 간의 갈등은 종종 정치·사회·경제적 요인과 결합하여 사회 문제로 대두되는 등 인도의 약점 요소로 자리하고 있다.

3) 종교갈등의 폐해

서아시아, 인도, 중동 지역은 세계의 주요 종교들이 탄생하고 발전한 곳이다. 유대교, 기독교, 이슬람교는 모두 아브라함을 조상으로 인정하며, 힌두교, 불교, 자이나교는 모두 인도에서 시작되었다. 이러한 종교들은 각각 자신의 신앙과 전통을 가지고 있으며, 때로는 서로 충돌하거나 배타적인 태도를 보인다.

특히 이슬람교는 성립 이후부터 내부적으로 수니파와 시아파로 분열되었으며, 외부적으로는 다른 종교와의 경쟁과 전쟁을 겪었다. 이슬람교는 정치·사회·문화적 영향력을 확장하기 위해 성전을 벌였으며, 이 과정에서 많은 피해와 적대감을 남겼다. 예를 들어, 7~8세기에 이슬람 제국이 중동과 북아프리카를 정복하면서 기독교와 유대교의 영토와 신자들을 압박했고, 11~13세기에 십자군 전쟁이 일어나면서 더욱 갈등이 심화되었다.

또한 이스라엘과 팔레스타인의 분쟁은 종교적 갈등의 대표적인 사례이다. 1948년 유대인들이 이스라엘을 건국하면서 주변의 아랍 국가들과 분쟁이 야기되어 네 차례의 중동 전쟁을 치르면서 오늘에 이르기까지 분쟁이 계속되고 있다. 이스라엘은 1948년 건국 후 아랍 국가와 전쟁에서 패배한 적이 없는 상승常勝의 군대였다. 그러던 이스라엘이 1973년 10월 6일 이집트의 기습 일격一擊으로 존망의 위기에 몰렸던 적이 있다. 방심 탓이었다. 작은 나라에게 자만심自慢心은 독약과 같다. '자신감'과 '자만심'은 한 글자 차이지만 결과는 국가의 운명을 좌우하는 결과를 초래할 수 있다. 이스라엘과 팔레스타인은 예루살렘을 공동성지로 인정하지만, 그 소유권과 통제권을 놓고 다투고 있다. 예루살렘에는 유대교의 통곡의 벽, 기독교의 성묘교회, 이슬람교의 바위 돔 사원 등 세 종교의 신성한 건축물들이 공존하고 있다.

종교적 갈등은 인권 침해·폭력 행위·테러리즘·난민 문제 등 다양한 부정적인 결과를 초래하며, 종종 민족 간의 갈등이나 정치·경제·사회적 불균형과 연결되어 심각한 문제로 발전한다. 2011년 시작된 시리아 내전은 반정부 시위에서 발단되었으나, 수니파와 시아파 사이의 종파 갈등과 국제 정치적 개입으로 인해 지금까지도 해결되지 못하고 있다. 시리아 내전은 50만 명 이상 사망자와 1,200만여 명의 난민을 낳았으며, 국제 테러 조직인 이슬람 국가is의 탄생과 확장을 촉발했다.

또한, 핵보유국인 인도와 파키스탄의 종교갈등은 핵 위기를 야기할 수 있는 위험한 상황을 만들었다. 인도와 파키스탄은 1947년에 영국으로부터 독립하면서 힌두교와 이슬람교를 기준으로 분할되었으며, 이후에 실론, 카슈미르 등의 영토 분쟁을 두고 세 차례의 전쟁을 벌였다. 미국과 전 세계를 충격으로 몰아넣은 뉴욕 9·11테러 사건도 이면에는 종교적 갈등이 깔려있다.

4) 종교갈등 해소 방안

종교적 갈등은 인류 역사와 함께 이어져 오고 있어 쉽게 해결될 수 있는 문제가 아니지만, 해소·예방하는 꾸준한 노력이 필요하다.

첫째, 종교적 다양성을 인정하고 존중하는 태도를 갖는 것이다. 종교는 개인의 신념과 가치관을 나타내는 중요한 요소로서 다른 종교를 비하·억압하면 안 된다. 종교적 다양성은 인류 문화의 풍부함과 다양성을 반영하는 것이며, 서로 배우고 협력하는 기회로 삼아야 한다.

둘째, 종교적 대화와 교류를 활성화하는 것이다. 종교적 갈등은 종종 오해와 편견, 무지와 무관심에서 비롯된다. 서로의 종교에 대해 알아가고 이해하려는 노력을 통해 상호 존중과 신뢰를 구축해야 한다.

셋째, 종교적 폭력과 테러리즘은 범죄 행위로, 어떤 종교도 정당화할 수 없다. 인권을 침해하고 평화를 파괴하는 종교 폭력과 테러리즘은 모든 사람이 함께 막아야 한다.

우리 민족은 예로부터 당시의 환경과 형편에 맞는 신앙을 가졌다. 한국에는 자생종교와 외래종교를 합쳐 50개 종교와 500여 개 이상의 다양한 교단·교파가 모여 있다. 그런데도 우리 땅에서 종교분쟁이 일어난 적은 없고, 오히려 호국정신으로 승화되어 나라를 지키는 문화가 형성되었다. 필자는 한국의 평화로운 다종교 문화는 홍익인간 이념과 민족혼이 융합된 결과물이라 생각한다.

우리나라는 세계에서 유일하게 석가탄신일(음력 4월 8일)과 성탄절(12월 25일)이 모두 공휴일로 지정되어 있다. 이것이 가능한 것은 종교적 신념이 다르다고 해도 배척하지 않는 홍익인간 이념의 관용 덕택이다. 이러한 홍익인간 이념은 세계 종교 갈등을 해소하는 열쇠가 될 것으로 믿는다. 우리는 종교적 다양성을 인정하고 존중하는 인식을 확산시켜 세계 정신문화와 평화를 이끄는 리더 역할을 해야 한다.[15]

---

15. 최익용, 『이것이 인성이다』, (행복에너지, 2016)

제10장

유럽 지역
역사

1. 고대의 지중해와 그리스

    고대의 지중해는 그리스와 로마의 고전 문화, 크리스트교, 게르만족 등의 요인을 중심으로 유럽 역사가 되었다. 유럽 봉건 사회의 성립과 발전 모습을 통해 이 시기의 역동적인 역사 리더십을 파악할 수 있다. 신항로 개척 이후 유럽의 부흥기를 탐구하고, 시민 혁명과 산업혁명의 역사적 의미에서 세계 역사 리더십과 리더의 중요성을 알 수 있다.

    세상에서 가장 잔잔한 바다는 물의 평야로 불리는 지중해地中海다. 그런데 역사적으로는 가장 요란했던 바다가 잔잔한 바다인 지중해.고대 이집트, 가나안, 아시리아, 히타이트, 페니키아, 페르시아 제국, 트로이, 고대 그리스, 카르타고, 로마제국 등 세계사에 등장하는 고대국가들이 지중해 인근에 있었다. BC 13세기에 트로이 전쟁이 일어난 것을 비롯해 전쟁이 잦았고 지중해는 요란했다.

    한편, 그리스 세계의 발전과 헬레니즘 문화를 살펴보면 다음과 같다.

    에게해 지역에 성립된 크레타 문명과 미케네 문명이 파괴된 후, 그리스 세계에서는 오랫동안 암흑기가 이어졌으나, 기원전 10세기 이전부터 폴리스(도시국가)가 형성되기 시작하였다.

    그리스의 대표적인 폴리스로는 아테네와 스파르타가 손꼽히는데, 이들은 각기 다른 모습으로 발전하였다. 아테네는 초기에 귀족들이 경제와 군사를 지배하면서 정치 실권을 장악하였으며, 상공업의 발달로 부유한 평민들이 중장 보병 밀집대의 주력으로 전쟁에 참여하였다. 이에 평민은 정치 발언권을 강화하면서 귀족과 대립하였다.

기원전 6세기 초 솔론은 귀족과 평민의 대립을 조정하여 재산에 따라 정치적 권리를 차등 분배하는 개혁(금권정)을 추진하였으나, 귀족과 평민의 대립은 여전하였다.

스파르타는 도리스인이 원주민을 정복하고 세운 폴리스였다. 정복당한 원주민은 대부분 '헤일로타이(예속 농민)'로서 토지를 경작하였고, '페리오이코이(반자유민)'는 주로 상공업에 종사하였다.

기원전 6세기 말 서아시아 세계를 통일한 아케메네스 왕조 페르시아는 지중해로 세력을 확대하였다. 이에 그리스 세계와 충돌이 일어나 그리스·페르시아 전쟁(기원전 492~기원전 479)이 벌어졌다. 세 차례에 걸친 전쟁에서 그리스는 아테네와 스파르타를 중심으로 단결하여 페르시아 세력에 승리하였다. 전쟁에서 승리한 아테네는 델로스 동맹의 맹주가 되어 강력한 해상 제국으로 발전하였다.

필리포스 2세의 뒤를 이은 알렉산드로스는 동방 원정에 나서(기원전 334) 페르시아 제국과 이집트를 정복하고 인더스강 유역까지 진출하였으나 알렉산드로스가 죽은 후 제국이 분열되어 기원전 1세기 무렵 로마와 파르티아에 정복되었다.

알렉산드로스가 죽은 후 그가 정복한 지역에서 헬레니즘 문화가 발전하였다. 헬레니즘 문화는 그리스 문화를 바탕으로 하되 다양한 문화 요소를 융합하여 형성되었다.

특히 고대 그리스의 민주 정치는 오늘날 민주주의의 토대가 되었다.

2. 로마의 발전과 문화

　로마는 기원전 8세기 중엽에 이탈리아 중부의 작은 도시국가에서 시작하였다. 처음에는 에트루리아 출신 왕의 지배를 받는 왕정이었으나, 기원전 6세기 말에 귀족들이 왕을 몰아내고 공화정을 수립하였다. 로마의 공화정은 행정과 군사를 담당하는 2명의 집정관과 자문 기관인 원로원, 그리고 시민이 모여 국가의 중요한 일을 결정하는 민회가 서로 견제하며 균형을 이루었다.

　로마는 정치적 안정 속에서 대외 팽창도 이루었다. 기원전 3세기 전반에 이탈리아반도를 통일한 후, 카르타고와 3차에 걸린 포에니 전쟁에서 승리하여 서지중해를 차지하였다. 이후 마케도니아와 그리스를 정복하고 아나톨리아까지 세력을 넓혔다. 3세기 말 디오클레티아누스 황제는 제국의 위기를 타개하기 위해 개혁 정책을 펼쳤다. 그는 제국을 넷으로 나누어 효율적인 통치를 꾀하였다. 또한 전제 군주제를 통해 황제권을 강화하였으며, 화폐 개혁과 군사 개혁 등을 추진하였다. 이후 콘스탄티누스 황제는 크리스트교를 공인하는 한편, 제국을 하나로 합치고 수도를 옮겨 로마의 부흥에 힘썼다. 새로운 수도는 그의 이름을 따 콘스탄티노폴리스로 불렸다. 개혁 노력에도 불구하고 제국의 해체를 막을 수는 없었다. 테오도시우스 황제가 죽은 후 로마 제국은 동서로 분리되었다(395). 동로마 제국은 그 후에 약 1,000년간 지속하였으나, 서로마 제국은 게르만족의 침입으로 얼마 안 가 멸망하였다(476).

　아우구스투스 시대에 로마의 속주가 된 유대 지방의 주민들은 구세주 매시아의 출현을 고대하였다. 이때 등장한 예수는 유대교의 선민사상과 형식적인 율법주의를 배격하고 민족과 신분을 초월한 보편적인 사랑과 평등을 설교하였다.

예수를 메시아로 믿고 따르는 사람이 많아지자 유대교 지도자들과 로마는 위협을 느끼고 그를 십자가형에 처하였다. 그런데도 예수의 가르침은 제자들을 통해 제국 전역에 전파되어 각지에 교회가 세워지고 『신약 성서』가 편찬되었다.

호메로스의 『일리아스』에 따르면 트로이의 영웅 아이네이아스는 트로이가 함락될 때 가족들을 데리고 탈출해 이탈리아의 라티움에 정착했다고 한다. 이후 아이네이아스의 후손인 아물리우스는 형이자 이탈리아의 왕인 루미토르를 몰아내고 왕위를 찬탈했다. 위협이 될 남자 조카들을 모두 살해한 아물리우스는 조카딸인 레아 실비아마저 여사제로 만들어 버렸다. 여사제가 되면 평생 결혼할 수 없고 결혼을 못하면 자식을 낳을 수 없으니 경쟁자가 태어날 가능성이 사라지기 때문이다.[16]

로마인은 그리스 문화와 헬레니즘 문화를 수용하는 한편, 법률, 토목, 건축 등 실용적인 분야에서 재능을 발휘하였다. 특히 법률이 발달하였는데 로마 최초의 성문법인 12표법은 사회의 발전과 더불어 시민법으로 발전하였고, 이어 만민법으로 확대되어 로마제국 내의 모든 민족에게 적용되었다. 이러한 로마법은 6세기 비잔티움 제국의 유스티니아누스 황제 때 『유스티니아누스 법전』으로 집대성되어 여러 나라의 법률에 영향을 주었다.

---

16. 이만적 지음, 『한권의 서양사』, (중앙일보 예스, 2021) p.106

3. 유럽사 형성과 부침

1) 기독교 중심의 서유럽 문화

16세기 알프스 이북에서는 교회의 부패와 성직자의 타락을 비판하면서 종교 개혁의 움직임이 활발하였다. 이러한 상황에서 교황 레오 10세가 성 베드로 성당을 증축할 비용을 마련하고자 면벌부를 판매하자, 독일의 신학 교수인 루터가 「95개조 반박문」을 발표하여 교황과 교회를 비판하였다.(1517)

루터를 지지하는 제후들은 교황과 긴밀한 관계를 맺고 있던 신성 로마 제국 황제에 대항하였고, 마침내 아우크스부르크 회의에서 루터파가 공식적으로 인정받게 되었다.(1555)

16세기에 종교 개혁 운동이 퍼지자 위기의식을 느낀 로마 가톨릭 교회는 트리엔트 공의회를 열어 교황의 권위와 교리를 재확인하고, 교회의 폐단을 바로잡고자 하였다. 또한 교회 내부의 결속을 강화하였으며, 종교 재판소를 설치하고 금서 목록을 작성하였다.

종교개혁으로 프로테스탄트(신교)와 가톨릭(구교)의 대립이 격화되면서 종교 전쟁이 일어났다. 한편 독일에서는 30년 전쟁이 일어났다. 신교와 구교의 갈등에서 시작된 종교 전쟁이었으나, 유럽 주요 왕가들이 자신의 이해관계에 따라 가담하여 국제 전쟁으로 확대되었다. 전쟁이 끝난 후 베스트팔렌 조약이 체결되어 제후에게 칼뱅파를 선택할 권리가 주어졌다.

비잔티움 제국은 서로마 제국이 멸망한 뒤에도 약 1,000년간 유지되었다.

비잔티움 제국에서는 서유럽과 달리 절대적 권위를 가진 황제가 교회의 수장을 겸하는 황제 교황주의가 발달하였다. 수도 콘스탄티노폴리스는 동서 교통의 중심지이자 상공업과 무역의 중심지로 번영을 누렸다.

비잔티움 제국은 6세기 유스티니아누스 황제 때 전성기를 맞이하였다. 그는 서고트족이 지배하던 에스파냐 남부 지역을 공격하여 일부를 점령하였으며, 북아프리카, 이탈리아 본토, 시칠리아, 코르시카 등 옛 로마 제국 영토의 상당 부분을 회복하였다. 또한 『유스티니아누스 법전』을 편찬하였으며, 콘스탄티노폴리스에 성 소피아 성당을 건립하였다.

2) 중세 유럽의 성장

11세기 후반 셀주크 튀르크의 위협을 받은 비잔티움 제국은 로마 교황에게 도움을 요청하였다. 이에 교황권의 확대를 노린 교황이 성지 회복을 위한 전쟁을 호소하자, 제후와 기사, 상인, 농민이 종교적 열정과 각자의 이익을 위해 호응하여 십자군 전쟁이 시작되었다(1096). 제1차 십자군은 예루살렘을 되찾았지만, 곧 이슬람 세력에게 밀려났다. 이후 계속된 전쟁에서 종교적 열정이 식고 라틴 제국이 세워지는 등 세속적 목적이 강화되면서, 십자군은 성지 탈환에 실패하였다.

십자군 전쟁으로 서유럽 사회는 크게 변화하였다. 교황권이 쇠퇴하였고 장기간 참전한 제후와 기사 계층이 몰락하여 봉건제가 흔들리고 왕권이 강화되었다. 한편 지중해를 통한 동방과의 교역과 문화 접촉이 활발해져 상공업이 발달하고 도시가 성장하는 가운데, 비잔티움 문화와 이슬람문화가 서유럽 문화의 발전을 자극하였다.

십자군 전쟁이 실패하면서 교황의 권위가 추락하였다. 14세기 초 교황 보니파키우스 8세와 프랑스 왕 필리프 4세는 교회와 성직자에 대한 과세 문제를 둘러싸고 대립하였다. 교황은 삼부회(삼신분회)의 지지를 받은 필리프 4세에게 굴복하였고, 이후 교황청은 아비뇽으로 옮겨져 프랑스 왕의 통제를 받았다(아비뇽 유수). 그 후 교황청은 다시 로마로 되돌아갔으나, 아비뇽에서도 교황이 선출되어 서로 정통성을 내세우며 대립하였다(교회의 대분열, 1378~1417).

영국은 노르만 왕조의 정복 이래 비교적 왕권이 강하였으나, 12세기부터 귀족의 정치적 저항에 부딪혔다. 특히 13세기 무렵 존왕이 프랑스와의 전쟁으로 악화한 재정을 개선하려고 무거운 세금을 부과하자, 귀족이 반발하여 귀족의 권리를 인정한 「대헌장」을 왕에게 승인하도록 하였다. 이후 성직자, 귀족, 각 주와 도시의 대표가 참여하는 모범 의회가 소집되었고, 14세기에는 양원제 의회 제도의 기틀이 마련되었다.

프랑스에서는 12세기 말 필리프 2세가 제후 세력을 누르고 프랑스 안의 영국령을 대부분 획득하여 왕권을 강화하였다. 이어 필리프 4세는 삼부회를 소집하고, 이를 바탕으로 교황을 굴복시켰다. 영국과 프랑스는 프랑스 안의 영국령과 모직물 공업의 중심지인 플랑드르 지방에 대한 지배권을 놓고 대립하던 상황에서 영국 왕이 프랑스의 왕위 계승을 주장하자 충돌하였다(백년전쟁, 1337~1453). 잔 다르크가 활약한 프랑스는 전쟁에서 승리하여 통일된 영토를 확보하였고, 중앙 집권 국가로 발전하는 발판을 마련하였다.

독일과 이탈리아는 통일 국가를 이루지 못하고 분열 상태가 유지되었다. 독일에서는 신성 로마 제국의 황제들이 제후 세력에 눌려 명목상의 통치자에 불과하였다. 이탈리아 역시 신성 로마 제국의 간섭 아래 교황령, 베네치아, 피렌체 등의 도시국가와 나폴리 왕국 등으로 분열되어 있었다.

처형당한 토마스 모어 – 신념의 가치

"이보게. 내 목은 작달막하니 조심해서 쳐야 할 거야. 그리고 죄 없는 내 수염은 잘리지 않도록 옆으로 넘기려 하니 잠시 시간을 주게나." 반역죄로 체포돼 영국 런던탑에 15달간 갇혔다가 도끼로 목이 잘리게 된 50대 죄수가 처형을 코앞에 두고 망나니에게 여유를 부렸다.

1535년 7월 6일. 죄수는 토마스 모어 전 대법관. 모어는 헨리 8세가 왕비 캐서린과 이혼을 요청하는 서한에 서명을 거부한 대가로 사형을 선고받은 후 6일 만에 참수됐다. 그가 목숨 잃은 이유는 이뿐만이 아니었다.

당시 헨리 8세는 로마 가톨릭을 버리고 영국 국교회를 세웠다. 독실한 천주교인이었던 모어는 끝까지 '아니 되옵니다.' 절대군주가 감춘 역린을 두 개나 건드렸다. 모어에게 당대는 악몽. 영국 왕실·귀족은 프랑스와는 백년전쟁(1337~1453년)을, 국내에서는 장미전쟁(1455~1485년)을 치르며 백성을 전쟁통으로 내몰았다.

유토피아는 이렇다. 54개 자치도시(도시 당 인구는 10만여 명)로 이뤄졌다. 대륙 일부였지만 주변에 수로를 둘러 파서 원형 섬이 되었다. 암초가 많아 외부 배가 스스로 들어오기가 극히 어려운 천연 요새다.

무엇보다 도드라진 제도는 공동 소유·생산 체제다. 필요한 물건은 시장에서 공짜로 가져다 쓴다. 농업이 주력 산업. 도시민도 2년간 농부가 된다. 살 집은 10년마다 추첨으로 얻는다. 잘 가꾼 공동정원이 주민 사랑방. 관청은 성찬을 먹는 곳이기도 하다. 주부는 가사 노동에서 풀려났다. 주민은 늘 한 종류 옷만 입는다. 화려한 복장은 멸시 대상. 금은이 돌처럼 흔해 죄수 쇠고랑 재료로 쓴다. 시장은 의회에서 비밀투표로 뽑는데 독재 의혹이 없다면 평생 재임이 가능하다.

500여 년 전 모어가 꿈꾼 이상 국가는 자본주의에 물든 현대에서는 실현 불가다. 가톨릭 신앙(영혼 불멸), 아테네 민주정(자치와 자율), 스토아철학(금욕과 행복주의), 농본주의 위에 세운 신기루 같다. 그러면서 유토피아는 거울이다. 빈부격차, 차별, 편 가르기, 능력 우선주의에 길들어 공익과 이타심을 저버린 현 인류를 비춰 준다. "모든 사회악이 사유재산에서 비롯한다."

현대는 사유재산제를 기반 삼은 자본주의 세상이다. 모어가 그린, 사유재산이 사라지는 세상은 나타나지 않았다. 그런 세상이야말로 글자 그대로 '유토피아'일까. 하지만 꿈마저 버려야 하나. 죽은 사회처럼. 모어가 자신 생명을 내던지면서 지키고자 했던 그런 신념들이 사라진 사회는 끔찍할 뿐이다.[17]

---

17. https://www.kookje.co.kr/mobile/view.asp?gbn=v&key=20230811.22013002948

4. 유럽사 변화

1) 유럽의 신항로 개척과 교역망 확장

유럽의 신항로 개척은 15~16세기에 새로운 무역로와 식민지를 찾기 위해 아시아와 아메리카대륙으로의 항해를 시도하였는데 이러한 신항로 개척(유럽의 관점에서는 발견의 시대 Age of discovery로 불리며, 일본에서는 대항해 시대로 부른다.)의 배경은 다음과 같다.

• 유럽인들은 동방산물(향신료, 비단 등)에 대한 수요가 증가하였으나, 이슬람과 이탈리아 도시국가들이 지중해 무역을 독점하고 있어서 높은 가격을 부담하였다. 따라서 지중해를 거치지 않고 직접 동방과 교역할 수 있는 새로운 항로의 필요성이 대두되었다.

• 마르코 폴로의『동방견문록』과 같은 여행기가 유럽에 전파되면서, 유럽인들은 동양의 풍요롭고 신비한 문화와 자연에 대한 호기심과 탐험 욕구를 갖게 되었다. 또한, 크리스토퍼 콜럼버스와 같은 항해자들은 지구가 구형이라는 주장을 바탕으로 서쪽으로 항해하면 동방에 도착할 수 있다고 믿었다.

• 유럽에서는 지리학, 천문학, 조선술, 항해술 등의 과학기술이 발달하였으며, 나침반, 해도, 천체관측기 등의 항해용품이 보급되면서 원거리 항해를 가능하게 하였다.

• 유럽에서는 통일 국가가 형성되고 중앙집권적인 왕권이 킹화되었으며, 이러한 국가들은 경제적 이익 확대를 위해 항해 사업에 대한 재정적 지원과

정치적 보호를 제공하였다.

이러한 배경 속에서 포르투갈과 에스파냐를 중심으로 신항로 개척이 전개되었다.

포르투갈은 바스코 다가마 일행이 인도로 가는 항로를 개척하면서 인도양 무역을 장악하였으며, 에스파냐는 콜럼버스가 아메리카대륙을 발견하고 마젤란이 세계 일주를 성공하면서 대서양 무역을 장악하였다. 이외에도 영국, 프랑스, 네덜란드 등 다른 유럽 국가들도 신항로 개척에 참여하여 아시아와 아메리카대륙에 식민지를 건설하고 교역을 확장하였다.

유럽의 신항로 개척과 교역 확장 활동은 유럽과 세계사에 큰 변화와 영향을 미쳤다. 유럽의 교역망은 지중해에서 대서양으로 이동하였으며, 유럽은 세계의 중심이 되었다. 유럽은 동방 산물을 싸게 수입하고 자신들의 산업품을 수출하면서 부를 축적하였다. 또한, 아메리카대륙에서 막대한 양의 금과 은을 유입하면서 물가 상승과 상업혁명을 촉발하였다. 유럽의 신항로 개척은 인류의 지식과 문화를 확장하였다.

유럽인들은 아시아와 아메리카대륙의 자연과 문화에 대해 알게 되었으며, 감자, 옥수수, 토마토, 카카오 등의 신대륙 작물이 전래되었다.

또한, 유럽의 문학과 예술에도 동양과 신대륙의 영향이 반영되었다.

유럽의 신항로 개척은 변방의 유럽이 밖으로 세력을 확장하고 아프리카·아메리카·유럽 통합 등 세계화가 시작되는 중요한 계기였지만, 아시아와 아메리카 등 토착 문명과 인류에게 많은 피해와 고통을 주었다.

유럽인들은 아스테카와 잉카와 같은 토착 문명을 파괴하고 원주민들을 착취하고 학살하였다. 또한, 아프리카에서 노예를 수입하여 식민지에서 노동시키면서 인권을 침해하였다. 이러한 유럽인들의 행위는 세계의 역사와 문화를 왜곡하고 소멸시켰다.

2) 절대 왕정의 발전

16~18세기에 절대 왕정은 각국의 고유한 여건 속에서 다양하게 형성되어 발전하였다. 에스파냐는 이슬람 지역을 재정복하면서 왕권 강화의 기틀을 다졌다. 영국과 프랑스는 시민 계급의 성장에 바탕을 두고 절대 왕정 체제를 갖추었는데, 특히 영국은 의회의 영향력이 강한 편이었다.

에스파냐는 일찍이 재정복 운동을 통해 중앙집권적 통일 국가를 형성하였고, 아메리카를 식민지로 삼아 대제국을 건설하였다. 펠리페 2세는 레판토 해전에서 오스만 제국을 격파하고, 포르투갈을 병합하였다. 그러나 극단적 가톨릭 강요 정책은 네덜란드의 독립을 초래하였고, 무적함대마저 영국에 패하였다. 게다가 국내 산업이 발전하지 못하여 쇠퇴하였다. 영국에서는 헨리 8세가 종교 개혁을 단행하고 해군을 육성하는 등 절대 왕정의 기틀을 마련하였다. 프랑스의 절대 왕정은 종교분쟁을 수습한 앙리 4세 때에 기초가 마련되었으며, 루이 14세 때에 전성기를 이루었다.

동유럽에서는 상공업과 도시의 발달이 늦었기 때문에 시민 계급이 성장하지 못하였다. 이러한 사정으로 동유럽의 절대 왕정은 서유럽보다 1세기 정도 늦게 성립하였다.

프로이센의 프리드리히 2세는 오스트리아와의 전쟁 끝에 슐레지엔을 차지하였다. 또한 계몽사상에 심취하여 '국가 제일의 공복'을 자처하며 산업을 장려하고 종교적 관용 정책을 펼쳤다.

남아메리카 식민지와 잉카제국

에스파냐의 정복자들은 원주민과 흑인 노예를 동원하여 막대한 양의 금과 은을 채굴하고, 대농장에서 사탕수수와 담배 등을 재배하였다. 특히 정복자들은 이윤을 높이기 위해 대농장에서 한 가지 작물만 재배하게 하였는데, 이러한 경작 방식(플랜테이션 농업)은 오늘날까지도 라틴아메리카 경제에 큰 문제점으로 남아 있다. 한편 백인들과 원주민 사이의 혼혈인 메스티소가 생겨나 오늘날 라틴아메리카 주민의 다수를 차지하게 되었다.

유럽인이 침투하기 이전 아메리카 대륙에는 독자적인 정치체제와 문화를 가진 문명이 존재하였다. 농업 생산력 증대를 바탕으로 마야인은 5세기 전후 도시와 제국을 건설하고, 수학과 천문학 분야에서 놀라운 업적을 남겼다. 14세기 이후에는 멕시코고원 일대에 아스테카 제국이, 안데스고원 일대에는 잉카 제국이 번영하였다. 특히 잉카 제국은 쿠스코를 중심으로 정복 활동을 전개하고 도로를 정비하여 전국적인 통치 체제를 갖추었다. 콜럼버스가 아메리카에 도착한 이후 아메리카 곳곳에 유럽인들이 몰려들었다. 에스파냐의 코르테스와 피사로는 화포로 무장한 소수의 병력을 이끌고 각각 아스테카와 잉카 제국을 정복하였다.

잉카가 어떻게 불과 200명도 안 되는 에스파냐 군대에 무너졌는가 하는 점이다. 그 대답은 한국에서도 출판되었던 『총, 균, 쇠』를 보면 알 수 있다. 남미에는 불행하게도 소와 말같이 구대륙에는 흔한 동물이 없었다. 기껏해야 길들이기 힘든 야마와 고급 의류의 원료인 비쿠냐, 알파카 등이 전부였다. 오랫동안 가축들과 함께 생활해온 구대륙인들은 이들이 옮기는 병균에 대한 면역력이 생겼다. 구대륙 사람과 접촉하여 죽은 신대륙인의 절대 다수는 병에 걸려 사망한 것으로 밝혀지고 있다. 결국 길들일 짐승이 별로 없었던 것이 아메리카 원주민의 운명을 결정한 것이다.[18]

브라질은 포르투갈의 식민지가 되었고, 브라질을 제외한 남아메리카 지역은 에스파냐의 식민지가 되었다. 금, 은 광산 개발과 플랜테이션 농장의 가혹한 노동, 이주민들이 대륙에서 옮겨 온 천연두 등 전염병의 유행으로 원주민 인구가 급감하였고, 사탕수수 등의 재배에 많은 노동력이 필요하자 노예무역을 통해 아프리카 흑인이 수입되었다.

18. 킴 맥쿼리, 최유나 역, 『잉카 최후의 날』, (옥당, 2008) p.27

3) 영웅 나폴레옹

나폴레옹 보나파르트는 프랑스의 역사에서 가장 유명한 인물 중 하나로, 나폴레옹 법전 편찬, 획기적인 군사전술 개발, 능력에 따른 인재 등용(신분제 타파), 부동산 등기 체제 및 교육제도 확립 등 수 많은 업적을 남겼다.

특히 나폴레옹은 법전 편찬을 통해 자유, 평등, 박애 정신과 법 앞에서 만인의 평등, 농노제의 폐지, 종교 선택의 자유, 양심의 자유, 재산권의 보장 등을 실시하여 대부분의 나라의 모범이 되었다. 그리고 획기적인 군사전술 개발로 이탈리아를 비롯한 유럽 8개 국 점령을 비롯하여 많은 국가를 직간접적으로 통제하였다.

프랑스 식민지인 코르시카섬에서 태어난 시골뜨기 나폴레옹은 코르시카 독립을 꿈꾸며 프랑스 사관학교에 입학, 승승장구하여 프랑스 황제에 오르는 영광을 누렸으나 그의 말년은 세인트헬레나 섬에 유폐되어 1821년 5월 5일 사망했다.(독살설도 있다.)

나폴레옹에 대한 후세 평가는 엇갈리고 있다. 그를 프랑스 혁명 정신의 계승자로서 자유주의적 인물이자 영웅으로 보는 시각이 있는 반면, 그가 치른 전쟁으로 수많은 사람들이 목숨을 잃었다며 독재자로 비난하는 평가도 있어 지금까지 논쟁의 거리가 되고 있다.

철학자 헤겔은 나폴레옹을 두고 '마상馬上의 세계정신'이라 표현하며 영웅으로 치켜세웠고, 나폴레옹을 직접 만난 괴테도 이에 공감했다. 반면 철학자 피히테는 「독일 국민에게 고함」을 통해 "나폴레옹이 가진 이상이 아무리 좋다고 해도 다른 나라의 주권과 자유를 짓밟는 침략자에 불과하다."라며 비판했다.

나폴레옹은 다른 나라를 점령할 때마다 그 지역을 약탈했지만, 한편으로는 프랑스혁명의 정신을 유럽에 수출해 자유주의를 이식했다고 평가받기도 한다. 또한, 그에 대한 반동으로 유럽 각국의 민족주의가 확산되기도 했다.

4) 페스트, 중세유럽 초토화

중세 유럽을 휩쓴 연쇄살인마인 페스트의 시작은 1346년 몽골군이 크림 반도의 카파를 침범해 3년간 대치전을 벌이는 과정에서 몽골군들 사이에 대역병(페스트)이 발생한 것에서 비롯된다. 지칠 대로 지친 몽골군은 퇴각 과정에서 투석기로 페스트에 감염된 시체를 카파성 안으로 날려 보냈고, 공포의 불청객으로 인해 카파에 페스트가 돌기 시작했다.

충격적인 몽골군의 행위는 세계 최초의 '바이오 테러리즘'이라고 불린다. 페스트 환자는 주로 신체 말단부터 썩어들어가다 조직들이 괴사하는 증상으로, '가래톳 페스트', '폐렴성 페스트', '패혈증성 페스트' 등 세 가지로 나누어진다. 사지가 까맣게 변한 시체들이 쌓여가는 것을 목격한 유럽인들의 공포는 하늘을 찔렀다.

과학적 지식이 없던 시절, 쥐벼룩에 의해 감염되고 있는 사실을 모른 유럽인들은 신의 형벌로 여겼으며 최악의 위생 상태와 기근 등으로 인해 페스트는 빠른 속도로 유럽 전역에 퍼지면서 당시 유럽 인구의 3분의 1을 죽음으로 몰아넣었다.

페스트는 많은 사람의 노력에도 쉽게 사라지지 않고 수백 년 동안 잦아들었다가 다시 창궐하기를 반복했다. 17세기가 지나서야 영양상태 개선과 위생관리 등 다양한 원인으로 인해 막을 내렸다.

오랜 기간 이어진 페스트는 중세 유럽에 큰 변화를 일으켰다. 신앙과 봉건 제도가 무너지고 농업의 변화로 노동력 가치를 인식하는 인본주의가 싹트기 시작했으며, 새로운 사고는 정치, 과학, 예술 등 다방면이 함께 부흥한 르네상스 시대를 열게 되었다.[19]

이렇게 페스트는 많은 사람을 죽음으로 몰아갔지만, 어떤 어려움이라도

---

19. tvN 제작팀, 〈벌거벗은 세계사〉 (교보문고, 2022년)

그것을 극복하고 나면 완전히 새로운 세계가 열리고 반전이 일어난다.

지금 우리 시대에도 코로나 팬데믹으로 수많은 사람이 희생되었지만 전세계적인 협력과 의지로 점차 종식되어가고 있다. 중세 유럽이 페스트 이후 화려한 르네상스를 맞이했듯이 우리도 코로나 시대 극복 후 새로운 르네상스 시대를 기대해 본다.

5) 르네상스 꽃 피우다

14·15세기에 봉건 사회의 질서가 흔들리고 교회의 권위가 쇠퇴하면서, 인간의 개성과 합리성 그리고 세속적 욕구를 그리스와 로마의 고전 문화에서 찾으려는 문화운동인 르네상스가 이탈리아에서 일어났다.

십자군 전쟁 이래 번영을 누리던 북부 도시의 부유한 상인과 군주는 자신의 명예를 높이기 위해 문예를 후원하였다. 14~16세기 이탈리아에서 나타난 르네상스 물결은 고전연구에서 출발하여 문학·미술·건축으로 확산되었다. '재탄생'을 뜻하는 르네상스는 중세 그리스도 문화에 압도되어 사실상 휴면 상태에 있던 세속적인 문학과 예술 활동이 대대적인 부흥으로 나타났다.

르네상스는 '신과 내세' 대신 '인간과 현세'에 관심을 기울이는 인문주의에서 출발했다. 종교와 신분의 구속에서 벗어나 자유와 개성을 추구하는 근대적 정신이 점차 두각을 나타냈다. 르네상스는 피렌체, 밀라노, 베네치아 등 이탈리아 도시들에서 먼저 꽃을 피운 후 봉건 사회가 쇠퇴기에 접어든 유럽의 여타 지역들로 전파되었다.

르네상스는 인류 사상·문화·예술에 길이길이 이어질 영향을 끼쳤다. 이는 개인과 개인의 존엄, 인간의 능력과 지위 등에 대한 인식을 새롭게 하였고, 후기 르네상스를 지나 계몽주의까지 연결되며 근대 시민사회의 기반을 세웠다.

그러면 앞으로 다가올 새로운 르네상스를 맞이하기 위해 우리는 어떠한 역할과 자세를 가져야 할까? 우선 우리는 변화에 열린 자세를 가져야 한다. 또한 지식과 학문, 문화예술에 대한 깊은 이해와 통찰력, 폭넓은 시야를 갖추는 것이 중요하다. 이는 개인의 전문성을 넘어서 다방면에서의 활동과 참여를 가능하게 하며, 이를 통해 한 사람으로서도 아니면 한 사회로서도 더욱 발전할 수 있다.

또한, 르네상스는 자유분방한 창조와 창의력을 중시했었다. 우리 역시 환경변화에 유연하게 대처하며 새로운 것을 창조하고 발전시키는 데에 적극적으로 참여해야 한다. 창의성, 혁신성은 단순히 새로운 것을 만드는 것을 넘어서 사회 구조나 문화, 인식 등에도 변화를 가져올 수 있다.

마지막으로, 르네상스는 다양한 분야의 융합을 통한 발전을 보여주었다. 기술과 예술, 과학과 문학 등 다양한 분야가 만나면서 변화를 이끌어간 것처럼 우리도 다양한 분야와 사람들이 만나는 협력의 중요성을 인식하고 그를 통한 혁신에 힘써야 한다. 학문이나 예술, 사상 등에 한정되지 않고 우리의 일상과 사회, 경제, 과학기술 등 폭넓은 분야에서의 르네상스를 이룰 수 있을 것이다.

르네상스의 인문주의나 홍익사상은 인간의 존엄성이나 가치를 중시한다는 데서 공통점이 있다. 르네상스의 발단인 인문주의와 홍익사상의 연결을 무리한 논리 비약으로 보는 시각도 있겠지만, 홍익사상 DNA를 지닌 우리 국민이 곧 다가올 미래의 르네상스를 꽃피울 것으로 확신하고 기도하는 염원을 담은 필자의 고백이다.

5. 시민혁명과 산업혁명

1) 근대 의식의 발전

르네상스 이래 유럽인은 이슬람의 과학기술을 수용하며 점차 자연 과학을 발전시켰다. 망원경, 현미경 등이 발명되었고, 베이컨과 데카르트가 근대적 연구 방법론을 제시하면서 과학 실험과 합리적 추론에 다른 연구가 이루어졌다. 코페르니쿠스는 중세의 우주관이었던 천동설에 의문을 품고 지동설을 주장하였으며, 뉴턴은 '만유인력의 법칙'을 발견하고 모든 자연현상을 필연적인 인과 법칙으로 설명함으로써 기계론적 우주관을 확립하였다. 이처럼 17세기를 전후한 시기에 일어난 과학의 발전과 세계관의 변화를 과학혁명이라고 한다.

계몽사상은 인간의 이성을 바탕으로 낡은 관습과 미신을 타파함으로써 사회가 진보할 수 있다는 사상으로, 사회의 진보를 위해서 교육과 실천을 중요시하였다.

볼테르는 온갖 특권을 누리던 성직자와 귀족을 비판하여 시민의 지지를 받았으며, 신앙과 언론의 자유를 강조하였다. 몽테스키외는 이상적인 정치 체제로 입법·사법·행정의 삼권 분립을 주장하였다. 루소는 홉스, 로크의 사회 계약설을 바탕으로 전체 인민의 결집된 의사, 즉 인민 주권을 바탕으로 한 민주주의를 강조하였다.

2) 영국 혁명

청교도 혁명은 청교도를 중심으로 1642~1660년에 걸쳐 영국에서 일어난 무력 혁명으로, 찰스 1세의 전제정치가 원인이 돼 발발하였다. 이는 왕당파와 의회파 사이에 벌어진 내전으로, 의회파와 연합한 청교도들은 청교도 혁명을 통해 1649년 왕정을 폐지하고 공화정을 수립하였다. 그러나 크롬웰의 독재에 의해 1660년 왕정복고를 맞게 된다.

제임스 2세는 심사법과 인신보호법을 무시하고 다시 가톨릭교도를 우대하였다. 이에 의회는 제임스 2세를 폐위하고 제임스 2세의 딸인 메리와 그녀의 남편 윌리엄을 공동 왕으로 추대하였고, 이를 명예혁명이라 한다. 이듬해 메리와 윌리엄은 의회가 제정한 권리 장전을 승인하였으며, 이로써 입헌 군주제가 정착되었다.

앤 여왕 때에는 에스파냐와의 전쟁에서 승리하고, 스코틀랜드를 병합하여 대영 제국이 성립되었다. 앤의 사후 하노버 가의 조지 1세가 즉위하였는데, 이때부터 '왕은 군림하나 통치하지 않는다.'라는 전통 아래 내각 책임제가 시행되었다.

3) 프랑스 혁명

프랑스 혁명은 사상혁명으로서 시민혁명의 전형이다. 여기서 시민혁명은 부르주아혁명(계급으로서의 시민혁명)만을 의미하지는 않는다. 전 국민이 자유로운 개인으로서 자기를 확립하고 평등한 권리를 보유하기 위하여 일어선 혁명이라는 보다 넓은 의미를 포함하고 있다.

혁명의 이념은 계몽사상가인 몽테스키외, 볼테르, 루소, 디드로 등에 의해 약 반세기에 걸쳐 배양되었다. 그중에서도 특히 루소의 문명에 대한 격렬한 비판과 인민 주권론이 혁명사상의 기초가 되었다. 프랑스왕권은 루이 14세

(재위 1643~1715)가 완성한 절대주의 체제에 의해서 여전히 국왕 친정과 신권이론神權理論을 받들고 국가와 인민 위에 군림을 계속하였다. 신권 왕정 밑에서는 모든 국민이 단순히 국왕의 신하에 불과하다. 그 위에 소수의 귀족·성직자들만이 별도의 특권 신분을 구성하고, 국민의 90%를 차지한 평민층의 근로와 납세에 기생하면서 우아하고 무위한 생활을 보내고 있었다. 모순은 처음부터 누구의 눈에도 명백하였다.

그러한 과정에서 루이 16세(재위 1774~92)의 정부는 미국독립혁명을 지원한 군사비 때문에 재정 궁핍에 빠졌다. 재정총감 칼론은 1787년 2월에 명사회名士會를 소집하고, 특권 신분에게도 과세하는 '임시지조臨時地租'를 제안하였다. 이에 대항하여 귀족·성직자들은 국왕을 뒷받침하던 사법관료의 핵심인 파리 고등법원과 결탁하고 고등법원이 가진 법령심사 권한을 이용해서 왕정 고문부 재정안財政案에 저항하였다.

이렇게 왕권 내부에서 투쟁하는 사이에 재정총감 칼론과 그 후임자 브리엔이 실각하고, 1788년 8월에 네케르가 재차 재정총감으로 기용되었다. 네케르는 고등법원의 요구를 받아들여, 1614년 이래 열리지 않았던 전국 삼부회를 다음 해에 소집할 것을 국민에게 약속하였다.

4) 산업혁명

1760년대에 영국에서 시작되어 각지로 파급된 기계의 발명과 기술의 변화, 그리고 이로 인하여 일어난 사회·경제상의 변화를 가리킨다. 산업혁명은 프랑스 혁명과 더불어 유럽의 근대 사회 성립에 가장 결정적인 영향을 끼친 사건이었다.

영국은 산업 발달에 필요한 광대한 시장을 가지고 풍부한 자본·자원·노동력을 구비함에 따라 가장 일찍 산업혁명을 이룰 수 있었으며, 또 명예혁명

이후의 정치와 사회 안정에 크게 기여하였다. 면제품 수요의 증대를 배경으로 기술혁신이 일어났으며, 동력으로서 채용된 증기 기관이 기계 공업·제철업·석탄업·수송 분야로 확대, 이용되었다.

19세기 전반에 이르러 영국은 '세계의 공장'으로서 압도적인 공업력으로 다른 여러 나라에 압력을 가하였다. 유럽은 이를 계기로 농업 중심의 사회에서 벗어나 산업 사회로 발전하였으며, 공장의 출현과 새로운 도시의 발생은 농촌 인구의 대량 유입을 초래하였다. 이러한 상황에서 노동자들의 열악한 노동 조건이나 부녀자와 미성년자 취업과 같은 사회 문제가 야기되었다.

영국에서 일어난 산업혁명은 유럽 여러 나라, 미국·러시아 등으로 확대되었으며, 20세기 후반에 이르러서는 동남아시아와 아프리카 및 라틴아메리카로 확산되었다. 이런 의미에서 산업혁명을 광의로 해석하여 농업 중심 사회에서 공업사회로의 이행이라고 보는 한 산업혁명은 인류 역사에서 아직도 끝나지 않았다고 할 수 있다.

이 광의의 산업혁명은 흔히 공업화라고 부르는 것으로서, 이를 간단히 정의하기는 곤란하지만 물질적 재화의 생산에 무생물적 자원을 광범하게 이용하는 조직적 경제 과정이라고 할 수 있다. 따라서 공업화의 기원을 18세기 산업혁명에서 구하지만, 산업혁명은 A.토인비가 말한 바와 같이 격변적이고 격렬한 현상이 아니라 그 이전부터 시작하여 온 점진적이고 연속적인 기술혁신의 과정이라고 보는 것이 지배적이다.

5) 종교 개혁

중세 말 유럽은 흉작과 기근으로 굶어 죽는 자가 속출했고, 페스트(흑사병)는 인구의 3분의 1을 앗아갔다. 죽음의 극한상황 속에서 대중의 종교 집착과 구원에 대한 열망이 높아졌지만, 종교는 제구실을 하지 못하고 타락하였으며 무능하였다. 가톨릭교회가 대중의 신뢰를 잃게 되자 대안을 모색하는 움직임이 나타났다. 기성교회에 대한 개혁 의지를 천명함으로써 종교 혁명의 시대를 연 것은 독일의 신학교수 루터였다. 1517년 면죄부 판매를 비판하는 루터의 '95개 조 반박문'에서 촉발된 종교 혁명은 칼뱅에 이르러 한층 심화되는 양상을 띠었다. 한편 영국에서는 헨리 8세의 이혼 문제가 계기가 되어 영국교회가 탄생하였다.

> 영국교회를 세운 헨리 8세는 수도원을 해산하고 수도원 재산을 몰수해 신하들에게 분배해 주었다. 이때 교회와 수도원은 잉글랜드 전 국토의 3분의 1을 차지하고 있었는데, 이 넓은 땅이 모두 헨리 8세의 차지가 되었다. 이처럼 영국교회는 잉글랜드 왕과 교황의 패권 싸움, 그리고 교회가 소유한 방대한 토지로 인해 시작되었다. 이 때문에 영국 국교회는 교리나 의식 등에서 카톨릭과 가장 닮은 신교이다.[20]

종교개혁은 기독교 사상과 역사에 깊은 영향을 끼친 중요한 사건이다. 이 개혁으로 인해 기존에 유일한 교회였던 로마 가톨릭교회에서 많은 교단이 분리되었고, 그 결과 오늘날의 다양한 프로테스탄트 교회가 생겨났다. 따라서 중세 종교 개혁은 교회와 신앙의 다양성을 가능하게 한 주요한 사건으로 볼 수 있다.

중세 종교개혁의 가장 큰 의미는 교회의 개혁을 통한 종교적, 사회적, 정치적 변화를 가져왔다는 점이다. 이하는 프로테스탄트 이념이 분배되는 계기가 되어 독일, 스위스, 네덜란드, 영국 등지에서 광범위하게 영향력을 미쳤다. 또한, 종교개혁 이후에는 신자들이 개인적으로 성서를 해석하고 이해

---

20. 이만적 지음, 『한권 서양사』, (중앙일보 예스, 2021) p.223

하는 것이 강조되었다. 이는 성서의 권위를 중심으로 개개인의 믿음을 강조함으로써 신앙의 개인적, 내밀한 측면을 부각했다.

또한, 이러한 개혁으로 인해 교회가 사회와 정치에 미치는 영향력에 대한 논의도 이루어졌다. 세속 국가와 교회의 분리, 종교와 과학의 관계, 종교 문제를 둘러싼 개인의 자율성 등 오늘날에도 여전히 중요한 이슈들이 종교 개혁을 통해 제기되고 논의되었다.[21]

중세의 종교개혁으로부터 얻을 수 있는 교훈은 신앙의 개인성과 진실을 추구하는 용기이다. 종교 개혁의 시발점은 마르틴 루터가 교회의 오류와 부패에 대해 대적하고, 진실의 길을 밝혀낸 것에서 시작되었다. 이것은 개인이 진실을 위해 제도와 권력에 맞서는 용기가 필요로 함을 보여준다.

또한, 개혁 직후의 신앙 추구는 개인의 거리낌 없는 믿음과 성서의 깊은 이해가 필요했다. 이는 우리가 오늘날에도 진리와 가치를 추구함에 있어 교리적, 제도적인 제한보다는 개인의 양심과 진실에 더욱 초점을 맞추어야 함을 말해 준다.

6) 공산주의의 탄생과 몰락

1800년대 유럽에서는 자본주의와 이로 인한 빈부의 격차에 대항해서 공산주의가 생겨났다. 산업혁명의 열매를 노동자가 아닌 자본가들이 독점하는 세태에 반발한 것이다. 공산주의자와 기득권 세력 간의 분쟁은 20세기에 들어오면서 더욱 격화되어 여러 국가에서 혁명이 발생했다. 러시아와 중국에서는 이로 인해 공산정권이 들어섰다.

공산주의의 발단은 19세기 독일 철학자 칼 마르크스의 사상에 기반을 두

---

21. 유승준, 『하룻밤에 읽는 유럽사』, (랜덤하우스중앙, 2004년)

고 있다. 그의 목표는 모든 사람이 노동의 혜택을 공유하고 계급 없는 사회를 만드는 것이었다. 공산주의는 마르크스의 이론이 전 세계에 널리 확산, 20세기에 이르기까지 적극적 지지자들에 의하여 수많은 혁명을 이끄는 데 중요한 역할을 했다. 그러나 공산주의의 현실은 이상에 훨씬 못 미쳤다.

20세기 대부분 동안 세계의 약 3분의 1이 공산주의 국가에 살았지만, 소련에서 처음 실현된 지 70년이 채 지나지 않아 공산주의는 도미노처럼 붕괴하기 시작했으며, 결국 마르크스의 유토피아는 실현되지 않았다.

공산주의 실패의 원인 중 하나는 이론과 현실 사이의 괴리이다. 공산주의는 모든 사람이 노동의 혜택을 공유하고 계급 없는 사회를 꿈꾸었으나 지도자들이 생산을 통제하고 부를 분배하는 전권을 쥐면서 독재정권으로 변질되었다.

또한, 공산주의는 경제적 효율성과 개인의 창의성을 억제함으로써 생산성 저하와 혁신 부족으로 이어졌으며, 경제적인 보상이 노력(성과)과 연결되지 않았기 때문에 사람들이 열심히 일하는 동기를 잃었다. 특히 개인의 자유와 권리를 침해하였으며, 국가가 국민의 성격·취향·능력 등을 무시하고 일률적으로 관리하려는 경향이 생기면서 불평등을 늘리고 사회 갈등을 가중시켰다.

결국, 공산주의는 실패한 이념이라는 판정을 받았다.

공산주의는 이념을 확산시키기 위해 민주주의와의 이데올로기 전쟁으로 인류사에 엄청난 피해와 고통을 안겨 주었다. 미국과 소련의 대립은 전쟁의 불길을 키웠다. 베트남·한국·아프가니스탄 전쟁 등은 이념의 이름 아래에 사람들을 죽음에 이르게 했으며, 평화로운 삶을 무너뜨리는 불행을 가져다 주었다.

우리나라도 공산주의 소련의 꼭두각시인 북한의 적화야욕으로 민족상잔의 비극을 맛보았다. 북한은 보통 공산주의 국가에서는 찾아볼 수 없는 3대 세습의 특이한 독재체제를 유지하고 있다. 김일성 – 김정일 – 김정은으로 이어진 3대 세습기간 동안 북한 주민이 1천만여 명이나 굶어 죽는 실정을 거듭해 오면서도 주민의 고통보다는 세습체제 유지를 위해 발악하고 있다. 아직도 남한 적화통일 야욕을 버리지 못하고 군비확장에 열을 올리고 있으며, 자금 조달을 위해 금융 사이버 해킹을 국가가 주도하는 등 인류 최대의 사악한 범죄 집단으로 타락하였다.

　최근 보도에 따르면 민노총 등 우리 사회 곳곳에 친북 간첩 활동이 이루어지고 있고 이들이 검거되어 재판이 진행 중이다. 우리 국민이 편안함에 젖어 있는 동안 북한은 북·중·러 협력 강화 등 우리의 평화와 자유민주 체제를 넘보기 위한 책략을 멈추지 않고 있다.[22] 안보 위협이 바로 우리 코앞에서 커지고 있다.

22. 레이 달이오, 송이루·조용빈 역, 『변화하는 세계질서』, (한빛비즈, 2022)

제11장

아메리카와 오세아니아 역사

1. 미국의 탄생

1) 미국의 식민지 시대

미국이 유럽인의 식민지에서 시작하여 독립할 때까지의 역사이며, 특히 1776년 독립을 선언한 13개 식민지의 역사이다.

1492년 8월 3일, 이사벨 1세의 지원을 받아 인도로 가는 항로를 찾기 위해 항해를 떠났던 크리스토퍼 콜럼버스는 같은 해 10월 12일 현재의 북아메리카를 발견하게 된다.

그 후 백 년이 지난 16세기 후반, 영국, 프랑스, 네덜란드 등의 다른 유럽 국가들은 각각 이 땅을 식민지화하기 위한 시도를 본격적으로 시작한다. 그중 영국인들의 첫 번째 식민지화 시도는 유명한 잃어버린 식민지Lost Colony of Roanoke로, 지금의 로어노크 지방에 정착하고자 했으나 실패로 끝나고 만다.

그래도 끈질기게 시도하여 1607년 영국은 지금의 미국 땅을 식민지화하는 데 결국 성공한다. 이 최초의 정착민들은 유럽 각국에서 온 다양한 사람들로 대부분 사회적·종교적 자유를 바라며 미국에 뿌리를 내린 자들이다.

결론적으로, 영국은 제임스타운 식민지에, 네덜란드는 뉴 네덜란드(지금의 뉴욕 시)에, 영국의 퀘이커 교도들은 펜실베이니아에, 청교도들은 뉴잉글랜드 지방에, 그리고 미국으로 오는 대신 자유를 얻은 영국의 범죄자들은 조지아에 각각 정착하게 된다.

이들은 각각 그룹의 특색을 띠는 방법으로 경제적, 정치적, 종교적 구조를 형성하게 되며, 이것이 각각 현대 미국 주들의 시초이다.

한편, 프랑스는 지금의 캐나다, 퀘벡 지방에 식민지화를 시도하고 스페인은 현재의 플로리다반도 지방에 정착을 시도하게 된다.

2) 독립혁명과 미합중국 탄생

미국 혁명이란 18세기 후반 영국령 북아메리카 13개 식민지가 본국의 지배에서 분리, 독립한 정치적 변혁을 말한다. 본국의 중상주의적 경제 통제에 불만을 품은 식민지가 7년 전쟁 뒤 인지 조례 등에 의한 과세 정책에 반발, 보스턴 차 사건을 일으켜 저항하였고, 대륙 회의를 열어 결속을 굳혔다.

1775년 보스턴 근교에서 쌍방 간에 무력 충돌이 일어났고, 1776년 7월에는 독립 선언이 발표되었으나 당초에는 식민지 측의 준비 부족으로 고전하였다. 그 뒤 프랑스 군의 지원이 계기가 되어 형세가 유리하게 전개되었으며, 1781년 요크타운 전투에서 식민지 측이 대세를 잡았다. 1783년 파리 조약에서 독립이 승인되었고, 1787년에 합중국 헌법을 제정하였다.

보스턴 차 사건은 1773년 12월 16일 밤 미국 식민지 주민들이 영국 본국으로부터 차 수입을 저지하기 위해 일으켰던 사건이다. 식민지 자치에 대한 지나친 간섭에 격분한 보스턴 시민, 특히 반(反)영국 급진파가 중심이 되어 인디언으로 분장하고 항구 안에 정박 중인 동인도회사의 선박 2척을 습격하여 342개의 차 상자를 깨뜨리고 그 안의 차를 모조리 바다로 던졌다.

영국 정부는 이 사건으로 식민지 탄압을 더욱 강화하였으며, 보스턴항 법안을 제출하고 군대를 주둔시켜 손해배상을 요구하였다. 그러나 보스턴 시민들은 이를 거절하고 더욱 단결하여 대항하였으며 매사추세츠 의회 하원도 이에 동조하여 '혁명정부'의 모체를 구축하였다. 이 사건은 1775년 무력 충돌의 도화선이 되었고 결국 미국 독립혁명의 직접적인 발단이 되었다.

3) 1·2차 세계대전에 참전, 패권 대국 부상

• **1차 세계대전 참전 배경**: 미국은 1914년에 제1차 세계대전이 발발하였을 때 중립을 선언하였다. 미국은 유럽의 전쟁에 개입하지 않고, 양쪽에 무역을 하면서 경제적 이익을 취하려고 하였다. 그러나 독일이 무제한 잠수함 작전을 펼치면서 미국의 상선과 여객선을 공격하였고, 특히 1915년에 영국의 여객선 루시타니아호가 독일의 잠수함에 의해 침몰되면서 미국인 128명이 사망하였다.

이 사건은 미국의 여론을 반독으로 돌리는 계기가 되었다. 또한 1917년에 영국이 가로챈 전보 내용에 '독일 외무장관 짐머만이 멕시코와 일본에게 미국과 전쟁을 일으키도록 권유'했던 것으로 밝혀지자 미국의 안보를 위협하는 것으로 간주되었다. 이러한 사건들로 인해, 미국 대통령 윌슨은 중립을 포기하고 1917년 4월 6일에 독일에 대한 전쟁을 선포하였으며, 연합국 측에 합류하여 육·해·공군을 파견하였다.

• **1차 세계대전 참전 결과**: 미국의 참전은 전쟁의 균형을 깨뜨렸다. 미국은 연합국 쪽에 인력과 자재를 보급하면서 전선에서 독일을 압박하였다. 또한, 윌슨은 14개 조항의 평화안을 제시하여 전쟁 종결과 평화 구축에 기여하였다. 1918년 11월 11일 독일은 정전 조약을 체결하면서 제1차 세계대전이 종료되었다. 이후 파리 평화회의에서 베르사유 조약이 체결되었는데 윌슨의 평화안은 대부분 거절되었지만, 독일에게 엄중한 책임과 배상을 요구하게 되었다.

미국은 제1차 세계대전에서 승리하였으나 큰 이익을 얻지 못했다. 영토적인 확장도 없었고, 경제적인 부담도 컸다. 또한, 윌슨의 평화안이 실패하고, 국제 연맹에 가입하지 못하면서, 국제 정세에 큰 영향력을 행사하지 못하였다. 따라서 미국은 다시 고립주의로 돌아가기 시작하였다.

• **2차 세계대전 참전 배경**: 미국은 1939년에 제2차 세계대전이 발발하였

을 때 중립을 선언하였다. 미국은 제1차 세계대전의 경험으로 인해, 유럽의 전쟁에 개입하지 않으려고 하였다. 또한, 대공황의 여파로 인해, 국내 문제에 집중하였다. 그러나 독일과 일본의 침략적인 행동에 대해 점차 비판적인 태도를 보이면서 연합국 측에 무기와 자재의 대여·판매를 허용하는 대여·임대법을 통과시켰다. 또한, 일본의 중국 침략과 동남아시아 진출에 반대하여, 일본에 대한 제재와 보이콧을 실시하였다.

1941년 12월 7일 일본이 미국의 하와이 진주만에 있는 태평양함대를 기습 공격하였는데 이 공격으로 인해 미국은 큰 피해를 입었으며, 국민들의 분노가 폭발하였다. 미국 대통령 루스벨트는 12월 8일 일본에 대한 전쟁 선포를 하였다. 이후 독일과 이탈리아가 미국에 대한 전쟁 선포를 하면서, 미국은 유럽과 태평양 전선에서 연합국을 지원하며 전쟁에 본격적으로 참여하게 되었다.

• **미국의 2차 세계대전 참전 결과**: 미국의 참전은 전쟁의 균형을 바꾸었다. 미국은 연합국 쪽에 인력과 자재를 보급하면서, 전선에서 독일과 일본을 압박하였다. 또한, 원자폭탄을 개발하여 일본에 투하하면서, 전쟁의 종결을 가속화하였다.

1945년 5월 8일 독일이 무조건 항복하면서 유럽 전선이 종료되었으며, 이후 포츠담 회담에서 유럽의 재편이 결정되었다. 1945년 8월 15일 일본이 무조건 항복하면서 태평양 전선이 종료되었으며, 이후 샌프란시스코 평화 조약에서 아시아의 재편이 결정되었다.

미국은 제2차 세계대전에서 승리하였고, 큰 이익을 얻었다. 영토적인 확장은 없었으나, 경제적으로 부유해지고 산업화와 과학기술이 발달하였다. 또한, 유엔을 설립하여 국제 평화와 협력에 기여하였고, 소련과 함께 슈퍼파워로 부상하였다.

한편, 미국의 경제적 도약은 19세기와 20세기에 걸쳐 이루어진 경제적,

산업적, 과학적 발전에 기인한다. 19세기에는 서부 개척과 금 러시, 철도 건설, 산업화 등으로 인해 미국은 급속한 성장을 이루었다.

또한, 멕시코·스페인과의 전쟁을 통해 영토를 확장하고, 중남미와 카리브해 지역에 대한 영향력을 강화하였다. 20세기에는 제1차 세계대전과 제2차 세계대전에서 승리하면서 유럽과 아시아에 대한 경제적, 정치적 선도적 역할을 수행하였고, 원자력·우주 개발·컴퓨터·인터넷 등 과학기술 발전으로 현대 산업화와 혁신의 선두주자가 되었다.

미국의 군사적 도약은 19세기 말부터 20세기에 걸쳐 이루어진 군사적, 외교적 성공에 기인한다. 1898년에 발생한 미국-스페인 전쟁은 미국이 세계 강국으로 부상하기 위한 전환점이 되었다. 미국은 이 전쟁에서 승리하면서 스페인으로부터 필리핀, 쿠바, 푸에르토리코 등을 획득하였다. 1917년에는 제1차 세계대전에 참전하여 연합국 측에 합류하고, 윌슨 대통령은 평화안을 제시하여 전쟁 종결과 평화 구축에 기여하였다.

1941년에는 일본의 진주만 공격을 계기로 제2차 세계대전에 참전하여 연합국 측을 지원하고, 최초로 원자폭탄을 개발하여 일본에 투하하면서 전쟁의 종결을 가속화하였다. 냉전 시대에는 소련과의 대결에서 우위를 점하면서 자유주의와 민주주의를 세계에 전파하였다. 미국의 문화적 도약은 20세기부터 현재까지 이루어진 문화적, 예술적 창조와 확산에 기인한다.

미국은 다양한 인종과 문화가 융합된 다문화 국가로서 영화, 음악, 문학 등 다양한 예술분야에서 창작성과 개성을 발휘하였다. 특히 할리우드는 세계 영화산업의 중심지로서 영향력을 행사하였으며, 재즈, 록, 팝 등 다양한 음악 장르를 탄생시키고 세계에 보급하였다. 또한 미국은 매스커뮤니케이션의 발달과 함께 텔레비전, 인터넷, 소셜 미디어 등을 통해 자신의 문화와 가치를 세계에 전파하였다.

2. 남아메리카 고대문명

남아메리카의 고대문명은 주로 안데스산맥과 아마존 유역에서 발달하였다. 가장 유명한 고대문명은 잉카문명으로, 15세기에 아메리카대륙에서 가장 넓은 영토를 지배하였다.

잉카문명은 페루의 쿠스코를 수도로 하여 볼리비아, 에콰도르, 칠레, 아르헨티나 등에 걸쳐 확장하였다. 잉카문명은 길이 4만 km에 달하는 도로망과 효율적인 행정 체제, 복잡한 수리 공학, 정교한 직물과 금속공예 등을 통해 높은 문화 수준을 보였다.

잉카문명은 1532년에 스페인의 정복자 프란시스코 피사로에 의해 멸망하였다. 잉카제국이 쉽게 무너진 데에는 또 하나의 배경이 있다. 남미의 대제국 잉카에 무릎 꿇고 조공을 바쳐야 했던 많은 부족들이 이들의 폭정에 반발하여 스페인 군대가 오자 반反잉카의 선봉에 섰고, 이것은 잉카의 몰락을 앞당겼다.[23]

잉카문명 이전에도 남아메리카에는 다양한 고대 문명이 존재하였다. 예를 들어, 기원전 3000년경부터 기원후 1000년경까지 페루의 북부 해안에서 발달한 까랄 문명은 세계 최초의 도시국가 중 하나로 간주되며, 세계 최대의 건축물 중 하나인 산 로렌소 피라미드를 건설하였다. 까랄 문명은 농업과 무

---

23. 킴 매퀴리 저, 최유나 옮김, 『잉카 최후의 날』, (옥당, 2009년)

역을 통해 번영하였으며, 납땜과 금속 주조 등의 기술을 발전시켰다.

기원전 1200년경부터 기원후 200년경까지 페루의 남부 해안에서 발달한 나스카 문명은 거대한 지상화(나스카 선)로 유명하다. 나스카 선은 동물이나 식물, 기하학적 도형 등을 나타내는 수백 개의 선으로 이루어져 있으며, 항공기에서만 볼 수 있다. 나스카 선의 목적과 의미는 아직 밝혀지지 않았으나, 천문학적 관찰이나 종교적 의식과 관련이 있다고 추측되고 있다.

남아메리카의 고대문명 중 콜롬비아의 산 아구스틴 고고 공원에 있는 산 아구스틴 문화는 기원전 3300년경부터 기원후 1550년경까지 지속되었는데 석상 조각과 무덤 건축으로 유명하다. 석상 조각은 인간이나 동물, 신화적 존재 등을 형상화하였으며, 무덤 건축은 원형이나 사각형의 구조물로 이루어져 있다. 산 아구스틴 문화의 사회 구조와 종교는 잘 알려지지 않았으나, 다양한 부족들이 협력하거나 경쟁하면서 살았다고 추정된다.

남아메리카의 고대문명은 높은 문화 수준과 복잡한 사회 구조를 이루고 있었으며, 과학, 예술, 건축, 글쓰기, 달력 등 다양한 분야에서 창조적이고 혁신적인 성과를 남겼다. 또한, 자신들의 신화와 전설을 통해 자연과 인간의 관계에 대한 독특한 시각을 가지고 있었다.

남미 고대문명은 현대에도 많은 영향력을 행사하고 있는데, 예를 들어 마야 문명의 달력은 2012년에 세계의 종말을 예언한다는 주장이 제기되어 많은 관심을 불러일으켰다.[24] 이 주장은 학문적 근거가 없는 것으로 밝혀졌지만, 마야 문명의 복잡하고 정교한 시간 체계와 우주관에 대해 새롭게 알아보게 하였다.

또한 잉카 문명의 건축물들은 현대 건축가들에게도 영감을 주고 있다. 지진이 잦은 지역에서도 안정적인 건물들을 만들어내었으며, 돌을 정밀하게

---

24. 중남미 고대 문명과 자연 환경: 기초학문자료센터 – KRM. https://www.krm.or.kr/

잘라서 이음새 없이 맞추는 기술을 보유했었다. 이러한 기술은 현대 공학과 비교해도 뒤지지 않는 것으로 평가받고 있다.

남미 고대 문명은 또한 다른 문화와 전통을 존중하고 배우는 태도를 갖게 해주기도 한다. 남미 고대문명은 다양한 인종과 문화가 융합된 다문화 국가로서, 서로 다른 신앙과 언어를 가진 사람들이 공존하고 협력하였다.

이러한 역사적 배경은 현재 남미에서도 다양성을 인정하고 존중하는 문화적 특성으로 이어져 있다. 남미 고대문명의 역사와 문화를 배우는 것은 우리에게도 시간과 공간 속에서 달라지는 인간의 삶에 대한 이해를 기초로 다른 문화와 전통을 존중하는 태도를 기르는 데 도움이 될 수 있다.

3. 유럽의 남미 침탈로 인한 인류사적 폐해

　남미 대륙은 15세기 말부터 유럽의 여러 국가에 의해 탐험, 정복, 식민화되었다. 가장 먼저 남미에 도착한 유럽인은 1498년 베네수엘라 해안을 발견한 크리스토퍼 콜럼버스였다. 그 후 16세기에는 스페인과 포르투갈이 남미 대부분을 점령하였다.

　스페인은 아스텍제국과 잉카제국을 정복하고, 포르투갈은 브라질을 차지하였다. 스페인과 포르투갈은 남미에서 금과 은, 설탕과 염료 등의 귀중한 자원을 채굴하고 수출하였으며, 원주민과 아프리카에서 수입한 노예들을 노동력으로 이용하였다. 스페인과 포르투갈의 영향으로 남미의 공용어는 스페인어와 포르투갈어가 되었고, 가톨릭교가 주요 종교가 되었다.

　17세기부터 18세기에는 다른 유럽 국가들도 남미에 관심을 보이기 시작하였다. 네덜란드, 영국, 프랑스는 스페인과 포르투갈의 영토를 침략하거나 무역을 통해 이익을 추구하였다.

　네덜란드는 1630년부터 1654년까지 브라질의 일부를 점령한 후 기아나와 수리남, 네덜란드령 안틸레스 제도를 소유하였다.

　영국은 1627년에 바베이도스를 식민화한 후에도 자메이카, 베리즈, 바하마 등을 거쳐 1833년에 말라비나 제도를 점령하였다.

　프랑스는 1604년부터 아카디아, 하이티, 기아나, 마르티니크 등을 식민화하고 1853년 프랑스령 기아나를 확보하였다.

19세기에는 남미의 대부분 국가들이 스페인과 포르투갈로부터 독립 전쟁을 벌여 자주적인 국가로 거듭났다. 독립 전쟁의 주역은 시몬 볼리바르와 호세 데 산마르틴 등의 해방자들이었다. 볼리바르는 베네수엘라, 콜롬비아, 에콰도르, 페루, 볼리비아 등을 독립시켰으며, 산마르틴은 아르헨티나, 칠레, 페루 등을 독립시켰다.

브라질은 1822년에 포르투갈 왕자 페드루 1세가 독립을 선언하면서 제국으로 거듭났다. 이후에도 남미의 국가들은 유럽의 간섭과 내전, 국경 분쟁 등에 시달리면서 현대적인 국가로 발전해 나갔다.

유럽의 남미 침략은 인류사에 큰 상처를 남겼다. 유럽의 국가들은 15세기 말부터 남미의 풍부한 자원과 문화를 탐욕스럽게 약탈하고, 원주민과 노예들을 착취하고 학살했다. 유럽의 침략으로 인해 남미의 고대 문명들은 멸망하거나 쇠퇴했으며, 원주민의 인구는 90% 이상 감소했다.

유럽의 침략은 또한 남미의 생태계와 환경에도 심각한 피해를 주었다. 유럽인들은 남미에 없던 동물과 식물을 도입하고, 산림을 벌채하고, 광산을 개발하면서 남미의 자연을 파괴했다. 유럽의 침략은 남미의 역사와 문화, 자연과 환경에 대한 존중과 보호를 잃어버리게 한 비극적인 사건이었다.

오늘날 우리는 유럽의 남미 침략으로 인한 인류사적 폐해와 반성을 통해 다음과 같은 교훈을 얻을 수 있다.

• 다른 문화와 전통을 존중하고 배우는 태도를 가져야 한다.

남미 고대문명은 높은 문화 수준과 복잡한 사회 구조를 가지고 있었으며, 과학, 예술, 건축, 글쓰기, 달력 등 다양한 분야에서 창조적이고 혁신적인 성과를 남겼다. 또한, 자신들의 신화와 전설을 통해 자연과 인간의 관계에 대한 독특한 시각을 가지고 있었다.

유럽인들은 이러한 문화적 가치와 지혜를 인정하지 못하고 파괴히였다.

우리는 이러한 오만함과 폭력에서 벗어나야 하며, 다른 문화와 전통에 대해 배우고 이해하는 노력을 해야 한다.

　• 인권과 평등을 존중하고 실천해야 한다. 유럽인들은 원주민과 노예들을 인간으로 보지 않고, 무자비하게 착취하고 학살했다. 이로 인해 수백만 명의 생명이 희생되었으며, 인류 역사상 가장 큰 인구 감소 현상이 발생했다.

　이러한 비인도적인 행위를 절대 용납할 수 없으며, 모든 사람이 삶의 존엄성과 기본적인 권리를 가지고 있다는 것을 인식하고 존중해야 한다.

　• 자연과 환경을 보호하고 관리해야 한다. 유럽인들은 남미의 자연을 파괴하고 오염시켜서 생태계의 균형을 깨뜨렸다. 이 때문에 많은 동식물이 멸종되거나 위협받았으며, 기후변화와 환경문제가 악화되었다. 우리는 이러한 자연의 소중함과 취약함을 인식하고, 지속 가능 방식으로 자연과 환경을 보호하고 관리해야 한다.

　유럽의 남미 침략은 역사발전의 과정이라는 긍정적 측면도 많지만, 인류사에 끔찍한 상처를 남겼으며 우리는 이러한 역사적 사실을 잊지 말고 그로부터 배운 교훈을 실천해야 한다.

　다른 문화와 전통을 존중하고 배우며, 인권과 평등을 존중하고 실천하며, 자연과 환경을 보호하고 관리해야 한다. 이렇게 하면 우리는 더 나은 세상을 만들 수 있을 것이다.

잉카문명 후손이 부르는 K팝 리듬의 Q팝

고대 잉카문명 후손들(descendants of the Inca civilization)까지 한류에 매료됐다(be fascinated by the Korean Wave). 10~20대들이 조상들이 썼던 원주민 언어(aboriginal language) 케추아(Quechua)어로 K팝 리듬을 따라 부르며 몸을 흔든다.

잉카문명은 13세기 무렵부터 남미 페루의 쿠스코 분지를 중심으로 안데스 산맥을 따라 번영하다가(flourish along the Andes) 16세기 스페인 정복자들에게 멸망당한(be destroyed by the Spanish conquistadors) 인디언 문명이다.

'잉카'는 '태양의 아들'이라는 뜻으로, 북쪽으로는 에콰도르에서 남쪽으로는 칠레 중부에 이르는 대제국을 이뤘다. 세계적 관광지(world-famous tourist destination)가 된 4000m 고원 마추픽추가 대표적 유적지(representative historic site) 중 하나다.

그 후손인 페루의 23세 청년 레닌 타마요가 가사는 잉카문명의 언어 케추아어, 리듬은 K팝을 따라 하는 노래로 선풍적 인기를 끌고 있다(gain sensational popularity). 로이터 통신은 그 소식을 전하며 '페루의 케추아어 K팝 혁명(Peru's Korean-pop revolution in Quechua)'이라는 제목을 달았다.

화제의 페루 가수(Peruvian singer of the hour) 타마요의 이름 '레닌'은 러시아 혁명을 이끈 레닌에서 따왔는데, 타마요가 정작 이끌고 있는 건 'K팝 혁명'이다. 밖에선 공용어인 스페인어, 집에선 케추아어를 사용하며 성장한 그는 잉카의 민속에 한국의 리듬을 융합시켜(fuse Korean beats with Incan folklore) 일약 유명해졌지만(spring into fame), 인기에는 연연하지(dwell on popularity) 않는다고 한다. 조상의 업적에 관심을 갖게 하고(bring attention to the ancestral achievements) 음악을 통해 차별에 맞서려고 노력하는(strive to tackle discrimination through music) 모습을 보여주는 데 보람을 느낀다고 말한다.

타마요는 학교에서 처음 친구들과 어울려 K팝 노래를 듣게 됐다. 여학생들과 함께 K드라마도 보면서 마음이 통하는 친구들을 사귀는(make likeminded friends) 계기가 됐다. 원주민 외모(indigenous appearance)를 가진 그에게 놀림과 괴롭힘에 맞설 수 있는 자신감과 용기(confidence and courage to stand up to teasing and bullying)를 불어넣어 줬다. 그는 잉카문명 때부터 전승돼온(be handed down) 전통 악기 반주에 맞춰(to the accompaniment of the traditional musical instruments) K팝 리듬 케추아어 노래를 부르고, K팝 아이돌처럼 춤을 춘다.

하지만 한류를 그대로(as it is) 모방만 하는 건 아니다. K팝 리듬을 빌려 남미의 후손들에게 잉카 정신을 되살리자는 메시지를 들려주려는 것이다. 그래서 그의 노래는 K팝 아류가 아니라, Quechua의 Q를 딴 'Q팝'으로 불리고 있다.

4. 오세아니아 역사

오세아니아는 지구 남반구에 위치한 세계에서 가장 작지만 아름다운 자연을 가진 대륙으로, 광대한 지역에 흩어져 있는 수천 개의 섬으로 이루어져 있으며, 미크로네시아, 멜라네시아, 폴리네시아 등 크게 세 부분으로 나눌 수 있다.

오세아니아를 최초로 발견한 사람에 대한 정확한 기록은 없으나, 고대의 이주민들이 아시아에서 오세아니아로 이동한 것으로 알려져 있다. 이들은 약 3만 8,000년 전인 제4 빙하기 중반, 지금의 동남아시아 대륙에서 건너간 것으로 추정되는데 그 무렵만 해도 해면이 지금보다 200여 미터가 낮았기 때문에 이들이 이동할 수 있었다고 한다. 이들의 이주 루트가 뉴기니 지역을 통과해서 오스트레일리아 대륙으로 정착한 것으로 보인다. 이 시기에 호주와 뉴기니로 이동한 사람들이 이 지역의 원주민인 아보리지니와 파푸아 뉴기니 사람들의 조상이 되었다. 약 3,500년 전 아스트로네시아인들이 동남아시아에서 태평양 섬들로 이동하면서 폴리네시아, 미크로네시아, 멜라네시아 문화가 형성되었다

중세 시대에는 유럽인들이 오세아니아를 발견하고 탐험하였다. 16세기와 17세기에는 네덜란드인과 스페인인이 이 지역을 탐험하였으며, 18세기에는 영국과 프랑스가 이어서 탐험하였다. 그리고 이 지역의 풍부한 자원의 지배권을 두고 스페인, 영국, 프랑스, 독일, 그리고 미국 등의 세력들이 경쟁하게

된다.

　근대 시대에는 유럽제국들이 오세아니아 지역을 식민지로 만들었다. 19세기 후반까지 이 지역은 대부분 유럽식 교육 체제, 행정 체제 및 군사 체제를 유럽인이 지배하였다. 그러나 20세기 초 제2차 세계대전 이후에 오세아니아 국가들은 점차 독립을 시작하였다.

　한편, 오스트레일리아는 공식적으로 1901년 1월 1일 영국에서 독립했다. 호주는 영국이 지배하던 6개 식민지를 연방으로 하는 나라로, 입헌군주제를 채택하고 있다. 오스트레일리아는 동쪽의 태평양과 서쪽의 인도양을 비롯해 사면이 바다로 둘러싸인 해양국가로 지구상에서 가장 오래된 지형에 속하는 나라이며, 표고가 낮은 지형적 특색으로 인해 지구상에서 가장 평평한 대륙이기도 하다.[25]

　또한, 뉴질랜드는 1840년 영국 대표와 마오리 족장이 섬에 대한 영국의 주권을 선언한 와이탕이 조약에 서명한 후, 1841년에 영국 식민지가 되었다. 뉴질랜드는 북섬과 남섬의 두 섬으로 이루어져 있으며, 연안에는 스튜어트 아일랜드와 그보다 작은 많은 섬들이 흩어져 있다. 뉴질랜드는 영국의 백인들이 대거 이주해 정착했으며, 오늘날 뉴질랜드의 문화, 행정, 교육은 영국의 것을 기반으로 설립되었다. 하지만 뉴질랜드는 영국과는 달리 마오리족 로컬 문화가 독특하게 혼합되어 있으며 뉴질랜드만의 고유한 정체성을 확고하게 유지하고 있다.[26]

---

25. 호주의 역사 – 호주정부관광청 – Australia. https://www.australia.com/ko-kr

26. 뉴질랜드의 역사 – 위키백과. https://ko.wikipedia.org/wik

제12장

제국주의와
두 차례
세계대전

1. 제국주의와 세계 분할

제국주의란 강력한 군사력을 토대로 정치, 경제, 군사적 지배권을 다른 민족이나 국가로 확장하려는 패권주의 정책을 말한다. 근대 이전에는 로마제국이나 몽골 제국이 대표적인 사례며, 근대에 이르러서는 나폴레옹 제국에 대해 쓰였다. 그러나 현대 정치·경제학에서는 주로 19세기 후반부터 20세기 초반까지 영국, 프랑스, 독일, 미국, 일본과 자본주의 열강이 아시아와 아프리카를 침탈한 과정을 특정하는 용어로 쓰인다.

한 국가가 정치·경제적 지배권을 다른 국가를 침략하는 수단 등을 통해 확대시키려는 정책 및 그것을 목적으로 하는 사상을 지칭한다. 로마의 임페라리움에서 유래된 용어로 '팽창주의'라고도 한다.

근대 이전에는 로마제국이나 몽골 제국이 대표적인 사례며, 근대에 이르러서는 나폴레옹 제국에 대해 쓰였다. 그러나 현대 정치·경제학에서는 주로 19세기 후반부터 20세기 초반까지 영국·프랑스·독일·미국·일본 등 자본주의 열강이 아시아와 아프리카 국가들을 침탈하는 과정을 이르는 말로 많이 쓰이는데, 침략에 의해 영토를 확장한다는 점에서 '식민주의'와 동일한 의미로 사용되었다.

그러나 제국주의는 이러한 영토침략뿐 아니라 강력한 군사력을 토대로 국가이익을 일방적으로 관철시키려는 경향을 총칭한다. 따라서 제국주의는 다른 나라나 지역, 식민지에 대해 직접적인 영토 침략이나 식민지화시키는 것뿐만 아니라 간접적인 정치·경제의 조정 및 영향력 행사도 이에 해당한다.

학파의 좌우에 따라 다양한 개념이 있지만 마르크스주의에서는 현대의 제국주의를 자본주의가 최고 발전 단계인 독점단계에 이르러 해외 식민지 시장을 필요로 할 때 대외적으로 팽창해 나가는 과정으로 규정했다. 즉, 레닌은 1916년 출간한 『제국주의론』에서 제국주의를 자본주의의 독점 단계로 규정하고, 그 경제적 특성으로

- 생산과 자본의 집중·집적에 의한 독점의 형성
- 산업자본과 은행자본의 융합에 의한 금융자본의 성립
- 상품 수출 대신 증가하는 자본 수출
- 국제카르텔에 의한 세계시장의 분할
- 열강에 의한 식민지 분할의 완료 등을 들었다.

그는 서구 자본주의가 이전의 자유경쟁적 자본주의에서 독점자본주의로 이행하면서, 독점자본은 점차로 자본수출의 필요성을 강하게 느꼈으며 이러한 필요성을 정치적으로 해결하려고 한 데서 제국주의 현상이 나타났다고 주장했다. 특히 제국주의가 자본주의의 최후 단계로, 사회주의에 의해 극복될 것을 주장했다.

아시아 유일의 제국주의 국가 일본과 서양 열강의 제국주의는 식민지 확보를 위해 대외 팽창을 추진한 공통점이 있지만, 두 가지 측면에서 다른 점이 있었다.

1900년 일본은 1인당 국민소득은 20달러 정도로 선진 자본주의 단계에 도달하지 못한 상태에서 제국주의로 이행하여 식민지에 대한 경제적 착취에 집중하였다.

한편, 서양 열강은 인종적·문화적 차이가 있는 원격지를 식민지로 삼은 반면, 일본은 인종적·문화적으로 유사한 주변 국가를 직접적인 침략 대상으로 삼았다.

2. 제1차 세계대전과 전체주의의 등장

제1차 세계대전(1914년 11월~1918년 11월)은 1,500만여 명이 희생되었으며, 그 영향은 세계의 여러 제국이 해체되고 독립국들이 늘어 났다.

유럽 열강의 세계 분할이 거의 완료될 무렵 성립된 삼국협상(영국-프랑스-러시아)은 독일과 영국의 반목을 두 진영 간의 대결로 전환시키는 계기가 되었다. 삼국동맹(독일-오스트리아-이탈리아)의 적이 비스마르크가 원래 염두에 두었던 프랑스에서 삼국협상으로 확대된 셈인데, 독일과 영국 어느 쪽도 결코 물러설 수 없는 상황이었기 때문에 양측의 충돌은 불가피했다. 전쟁의 광풍이 서서히 일고 있었다.

그것은 여러 해 전 독일 황제 빌헬름 2세가 방문한 적이 있는 아프리카 모로코에서 현실로 나타나는 듯했다. 당시 그는 영국의 양해하에 프랑스가 선점하고 있떤 우월한 지위에 이의를 제기함으로써 큰 파장을 일으킨 바 있는데(1905년, 제1차 모로코 사건), 1911년 내란 진압을 구실로 프랑스가 군대를 파견하자 군함을 보내서 독일의 북아프리카 진출 가능성을 타진한 것이다(제2차 모로코 사건). 그러나 이때도 그는 영국과 프랑스의 협공에 밀려 물러서야만 했다.

모로코에서의 탐색전을 끝낸 양 진영은 얼마 후 정면으로 격돌했다. 전쟁의 진원지는 '유럽의 화약고' 발칸반도였으며, 최초 당사국은 오스트리아와 러시아였다.

1914년 6월 28일 오스트리아의 왕세자 페르디난트 대공이 보스니아 사라

예보에서 한 세르비아엔에게 암살당했다. 오스트리아 정부는 세르비아에 자유조사권의 보장을 요구하는 최후통첩을 보낸 다음, 며칠 후 선전포고를 했다(7월 28일).

그 후 독일은 8월 1일 러시아에 선전포고를 하고 총동원령을 내렸다. 그 후 영국은 8월 3일 프랑스에, 8월 4일 독일에 선전포고하였고, 8월 18~23일 프랑스의 국경이 무너졌다. 드디어 1917년 4월 미국이 참전하여 9월부터 연합군의 총공세가 벌어져 1918년 11월 독일이 항복하여 종전협정에 서명했다.[27]

베르사유체제 조약들은 T.윌슨이 제안한 14개 조의 평화원칙을 기초로 하여 작성되었으나 실제로는 연합국측의 자의적恣意的인 적용으로 끝났다. 미국과 소련이 불참한 가운데 발족했던 베르사유체제는 1924년 독일의 배상을 경감하는 도즈안(案)의 성립, 1925년 독일·프랑스·벨기에의 국경을 보장하는 로카르노조약 등의 체결로 일시적인 안정을 보였다.

그러나 1929년 대공황 이래의 불황으로 독일이 배상 지불능력을 잃게 되자, 체제의 경제적 기초가 무너지고, 35년 3월 히틀러의 재군비선언, 1936년 3월 나치스 독일군의 라인란트 진주進駐에 의해 완전히 붕괴되었다.[28]

한편, 무솔리니Mussolini가 개인들의 삶에 어떤 의미를 부여하는 최상의 가치로서 파시스트 국가 개념을 규정함으로써 처음 사용한 용어이다. 이러한 나라의 조직 형태는 전체주의 이데올로기, 일당독재, 비밀경찰, 언론의 통제 등에서 유사함을 보이고, 구조적으로는 사회에 대한 국가의 전체적인 지배, 모든 사회생활 영역의 정치화, 이데올로기적 조작과 무자비한 테러의 결합을 통해 개인의 행위에 행사되는 통제라는 점에서 이전의 독재와는 다른 것

27. 윤승준 저, 『하룻밤에 읽는 유럽사』, (랜덤하우스중앙, 2004년) p.290-292

28. [네이버 지식백과] 베르사유체제 (두산백과 두피디아, 두산백과)

이었다. 이것은 제한적인 국가관에 입각한 자유주의, 정당한 여론의 다원주의, 혹은 개인주의와는 정반대의 위치에 있는 것이었다.

전체주의라는 이념은 20세기의 국가에서 국민들을 통제할 수 있는 새로운 권력을 의미한다.

그러나 그 정권에 의해 실제로 행사되는 통제의 정도는 그 용어가 암시하는 것만큼 전체적인 것은 아니다. 전체주의가 전체적인 권력에 대한 추구를 목표로 한다고 가정한다면, 나찌스와 스탈린주의의 차이점을 설명할 수가 없다. 냉전시기 동안 전체주의는 일반화되었는데, 자본주의 위기 속에서 파시즘이 나온 것이다. 설명의 개념으로서 전체주의는 적합하지 않지만, 현대 국가가 타락할 가능성의 이미지로서, 그리고 역사적으로 수행된 어떤 측면에서 전체주의는 유익한 경고를 준다.[29]

29. [네이버 지식백과] 전체주의 [totalitarianism] (사회학사전, 2000. 10. 30. 고영복)

3. 제2차 세계대전과 원자폭탄

제2차 세계대전은 흔히 1939년 9월 1일에 일어난 독일의 폴란드 침공과 이에 대한 영국과 프랑스의 대독 선전포고에서 발발하여, 1945년 8월 15일 일본의 항복으로 종결된 것으로 여긴다. 이 기간 동안 1941년 독일의 소련 공격과 일본의 진주만 공격을 계기로 발발한 태평양 전쟁 등의 과정을 거쳐 세계적 규모로 확대되었다.

전쟁은 독일과 이탈리아, 일본의 3국 조약을 근간으로 한 추축국樞軸國, Axis Powers 진영과 영국, 프랑스, 미국, 소련, 중국 등을 중심으로 한 연합국聯合國, Allied Powers 진영의 대립으로 진행되었다. 하지만 전쟁의 경과에 따라 각 진영에 가담한 국가들은 변동이 있으며, 중립을 표방한 나라들 가운데에서도 실제로는 어느 한 진영에 적극 가담한 나라도 있다.

이 전쟁으로 세계에서 수천만에 이르는 인명 피해가 나타났으며, 세계의 정치, 경제, 사회, 문화 등 모든 영역에도 커다란 변동이 나타났다. 전승국인 미국, 영국, 프랑스, 소련, 중국을 중심으로 1945년 10월 24일 국제연합이 창설되었으며, 전후 경제 질서의 회복을 위해 1944년 체결된 '브레튼우즈 협정'으로 달러가 세계의 기축 통화로 자리를 잡음으로써 미국 중심의 경제 체제가 성립하였다.

소련 군대가 주둔한 동유럽, 외몽고, 북한 등에 공산주의 정권이 들어섰고, 중국에서도 중국공산당이 내전에서 승리하면서 세계는 미국과 서유럽을 중심으로 한 자본주의 진영과 소련, 동유럽, 중국을 중심으로 한 공산주의 진영으로 재편되었다. 또한 1960년대까지 패전국의 지배 아래 식민지 상태에 있던 나라들도 상당수가 주권국가로 독립을 이루면서 국제 관계에도 큰 변화가 나타났다.[30]

한편, 20세기 초에 독일 물리학자들이 원자핵의 구조와 성질을 연구하기 시작하여 1938년 핵분열 현상을 발견하였는데, 이는 원자폭탄 개발의 기초가 되었다.

미국은 독일보다 빨리 원자폭탄을 개발하기 위해 1942년 물리학자 J. 로버트 오펜하이머를 중심으로 세계 최고의 과학자들과 엔지니어들을 모아 '맨해튼 프로젝트'를 시작, 1945년 7월 16일 뉴멕시코주 알라모고르도에서 실험에 성공하였다. 같은 해 8월 일본 히로시마와 나가사키에 두 개의 원자폭탄을 투하하였고, 이는 곧 2차 세계대전의 종말과 핵 시대의 시작을 알리게 된다.

미국은 몇 년 동안 핵무기에 대한 독점권을 유지했지만, 소련, 영국, 프랑스, 중국을 포함한 다른 나라들도 결국 핵무기 개발에 성공한다.

이로 인한 군비경쟁은 핵무기의 대규모 증강으로 이어졌으며, 특히 우리의 주적인 북한군의 핵 개발과 운반 수단의 고도화 추진은 우리나라는 물론 세계평화를 위협하고 있다. 핵무기의 보유와 확산은 핵전쟁과 우발적 발사 위험, 핵 테러 위험, 불안정하고 위험한 정권으로의 핵무기 확산 등 인류에게 새로운 위험과 도전을 야기하고 있다.

핵무기의 확산을 막고 기존 무기의 수를 줄이기 위한 노력은 계속해서 국제적인 주요 관심사이자 외교 및 국제 협력의 주요 초점이다.

1945년 8월 히로시마와 나가사키의 일본 도시에 원자폭탄을 사용한 것은

---

30. [네이버 지식백과] 제2차 세계대전 [Second World War / World War II, 第二次世界大戰]

전쟁에서 핵무기를 처음이자 유일하게 사용한 것으로 기록되었고 엄청난 인명 피해를 가져왔다.

이 폭격으로 20만 명 이상이 사망하고 더 많은 사람이 부상을 입었으며, 생존자들과 그들의 가족에게 신체적·심리적·사회적 결과는 사실상 현재 진행형이라 할 수 있다. 원자폭탄의 사용은 국제 관계와 세계 각국 정부의 정치적, 전략적 계산에도 큰 영향을 미치고 있다.

핵무기의 개발과 사용으로 원자력과 의료용 동위원소를 포함한 새로운 기술과 응용의 발전뿐만 아니라 핵물리학과 관련 분야의 지식이 대규모로 확장됨에 따라 원자폭탄이 인류에게 미치는 영향은 과학기술의 영역에서도 크게 느껴지고 있다.[31]

결론적으로, 원자폭탄의 개발은 과학기술의 힘을 보여주는 역사적인 예시이자 그 힘이 어떻게 활용되어야 하는지에 대한 영원한 질문을 던지게 하는 사건이며, 오늘날에도 계속되는 논의의 중심에 서 있다.

---

31. 원자폭탄(핵폭탄)의 역사와 의미https://m.blog.naver.com/gtfriends2/223007940637.

유럽은 고대 그리스 로마, 중세 프랑크 왕국, 르네상스, 신항로개척, 상업혁명, 종교혁명, 과학혁명, 산업혁명, 청교도혁명, 독립형명 등으로 세계 패권을 장악했으나, 전 세계 거의 모든 나라를 끌어들인 제2차 세계대전으로 엄청난 인적·물적 손실을 낳으면서 주도권이 미국으로 넘어갔고, 세계는 동서 진영으로 재편성되었다.

1943년 영미 연합군은 아프리카에서 추축국의 룸멜 전차군단을 소탕하고, 이탈리아에 상륙하여 무솔리니 정권의 붕괴를 가속화시켰다. 1944년 6월 연합군은 프랑스 노르망디 해안을 통해 침투한 뒤 곧장 독일을 향해 나아갔다. 패망이 가까워지자 히틀러는 애인과 함께 자살을 택했으며, 독일은 연합군과 소련군에 차례로 항복했다(1945년 5월).

히틀러 치하에서 대다수 독일인들은 패전국 국민의 비애와 궁핍에서 벗어날 수 없었다. 패전국 독일은 물론 승리한 자유민주주의의 유럽도 값비싼 대가를 치러야 했다. 바이마르 공화국 시절보다도 영토가 한층 축소된 독일은 4대 전승국(미국·소련·영국·프랑스)의 점령 통치를 받게 되었으며, 1949년 주권을 회복하긴 했지만 분단을 피하지는 못했다. 다시는 도발을 하지 못하도록 서독(독일연방공화국)과 동독(독일민주공화국)으로 갈라진 것이다.

미국과 소련은 암묵적 합의 하에 유럽의 전통적 질서를 해체시키고 공산과 반공 두 진영으로 재편성했다. 이념적 대립과 경쟁에 기초한 냉전 구도가 강요됨으로써 유럽은 동서로 분열된 채 모든 면에서 다른 길을 걷게 되었다.

아울러 미국은 반공 노선을 수용한 대가로 서유럽에 막대한 경제 원조를 제공했다. 마셜 플랜에 따라 1948~1952년에 130억 달러가 영국·프랑스·서독 등에 분배되었는데, 이것이 경제적 자유주의에 입각한 서유럽의 재건에 결정적 도움이 되었음은 두말할 나위가 없다. 그 결과 서유럽은 미국이 헤게모니를 쥐게 된 세계 자본주의 체제의 핵심부에 머물고, 세계 패권 대국이 되었다.[32]

---

32. 윤승준 저, 『하룻밤에 읽는 유럽사』, (랜덤하우스중앙, 2004) p.304~305

제13장

대한제국
탄생과
대한민국
건국

1. 건국 과정

조선은 을미사변·아관파천 등으로 나라의 자주성이 크게 위협받자 자주국가를 수립하고자 하는 백성들의 염원은 점점 커졌다. 1897년 경운궁으로 환궁한 고종은 그해 8월 17일 광무光武라는 연호를 쓰기 시작했고, 10월 3일에는 신하들의 황제 칭호 건의를 수락했다. 고종은 자주 의지를 천명하고 나라의 위신을 다시 일으켜 세우기 위해서는 반드시 제국이 되어야 한다고 생각했고, 10월 12일 환구단圜丘壇에서 나라의 이름을 대한제국大韓帝國이라고 선포하고 스스로 황제의 자리에 올랐다.

대한제국은 삼한三韓 정통론에 입각하여 한韓의 명칭을 되살리는 데 의미를 두고 지은 이름이다. 대한제국에서 '대한'은 삼한에서 유래한다. 이때의 삼한은 한강의 남쪽에 움츠려 있던 남삼한南三韓이 아니라, 고조선의 시조인 단군왕검이 진한辰韓, 번한番韓, 마한馬韓으로 나누어 다스린 삼한관경제三韓管境制의 북삼한北三韓을 의미한다.

《조선왕조실록》1897년 10월 11일자의 기록에 따르면, 고종은 "우리나라는 곧 삼한의 땅으로, 개국 초 천명을 받고 하나의 나라로 통합되었으니 지금 천하의 호칭을 '대한'으로 정한다고 해서 안 될 것이 없다. 앞으로 국호를 대한으로 사용하라."라고 명했다. 이렇게 대한제국의 정식 국호인 '대한'이 탄생했다.[33]

---

33. 최익용, 『대한민국 5천년 역사리더십을 말한다』, (옥당, 2014)

한편, 대한민국 건국의 뿌리는 수많은 애국지사의 독립투쟁이었다. 그 결과 1943년 카이로 회담에서 미국, 영국, 중국은 한국의 독립을 선언했고, 1945년 포츠담 회담에서 재확인되었다. 2차 세계대전에서 미국에 의해 일본이 패망하자 대한민국은 광복을 맞이하게 된다.

그러나 광복의 기쁨과 함께 한반도에는 비극의 38선이 그어졌다. 한민족의 의지와는 상관없이 강대국의 이해관계에 의해 미·소 양국이 38선을 경계로 대치하였다. 동족상잔이 시작되었던 통한의 38선, 슬프고 괴로운 역사의 38선이 생기며 우리 민족은 남과 북으로 나뉘어 세계 냉전의 희생양이 되었다.

이러한 광복 후 혼란 속에서도 1948년 7월 20일 국회에서 정부통령 선거 결과 이승만이 대통령에 당선되었다.

1948년 8월 15일 중앙청 광장에서 열린 대한민국 정부 수립 선포식에서 이승만은 "대한민국 정부가 끝까지 변함없이 민주주의의 모범적 정부임을 세계에 표명되도록 매진할 것을 선언한다."라고 했다.

우리 대한민국 국민들에게 대한민국 정부 수립 선포식은 가장 뜻 깊은 식전式典이고 이 대통령의 식사式辭는 가장 뜻 깊은 연설이다. 그래서 우리는 1948년 8월 15일에 어떤 날보다 깊은 뜻을 둔다.

대한민국 정부는 1948년 9월의 파리 유엔UN총회에서 대한민국이 승인을 받도록 대표단을 보냈다. 그러나 여러 나라가 남한 단독정부는 "한국을 영원히 분단시킨다."라고 주장하였고, 우리 남북협상파도 유엔에 편지를 보내 남한 단독정부 수립을 반대했다.

총회 마지막 날인 12월 12일에 미국, 중국, 오스트레일리아가 공동 발의한 결의안(대한민국이 한반도의 유일한 합법 정부)이 총회에 회부되어 찬성 48표, 반대 6표, 기권 1표로 통과되었다. 이로써 대한민국은 국제적 승인을 받게 된 완벽한 국가로 탄생하게 되었다.

역사소설 작가 복거일은 대한민국 초대 대통령 우남 이승만은 "소련의 탐욕스러운 팽창주의 꿰뚫어 보아 공산주의 위협을 통찰하고, 자유민주주의의 길로 나아간 정치 지도자였다."라고 평가했다. 그는 이승만 태통령의 생애를 다룬 대하 장편소설『물로 씌어진 이름』의 '광복' 편 전 5권을 출간하였다. 소설 제목 '물로 씌어진 이름'은 영국 문호 셰익스피어의 말 "사람들의 나쁜 행태들은 청동에 새겨져 남는다. 그들의 덕행들을 우리는 물로 쓴다."에서 비롯됐다고 한다.

이승만 대통령의 공功과 덕행은 가려지고 과過는 과장되는 안타까움을 해소하기 위한 작업이라고 해석된다.

2. 대한민국 국호國號와 건국

1) 대한 독립운동과 임시정부

한국의 독립운동은 일본 제국주의에 대항하는 민족 운동이었다. 일제의 대한제국 강제 병합 이후, 한반도에서는 공개적으로 독립운동을 하기 어려워 비밀결사 형태의 항일운동이 전개되었다.

1907년 고종의 강제 퇴위 이후 결성된 신민회는 도산 안창호 등 애국 계몽세력 등이 주축이 되어 한국의 독립운동사에 큰 영향을 미친 신흥무관학교를 설립하였다. 그러나 105인 사건 등 일제의 조작 사건에 의해 1911년에 해산되었다.

1919년 3월 1일 낮 12시 서울의 탑골공원에서 독립 선언서를 낭독하고 독립을 선언한 학생과 청년들은 수십만 명의 군중과 함께 "대한독립만세!"를 외치면서 온 거리를 휩쓴 3·1운동이 시작되었고 전국으로 독립운동이 확산되었다.

1919년 4월 11일 상해에서 대한민국 임시정부가 수립되어 광복까지 26년간 독립운동을 주도하였다. 대표적인 독립운동 단체는 미주의 대한인국민회·흥사단, 대한독립단, 이토 히로부미를 처단한 안중근의 의열단, 임정 독립군 등 수많은 단체가 일본 제국주의 침략에 대항하여 한민족의 독립을 수호·쟁취하려는 민족운동을 벌였으며, 1945년 8·15광복 때까지 계속되었

다.[34]

근간 대한민국 임시정부 탄생은 중국이 아니라 프랑스가 도왔다는 기사가 보도되었다.[35]

현재 상하이에 있는 유적지에 가면 중국의 도움으로 대한민국임시정부가 세워진 것처럼 보인다. 그러나 1919년 당시 중화인민공화국은 존재하지 않았고, 중화민국(현재 대만)도 대한민국임시정부 수립 당시에는 큰 도움을 주지 않았다.

대한민국임시정부는 프랑스 제국주의의 산물이었던 상하이 프랑스 조계에 세워졌다. 일본은 프랑스를 상대로 대한민국임시정부를 막기 위해 협상했다. 프랑스 식민 지배를 피해 일본으로 망명한 베트남 독립운동가들에 대한 정보를 지렛대로 활용했다. 국가 이익을 중시하는 프랑스 외교관에게도 솔깃한 제안이었다.

그러나 프랑스 외교부는 "국가 이익보다 우선하는 것이 국가 정체성"이라고 훈령했다. 망명자들을 보호하는 것은 1789년 프랑스 인권선언에 기초한 헌법정신에 부합된다고 본 것이다. 프랑스가 현재까지 평양 정권과 수교하지 않고 있는 것과 같은 이유이다.

2) 대한민국 건국

대한민국大韓民國은 국내외적으로 격동기에 건국되었다. 상하이 임시정부 시절부터 시작된 건국 준비 기간은 짧지 않았지만, 건국 전후의 상황은 불안정했다. 과연 일제로부터 독립한 나라가 어떤 나라가 되어야 할 것인가를 두

---

34. 한국사데이터베이스 https://db.history.go.kr/introduction/intro_hd.html.

35. chosun.com/opinion/specialist_column/2023/11/23/GW3MAMVAVRGJ3OUB2SWBUJ7LCM/

고 국론의 일치를 보지 못했다. 태조 때부터 이어온 '조선'이 되어야 하느냐, 아니면 고종 때 독립국임을 선포하며 재건국했던 '대한'이 되어야 하는가를 놓고 의견이 분분했다.

　사실 일제 강점기에도 우리나라를 칭하는 이름은 조선과 대한이 혼용되었다. 해방 후에도 처음부터 북은 조선, 남은 대한으로 확실하게 명칭이 나뉜 것도 아니었다. 북이 단독정부를 수립한 이후, 남쪽에서는 무슨 일이 있어도 통일정부를 세워야 한다는 주장이 있었으나, 결국 남쪽만의 정부를 수립하여 '대한민국' 국호를 쓰게 되었다.

　"한(韓)은 역사의 통치자인 황(皇, 임금)이라는 뜻이다. 이 황은 '크다'는 뜻이며, 크다는 것은 '하나'라는 뜻이다."라고 기록하고 있다. 《삼성기》에서는 옛날 고조선 이전에 배달국이 있었고, 배달국 이전에 환국이 있었다는 것이다. 여기서 '환(桓)'은 '밝음'을 뜻하며, '하늘의 광명'을 의미한다. 이 '환'에서 탄생한 것이 '한'이다. '환'과 지금의 '한'은 같은 뜻을 가지고 있다. 또한 김상일의 《한사상》(상생출판, 2014)에 따르면, '한'은 '가운데'라는 의미도 있다.

　이 모든 것을 종합해볼 때, 한국은 '크고 밝고 중심이 되는 나라'라는 뜻이며, 대한민국은 '위대한 한민족(국민)'을 뜻하는 '대한민(大韓民)'과 '한국(韓國)'의 합성어로, '세상에서 가장 크고 밝고 중심이 되는 위대한 한민족(국민)이 주인인 나라'로 정의할 수 있을 것이다. 대한민국의 국명에는 '대한제국은 제국주의 이름으로 망했으니 민주주의로 큰 나라를 만들자'라는 민족의 염원이 담겨 있다.[36]

　또한, 우리가 일반적으로 알고 있는 대한민국 건국일(8월 15일)에 대한 논란은 역사적 시각과 진영의 논리에 따라 아직도 지속되고 있다.

　크게 나누면 두 가지로 나뉜다.

---

36. 최익용, 『대한민국 5천년 역사리더십을 말한다』, (옥당, 2014)

첫째, 대한민국의 건국 시점을 상해 임시정부 수립일인 1919년 4월 13일로 보는 견해다. 우리 헌법이 상해 임시정부의 법통을 계승하고 있으니 이때를 대한민국 건국일이라 주장한다.

둘째, 대한민국 정부가 공식 출범한 1948년 8월 15일을 건국일로 보는 견해다. 임시정부는 영토·주권·국민 및 국제적 승인을 갖추지 못한 독립운동 단체에 불과했고, 건국을 준비한 조직이지 건국을 한 것은 아니므로 이승만 정부가 출범한 날을 건국일이라고 주장하고 있다.

김학성 교수(한국헌법학회 고문)는 '대한민국 건국일은 1948년 8월 15일이다.'라는 칼럼을 통해, 헌법 전문의 '건립과 재건'을 해석하면, 3·1운동으로 건국하려 했으나 실패하여 임시정부를 만드는 데 그쳤고 1948년의 건국은 건설하려다 실패한 것을 '다시 건설'(재건)하는 것으로 봐야 한다고 주장하였다. 특히 "1919년이 대한민국 '건국의 기점'이나 '기원'임은 분명하나, 기점이나 기원을 '건립'으로 우겨서는 안 된다. 건물의 건립일은 건축공사를 시작한 날이 아니라 준공일이며, 생일은 임신일이 아니라 출생한 날을 기준으로 한다."라는 논리를 밝혔다.

필자는 대한민국이 건국된 지 75년이 흐른 지금까지 건국일에 대한 논란이 이념 논쟁으로 이어져 국민에게 혼돈을 줌은 물론 국력을 소모하고 있는 현실에 걱정이 크다.

역사적인 종합 판단을 할 때 임시정부는 조국 건국을 잉태한 것이고, 1948년 8월 15일 건국은 대한민국 출생일로 생각한다.

3. 대한민국 건국 의미 찾기

최근 대한민국 건국 의미를 찾는 이벤트로 추진 중인 이승만 대통령 기념관 건립 사업에 많은 국민적 관심이 집중되고 있다.

2023년 6월 29일 '이승만대통령기념관건립추진위원회'가 출범했다. 동 위원회는 9월 11일부터 범국민 모금 운동에 나섰다. 김황식 전 국무총리가 위원장을 맡았고, 이영일 대한민국역사와미래재단 고문·이인호 서울대 명예교수·주대환 조봉암기념사업회 부회장·한화갑 한반도평화재단 총재 등 23명이 건립추진위원으로 참여했다.

특히 전직 대통령의 아들 5명도 동참했다. 이승만 전 대통령 아들인 이인수 상임고문을 비롯하여 박정희 대통령 아들 박지만, 노태우 대통령 아들 노재헌, 김영삼 대통령 아들 김현철, 김대중 대통령 아들 김홍업 등이 고문을 맡았다. 이들은 아직 초대 대통령 기념관이 없다는 문제의식에 공감하고 정파와 진영을 초월해 힘을 합친 것이다.

이승만 대통령 기념관 건립 사업은 '독립유공자 예우에 관한 법률'에 따라 전액 정부 예산으로 진행할 수 있지만, 온 국민의 참여 속에 사업을 추진하는 것이 바람직하다고 판단해 범국민 모금 운동을 시작했다.

국민 모금으로 전체 건립비용의 70%를 충당하고, 나머지 30%를 정부가 지원한다. 이 전 대통령은 대한민국을 세운 '건국의 아버지'이기 때문에 '정부 예산'이란 손쉬운 방법이 아니라, 국민들의 모금까지 받아 '초대 대통령',

'건국 대통령'으로 제대로 평가받겠다는 것이다.

이번 모금에는 공직자는 물론이고 정치인, 사업가, 해외동포, 예비역 장병, 연예인, 시골 노인에 이르기까지 전 국민적 관심을 불러일으키며 모금액이 50일 만에 56억여 원을 돌파했고, 2만 4,200여 명의 국민이 동참하는 등 대한민국 건국 의미 찾기에 열풍을 일으키고 있다. 2024년 2월 8일 이명박 전 대통령이 생존 중인 전직 대통령으로는 처음으로 이승만 대통령 기념관 건립에 동참하여 소정의 건립 기금을 기부했다. 현재(2024년 1월 7일 기준) 90여 억원의 성금이 모금되었다.

이승만 대통령 기념관 건립은 좌우를 뛰어넘는 화해의 역사로 기록될 전망이다. 추진위원회에는 4·19 혁명 인사와 진보 정치인 등 과거 이 전 대통령 측과 반대 입장이었던 인사도 다수 참여했다. 이 전 대통령의 정적政敵이라 불렸던 죽산 조봉암(1898~1959) 기념사업회의 주대환 부회장은 "이승만 대통령 기념관이 없었다는 것 자체가 비정상"이라고 했다.

민주당 대표를 지낸 한화갑 한반도평화재단 총재는 4·19 혁명을 주도했으며 오랜 기간 김대중 전 대통령을 보좌했다. 이영일 대한민국역사와미래재단 고문, 이인호 서울대 명예교수 등도 4·19 혁명을 이끌었으며 이제는 이승만 전 대통령의 과過보다 공功을 높이 평가하며 추진위에 참여했다.

이승만 대통령 기념관 건립이 오늘 우리 사회가 겪고 있는 극심한 이념적 혼란과 국가정체성 위기를 극복하고 사회적 통합을 이루어내는 데 큰 매개체 역할을 하여 국민화합의 계기가 될 것이다.

4. 동족상잔 6·25전쟁

6·25전쟁은 한반도의 역사에서 가장 중요한 사건 중 하나로 1950년 6월 25일 일요일 오전 3시 30분에 북한이 38선 전역에 걸쳐 기습적으로 대한민국을 불법 침공하면서 발발한 전쟁이다. 이 전쟁은 이념적 갈등이 전쟁으로 비화한 대표적 사례로, 냉전인 동시에 실전이었으며, 국부전인 동시에 전면전이라는 복잡한 성격을 가졌다.

구소련은 한반도를 사회주의 체제로 만들기 위해 움직였고 이에 대립하는 자유민주주의 체제를 가진 나라는 미국이었다. 북한 김일성은 소련과 비밀리에 군사 협정을 맺어 군사력을 키운 후, 소련과 중국의 도움을 받아 전쟁을 준비하였음에도 미국도 한국전쟁을 예견하지 못했다.

북한군은 우세한 군사력을 바탕으로 3일 만에 서울을 점령하였다.

유엔군이 반격을 도모하며 '인천상륙작전'을 성공시켰고, 남한은 서울을 되찾았으며, 평양을 넘어서 압록강 지역까지 점령하였다. 그러나 중공군이 북한을 도와 전쟁에 개입하였으며, 유엔군은 결국 승리를 코앞에 두고 다시 후퇴하게 되었다.

계속되는 전쟁에 따라 소련은 전쟁을 멈출 것을 제안하였고 유엔과 북한군 사이에 휴전회담이 이뤄졌다. 휴전협정회의는 무려 25개월간이나 지속되었고 결국 1953년 7월 27일 양쪽 군대의 주둔 지역에 따라 휴전선이 그어지며 전쟁은 마침내 중단되었다. 이 전쟁은 한반도를 둘로 나누는 계기가 되었으며, 그 영향은 오늘날까지 이어지고 있다.

6·25전쟁은 많은 인명과 재산 피해를 남겼다. 6·25전쟁 중에 남한 민간인 24만 4663명, 북한 민간인 28만 2000명의 민간인이 사망하여 남북한 민간인 희생자 수는 총 52만 4663명으로 집계되었다. 또한, 남한의 경우 일반공업 시설의 40%, 북한은 전력의 74%, 연료 공업 89%, 화학공업의 70%가 피해를 입었다.

6·25전쟁 당시 참전국은 1951년 초까지 총 16개국으로, 이들 국가는 미국, 캐나다, 콜럼비아, 호주, 뉴질랜드, 필리핀, 태국, 남아공화국, 에티오피아, 영국, 벨기에, 프랑스, 그리스, 룩셈부르크, 네덜란드, 터키로 구성되어 있다.

• 한국군의 사망자는 약 13만 8천 명, 부상자는 약 45만 명으로 실종자까지 포함하면 총 피해자 수는 약 60만 9천명이다.

• 북한군의 사망자와 부상자는 약 52만 명, 실종자까지 포함하면 총 피해자 수는 약 80만 명이다.

• 유엔군의 사망자는 약 5만 8천 명, 부상자는 약 48만 명으로, 실종자와 포로까지 포함하면 총 피해자 수는 약 54만 6천 명이다.[37] [38]

• 중공군의 사망자는 약 13만 6천 명, 부상자는 약 20만 8천 명으로 실종자와 포로, 비전투 사상자까지 모두 포함하면 총 피해자 수는 약 97만 3천 명이다.

이러한 통계는 전쟁의 참혹과 평화의 중요성을 일깨워준다.

6·25전쟁은 우리에게 많은 교훈을 남겼다.

첫째, 이 전쟁은 대한민국의 주권을 공산주의 침략자로부터 지켜낸 실로

---

37. VOA. https://www.voakorea.com/a/article

38. http://www.knnews.co.kr/news/

중요한 역사적 사건이었다. 공산주의의 허상은 구 소련의 붕괴로 인해 방증되었다. 반면 세계를 얼어붙게 한 냉전시대의 암흑 속에서도 대한민국은 눈부신 발전을 이루었다.

둘째, 6·25전쟁의 역사적인 교훈을 온 국민이 가슴 깊이 새겨두고 우리 후손들에게 가르쳐 전쟁을 막는 유비무환의 호국 정신을 길러야 한다는 것이다. 전쟁은 그 어떤 경우에도 용인될 수 없다. 다만, 전쟁을 막기 위해서는 힘의 균형을 갖춰야 한다. 강한 군사력으로 위협해 오는 세력에 맞대응해 부딪치기 위한 것이 아니라 스스로를 지켜낼 만한 힘과 의지력을 가져야만 한다.

셋째, 6·25전쟁의 비극과 고통의 교훈을 되새겨 그와 같은 동족상잔의 참혹한 비극이 반복되지 않도록 국가안보의식과 정신무장을 배우며 가르쳐서 더욱 굳게 다지는 계기로 삼아야 한다.

넷째, 격동기 리더들의 정세 판단의 중요성이다. 당시 소련은 남한 적화야욕을 숨기고, 북한에서 소련군을 철수하겠다면서 미군의 동시 철수를 제안했다. 이승만 대통령은 중국에서 정부군이 공산군에게 패해 공산화가 된 것을 보며 위기감을 느끼고 한국이 국방군을 만들 때까지 미군 철수를 막으려고 무던히도 애를 썼지만 미국의 국가정책 앞에서는 무기력하였다.

미국의 정세 판단 잘못으로 마침내 1949년 6월 군사고문단 5백 명만을 남기고 7만 명가량 되었던 미군이 모두 한국을 떠났고, 이는 북한군의 불법 남침을 초래하였다.

이러한 교훈들은 우리가 평화를 지키고 나아가기 위해 반드시 기억하고 실천해야 할 중요한 가치들이다.

제14장

세계사
(고대~근대)
진단과 교훈

1. 고대사 진단과 교훈

    고대사란 인류가 정착 생활을 시작하고, 농업을 발전시키면서 문명이 형성되기 시작한 시대이다. 이것은 사회적, 지리적 환경에서 생존하고 번영하는 방법을 배우기 시작한 우리의 조상들이 처음으로 체계적으로 조직화된 사회를 구축한 시기였다. 일반적으로 기원전 3000년경부터 기원전 500년경까지를 말한다.

    고대문명은 큰 강 유역에서 발달한 메소포타미아 문명, 이집트 문명, 인더스 문명, 황하 문명을 세계 4대 문명이라고 부르며, 이외에도 그리스 문명, 로마 문명, 페르시아 문명, 마야 문명, 아즈텍 문명 등이 있으며, 다음과 같은 특징이 있다.

    • 청동기를 사용하여 무기와 도구를 제작하였다. 청동기는 구리와 주석을 합금한 금속으로, 석기보다 강하고 가공하기 쉬웠다. 청동기는 고대문명의 기술적 발전과 군사적 우위를 나타내는 상징이었다. 농업의 발전으로 생산력이 향상되고, 정착 생활을 하는 사회가 형성되면서 문명이 시작되었다는 점이다.

    • 도시를 건설하고 도시국가를 형성하였다. 도시는 농업과 무역을 통해 부와 인구가 증가한 결과로 생겨났으며, 도시국가는 독립적인 정치적 단위로 자신의 영토와 권력을 유지하려고 노력했다. 도시국가는 종종 연맹이나 제국을 이루기도 하였다. 고대 그리스의 황금기, 고대 로마의 확장 등은 서

양 역사에 막대한 영향을 미쳤다.

• 문자를 발명하고 기록을 남겼다. 문자는 언어를 기호로 표현하는 시스템으로, 고대문명에서는 상형문자, 쐐기문자, 기호문자 등이 사용되었다. 문자는 역사, 법률, 종교, 문학 등을 기록하고 전달하는 수단이 되었다.

• 군주제와 노예제 같은 계급과 신분제도를 갖는 사회 체제가 생겨났다. 고대문명에서는 왕과 귀족, 사제, 관리, 군인, 상인, 농민, 노예 등의 계급과 신분이 구분되었다.

• 다양한 종교와 신앙을 가졌다. 고대문명에서는 여러 신들을 섬기는 다신교가 주류였으며, 태양신, 강신, 대지신 등 신들이 많았다.

현대 관점에서 고대사와 고대문명을 진단하고 평가하는 것은 쉽지 않은 일이다. 고대사에 대한 정보는 한정적이고 편향적일 수 있으며, 고대문명에 대한 해석은 시대와 지역에 따라 다를 수 있다. 또한 고대문명은 현대 문명과는 다른 가치와 문화를 가지고 있었기 때문에, 현대의 기준으로 평가하는 것은 공정하지 않을 수 있다.

그러나 고대사와 고대 문명을 연구하고 이해하는 것은 현대사회와 인간의 문제에 대한 통찰과 해결책을 제공할 수 있다. 예를 들어, 고대 문명에서는 다음과 같은 문제와 대응 방법을 볼 수 있다.

• 자원의 부족과 환경의 변화에 대처하기 위해 농업과 무역을 발전시켰다. 농업은 식량과 원료를 확보하고 인구를 증가시키는 데 기여하였으며, 무역은 다른 문명과의 교류와 학습을 가능하게 하였다.

• 국가 간의 갈등과 전쟁에 대처하기 위해 왕권과 제도를 강화하였다. 왕권은 국가의 통일과 안정을 유지하고 국외의 위협에 대항하는 데 필요하였으며, 제도는 국가의 운영과 관리를 체계화하고 효율화하는 데 도움이 되었다.

• 사회적 불평등과 불만에 대처하기 위해 법률과 윤리를 확립하였다. 법률은 사회적 질서와 정의를 보장하고 범죄와 폭력을 방지하는 데 필요하였

으며, 윤리는 사회적 관계와 행동에 대한 기준과 가치를 제공하였다.

· 삶의 의미와 목적에 대해 탐구하기 위해 종교와 철학을 발전시켰다. 종교는 인간과 신의 관계와 인간의 존재와 운명에 대한 설명과 해답을 제공하였으며, 철학은 인간과 세계에 대한 지식과 이론을 탐구하고 비판하였다.

고대사가 우리에게 주는 교훈은

· 고대사를 통해 우리는 역사가 종종 유사한 패턴을 반복한다는 것을 배울 수 있다. 이를 통해, 과거의 실수를 피하고, 성공적인 전략을 반복하려는 시도에서 교훈을 배울 수 있다.

· 고대 역사는 많은 경우에서 권력의 남용이 어떤 파괴적인 결과를 초래할 수 있는지를 보여준다. 이는 현대의 지도자들에게 권력을 적절하게 사용하는 것의 중요성을 강조한다.

· 고대사는 다양한 문화와 전통이 어떻게 발전하고 상호작용하는지 보여준다. 이를 통해 우리는 다양성을 존중하고, 다른 문화와 전통을 이해하고 통합하는 것의 중요성을 배울 수 있다.

· 고대사는 또한 인간의 욕망(힘, 지위, 부, 명예 등)이 얼마나 강하고 지속적인지 보여준다. 이는 우리에게 그러한 욕망을 다루는 방법과 그 결과에 대해 숙고하게 만든다.

고대 문명의 문제와 대응방법은 현대사회와 인간이 직면한 문제와 그 해결방안에 대한 참고가 된다. 예를 들어, 현대사회에서는 자원의 고갈과 환경오염, 국제적인 갈등과 테러 등의 문제가 존재한다. 이는 고대문명에서도 비슷하게 존재했으므로, 당시 어떻게 문제들을 인식하고 해결했는지를 연구·분석한다면 현대사회와 인간에게 도움이 될 것이다.[39]

39. 고대 문명의 공통된 특징은 무엇입니까? / 역사 | https://ko.thpanorama.com, 『한국고대사』1 · 2 (푸른역사, 2016) | 한국역사연구회. http://www.koreanhistory.org/5316.

2. 중세사 진단과 교훈

중세 시대의 특징 중 하나는 신분의 위치가 바뀌지 않고 고정된 사회 구조였다. 왕이나 교황과 같은 권위 있는 개인이 꼭대기에 위치하며 잘 조직된 계급제가 있었고, 대부분의 사람들이 농부나 종교인, 노동자로 일생을 보냈다. 이런 사회 구조는 유럽의 시장 경제와 관련된 세금, 노동, 그리고 상거래를 구성하는 주요한 요소였다.

본질적으로 중세사는 또한 종교에 크게 의존하는 시대였다. 사람들 대부분이 가톨릭교에 속해 있었으며, 교회가 사회, 정치, 문화의 중심이었다. 성당과 수도원들은 종교적인 목적뿐 아니라 교육과 문화의 중심지로서 역할을 했다. 대부분 학문과 예술은 종교에 깊게 연관되어 있었고, 교회는 지식과 교육을 보관·전파하는 역할을 하였다.

중세 시대는 역동적인 변화와 발전의 시기였다. 농업, 건축, 그리고 군사 기술의 발전은 유럽의 경제 성장과 도시화를 가능하게 했다. 이 시대에는 대학이 처음으로 나타났으며, 그리스와 로마의 고전 작품들이 재발견되었다. 이러한 지식의 재발견과 문화의 부흥은 르네상스로 이어지게 되었다.

중세 시대는 종종 어두운 시대로 기억되지만, 이는 새로운 사회, 정치, 경제 체제의 태동이며, 종교와 학문의 발전, 그리고 문화와 예술의 변화가 겹치는 시기였다. 그것은 또한 우리가 오늘날 아는 세계의 모습을 형성하는 데 중추적인 역할을 한 시대였다. 그래서 중세시대는 단지 고대와 현대사 사이의 공백이 아니라, 자체적으로 중요한 역사적 시대로 인식되어야 한다.

중세사는 유럽 역사에서 서로 다른 문화권이 충돌·협력하면서 새로운 정치, 경제, 사회, 종교, 예술 등의 형태를 만들어 낸 서양 역사의 중요한 부분이며, 현재의 유럽과 그 영향권에 많은 영향을 미쳤다.

중세사의 흐름을 보면 초기에는 로마 제국의 붕괴로 인해 유럽은 소수민족들의 침입과 이동으로 혼란에 빠졌으며, 국가와 법질서가 붕괴되었다. 이러한 상황에서 교회가 유일한 안정적인 권위와 문화적 연속성을 제공했다.

중세 중기에는 농업과 무역의 발달로 인해 도시와 시민계급이 부상했으며, 교회와 귀족의 권력에 도전하는 세력이 되었다. 또한 십자군 원정을 통해 유럽인들은 이슬람문화와 접촉하면서 고대 그리스와 로마의 유산을 재발견하고, 학문과 예술에 새로운 자극을 받았다.

중세 후기에는 몽골 제국의 침입, 흑사병의 창궐, 백년 전쟁과 종교개혁 등으로 유럽은 큰 변화와 위기에 직면했다. 이러한 상황에서 국가와 왕권이 강화되었으며, 교회의 권위와 단일성이 약화되었다. 또한 인간주의와 인문주의가 부상하면서 개인과 인간성에 대한 관심이 증가했다.

현재 시각에서 중세사를 진단한다면, 중세사는 단순히 고대와 근대 사이의 공백이나 어두운 시대가 아니라, 유럽 문명의 기반이 되는 다양하고 풍부한 시대였다. 중세사에서 나온 정치적, 종교적, 사회적, 문화적 유산은 현재의 유럽과 세계에 여전히 영향을 미치고 있다.

중세사는 유럽 내부뿐만 아니라 아시아, 아프리가, 중동 등 다른 문화권과의 상호작용과 영향을 통해 성장하고 변화한 시대였다. 이러한 역사적 연결성은 세계사의 관점에서 중세사를 이해하는 데 도움이 된다.[40]

---

40. 역사철학강의 – 위키백과, 우리 모두의 백과사전. https://ko.wikipedia.org/wiki/
   '서세동점(西勢東漸)'에 비틀린 세계사, 중심은 '초원의길…. https://www.jayupress.com

중세사가 우리에게 주는 교훈은

• 중세사는 유럽 역사에서 서양 로마 제국의 붕괴로부터 르네상스와 대항해시대의 시작까지 약 천년에 걸친 긴 시간 동안 다양한 문화, 정치, 종교, 사회, 경제, 예술 등의 변화와 발전을 겪었다. 천여 년의 중세 역사가 현시대 우리에게 주는 의미가 깊다.

• 문화적 다양성과 상호작용의 중요성: 중세사에서는 유럽 내외로 다양한 문화권이 충돌·협력하면서 새로운 지식과 예술, 기술, 제도 등을 교류하고 창조했다. 예를 들어, 십자군 원정을 통해 유럽인들은 이슬람 문화와 접촉하면서 고대 그리스와 로마의 유산을 재발견하고, 학문과 예술에 새로운 자극을 받았다.

또한, 대항해시대에는 유럽인들이 아시아, 아프리카, 아메리카 등의 새로운 대륙과 문명을 발견하고 탐험하면서 세계관과 지식을 확장했다. 이러한 문화적 다양성과 상호작용은 현시대에도 여전히 중요하고 유익하며, 우리는 서로 다른 문화를 존중하고 배우며 협력할 수 있는 역량을 갖추어야 한다.

• 정치적 권리와 민주주의의 발전: 중세사에서는 국가와 왕권이 강화되었으나, 동시에 교회와 귀족, 도시와 시민 등의 다른 세력들이 정치적 권리와 자유를 요구하고 싸웠다. 예를 들어, 잉글랜드에서는 1215년에 마그나 카르타가 제정되어 왕권에 대한 귀족의 권리를 보장받았으며, 1265년에는 시몬 드 몽포르가 최초의 의회를 소집하여 시민의 정치적 참여를 확대했다. 또한, 스위스에서는 1291년에 산맥 연방이 성립하여 독립적인 공동체들이 연합하여 황제의 지배에 저항했다.

이러한 정치적 권리와 민주주의의 발전은 현시대에도 여전히 중요하고 필요하며, 우리는 우리의 권리와 자유를 보호하고 표현하기 위해 노력해야 한다.

• 종교적 다양성과 갈등의 해결: 중세사에서는 기독교가 유럽의 주요 종

교였으나, 동시에 이슬람, 유대교, 이단 등의 다른 종교와 신앙들이 존재하고 영향력을 행사했다. 예를 들어, 이베리아반도에서는 이슬람문화가 꽃을 피웠으나, 기독교 왕국들이 레콘키스타를 통해 이슬람 왕국을 정복하면서 종교적 갈등이 발생했다.

또한, 프랑스에서는 카타리교가 유행하다가 교황과 왕의 진압을 받았으며, 독일에서는 후스교가 성행하다가 신성로마제국의 탄압을 받았다.

이러한 종교적 다양성과 갈등은 현시대에도 여전히 존재하고 있으며, 우리는 서로 다른 종교와 신앙을 존중하고 이해하며 화해할 방법을 찾아야 한다.

3. 근대사 진단과 교훈

18세기 산업혁명을 통해 기계화와 대규모 생산이 이루어진 시대다. 이는 경제학과 생활방식의 극적 변화를 초래하였다. 그러나 이는 또한 지구의 환경 파괴를 촉진하는 요인이 되었고, 새로운 형태의 사회적 불평등과 차별을 야기하였다. 오늘날 우리는 기후변화, 빈부격차, 전염병 등 여러 가지 문제를 직면하고 있다.

근대사로 넘어가면서는 공업화와 식민지 확장이 주요 특징으로 나타난다. 15세기 이후로 유럽에서 시작된 대항해시대를 거쳐 식민지 제국이 등장하였고, 서구의 세계 지배라는 새로운 패러다임을 열었다.

대표적으로 공업혁명과 프랑스 혁명, 그리고 미국의 독립 등으로 대변된다. 공업혁명은 산업적 생산 방식의 등장으로 인해 사회와 경제가 크게 변화하였고, 프랑스 혁명은 왕정 독재에 대한 국민들의 반란으로 인해 민주주의와 국민국가 개념이 확장되었다. 미국의 독립은 신세계의 세력을 형성하게 되는 계기가 되었다.

근대사는 일반적으로 16세기부터 18세기까지를 말하며, 이 시기에는 르네상스, 종교개혁, 과학혁명, 산업혁명, 민주혁명, 대항해시대 등의 역사적 사건과 현상이 발생했다. 이러한 사건과 현상은 동서양의 사회, 문화, 정치, 경제, 종교 등에 큰 변화와 영향을 미쳤다.

• 서양은 르네상스를 통해 고대 그리스와 로마의 고전문화를 재발견하고

인간중심주의와 합리주의를 강조했다. 동양은 명나라와 조선시대에 중국의 고전문화를 계승하고 유교와 신학을 중시했다.

　•서양은 종교개혁을 통해 가톨릭교회의 독점적인 권위와 교리에 반발하고 개신교가 생겨났다. 동양은 불교와 천도교 등의 종교가 유행했으나 유교가 사회적으로 지배적인 역할을 했다.

　•서양은 과학혁명을 통해 자연현상을 관찰하고 실험하고 수학적으로 설명하는 방법론을 확립했다. 동양은 천문학과 의학 등에서 일부 발전이 있었으나 전통적인 철학과 신비주의에 얽매였다.

　•서양은 산업혁명을 통해 기계화와 대량생산이 가능한 공장제도가 생겨났고 자본주의 경제가 발전했다. 동양은 농업과 수공업이 주요한 산업이었으며 상공업자와 농민들이 대립했다.

　•서양은 민주혁명을 통해 왕권에 대한 저항과 평등과 자유를 요구하는 운동이 일어나입헌군주제와 공화제가 성립했다. 동양은 황제·왕의 절대 권력이 유지되고 양반과 평민의 계급제도가 고착화되었다.

　•서양은 대항해시대를 통해 신대륙과 아시아를 탐험하고 식민지를 확장하며 세계무역망을 구축했다. 동양은 서양과의 무역을 통해 일부 문화와 기술을 수용했으나 자기중심적이고 폐쇄적인 태도를 보였다.

　•서양은 근대사를 통해 인간의 지성과 창조력을 발휘하고 세계를 개척하며 문명의 발전에 기여했다. 그러나 이 과정에서 자연과 인간의 조화를 해치고 식민지주의와 제국주의로 인해 타 문화와 민족에게 많은 고통과 억압을 가했다.

　•동양은 근대사를 통해 전통과 안정을 유지하고 세속적인 유혹에 저항하며 독자적인 문화와 정체성을 보존했다. 이 과정에서 변화와 혁신에 소극적이고 보수적이며 서양의 침략과 개입에 취약하고 뒤 처지게 되었다.

　근대사를 진단해 보면, 서구 중심의 발전이었다는 비판도 있다. 과거의 개발도상국들은 식민지화되면서 많은 부분에서 타격을 입었고, 그 후유증이 여전히 지속되고 있다. 기술적 발전과 과학의 전진은 삶의 질을 향상시키는 한편, 환경 파괴와 불평등 확대 등 부정적인 측면도 부각시켰다.

한편, 근세사가 우리에게 주는 메시지는 다음과 같다.

• 근대사는 인간의 권리와 자유, 평등과 민주주의, 인간주의와 개인주의 등의 가치를 강조하고 실현하기 위한 노력과 투쟁의 역사이다. 이러한 가치들은 현시대에도 여전히 중요하고 유효하며, 우리는 이를 존중하고 보호하기 위해 노력해야 한다.

• 근대사는 과학과 기술, 산업과 자본, 상품과 시장 등의 발전을 통해 인류의 삶을 풍요롭고 편리하게 만든 역사이다. 이러한 발전은 현시대에도 계속되고 있다.

• 근대사는 제국주의와 식민주의, 전쟁과 폭력, 민족주의와 내전 등의 갈등과 고통을 겪은 역사이다. 이러한 갈등과 고통은 현시대에도 여전히 존재하고 있다.

• 근대사는 인간의 권리와 자유, 평등과 민주주의, 인간주의와 개인주의 등의 가치를 강조하고 실현하기 위한 노력과 투쟁의 역사이다. 이러한 가치들은 현시대에도 여전히 중요하고 유효하다.

• 근대사는 과학과 기술, 산업과 자본, 상품과 시장 등의 발전을 통해 인류의 삶을 풍요롭고 편리하게 만든 역사이다.

• 근대사는 제국주의와 식민주의, 전쟁과 폭력, 민족주의와 내전 등의 갈등과 고통을 겪은 역사이다. 이러한 갈등과 고통은 현시대에도 존재하고 있으며, 이를 해결하고 예방하기 위해 노력해야 한다.

이와 같이, 세계사의 흐름을 파악하고 진단하는 것은 역사의 패턴, 사회의 변화 및 발전 경로를 이해하는 근거를 제공한다.

세계사의 고대·중세·근대를 통시적으로 고찰해 보며, 그 각각의 독특한 특성과 문제를 파악하는 것은 인류가 이러한 역사적 경험을 어떻게 진화시켜 나가고 있는지 이해하는 데 중요하다.

과거의 역사를 배움으로써 현재의 사회적·경제적·환경적 문제에 대한 해결책을 찾아 나갈 수 있다.

세계사의 고대, 중세, 근대 3시대를 바라보며, 그 각각의 독특한 특성과 문제를 파악하는 것은 인류가 이러한 역사적 경험을 어떻게 진화시켜 나가고 있는지 이해하는 데 중요하다. 과거의 역사를 배움으로써 현재의 사회적·경제적·환경적 문제에 대한 이해는 물론 해법을 찾아 나갈 수 있다.

G3

4부.

현대사 진단과 미래사 전망

제15장

현대사 진단과
대응 전략

1. 세계역사 교훈 도출과 현대사 흐름 진단

1) 4차산업혁명 본격화

세계사는 물질적 풍요와 하드파워 중심의 패권경쟁 시대의 한계에 직면하여 혼돈의 소용돌이를 겪고 있다. 코로나 팬데믹 위기를 통해 세계 각국의 긴밀한 협력이 필수적임을 인류 전체가 체험했다. 시대의 흐름을 정확히 진단하는 것은 어렵다. 하지만 잠재되어 있던 구조적 흐름과 이를 극명히 보여주는 사건이 결합될 때 분기점이 만들어진다. 2023년은 그러한 점에서 국제정치상 중요한 한 해였다.

우크라이나 전쟁은 미국이 주도해 온 자유주의 규칙 기반 질서가 다른 강대국에 의해 정면으로 도전받고 있다는 사실을 보여준 사건이었다. 미국의 힘이 약화된 것도 사실이지만 그보다 더욱 중요하게는 탈냉전기 미국이 건설하고 주도해 온 국제질서의 문제점들이 하나의 사건으로 응집되어 나타났다는 것이다.

자유무역에 기초한 글로벌 경제 질서가 안보에 기반한 새 질서로 바뀌고 있다. 국제 협력의 과정에서도 대한민국이 세계의 등불 코리아로서의 위상을 제고했다. 뉴욕타임스 칼럼니스트인 토머스 프리드먼은 한 인터뷰에서 "한국은 엄청난 위기에 민주적으로 잘 대응해 세계적 모델이 되고 있다."라고 했다. 또한, 문화 대국 코리아의 우리 젊은 세대들이 한류의 주역으로 역동적인 활동을 하고 있어 세계가 경이로운 눈으로 바라보고 있다.

이러한 국제적 명성과 칭찬에도 불구하고 가장 심각한 위기요인은 우리 사회 내부에 암세포처럼 퍼지고 있다.

젊은 세대가 희망을 잃고 좌절하며 초저출산·초고령화 사회로 나가는데 정치권에서는 이념대결도 모자라 망국적 지역감정을 이용하려는 조짐마저 보이는 현실에 통탄을 금할 수 없다. 선거철이 다가오면 국가 미래를 망치는 포퓰리즘이 극성을 부리고 우리 사회 내부의 갈등이 봇물처럼 터져 나온다. 국회의원 선거와 대통령 선거 전후의 한국 사회 진통은 온통 국민이 짊어지고 헤쳐 나가야 하는 실정이다.

한편, 21세기는 과학기술을 경시하며 이념대결에 매몰되어 국력을 소진하면 강대국 대열에 합류하지 못하는 시대다. 대한민국이 G7 국가의 위상을 갖고 있더라도 과학기술 경쟁에서 뒤처지면 총체적 국력이 급속하게 약화되는 시대라고 할 수 있다. 즉, 21세기는 팩스 테크니카Pax Technica시대로서 과학기술이 사회변화를 선도하는 시대이다. 2023년부터 각광을 받는 생성형 AI를 비롯한 과학과 기술이 국가발전의 핵심 역할을 하게 된다.

대한민국은 치열한 제4차산업혁명 경쟁에서 추격자의 위치에 있어 혁신적인 민과 관의 절대적인 협조 없이는 선두주자로 도약하기가 어려울 수 있다. 또한 21세기 인류의 과제는 골고루 행복한 지구촌을 건설하는 근본 문제는 기후변화이다. 즉, 빠르게 변화하는 기후변화 에 대처할 기술이나 재정이 주요 이슈로 떠오른다.

『유엔미래보고서 2050』에서는 다음과 같이 말한다.[1]

기후변화에 적응하고 변화를 완화하기 위한 정책과 지속 가능한 포괄적 개발전략이 필요하다. 지속 가능한 성장이 없다면 수십억이 넘는 사람들이

1. 박영숙 · 제롬 글렌 지음, 『유엔미래보고서 2050』, (교보문고, 2016) p.284

가난을 겪을 것이고 많은 문명이 붕괴할 것이다. 그러나 우리에게는 이미 경제 성장을 가속하는 한편, 기후변화에 대응할 만큼의 지혜가 있다. 다만 아직은 지속적인 성장에 필요한 보편적인 윤리규범이 충분히 정립되지 않았으므로 이에 대한 고민이 필요하다.

서구 문명의 근간이 되는 산업혁명이 대전환기를 맞이하고 인터넷과 인공지능 등의 발달로 '인간성의 상실'이 심화되는 것을 넘어 인간의 존립 자체가 위협당하는 경고가 이어지고 있다.

인간은 신의 거룩한 창조물이라는 생각이 쇠퇴하고 거대화하는 도시 속에서 각자 고립되고 이기주의와 물질적 실용주의의 노예로 전락하여 방황한다는 진단도 등장한다. 인간 사회가 대립과 분쟁, 충돌의 무대라는 시각이 설득력을 얻고 있다. 세계열강들마저 자국의 국익을 최우선하며 패권경쟁을 벌이는 국면으로 치닫고 있다. 따라서 현대의 국제사회는 국익만 있을 뿐 이데올로기도 없고, 힘 앞에서는 국제규범이나 원리가 무색해지는 것이 현실이다.

사람들은 자신도 모르는 사이에 기계처럼 살아가고 물질의 노예가 되어가는 것이다. 또한 물질문명과 매스미디어는 복합작용을 일으켜서 인간의 정신과 도덕의식을 교란시키게 되었다. 이러한 상황에서 물질주의에 물든 인간은 본능적인 욕망과 정욕, 물욕에 빠져들게 된다. 현대 서구의 청년들은 탈인간의 한계 상황에서 기계처럼 살아간다.

물질적 풍요와 정신적 공허가 공존하면서 사회문화 질서에 혼돈 현상이 파생되어 정신적 지주가 없는 번영은 이상향이 될 수 없는 것이다. 오늘날 서구 세계에서 동양철학에 관심이 고조되고 동양 문화에 대한 탐구열이 높아지고 있는 현상은 무엇을 의미하는가? 서구 문명을 주도해왔던 주류에서 서구 문명의 한계를 절감하여 새로운 구심점을 찾고자 하는 몸부림이다.

그러므로 서구 문명의 한계를 극복하고 현대의 위기 상황을 해결할 열쇠는 동양의 수준높은 정신 문화 속에서 찾아야 한다는 결론에 도달하게 된다. 그리고 이를 통하여 정신과 물질이 조화를 이룬 진정한 번영을 이룩해야 할 것이다.

2) 중국 영향력 제동 및 국제질서 재편

수천 년의 역사가 입증하듯 한반도의 정세가 불안하면 중국은 항상 한반도 지역으로 세력을 확장시켜 왔다. 중국은 먼저 고개를 숙이거나 약하게 보이면 더 능멸하고 들어오는 나라다. 오랜 기간 그런 외교를 지속해야 왔기 때문에 습성화됐다. 한중 관계를 안정적으로 유지하려는 대한민국의 선의를 악용하려는 의도는 없는지 분석하고 검증해야 한다.

중국이 한반도를 자국의 영향권 하에 두기 위해 북한 김정은 체제를 활용하려는 책략에도 대비해야 한다. 중국은 만만한 국가를 상대로 '힘의 외교력'을 보여주고 있다.

역사적으로 대한민국 외침 932여 회 중 60%는 중국의 침략이고 40%는 일본의 침략이다. 그나마 지난 70여 년 동안 대한민국을 함부로 대하지 못하는 이유는 한미동맹 강화와 함께 대한민국의 국가 위상이 높아졌기 때문이다. 우리는 대한민국의 자랑스러운 역사와 영토를 후손에게 물려주도록 중국, 일본의 역사 침탈에 대하여 체계적이고 논리적으로 대응해 나가야 한다.

대한민국이 겪었던 수난의 역사를 생각할 때 캠프 데이비드 한·미·일 정상회의는 드라마틱한 역사적 반전에 해당하는 일대 사건이라 할 수 있다. 안보와 경제를 아우르는 한·미·일 삼각 협조 체제의 위상은 한반도와 동아시아를 넘어 글로벌 차원에까지 함의를 갖는 것이다. 높아진 위상을 바탕으로

한 차원 높은 국익을 달성하는 국가적 역량 결집을 기대해 본다.[2]

중국이냐? 미국이냐? 라는 이분법적 논리는 시대착오적 발상이다. 대한민국에게 중국의 행보는 기회가 아니라 명백한 도전이다. 역사는 언제나 리더들에게 선택을 강요하며, 국가 미래는 리더의 선택으로 만들어진다. 21세기 변화의 흐름을 파악했다면 무엇을 선택할 것인가를 생각해야 한다.

트렌드에 따른 탁월한 전략과 리더십으로 역사적, 시대적 사명을 완수해야 한다. 한반도 문제는 한국·미국·북한의 회담 결과에 따라서 모든 일이 좌우되는 것은 아니다. 중국, 일본, 러시아와의 관계도 결코 소홀히 하면 안 된다.

특히 중국은 한국전쟁의 정전협정 관련국으로 한반도에서 자국의 영향력을 유지해야 한다는 입장이다. 현시점에서 우리에게 절실한 것은 안보 외교의 균형추 역할이다.

외교에서 극단주의는 역작용을 초래하는바, 국익 중심의 중용·실용주의를 통한 조화로운 외교 전략이 필요하다. 한반도 평화체제 정착이라는 우리의 비핵화 목표를 이루기 위해 어느 쪽에도 치우치지 않고, 이해관계를 조정해 나가는 외교 전략과 지혜로운 리더십이 어느 때보다 절실히 요구된다.

우리 국민은 결기와 의지를 모아 정부의 전략과 정책을 적극 밀어줘야 한다. 국민 의지와 국력을 결집시킬 때 우리 민족의 염원인 한반도 평화번영의 새 지평을 열 수 있다. 21세기 세계적 가치와 메가트렌드는 평화와 번영이다. 특히 자유민주주의와 시장경제 체제를 통한 인류 평화번영이다.

---

2. https://v.daum.net/v/20230825030420813

3) 한국의 글로벌 영향력 - G7 정상회의 초청국

2023년 8월 한·미·일 정상회의 연례화 합의와 관련하여 바이든 대통령은 "오늘 우리는 연례 정상회담에 합의해서 역사를 만들었다."라면서 "우리는 올해만이 아니라 내년만도 아니라 영원히 하겠다는 것"이라고 말했다.

앞으로 한·미·일 협력체의 영속성을 보장하기 위한 제도적 장치들이 마련되는 것은 대한민국의 글로벌 영향력을 증가하는 계기가 될 것이다. 한·미·일 협력 강화가 안보와 경제 양면에서 우리 국익에 도움이 된다는 것을 입증해야 한다.[3]

대한민국의 글로벌 영향력 증가를 인식하고 우리 지도자들은 비핵화 등 유비무환의 안보대책을 철저히 강구해야 할 것이다. 자유민주주의 가치와 헌법정신을 통해 통일 패러다임을 튼튼하게 구축할 수 있는 지혜를 찾아, 범국민적인 국민 대화합과 통합을 이루어 완전 비핵화에 성공할 수 있도록 최선을 다해야 한다.

대한민국의 글로벌 영향력 증가는 G7 정상회의 초청국으로 확인된다. 매년 열리는 G7 정상회담은 일본, 미국, 영국, 프랑스, 독일, 캐나다, 이탈리아 등 세계에서 가장 부유한 민주국가 7개국이 참석하는 자리다.

공식적인 G7 회원은 아니나, 유럽연합EU또한 대표자를 파견한다. 국제통화기금IMF에 따르면 G7의 경제력은 약화하고 있다. 일례로 1990년 당시 G7 국가의 GDP는 전 세계 GDP의 절반 이상을 차지했으나, 지금은 30%도 되지 않는다. G7 입장에선 영향력 있는 새로운 친구가 필요한 시점이다.

---

3. https://www.chosun.com/opinion/chosun_column/2023/08/25/HJAWDVOVM5HOHB6MHJXZNNYE6E/

2. 냉전과 탈냉전의 격동기

1) 냉전 체제의 해체와 세계질서 재편

냉전은 제2차 세계대전 이후 미국과 소비에트 연방을 비롯한 양측 동맹국 사이에서 갈등, 긴장, 경쟁 상태가 이어진 대립 시기를 일컫는다. '냉전'이라는 표현은 버나드 바루크가 1947년에 트루먼 독트린에 관한 논쟁 중 이 말을 사용해서 유명해졌는데, 이것은 무기를 들고 싸운다는 의미의 전쟁(hot war, 열전)과 다르다.

동유럽 각국에 공산주의 정부가 들어서고 그리스와 튀르키예 등지에서 공산주의 세력이 부상하자, 미국은 1947년 트루먼 독트린을 발표하여 공산주의의 확산을 막고자 하였다. 또한, 전쟁으로 피폐해진 서유럽 각국의 경제를 재건하려는 마셜 계획을 발표하였다. 이에 맞서 소련은 코민포름(공산당 정보국)을 만들고 체코슬로바키아를 공산화하였다.

세계대전 이후 유럽 열강의 세력은 약화되었으며, 미국 중심의 자유민주주의 진영과 소련 중심의 공산주의 진영으로 대립하게 되었다. 이후 그리스 내전을 계기로 미국은 반공 정책을 강화하고 소련은 1948년 베를린을 봉쇄하였다. 이에 서방 국가들은 북대서양 조약기구NATO를 결성하여 집단 방위 체제를 마련하였다.

따라서 공산국가 역시 바르샤바 조약 기구WTO를 결성하게 되었다. 이런 와중에 우리나라에서는 6·25전쟁이, 남아메리카에서는 쿠바 위기가, 동남아시아에서는 베트남 전쟁이 벌어지게 되었다. 냉전의 대결 구도는 세계 곳곳에서 전쟁으로 이어졌다. 한반도에서는 제2차 세계대전이 끝난 후 남북한에서 이념을 달리하는 두 체제가 수립되었다. 1950년 북한의 남침으로 6·25 전쟁이 발발하여 양측 모두 심각한 상처와 막대한 피해를 보았다.

베트남은 프랑스와의 전쟁에서 승리하였으나 1954년 제네바 협정 이후 공산당이 지배하는 북베트남과 친미 정권이 지배하는 남베트남으로 분단되었다. 한편 소련이 원자폭탄 개발에 성공한 이후 상대방에게 군사적 우위를 확보하려고 미국과 소련의 핵무기와 미사일 경쟁이 더욱 치열해졌다.

한편, 미소 냉전은 소련의 흐루시쵸프의 평화공존 표방으로 다소 완화되었다. 그러나 쿠바 위기와 베트남 전쟁으로 냉전 체제는 지속되었다. 이후 서유럽과 일본의 경제발전, 유럽 공동체 결성, 중·소 분쟁 등이 이어지면서 국제정치에서 이념보다 국가의 이익을 앞세우는 경향이 강해졌다. 이런 흐름에 맞추어 미국은 외교정책에 변화를 주게 되었다.

그 대표적인 것이 닉슨 독트린(1969)의 발표였고 이어 닉슨은 중국을 방문하였다(1972). 소련의 고르바초프가 경제발전을 위해 개혁(페레스트로이카), 개방(글라스노스트)을 내세우며 민주화를 추진하였다. 이후 동유럽의 민주화 운동으로 공산정권이 붕괴되었고, 1989년 11월 9일 베를린 장벽 붕괴는 냉전 시대의 끝을 알리는 사건으로서 88서울올림픽은 촉매제 역할을 하였다. 1990년 독일 통일과 1991년 소비에트 연방 붕괴로 1940년 이후 계속됐던 미국과 소련의 대립 구도는 막을 내려 냉전 체제는 붕괴되었다.

사회주의 종주국이었던 구소련은 1991년 옐친의 민주주의 체제가 들어선 후에는 적극적으로 가격의 자유화와 국영 기업의 민영화가 추진되고 있다. 고르바초프Mikhail Sergeyevich Gorbachyov에 의해 추진된 소련의 개방과 개혁 정책Perestroika은 물론, 1988년 서울 올림픽의 성공적인 개최 결과 세계적으로 냉전 체제가 와해되고, 자유의 바람이 불었다. 그 영향으로 동유럽 국가들이 소련의 눈치에서 벗어나 민주화를 추진하게 되었고, 동독도 같은 행보를 걷게 되어 베를린 장벽이 무너지고, 첫 자유 선거가 벌어져 L.데 메지에르Lothar de Maiziere 정권이 탄생하는 등 통일의 기운이 무르익었다.

이틈을 타, 서독이 막강한 경제력을 내세워 소련에 경제협력을 약속하고 주변 국가에 외교 공세를 펴면서 1990년 초부터 독일 통일의 외부 문제를 규정하기 위한 동서양 당사국과 미국, 영국, 프랑스, 소련의 이른바 2+4회담이 열려, 8월 말 통일조약이 체결되고, 9월에는 2+4회담의 승인을 얻어 1990년 10월 3일 마침내 민족통일을 달성하였다.

1990년 12월 2일 전 독일 총선거를 하여 콜Helmut Kohl 총리가 이끄는 통일 정부 구성을 끝냈지만, 통일 전 파산 지경에 이르렀던 동독 경제의 회복과 동서독 주민 간의 경제적 격차 해소, 사회주의 체제에서 빚어졌던 재산권 문제 등 부작용도 많았다.

냉전이 끝났음에도 불구하고 세계 각지에서 종족, 인종, 종교, 영토 등 다양한 원인이 뒤얽힌 갈등이 속출하여 인류 공존과 세계 평화를 위협하고 테러리즘이 창궐하는 등 비전통 안보위협이 급증했다.

동유럽의 옛 유고슬라비아 지역에서는 연방이 해체된 이후 종족·종교 차별로 적대감이 불거졌다. 결국 '종족 청소'라는 용어가 만들어질 정도로 대규모 학살이 벌어졌다.

아프리카의 르완다 역시 종족 간 내전이 발발하여 수백만 명에 달하는 희생자가 발생하였다. 한편 서유럽 각국에서는 대규모 난민과 이민자가 유입되어 다문화·다인종 사회로 전환되는 가운데 인종주의가 다시 고개를 들고 있다.

1995년 결성된 세계 무역 기구WTO는 무역과 금융 자본 투자, 지적 재산권 보호 등에서 무역 분쟁을 조정하고 자유무역을 강화하는 데 앞장섰다. 세계는 국가와 지역 장벽을 뛰어넘어 거대한 하나의 시장을 형성하였으며, 인력과 물자, 정보의 전 세계적 이동이 자유로워졌다. 이러한 가운데 다국적 기업과 금융 자본이 국경을 넘나들며 이윤을 극대화하고 있다.

각국 정부와 기업은 연구 개발에 막대한 자본을 투자하여 과학기술의 발전 속도가 눈부시게 빨라졌으며, 이는 세계화를 더욱 촉진하였다. 반면에 회원국에게만 편익을 주는 차별적 행동으로 인해 비회원국이 국제 거래에서 불리한 처지에 놓이게 되어 무역마찰을 가져오는 부정적 측면이 있다.[4]

2) 탈냉전 이후 불확실성 증폭

'하나의 세계One World' 상징적 표현이 자주 사용되지만 20세기에는 그 전과는 비교도 되지 않을 정도로 수많은 전쟁, 충돌과 테러리즘이 끊이질 않았다. UN 체제하에서 세계대전 수준의 전면적인 전쟁이 일어나지 않았지만, 국가 간 전쟁은 끊이질 않았다.

UN 안전보장이사회의 주도적 국제질서 유지 노력에도 불구하고 세계 각국이 안보위협에 대한 불확실성 증폭으로 군사비 지출을 증대해야 하는 상황에 직면하게 되었다. 2022년 러시아의 우크라이나 침공 중에 북한이 미사일 시위와 핵 위협을 했다. 21세기는 인도·태평양 시대가 될 것이라는 세계적 흐름을 읽어 낸 열강들이 '그레이트 전쟁'을 벌이고 있다.

현대사의 주역으로 우뚝 선 미국은 세계 최강의 막강한 군사력을 유지하면서 국제질서에 큰 영향을 미치고 있다. 영원한 우방도 적도 없으며 오직 국익 최우선 추구의 각축장이기에 최근 국제사회는 정글의 법칙이 더욱 노골화되고 있다. 우크라이나 전쟁은 러시아가 국제법을 전쟁으로 위반하고 일으킨 명백한 불법적 전쟁이다.

---

4. https://eiec.kdi.re.kr/material/conceptList.do?idx=156

중국의 시진핑 주석은 "한국은 중국의 일부였다."라는 등 터무니없는 역사 왜곡을 하는 등 한반도를 영향권 하에 두려는 의도를 공개적으로 표출했다.

3) 미중 패권경쟁의 실상

중국이 2010년에 경제규모 면에서 세계 2위를 달성한 이후 미국이 견제에 나서면서 미중 패권경쟁이 본격화되었다. 그러나 중국의 역사 왜곡과 정신 문화적 수준으로는 그들이 꿈꾸는 G1의 문턱을 넘지 못하고 쇠락할 것으로 본다.

캐나다 맥매스터대 송재윤 교수는 다음과 같이 말한다.

미·중 대결에 관해서도 같은 실수가 반복되고 있진 않나 의심스럽다. 중국의 GDP(국내총생산)가 일본을 따돌리고 세계 2위에 올라선 2010년 이후 "중국이 대체 언제 미국을 따라잡나?"에 세계의 이목이 쏠렸다. 몇 년 전까지도 중국이 10년 안에 미국을 추월한다는 낙관론이 팽배했었지만, 최근 2년 사이 부동산 버블, 지방정부 부채, 높은 청년 실업률, 인구 절벽 등 중국 경제의 뇌관들이 잇따라 터지면서 중국은 결코 미국을 넘어설 수 없다는 비관론이 득세했다. 실제로 2년 전 미국의 75% 수준까지 치고 올라왔던 중국의 GDP는 올해 3분기 미국 경제가 호조를 보이면서 다시 64%까지 주저앉은 상태이다.

1989년 톈안먼 대학살이 벌어진 후 중국 안팎의 지식인들은 중국이 머잖아 민주화될 것이란 희망 섞인 예측을 무수히 쏟아냈었다. 지금까지 그들의 예언은 실현되지 않았지만, 아직 결론을 내리기엔 이르다. 1946년 최초로 '냉전'이란 신조어를 만든 오웰은 소련이 민주화되거나 무너질 수밖에 없다고 썼다. 그 예언이 실현되기까진 45년의 세월이 걸렸다. 내년은 톈안

먼 대학살 35주년이다. 반세기 앞서 소련의 몰락을 내다봤던 오웰의 혜안은 놀랍거니와 앞으로 최소 10년 더 중국의 사회 현실을 예의주시할 필요가 있다.

백지를 손에 들고 시위를 하는 청년들을 보면 중국은 희망의 대륙이다. 세계시장을 가진 중국이기에 참된 개혁과 개방을 요구하는 세계의 압박을 중국은 견딜 수가 없다. 희망이 현실로 바뀌려면 시간이 걸리겠지만, 정치적 진화에서 시간은 늘 희망의 편이었음을 인류의 역사가 웅변한다.

중국은 2012년 시진핑 집권 이후 '중화민족의 위대한 부흥'이라는 중국의 꿈中國夢 비전을 선언했다. 2013년 중국 당국이 제시한 '일대일로一帶一路' 전략 구상은 미국 주도의 지정학 전략에 대한 중국의 반격이다.

중국은 러시아, 중앙아시아 국가들은 물론 이란 인도 등 유라시아 주요 국가들과의 협력을 강화하고 있다. 중국의 전략은 전통적으로 미국의 세력권인 태평양 연해에서 미국과 경쟁하기보다는 아예 지정학의 중심을 유라시아로 옮겨오는 것이었다.

3. 푸틴,
글로벌 리더십의 함정에 빠지다!

푸틴 러시아 대통령은 2000년 보리스 옐친 대통령으로부터 러시아의 1인자 자리를 넘겨받아 24년째 대통령 4회, 총리 1회를 역임하며 장기 집권해왔다. 우크라이나와의 전쟁 와중에도 경제는 건재함을 과시하며 2024년 차기 대선 출마를 준비하며 장기집권 연장을 꾀하고 있다.

푸틴은 장기 집권 기간 중 두 번에 걸쳐 헌법과 선거법을 고쳐가며 집권을 이어왔다. 6년 임기의 대통령직을 2036년까지 두 차례 더 맡을 수 있는 법적 근거를 마련한 셈이다. 이를 국내외적으로 뒷받침하기 위해 2022년 2월 24일에 우크라이나를 전격적으로 침공하는 군사작전을 명령하여 세계질서 전반에 파란을 일으키고 있다. 우크라이나 전쟁은 우크라이나와 러시아 간의 지역 갈등에서 비롯되었지만, 그 영향은 지역을 넘어 국제정세에 큰 영향을 미치고 있다.

우크라이나와 러시아 전쟁의 배경과 원인은 오랜 역사와 다양한 정치적, 문화적 요인들에 근거하고 있다. 러시아와 우크라이나, 벨라루스는 11세기에 최전성기를 보낸 초기 단일 국가, 바로 키이우를 중심으로 한 키이우 공국에서 갈라져 나왔다.

그 이후로 우크라이나는 종종 침략자들과 야망을 품은 제국주의 국가들의 표적이 돼왔다. 현재 러시아와 벌이는 전쟁은 우크라이나인들이 지난 수백 년간 마주해온 문제, 즉 자결권을 얻느냐 아니면 예속되느냐를 결정하는 전쟁이다. 우크라이나는 러시아 제국의 일부였으며, 1991년의 소비에트 연방의 해체 이후 독립을 찾았다. 그러나 두 나라 사이의 경계와 정치적 정체성을 둘러싼 문제로 인해 계속해서 갈등이 지속되었다.

전쟁의 원인은 다양하고 복잡하지만, 크게 세 가지로 요약할 수 있다.

첫째, 우크라이나 내부의 정치적, 경제적, 문화적 갈등이다. 우크라이나는 서부와 동부로 나누어져 있으며, 서부는 유럽연합과 가깝고, 동부는 러시아와 가깝다. 2013년 우크라이나 정부가 EU와의 연합 협정을 체결하지 않기로 결정하자, 서부 지역에서는 반정부 시위가 일어났다. 이 시위는 2014년 2월에 친러시아 성향의 빅토르 야누코비치 전 대통령을 축출하고, 친유럽 성향의 새로운 정부를 수립하는 결과를 낳았다. 그러나 동부 지역에서는 이 새로운 정부를 인정하지 않고, 분리주의 반군이 무장 저항을 시작했다.

둘째, 러시아의 국가 이익과 푸틴 대통령의 정치적 욕심이다. 러시아는 우크라이나를 전략적 가치 때문에 우크라이나가 EU나 NATO와 가까워지는 것을 원치 않았다. 또한 러시아는 우크라이나 남부의 크림반도를 자신의 역사적 영토로 간주하고 있으며, 특히 세바스토폴 항구를 흑해 함대의 주요 기지로 사용하고 있다. 푸틴 대통령은 자신의 권력을 유지하고, 국민의 지지를 얻기 위해 러시아의 국가주의적 감정을 부추기고, 서방세계에 대항하는 자세를 보였다.

셋째, 서방세계의 반응과 제재이다. EU와 NATO는 우크라이나의 통합과 주권을 지지하며, 러시아의 침략과 합병을 비난하고 인정하지 않았다. 서방세계는 러시아에 대해 경제적, 외교적, 군사적 제재를 가했다. 그러나 서방세계는 우크라이나에 직접적인 군사 개입을 하지 않았으며, 우크라이나가 NATO에 가입하는 것도 차단했다. 서방세계는 러시아와의 전면전을 피하고, 평화적인 협상을 통해 갈등을 해결하려고 했다. 그러나 이러한 노력은 성과가 없었으며, 러시아는 제재에도 불구하고 우크라이나에 대한 압력을 계속 가했다.

우크라이나와 러시아 전쟁은 국내적인 연약성, 지역간의 역사적 충돌, 그리고 국제 사회의 균형을 불안정하게 만드는 전 세계적인 위험요소로 지속되고 있다. 우크라이나와 러시아 전쟁이 장기화 될수록 더 큰 재앙으로 확대될 수 있다.

왜 푸틴은 오판하게 됐을까? '리더의 함정'에 답이 있다. 그는 적어도 세 가지 함정에 빠졌다.

첫 번째가 '우두머리 수컷Alpha male' 함정이다. 동물의 세계를 보면 무리를 이끄는 우두머리 수컷이 있다. 이들은 무리를 지배하면서 모든 무리를 자신에게 복속시키려 한다. 동물 세계의 이런 행동이 인간 세상에서도 나타나는 것을 '우두머리 수컷 신드롬'이라고 한다. 푸틴이 이 함정에 빠졌다. 그는 전 세계를 향해서도 자신이 우두머리임을 보여주고 싶었다. 우크라이나와의 군사력 차이는 그의 이런 태도를 더 공고히 해줬다. 러시아는 2위의 군사 대국인 반면 우크라이나는 22위였으니, 푸틴은 우크라이나 정도는 쉽게 점령할 수 있을 것으로 생각했다.

두 번째는 '성공경험의 함정'이다. 한두 번의 성공 경험으로 모든 일에 자신감을 갖는 심리현상을 말한다. 푸틴의 오판 역시 그의 성공경험 때문이었다. 대표적인 것이 크림반도 병합이다. 러시아는 2014년 우크라이나 크림반도를 공격해 병합했다. 공격에 가담한 군인들은 어떤 휘장도 없는, 심지어 이름이나 계급장도 달지 않은 군복을 입고 있었다. 이들을 '그린 맨green man'이라고 한다.

이런 전략으로 서방세계를 어리둥절하게 만든 후 푸틴은 크림반도 병합에 성공한다. 뒤늦게 러시아의 침공임을 안 서방세계가 제재에 돌입했지만 실효를 거두지 못했다. 세 번째는 '근거리 탐색 함정'이다. 가까운 사람에게만 의존해 정보를 얻는 것을 말한다. 푸틴은 중대한 의사결정 시 주변 측근의 의견에만 귀를 기울인다. 주로 어린 시절 친구이거나 푸틴이 몸담았던 러시아 정보기관 출신들이다. 이들은 우크라이나 공격에 대한 푸틴의 생각에 힘을 실어 주었다. 그리고 전쟁 발발 후 불리한 전황이나 서방 제재로 인한 어려운 경제상황에 대한 정보는 제대로 보고하지 않았다. 그럴수록 푸틴은 우크라이나 전쟁 상황을 오판하고 있었다.

푸틴만 이러한 오판의 함정에 빠질까? 아니다. 많은 권위주의적 독재국가의 리더가 빠질 수 있다. 우두머리의 자존심을 세우는 방향으로 매사를 결정하게 된다. 한두 번의 성공에 취해 자신을 성공의 화신으로 착각하면서 아무 일이나 덜컥덜컥 벌린다.[5]

러시아의 우크라이나 침공은 어리석은 결정이지만 푸틴은 계산법은 다를 것이다. 자기 확증 편향이거나 과대망상에 빠져서 전쟁을 그의 집권 장기화 플랜에 이용하는 듯하다. 미국과 나토는 휴전을 준비하고 있지만, 러시아의 푸틴이나 우크라이나의 젤렌스키 대통령 모두 기본적인 입장에 변화가 없는 상황에서 통합된 해결책을 찾는 것은 극히 어렵다.

세계역사 리더십의 교훈은 명료하다. 지혜로운 리더가 이끌었던 국가나 조직은 태평성대·국태민안으로 강성했지만, 우매한 리더가 있던 국가나 조직은 피폐하고 말았다.

---

5. http://www.kookje.co.kr/news2011/asp/newsbody.asp?code=1700&key=20220520.
   22018004633

4. 21세기 신독재 철권통치 리더들의 발호

무자비한 철권 통치는 북한 김정은, 러시아 푸틴, 중국 시진핑 같은 독재주의 국가들만의 전유물이 아니다. 시리아의 바샤르 알 아사드, 터키의 에르도안는 지난 20년 동안 튀르키예를 지배해온 레제프 타이이프 에르도안 대통령이 선거를 통해 장기집권을 이어가고 있다. 인권을 짓밟는 짙은 선글라스, 뒤로 돌려 쓴 모자, 가죽 재킷, 청바지. 요즘 중남미 국가 유력 정치인들에게서 쉽게 볼 수 있는 모습들이다. 나이브 부켈레(42) 엘살바도르 대통령의 폭발적 인기가 자국을 넘어 중남미 전역으로 확산하자 너도나도 그의 스타일 따라 하기에 나선 것이다.

세계 최고 수준의 살인율을 기록하던 엘살바도르 대통령 자리에 오른 후 초강력 범죄 소탕 작전을 이끌고 있는 부켈레가 중남미의 벼락 스타로 떠올랐다. 만성적 치안 불안에 넌더리를 내던 각국 국민들이 그의 불도저식 통치 스타일에 환호하는 가운데, 새로운 독재체제가 자리 잡을 수 있다는 우려도 커지고 있다.

2019년 6월 취임한 부켈레는 지난달 차기 대선 출마 의사를 공식적으로 밝혔다. 앞서 2021년 대통령 중임은 가능하되 연임을 금지한 선거 규정이 대법원과 선관위 결정으로 백지화됐다. 부켈레는 소셜미디어 계정에 자신을 '엘살바도르의 독재자'로 소개하고 공개적으로 재선 의사를 밝혀왔다. 점잖고 그럴싸한 단어로 자신들의 의도를 숨기는 여느 정치인들과 달리 거침없이 권력욕을 드러내는 그의 지지율은 경이적 수준이다.

　최근 한 여론조사에서 부켈레 정권을 지지한다는 응답률은 93%에 달했다. 범죄를 뿌리 뽑겠다며 국가비상사태를 선포한 뒤 공권력을 동원해 갱단 소탕 작전에 나서면서 지지율이 치솟기 시작했다.

　'마노 두라mano dura(철권통치)'라고 불린 작전으로 성인 인구의 2%에 해당하는 약 7만명이 교도소에 수감됐다. 경찰이 갱단으로 의심하는 사람은 누구든 체포할 수 있도록 했다. 체포된 피의자들을 수용할 중남미 최대 규모의 교도소도 신설했다. 일단 때려잡고 보는 식의 범죄 소탕 작전에 인권 탄압이라는 비판도 적지 않았다. 하지만 국민이 피부로 느끼는 변화도 적지 않았다.

　악명 높던 살인율이 뚝 떨어졌다. 2015년 세계 최고 수준인 인구 10만 명당 106건에서 2022년에는 8건으로 92% 이상 감소한 것이다. 미국이나 멕시코로 망명하는 국민 수가 44% 줄었다.

　국제기구의 경고에도 불구하고 세계 최초로 가상화폐 비트코인을 법정화폐로 채택했다 가격 폭락으로 재정 위기를 겪는 등 위기도 찾아왔다. 그러나 범죄와의 전쟁으로 지지율은 날개를 달았다.

　엘살바도르는 20세기 이후 여섯 번 쿠데타를 겪고, 1980년부터 12년간 좌우 진영의 유혈 내전을 겪었다.

　오랜 정정 불안 역사에 만성적 치안 불안을 겪었던 국민에게 부켈레는 '거악巨惡과 싸우는 정의의 사도'로 각인됐다. 그가 소셜미디어 등에 자신을 '세상에서 가장 멋진 독재자' 등으로 소개하는 것도 높은 지지율에 대한 자신감의 표현이라는 분석이다. 부켈레에 대한 열광적 지지는 '부켈리스모Bukelismo(부켈레주의)'라는 신조어까지 만들어내면서 이웃 국가로 확산되는 모습이다. 좌파·우파를 가리지 않고 각국 지도자와 유력 정치인들이 벤치마킹에 나섰다.

　이런 흐름은 에콰도르, 과테말라, 콜롬비아에서도 나타나고 있다.

온두라스에서는 현직 여성 대통령까지 '부켈레 따라 하기'에 나섰다. 시오마라 카스트로 대통령은 공식 행사에서 선글라스를 따라 쓴다. 앞서 공권력을 앞세운 범죄자 단속을 시작했고, 본토에서 200㎞ 떨어진 카리브해 스완제도에 갱단 간부 2,000명을 수용할 교도소 건설을 발표했다.

페루에서는 우파 진영 차기 대선 주자인 라파엘 로페스 알리아가 리마 시장이 "부켈레는 기적을 이루었다."라며 범죄 단속을 약속했다.

아르헨티나에서도 대선후보 산티아고 쿠네오가 선글라스를 착용하며 '아르헨티나 부켈레'를 자처하고 있다. 남미국가에서 확산되는 부켈레 신드롬에 대한 우려의 목소리도 높아지고 있다.

부켈레의 인기는 사회 안전보장을 위해 유권자들이 인권, 시민의 자유, 법치 등에 대한 침해를 기꺼이 받아들일 용의가 있기 때문에 나타나는 현상이다.

5. 아프리카 쿠데타 벨트, 새로운 화약고

아프리카 대륙을 동서로 가로지르는 사헬 지역 국가에서 잇따라 쿠데타가 발생하는 가운데 마지막 보루로 꼽혔던 니제르에서도 쿠데타가 일어나 혼란이 커지고 있다. 아프리카 대륙의 북부에 위치한 사하라 사막의 남쪽 경계선 부분을 뜻하는 '사헬'은 가장자리라는 의미이며 이 지역은 최근 몇 년간 알카에다나 이슬람국가IS 등 극단주의 이슬람 세력이 영역을 빠르게 확장해 갈등이 증폭돼 온 곳이다.

뉴욕타임스NYT는 2023년 7월 29일'니제르에서 발생한 쿠데타로 아프리카 대륙의 동쪽 끝에서 서쪽 끝까지 5600㎞를 가로지르는 여섯 나라에 지구상에서 가장 긴 군부 점령지가 만들어졌다.'라며 "마지막 '도미노 조각' 니제르가 쓰러지면서 '쿠데타 벨트(띠)'가 완성됐다."라고 보도했다.

NYT가 지목한 6국은 (서쪽부터) 기니·말리·부르키나파소·니제르·차드·수단이다. 앞서 2020년 말리, 2021년 기니, 2022년 부르키나파소 정권을 잇따라 군부가 장악했다. 차드는 2021년 이드리스 데비 대통령이 세상을 뜬 후 군사평의회가 권력을 거머쥐었다. 수단은 2021년 군부가 쿠데타를 통해 정권을 잡은 후 군 세력 간 내전이 지속되고 있다.

사헬 지역이 쿠데타와 내전으로 얼룩지는 가운데서도 니제르는 민주주의에 기반한 국가개발을 추진해 온 나라이다. 니제르는 1인당 국내총생산GDP이 613달러(약 78만 3,000원)로 국제통화기금IMF이 통계를 작성하는 195국 중

185위인 최빈국이다. 1960년 프랑스에서 독립한 이후 2021년 3월 처음으로 평화적·민주적 절차를 거쳐 모하메드 바줌 대통령이 취임했다. 세계은행에 따르면, 니제르는 연간 20억 달러(약 2조 5,000억 원)에 가까운 공적 개발 원조를 받았다.

대부분 미국·프랑스 등 서방 민주주의 국가의 지원이었다. 하지만 이와 같은 '민주적 재건' 계획은 쿠데타로 멈춰 섰다. 바줌 대통령의 경호실장 압두라흐마네 티아니는 이날 부패와 치안 악화를 명분으로 쿠데타를 일으켰다. 바줌 대통령 일가족을 억류하고 자신이 새로운 국가원수에 해당하는 국가수호위원회 의장이라고 밝혔다.

사헬 지역에선 여러 종교가 대립하면서 치안이 악화하고 분쟁이 지속됐다. 특히 무장 이슬람 세력이 치안이 허술한 이 지역을 기반으로 성장하면서 테러 활동도 끊이지 않았다. 호주경제평화연구소에 따르면, 2022년 사헬 지역에서 사망한 6,701명 중 43%는 지하드(이교도를 상대로 하는 이슬람의 종교전쟁) 테러 피해자였다. 중동이나 남아시아보다 그 비율이 높았다.

쿠데타로 정세가 불안해지면 이슬람 극단주의 세력이 득세할 가능성이 커진다. 전체주의 군부 정권의 확산은 전체주의 맹주인 러시아가 세력을 넓힐 발판 역할을 하기도 한다. 2023년 7월 30일 니제르 수도 니아메에선 군부를 지지하는 시위대가 러시아 국기를 흔들고 블라디미르 푸틴 대통령의 이름을 연호하기도 했다. 또 프랑스 대사관이 공격을 받고 한때 출입문에 불이 붙기도 했다. 지난 2023년 8월 23일 사망한 러시아 용병단 바그너그룹의 수장 예브게니 프리고진도 텔레그램에서 "식민 지배자들에 대한 니제르 국민의 투쟁"이라며 쿠데타를 두둔했었다. 쿠데타 직후 서방을 적대시하고 러시아를 옹호하는 모습이 두드러지고 있다.

서방은 쿠데타 세력을 규탄하고 나섰다. 에마뉘엘 마크롱 프랑스 대통령은 "프랑스의 이익을 침해하는 자는 혹독한 대응을 보게 될 것"이라며 "바줌 대통령의 복권을 지지한다."라고 했다.

토니 블링컨 미 국무장관도 "바줌 대통령을 복권시키고 민주 질서를 회복하지 않을 경우 재정 지원과 안보 협력을 중단할 수 있다."라고 경고했다. 호세프 보렐 유럽연합EU 외교·안보 고위 대표도 "EU는 니제르의 쿠데타 군정을 인정하지 않을 것"이라고 밝혔다.

6. 미·중 패권 각축장이 된 남태평양 섬나라

냉전 시대 이후 주목받지 못하던 남태평양 섬나라들이 미·중 간 경쟁의 무대로 떠오르고 있다. 미국은 우크라이나 전쟁 중에도 미국의 초점은 중국이며 중국이 미국 주도 질서에 도전할 수 있는 힘과 의지를 가진 유일한 세력이라는 점을 부각하고 있다. 대한민국이 '태평양 도서국'으로 명명한 18개 섬나라는 미국과 중국의 격화되는 남태평양 패권 쟁탈전으로 인해 지구촌의 파라다이스가 아니라 열강의 체스판으로 전락하고 있다.

한동안 미국이 이들 간의 외교를 등한시한 틈에 중국이 막대한 지원을 통해 이들 국가와 우호적인 관계를 쌓아 나갔고 군사적 협력관계까지 구축했기 때문이다. 중국을 방어하려던 '도련선島鍊線, Island Chain'이 중국으로 넘어간다는 데에 긴장한 미국은 최근 남태평양 지역에 파격적인 투자와 지원을 약속하며 이들의 마음을 돌리려 하고 있다. 여기에 중국을 견제하면서도 나름대로 자신들의 영향력을 쌓아가려는 프랑스와 일본 등이 가세하면서 남태평양 지역이 새로운 열강의 각축장이 되고 있다.

태평양 도서국은 태평양 중부·서부와 남태평양에 위치한 14국을 가리킨다. 여기에 호주·뉴질랜드, 프랑스 자치령인 뉴칼레도니아·프렌치 폴리네시아도 '태평양도서국포럼PIF'의 일원으로 참여하고 있다. 전 세계 면적의 14%에 육박하는 광활한 배타적 경제수역EEZ을 갖고 있고, 참치 어획량의 70%가 이곳에서 나올 정도로 어족 자원이 풍부하다. 미국과 중국, 유럽연합

EU, 일본, 호주 등 주요국들은 이런 태도국太島國의 지정학적 가치에 주목해 오래전부터 집중해왔던 지역이지만, 한국 정부는 이 지역에 대한 별도의 전략을 갖고 있지 않다가 뒤늦게 뛰어든 것이다.

미국은 의회, 정부 모두 나서 남태평양 도서국 지원에 나섰다. 조니 에른스트(공화 · 아이오와) 상원의원 등은 태평양 도서국가에 국가안보위원회 설치를 지원하는 내용이 담긴 '뱅가드 훈련과 국가적 권한 부여를 통한 오세아니아 국가와의 연결'CONVENE 법안을 공동 발의했다. 기존에 태평양 3개국과 맺은 자유연합협정COFA을 확대한 새 법령은 다음과 같다.

• 악의적 영향에 대응하기 위한 미국과의 조율을 위한 국가안보위원회 설립 지원

• COFA 국가들과의 긴급 · 인도적 대응 및 해상 보안활동 · 방첩활동 협력 강화 △미국의 활동에 대한 중국의 감시활동 예방

• 미국 국가안보 기관과 COFA 대표기관 간의 통합 등을 포함하고 있다. 미국 정부도 이들 국가와의 관계 강화에 적극적이다. 바이든 대통령도 미국을 찾는 마셜제도, 미크로네시아, 팔라우 등 3개국 정상과 회담할 예정이다. 미국이 이처럼 태평양 지역에 지원을 약속하고 나선 것은 중국의 태평양 진출과 영향력 확대가 커지고 있기 때문이다.

7월 10일 시진핑習近平 중국 국가주석은 자국을 방문한 머내시 소가바레 솔로몬제도 총리와 양국 간 전면적 전략동반자관계 수립을 공식 선포했다. 대만과 수교하던 솔로몬제도는 소가바레 총리 취임 이후인 2019년 9월 대만과 교류를 끊고 중국과 수교했는데, 2022년 3월 중국과 솔로몬제도 간 양자 안보협력 협정 초안이 유출되며 미국의 우려가 극에 달했다. 당시 공개된 협정 초안에는 중국이 솔로몬제도에 선박, 물류 교체, 기착을 위해 군대를 파견하고 영구적인 군사 기지를 세울 수도 있음을 시사하는 내용이 담겼다.

또한 중국은 하와이 해안에서 약 2,800㎞ 떨어진 키리바시의 칸톤섬에

서 활주로 정비작업을 하고 있어 중국 전략폭격기가 미국을 공격할 수 있다는 우려도 나오고 있다. 중국과 남태평양 도서국 간의 교류는 1992년 1억 5,300만 달러에서 2013년 9억 달러로, 2021년에는 53억 달러로 급증했다. 중국의 과감한 투자도 한몫했지만 많은 전문가는 도널드 트럼프 행정부 시절 미국이 이들 국가에 대한 지원을 대거 축소하고 지구온난화 대처에 미온적이었던 점이 중국 영향력 확대 계기가 됐다고 분석했다. 이들 도서 국가는 트럼프 당시 대통령과 스콧 모리슨 당시 호주 총리가 해수면 상승으로 생존에 위협을 겪고 있던 이들 국가에 '기후변화 때문이 아니다'라고 말하며 책임을 회피한 것에 큰 반감을 가졌다. 또한 이들 국가지도자 상당수는 자신들을 부패 정권, 비민주 정권이라 낙인찍는 서구 국가보다 이런 데 신경 쓰지 않는 중국을 더 선호할 수 있다.

프랑스, 일본 등도 태평양 영향력 확대 나서고 있다. 해상자위대는 헬기 탑재 호위함이자 경항공모함으로의 개조를 준비 중인 '이즈모'의 승선 프로그램을 호주 주변 해역에서 실시했다. 프로그램에는 피지, 바누아투, 사모아 등 10개국이 참가했다. 2012년에 시작된 자위대의 외국 군경 지원 사업이 남태평양 도서국으로 확대된 배경에는 태평양에서 영향력을 강화하는 중국에 대항하려는 의도가 있다.

에마뉘엘 마크롱 프랑스 대통령은 현직 대통령 최초로 남태평양 국가들을 순방하며 "인도·태평양, 특히 오세아니아에 신제국주의가 나타나고 있다. 권력의 논리가 가장 작고 가장 취약한 나라를 위협하고 있다."라고 강조했다. 이는 중국의 남태평양 도서 국가들에 대한 영향력 확대를 견제하며 프랑스가 대안이 될 수 있음을 강조한 것이다.

7. 역사를 잊은 민족에게 미래란 없다! - 국난극복 교훈

대한민국의 과거사는 국난극복의 여정으로 집약된다. 주변 강대국들의 한반도 침탈이 끊임없이 이어지는 와중에도 우리 민족이 5천 년 역사를 보존할 수 있었던 것은 나라사랑 정신이 큰 역할을 했다. 호국정신이 가장 상징적으로 나타나는 경우는 전쟁이 발생했을 때 국민들이 어떠한 의식을 갖고 국가의 부름에 응하느냐가 중요한 척도가 된다.

2023년 10월 이스라엘과 팔레스타인 하마스 무장세력간의 전쟁이 촉발되자 세계 도처의 유대인들이 본국으로 자진 귀국하여 예비군 소집에 자원하는 모습이 시사하는 바 크다.

미국의 외교 브레인 즈비그뉴 브레진스키는 1997년에 쓴 자신의 저서『거대한 체스판』에서 유라시아 대륙은 미국의 가장 중요한 지정학적 목표로서 미국의 세계 패권 지위 지속 여부를 결정할 거대한 체스판이라고 규정했다. 브레진스키는 2012년에 쓴 또 다른 저서『전략적 비전』에서 2025년까지 유라시아 대륙에서 지정학적으로 위기에 처할 수 있는 취약한 국가 및 지역들을 열거한 바 있다. 조지아 벨라루스 우크라이나 이스라엘과 중동 아프가니스탄 파키스탄 대만 그리고 한국이 그렇게 꼽힌 나라들이다.

6·25전쟁 70주년 사업추진위원회가 2020년에 실시한 6·25전쟁에 대한 국민의식조사를 한 결과는 상징적 의미가 크다. 동 위원회가 중앙일보, 한국정치학회와 함께 한국갤럽에 의뢰하여 '국민의식조사'를 실시했다. 조사항목

(질문) 중에서 "6·25전쟁이 일어난 가장 큰 책임이 있다고 생각하는 나라"에 대한 응답이 북한(56.9%), 남북한 모두(11.8%), 미국(9.6%), 소련(6.8%) 중국(4.8%), 남한(1.2%)으로 나타났다. 남한의 전쟁 대비 부족을 탓하는 비율이 가장 적게 나타났다는 것이 2020년 시점의 안보의식이 약화하였음을 상징적으로 대변해 준다.

일찍이 신채호 선생은 "역사를 잊은 민족에게 미래는 없다."라고 설파했다. 아픔의 역사는 곱씹고 기억하고, 교훈으로 삼지 않으면 다시 되풀이된다. 수많은 전란을 겪는 한반도와 우리 민족은 국난극복을 자랑삼아 거론하기 이전에 "왜, 그러한 역사가 되풀이되었는가?"에 대한 통렬한 반성과 성찰을 해야 한다. 전범국가 독일은 자신들이 저질렀던 유대인 대학살, 홀로코스트와 같은 과오를 잊지 않기 위해 그 흔적을 그대로 보존해 후세에게 교훈으로 남기고 있다.

200년이라는 짧은 역사를 가진 미국에서도 국기나 대통령 초상 등의 상징물과 각종 경축행사를 통해 자연스럽게 애국심 강화 교육을 하고 있다. 5천년 역사와 전통을 자랑하는 대한민국은 역사의 가치에 상응한 수준의 보존이나 교육을 소홀히 한 채 경제성장에만 몰두해 왔다. 뒤늦었지만 이제라도 자랑스러운 역사를 올바로 교육하는 시스템을 보강하여 국민 전체의 역사의식을 제고시켜야 할 때다. 국가 없는 국민과 민족의 역사는 허구다.

과거 우리 역사에서 일제 강점기 35년이 가르쳐준 뼈아픈 교훈이다. 국가는 국민과 민족의 방패이고, 국가의 존립을 위해 목숨을 바친 순국선열과 호국영령을 숭모하는 일은 그 시대를 사는 사람의 의무다. 역사를 잊어서는 안 되는 이유다.

조선은 1592년, 거의 무방비 상태에서 왜구의 침공을 맞았다. 이 임진왜란으로 국토 대부분은 폐허가 되었고, 백성의 절반이 죽거나 적국에 끌려갔다. 인조도 병자호란의 비극을 맞이했으며, 인조 이후의 왕들도 현실을 외면한 채 당쟁과 왕실의 안위에만 급급했다.

당시 조선의 군대는 지휘·명령권이 불분명하고, 활과 화포 등이 구식 무기체계에서 벗어나지 못했다. 조선 말기 고종이 즉위할 당시, 총 병력 1만 6천 명 가운데 절반 이상이 노약자였을 정도로 군정이 문란했으며, 심지어 고종은 명성황후가 일본군의 야밤 기습으로 난자당하고 불태워지는데도 저항한 번 못하고 눈물만 흘렸다. 을사늑약의 결정적인 계기가 된 러일전쟁 당시 조선에는 3,400톤급 '양무함' 한 척밖에 없었지만, 일본은 1만 5천 톤급 군함 등 수십 척을 보유하고 있었다.

1876년 강화도조약을 체결한 직후인 4월, 일본으로 파견된 수신사 일행들이 일본의 육군성, 해군성을 시찰하고 난 뒤 기록한 《수신사일기修信使日記》는 그 소감을 이렇게 기록하고 있다.

"군사 훈련은 진군하고 퇴군할 때나 총을 쏘고 칼로 찌름에 털끝만큼의 어긋남도 없었으니, 실로 진짜 군대였다. 평화 시에도 항상 전투에 나가 적군을 대하듯 한다."

당시 일본군의 군사 동향을 정확하게 보고한 일기였지만 조선왕조 리더층의 관심을 끌지 못했다.

당시 조선은 열강들이 식민지 쟁탈전을 벌이던 국제 정세에 둔감했다. 조선은 결국 1907년에 일본에 의해 군대를 강제 해산당하고, 3년 뒤인 1910년에는 총 한 번 쏘지 못하고 나라를 빼앗겼다. 조선왕조를 이어오며 경험한 뼈아픈 역사의 교훈을 잊은 결과였다.

2023년 말 시점의 대한민국 내부 상황도 크게 다르지 않다. 세계 유일의 정전국가이자 분단국가인 안보 현실을 망각한 듯한 풍조가 만연해 있다. 정치권은 국민을 도외시한 채 차기 총선의 유불리를 따지는 패거리 정치를 위한 얄팍한 셈법에 빠져들고 있다. 오로지 총선 승리로 상대진영을 제압하겠다는 싸움꾼으로 전락한 지 오래다. 나라 사랑은 거론조차 되지 않고 미래지향적 국가 전략이 눈에 띄지 않아 통탄스럽다.

북한 김정은이 핵미사일을 이용한 선제공격 불사를 거론하고, 유엔에서 핵 무력 영구화를 선언하고, UN에서 '절대포기 불가'를 호언에도 놀라지도 않는 분위기다. 한미동맹 70주년을 맞이하여 그 가치는 유지·강화되어야 마땅하지만, 국가안보란 언제든지 최악의 상황을 대비해야 한다.

2023년 10월 팔레스타인 가자지구의 하마스 무장세력의 기습 공격에 허무하게 당한 이스라엘의 사례를 반면교사로 삼아야 한다. 스스로 지킬 자주국방력이 미약하거나, 방심하고 오판하면 수치스럽고 비참한 역사는 반복된다는 것이 역사의 준엄한 교훈이다. 역사의 교훈을 쉽게 망각하면 역사의식도 쉽게 실종된다. 올바른 역사의식을 가져야 국가정체성이 확립된다. 영웅적 국민의 힘과 긍지의 뿌리는 역사의식에서 나온다.

특히 국가의 리더가 역사의식이 없으면 국민이 역사에 대한 자긍심을 갖게 할 수 없다. 지도자의 역사의식이란 민족사와 세계사의 흐름 속에서 자신에게 주어진 시대적 과제가 무엇인지를 성찰하고, 그것을 실현하기 위해 끊임없이 노력하는 자세다.

또한, 자신의 의사결정이 후대에까지 영향을 미치는 역사적인 행위라는 사실을 명심해야 한다.

국난극복의 역사를 통찰해야 만 국민통합을 성취하고 국가정체성을 확립하여 미래를 향해 나아갈 방향을 명쾌하게 제시할 수 있다.

한국호의 항행 방향이 잘못 설정되면 선장이며 승객인 국민이 수난을 겪는다.

8. 사라진 간도와 연해주에 대한 역사 인식

대한민국 국민은 우리 민족의 북방 영토를 잊어서는 안 된다. 역사속에 엄존하는 우리 민족의 북방 영토는 압록강－백두산정계비－토문강－송화강－흑룡강－동해에 이르는 지역이다. 이곳은 오늘날 중국의 간도와 러시아의 연해주를 포함하는 지역으로, 한반도 면적의 두 배가 넘는 광활한 땅이다. 간도와 연해주는 고조선과 부여, 고구려와 발해가 지배해온 땅으로, 이후에도 조선인들이 계속 점유하며 살아온 곳이다. 발해가 망한 뒤 1천여 년 동안 거란과 여진이 지배했지만, 중국의 한족이 지배한 적은 없었다.

중국이 만주 지역을 지배한 것은 100여 년밖에 되지 않는 근대의 일이다. 그런데 1860년 청나라는 러시아와 북경조약을 맺으면서 연해주 일대를 조선의 동의도 없이 러시아에 넘겨주었다.

또한 을사늑약으로 대한제국의 외교권을 빼앗은 일본은 1909년 청나라와 간도협약을 맺어 간도를 청나라에 넘겨주었다. 일본은 한국 침략의 역사적 근거로 '임나일본부설'을 날조했고, 지금까지도 이렇게 왜곡된 내용을 중·고등학생들에게 그대로 가르치고 있다. 지금은 일본이 백제를 지배했었고 발해는 속국이었다고 날조한다. 이렇게 우리나라는 우리의 북방 영토인 간도와 연해주를 남의 손에 빼앗기고 말았고, 일본에 강제 합병되고 6·25전쟁을 겪으면서 북방 영토를 되찾을 기회를 잃고 말았다.

하지만, 1963년 UN 국제법위원회가 제출한 '조약법에 관한 빈 협약'은 위협과 강박으로 체결된 조약은 무효라고 규정하고 있다. 당시 전형적인 사례로 1905년의 을사늑약을 들고 있다. 당시 황제였던 고종의 비준 없이 외무대신 박제순朴齊純과 내각총리대신 이완용李完用의 이름만으로 체결된 것이므로 을사늑약은 무효이며, 더 나아가 일본이 제2차 세계대전에서 항복했으므로 일제에 의한 조약 일체가 무효다. 그런데도 간도협약은 여전히 살아 있다.

북한은 중국과 국경조약을 체결해 간도 영유권을 포기해버렸다. 두만강 최상류인 홍토수를 국경의 경계로 정해버린 것이다. 간도 영유권의 근거였던 백두산정계비는 1931년 사라지고, 현재 받침돌만 남아 있다. 먼 옛날 우리 선조가 지배했고, 우리의 유적 및 유물이 발굴되고 있으니 우리 땅이라는 주장만으로는 우리의 북방 영토를 되찾을 수 없다.

하지만 북방 영토는 우리의 영토라고 주장할 수 있는 법적·물질적 근거가 충분한 곳이다. 조선과 청나라의 국경선이 압록강·두만강이 아니라 그 이북에 위치해 있음을 '조선정계비구역약도', '백두산정계비도', '로마 교황청의 조선말 조선 지도'(1924년 제작) 등이 입증하고 있으며, 우리나라가 간도를 선점하여 개간했다는 것은 '무주지 선점이론'에 의한 영토 획득의 의미가 있다.

또한 조선 조정에서 1900년과 1903년에 간도를 평안북도 및 함경도에 편입해 주민들에게 세금을 징수하고 치안 및 경비를 수행했다는 기록이 있는데, 이는 명백히 국가의 행정 단위로서 기능을 했다는 증거다. 북조 발해는 고구려의 후신이었으며, 우리의 민족국가였다.

그러나 김부식의 역사 호도와 일제 관학자들의 역사 왜곡 때문에 발해가 우리의 역사에서 사라지고, 대동강 이남의 남조 신라가 이 시대 한국사의 전부인 것처럼 왜곡·강조되었다. 이로써 민족의 역사 강역은 대륙에서 반도로 축소되었고, 현실 안주에 빠진 패배주의적 자기비하 의식 때문에 잃어버린 고조선, 고구려, 발해의 옛 땅인 동북아 대륙을 되찾기는 고사하고, 되찾아야겠다는 의지마저 포기한 채 민족의 역량은 위축되어 왔다.

21세기의 대한민국은 역사 왜곡의 늪지대에서 과감히 탈피해야 한다. 고구려의 대조영이 세웠던 우리의 민족국가 발해를 우리 역사 속에 복원시켜 '통일신라시대'가 아닌 '남북조시대'로 이해함으로써 민족적 웅지를 펼쳐가야 한다. 동이족의 역사 무대나 고조선, 고구려, 발해의 역사 무대가 동북아 대륙이었고, 만주 벌판이었기 때문이다. 중국과 일본이 역사 왜곡을 통한 역사 침탈을 하고 있는 데 대해 치밀한 대응 전략을 수립·추진해야 한다.

인류의 역사를 통찰하면 수많은 민족이 자신들의 터전을 지키고 찾기 위해 투쟁하는 역사가 지속되어 왔다. 21세기 현재에도 진행형이다.

중국의 등소평은 영국이 홍콩에 대한 식민지 통치 기간을 연장하려 하자 "지금의 중국은 과거의 청나라가 아니다. 홍콩은 불평등 조약으로 점령되었다. 따라서 불평등 조약은 무효이다."라고 주장해 이를 무산시켰다.

미국의 리더들은 대륙을 가로질러 태평양까지 도달하는 꿈을 꾸었고, 멕시코와의 전쟁에서 승리해 캘리포니아를 비롯한 5개 주를 매입한 데 이어 알래스카와 하와이까지 영토를 넓혀 세계 패권을 장악했다.

1948년의 이스라엘 건국은 유대인 입장에서는 민족정신이 발현되어 2천여 년 만에 되찾은 영광으로 인식한다. 유대인들은 비록 나라를 잃고 세계 도처를 유랑하는 기나긴 시간 속에서도 역사 인식을 올바로 견지했다. 2차 세계대전이 끝나고 2천여 년 만에 이스라엘을 건국하고, 오늘날 세계적 강소국으로 발전했다. 물론, 이로 인해 팔레스타인 및 주변 이슬람 국가들과 갈등과 전쟁이 지속되고 있지만 핵심은 유대인들이 역사 인식을 공유하고 이를 후손들에게 교육하면서 역사의 끈을 놓치지 않았다는 점이다.

9. 중국의 동북공정과 되찾아야 할 우리 영토

중국은 역사 왜곡과 날조를 통한 역사 침탈을 서슴지 않고 있다. 동북공정을 통해 고조선이나 고구려가 고대 중국의 지방정권이었다고 날조하고 있다. 한나라 초의 어용 사가 복승(伏勝) 등이 날조한 '기자조선설'의 폐해가 1천년 이상 지속됐던 것을 볼 때, 이들의 역사 왜곡의 폐해가 어디까지 이어질지 알 수 없다. 우리 정부와 국민의 적극적·과학적인 대응이 필요하다.

지해범 동북아시아연구소장은 2014년 3월 기고문 「마오쩌둥, "요동은 조선 땅"」에서 이렇게 말했다.

"중국이 고구려사에 욕심을 내는 것은 만주 땅에 대한 한민족의 연고권 주장을 미리 차단하겠다는 뜻이다. 이런 마당에 마오쩌둥이 50년대 말부터 60년대 초 '요동은 원래 조선 땅'이라고 한 말들이 공개됐다.

중국 외교부가 펴낸 마오 발언록에서 이종석 전 통일부 장관이 찾아냈다. 마오는 64년 베이징에서 북한 최용건에게 '당신들 경계는 요하 동쪽(요동)인데, (중국) 봉건주의(왕조들)가 조선 사람을 압록강변으로 내몬 것'이라고 했다. 저우언라이(周恩來) 총리도 63년 조선과학원 대표단을 만나 '두만강·압록강 서쪽이 유사 이래 중국 땅이라거나 조선은 중국 속국이었다고 하는 것은 터무니없다'고 말했다. 마오와 저우언라이의 발언은 중국이 밀어붙이는 동북공정을 흔드는 자료가 될 수 있다. 그렇다고 흥분할 일은 아니다.

'만주 땅은 우리 땅'이라는 목소리가 커질수록 중국은 경계심을 키우고 한반도 통일을 꺼리게 된다.”

르네상스 시대를 맞이한 대한민국의 시대정신은 '북방 영토 회복' 구호가 시급한 것이 아니라 G3 부국강병을 통해 중국인의 마음과 시장을 얻는 '문화·정신·경제혁명의 자유민주주의 성과 확장'이다.

마치 중국인들이 손흥민을 열광하듯이….

한편, 국제신문 김찬석 논설위원은 2014년 3월 2일 칼럼 '요동 땅'에서 다음과 같이 밝혔다.[6]

“다산 정약용은 요동론에서 세종·세조 대에 압록강 유역에 육진을 바둑돌처럼 설치했지만 요동은 끝내 되찾지 못해 여러 사람들이 유감으로 여긴다고 적고 있다. (……) 모택동이 1962년 북한-중국 국경 획정을 전후한 시기에 중국을 방문한 북한 권력자들에게 요동이 조선 땅임을 인정했다는 보도가 있다. 중국 외교부 문서가 근거. 새삼스러운 일이 아니다. 청일전쟁 (1894~1895) 전후 처리과정에서 중국 이홍장이 '요동 땅은 본시 조선 땅'이라고 했다는 연구 결과도 있다. 근데 북한의 대응이 한심했다. '이미 갖고 있는 것에 만족한다'고 했다니. 달라고 요구한 것도 아니고, 준다는 데도 굳이 받지 않겠다는 것은 무슨 연유인가. 북은 남더러 대미 사대주의라고 비난하면서 정작 자신들의 대중 사대주의에는 눈을 감는다. 이성계의 위화도 회군 4불가론의 첫머리 '이소역대(以小逆大)'의 생생한 현대판이다. 어쨌거나 요동은 이제 남의 땅이다.”라고 말했다.

---

6. kookje.co.kr/news2011/asp/news_print.asp?code=1700&key=20140303.22026193726(검색일, 2023.10.12.).

중국은 애국시인 윤동주를 일제 강점기 일본 제국주의에 맞서 독립 투쟁에 참여한 '중국 조선족 애국 시인'이라고 왜곡하고 있다. 중국 관영 매체 글로벌타인브가 윤동주 시인에 관한 내용을 보도하며 '조선족 중국인'이라고 주장한 것과 관련, 서경덕 성신여대 교수는 "주변국에 대한 기본적인 예의부터 지키라. 중국 관영 매체가 윤동주 시인과 관련해 또 왜곡하기 시작했다."라고 비판했다.[7]

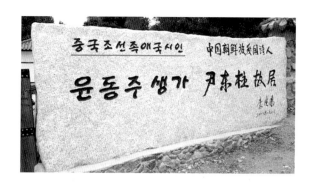

중국공산당 기관지인 인민일보 계열 글로벌타임스는 안중근 의사 전시실과 윤동주 시인 생가가 수리를 위해 임시로 문을 닫았다고 보도했다. 안중근 의사에 대해서는 만주 하얼빈역에서 일본 이토 히로부미를 저격해 사살한 '한국의 자유 투사'라고 소개했다. 반면, 윤동주 시인은 일제 강점기 일본 제국주의에 맞서 독립투쟁에 참여한 '조선족 중국인 애국 시인'이라고 설명했다. 애국 시인 윤동주를 조선족으로 주장하려는 중국의 본심을 드러낸 표현이다.

중국 최대 포털사이트 바이두百度의 백과사전에도 윤동주의 국적을 중국, 민족을 조선족으로 왜곡하였다가, 대외적으로 공론화가 되자 '조선족' 표기를 삭제했지만 여전히 국적은 중국으로 되어 있다.

7. 중앙일보, 中관영지 '윤동주 조선족' 주장에 서경덕 "주변국에 예의를", 2023년 8월 10일자.

중국의 동북공정이 고대사에 한정된 것이 아니라 근대사에 대해서도 역사 침탈의 의도를 노골화하고 있다. 중국의 영향력에 대한 과대평가 분위기가 한계를 드러냈고 시진핑 독재 체제하의 중국은 이미 경제력에 상응하지 못하는 정치체제와 리더십의 한계로 인해 퇴조의 길에 들어섰다. 중국에서 글로벌 정신 문화와 인류의 보편적 가치를 이끌어 나갈 동방 문화의 창달을 기대하기 어려운 형국이다.

부산 앞바다의 대마도 역시 간도와 연해주처럼 빼앗긴 땅이 되었다. 역사적으로 고유한 우리 땅이었던 곳이 조선의 공도정책空島政策과 망각증 등으로 일본의 땅이 되어버린 것이다. 공도정책은 섬 거주민들을 본토로 이주시키는 정책이다. 이러한 정책으로 한반도 남쪽 도서 지역의 거주민들은 한반도 본토로 대량 이주하게 되는 경우가 있었다.

1417년 조선 태종은, '죄인들이 섬으로 도망쳐서 숨어버리며, 섬 주민들이 세금을 내놓지 않는다'는 원인을 들어 공도정책을 시행하였다. 이는 조선 초기 중앙 집권을 강화하기 위한 하나의 정책으로 평가된다. 이후 1882년, 고종이 공도정책을 폐지한 후에야 울릉 지역의 개척이 본격화될 수 있었다.

이와 같은 현상은 최근까지도 이어지고 있다. 2014년 4월, 국토해양부는 900개가 넘는 무인도를 새로 국토에 편입시켰다. 정말 어이없는 뉴스다. 우리 영토가 확정되지 않았다는 것이 정말 이해가 되지 않는다.

10. 자유민주주의 가치
안보·경제 동맹 강화

　21세기 초반의 국제 정세가 요동치고 있다. 미·중 패권 갈등, 우크라이나-러시아 전쟁, 이스라엘-팔레스타인 전쟁까지 겹쳐서 안보 불확실성이 증폭되고 과학기술의 진보가 복합됨으로써 국제질서의 구조변화는 물론 경제의 큰 틀에까지 영향을 미치는 시대가 전개되고 있다.

　프랜시스 후쿠야마(71) 미국 스탠퍼드대 교수는 대표작 '역사의 종말'에서 냉전 이후 세계가 자유민주주의 체제로 계속될 거라는 주장을 펼쳤었다. 그는 러시아의 우크라이나 침공과 관련하여 "푸틴은 우크라이나를 침공하기 직전 해에 정치적으로 매우 고립돼 있었다. 그 결과 누구의 말도 듣지 않은 채 실수를 저질렀다."라고 했다. 또 "의사 결정권이 개인에게 집중되는 권위주의 정권의 특성상 이런 실수가 자주 관찰된다."라고 했다.

　신작『자유주의와 그 불만』은 자유주의가 그 자체로 완벽한 체제가 아니라는 점을 강조한다. 우파는 자유주의의 경제적 자유를 추구해 신자유주의를 만들어냈고, 좌파는 자유주의의 특성인 '자율성'을 추구하며 인종, 젠더 등 정체성을 둘러싼 사회적 갈등을 키워냈다는 것이다. 그는 "2008년 글로벌 금융위기 이후 15년 동안 전 세계 민주주의가 역행하고 있다."라며 "좌우 중에선 특히 미국의 경험에서 볼 수 있듯, 우파 진영 포퓰리스트의 등장이 자

유주의를 크게 훼손시켰다."라고 갈파했다.[8]

필자는 '역사의 종말'이 아니라 '역사의 부활'로 칭할 만한 프레임의 대전환이 이미 시작되었다고 본다. 21세기는 단순한 역사의 부활이 아니라 '복잡하게 뒤엉킨 역사의 부활'이 될 것이다. 이러한 21세기 국제정세에 대한 전망은 역사의 흐름을 꿰뚫는 통찰력에 바탕을 둔 것이다.

역사의 흐름은 전쟁과 국경, 가치와 동맹, 경제와 자원, 우주와 사이버 등 제 영역의 경계가 모호해지는 융복합 현상이 가속화되면서 우주, 과학기술, AI, 바이오, 4차산업혁명이 키워드로 부상할 것이다. 이러한 맥락에서 21세기 국제 정세의 큰 흐름을 전망해 보면 다음과 같다.

첫째, 범세계적인 진영대결 체제가 상당기간 유지되며, 한반도 안보정세 변화에 미국, 중국, 일본, 러시아의 영향력 또한 존속할 것이다. 이러한 맥락에서 대한민국이 굳건하게 발전시켜 온 한미동맹의 가치는 더욱 빛나게 될 것이다. 그러나 과도한 액션은 기회비용을 초래할 수 있으므로 북한에 대한 억지력을 확보하되 중·러에 대한 외교공간을 확보하는 대외 정책 전략이 필요한다.

둘째, 기후환경 변화가 인류에게 도전으로 닥쳐오며, 공동대응이 불가역적인 추세가 될 것이다. 2013년 IPCC(기후변화국제패널) 5차 보고서에서 기후변화는 인간 활동과 온실가스 발생에 의한 것이라는 공식 결론에 이르렀다. 온실가스 감축 없이 2050년까지 1800년대 평균 기운에서 $1.5°C$ 상승 이내로 억제하지 못하면 지구적 재앙, 인류 멸종의 재앙이 올 수 있다고 경고한 지 10년이 경과했다.

앞으로 인류는 탈탄소 에너지 정책을 통해 미래의 기후재앙을 예방하기

---

8. https://www.chosun.com/culture-life/culture_general/2023/07/12/6SE4QX55PJEB7I3JELDK
OEZIPA/

위하여 '지구촌 살리기 새 생명 운동'을 전개의 당위성이 더욱 고조될 것이다. 대한민국도 2030년 국가온실가스 감축목표와 2050년 탄소중립 시나리오 달성을 위한 구체적 실천에 대한 중압감이 가중될 것이다.

대한민국은 2020년 10월에 '2050 탄소중립'을 국제사회에 선언했다. 반면 중국은 2060년을 목표로 탄소중립을 실현하려 하고 있다. 탄소중립은 인류의 행복과 생존을 좌우하는 세계 공동의 과제이다. 또한, 탄소중립 실현은 에너지, 산업, 운송, 도시 등 각종 시스템 변화를 수반해야 하는 중차대한 이슈다.

셋째, 세계가 부러워하는 한미동맹 70년의 역사를 바탕으로 대한민국의 글로벌 위상이 크게 향상될 것이다. K-방산에 대한 국제사회의 신뢰도가 신장되고, 글로벌 안보 리스크 관리와 평화유지에 대한민국의 역할에 대한 기대와 요구가 더욱 증가할 것이다. 한미일 안보협력을 단순히 신냉전의 확산으로만 이해하는 것은 21세기 국제질서의 상호연계성을 간과한 측면이 있다. 미·중 패권경쟁이 인도·태평양 지역에서 상당기간 지속되는 가운데 대만해협과 남중국해 및 동중국해 갈등을 관리하고 중재하는 역할에 한미일 3국의 공조가 필수적 요인으로 부상할 것이다.

중요한 점은 동아시아 안보 위기들이 별도로 발생하는 게 아니라 상호 연계될 가능성이 크다. 동북아 지역에서 위기 상황이 발생하면 평양과 베이징, 모스크바는 자신들에게 유리한 전략적 구도를 만들려고 할 것이다. 이를 고려하면 한미일 안보 협력의 당위성은 더욱더 커질 수밖에 없다.

앞으로 한미일 안보 협력 논의는 북한 도발에 대한 공동대처에 한정되지 않고 인도·태평양 전략, 경제안보 등이 함께 얽혀 있다. 더욱이 동아시아 지역 불안정(특히 대만 문제)에 대한 한미일의 안보 협력은 중국과 관계 등 고려해야 할 부분이 많다.

결국, 한미와 미일 동맹의 동력으로 한일 안보 협력에서 난도를 쉽도록 조정하고 갈등을 가능한 한 줄이는 방향으로 협력이 이뤄져야 한다. 미국이 주도해 동력을 만들어 나가기보다는 한국과 일본이 서로 협력할 수 있는 부분을 찾아내는 노력이 계속될 때 한미일 안보 협력도 바람직한 결실을 볼 수 있다.[9]

넷째, 한국은 21세기에 자유민주주의의 가치와 정신문화를 선도해 나가는 국가로 자리매김할 것이다. 21세기 중후반으로 갈수록 중화 문명의 영향력에 한계가 노정되면서 유럽연합 모델과 같이 민주적 동아시아 지역공동체 논의가 한국에서 활발하게 전개될 것이다. 중국이 대미 패권 대결에서 승리할 가능성이 희박해 보이지만 양측으로부터 줄 세우기 압력을 받는 나라들은 전략적 포지션을 정하기에 어려움을 겪을 가능성이 크다. 미국과 행동을 함께하는 입장이 견고한 영국과 일본과 달리 중국에 대한 경제적 미련이 남은 독일, 프랑스, 호주 등은 경제적 이익을 미끼로 회유와 압박을 강화하는 중국의 외교공세에 직면하게 될 것이다. 미중 전략경쟁의 와중에서 미국과 가까운 국가들도 국익 극대화를 위해 대중국 외교를 강화하는 실용주의 노선을 펼칠 가능성이 크다.

우리 국민은 세계 최고 수준의 지능과 역동성을 가진 유전인자 DNA를 통해 한강의 기적을 이룩했다. 국가 대 개조의 결연한 의지로 새로운 패러다임을 구축하지 않으면 역사의 불행이 재현될 수도 있다. 미·중 경쟁 본격화 시대의 국방안보 전략과 정책 방향을 제시해야 한다. '안보는 미국, 경제는 중국'을 고집하기엔 미·중 대결이 워낙 격렬하다. 국제정치적 현실주의와 '깊고 넓게 역사 읽기'를 통합한 국가안보 전략을 지혜롭고 치밀하게 정립해야 한다. 국력을 신장하는 과정에서 한미동맹을 더욱 발전시키면서 한미연합 군사대비 태세를 더욱 공고화시키는 전략을 확립해 나가야 한다.

---

9. https://www.munhwa.com/news/view.html?no=2023081001033011000002

한미동맹 간 신뢰를 바탕으로 북한의 도발 억지를 위한 협력을 다져야 한다. 상호 간 호혜적인 동맹의 성격을 확인하면서 북핵의 최대 피해자이자 당사자인 한국의 의견을 경청하여 북핵 문제 해결에 집중, 한반도 평화 프로세스를 복원하는 방향으로 나가야 한다. 한국의 지정학적 위치를 고려할 때, 부상하는 중국에 대항하여 일정한 균형을 창출하고 안전을 보장하기 위해서는 한미동맹이 통일과정 및 그 이후에도 지속적으로 필요하다. 한미동맹의 가장 큰 역할은 대북 핵 억지력을 확보하는 것이다.

한편으로는 대한민국의 국민과 국토를 수호하는 사활적인 이익을 지키기 위해서는 대미 의존을 줄이고 자기주도적 국방안보 전략을 결정할 수 있는 기반을 조성해야 한다. 효율성을 앞세워 계속 미군에게 국방을 맡긴다면 세계 10위권의 경제력과 세계 6위의 군사력을 가졌지만, 외교·안보 및 대북정책은 계속 미국 국익의 틀 속에서 통제되는 것을 각오해야 할 것이다.

한미동맹은 한국군이 자기 주도 작전지휘 능력을 갖출 때만 상호 간 호혜적인 이득이 증진되고, 전작권을 가져오더라도 한미동맹이 더욱 굳건해질 수 있다. 한미동맹은 글로벌 전략 동맹으로 원자력, 기술, 백신 등 협력범위를 확대해 나가야 한다. 대한민국이 세계의 등불 코리아로서 글로벌 주도국으로 부상할 수 있다. 국제사회 질서를 창출하고 주도하는 국가로 교두보를 확보하고, 협력의 깊이, 범위를 획기적으로 격상시켜야 한다.

대한민국은 글로벌 복합 위기가 가중될수록 시대와 문화 흐름을 주도하는 전략 담론을 내놓으며 가치와 국익을 동시에 실현하는 지혜를 발휘해야 한다. 이것은 G3코리아로 가는 또 하나의 관문이 될 것이다.

11. 대한민국 국운 융성시대 개막과 새로운 시대의 문턱

한국은 동북공정이나 이어도 문제가 불거질 때마다 임기응변식 대응하지 말고 분명한 원칙과 전략에 따라 강단있게 대응해야 한다. 약한 모습을 보이면 중국은 더 많은 것을 요구하는 속성이 있음을 수천 년간의 역사를 통해서 체험했다.

대한민국의 운명(초일류 강대국)은 역사의 교훈과 가르침을 토대로 지혜로운 전략과 전술을 구사하는 한편 초일류 선진강국을 성취하는 것이다. 한반도 위치는 세계지도 전체의 그 중심 지역으로 보인다. 대륙의 한랭 건조한 대륙성기후와 태평양의 고온다습한 기후가 서로 교차되는 지역에 있어 기후변화가 뚜렷하다.

대륙성 바람과 해양성 바람이 항상 만나는 한반도 일대는 주변에 비해 고기압 지역으로 명당 기운이 유지되는 지역이다. 바람이 만나는 지역의 기운은 활기차고 밝으며 자연현상이 조화롭게 유지된다는 것이 풍수의 정설이다. 명당 기운이 유지되는 지역에 사는 사람들의 특성이 있다. 고기압 영향을 받기 때문에 머리가 명석하고 지혜가 뛰어나며 근면 성실할 뿐 아니라 부지런해 잘 사는 사람이 많다.

세계 강대국들이 한반도 문제에 항상 촉각을 세우고 있는 이유도 한반도 혈 자리에서 파생되는 기운이 그들의 이익에 직·간접적으로 영향을 미치기 때문일 것이다.

한반도에서 수출되는 인적·물적 상품들과 케이팝K-Pop 및 한국 드라마가 세계인들을 매료시키는 한류열풍이 전 세계로 전파되는 이유도 이와 무관치 않을 것이다. 한반도는 전후좌우 지형으로부터 환포된 중심 기운으로 명당 기운이 유지되는 혈자리에 해당된다.

한민족은 최고 우수한 환경의 영향을 받아서 국민성이 근면 성실 부지런할 뿐 아니라 긍정 진취적이고 발전 창의적이며 신명이 풍부하고 예와 효를 숭상하는 나라로 발전되어 왔다.

한반도와 유사한 지형인 이탈리아반도도 지중해 주변 대륙으로 둘러싸여 한때 로마 제국이 번성하였다. 풍수지리학의 결론은 지구의 혈 자리는 한반도이며, 세계 최고의 명당은 대한민국이라는 것이다. 미래 대한민국은 동방의 등불에서 세계의 등불로 도약할 것이다.

대한민국은 국운 융성의 대전환기를 맞이하고 있다. 4차산업혁명과 디지털 혁신이 미래의 풍경을 그린다. 인공지능, 빅데이터, 사물인터넷 등 다양한 기술이 상호작용하며 새로운 비즈니스 모델과 사회 구조가 탄생할 것이다.

대한민국은 높은 기술력과 창의력을 가진 인재들을 양성하고 지원함으로써 혁신생태계를 확장하고 경쟁력을 강화해야 한다. 국운 융성 시대의 도래는 지속 가능한 미래를 위한 준비와 대비를 필요로 한다. 환경 문제, 에너지 안보, 사회적 안전 등 다양한 도전에 대한 대처가 필요하며, 이를 위한 정책과 전략의 수립이 시급하다.

대한민국 국운 융성 시대의 개막은 새로운 기회와 도전의 시작이다. 변화하는 대내외 환경에서도 유연하게 대처하며 혁신과 발전을 이끌어가는 리더십을 발휘해야 한다.

제16장

세계 미래사 전망

1. 세계역사 리더십 교훈을 통해 읽는 글로벌 트렌드

　외국의 저명한 학자들은 세계역사의 메가트랜드의 중심축이 서양에서 동양으로 회귀할 것으로 전망하고 있다. 세계 미래사 예측은 여전히 한계와 불확실성을 내포하고 있다. 하지만 역사적 사례 분석을 통해 도출한 교훈은 미래사 전망의 시금석이 될 수 있다. 미국 워싱턴 소재 '밀레니엄 프로젝트'는 3,500여 명의 학자 및 전문가들이 참여하여 〈세계미래보고서State of the Future 2035-2055〉를 통해 미래사회의 위험을 예측하고 경고한다.

　미국이 글로벌 리더십을 강화하고 미국 주도 질서의 정당성과 가치를 확보하는 노력을 계속했다. 러시아의 우크라이나 침공의 불법성에 대해 국제사회의 지지를 확보하고, 대서양 양안의 군사협력을 강화하면서 유럽의 동맹 체제와 인도-태평양의 동맹 체제를 연결하는 시도를 했다는 점에서 우크라이나 전쟁은 미국의 세계 전략의 기초를 강화하는 전환점이 될 가능성이 존재한다.

　미국은 중국에 대한 견제를 가장 중요한 정책 기조로 내세웠지만 우크라이나 전쟁은 전략의 초점이 아시아에서 유럽으로 전환되는 계기를 제공했다. 그러나 바이든 정부는 대중 전략의 초점을 유지하고자 노력하고 있으며, 우크라이나 전쟁을 기점으로 세계 전략을 강화하면서도 대중 전략의 발판도 강화하려는 노력을 동시에 기울이고 있다.

　우크라이나전쟁이나 중동전쟁과 같은 반인륜적 전쟁을 비난하지만 6·25

전쟁의 경우처럼 자국의 병력을 파병하여 참전하는 것을 극도로 꺼리는 것이 추세다. 미국 주도의 경제제재에 동참하는 방식을 취하되 대의명분보다 자신이 속한 국가에 미칠 손익계산을 먼저 하는 것이 냉엄한 현실이다. 전쟁 이외에 세계의 인구, 기후, 경제, 기술 등에 대한 글로벌 리더의 관심이 융복합되는 현상이 글로벌 트렌드이기도 하다.

세계 수준에서 어떤 협력과 알력이 작용하여 수많은 난제들의 매듭을 어떻게 풀어야 할지 혼돈이 심화되고 있다.

미국의 대통령 등 강력한 국가의 지도자가 단번에 풀 수 없다. 한 번에 풀 수 있는 성격의 문제가 아니기 때문이다. 인류가 직면한 난제들의 매듭은 '경쟁'과 '협력'이라는 전제 아래 함께 풀어야 할 매듭이다. 유엔UN이나 세계보건기구WHO 등 국제기구, 정부, 기업(공공·민간), 시민사회와 비정부기구NGO, 그리고 조직되어 있지는 않지만 이미 충분히 연결되어 있는 글로벌 리더 국가들의 국민이 동참해야 한다.

세계는 지금 '블랙스완'이 떼 지어 날고, '회색 코뿔소'가 사납게 날뛰고 있다는 표현처럼, 전 지구적 스케일의 위험이 일상이 되었다. 실제로 지난 50년 동안 세계는 블랙스완 사건을 평균 5년에 한 번 이상 경험했다. 이런 위험은 '무엇을 모르는지를 모르는Unknown Unknowns' 미지의 위험이다.

하지만 이들 블랙스완에는 공통점이 있다. 기술의 발전과 산업화에 따라 인간이 깊이 관여된 '휴먼리스크'라는 점이다. 세계가 고도로 연결되고 상호의존도가 커지면서, 위험 발생으로 인한 피해 규모는 더욱 대형화되고 있다.

국가 시스템에 대한 회복력 강화 방안이 필요한 이유다. 초연결된 세계에 사는 우리는 '세계적 위험Global Risks' 가능성을 직시하고 디지털 도구를 효과적으로 활용하기 위해 공조할 준비가 필요하다. 우리가 만든 초연결성과 초지능을 적이 아닌 친구로 만들어야 한다.[10]

---

10. ETRI, "코로나 이후 글로벌 트렌드: 완전한 디지털 사회", 기술정책 인사이트 2020-01, 2021.

2. 3차 대전의 원인이 될 핵무기

러시아가 2023년 11월 7일 나토NATO와 체결했던 유럽재래식무기감축조약CFE에서 33년 만에 완전 탈퇴했다. 이 발표 직후 나토도 해당 조약 효력을 중단시켰다. 러시아의 우크라이나 침공을 계기로 형성된 신냉전 구도가 고착화되면서 과거 냉전 시대 체결돼 세계 질서의 안전판 역할을 하던 주요 군축 조약들이 잇따라 무력화되자 군비 경쟁이 격화할 것이라는 우려가 나오고 있다. 핵무기 사용의 문턱이 낮아지는 불길한 징조들이 세계 도처에서 돌출하고 있다.

최첨단 과학기술과 인공지능의 발전을 활용한 장밋빛 미래 전망을 하는 와중에도 핵무기의 위협이 가중되고 있다. 핵무기 위협을 상호확증파괴Mutually Assured Destruction 전략에 의존할 수 없을 정도로 핵확산이 이루어짐에 따라 핵확산금지Nuclear Proliferation Treaty 체제가 불안한 상황에 내몰리고 있다.

특히 북한이 사실상 핵미사일 보유국 행세를 하는 국면으로 치닫고 있고, 핵무기 사용 문턱이 우크라이나-러시아 전쟁에서 거론되고 상황은 인류가 공동으로 해결해야 할 과제가 되고 있다.

핵무기가 전쟁에 동원된 최초의 사례인 태평양전쟁 막바지의 사례를 간략하게 되짚어 볼 필요가 있다. 1945년 8월 6일 오전 8시 15분이었다. 일본 히로시마시 중심부 580m 상공에서 거대한 섬광이 터졌다. 인류사 최대 비극으로 꼽히는 원자폭탄의 가공할 폭발로 히로시마는 초토화됐다.

폭발 지점의 온도는 태양표면 온도의 1만 배에 달하는 섭씨 6,000만 도까지 올라갔다. 끔찍한 열기에 사람 몸속의 장기가 순식간에 증발해 버렸다. 1초도 안 되는 시간에 사람들의 살과 내장과 뼈가 녹아 없어졌다. 그해 12월까지 대략 14만여 명이 죽었고, 후유증으로 숨진 이후의 사망자까지 합치면 20만여 명에 이르는 인류가 경험한 핵폭탄 재앙이었다. 당시 히로시마에는 강제동원 노동자를 비롯한 한국인 14만 명이 살고 있었다. 원폭 피해를 당한 5만여 명 중 3만 명이 사망했고, 생존자 2만 명 중 1만 5천 명이 귀국했다. 나가사키에서도 한국인 2만여 명이 피폭돼 1만 명이 목숨을 잃었다.

그러나 한국인 피해자들은 일본에서도, 한국에서도 외면받는 존재였다. '원폭 희생자 위령비' 하나 세우기조차 쉽지 않았다. 모진 싸움 끝에 히로시마 평화기념공원 인근에 비석을 올린 게 1970년이었다. 일본의 거부로 공원 바깥에 있다가 1999년에야 공원 안으로 들어간 사무친 역사가 있다. 나가사키의 한국인 희생자 위령비는 1979년에 건립됐다.

한국인 원폭 피해자들이 가장 많은 곳이 경남 합천이다. '한국의 히로시마'로 불린다. 원자탄 피폭의 고통은 2·3세대까지 유전으로 대물림된다. 북한 김정은의 핵미사일 선제공격 발언이 뉴스조차 안될 정도로 일상화되어 핵전쟁 공포는 러시아와 나토의 공방에 머물지 않는다. 히로시마에서 잉태된 핵무기 비극이 결코 과거의 일일 수만은 없다는 것이 역사의 엄중한 경고다. 원폭 피해자들의 사무친 고통을 이제는 어루만져야 할 때다.[11]

1945년 7월 16일 오전 5시 30분경, 미국 뉴멕시코주 앨라모고도에서 인류 역사상 최초로 원폭 폭발 실험이 진행됐다. 그 결과는 대성공이었다. 인류 역사에 한 획이 그어진 순간이다. 폭파 지점에서 9km가량 떨어진 베이스캠프에서는 실험에 관여했던 과학자들과 군 관계자들이 보호경을 쓴 채 현

---

11. https://www.busan.com/view/busan/view.php?code=2023050918130550016

장을 지켜보고 있었다. 그들은 하늘과 땅을 집어삼킬 듯이 치솟아 오르는 불덩이를 눈앞에서 마주했고, 두려움에 온몸이 얼어붙는 것 같았다.

이 원폭 프로젝트의 책임자 오펜하이머J.R. Oppenheimer(1904~1967) 역시 마찬가지였다. 폭발이 일어나던 순간 오펜하이머는 관제소 안에서 기둥을 붙들고 마음속으로 힌두교 경전인 '바가바드 기타'(거룩한 자의 노래) 속 구절을 떠올렸다고 한다. 그리고 불길하고 거대한 구름이 솟아오를 때 이 중 한 구절을 인용해 "나는 세상의 파괴자, 죽음의 신이 되었다."라는 독백을 남겼다고 한다. 사실 여부를 확인할 수 없지만, 이 실험의 성과가 인류 역사상 가장 파괴적인 기술인 핵무기 개발로 이어진 걸 생각하면 충분히 있을 듯한 스토리다.

오펜하이머는 핵물리학자로서 2차 국가위기 당시 미국의 원자폭탄 개발에 앞장섰고, 히로시마와 나가사키의 원폭 투하에도 관여했다. 1954년 오펜하이머는 전쟁을 조기 종식시킨 영웅에서 한순간에 소련의 명령을 받는 공산주의자로 몰리면서 사상 검증을 받는 청문회 피고인으로 서게 된다.

1949년 구소련은 첫 번째 핵무기 실험에 성공하고, 이후 미국에선 더 강력한 핵무기를 개발해야 한다는 목소리가 터져 나왔다. 이를 강력하게 주장한 이는 수소 폭탄의 아버지라 불리는 에드워드 텔러Edward Teller(1908-2003)다. 그는 오펜하이머와 함께 맨하튼 프로젝트에 참여했고 핵분열을 이용한 핵폭탄에서 핵융합을 이용한 수소폭탄으로의 발전시켰다. 오펜하이머는 일본의 항복 이후 원자폭탄이 인류의 미래에 큰 위협이 될 수 있음을 깨닫고, 원폭 개발이란 자신의 행위에 대한 깊은 고뇌에 빠진다.

결국, 오펜하이머는 수소폭탄의 개발에 반대입장을 취한다. 그런데 당시 미국은 반공산주의, 즉 공산주의자 색출을 내세운 매카시즘 광풍에 휩싸여 있었다. 이 속에서 오펜하이머의 이런 태도는 미국의 수소폭탄 개발을 의도적으로 지연시키는 것이 아니냐는 논란을 불러온다. 그리고 이로 인해 그는 정부 기밀에 접근할 수 있는 권한을 박탈당하고 지지자들의 신뢰를 상실하

게 된다. 원폭 개발이란 자신의 오류를 바로잡기 위해 자신이 이룬 모든 걸 잃어야 했다.[12]

세계는 권위주의적 독재체제와 이념 갈등, 자원 경쟁 등이 복합되어 전쟁 도미노 현상이 나타나고 불안정성을 증가시키며 3차 대전과 핵전쟁의 우려를 높이고 있다. 핵전쟁의 경우, 대량 파괴성 무기의 사용은 지구상에 수년 동안 지속되는 환경 파괴와 방사능 오염을 초래할 것이다.

핵무기는 그 파괴력 때문에 전 세계적으로 큰 우려를 불러일으키고 있다. 특히, 핵무기를 보유한 국가 간의 갈등이 실제 전쟁으로 번질 경우, 그 결과는 상상을 초월하는 파괴와 대량 살상을 초래할 수 있다. 이러한 이유로, 핵무기는 3차 세계대전의 가능성을 높일 수 있는 요소로 인식되고 있다. 이는 곧 인류의 멸망을 초래할 수도 있다.

핵무기를 보유한 국가가 늘어날수록, 그만큼 핵전쟁의 위험이 커진다. 따라서 핵무기 비확산조약NPT의 이행을 강화하고, 핵무기를 보유하거나 개발하려는 시도를 감시하고 제재를 강화해야 한다.

또한, 핵무기 보유 국가들이 핵무기를 줄이기 위한 핵무기 감축 협상도 꾸준히 추진해야 한다. 이는 핵무기의 수를 줄이고, 핵전쟁의 위험을 감소시키는 데 도움이 될 것이다.

핵무기의 안전성도 큰 문제이다. 핵무기가 테러집단 등 잘못된 손에 넘어가거나, 불의의 사고로 인해 폭발하는 경우를 방지하기 위한 철저한 관리와 보안이 필요하다.

그러나 이러한 대응책들이 완벽하게 핵무기의 위험을 제거할 수는 없으므로, 지속적인 노력과 국제적 협력이 필요하다.

국제사회는 모든 국가가 상호 의존적인 관계에 있음을 이해하고, 민족 간

---

12. https://www.etoday.co.kr/news/view/2271120

갈등을 해결하고 경쟁을 조절하는 데 필요한 협력을 강화해야 한다. 3차 대전이 촉발된다면 핵전쟁으로 치달을 수 있다. 인류의 집단 지성에만 의존할 수 없는 심각한 이슈이기에 글로벌 리더국가들의 역할이 그 어느 때보다 중요하다.

유엔 안전보장회 상임이사국 5개국(미국, 중국, 러시아, 영국, 프랑스)의 글로벌 리더십이 위협받고 있는 상황이기에 심각한 위협이 아닐 수 없다. 인류가 취할 최악의 선택이 핵전쟁이라는 총론에는 공감하면서도 실제 이행 조치가 필요한 각론에서는 자국·자기 진영의 이익 챙기기에 급급한 것이 냉엄한 국제현실이다.

3. 핵무기보다 더 무서운 AI 시대

　인공지능은 인간이 아니다. 하지만 AI는 예상치 못한 행동과 해법을 도출하는 능력 때문에 이전의 기술과 차별화된다. AI가 인류의 운명을 좌우하는 트리거로 작용하는 대전환의 시대가 전개되고 있다. 마이크로소프트 설립자 빌 게이츠는 "명심하라, 지금 일어나는 혁신은 인공지능이 이룰 성취의 첫걸음에 불과하다. AI는 우리가 미처 알아차리기도 전에 오늘날 문제가 되는 모든 한계를 돌파해버릴 것이다."라고 경고했다. 그의 경고는 핵무기보다 더 무서운 AI 시대의 도래를 예언한 것이다. 이런 맥락에서 유엔 안전보장이사회가 인공지능 관련 회의를 열고 AI의 위험과 대응책에 대해 논의했다. 영국 등 서방국가들은 AI를 규제하기 위한 국제적 협의체의 신설이 필요하다고 했지만, 안보리 상임이사국인 러시아·중국이 반대하면서 의견은 엇갈렸다.

　AI와 인간의 역할분담이 선순환적으로 이어지면 좋겠으나 제프리 힌턴(토론토대 명예교수), 조슈아 벤지오(몬트리올대 교수), 데미스 허사비스(구글 딥마인드 CEO), 샘 올트먼(오픈AI CEO) 등 인공지능 업계 리더들이 AI의 위험을 경고하는 공동성명까지 발표했다. 일찌기 영국의 물리학자 스티븐 호킹은 심각한 경고를 전한 바 있다.[13]

　비영리단체인 'AI안전센터Center for AI Safety'는 "AI로 인한 인간 멸종 위험을

---

13. BBC 코리아, 2023년 6월 6일 기사 https://www.bbc.com/korean/news-65817704

줄이는 것은, 전염병이나 핵전쟁 같은 다른 사회적 규모의 위험과 함께 전 세계적인 우선순위로 다뤄져야 한다."라는 성명을 공개했다.

최악의 시나리오는 인간 대 로봇의 전쟁이 아니라, 지구에서 우리보다 훨씬 더 지능적인 존재와 공존하는 바람에 우리가 조종당하고 있다는 사실조차 깨닫지 못하는 것이다.

전 세계적으로 'AI 붐'이 일고 있는 가운데 AI 연구의 최전선에 서 있는 이들이 역설적으로 AI의 규제를 외치고 있다. 오픈AI 대표 샘 얼트먼Samuel Altman(1985~)는 2023년 5월 16일 미의회 청문회에서 "AI 기술이 잘못되면 모든 것이 완전히 잘못될 수 있다."라고 경고했다. 브래드 스미스Brad Smith(1959~) 마이크로소프트 부회장도 "AI로 인한 혼돈이 코로나 팬데믹 때보다 클 수 있다."라고 말했다.

오픈AI와 구글 '딥마인드'의 수장을 비롯한 전문가들이 인공지능에서 야기된 인류 멸종의 가능성을 경고했다. 기계가 인간을 대체할 날이 얼마나 가까워졌을까? AI의 위험성을 상징하는 '쇼고스Shoggoth'라는 공상과학 소설에 나오는 괴물에 비유한 이미지가 유행처럼 번지고 있다.[14]

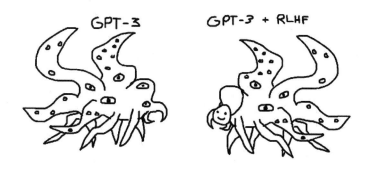

14. '쇼고스'는 HP 러브크래프트라는 작가가 1936년에 발표한 '광기의 산에서'라는 소설에 등장하는 상상의 생물이다. 소설에서는 지각을 가진 파괴적 존재로 그려졌다.
그림 출처: 서울경제, 2023년 6월 1일자. https://m.sedaily.com/NewsView/29QOQC9CMV#cb

AI를 문어 같은 모습에 촉수마다 눈이 달린 괴상한 괴물로 형상화한 것이다. 쇼고스는 공상과학 소설에 등장하는 가상 괴물로, AI가 그만큼 기이하고 위협적이라는 의미다. 쇼고스는 소셜미디어에 '밈meme(SNS에서 유행하는 사진·영상·유행어 등)'의 형태로 퍼지고 있고, AI 업계 종사자들은 쇼고스 그림이 그려진 에코백이나 노트북을 들고 다니기도 한다.

뉴욕타임스는 '쇼고스는 AI를 연구하는 많은 이들이 자신의 창조물에 혼란스러워 한다는 사실을 보여주는 강력한 은유'라고 했다.[15] AI와 함께 성장하는 세대는 앞선 세대와 다른 관계를 맺을 것이다. 현재 디지털 네이티브와 이전 세대 간에 불가역적인 간극이 존재하듯이 AI 네이티브와 이전 세대의 간극이 벌어질 것으로 전망된다. 규제하고 통제하지 않으면 인간의 예상과 의도에서 벗어난 기능을 하게 될 것이다. AI의 본격적 도래는 운명적 미래이며, 인간은 그 변화 앞에서 무력하지 않다. 결국은 인간이 주도권을 AI를 통제하며 인류의 가치관에 부합하는 미래를 조성할 것이다.[16]

인공지능의 발전과 규제는 다양한 이해 관계자들과의 협력이 필요로 한다. 정부, 기업, 학계, 시민사회 등이 융합적으로 접근하여 AI 기술의 개발 방향과 규제에 대한 지침을 협의해야 한다. 인공지능과 과학기술의 발전은 새로운 윤리적 문제와 규제 도전 과제를 제기한다. 인공지능 기술의 확산으로 개인정보 보호, 알고리즘 투명성, 일자리의 변화 등 다양한 문제가 제기되고 있으며, 이에 대한 적절한 규제와 윤리적 고려가 필요하다. 인간의 영역을 초월한 초인공지능ASI, Artificial Super Intelligence이 문제다.

불과 얼마 전인 2022년 11월 30일 등장한 챗GPT로 우리 삶은 혁명적인 전환 속에 놓였다. 모든 분야에서 AI가 활약하고 있고 급속도로 능력이 향상

---

15. 뉴욕 타임즈 (2023.5월)

16. 헨리 키신저·에릭 슈밋·대니얼 허튼로커 지음, 김고명 옮김, 『AI 이후의 세계』 (윌북, 2023년 5월)

되고 있지만 걱정 또한 많다.

일례로 가짜뉴스의 생성은 입력값이 쌓여 가짜뉴스를 재생산하는 악순환을 낳고 있고, 기술이 강력해지면 언젠가는 인류를 멸망시킬 수 있다는 경고까지 나온다.

미국, 중국, EU 등에서 AI가 초래할 파국의 위험에 대비하여 각국이 협력해야 한다는 '브레츨리 선언'을 했지만 이러한 규제가 AI 기술개발의 속도를 늦출 수는 있어도 방향을 바꾸지는 못할 것이다.

AI 기술이 1년 후에는 어떤 모습으로 발전하여 우리를 놀라게 할지 모른다. AI 기술의 폭주는 핵무기보다 더 강력한 공포를 인류에게 가져다가 줄 수도 있다.

2023년 말 시점에 현존하는 인공지능은 모두 약인공지능으로 2023년 초 세상을 놀라게 했던 챗GPT도 강인공지능이나 초인공지능이 아닌 약인공지능에 해당한다. 약인공지능의 활약만으로도 전 세계 인구의 이목을 집중시켰는데, 만약 인간의 감정까지 이해하고 고차원적으로 사고하는 강인공지능이나 인간의 제어 영역을 벗어나는 초인공지능이 등장한다면 우려와 두려움이 생길 수도 있다.

최근 AI는 감당하기 힘든 속도로 발전하고 있다. 최근 개발된 정교한 AI는 챗 GPT와 달리 옳고 그름을 따지는 논증reasoning 능력까지 갖추고 있다. 유발 하라리 교수는 "과거 5천 년 동안 걸린 진화를 AI가 5년 안에 끝낼 수도 있다."라고 강조했다. 또한 프란치스코 교황은 2024년 1월 1일 57차 '세계 평화의 날'을 맞아 담화 주제를 '인공지능AI과 평화'로 정하면서 AI 위험을 경고하였다.

불변의 가치는 함께 누리는 행복으로서 시대 흐름에 따르되 인간 중심을 반드시 찾아야 한다. 즉 AI 시대로 가는 길에 모두가 함께 행복을 누리는 데 가치를 두지 않고 이익만을 추구한다면 그것이 무엇이든 과감히 대응해야 한다. 나쁜 AI가 현실이 되지 않게 하려면 AI에 인성과 도덕을 가르쳐야 한다.

4. 우주의 시장화와 우주전쟁 가속화

대한민국이 독자 개발한 우주 발사체 누리호의 3차 발사가 2023년 5월 성공적으로 이뤄졌다. 2021년 10월 1차 발사와 2022년 6월 2차 발사 때는 위성 모사체와 성능 검증 위성을 실었지만, 3차 발사 때는 처음으로 실용 위성 8기를 궤도에 올렸다.

누리호 3차 발사 성공으로 한국은 세계 7대 우주 강국의 반열에 올랐다. 누리호 3차 발사 성공을 통해 위성과 발사체 기술에 대한 자신감을 얻게 되었다. 나아가 선진국의 우주 개발 영역으로 여겨졌던 유·무인 탐사나 위성항법 시스템 구축에 나서면서 명실상부 우주 강국으로 발돋움할 채비를 갖췄다.

---

17. 사진 출처: 연합뉴스

우주를 탐사하는 인류의 대장정에 대한민국이 본격적으로 동참한 것이다. 1993년 한국항공우주연구원이 과학로켓 1호KSR-1를 발사하며 우주 발사체 개발에 나선 지 30년 만에, 우리 기술로 개발한 우주 발사체로 실용 우주 수송 시대를 개척한 것이다.

우주개발은 막대한 예산과 인력, 오랜 개발 시간이 필요하여 어느 나라를 막론하고 정부가 주도해 추진해 왔다. 미국의 저명한 우주 역사학자 하워드 매커디는 "정부 주도의 대규모 우주 프로그램은 경제력, 기술력, 상상력이 한 방향을 가리킬 때 비로소 안정적으로 추진된다."라고 주장했다. 여기서 상상력이란 경제력과 기술력을 통해 우주개발을 한 방향으로 밀고 갈 수 있는, 국가의 미래상을 바탕으로 한 국민적 지지로 해석할 수 있다.

2022년도 기준 미국의 우주개발 예산은 619억 7,000만 달러(약 84조 1,800억 원)인데 비교하여 한국은 아직 7.2억 달러 수준에 머문다. 중국은 119.4억 달러, 일본은 49억 달러 수준이다. 우주개발을 주도했던 국가들은 막대한 예산 사용의 정당성을 확보하기 위해 자국 고유 우주기술을 활용했다는 대국민 홍보에 주력했다. 위성 영상이나 통신·항법 등 인공위성이 국가 운영의 주요 인프라로 자리를 잡아 우주 시스템에 대한 의존도는 더욱 커질 것이다.

우주개발은 비전을 제시하는 이상의 추진력이 무엇보다 중요한 영역이다. 아랍에미리트UAE의 경우, 우주청을 만들겠다고 선언한 지 7년 만에 화성에 탐사선을 보내는 데 성공할 정도로 경이로운 추진력을 실증해 주었다. 우주 개발에서 한국보다 후발 주자였던 UAE가 2021년화성탐사선 '아말' 발사에 성공한 이유는 파격적인 인재 기용과 추진력, 그리고 국제 협력을 통한 벤치마킹이었다. UAE의 우주 탐험 분야의 대약진 저변에 젊고 유능한 인재들을 활용한 점은 우주 리더십 차원에서 교훈으로 삼아야 한다.

강대국들만의 리그로 여겨졌던 우주개발의 이권 다툼이 우주에 대한 인류의 지식 확장에 공헌하는 수준을 넘어서 우주전쟁의 수준으로 격화될 것이다. 나아가 우주는 과학기술이 지배하는 메마른 공간에서 정치·경제·국제 관계·사회문화·윤리 등 인간의 모든 활동이 얽힌 인간화된 공간으로 변모해 나갈 것이다.

미래의 '우주세대Space Generation'에게 꿈을 펼칠 수 있는 활동 무대를 마련해 주는 일은 국가리더의 관심 영역이 되어야 한다. 우주가 강대국들만의 리그가 아니라 민간기업들이 우주 모험을 선도해 나가는 구조로 탈바꿈하고 있다. 1967년 유엔은 어떤 국가도 우주에 대한 소유권을 가질 수 없으며 개발 과정에서 발생하는 이익 역시 독점할 수 없다는 '외기권 우주 조약'을 승인한다. 1972년에는 달을 인류 공동의 유산으로 정의하는 '달 조약'도 생겼다. 특정 국가 마음대로 달 자원을 팔 수 없도록 제한한 것이다. 달에서 자원 개발이 가능해졌을 때 달 자원 활용과 관련한 제도적인 체계를 만들어야 한다는 내용까지 담겨 있다. 이런 조약에도 불구하고 달 탐사에 치열한 경쟁 구도가 형성되고 있다.

미국, 중국, 러시아, 인도 등 강대국들이 달 자원 연구를 하는 이유는 무엇일까? 채굴권을 둘러싼 국제적 논란과 갈등이 심화되는 와중에 주요국들은 자원을 선점하기 위한 연구개발에 매진하고 있다. 대부분의 우주 강국은 1979년 프랑스와 호주 등 18개국이 체결한 '달 조약'에 가입하지 않았다. 미국 정부는 2020년 공식적으로 "미국은 우주를 세계 공동 자산으로 보지 않는다."라고 선언했다. 또한 자국 기업이 달을 비롯한 우주 자원을 자유롭게 채굴하는 것을 돕겠다는 행정명령을 2020년 4월 발표했다.[18]

테슬라 창업자인 일론 머스크 CEO가 세운 우주 기업 스페이스X의 인공위성 인터넷 서비스 '스타링크'의 '우주 권력'이 커지자 아마존이 인터넷 서비스

---

18. 2020년 4월 6일 트럼프 대통령이 서명한 '달과 화성을 비롯한 우주 공간에서의 자원 발견과 이용을 장려하는 행정명령'은 "우주 공간은 법률적으로나 물리적으로 인간 활동의 영역"이라며 "미국은 우주를 세계 공동 자산으로 보지 않는다"고 강조 했다.

를 위한 위성 처리 시설을 세우겠다고 선언했다. 뉴욕타임스는 '머스크가 어떤 기업이나 정부와도 비견할 수 없는 지배적 권력을 행사하고 있다.'라며 우주 권력론까지 제기했다.

스타링크는 전 지구를 인터넷으로 잇겠다는 목표로 시작한 위성 인터넷 사업이다. 미국뿐 아니라 영국, 중국, 유럽 등 세계 각국 기업들이 위성통신 서비스 출시를 예고하면서 우주시장 경쟁이 격화하고 있다.

미국국방부 역시 스페이스X의 주요 고객이다. 미 항공우주국 NASA와 달·화성 탐사를 주도하고 있는 스페이스X는 압도적인 기술력과 비용 대 효과 측면의 우위를 확보하고 있다는 평가를 받고 있다.

중국도 최근 제2의 스타링크를 만드는 계획에 박차를 가하고 있다. 현재 중국 민간기업인 베이징北京 톈빙기술天兵科技은 한 번에 60개의 위성을 쏘아 올리는 로켓을 개발하고 있다. 중국군 당국은 이를 위해 발사대를 건설하고 있다. 유엔 산하 국제전기통신연합ITU에 따르면 중국은 최소 7,808개의 저궤도 위성 발사 신청서를 제출한 상태다. 영국의 위성통신 기업 원웹도 스타링크의 뒤를 바짝 쫓고 있다. 원웹은 지난 3월 위성 36개를 쏘아 올렸다. 2019년 2월 첫 위성을 쏘아 올린 이후 18번째 발사이며, 총 618개의 위성을 쐈다.[19]

우주공간의 활용 변화는 더욱 드라마틱하다. 4차산업혁명으로 발사체 재사용 기술과 소형위성의 개발이 고도화되고 있다. 일례로 뉴스페이스의 선두주자인 스페이스X의 발사체 재사용 기술이 적용된 팰컨9의 경우 4차로 도로에 비유될 만큼 새로운 우주 길을 만들고 있다. 주목할 것은 스페이스X의 재사용 가능한 발사체들은 기존 발사체들과 비교해 kg당 발사 비용이 30분의 1(2,000달러)에 불과하다.

---

19. https://www.munhwa.com/news/view.html?no=2023080701032007275001

누구나 우주로 갈 수 있는 세상이 곧 온다는 암시이다. 위성도 중대형 위성은 제작과 발사에 수천억 원에서 수조 원의 예산이 소요되지만, 소형위성의 경우 수십억 원, 초소형의 경우 수억 원 또는 수천만 원의 위성도 만들 수 있다. 소기업이나 일반 국민도 위성을 소유할 수 있다. 값싼 우주 고속도로를 이용해 자유롭게 위성을 띄워 개인적으로, 상업적으로 활용할 수 있는 뉴스페이스는 국민에게 우주 주권을 돌려주는 빅뱅이 될 것이다. 이처럼 UAM의 활성화와 우주 고속도로를 활용한 우주 모빌리티 및 소형위성의 대중화는 하늘과 우주 공간에 대한 소유권의 대전환을 의미한다.

미국의 케네디 대통령은 1960년대 달 정복을 선언하여, 국민 결집과 국가 발전을 도모하고 미·소 경쟁에서 승리하게 되었다. 초일류선진국의 우주개발 성공은 국가의 정신·물질주의가 융합되어 세계를 선도하는 국가임을 입증하고 있다. 최근 세계는 달 프로젝트로 뛰고 있다. 우리도 여기에 동참하지 않으면 과학의 꽃인 우주산업에 낙오자가 될 수밖에 없다. 미국, 중국, 러시아, 일본, 두바이 등 외국 항공 우주 사업은 하루가 다르게 발전하고 있다.

세계 각국이 달 탐사와 개발을 목표로 한 '시스루나Cislunar' 프로젝트를 본격화하면서 미국과 중국을 중심으로 우주 경쟁 판도가 재편되고 있다. 중국 유인 우주정거장 '텐궁'에 있는 우주인 3명이 등장했다. 21세기 우주를 향한 인류의 위대한 도전은 끊임없이 지속되고 있는바, 대표적인 사례는 아래와 같다.

첫째, NASA는 1980년대부터 지구 환경이 아닌 극한 환경에서 작물을 재배하는 기술 개발에 투자하기 시작했다. 태양광을 대체하는 특정 조합의 LED 광원 기술, 밀이나 감자 또는 대두의 뿌리를 영양액에 담가 재배하는 기술도 개발했다.

둘째, 네덜란드의 한 기업가가 2024년 출발하는 화성 여행 상품을 냈다. 편도 여행이고 화성에 식민지를 만들어 정착한다는 사기성 상품이었는데 10만 명이 몰렸다. 회사가 2019년 파산하며 없던 일이 됐지만, 우주로 떠나고픈 인류의 열망이 얼마나 뜨거운지 보여준 사건이다.

셋째, 나사 소속 우주인이 아닌 민간인으로 우주에 다녀온 첫 사례는 1989년 5월 옛 소련 우주선 소유스를 타고 우주정거장ISS 미르에 다녀온 영국인 여성 과학자 헬렌 셔먼이다. 민간 우주인 배출 프로젝트여서 관광은 아니었다. 한국인 최초의 우주인 이소연도 그렇게 해서 우주인이 됐다.

첫 우주 관광객은 2021년 4월 소유스 TM-32를 타고 ISS에 올라가 8일간 머물다 돌아온 미국인 사업가 데니스 티토다. 여행 경비로 2000만 달러를 썼다. 우주 관광은 지난 10년간 우주산업의 성장을 보여주는 척도다. IT(정보통신) 산업에서 성장한 기업들이 2000년대 잇따라 우주산업에 진출해 재사용 우주 로켓 발사 비용을 획기적으로 낮췄다. 미국 투자은행 모건스탠리는 우주산업이 2022년 3,500억 달러에서 2040년에 1조 달러 규모로 성장하리라 예측했다.

그러나 우리나라는 우주 항공산업이 계속 지연되고 있다. 달 탐사 사업은 노무현 정부 시절인 2007년 11월 수립한 '우주개발 세부 실천 로드맵'에서 시작했다. 당시 정부에선 오는 2025년까지 달에 우리가 제작한 탐사선을 보낸다는 계획을 세웠다. 이를 박근혜 대통령이 대통령 선거 당시 5년 앞당기겠다고 공약했다. 그러나 문재인 정부가 박근혜 정부 시절 수립된 2020년 달 착륙선 발사 계획을 2030년으로 연기했다.

선진국에 비교하면 한국의 우주개발산업은 걸음마 단계라고 볼 수 있다. 미국은 2012년에 화성 착륙선을 보냈고, 2017년 8월 태양 탐사선을 발사했다. 중국은 2018년 12월 인류 최초로 달 뒷면 착륙을 시도하고 2020년 화성착륙선을 발사할 예정이다. 일본은 달과 소행성 탐사에 이어 2018년 12월 EU와 함께 수성도 조사한다. 특히, 두바이는 2021년 2월 화성 탐사 위성 '아말'(희망이란 뜻의 아랍어)을 화성 궤도에 진입시키는 데 성공했다. 미국, 러시아

유럽, 인도에 이어 세계 다섯 번째, 중국보다 하루 먼저, 아랍권 최초로 화성 궤도에 진출한 나라가 됐다.

여기서 우리는 두바이를 타산지석으로 삼아야겠다. 스승이었던 한국은 1992년 첫 소형위성 '우리별 1호'를 쏘아 올린 지 30년이 되는 내년에야 달 궤도에 진출한다. 화성 진출 계획은 아직 없다. UAE는 나라 전체가 기업 스페이스X와 같다. 스페이스X가 실패를 거듭한 끝에 미국 항공우주국을 뛰어넘은 세계 최고의 발사체(로켓) 기술을 갖게 된 것처럼, UAE도 실패를 무릅쓰고 화성 탐사 프로젝트를 지원한 끝에 오늘날의 성과를 얻을 수 있었다.

우리나라도 달 착륙, 우주여행 등의 꿈이 실현될 수 있도록 ICT 강국 및 4차산업혁명 주도국으로 도약하여 우주산업의 역량을 기울여야 할 시기이다. 우주과학산업 발전은 과학입국, 경제 강국으로 가는 길이기 때문에 국민의 꿈과 가치관 실현을 위해서라도 반드시 융성시켜야 할 분야이다. 따라서 거시적인 전략과 정책으로 기획하여 핵심 산업으로 육성하여야 한다. 미국, 중국, 러시아 등 선진국과 전략적으로 협력하면서 항공우주산업의 비약적인 발전을 도모해야 할 것이다.

중국의 일대일로—帶—路(육·해상의 신실크로드)가 우주로 확장되고 있다. 내년 완성되는 독자 우주정거장 '톈궁天宮'은 미국 중심의 국제우주정거장ISS과 함께 우주 공동 개발의 큰 축을 맡는다. 미국도 못 했던 달 뒷면 착륙(2019년), 화성 도착(올해 5월) 등 연일 놀라운 성과를 쏟아내고 있다. 미국과 서방 세계 불안은 점점 커진다. 중국의 우주개발 성과는 군사 목적으로 쉽게 전용轉用될 수 있기 때문이다.

5. 제4차 세계화와
인도·태평양 헤게모니 쟁탈전

　　지난 200년간 자본주의 역사를 세계화라는 개념으로 풀어간다. 조금이라도 저렴한 비용으로 제품을 생산·운송함으로써 경쟁에서 우위를 차지하려는 자본가의 본성이 바탕에 깔렸다.

　　1차 세계화는 산업혁명 초기부터 제1차 세계대전 직전까지다. 이때는 세계화의 혜택을 유럽 제국주의 국가들이 가져갔다.

　　2차 세계화는 제2차 세계대전 이후 미국과 소련이 대립하던 냉전 시기다. 화물 운송의 혁명이라고 평가하는 컨테이너선이 등장한 것도 이 시기다. 세계경제는 빠르게 성장했지만 번영의 혜택은 주로 선진국 사람들의 몫이었다.

　　냉전 이후 3차 세계화를 맞아 선진국과 후진국의 관계에도 변화가 찾아왔다. 필자는 "3차 세계화는 지구상에서 가장 가난한 곳에도 실질적인 경제적 이득을 가져다줬다."라고 말한다. 그 중심에는 중국이 있다. 미국 등 주요 선진국에선 제조업 기반이 무너지고 중국이 '세계의 공장'으로 떠올랐다.

　　하지만 2008년 글로벌 금융위기를 고비로 이런 식의 세계화도 한계에 부딪혔다. 그러면 세계화는 이제 끝났을까? 전혀 그렇지 않다. 세계화의 종말은 3차 세계화에만 해당하는 얘기다. 디지털 기술을 활용한 서비스 중심의 4차 세계화 시대를 말한다. 컨테이너 부스를 앞세운 제조업 기반 세계화를 벗어날 때다. 대한민국은 미국 주도의 인도—태평양 전략Indo-Pacific Strategy, IPS과 중국의 일대일로 계획Belt and Road Initiative, BRI 간 양자택일이라는 점차 커져가는 압박을 마주하고 있다. 디지털 시대가 본격화되면서 초연결 네트워크 사회로 변모하는 현상을 활용하는 전략으로 나가야 한다.

2020년대 글로벌 정치경제 질서는 대단히 복잡하고, 예측 불가능한 변화의 모습을 보여주고 있다. 1980년대 영국과 미국을 중심으로 확산된 '신자유주의 세계화'는 1990년대 소련의 붕괴와 독일 통일, 그리고 동유럽 사회주의 국가들과 이후 중국의 자본주의 시장경제 도입으로 새로운 세계화의 정점을 이뤘다. 하지만, 2008년 미국발 금융위기를 필두로 확산된 전 세계 경제위기는 이러한 세계화의 위기를 드러냈다. 대표적으로 2020년 1월 31일 영국의 유럽연합 탈퇴(브렉시트) 사건이 있다. 또한, 지난 수년간 보여진 미국과 중국 사이 점차 첨예하고 강력해지는 세계 경제 패권 쟁탈전, 러시아의 우크라이나 침공과 이에 따른 글로벌 공급 체계의 붕괴는 복잡한 지난 40여 년간 지속되고 확장되어 온 신자유주의 세계화에 커다란 변화의 흐름이 뚜렷함을 보여주는 것이라 할 수 있다.

다섯째, 최근 폴리코노미Policonomy(Politics(정치)와 Economy(경제)의 합성어)로 인한 경제 전쟁이 영토 전쟁은 물론, 이념 전쟁 등으로 확산이 우려되고 있다. 세계 주요국 대부분이 선거를 앞두고 있는 가운데 선거 결과에 따라 정치·경제 흐름이 어떻게 바뀔지 모두가 주목하고 있다. 세계 주요국의 선거가 한꺼번에 몰린 것은 유례가 없는 일이라, 경제 전문가들은 국제정세가 더 요동할 가능성이 크다고 분석하고 있다.

21세기에 국제질서가 세계 경제 성장의 견인차인 인도 태평양을 중심으로 빠르게 재편되고 있다. 미국과 중국의 무역전쟁으로 촉발된 글로벌 갈등이 끝이 보이지 않는다. 갈등의 범위는 치열한 기술 패권 경쟁을 비롯해 경제, 정치, 인권, 안보 분야로 확대되고 있다.

대한민국은 한반도를 둘러싸고 급변하는 국제 정세 속에서 새로운 지정학적 도전에 직면하고 있다. 한국은 미중 간 패권 경쟁과 글로벌 공급망의 변화 속에서 현명한 생존전략을 모색해야 한다. 미국, 일본, 인도, 호주 4개 국가 안보협의체인 '쿼드Quad'는 단순히 중국의 팽창을 견제하는 좁은 의미의 방어적 안보협의체가 아니라, 육지·해양을 넘어 사이버·우주 공간까지 다루는 역내 민주국가 간 포괄적, 전략적 협력체로 업그레이드된 것이다.

그야말로 21세기에 미래를 선도하는 인도태평양 시대가 우리 눈앞에 펼쳐지고 있다. 한국이 백신공급, 기후변화 대응, 신흥기술, 공급망 변화 등 '쿼드' 활동에 대한 참여의 폭을 확대하고 더 나아가 쿼드에 가입하는 것은 한미관계 개선은 물론 인도태평양 지역에서 한국의 입지와 위상을 강화할 수 있는 중요한 전략적 결정이다.

이제 대한민국의 인도태평양 전략은 국가의 사활이 걸린 문제이다. 항행의 자유 측면에서도 우리와 민주주의, 시장경제, 법치주의, 인권 등의 핵심 가치를 공유하는 인도태평양 지역의 주요 민주국가들과 적극적이고 입체적인 협력을 통해 지역의 평화와 번영을 위한 우리의 역할을 격상시켜 나가야 한다.

한국은 중국과의 조화로운 실리적 공존을 추구하면서도, 주권과 국익을 침해하는 중국의 공세적 외교와 위협적 군사행동은 단호히 대응해야 한다. 경제적으로 선진국 대열에 오른 대한민국이 중추적 중견국으로서 새롭게 펼쳐지는 인도태평양 시대에 한미동맹에 입각한 국가 대전략과 자유무역에 입각한 경제 대전략을 위해 추진해야 할 '스마트 외교'를 추진해야 한다.[20]

20. 박진, "미국의 인도·태평양 전략과 한국의 전략적 선택", 국정감사자료, 2021.10.21

6. 기후환경 도전과
인류 공동의 응전

　기후변화의 주요 마지노선이 깨질 수 있다는 전망이 사상 최초로 나왔다. 2027년경 지구 연평균 기온 상승 폭이 산업화 이전 수준보다 1.5℃ 이상 높아질 수 있다는 암울한 경고다. 유엔UN 산하 기구 '세계기상기구WMO'는 2027년 안에 지구 평균 기온이 66%의 확률로 1.5℃ 기준점을 넘을 것이라고 밝혔다. 인간 활동으로 인한 탄소 배출과 올해 말 발생할 것으로 예측되는 엘니뇨로 인해 그 가능성이 더욱 커지고 있다는 설명이다. '1.5℃ 기준점' 돌파란 전 세계 평균 기온이 산업화로 인해 화석연료 배출량이 실제로 증가하기 시작하기 이전인 19세기 후반보다 1.5℃ 더 올라간다는 의미다.

　지구온난화로 인한 기후변화와 환경오염 문제는 인류가 직면한 생존적 도전이며 절박한 위협이다. 지구 기후체계의 복잡한 시스템에 가하는 인간의 영향력을 시각화하기 위해 방대한 지각의 병참학을 펼쳐 보였다. 한국도 2018년에 인류세연구소를 만들고 2019년에는 인류세에 관한 다큐멘터리를 방영하기도 하였다.

　인류가 지구에 끼친 영향력으로 인해, 종이 멸종하고, 기후 위기가 닥치고, 바다가 산성화된 이 시대가 이제 인류세로 불리고 있다는 것을 쉽게 이해하는 것이다.

　특히 지구온난화와 환경오염은 인간뿐 아니라 지구의 생태계 자체를 파괴하는 당면하고 현존하는 위협으로 닥쳐오고 있다. 화석연료 사용으로 인하여 대기 중에 대량으로 방출되고 있는 이산화탄소와 폐열이 지구 생태계를 파괴하고 기후변화를 당면한 위기로 받아들이게 되었다. 기후환경의 도전은 일상생활과 경제, 의료, 환경 등 모든 분야에 영향을 미치고 있다. 그러나 이러한 발전에도 불구하고, 과학기술은 여전히 여러 가지 한계와 도전을 안고 있다.

첫째, 과학기술의 발전은 종종 윤리적 문제와 함께 다닌다. 생명공학, 인공지능, 환경문제 등 다양한 분야에서 발생하는 윤리적 고민은 기술의 발전이 도가 지나치거나 부정적인 방향으로 사용될 가능성을 야기한다. 인간의 편리함과 이익을 추구하는 가운데, 윤리적인 근거와 사회적 책임을 고려하지 않는다면 발전의 결과는 역설적으로 인류에 불이익을 초래할 수 있다.

둘째, 기술의 발전은 불평등을 증가시킬 수 있다. 발전된 국가나 개인은 최신 기술을 활용하여 더 큰 이익을 얻을 수 있지만, 개발도상국이나 경제적으로 취약한 계층은 기술 격차로부터 소외될 수 있다. 이러한 불평등은 사회적 불안정성을 증가시키며, 지속가능한 발전의 방해 요소가 될 수 있다.

셋째, 기술의 발전은 환경문제와 상충할 수 있다. 산업화와 기술의 발전은 에너지 소비와 환경 파괴로 이어질 수 있다. 기술의 발전은 지속가능한 에너지 생산 및 소비, 환경보호 기술의 개발에도 중요한 역할을 해야 하지만, 이러한 노력이 미흡한 경우에는 발전의 결과가 환경 파괴와 생태계의 붕괴를 야기할 수 있다.

탄소중립 도달 목표 시점까지 30년 정도 남았다. 지금까지 한국의 성장을 보면 충분히 국제사회의 모델 국가가 될 수 있다고 확신한다.

'녹색성장'으로 바뀌어야 한다. 그래야 세계 등불 코리아의 위상을 높일 수 있으며 국제적으로 지속이 가능한 목표를 향해 함께 갈 수 있다. 대한민국이 가교역할을 할 수 있다. 기후변화 문제, 환경보호 이슈 등을 자연스럽게 인식하고 행동하려면 어릴 때부터 환경 교육이 필요하다. 탄소중립이 우리 사회의 핵심 의제로 자리 잡으면 그 도달 시기도 앞당겨질 것이다. 글로벌 리더 국가로 자리매김하기 위해서는 기후변화 대응에 선도적으로 동참해야 한다.

넷째, 과학기술의 발전은 새로운 보안 및 개인정보 문제를 야기할 수 있다. 디지털 시대에서는 개인정보 유출, 사이버 공격 등의 위협이 증가하고 있다. 빅데이터와 인공지능의 발전으로 인해 개인정보가 더욱 민감한 정보로 변질이 되고 악용될 수 있어, 이에 대한 보안 조치가 더욱 중요해지고 있다.

이러한 한계와 도전을 극복하고 과학기술의 발전을 긍정적으로 활용하기 위해서는 다양한 접근과 노력이 필요하다. 먼저, 윤리적인 고려와 사회적 책임을 고려한 기술 개발과 활용이 필수적이다.

또한, 불평등을 줄이기 위해 개발도상국과 취약 계층을 지원하고, 기술교육과 접근성을 높이는 노력이 필요하다. 지속 가능한 발전을 위해서는 환경 보호와 에너지 절약 기술의 연구와 개발을 강화하고, 보안 문제에 대한 대비책을 마련하는 것이 중요하다.

과학기술의 발전은 우리의 삶을 혁신시키고 발전시키지만, 동시에 주의해야 할 한계와 도전 역시 존재한다. 이러한 문제에 대한 인식과 대응 노력이 우리가 미래를 더 나은 방향으로 이끄는 열쇠일 것이다.

7. 서구 문명 위기에 대한 미래학자들의 견해

　오늘날 서구 문명은 전통적 가치체계에 직면하고 있다. 서구에 검은 그림자를 드리운 근본 원인은 무엇인가? 많은 학자가 염려하고 있는 인구문제, 자원고갈, 핵 공포, 기후변화, 환경오염 등이 악화되고 있다. 가장 시급한 문제는 인구와 식량, 자원의 문제와 연결되어 있다.

　대한민국은 저출산·고령화를 걱정하지만, 세계적 인구폭발은 진행형이다. 세계 인구가 10억 명에서 20억 명이 되는 데는 1백 년 이상 걸렸다. 인구가 20억 명에서 30억 명으로 늘기까지는 30년이 걸렸지만 30억 명에서 40억 명으로 증가하는 데 20년으로 줄어들었다. 2022년 11월 세계 인구는 80억 명을 돌파했다.

　유엔 인구 보고서에 따르면 세계 인구는 2037년 90억 명을 넘어서고 이후에도 계속 증가세를 이어간다. 2086년이나 돼야 104억 명으로 정점을 찍고 2100년까지 이 수준을 유지할 것이란 예측이다. 인구폭발에 따라 자연히 식량 부족, 자원 소비 폭증, 기후변화, 환경오염 등으로 인류는 값비싼 대가를 치러야 한다.

　제4차산업혁명의 가장 핵심적 특징은 사람, 사물, 공간을 초연결하여 초지능화 됨으로써 산업구조사회의 시스템 혁신이 초래된다는 점이다. 모든 사물은 인공지능을 품고 점점 똑똑해지는 초지능 유기체로 변신한다. 인터넷을 모든 사물을 초연결하는 디지털 생태계로 발전하게 된다. 사람은 물리

공간과 가상공간을 혼합한 초실감 서비스를 생활화하게 된다. 빅데이터와 인공지능이 결합함에 따라 AI가 인간과 경쟁하거나 협업하는 수준으로 발전하게 된다. 인공지능이 언어적 소통에 의한 감성 교류의 수준으로 발전하여 인간과 인공지능이 상호 감성 교류를 시작하게 된다.

이러한 발전으로 인해 인간과 기계가 하나가 되는 디바이스가 등장하고 스마트도시가 더욱 고도화되는 시대로 변모한다. 점점 개인화, 원자화되는 인간관계의 부작용 또한 만만치 않다. 인공지능은 인지, 학습, 추론의 단계를 넘어서 문제를 스스로 발견하고 해결하는 행동의 단계로 진화했다. 지능, 추론 능력에 기반을 둔 자율적 판단과 행동화 단계로 진입했다. 대표적 사례가 완전 자율주행 차량의 등장이다. 의사결정과 행동화 조치를 인공지능 스스로 감행함에 따른 유용성에도 불구하고 제어 불가능한 수준의 역작용이 심각하게 거론된다.

인공지능을 지원하는 차세대 슈퍼컴퓨터와 소프트웨어 기술이 뇌과학과 연계되면서 상황인지나 학습·예측·추론·행동을 넘어서 인간과 감정을 교류하는 수준으로 발전하고 있다.

인공지능과 인간의 뇌가 교류를 지속하면 수년 내에 인간 지능을 초월하는 차세대 AI가 인류를 지배하려는 야욕을 갖게 될 것이라는 우려가 현실로 닥쳐오고 있다. 빅테크 기업에서는 인공지능 기기가 기업의 이사회에 동참하여 의사결정에 동참하는 시대가 도래할 것으로 예견되고 있다. 디지털 문명으로 대격변의 시대에서 아날로그 시스템이나 사고방식은 발전을 저해한다.

인류는 수많은 시련과 시행착오 끝에 21세기에 찬란한 문명의 금자탑을 쌓아 올렸다. 그러나 인류는 서구사회로부터 시작되어 전 세계로 확산된 풍요한 물질문명에 도취하여 인간 본연의 모습을 잃어가고 있다. 그 결과 인류 스스로 창조한 물질문명에 속박되어 지배당하고 있을 뿐만 아니라, 닥쳐오는 어두운 미래에 직면하게 되었다.

정신과 물질을 유기적으로 조화시키는 인간 중심적 발상을 상실한 채 물질 중심의 서구 문명의 한계에 봉착하게 된 것으로 볼 수 있다. 서구적 근대화와 동양의 정신 문화가 조화롭게 균형을 이루어 나가야 한다.

일각에서는 세계 문명의 한계와 파멸을 예언하고 있다. 서구 문명이 인류에게 가져다준 혜택에도 불구하고 한계론이나 위기론을 제기하는 이유는 무엇인가? 시펭글러Oswald Spengler(1880~1936)가 제기한 '서구의 몰락'이나 수많은 학자가 부르짖는 '현대의 위기'의 논거는 "서구 문명이 심각한 쇠락의 처지에 놓였다."라는 점에 기초하고 있다. 하지만 비관론에 휩싸일 필요는 없다. 미래학자 앨빈 토플러가 갈파한 것처럼, 새로운 노선으로 재출발해야 한다. 그것은 정신문화, 건전한 도덕과 윤리의식, 인류애에 기초한 평화, 이성에 기초한 발전, 인간 중심적 사고를 포괄하는 새로운 개념을 포괄하는 '자유민주 행복주의'를 새로운 가치로 정립해 나가야 한다.

자유민주 행복주의는 인류가 사실상 공동운명체라는 의식을 바탕으로 인류사회를 물질이 아니라 총체적 인간의 행복을 추구하고 보장하는 체제로 재정립해야 한다. 인류는 물질만능주의에서 깨어나 정신 문화의 가치에 대해서 새롭게 눈을 뜨고 공감대를 형성해 나가야 한다.

8. 21세기는 도전과 응전의 글로벌 역사시대

　급변하는 국내외 정세와 도전요인을 분석해 볼수록 나라사랑과 역사사랑에 바탕을 둔 리더십의 중요성을 재확인하게 된다. 나라사랑을 거론하면 마치 어용학자처럼 몰아가는 시각이 엄존한다.

　하지만 21세기 대한민국이 도전을 극복해 나가는 첫 출발은 나라사랑 정신에서 시작된다. 도전과 응전의 정신이 운명을 좌우한다. 우리 인생의 가는 길도 기복이 있게 마련이다. 오르막이 있으면 다음에는 내리막이 있고, 내리막이 다하면 다시 오르막이 다가온다. 그런 일이 계속해서 일어나는 것이 바로 인간 사회의 역사요, 인생의 역정인 것이다. 국가나 민족사도 예외가 아니다. 명암이 있고, 기복이 있으며, 요철이 있고, 위기와 기회가 있게 마련이다.

　문제는 그 어둠을 밝음으로, 그 굴곡을 탄탄대로로, 그 위기를 호기로 탈바꿈시킬 수 있느냐 없느냐이다. 대한민국이 좁은 땅, 밀도 높은 인구와 도시, 자원부족이라는 악조건을 극복하고 초특급으로 선진국의 반열에 올랐다. 1960년대의 독일에 광부와 간호사로 파견되어 모진 고생을 감내했던 세대, 월남파병에 나선 군인, 중동 건설에 뛰어든 근로자 등 각계각층의 국민이 헌신적으로 국가발전 대열에 동참한 근면 성실함의 가치를 소중하게 여길 줄 알아야 한다.

　국가의 새로운 가치와 정신을 바탕으로 인류를 리드해 가는 수준으로 격상되어야 한다. 대한민국은 인류 역사 이래 '인간-사회-문명 대전환'의 도전 앞에 있다. 히브리대학 교수로 인류사를 연구하는 '유발 하라리'는 한국을 최

394

고의 실험실이라고 했다. 대한민국은 미래 경험의 아방가르드(전위대) 역할을 하게 되었다. 새로운 패러다임을 개척하고 창조해야 하는 천명을 부여받은 것이나 다를 바 없다.

일찍이 미국의 케네디 대통령도 위기는 곧 희망임을 역설했다. 20세기를 주도한 미국도 국가 위기 등의 위기를 기회로 대전환했다. 한문 풀이를 해 보아도 그러하다. 위기는 위험危과 기회機의 두가지 뜻이 어울려 공존하고 있는 단어다. 위험 못지 않게 무한한 가능성이 함께 내포되어 있음을 시사하는 것이다. 위기와 기회도 서로 밀접한 상관관계를 맺고 있다. 토인비의 유명한 명제인 '도전'과 '응전'을 풀어보면 "생각 ⇨ 행동 ⇨ 습관 ⇨ 선택 ⇨ 운명"이 선순환하는 패러다임으로 접근할 수 있다. 우리의 굳센 의지, 확고한 신념, 줄기찬 노력이 융합되면 위기는 반드시 새로운 번영의 기회로 대전환할 수 있다.

관념적 유희나 말의 성찬이 아니라 세계역사를 통해 입증되어왔다. 미국이 직면했던 1929년의 대공황 위기를 1933년 루즈벨트가 대통령에 취임하면서 야심 차게 뉴딜 정책을 추진하여 위기를 극복함으로써 세계 최강대국의 위상을 굳히게 되었다.

뉴딜은 자본주의 체제의 취약 요인에 대한 수정으로서 공공복리를 앞세워 정부가 경제적 통제를 가하며 거시 경제이론을 적용한 것이다. 화폐의 유통을 원활하게 하는 금융정책을 채택하고, 실업의 해소와 고용증대를 위한 대규모 토목 공사와 사회간접 자본 투자를 추진한 것이 대표적 사례다.

위기는 곧 기회라는 경구는 결코 언어의 유희가 아니다. 오히려 역사발전 법칙의 정곡을 찌른 것이다. 역사를 돌이켜보면, 이러한 위기 국면일수록 국민이 나서서 위기를 극복해 왔다.

성숙한 국민 리더십 문화로 위기 상황을 슬기롭게 극복하여 국가 위상을 G3 수준의 초일류 강국으로 격상시켜야 한다. 특정 국가나 이념에 경도되지 않는, 오직 대한민국의 번영을 위한 국가 대 전략이 필요하다.

G3

5부

대한민국
G3 미래 비전(시리즈 I)

국민영웅이 만드는 국민리더십 문화 – "좌도 우도 아닌 미래로!"

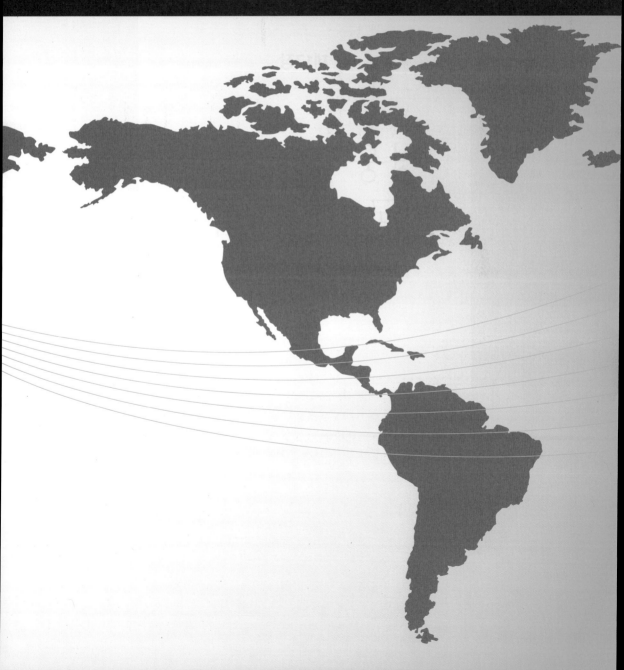

제17장

영웅적 국민과 국민리더십 개념

1. 세계역사 리더십 함의와 국민이 나서야 할 당위성

– 'G3 코리아' 위업을 정치권에 의존할 수 없다! –

대한민국 헌법 제1조 2항은 '대한민국의 주권은 국민에게 있고, 모든 권력은 국민으로부터 나온다.'라고 명시하고 있다. 국민은 통치 대상이 아니라 통치자를 선택하여 세우는 주인이다. 따라서 국민이 행복한 미래를 성취하는 것이 헌법정신에 부합하는 것이다. 우리 국민이 'G3 코리아'를 달성하는 위업을 정치권에 의존할 수 없는 것이 현실이다. 현실 정치권의 난맥상을 질타하거나 한탄한다고 구조적 문제가 해결되는 것은 아니다.

이러한 비전과 현실의 괴리현상은 국민이 앞장서야 할 '국민리더십'의 당위성의 근거가 된다. 그렇다고 헌법이 규정한 기본 가치인 자유민주주의 체제나 국회를 비롯한 대의민주주의 제도 자체를 부정하는 것은 아니다.[1] 국민의 올바른 선택과 개척에 따라 대한민국의 운명이 달라진다는 뜻이다.

또한, "역사를 잊은 국민에게는 미래가 없다!"라는 명제가 함축한 의미를 깨달아야 한다. 나라사랑 정신과 역사의식으로 무장한 영웅적 국민이 위기를 기회로 대전환하여 '제2 한강의 기적'을 창출할 수 있다. 필자는 대한민국의 미래 비전과 청사진을 제시하는 출발점을 '세계역사 리더십' 관점에서 교훈을 도출하고 한민족의 역사와 융합하는 포인트로 삼았다.

우리 한민족은 수많은 외침을 당하면서도 국난극복의 자랑스러운 역사를

---

1. 국회미래연구원, 『2050년 대한민국 미래전망과 대응 전략』, 2022.

이어왔다. 위기가 닥칠수록 백성들이 하나로 뭉쳐서 온갖 도전과 역경을 극복해 온 신화 창조의 주역이었다. 우리 국민의 나라사랑 정신은 세계적 지도자들도 인정할 정도로 정평이 나 있다. 프란치스코 로마교황은 2020년 12월 17일 주교황청 신임 한국대사를 접견한 자리에서 "한반도 평화를 위해 항상 기도한다."라고 덕담을 전하면서, "한국 국민은 매우 영웅적 국민"이라고까지 언급한 것으로 알려졌다.[2]

우리 국민이 두뇌가 명석한 점은 구체적 데이터로도 확인된다. 세계 IQ 발표 자료에 의하면 한국은 조사 대상 185개국 중 홍콩(107)에 이어 2위(106), 일본 3위(105), 독일/이탈리아 공동 6위(102), 중국/영국 13위(100), 미국/프랑스 21위(98), 이스라엘 45위(94)로 조사되었다.[3] 흥미로운 순위는 북한이다. 일본과 동일하게 공동 3위(105)로 조사·발표된 것이다. 홍콩이 중국에 편입된 점을 고려하면 사실상 한민족은 IQ 세계 1위로 조사된 셈이다.

IQ 세계 1위의 한민족은 세계에서 제일 부지런하고 역동적인 민족으로 평가받고 있다. 이처럼 애국심이 강하고 머리가 좋은 우리 민족이 초일류 강국으로 발돋움하지 못할 이유는 없다.

다만, 정치리더십 부재와 이념갈등으로 인한 내부 분열 등 걸림돌이 제거되어야 한다. 국민이 국가발전의 주역이요 영웅이라는 의식을 고양하지 못했고 패배주의에 길들은 약소국 마인드에 고착된 측면이 강하다. 이른바 '고래 싸움에 새우 등 터진다'라는 비유가 마치 사실인 양 미중 패권경쟁의 피해국으로 잘못 각인되었다고 해도 과언이 아니다. '새우'가 아니라 '제3의 고래'

---

2. 연합뉴스, "84번째 생일날 신임 한국대사 접견한 교황. '한국민은 영웅적'", 2020년 12월 18일. https://www.yna.co.kr/view/AKR20201218007100109 (검색일, 2023년 11월 8일).

3. 영국 얼스터 대학의 심리학 교수 리처드 린과 핀란드 헬싱키 대학의 타투 반하넨의 연구팀이 2004년에 세계 185개국을 대상으로 조사한 자료임. (월간조선, "세계 185개국 평균 지능지수와 국민소득 비교" 2004년 9월호)

가 될 수 있고, 2023년 기준으로 평가해도 '스마트한 돌고래Smart Dolphin'수준으로 성장했음을 국제사회가 인정하고 있다.

남북한 군사적 대치가 존속하는 냉엄한 현실을 직시하고 강대국의 치열한 패권경쟁을 돌파하기 위해서는 애매한 동북아 균형자 역할론에 매달려서는 안 된다. 더 고래 싸움에 등 터지는 새우의 신세로 전락했던 구한말의 치욕을 되풀이하지 않아야 한다. 그렇다고 우둔하게 몸집만 비대해져서 적응력이 떨어지는 고래가 될 수 없다. '영민한 돌고래'처럼 역동적이고 똑똑하게 국가발전 전략을 구사해야 한다.

'G3 코리아' 달성을 목표로 설정하고 치밀하게 추진전략과 로드맵을 구체화하여 행동에 나서야 한다. 큰일을 감당할 서번트(봉사자) 지도자를 올바로 뽑는 것도 국민 리더십의 몫이다. 대한민국 미래를 개척하는 주체는 우리 국민이요, 국민이 영웅이다. 영웅적 대한국민이 나서서 '국민리더십 문화'의 힘으로 '세계의 등불 코리아, G3'로 만들어야 한다. 이것이 대한민국의 운명이다.

작금의 현실을 보면 우리 미래의 정말 결정적인 걸림돌은 역사의 준엄한 교훈을 외면하는 정치권과 위정자들의 후진적 행태라고 할 수 있다. 대한민국은 경제적 풍요와 문화적 품격에 걸맞지 않게 '리더다운 리더가 없는 나라'로 표류하고 있다. 한국호의 미래를 향한 항해를 방해하는 걸림돌을 과감하게 제거하고, 국민이 직접 나서서 집단 지성을 발현하는 국민리더십 문화를 조성해야 한다.

역사리더십에 의한 'G3 코리아' 성취는 한국호가 미래로 나아가는 위대한 여정이 될 것이다. 그 첫걸음은 낙후된 삼류 정치의 올무에서 벗어나는 '행동하는 국민리더십'이다. 이를 통해서 헌법이 보장한 '행복추구권'을 확실하게 보장해 주는 초일류 강국으로 나아갈 수 있다. 국민이 앞장서야 초일류 강국으로 발전할 수 있다.

미래는 어떻게 만들어지는가. 미래는 아직 오지 않은 시간이다. 아직 오지 않았기 때문에 정해진 것이 없으며, 그래서 미래는 우리가 만들어 갈 수 있다. 어떤 미래를 만들어 갈지는 오롯이 우리 젊은 세대에게 달려 있다.

특히, 젊은 세대들이 역사적 자긍심과 소명 의식을 갖고 '국민리더십 문화'를 확산시키는 주역으로 성장해야 한다. 인기몰이용 선전 선동이나 포퓰리즘에 휘둘리지 않고, 국민의 대표를 올바로 선출하는 투표권을 행사함으로써 정치권에 경종을 울려야 한다.

대한민국의 미래를 위한 지혜로운 선택을 해야만 서로 뒤엉켜서 벼랑으로 밀려가는 정치권을 바로 세우는 길이다. 해법이 뭔지는 알고 있지만, 서로를 믿지 못하고 '네가 죽어야 내가 산다.'라는 편협한 경쟁심리 때문에 위기를 기회로 바꾸지 못하고 있다.

이러한 위기 상황을 극복하기 위해 국민이 앞장서는 '국민리더십 문화운동'을 전개해 나가야 한다. 그래야만 절망을 희망으로 바꾸고 역동성을 되살릴 수 있다.

2. 세계등불 정신과 국민영웅 개념

'세계의 등불' 코리아는 대한민국의 발전과 성취를 상징하는 중요한 개념이다. 이 용어는 한국의 경제성장, 문화창달, 국제적 기여 등을 상징적으로 집약한 표현이다. '국민영웅'은 대한민국의 역사와 시대정신에 따라 국민이 앞장서서 위기를 기회로 대전환하는 것을 의미한다. 위의 두 가지 개념은 역사사랑 · 나라사랑을 바탕으로 국민이 앞장서는 리더십을 발휘하는 '국민리더십 문화운동' 개념으로 연결된다. 이를 통해 대한민국은 'G3 코리아'의 비전을 달성하는 초일류 강대국으로 도약하게 된다.

모든 국민이 국운 융성의 신바람을 등에 업고 '좌도, 우도 아닌 미래로'순항하는 한국호의 선장이요, 승객이 되는 것이다. 우리 후손들은 글로벌 리더국가의 국민으로서 자긍심을 갖고 인류 평화번영을 위한 세계사의 주역으로 우뚝 서게 될 것이다. 이러한 비전은 6·25전쟁 당시 국제사회로부터 '도움을 받던 최빈국'에서 세계를 향해 '도움을 주는 선진국'으로 격상된 나라의 국민다운 도리라고 생각한다.

이러한 인식을 바탕으로 가슴 찡한 국민영웅 일화를 소개한다. 한미동맹 70주년을 맞아 2023년 10월 12일 경기 파주시 임진각에서 6·25전쟁 참전 미군 용사 2명의 추모 조형물 제막식이 열렸다. 이 자리에 참석한 고故 윌리

엄 웨버 대령의 손녀 데잉 웨버(33) 씨가 인상적인 증언을 했다.[4]

> "저한테 할아버지는 진정한 영웅인데 할아버지는 생전에 '영웅'이란 표현을 매우 불편해하셨다. 할아버지는 '내가 아니라 한국인들이 진정한 영웅'이라며 한국과 한국인을 늘 자랑스러워하셨다." 손녀 웨버 씨는 "한국이 할아버지를 잊지 않고 추모해줘서 감사하고 영광스럽게 생각한다."라고 했다.

공수부대 장교로 인천상륙작전을 수행했던 고인의 손녀가 증언한 바와 같이 "대한민국 국민이 진정한 영웅이다"라는 말에 절대적으로 공감한다. 한국인들은 자신에 대한 지나친 폄하 경향이 있다. 오히려 외국인들이 한강의 기적을 일구어낸 한국인들에 대해 격찬을 아끼지 않는다.

국민영웅이 G3 코리아 달성의 비전을 성취하기 위해서는 나라사랑과 역사사랑에 기초하여 자긍심을 가져야 한다. '세계의 등불'은 어두움이 아니라 밝은 빛이며 희망이다. 국민리더십 문화운동 역시 이념에 치우치지 말고 미래를 지향해야 한다.

필자는 '좌도 우도 아닌, 미래로!'라는 캐치프레이즈로 '국가 대 개조-초일류 강국 혁명'을 제시한다. 이것이 21세기 대한민국의 시대정신·절대정신이라고 확신한다.

그러나 정치권이 이념대결의 진흙탕 싸움판을 벌이는 행태가 국격을 훼손시키고 있다. 대한민국의 품격이 세계인의 존경을 받는 수준에 도달했다고 자부할 수 있는가? K-Pop의 세계적 인기몰이와 더불어 K-컬쳐에 대한 칭송이 이어지고 있지만, 국가의 위상이나 품격에 부족한 점이 많다.

---

4. 조선일보, "할아버지, 진짜 영웅은 전쟁 이겨낸 한국인이라 하셨죠", 2023년 10월 13일자.

세계인의 축제인 4대 메이저 스포츠인 동·하계 올림픽, 월드컵, 세계육상 선수권대회 등을 성공적으로 개최하여 국위선양이 많이 되었지만, 아직도 갈 길이 멀다. 2021년 8월 일본 도쿄 하계올림픽에서 한국 선수단이 보여준 성숙한 스포츠맨십과 여유있는 모습에서 선진국다운 품격을 느꼈다는 반향까지 등장했다. 전반적으로 세계 속에서 한국의 위상이 높아지고 있다는 공감대가 확산되기 시작한 것은 사실이다. 하지만 아직 개선해야 할 여지가 많은 것 또한 인정해야 한다.

21세기에는 국가 간 신뢰 조성은 물론, 선·후진국을 구별하는 잣대로 국격의 중요성이 제고되고 있다. 삼라만상 모든 것은 격이 있듯이 사람에게도 나라들도 격이 있다. 사람의 격에 따라 평생의 운명이 좌우되듯이 국가도 국격에 따라 국운이 좌우되며 역사를 이루게 된다.

총체적 국력은 강해도 국격이 없는 나라를 선진국이라고 부를 수 없는 데서 국격의 중요성을 인식하게 된다. 국격國格의 사전적 정의는 '나라의 품격'이다. 사람에 대해 '인격人格'이란 말을 쓸 때와 비견되는 말이다. 국격이 높아야 국제사회에서 리더십이 발휘될 수 있다고 본다. 사람의 인격이 총체적인 것이 듯, 국격도 정신·교육·물질 문화의 총체적인 결과물로서 국격을 높이려면 다양한 분야에서 품격이 높아져야 한다. 품격을 향상시키는 원동력은 국민 개개인이 공유하고 공감하는 나라의 혼國魂과 연계되어 국가 발전에 추동력을 제공한다.

이러한 차원에서 중국의 중화주의, 일본의 사무라이 정신, 미국의 개척정신을 고찰해 본다.

첫째, 중국은 역사적으로 두 가지 절대정신이 있다. 중국의 본질적인 절대정신은 중화주의이다. 즉 중국이 천하의 제일이고 중심이라는 주의이다. 21세기 들어 유교가 사회주의 문제를 보완할 유력한 대안이라 여기고 경제 대국 중국을 세계에 보여줄 수 있는 도덕적, 문화적 가치로서 유교를 장려하고 있다.

둘째, 일본은 제국주의 시대나 현재나 사무라이(무사도) 정신을 일본 혼으로 내세운다. 화려하게 폈다가 한꺼번에 지는 벚꽃처럼 무사는 죽을 때가 되면 미련 없이 목숨을 던지는 것이 영광이라는 뜻이다.

셋째, 미국은 개척정신으로 오늘날의 미국을 건설하였다. 미국은 역사가 짧은 나라이지만 영국과의 독립전쟁, 서부 개척 등을 통해 50개 주에 달하는 거대한 나라로 세계의 중심 국가가 되었다. 이처럼 주요 국가의 정신은 국민 속에 뿌리를 내려서 맥을 이어오면서 국격을 형성하는 데 기여해 왔다. 우리 나라도 한민족의 혼과 정서가 반영된 품격 있는 정신문화를 형성하여 초일류 선진강국으로 발돋움해야 한다. 품격 있는 정신문화는 교육문화로 연결 되고, 교육문화는 물질(경제)문화를 만들어 국격을 형성한다.

사우디아라비아처럼 돈이 많다고 선진국이 아니듯, 국격을 갖추어야 선진 국이 되는 것이다. 국격이 K-pop처럼 브랜드 파워를 형성하여 대한민국의 가치를 증진할 뿐 아니라 세계인의 존경과 선망이 되는 국가로 자리매김하 게 한다.

영웅적 국민 한 사람 한 사람이 국가를 대표하는 대한민국의 리더다. 역사 사랑·나라사랑의 정신을 갖고 초일류 강국을 만드는 대열에 합류하는 것이 국민리더십 문화의 확산과 맥을 같이한다. 특별한 사람들의 탁월한 기여만을 칭송하는 개념이 아니다. 오히려 보통사람들의 평범한 근면 성실함이 모여서 성공 스토리가 축적됨으로써 국민 행복과 국가 발전을 성취해 나가는 것이다.

우리 한민족에게 어떠한 특성과 기질이 존재하는가? 우리에게는 민족정기 가 살아서 숨 쉰다. 민족정기가 시들면 국가도 민족도 설 땅을 잃는다. 그러 나 우리에게는 민족정기가 충만하고 품격을 갖춘 영웅적 국민이 많아질 것 이다. G3 코리아 초일류 선진 통일 강국의 희망이 눈앞에 보인다.

3. 국민리더십 문화운동 확산과 정착

    대한민국의 운명을 바꾸는 주역은 국민이요, 국민이 영웅이다. 이러한 맥락에서 필자는 '국민리더십 문화'라는 새로운 개념을 정립했다. '국민 리더십'에 추가되는 '문화운동'이란 범사회적 대각성에 의한 붐을 형성하는 큰 흐름을 의미한다. 국내외적 전쟁·혼란·불안이 복합될수록 리더십에 대한 국민적 갈증이 심해진다. "이래도 되나?"를 내세우며, 안타까움을 표현하는 수준으로 해결되지 않는다. 국민이 앞장서는 리더십으로 풀어나가야 한다.

    『역사를 바꾸는 리더십』의 저자 제임스 번스James Burns "우리 시대의 가장 보편적인 갈망 가운데 하나는 강력하고 창조적인 리더십에 대한 굶주림이다."라고 갈파했다.[5] 국민 개개인이 리더십 갈증을 호소할 것이 아니라 스스로 리더의 대열에 동참하는 것이 '국민 리더십 문화운동'이다.

    리더십은 그 시대의 문화와 가치를 배경으로 생성되므로 개인의 역량에 의존하는 개념이 아니라 시대정신이 투영된 국민적 공감대를 바탕에 두어야 한다. 미래를 이끌어 갈 시대정신과 가치가 지향하는 방향에 알맞은 리더십이 '국민 리더십'이다. 그리고 이것은 범국민적 문화운동으로 확산해야 파급력이 증폭되면서 시대를 이끌어가는 원동력이 된다.

    대한민국이 당면한 위기를 기회로 전환할 뿐 아니라 21세기에 통일된 초

---

5. 제임스 번스, 조중빈 역, 『역사를 바꾸는 리더십(Tansforming Leadership)』 (지식의 날개, 2006)

일류 강국으로 나아가는 목표를 달성하기 위해서도 국민 리더십이 선양되어야 한다. 그동안 리더십은 '주어진 상황 속에서 목표 설정이나 목표를 설정하기 위하여 개인 혹은 집단의 행동에 영향을 미치는 과정'이라고 생각하여 '영향력 행사'를 핵심 개념으로 오인해 온 측면도 없지 않다.

이제는 '영향력 행사'만으로는 팔로워들의 동의를 얻어 내기에 부족한 시대이다. 리더십의 문화에서 가장 중요한 요소가 바로 '공감과 감동'이다. 체계적인 교육을 통해 공감과 감동의 이심전심 국민 리더십 문화를 조성하여 권위적인 영향력 행사보다는 자유민주적이고 인간적인 공감과 감동의 리더십 교육문화를 조성해야 한다. '영향력 행사'의 개념에서 '공감과 감동의 서번트 리더십'으로 변화된다는 점에 주안을 두어야 한다.

필자는 이심전심 리더십 이론을 정립하여 17년 전에 박사학위 논문[6]으로 제시한 바 있다. 공감과 감동을 바탕으로 한 '이심전심 리더십' 문화의 조성은 국민리더십 문화운동으로 승화될 수 있다고 확신한다.

우리 민족은 시대에 따라 나라 이름은 바뀌었으되 국난을 극복하며 역사를 이어왔다. 나라가 어려움에 빠져 있을 때 위기를 극복하는 힘은 늘 국민으로부터 나왔다. 통상적 개념의 리더보다 더욱 리더 같은 '국민 리더십'에 따른 호국정신이 나라를 지켜왔고, 국가 발전의 추동력이 되었다. 한 나라의 힘은 리더십과 팔로워십이 융합된 결과물로 국민은 그 힘의 원천이었다.

한국인의 정서는 다른 사람의 업적과 공헌을 인정하는 데 인색하며, 리더와 영웅이 보호받는 환경을 조성하지 못했다. 심지어 자신의 정적과 경쟁자는 물론, 자기보다 잘난 인물은 사소한 잘못까지 들춰내고 트집 잡아 크지 못하게 밟으려는 풍토가 있다. 그러면서도 국정이 어지럽고 사회가 혼란에 빠지면 진정한 영웅이나 지도자가 슈퍼맨처럼 등장해 난세를 극복해 주기를

---

6. 최익용, 「한국형 이심전심 리더십의 모형 구축에 관한 연구」 (2006. 세종대학교 대학원 박사학위 논문)

바란다.

역사 속에서 영웅적인 리더들을 발굴하고 창조하려면 역사학자나 철학자도 중요하지만 시인, 소설가, 동화 작가, 드라마 작가, 만화가, 교육자 등 창작자와 스토리텔러의 역할도 매우 중요하다.

고대 그리스의 영웅 아킬레우스와 오디세우스도 당시의 작가이자 음유시인인 호메로스의 서사시 『일리아스』와 『오디세이아』에서 창조되지 않았는가? 우리나라의 광개토태왕, 태조 왕건, 성왕 세종대왕, 성웅 이순신, 명의 허준 등도 모두 역사서보다는 소설, 드라마, 영화에서 영웅으로 부각되어 널리 전파되었다.

문·사·철文·史·哲을 경시하는 풍토에서는 인문학의 결핍으로 인해 역사 속 영웅들이 발굴되고 창조될 수 없다. 역사 속 영웅 리더들을 발굴하고 창조하려면 먼저 국민에게 상상력을 불어넣어 주는 창작자들이 많이 배출되고 존중받는 사회가 되어야 한다. 이와 아울러 국민이 책 읽는 문화를 조성토록 하여 지식 사회, 지성 사회, 철학 국가가 되어야 리더다운 리더를 양성할 수 있는 문화가 조성되는 것이다.

'사촌이 땅을 사면 배가 아프다.', '배고픈 것은 참을 수 있지만, 배 아픈 것은 참을 수 없다.' 식의 사고가 판치는 문화 풍토에서는 좋은 리더가 나올 수 없다. 어떤 국가조직이든 일단 리더를 선출했으면 구성원과 함께 잘 성장할 수 있도록 여건을 만들어주고 보호해야 한다. '공칠과삼功七過三'의 성숙한 관용과 배려의 자세로 리더를 평가해야 한다. 그래야 서번트 리더십을 갖춘 리더가 넘치는 나라가 되어 21세기를 주도하는 선진강국을 건설할 수 있다.

국민리더십이 위기 극복의 원동력이다. 위기 극복의 방향을 올바로 설정하기 위해서는 국가 차원의 대전략이 필요하다. 안보·경제 포퓰리즘을 비롯한 인기영합주의에 흔들리지 않고 묵묵하게 생업에 전념하며 국민의 의무를 성실히 수행하는 지조 있는 삶 자체가 국민 리더십으로 승화된다. 나와 가족을 위해, 이 사회를 위해, 이 나라를 위해 내가 해야 할 일이 무엇인지를 더욱 깊이 생각하며 살아야 할 시점이다. 일부 부패하고 우매한 민중이 정치꾼들의 선전선동에 휘둘리고 결국은 국가 발전의 걸림돌이 된다. 따라서 "운명의 한반도, 운명의 내 고향, 운명의 내 땅이다"라는 인식을 견지하고 21세기 'G3 코리아' 비전을 향한 여정에 동참해야 한다.

대한민국 국민의 수준 '민도民度'에 외국인들이 경탄하는 일화가 너무 많다. 일례로 커피숍에서 노트북과 스마트폰을 책상 위에 놓고 자리를 비워도 아무도 가져가지 않는 대한민국 국민들의 도덕성과 의식 수준에 외국인들은 감동하고 있다. 길에서 통화하는 사람의 스마트폰까지 낚아채 가는 외국의 모습과 너무나 비교되기 때문이다. 아파트 앞에 택배 물건을 그냥 놓고 가도, 마트 앞에 물건을 진열해 놓아도 가져가는 사람이 없는 나라로 성숙했다. 트럭에 싣고 가던 소주병이 도로에 쏟아지자 행인들과 인근 상인들이 나서서 깨진 소주병들을 단 5분 만에 치우는 국민이다.

국민이 리더다운 리더를 선출하는 혜안을 발휘하는 것도 '국민리더십'의 중요 덕목 중의 하나다. 대한민국이 달성한 오늘의 위상에 대해서도 자긍심을 가져야 국민리더십 문화운동이 탄력을 받을 수 있다. '자기 연민Self Pity'에 빠지거나 "아! 그때가 좋았고, 그립다Good Old Days Syndrome."라는 과거 회귀형 삶으로 돌아갈 수 없다. 런던 비즈니스 스쿨의 이바라 교수는 "고민에 머물지 말고, 분리와 재통합, 그리고 그 사이 경계limitnality라는 전환 과정을 거칠 이번 시기에 적극적으로 참여하여 실제적인 변화를 일으키는 주역이 되라."라고 권유한다.

특히 기성세대들은 "나 때는 말이야?"라며 자신의 인생 스토리에 심취하여 젊은 세대와의 소통을 단절하지 말아야 한다. 의욕이 앞설수록 소통이 아니라 불통·먹통이 된다. 세상이 급변하고 있으며 시대정신도 달라지고 있다.

격랑의 파고에 흔들리는 '한국호號'에 동승한 우리는 승객인 동시에 선장이다. 오늘의 대한민국이 있기까지 피와 땀과 눈물을 흘린 숭고한 희생과 헌신을 받들고 선양해야 한다. 나아가 후손들에게 자랑스러운 선진강국, 통일된 초일류 국가를 물려주어야 한다. 이는 국민이 앞장서서 나라사랑과 역사의식을 갖고 만들어 나가는 위대한 여정이다. 필자는 "운명은 바꿀 수 있다!"라는 관점에서 운명 개척의 메시지를 전하려는 것이다.

세계 6위~10위권으로 신장한 국력에 자족하지 않고 통일된 선진강국 'Korea G3'를 향해 국민이 나서서 위대한 행진을 하자는 호소다. 대한민국 운명을 개척하는 주체는 우리 국민이요, 국민이 영웅이다. 영웅적 대한국민이 나서서 '국민리더십 문화운동'을 힘차게 전개함으로써 G3 코리아를 성취해야 하자는 절규에 가까운 외침이다.

올바른 지도자를 선별하는 통찰력은 '국민 리더십 문화'의 핵심이다. 인기몰이나 포퓰리즘에 휘둘리지 않는 국민이 정치권에 경종을 울리고, 정치를 삼류가 아닌 일류로 끌어올려야 대한민국이 초일류 강국을 향한 여정을 힘차게 시작할 수 있다.

한국 정치는 분열, 대립과 소모적 정쟁을 지양하고 여·야간 건전한 정책대결을 통해 나라를 살려야 한다. 현재 세계 10위의 경제대국, 6위의 군사강국으로 세계의 주목을 받고 있지만 국가안보를 위태롭게 바라보는 시선도 만만치 않다. 현실적 위협인 북한의 핵·미사일 도발이 지속되고 위장평화 공세와 대남심리전까지 가세하고 있다.

이렇듯 엄중한 난국을 타개해 나가기 위해서는 우리 국민리더십 문화 운동의 확산·정착이 절실하다. 그래야만 서번트 리더십을 발휘하여 국민총화를 이끌어 나가는 지도자를 뽑을 수 있기 때문이다.

4. G3 코리아 달성 주역은 영웅적 국민 – 8대 DNA 발현

G3 코리아 달성의 주역은 국민이요, 국민이 영웅이다. 세계사를 통찰한 역사의식과 인류 행복을 지향한 가치 중심의 정신문화 리더십을 발휘하는 영웅적 국민이 G3 코리아의 주역이 될 것으로 확신한다. 세계 어느 나라든 국가 대개조의 개혁, 혁신, 혁명의 과정 없이 선진국으로 도약한 경우는 없다. 더욱이 세계 패권국으로 부상한 나라는 이러한 과정을 끊임없이 반복하며 시대 여건과 상황에 맞추어 국가를 발전시켰다.

스페인은 이베리아반도에서 출발한 작은 반도 국가였다. 반도 국가라는 지리적 이점과 이사벨라 여왕의 전략에 힘입어 세계 패권국으로 발돋움할 수 있었다. 단기간에 패권국가로 발돋움할 수 있었던 이유는 진취적인 국민 정신과 단결력, 지도자들의 탁월한 리더십 등을 통한 국가 대 개조가 이루어졌기 때문이다.

일본도 메이지 혁명을 통해 국가 통합을 이루고 혁명을 이루었다. 지속적인 혁신, 개혁으로 유·무형적인 국가 대 개조를 이루었다. 대한민국은 국가 대 개조 혁명에 번번이 실패하여 국민의 잠재 역량이 제대로 발휘되지 못하고 일본과 달리 발전의 기회를 상실하였었다.

'국가 대개조-초일류 강국화 혁명'은 국가의 운명을 바꾸기 위한 필수조건이다. 혁신과 개혁의 유·무형적 국가 개조를 통해 초일류 강국화 혁명으로 승화시켜 우리는 국력과 국격을 갖추도록 패러다임을 전환해야 할 것이다.

국가 대 개조로 위기의 악순환 고리를 끊어야 영원히 국가를 보전하고 초인류 선진국으로 도약할 수 있다.

모든 국민이 역사의 장에 참여해 때로는 경쟁하고 때로는 협력하면서 상호작용하는 가운데 역사의 흥망성쇠가 결정된다. 따라서 위기를 기회로 발전시켜 지속적인 혁신, 개혁, 혁명을 통해 일류 선진국을 건설하는 것이다. 21세기 중반에 위대한 코리아 시대를 열 수 있도록 '초일류 강국화 혁명'을 이루어 반드시 대한민국 운명을 개척해야 한다.

우리 민족은 8대 DNA를 지니고 있다. 이를 상황에 맞게 결합하고 융합한다면 리더십뿐 아니라 안보와 창조경제, 문화 등 다양한 분야에서 예상 밖의 폭발적인 시너지효과를 낼 수 있을 것이다.

우리 민족이 가진 리더십 8대 DNA는 홍익인간 사상이 중심이 되어 서로 결합하고 융합해 시너지효과를 낸다.

그 결과 우리는 반세기만에 세계의 변방에서 중심 국가로 진입해 세계평화에 기여하고, 어려운 나라를 돕는 나라가 되었다. 단편적인 지식과 기술을

7. 최익용, 『대한민국 5천년 역사리더십을 말한다』 (옥당, 2014) p. 55.

단순히 모방하거나 적용하려는 시대는 이제 끝났다. 경제와 문화가 국력의 척도인 지금 경제, 과학, 문화, 안보 등 다방면에서 뛰어난 국가역량이 요구된다. 우리 역사 속 리더십 DNA는 상호 결합 및 융합을 통해 한국의 잠재력을 역동적으로 발휘하게 하는 동력이 될 것이다.

한국인의 정신과 이념을 토대를 이루며 잠재력을 계발하고 발휘하게 하는 동인이자 한국인의 역동적인 기질의 뿌리라고 볼 수 있다. 우리 민족은 8대 DNA 덕분에 다른 나라에서 하지 못한 일을 할 수 있었으며 미래도 다른 나라가 가지 못할 길을 갈 수 있을 것이다.

① 홍익인간 사상 DNA: 근본 및 중심역할

단군신화는 우리 민족이 위기에 처하거나 큰일을 마주할 때 민족정체성을 불러내고 민족을 통합하는 기능을 했다. 다시 말해, 단군신화는 민족 시원의 상징이지만 시대 상황에 맞추어 받아들여짐으로써 상상 속의 허구가 아니라 살아 있는 역사가 되었다. 따라서 단군신화와 그 속에 살아 숨 쉬는 홍익인간 사상은 우리 민족의 민족성을 좌우하는 토대가 되었다고 해도 과언이 아니다.

② 민족주의 DNA: 한국의 혼魂

민족주의는 자기 민족 중심의 파괴적이고 반평화적인 이념으로 오해받기 쉽다. 그러나 민족주의는 인간에 대한 뜨거운 애정을 바탕으로하는 이념이다. 일본, 독일 등의 민족주의를 연상하면 자동적으로 제국주의를 떠올리기 쉽지만, 역사 속에서 침략전쟁을 일으킨 나라들이 민족주의 때문에 그런 것은 아니었다. 우리가 지향하는 민족주의는 단지 우리만을 위한 배타적 의미가 아니라, 우리 민족의 능력을 발휘하여 세계평화에 공헌하는 것이다.

한민족의 도약을 설계할 때 빼놓지 말아야 할 사람들이 있다. 세계를 누비는 한국 상인들, 즉, 한상韓商의 성장 가능성은 무한하여 언젠가 유대인상商의 저력을 추월할 수 있을 것이다. 현재 세계 175개국에 퍼져있는 750여만 명의 재외 동포를 연결하는 세계적 차원의 한민족 네트워크가 구축되고 있다는 것도 큰 장점이다. 이 네트워크가 국가 경제와 연계될 때 그 시너지 효과는 엄청날 것이다. 조규형 전 재외동포재단 이사장은 '한상, 글로벌 코리아의 기수'라는 기고문에서 "오늘날 세계화의 조류 속에서 국가 간의 경계는 흐려지고, 민족 간의 유대가 강화되고 있다."라고 말했다.

세계화의 시대에 세계를 아우르는 민족적 네트워크를 구축할 수 있는 한민족 동포사회는 한국 미래의 큰 축복이다. 우리 민족은 지금 이 세계를 보다 살기 좋은 세계로 이끌어갈 시대적 소명 앞에 서 있다. 한민족 리더십을 발휘해 우리의 정신과 문화를 세계에 전파하고, 인류평화와 발전에도 기여할 수 있어야 할 것이다.

우리 한상이야말로 다이내믹한 활동력으로 글로벌 코리아의 기수 역할을 하고 있어 국가 경제영토 확장의 상징이고 대한민국의 국력으로 중요성은 날로 제고되고 있다.

③ 문화 창조력 DNA: 한류의 기반

공동생활을 하는 인간 집단을 사회라고 할 때 하나의 사회를 이루고 있는 사람들이 다 같이 가지고 있는 사고방식이나 감정, 가치관을 비롯해 의식구조, 행동규범, 생활 원리를 통틀어 우리는 '문화'라고 말한다. 문화는 우리 민족과 타민족을 구별 짓는 경계이고, 민족의 바탕이자 얼이며, 힘의 근간이다.

또한, 문화는 오랜 세월 동안 축적되고 다져진 인류의 업적이다. 5천 년 민족의 삶이 쌓여 생긴 뿌리이자 결과물이 문화다. 나무가 죽었다가 되살아나는 것은 뿌리가 있기 때문이다. 우리 민족이 많은 질곡桎梏을 겪고도 도약할 수 있었던 것은 튼튼한 민족문화의 뿌리가 있었기 때문이다.

④ 민주주의 사상 DNA: 인본주의의 애민사상

1948년 5월 10일 제헌 국회의원 선거는 5천 년 역사상 최초의 보통·평등·직접·비밀·자유 선거였다. 민주적인 선거제도의 도입은 민주주의의 종주국인 영국에 비해 불과 20년 뒤졌을 뿐이다. 그 원동력은 무엇일까? 그것은 우리 역사에 배어 있는 고유의 민주주의 가치 덕분이다.

우리 역사가 내재적으로 서구 민주주의와 다른 홍익인간 사상에 뿌리를 둔 고유의 민주주의 가치 및 인성을 인본주의로 구현한 역사임을 강조한다. 우리가 민주화를 훌륭히 이끌어 낼 수 있었던 것은 고조선부터 이어진 인본주의와 인내천人乃天 정신에 기인한다. 결국, 대한민국 5천 년 역사에 깔린 인본주의 철학이 현대에 이르러서는 민주화를 아주 빨리 이루어내는 방향으로 작동한 셈이다.

⑤ 신명 DNA: 흥興의 문화

우리나라 사람들의 신명은 바람처럼 다른 이들에게 번지고, 그래서 신바람이 일면 자신이 가진 능력을 훌쩍 뛰어넘는 능력을 발휘하게 된다. 흥으로 세상을 살아가는 방식은 오랜 역사를 통해 우리 몸에 내재한 한민족의 유전자라 할 것이다. 이심전심의 마음은 우리의 삶을 흥이 넘치게 만든다.

2002년 월드컵 붉은악마 응원단에서 볼 수 있듯이 우리 지도자들이 국민의 인성을 선도하고 희망과 비전을 준다면, 국민은 부국강병과 통일의 역사적 과업을 흥의 문화로 신나게 이룰 수 있을 것이다. 우리나라 사람들은 모이면 춤추고, 노래 부른다. 한국인의 신명은 긴장이 아니라 풀어진 상태에서 얻는 활력이다. 특히 한恨을 흥興으로 푸는 신바람은 우리 민족이 스스로 낙천성을 기르고 화합하면서 긴장을 푸는 고유의 방식인 셈이다.

⑥ 은근과 끈기 DNA: 곰삭음의 DNA

우리나라 사람들이 국내외에서 한강의 기적을 이루고, 세계 10위의 경제, 한류, 스포츠 강국 등 민족적 저력을 유감없이 발휘하는 것은 은근과 끈기의 민족성 때문이라고 해도 과언이 아니다.

미국의 유대인들이 한민족의 끈기를 인정하고 상권을 물려준 일화도 있을 정도다. 은근과 끈기의 민족성은 끈질긴 저항정신으로도 나타났다. 일제강점기에 독립을 쟁취하기 위해 투쟁한 영웅 중에 안중근 의사, 이준 열사, 윤봉길 의사 등 수많은 독립투사가 항일 독립운동에 앞장섰다.

⑦ 교육열 DNA: 세계가 주목하는 한국의 교육법

제2차 세계대전 이후 최빈국에서 선진국으로 가장 빠르게 경제성장을 이룬 나라가 한국이라는 평가가 이어지면서 우리나라 교육 방법과 정책이 세계의 주목을 받고 있다. 세계의 이런 관심을 증명이라도 하듯 최근 중국, 일본은 물론이고 미국, 러시아, 인도, 프랑스 등 전 세계 학생들이 한국으로 몰려들고 있다.

그동안 선진국으로 학생들을 내보내기만 하던 우리나라가 어느새 유학을 오는 외국인 학생이 더 많은 나라가 되었다. 세계가 주목하는 우리의 교육방식에는 어떤 강점이 있을까? 우리는 해방 직후 건국 과정에서 교육이념과 교육방침을 수립했다. 이때 채택된 기본이념이 고조선 건국 신화에서 얻어 낸 홍익인간 정신이었다. 홍익인간 이념을 토대로 '널리 인간을 이롭게 하는 교육'을 펼치겠다는 교육철학이 담겨 있다.

⑧ 호국정신 DNA: 다종교문화의 호국 인성

우리 민족은 예부터 당시의 환경과 형편에 맞는 신앙을 가졌다. 최근의 조사결과를 보면, 한국에는 자생종교와 외래종교를 합쳐 50여 개의 종교와

500여 개 이상의 교단, 교파가 있다. 그런데 이렇게 다양한 종교가 하나의 국가 울타리 내에 생활하고 있음에도 우리 땅에서 타 종교 간의 분쟁이 일어난 적은 없다. 오히려 호국정신으로 승화되어 나라를 지키는 문화가 형성되었다.

리처드 도킨스는 인간이 만든 문화를 다음 세대에 전달하는 것을 '밈meme'이라고 했다. 유전자가 인간을 복제하는 단위라면, 밈은 문화를 복제하는 단위가 된다. 우리가 기억해야 할 것은 우리 스스로 원하든 원하지 않든, 우리의 유전자와 문화유산은 다음 세대로 이어지고 진화한다는 사실이다. 한민족의 '8대 DNA'도 리처드 도킨스의 이론과 같이 우리의 후손에게 계속 이어지고 진화하기 때문에 우리가 바른 DNA를 형성토록 해야 한다.

우리 민족의 8대 DNA가 발현되면 초인적인 능력을 발휘하나, 8대 DNA가 약화되면 무기력해지면서 국민의 역동성이 사라진다. 국민들이 역동성을 발휘하는 여부는 바로 8대 DNA를 결집시키는 지도자들의 리더십에 달려 있다.

우리 민족은 위기를 기회로 극복하여 전화위복의 결과를 가져오는 DNA를 가지고 있어 5천 년의 자랑스러운 역사와 전통을 유지하고 있다. 이렇게 위대한 우리 국민의 저력을 결집하여 한국형 일류 선진국을 실현할 수 있는 진정한 대한국인의 DNA가 형성되길 바란다. 이 8대 DNA가 서로 결합함으로써 창의적이고 근성 있는 국민성을 만들었고, 이것이 결국 우리 민족의 전인적 성장을 가능케 했다.

이와 같은 현상을 영국의 석학 아놀드 토인비Arnold Toynbee는 '도전과 응전'으로 설명한다. 자연과 환경의 도전은 그 문명에 커다란 시련을 가져다준다. 시련을 극복하고자 노력하는 과정에서 인간은 신앙을 갖고 자연을 개척하며 환경에 적응하는 노력을 기울이게 된다.

제18장

영웅적
국민리더십
시대로
대전환

1. 왜 국민리더십이 요구되는가?

21세기 '한반도 역사 대전환' 시대를 맞이하여 대한민국의 지도자는 광개토태왕의 기상을 이어받아 부국강병을 이룩하고 초일류 강국 성취를 위한 비전과 대전략을 갖추어야 한다. 조지 버나드 쇼는 "역사가 되풀이되고 예상치 못한 일이 반복해서 일어난다면 인간은 얼마나 역사에서 배울 줄 모르는 존재인가!"라고 갈파했다.

제임스 볼드윈은 "탐욕에 눈이 멀면 보이는 것이 없다. 탐욕의 대가는 참혹할 만큼 비극적이다. 역사는 단순히 과거에 관한 것이 아니다. 역사가 강력한 힘을 갖는 까닭은 우리 안에 역사가 있기 때문이고, 우리가 깨닫지 못하는 다양한 방식으로 우리를 지배하기 때문이다."라고 역사의 중요성을 역설했다.

역사 대전환의 시대에 우리 국민은 '리더다운 리더'와 '출세주의 리더'를 판별하는 안목이 필요하다. 국민 개개인의 정치적 성향에 따라 지지하는 정치인이 다를 수 있기에 이념의 잣대를 들이댈 수는 없다. 하지만 기회주의와 위선으로 가득하여 돈·권력·명예를 추구하는 정치인에게 현혹되지 말아야 한다.

2022년 10월의 이태원 참사와 같은 이해하기 힘든 대형사건·사고가 빈번하게 발생하는 저변에는 리더십의 부재가 결정적 영향요인이다. 사회 각계각층에 리더십 부재로 인해 문제들이 국가역량을 소진하고 있다. 그렇다면 한국의 리더십은 어디로 가야 할 것인가? 국가와 사회 제 분야의 리더십 부재 현상은 엄청난 대가를 요구한다. 가장 극단적인 사례가 전쟁억제력 발휘에 실패하여 전쟁의 소용돌이에 휘말리는 것이다.

2022년 초에 촉발된 우크라이나 전쟁의 사례에서도 코미디언 출신의 젤렌스키 대통령의 호소력 강한 소통 역량으로 진정성 있는 전쟁지도자로 급부상하여 국제적 칭송을 받았지만, 전쟁이 발생하지 않도록 대비하지 못한 것과 부정부패 만연 등은 냉철하게 평가되어야 한다. 그런데도 우크라이나 국민이 젤렌스키 대통령을 중심으로 단단히 결속되는 이유는 그의 솔선수범과 결연한 의지가 국민의 심금을 울렸기 때문이다.

인류의 역사는 전쟁의 역사이고 한반도는 전략적 요충지였다. 우리나라는 일제강점기, 6·25전쟁 등 절체절명의 시기를 잘 견뎌내고, 제2차 세계대전 이후 식민지에서 해방된 나라 가운데 유일하게 선진국으로 발전했다.

70년대 산업혁명과 80년대 민주화 혁명을 이룬 우리는 지금 선진국 반열에 서 있지만, 우리 미래는 초일류 통일 선진강국이 되는 것이다.

일찍이 영국의 역사학자 에드워드 카Edward Hallett Carr는 "역사란 역사가와 사실 사이의 지속적인 상호작용 과정이며, 현재와 과거의 끊임없는 대화이다."라고 정의했다. 우리의 역사를 거시적이고 객관적인 통찰력으로 현재의 문제를 도출하고 미래의 비전을 세워야 한다.

세계적 저명 학자들은 21세기의 메가트랜드가 동양 회귀라는 사실에 공감하며 21세기 중반 한·중·일 중에 한 나라가 세계 패권을 주도할 것이라고 예측하고 있다. 대한민국이 세계의 등불이 되지 못할 이유가 없다. 지금이라도 '국민 리더십 문화'를 '국가 대개조–초일류 선진화 혁명'으로 승화시킨다면 21세기 세계의 등불 G3 코리아 건설은 이루어질 것으로 확신한다.

이제 한민족의 도약과 웅비의 시대를 구체화하고 실현하는 것은 이 시대를 준비하는 국민과 지도자의 역할이라 할 것이다. 그런데 최근 국제정세 또한 약육강식의 인류 역사가 그대로 재현되고 있다. 특히 이웃 나라 중국, 일본에게 역사·영토를 침입당하거나 겁박당하는 나라가 되어서는 안 되겠다. 우리나라와 같이 비운의 역사를 가진 나라의 지도자에게는 과거의 불행한 역사를 되풀이하지 않겠다는 강한 의지와 결기가 요구된다.

초일류 통일 한반도를 만들어야 하는 우리 지도자는 마키아벨리『군주론』에서 얘기하는 '비르투'(리더의 핵심 덕목: 능력·탁월함·용기)를 갖추어 '포르투나'(운명)에 결코 주저 말고 담대하게 맞서 개척해야 한다.

대전환의 갈림길로 접어든 대한민국호號는 어디로 가고 있는가? 항해의 속도보다 중요한 것이 방향이다. 공동운명체인 대한민국호의 지도층들이 좌·우로 갈라지거나 정치적 이해득실에 따라 극단적 분열과 대립으로 치달으면 대한민국호의 승객인 동시에 선장인 국민이 불행해 진다.

G3 코리아 시대를 이끌어 나갈 국가지도자들은 세계역사 글로벌 리더십으로 국운을 개척함은 물론 인류사회의 정신 문화적 가치를 선도해야 한다.

이제는 국민이 나서야 한다. 이러한 논리의 연장선에서 국민리더십 문화운동의 당위성을 역설하는 것이다.

2. 국민은 리더이자 팔로워

    한반도 평화번영의 역사 대전환 시대를 맞이하여 우리 지도자들과 국민이 지혜를 모아야 할 것이다. 21세기 대한민국의 지도자는 광개토태왕의 기상을 이어받아 부국강병을 건설해야 한다. 나아가 초일류 강국 코리아를 꿈꾸는 비전과 대전략이 필요하다.

    조지 버나드 쇼는 "역사가 되풀이되고 예상치 못한 일이 반복해서 일어난다면 인간은 얼마나 역사에서 배울 줄 모르는 존재인가."라고 갈파했다. '올바른 일을 하면서' 뛰어난 성과를 거둔 가치 기반의 리더가 필요하다. 제임스 볼드윈은 "탐욕에 눈이 멀면 보이는 것이 없다. 탐욕의 대가는 참혹할 만큼 비극적이다. 역사는 단순히 과거에 관한 것이 아니다. 역사가 강력한 힘을 갖는 까닭은 우리 안에 역사가 있기 때문이고, 우리가 깨닫지 못하는 다양한 방식으로 우리를 지배하기 때문이다."라고 역사의 중요성을 역설했다.

    국민의 상식으로 이해하기 힘든 대형사건·사고가 빈번하게 발생하는 이유도 리더십의 부재로 설명할 수 있다. 사회 각계각층에 리더십 부재로 인해 문제들이 국가역량을 소진하고 있다.

    그렇다면 한국의 리더십은 어디로 가야 할 것인가? 과연 우리나라는 언제쯤 가정·사회·국가의 리더십 부재 현상을 극복하고 진정한 리더십의 모습을 회복할 수 있을까? 바로 지금이야말로 진정한 리더십의 정체성을 찾아야 할 때다.

국가적 리더와 국민들이 동일한 정체성으로 뭉칠 경우 일당백의 시너지효과를 발휘해 위기를 기회로 만들어 대한민국 미래를 초일류 국가로 만들고, 인류를 향한 등불의 역할을 감당해 낼 수 있다고 믿는다. OECD 국가 중 출산율은 꼴찌이고 자살률은 1위가 되는 불명예를 안고 있다. 저출산 고령화가 심화되어 병력감축이 불가피한 시대로 이미 접어들었다. 인구절벽 현상과 제4차산업혁명이 본격화되면서 다양한 사회적 변화가 파생되고 있다.

21세기 대한민국이 위기를 기회로 전환하기 위해서는 혁명적 혁신, 개혁과 더불어 혁명적 리더십과 팔로워십이 융합하여 시너지 효과를 발휘해야 한다. 대전환의 갈림길로 접어든 대한민국호號는 어디로 항행하고 있는가? 항해의 속도보다 중요한 것이 한국호의 비전이다.

그리고 빙산의 일각처럼 수면 아래에 가려진 암초를 식별하여 항로를 조종해 나가는 경륜과 지략이 우리나라 지도자들에게 절실히 요청된다. 공동운명체인 대한민국호에 동승한 지도층들이 좌파·우파로 갈라지거나 정치적 이해득실을 찾아서 합종연횡하면서 극단적 분열과 대립으로 치달으면 대한민국호의 승객인 국민의 불안한 속앓이와 분통은 더욱 깊어진다.

G3 코리아 시대를 이끌어 나갈 국가지도자들은 세계역사 리더십을 견지하여 나라 운명을 개척함은 물론 인류사회의 정신문화적 가치를 선도해야 한다. 해법은 결국 국민에게서 나와야 한다. 국민이 나서서 나라를 이끌고 가는 수밖에 없다. 국민이 앞장서서 필사즉생必死卽生의 결기로 앞장서서 나라를 살려야 한다. 한국의 공직자들이 책임지지 않으려는 풍토는 도를 넘은 지 오래되었고, 정치리더십이 표류하여 정부와 국회는 경제·민생의 걸림돌이 되고 있다.

2023년 8월에 우리 국민의 자존감을 훼손한 세계잼버리 대회의 준비 부족과 파행으로 드러나바 와 같은 고질적 병폐가 반복되지 않도록 시스템 혁신과 개혁이 이루어져야 한다.

국민의 공무원에 대한 불신은 2023년 9월 감사원이 발표한 국가 통계 조작 의혹에 관한 감사 중간 결과에서도 드러났다. 2017년 6월 부동산원이 주 1회 실시하던 '주간 아파트 가격 동향' 조사 중간 집계 값을 만들어 가져오게 했다. 통계 조작 논란의 핵심은 "실제 아파트 가격 상황은 우리가 보고하는 통계와는 크게 다르다."라는 정직한 공무원의 실토다.

폭우 등 자연재해를 안이하게 대처하는 행태도 바뀌어야 한다. 최근 자연 재해는 '지구 열대화'로 불릴 정도의 이상기후 때문에 더욱 심각해지고 있다. 기존 재해 대응 체계를 정비하고, 지하차도, 하천 주변 공원, 다리 등의 취약 시설물에 대해 확실한 통제 시스템을 만들어야 한다. 그러나 어떤 시스템과 장비를 도입해도 공직자들이 이렇게 태만하고 부주의하면 아무 소용이 없을 것이다.

공무원 사회의 개혁은 지속적인 저항을 받기 때문에 상처를 많이 입는다. 특히 개혁의 주체세력은 도덕적이고, 솔선수범해야 성공할 수 있다. 그러나 현실은 그렇지 못하기 때문에 제대로 이루어지지 않는 경우가 많다. 자기 지역, 자기 집단, 자기 세력의 이익만을 추구하다가 서로 뒤엉킨 채로 함께 벼랑으로 밀려가는 형국이다.

해법이 뭔지는 뻔히 알고 있지만, 서로를 믿지 못하고 '네가 죽어야 내가 산다.'라는 생각 때문에 위기를 기회로 바꾸지 못하고 있다. 이러할 때일수록 국민은 절망과 분노를 표출하거나 침묵의 소용돌이에 빠지지 말아야 한다.

필자는 국민이 앞장서는 '국민 리더십 문화 운동'을 전개해야 절망을 희망으로 바꾸고 대한민국의 역동성을 되살릴 수 있다고 외치는 것이다. "역사의 주인공은 바로 우리 국민이다"라는 숭고한 사실을 재발견하게 한다.

3. 역사의식과 공동체 정신 함양

우리 국민이 영웅적 국민리십을 갖추려면 우선 단단한 역사의식과 공동체 정신을 밑바탕으로 삼아야 한다.

먼저, 역사의식을 함양하기 위해서는 현재 다소 느슨해지고 있는 학교 역사교육을 강화해야 한다. 역사적 사실과 가치를 인식하고, 역사적 문제와 과제에 대해 비판적으로 생각하고, 역사적 자부심과 책임감을 갖는 것이 무엇보다 중요하다. 이를 위해 학교에서는 역사교육을 체계적으로 실시하고, 다양한 방법으로 역사를 체험하고, 역사적 사례와 인물을 연구하고, 역사적 의문과 논쟁을 토론하는 획기적인 역사교육 체계를 발전시켜야 한다.

또한 인성, 도덕성 교육의 필수화로 널리 함께 사는 공동체 정신과 홍익인간 이념의 절대 정신을 생활화해야 한다.

역사는 과거의 발자취이며, 현재와 미래의 거울이다. 따라서 역사의 교훈은 현재 우리가 직면한 여러 문제를 해결할 해답의 실마리를 제공한다. 대한민국은 고대부터 현대까지 다양한 고난을 극복해 온 역사적 유산이 풍부하다. 우리는 이러한 역사적 유산을 고찰하고 평가하여 교훈을 도출하여 위기를 기회로 전환할 수 있다.

역사의식은 한민족이 성취한 과거의 위업을 경탄하며, 동시에 과거의 실수와 어려움을 통해 미래를 준비하는 데에도 큰 역할을 한다. 역사의식은 우리에게 어떻게 사회가 발전해왔는지, 어떠한 결정과 행동이 그에 영향을 미쳤는지를 배우게 함으로써 비판적 사고와 판단력을 키우는 데 도움을 준다.

예를 들어 애국가의 교훈적 요소를 살펴보자. 애국가는 소중한 역사 정신이 깃든 애국의식의 보물이나 다를 바 없다. 나아가 국민정신 문화 측면의 상징성과 역사의식이 넘쳐나기 때문에 국민 교육에 애국가의 전략적 의미를 반영해야 한다. 대한민국은 '위대한 한민족(國民)'을 뜻하는 '대한민大韓民'과 '한국韓國'의 합성어로, '세상에서 가장 크고 밝고 중심이 되는 위대한 한민족(國民)이 주인인 나라'라는 의미다.

따라서 대한민국의 국명에는 '민주주의로 큰 나라를 만들자'라는 민족의 염원이 담겨 있다. 특히 민족주의 이념과 더불어 천손天孫사상과 홍익인간 사상을 고조선으로부터 이어받았다는 정통성이 살아 있는 국호이다.

따라서 우리는 중국, 일본의 역사침탈에 대해서도 체계적이고 논리적으로 대응해 나가야 한다. 대한민국 현실에 엄존하는 역사 인식의 양극화 현상이 정치사회적 분열, 갈등, 대립의 뿌리다. 동서고금의 모든 나라의 역사에는 밝고 찬란한 측면도 있지만 잔혹하고 처참한 흑역사와 감추고 싶을 정도의 민망한 사건들도 많다. 하지만 찬란한 성공의 역사를 제대로 인식하지 못하는 우를 범하지 말아야 한다. 올바른 역사의식을 바탕으로 국민통합의 과정을 거치면서 대한민국 홍익인간의 공동체 정신을 함양하는 것이 절실하다. 공동체 정신을 통해서 극단으로 치닫는 분열 정치에 막을 내려야 한다.

초일류 강국을 꿈꾸는 나라의 수준에 맞는 역사교육의 정상화와 국민 총화를 이루는 공동체 정신의 함양을 위한 노력이야말로 국가 보전을 위한 필수 요소로써, 영원히 지속되어야 할 것으로 생각한다.

4. 나라사랑·역사사랑·
국민리더십 융합

'G3 코리아'의 초석은 '나라사랑·역사사랑·국민리더십'의 융합이다. 나라사랑의 정신과 역사적 통찰의 바탕 위에서 국민리더십이 발현된다. 역사에서 진실을 배우고 교훈을 얻어야만 진정한 나라사랑의 정신이 형성된다. 대한민국의 정통성을 부정하려는 세력들이 집요하게 대한민국 건국 과정을 악의적으로 왜곡하는 이유는 애국정신을 약화시키려는 의도와 직결되어 있다.

북한은 김일성-김정일-김정은-김주애(국회의원 태영호. 국가안보실장 조태용 언급)로 이어지는 4대 세습을 정당화하기 위해 역사 날조를 서슴지 않고, 자신들이 역사적 정통성을 계승한 것이라고 조작하고 있다. 이처럼, 주변국이 한반도 침탈 역사를 왜곡하는 만행에 대해서 대한민국 정통성을 수호하는 차원으로 적극 대처해야 한다. 중국의 동북공정과 일본의 역사 왜곡에 분노하는 감정적 대응에 머무르지 말고, 국가정체성을 수호하는 차원으로 접근해야 한다. 안타깝게도 중국과 일본의 역사 왜곡에 대해서 우리 사회가 감정적 분노를 표출하면서도 정작 역사학 연구와 교육을 통한 체계적 대처가 미흡하다.

국내외 저명한 학자와 예언가들은 세계의 메가트랜드는 동양 회귀로서 21세기 중반 한·중·일 세 나라 중 한 나라가 세계 패권을 주도할 것으로 예측한 바 있다.

그런 탓인지 한반도를 둘러싼 3국의 갈등은 시간이 갈수록 치열하게 전개될 것이고, 그 중심에 자국 중심주의 역사해석과 주장에 의한 행동화 현상이 나타날 것으로 예견된다. 국가경영을 위임받은 리더들은 투철한 역사의식과 미래 비전을 바탕으로 전략적 소통을 스마트하게 구사하는 지략을 발휘해야 한다.

대부분의 갈등과 혼란, 위기의 문제는 리더들의 자격 결여에서 야기되었다. 한국 사회 전반에 산적한 문제들을 해결하려면 무엇보다도 먼저 지도자들의 역사의식을 토대로 해법을 찾아야 할 것이다.

특히 국가의 지도자가 주체적인 역사의식이 없으면 국민들이 힘과 긍지를 고양시키기 어렵다. 왜곡된 건국 전후사의 허상에 도취된 사람들이 마치 '부당하게 탄압받는 정의'인 것처럼 포장한다. 왜곡된 역사에 도취되어 자신들만 정의라고 착각하는 세력들이 정치권에 진출하여 진영의 탐욕을 채우기에 혈안이 되어 있다.

그러나 국민 절대다수는 좌도 우도 아니라 미래를 향해 정진해 나아가는 생활 속의 영웅들이다. 21세기 시대정신은 이념에 경도(傾倒)되어 자기 진영만 위하는 세력이 발호하지 못하도록 하는 것이다. 국가 대 개조를 성취하지 못하더라도 대한민국호의 방향키를 올바로 잡아주는 미래지향적 인물들이 정치권에 진출해야 한다.

미래를 제대로 읽기 위해서는 목적을 분명히 해야 한다. 많이 읽고, 잘 읽고, 변하는 것들과 변하지 않는 것들을 구별하면서 읽어야 한다. 이제는 그다음 단계이다. 변하는 것들을 찾았으면 그 변화의 모습이나 관계는 잊어버려라. 겉으로 보이는 변화만 보지 말고 속에 숨어 있는 변화의 힘을 찾아야 한다. 이것이 매우 중요하다. 수면을 움직이는 바람의 이동도 중요하지만 더 중요한 것은 심층에서 물의 흐름을 지속하거나 변화시키는 힘을 확인하는 것이다.[8]

8. 최윤식 지음, 『미래학자의 통찰법』(김영사. 2014.) p.85

대한민국은 영웅적 국민이 피땀 흘려 일궈 낸 세계사에 빛날 기적의 나라다. K-Culture 확산에 우쭐하거나 그것이 전부인 양 확대해석을 해서는 곤란하다.

필자는 이러한 시대정신을 초일류 강대국 Korea G3!로 집약하여 '세계의 등불 코리아'로 승화시켰다. 인도의 시성 타고르가 찬시를 썼던 '동방의 등불'을 넘어서 초일류 선진강국으로 나가자는 것이다. 이러한 목표를 달성에 적합한 역사와 문화 그리고 환경과 조건이 갖추어져 있다. 특히 역동적인 국민들의 나라사랑 정신이 있다.

한민족의 혼을 살리고 역동성을 결집시키면 21세기 중반에 세계를 이끌 정신 문화와 총체적 국력을 갖춘 G3 코리아가 될 것으로 확신한다. 대한민국은 지난 수십 년간의 끊임없는 노력과 혁신적인 정책들을 통해 세계적인 국가 발전모델로 자리매김한 국가이다. 대한민국 융성의 시대가 이미 시작되어 상당한 진척이 이루어졌음에도 아직 우리 국민이 이를 실감하지 못하고 있다. 과거에는 전쟁과 분단의 고통을 감내하며 경제의 기반을 구축했고, 현재에는 첨단기술과 문화의 다각화를 통한 지속적인 성장을 이루어내며, 미래에는 지속가능한 발전을 위한 기반을 마련하고 있다.

최근에는 세계에 한류 붐을 일으키며 문화강국, 스포츠 강국, IT 및 정보화 강국으로 괄목할만한 성장을 거두고 있다. 대한민국의 역동적인 에너지를 결집하면 국운 융성에 가속도가 붙을 것이다. 특히 젊은이들의 재능과 혁신 기상이 국력으로 조화되면 정체성을 형성하고 그들이 미래를 향해 나아가는 방향을 결정하는 중요한 기반이다. 대한민국 또한 그 역사를 통해 자아를 이해하고 공동체 정신을 발전시켜 나가야 한다. 이러한 과정을 통해 대한민국은 더 큰 성취와 공동의 번영을 향해 나아갈 수 있을 것이다.

제19장

좌우 이념대결
종식,
미래로 힘차게
나가는 한국호

1. 삼류정치를 일류정치로 대전환

국가와 국민을 위해 일하는 것이 정치의 근본이다. 현재의 기득권 정치세력은 대립·갈등·반목을 조장하며 정치적 반사이익을 노리기에 급급하다. 진보와 보수가 극단적 대립으로 치달으며 국민을 볼모로 잡는 기현상이 횡행하면서도 '국민을 위해서'라는 명분을 내세운다. 정권이 바뀔 때마다 진영논리에 휩싸인 쏠림현상에 의해 역사 자체에 대한 해석이 갈피를 잡지 못하고 있다. 정치적 팬덤화 현상이 아니라 '대한민국 두 동강 내기' 현상이나 다를 바 없다.

김영식 세종대 전 교수는 '보수가 바로서야 진보가 선명해 진다.'라고 본인의 저서에서 강조했다.[9]

우리의 오랜 속담 중에 "못난 놈이 연장 탓한다."라는 말이 있다. 최근 한국의 정국이 혼란해지자, "제왕적 대통령제를 내각책임제로 바꾸어야 한다." 라는 상투적인 제의가 다시 등장했다. 오늘의 정치적 혼란의 원인이 결국 제도가 잘못되어 있다는 것으로 돌려져 제도를 바꾸어야 한다는 처방으로 나온 것 같다.

우리나라가 민주주의의 공고화에서 성공을 거둔 것으로 국제적인 평가를

---

9. 김영식 지음, 『한국의 보수주의는 건강한가』 (보민출판사, 2023) pp.113-114

받고 있기는 하지만, 이것으로 우리가 선진국과 같은 완전한 민주주의 국가 대열에 오른 것은 아니다. 아직도 그 단계로 따지면 제도적 민주화를 달성해야 한다는 조건이 붙어 있다.

정치싸움 와중에 전쟁이 나도 상대 진영 탓만 하며 수수방관할 세력들이 제도 정치권에 득실거린다. 국회는 입법권을 남용하고 다수 의석을 앞세워 비상식적 횡포를 일삼는다.

이와 같은 삼류정치는 대한민국 역사의 무대에서 퇴출되도록 국민이 준엄하게 심판해야 한다. 정치권의 난맥상은 코리아 르네상스의 걸림돌이 되고 있다.

이 같은 걸림돌을 과감하게 제거하지 않으면 진영논리에 갇혀서 삼류정치가 국민에게 실망만 안긴다. 국민이 정쟁에 매몰된 구태 정치를 심판하고 새로운 기풍을 조성해야 한다.

삼류정치를 방치하면 역사의 수레바퀴를 뒤로 돌리고 후손에게 죄악을 범하는 것이다. 정치는 국가가 나가야 할 미래 비전의 방향을 결정하고, 국민을 통합하는 기능을 발휘해야 한다.

그런데 한국 정치는 두 기능이 모두 작동불능 상태다. 국민은 분열되어 있고, 정치는 아무것도 결정하지 못하는 '비토크라시vetocracy'에 빠져 있다. 즉, 반대를 위한 반대를 하며 국민의 여망에 역행하는 행태를 반복하고 있다.

일류정치로 대전환해야 한다는 당위론에도 불구하고 법적·제도적 개선 자체를 정치인에게 위임할 수밖에 없는 것이 현실적 딜레마라고 할 수 있다. 현재의 시스템에서 가능한 수단은 선거를 통한 올바른 선택에서 출발한다.

2. 한국호의 미래 비전 선결과제 – 진영갈등 해소

1) 국민 대통합

　개발도상국들이 발전모델로 삼고 싶어 하는 대한민국의 선진국 진입은 자랑스러운 선열들의 애국심과 헌신 위에서 어렵게 성취된 것임을 우리는 결코 잊어서는 안 된다. 2021년 7월 유엔무역개발회의UNCTAD는 한국을 개발도상국에서 선진국 그룹으로 공식 변경한 것을 계기로 국민 대통합을 성취하여 초일류 선진강국으로 도약해야 한다. 국론의 분열과 갈등이 지속된다면 대한민국이 쌓아 올린 금자탑은 일순간에 무너지고 또다시 역사적인 불행을 맞이하는 악순환으로 회귀할 수 있다. 젊은 세대와 소상공인 등 국민 저변층의 민생불안이 장기간 지속될수록 민심의 이반 현상이 나타나고 다양한 갈등이 연쇄반응을 일으킨다. 역사적으로 볼 때 국가정체성을 확립하고 국민통합을 이룬 시기는 국운이 융성하여 부국강병과 국태민안을 이루었다. 고구려의 광개토태왕 시대를 역사의 교훈으로 삼아 코리아 르네상스 시대를 맞이하자.

　빈부격차로 인한 양극화 심화는 자유민주주의와 시장경제주의의 기본 가치 자체를 흔들리게 할 수 있다. 2024년 총선을 앞두고 정치적 분열과 갈등 현상이 다른 분야로 비화, 총체적 위기 국면으로 회귀하는 건 아닌지 애국적 국민들은 밤잠을 설치고 있다. 50·60대 이상의 기성세대만의 '나라 걱정 신드롬'이 아니다. 일자리를 찾지 못해서 방황하는 젊은 세대들의 고충 앞에서 국민통합을 거론하기 어려울 정도로 사회 각계각층에 문제점이 팽배하고 있다.

대한민국의 헌법이 보장하는 자유민주주의 국가정체성에 바탕을 두고 국민통합을 반드시 이루어야 한다. 가정은 가화만사성, 조직은 인화단결, 국가는 국민통합을 이루어 행복의 나라를 만들어야 한다. 국민통합이 이루어져야 진정한 애국심이 발현된다. 국민이 애국심을 갖고 국가를 수호한다는 것은 나라의 영토뿐만 아니라 자유민주주의와 시장경제주의의 가치를 지키고, 발전시켜 세계의 모델이 되는 것이다.

정신, 교육, 경제, 안보의 4대 중추가 균형적으로 발전한 일류 선진강국이 되려면 국민통합이 기본이다. 국민통합은 서번트 리더십으로 자기 것을 먼저 내려놓아야 분위기가 형성된다. 서로서로 관용과 사랑으로 포용하는 국민 리더십을 문화운동 수준으로 끌어올려야 한다. 왜냐하면, 현재 대한민국 사회가 직면한 진영 갈등과 대립·반목 현상은 정치권이 해결하지 못할 수준이다.

정치리더십이 갈등과 분열을 조장하여 반사이익을 챙기려는 저의까지 가세하는 형국이다. 통합을 내세운 정치적 이합집산으로 몰고 가서는 안 된다. 국가와 민족의 미래를 올바로 이끄는 차원의 국민 대통합을 지향하는 것이다. 진보·중도 지식인들이 주축이 된 '만민토론회' 모임에선 "한국 정치가 선동 정치로 타락하고 있다."라고 질타했다. 우리에게는 머뭇거릴 시간이 없다. 국제정세는 급변하고, 이웃나라들은 항시 우리를 넘보고 있다. 여당과 야당, 보수와 진보 모두 국가라는 틀에서 한 가족이다. 영남과 호남도 이웃사촌이다. 양극화로 갈라진 계층의 벽도 넘어서야 한다. 남과 북도 언젠가 통일되어야 할 단일민족, 단일국가이다. 국민 대통합의 개념은 이러한 모든 부문을 총괄하는 새로운 흐름을 만드는 것이다.

역사의 어느 시대이거나 사회 내 갈등은 존재해왔다. 때로는 이익을 두고 때로는 미래로 나아갈 방향에 대한 의견 차이와 다툼이 있었다. 그러나 그 갈등을 풀어내고자 했던 노력도 역사가 주는 귀중한 교훈이다. 나와 다른 것은 배척 대상이 아니라 공존 대상이다.

영국이 해가 지지 않는 나라로 대영 제국이 된 것은 국민화합을 통해 이념 갈등을 풀었기 때문이다. 반면 1950년대 5위권 선진국 반열에 올랐던 아르헨티나가 지금은 후진국으로 전락했다. 자원부국 중동국가들이 명실상부한 선진국으로 진입하지 못하고 맴도는 것도 사회적 갈등을 해결하지 못했기 때문이다.

국민 모두 상생하고 배려하는 리더십으로 가야 국민의 고통이 사라지고 행복해진다.

2) 정치 진영 갈등 해소 – 뭉치면 살고 흩어지면 죽는다

우리나라는 삼국시대부터 한일 강제합병까지 당쟁, 사화 등으로 극렬히 대립하고 분열되어 결국 망국의 나락으로 추락한 뼈아픈 역사의 그늘이 있다. 미국 건국의 아버지(조지 워싱턴, 존 애덤스, 토마스 제퍼슨)들은 '뭉치면 살고 흩어지면 죽는다Strength in unity.'의 국민 대화합과 통합으로 대영제국을 이기고 독립을 쟁취하였다.

이처럼 나라 흥망성쇠의 가장 큰 요인은 '대화합이냐, 분열이냐'가 좌우했다. 다시 말해 대화합으로 뭉치면 흥하고, 분열하면 망한다는 것이 역사의 교훈이다. 국론분열의 그늘진 역사를 걷어내고 이제 새로운 통합의 여정으로 나가야 한다는 당위성은 모두가 인정하면서도 정치권의 진영 갈등이 사회 전반에 악영향을 초래하고 있다.

대통령 선거에서 승리한 진영이 국가정체성마저 흔드는 '승자 독식'의 관행부터 바꾸어야 한다. 대한민국 헌법이 보장하는 국가의 기본이념과 가치를 토대로 통합을 이루어야 한다. 우리의 기본이념과 가치는 5천 년 역사의 토대를 이룬 홍익인간 정신과 자유민주적 공동체 정신으로 더불어 사는 것이다.

대한민국이 추구하는 보편적 가치인 자유와 평등에 대한 입장 차이가 너무 크다. 보수나 우익은 자유와 성장을 중요시하는 반면, 진보나 좌익은 평등과 분배에 더 역점을 두고 있다. 그 실천 방법으로 자유주의·자본주의와 사회주의·공산주의로 나뉘어 경쟁하였으나 양자는 모두 모순에 직면하여 스스로를 수정하며 진화·발전하여 자유민주주의·자본주의 경제가 자리 잡았다. 정반합正反合의 원리처럼 보수와 진보가 국민을 위해 정책대결을 벌이며 경쟁하는 것은 분열이 아니다. 건전한 방향으로 진행되는 경쟁은 국가를 발전시키고 국민의 행복을 증진시킨다.

그러나 우리나라는 진영 간의 정책 경쟁이 아니라 진영 다툼을 넘어 죽기살기식으로 싸우는 형국이다. 우리의 위기는 극단의 치달음으로 사회와 국가 안정을 도외시하는 막무가내식 접근에서 증폭된다. 정치권에 의탁할 것이 아니라 국민이 나서서 조화와 중용의 원리를 생활 속에서 실천해야 한다. 정치인들이 각성하도록 국민이 앞장설 수밖에 없다.

대한민국이 직면한 현안의 해결뿐 아니라 미래 비전과 추진전략에 대한 역량을 기준으로 지도자를 선출하는 수준 높은 국민 의식民度으로 선진강국을 만들어 나가야 한다. 이것이 국가정책과 전략으로 승화되어 진정한 국가발전이 되도록 해야 할 것이다. 눈앞의 정치적 이해에 매달릴 때가 아니다. 정치권은 국론분열을 야기할 만한 언행을 삼가고 국가 미래를 위해서 협력하는 의연한 모습을 보여야 한다.

대한민국이 진보·보수주의로 갈라져 극렬하게 싸우기보다는 조속히 대한민국 애국주의 중심으로 국민 대화합과 통합이 절실하다는 것이 국민의 간절한 여망이다. 보수와 진보 양자는 서로 선의의 경쟁을 하고 때로는 협력해야 하는 관계로 발전하는 사회가 건강하고 국가가 이상적으로 발전할 수 있다.

'자유와 선택'을 지키자고 외치는 사람들이 바로 '보수'다. 이들의 외침은 따뜻한 보수, 정의로운 보수로서 '자유를 보존하자.'라는 것이다.

그렇다면 진보는 누구인가? 바로 '평등'을 추구하는 사람들로서 공정한 진보, 정의로운 진보의 가치를 외치는 사람들이 되어야 한다. 자유는 다 좋은데 불행히도 부작용이 있다. 반드시 '불평등'이 생긴다는 점이다. 사람 역량이 다 다르기 때문이다. 그러면서 '평등'을 이루자고 외치는 사람들이 진보다. 보수와 진보는 태생적으로 경쟁하고 갈등할 수밖에 없다. 정부는 집값도 명령으로 잡으려 한다.

급변하는 세계정세와 경제패권 전쟁 속에 대한민국이 국가 역할을 제대로 하려면 환골탈태 리더십으로 진영을 깨고 진영을 초월하여 애국 리더십으로 정진해야 할 것이다.

국가 지도층이라면 이젠 보수/진보 가릴 것 없이 참된 보수, 참된 진보로 나라 사랑을 실천해야 한다. 대한민국의 미래를 위해 이념의 양극화, 극단화는 지양하고, 국가 미래의 비전과 꿈을 제시하고 부정부패 근절 등 적폐 청산에 나서야 할 것이다. 적폐의 뿌리라 볼 수 있는 진영 싸움, 극단적인 이념 정치를 청산해야 한다. 민주주의 국가에서는 건전하고 실력 있는 보수와 진보세력이 꼭 필요하다. "새는 좌우의 날개로 난다."라는 말이 있듯이 우리나라의 보수와 진보도 새처럼 잘 날 수 있는 세력으로 튼튼하게 성장하여야 한다. 극렬한 좌우 이념 대립은 자신의 실수는 용납이 되고 타인은 용서할 가치가 없다고 생각하여 국민을 사랑하고 존중하는 데에서 벗어나 있다.

대통령 등 국가 주요 지도자들은 진영 갈등 청산에 앞장서서 국론 통합의 길을 반드시 가도록 해야 할 것이다. 대한민국의 미래를 위한 헌신적인 리더십과 대승적인 정치가 너무나 절실한 실정이다. 국가정체성이 바로 서야 국민이 긍지와 자부심을 가질 수 있고 진정한 애국심이 나온다. 진영 싸움을 그치고 대한민국의 수호와 나라 발전을 위해 진정한 국민역량을 발휘해야 할 때이다.

3. '현재의 추세대로' 맞이하는 미래는 재앙

최근 대한민국은 대내외적 도전이 한꺼번에 몰려오는 상황에 직면해 있다. 안보불안, 정치혼란, 경제침체, 인구구조, 기술경쟁 등 제 영역의 난관을 총괄해 볼 때 장밋빛 희망론을 펼치기 어려울 정도다. 국력 순위 6위권으로 격상되었다는 외신의 찬사에도 불구하고 이 나라의 평화번영을 제대로 보전하고 발전시켜 후손들에게 넘겨줄 수 있겠는가에 대한 우려도 만만치 않다.

2020년대를 살아가는 우리 국민이 지혜롭게 대처하면 제2 한강의 기적을 창출할 수 있지만, 자칫 잘못된 선택을 하면 퇴보와 나락의 길로 접어들게 된다. 정치 리더십이 한가롭게 좌우 이념대결로 국민을 편가르기 하며 정략적 이익을 추구할 상황이 아니다. 미래 비전을 올바로 설정하여 국민을 통합하고 G3 코리아 달성을 향해 힘차게 나가야 한다.

우리 국민 대부분이 공감하는 공통분모는 현재의 추세대로 진행되는 것을 막아야 한다는 것이다. 2023년 말 시점의 추세대로 선거전략에 매달려 내부 갈등을 겪으면 미래는 재앙에 이를 수 있다. 적어도 대한민국 상황의 어려움에 대한 위기감을 가져야 한다. 대내외 환경 변화와 도전이 마치 '퍼펙트 스톰 Perfect Storm'처럼 한꺼번에 밀려오고 있다는 긴박감을 견지하고 대비해야 한다.

전쟁 도미노 현상, 북한 핵·미사일 위협, 북·중·러 군사협력 등 안보분야의 불안요인에 대한 대비책부터 강화해야 한다. 대한민국 미래에 대한 명쾌한 비전은 국민을 결집하고 미래로 전진하게 하는 마력을 발휘한다. 기존의 방식이 최선인 양 현재의 추세를 지속하면 최악의 위기로 내몰린다.

인공지능의 발달을 비롯한 과학기술의 진보는 미래 예측에 새로운 차원을 부여했다. 예전에는 별자리와 흔적, 징후들을 관찰하여 미래를 유추하곤 했지만, 오늘날 우리는 데이터 분석, 인공지능, 컴퓨팅 등을 활용하여 현실적이고 정확한 미래 예측을 수행할 수 있다. 예를 들어, 기후변화 예측은 과거의 기후 데이터와 모델링을 통해 미래의 온난화와 자연재해를 예측할 수 있는 중요한 도구가 되었다. 인공지능의 발전은 또한 미래 예측을 혁신적으로 바꾸었다. 대용량의 데이터를 분석하고 패턴을 식별하는 능력으로, 인공지능은 경제, 건강, 사회 등 다양한 분야에서 미래 동향을 예측하는 데 사용된다.

예를 들어, 금융 분야에서는 주가 예측과 소비 동향을 예측하여 투자 전략을 개선하고, 의료 분야에서는 유전자 정보를 분석하여 질병 발생 가능성을 예측하는 데 활용된다.

기술의 발전은 우리에게 더 많은 정보와 도구를 제공하지만, 미래는 여전히 복잡하고 다양한 변수로 인해 예측하기 어렵다. 특히 사회적, 정치적, 경제적 변화 등 인간 행동의 예측은 더욱 어렵다. 또한 기술의 발전이 예측을 너무 정확하게 만들어버리면 우리의 선택과 자유가 제한될 수도 있다.

대한민국의 미래를 예측하는 과정에서의 불확실성과 한계를 인지해야 한다. 미래 예측은 도구일 뿐이며, 우리의 선택과 행동이 그 미래를 결정할 것이다. 하지만 한 가지 분명한 사실은 대한민국이 도처에 산재한 걸림돌을 방치하면서 기존의 방식이 최선의 방책인 것처럼 오인하면 21세기 글로벌 리더국가로 도약하기 어렵다.

바뀌어야 산다. 확, 뀌어야 산다! 인간의 삶과 사회 구조를 급격하게 변화시키는 혁명적인 시대라는 사실을 직시해야 한다. 특히, 이념의 잣대와 정치적 이해타산을 저울질하는 행태가 지속되지 않도록 해야 한다.

4. 하늘은 스스로 돕는 대한민국을 돕는다!

대한민국은 대단한 나라다. 대한민국은 GDP 규모로 세계 10위, 수출과 수입 무역규모에서 세계 8위에 올랐다. G20 정상회의를 두 번이나 개최했고, G7 회의에 초청국으로 연달아 참석하고, 하계·동계 올림픽과 월드컵을 모두 치른 나라로 우뚝 섰다.

2023년 8월 US News and World Report 지에서 세계 10대 강국의 순위를 발표했는데 한국이 프랑스, 일본보다 앞선 6위에 랭크되었다. US News 지에서는 한국을 6위로 선정한 기준을 ①군사력 ②최근의 무기 수출로 드러나는 방위산업 ③반도체를 중심으로 하는 기술력 ④미디어 콘텐츠 패권 ⑤최강 미국과 완벽한 군사동맹으로 설정했다고 밝혔다.

삼성전자는 20년 전에 전 세계 기업순위 320번째였는데, 2022년 기준 8위로 올라섰다. 세계에서 인터넷의 속도·기술·보급률이 가장 우수한 나라는 한국이다. 전 세계가 대한민국의 한국의 발전 속도에 놀라고 있다.

대표적 사례의 튀르키예의 반응을 예시해 본다. 튀르키예는 6·25전쟁 당시 1개 보병 여단을 파병하여 미국, 영국, 다음으로 많은 군대를 보낸 고마운 나라다. 전사자 721명, 부상자 2,147명, 실종자 175명, 포로 346명의 희생을 치르고도 대한민국이 전쟁의 잿더미를 딛고 일어나 세계 10위권 강대국이 된 것을 자랑삼아 이야기한다.

보통 시민들이 대한민국을 가리켜 형제국이라며 한국의 성공을 진심으로 기뻐하는 나라다. 극명한 대조로 세계가 인정하는 대한민국의 위상을 북한 주민들은 까맣게 모르고 있다.

전문가들은 대한민국이 현재의 6위 순위에서 한 단계 더 올라가려면 통일을 이루게 될 것으로 전망하고 있다. 남북한이 하나로 합쳐지면 지금의 순위에서 더 올라가게 될 것이라 언급하고 있다.

아시아인들도 세계를 움직일 수 있는 나라는 대한민국밖에 없다며 세계 패권의 중심축을 형성하고 강대국들이 집결해 있는 극동 아시아 중에서도 세계를 선도할 나라는 일본이나 중국이 아닌 한국이 되어야 한다는 데 의견을 같이하고 있다.

국제사회가 우리의 국력을 높게 평가하고 있음에도 국내적으로 다양한 도전과 위기에 직면하고 있다. "하늘은 스스로 돕는 자를 돕는다!"라는 격언의 관점에서도 대한민국 국민으로서 자긍심을 가져야 한다. 우리 국민 스스로 과소평가하는 습성으로부터 탈출해야 한다.

인요한(존 린튼) 연세대 의대 교수는 전남 순천에서 태어나 1991년부터 32년간 세브란스병원 국제진료센터장으로 일하고 있다. 인 교수의 가문은 구한말부터 4대째 한국에서 선교·의료·교육 활동을 펼쳐 왔고, 이 공로로 2012년 '대한민국 1호 특별귀화자'가 됐다.

그는 조선일보와 인터뷰에서 국민의 애국심에 대해 인상적인 발언을 했다. "개화기 때 외국 선교사들이 감동받은 게 있어요. 서민들이 나라를 그렇게 사랑하더라는 거예요. 한국인의 애국심, 동정심 세계 최고예요. 이렇게 똑똑한데 서로 견제하고 싸워요."[10] 일반 국민의 나라사랑을 실감나게 집약한 코멘트라 생각된다.

---

10. 조선일보, 인요한 연세대 의대 교수 인터뷰 기사, "정치, 어문 짓 말라… 국힘서 전라도 대통령 나오게 해야", 2023년 10월 21일자.

그는 광주시의 정율성 공원 건립 추진에 대해서 "북한 군가를 만든 사람을 광주에서 기리는 건 광주 사람을 오해받게 만드는 일입니다. 정율성 공원을 추진한 광주시장이 잘못했다고 봅니다."라고 단언했다. 또한, "이 좁은 나라 안에서 지역감정이 왜 있나요. 이제 정말 멈춰야 합니다. 너무나 많은 사람이 대한민국을 만드는 데 희생했습니다."라는 입장 천명했다.

인 교수의 대한민국 사랑을 호소하는 메시지는 국민적 공감을 얻어서 다양한 매체를 통해 확산되고 있다.

특히 "박정희 대통령이 깔아 놓은 바탕에 대단한 국가를 세우고, 우리가 가진 것이 엄청나게 많아요!"라며, "이 국가를 잘 지켜야 합니다!"라는 호소는 많은 국민의 공감을 불러일으키고 있다.

6부.

대한민국
G3 미래 비전(시리즈 II)

국가 대 개조 – 초일류 선진화 혁명 왜 필요한가?

제20장

초일류 통일 선진강국, G3 코리아 청사진

1. 대한민국 미래 G3 패러다임

대한민국은 국제사회로부터 '한강의 기적'으로 칭송받을 정도로 경이로운 속도로 경제 발전을 성취했다. 하지만 압축성장의 그늘로 인해 정신적으로 피폐해진 자화상과 극단적 사회 갈등, 남북한 군사적 대치 국면이 존속되면서 나라의 미래에 대한 심각한 우려도 있다. 이러한 일각의 우려를 떨쳐버리고 초일류 강국이 되기 위한 미래 패러다임은 대한민국의 운명을 새롭게 개척하는 방향이 되어야 한다.

철학자 토마스 쿤이 1962년에 내놓은 명저『과학혁명의 구조』에서 새롭게 제시한 개념인 '패러다임paradigm'은 한 시대 사람들의 견해나 사고를 근본적으로 규정하는 인식의 체계, 사물에 대한 이론적인 틀 등을 의미하는 것이다. 따라서 대한민국 미래 패러다임 대전환도 근본적으로 나라의 틀을 새로 세우고 국가를 개조하는 것이다.

대한민국 미래 비전과 청사진을 명쾌하게 제시하는 것은 지지율보다 중요하다. 왜? 국가지도자가 여론조사의 출렁임을 의식하는지 이해가 가지 않는다. 속도보다 중요한 것이 방향이고 큰 그림의 청사진이다. 설계도 없이 어떻게 위대한 건축물이 탄생하겠는가?

이러한 인식을 바탕으로 필자는 '정신, 교육, 경제, 안보'가 융합된 솔루션을 제시하고자 한다. 새로운 정부가 출범할 때마다 '개혁, 혁신, 선진화, 창조' 등 용어를 바꿔가면서 역대 정부와의 차별성을 추구했지만, 패러다임 교체에 이르지 못했다. 혁명적인 혁신·개조를 통한 국가 대개조 – 초일류 선진화 혁명의 청사진을 제시하지 못하면 패러다임 대전환을 논할 수 없다.

진정한 국가 대 개조 – 초일류 선진화 혁명은 국가발전 원동력으로써 시대적 상황과 여건을 고려하여 주도면밀하게 추진해야 하는 국가적 대과제이다. 가장 안타까운 현실은 '미래 세대에게 이익이 되더라도 현세대가 반대하면 미래지향적 정책을 추진하지 못한다.'라는 점이다. 대전환의 시기에 기존의 지배적 가치관에 고착되면 급변하는 현상을 파악하기조차 어렵다.

우리는 세계화를 넘어 '세계의 등불 G3 코리아'로 도약을 21세기 시대정신으로 정립해야 할 것이다. 세계는 우리에게 세계의 등불 코리아로서 국제사회를 선도하는 초일류 선진국 모델을 기대하고 있다. 대내적인 국론 통합은 물론 대외적으로도 외국인들과의 조화와 융합을 도모하여 세계의 등불의 시너지 효과를 내야 한다. 세계의 등불로 나아가 초일류 선진강국을 건설하면 자연스럽게 21세기 초일류 통일 선진강국으로 발전하여 대한민국의 평화는 물론, 세계 번영과 평화의 선도적 역할을 하는 국가가 될 것이다.

미국과 중국이 벌이는 패권 경쟁과 대한민국이 지향하는 'G3 코리아'는 근본적으로 다르다. 21세기 세계의 등불 코리아는 진정한 인류애와 지구촌 공동번영을 선도하는 세계의 시대정신으로 나아가는 길이다.

세계의 등불 G3 코리아가 되기 위해서는 제일 먼저, 21세기 코리아 르네상스 시대를 활짝 열어 4차산업혁명에서 세계 제일의 국가가 되어 학문과 예술뿐만 아니라 정치, 경제, 사회 등 모든 분야를 견인토록 해야 한다. 대한민국 운명을 혁명적 혁신, 개혁의 '국가 대 개조 – 초일류 선진화 혁명'을 걸고 추진하는 것이 시대적·역사적 사명이다.

필자가 지향하는 '국가 대 개조–패러다임 대전환'은 이제까지의 사회 체제를 획기적으로 발전시켜 첨단 미래사회에 맞게 새로운, 한층 고도화된 국가사회체제를 세움으로써 사회생활에 근본적인 전환을 가져오는 것을 의미한다.

인류가 지향하는 보편적 가치에 부합하고 국민이 공감하여 전폭적으로 지원하여 법적으로 보장되는 제도로 대전환하는 차원이다. 따라서 통상적인 혁신이나 개혁을 뛰어넘는 광범위한 의미를 함축하고 있다. 패러다임의 대전환은 미래 비전을 위해 현재의 문제를 과감하게 혁파해야 만 세계 초일류 국가로 발전할 수 있다. 대한민국만 잘살자는 차원을 뛰어넘는 개념이다.

기본적으로 필자가 주장하는 패러다임 대전환은 글로벌 상호작용 속에서 새로운 국제질서의 요소와 연동 관계를 유지하며 초일류 강국을 이루는 과정의 산물이지, 갑작스럽게 출현하는 신기루는 아니다.

대부분의 혁명은 한 번의 저항을 받아 이루고 난 후 국민적 동의를 얻지만, 혁신, 개혁은 지속적인 저항을 받으며 이루어야 하므로 사실상 더 어려움이 많다.

국가 대 개조 - 초일류 선진화 혁명의 패러다임 대전환도 근본적으로 나라의 틀을 새로 세우고 국가를 개조하는 것이다.

『성공하는 사람들의 8번째 습관』에서는 다음과 같이 말한다.[1]

'패러다임'이란 말은 원래 과학 용어인 그리스어 'paradeigma'에서 왔으나, 오늘날에는 인식, 가정, 이론, 준거 틀, 세상을 보는 시각이란 의미로 사용된다. 정확한 패러다임은 먼저 원인을 설명해 주고, 그다음에는 문제 해결의 길잡이가 되어 안내한다.

대한민국의 패러다임을 21세기 국내외적인 시대적 상황에 맞추어 한국형 초일류 선진화 혁명의 패러다임을 창조, 대전환해야 한다. 유럽을 떨게 한 바이킹족은 엄격하게 통제된 사회였기에 새로운 패러다임으로 위기를 극복

---

1. 스티븐 코비 지음, 김경섭 역, 『성공하는 사람들의 8번째 습관』 (김영사, 2005) p.45

할 사고조차 하지 못해 바이킹 문명이 멸망했다.

반면, 이누이트족은 적응의 방식을 유연하게 받아들이는 패러다임 대전환으로 생존할 수 있었다. 어떠한 환경 변화에도 현명하게 적응하여 진정한 강자가 되는 것이 패러다임 전환의 효과이다.

20세기식의 패러다임으로는 21세기 4차산업혁명에 부응한 대변화의 파도를 헤쳐 나가기 어렵다. 대한민국호의 순항은 어려울 수밖에 없다. 시대 상황은 급격히 변화하고 있음에도 대한민국 패러다임이 세계사적 흐름을 따라가지 못한다면 국가 발전은 어려울 것이다.

일찍이 로마는 물론 미국(독립전쟁), 영국(산업혁명, 명예혁명), 프랑스(시민혁명), 독일(비스마르크), 스페인(아메리카 대륙 발견), 일본(메이지 유신) 등 나라마다 시대에 맞는 패러다임 전환으로 튼튼한 일류 선진국의 기반을 구축하였다.

우리는 과거의 틀에 얽매여 대전환을 성취하지 못하다가 외침과 내분으로 세월을 보낸 불행한 역사로 인해 제대로 된 패러다임 구축이 어려웠었다.

21세기 대한민국은 다르다. 우리 국민은 세계 최고 수준의 지능과 역동성을 가진 유전인자 DNA를 통해 한강의 기적을 이룩했다.

국가 대개조의 결연한 의지로 새로운 패러다임을 구축하지 않으면 역사의 불행이 재현될 수도 있다. 새로운 패러다임 구축 문제가 대두되었으나 시기를 놓쳐왔다.

특히 내우외환의 상황과 여건에서 패러다임 전환, 혁명적 국가 대개조 없이는 위기를 기회로 반전시킬 수 없다. '21세기 대한국인 초일류 통일 선진 강국 비전'을 통해 정신·교육·경제·안보 혁명을 융합시켜 패러다임 대전환을 이룩하는 것이 우리에게 주어진 시대적, 역사적 사명임을 절대 간과해선 안 된다.

천동설에서 지동설로 패러다임의 대전환이 일어났듯, 혁명적인 패러다임 대전환을 통해 초일류 강국화 혁명을 이룩하여 자랑스러운 나라, 튼튼한 나라, 위대한 나라를 건설하여 후손에게 물려주어야 한다.

국가 대 개조 혁명은 국가의 틀과 운명을 바꾸기 위한 필수조건이다.

혁신과 개혁의 유·무형적 국가 개조를 통해 초일류 통일 선진강국 혁명으로 승화시켜 국력과 국격을 갖추도록 패러다임을 전환해야 할 것이다. 국가 대개조로 위기의 악순환 고리를 끊어야 영원히 국가를 보전하고 선진국으로 도약할 수 있다.

모든 국민이 역사의 장場에 참여해 때로는 경쟁하고 때로는 협력하면서 상호작용하는 가운데 역사의 흥망성쇠가 결정된다.

따라서 위기를 기회로 발전시켜 지속적인 혁신, 개혁, 혁명을 통해 일류 선진국을 건설하는 것이다. 21세기 중반에 대한민국이 '초일류 선진강국 건설'을 이루고 위대한 G3 코리아 시대를 열 수 있도록 대한민국 운명을 개척해야 한다.

2. 패러다임 대전환과 추진전략 모델 구축

대한민국 미래 패러다임은 달성하려는 목표 설정에서 시작된다. 목표 달성을 위한 핵심과제 식별과 추진 모델 구축으로 연결된다.

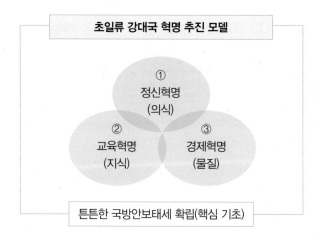

위에 제시한 그림은 초일류 강대국 'Korea G3'를 달성하기 위한 모델이다. 기본 틀은 "정신(의식)×교육(지식)×경제(물질)"를 융합하여 시너지 효과를 극대화하면서 튼튼한 국방안보태세 확립을 기초로 ① 정신혁명(의식) ② 교육혁명(지식) ③ 경제혁명(물질)이 중추를 이루는 개념이다. 바꿔 말하면 '달성하려는 목표'Desired Goal는 세계 3위 수준의 초일류 강대국 G3이며, 추진전략은 4대 중추(정신, 교육, 경제, 안보)를 혁명적으로 개혁하여 체계적으로 성취하는 방향으로 설정했다.

이것이 대한민국의 운명을 새롭게 개척하는 프로젝트라고 할 수 있다. 특정 정치세력이나 권력자에게 의존하는 것이 아니라 '국민 리더십' 문화로 성취한다. 이 모델은 현재 한국 사회가 당면한 위기를 기회로 대전환하고 세계적 흐름을 선도하기 위한 비전이며, 추진전략을 집약한 것이다. 목표가 달성되는 시기는 21세기 중반(2050년 전후)으로 설정했다. 5년 단위로 6차에 걸친 평가 과정을 거치며 단계적으로 제도와 시스템의 변화까지 장착시킨다.

이 추진 모델의 개념은 '한강의 기적'에 비유될 정도로 '경제발전 5개년 계획'의 성공시켰던 경험과 자신감을 벤치마킹하여 제2 한강의 기적을 창조하기 위해 국가의 핵심 중추부터 견고하게 만들려는 것이다. 어떠한 외풍에도 흔들림이 없도록 기초가 든든하고 기둥이 균형 잡힌 '대한민국 집'을 새롭게 건축하는 프로젝트로서 주역도 주인도 국민이다.

헤겔이 법철학에서 "미네르바의 부엉이는 해가 진 뒤에야 날개를 편다."라고 갈파한 것처럼, 지나간 현상을 해석하고 비판하기는 쉽다. 그러나 중요한 사항은 교훈을 도출하여 발전적으로 적용하는 것이다. 역사를 분석하고 미래를 예측하여 설정한 비전은 패권을 다투는 나라가 아니라 인류평화와 번영에 진정으로 이바지하는 "지구촌의 밝은 빛(세계의 등불) G3 코리아"가 되는 것이다.

패러다임 대전환은 혁명적인 혁신을 통한 국가 대 개조이다. 초일류 강국화 혁명을 통해 미래 패러다임의 발전 추세를 예견하고, 효과적인 전략·정책 추진은 물론 지혜로운 예측·예방 조치를 해야 한다.

그러나 정부 정책 대부분이 주도면밀한 초일류 강국화 혁명 계획이 미진하여 제대로 된 혁명다운 혁명이 이루어지지 않고 있다.

이러한 차원에서 중국의 중화주의, 일본의 사무라이 정신, 미국의 개척정신을 고찰해 본다.

첫째, 중국은 역사적으로 두 가지 절대정신이 있다. 중국의 본질적인 절대

정신은 중화주의이다. 즉 중국이 천하의 제일이고 중심이라는 주의이다. 21세기 들어 유교가 사회주의 문제를 보완할 유력한 대안이라 여기고 경제 대국 중국을 세계에 보여줄 수 있는 도덕적, 문화적 가치로서 유교를 장려하고 있다.

둘째, 일본은 제국주의 시대나 현재나 사무라이(무사도) 정신을 일본 혼으로 내세운다. 화려하게 폈다가 한꺼번에 지는 벚꽃처럼 무사는 죽을 때가 되면 미련 없이 목숨을 던지는 것이 영광이라는 뜻이다.

셋째, 미국은 개척정신으로 오늘날의 미국을 건설하였다. 미국은 역사가 짧은 나라이지만 영국과의 독립전쟁, 서부 개척 등을 통해 50개 주에 달하는 거대한 나라로 세계의 중심 국가가 되었다. 이처럼 주요 국가의 정신은 국민 속에 뿌리를 내려서 맥을 이어오면서 국격을 형성하는 데 기여해 왔다. 우리나라도 한민족의 혼과 정서가 반영된 품격 있는 정신문화를 형성하여 초일류 선진강국으로 발돋움해야 한다. 품격 있는 정신문화는 교육문화로 연결되고, 교육문화는 물질(경제)문화를 만들어 국격을 형성한다.

사우디아라비아처럼 돈이 많다고 선진국이 아니듯, 국격을 갖추어야 선진국이 되는 것이다. 국격이 K-pop처럼 브랜드 파워를 형성하여 대한민국의 가치를 증진할 뿐 아니라 세계인의 존경과 선망이 되는 국가로 자리매김하게 한다.

'21세기 대한국인 초일류 선진화 혁명'은 튼튼한 안보를 기초로 정신·교육·경제혁명이 중추를 이룬다. 튼튼한 안보는 전쟁 걱정을 하지 않는 감상적 평화주의가 아니다. 국방 안보태세를 굳건하게 다지며 한미동맹의 군사적 가치를 고도화시키고 전쟁억지력을 강화하는 지략을 포괄하는 개념이다.

1953년 군사 안보 동맹으로 태동한 한미동맹은 한반도는 물론 인도-태평양 지역 평화번영의 핵심축으로 자리매김하고 있다. 이는 1950년부터 1953년까지 3년에 걸친 6·25전쟁으로 국가 기반시설이 초토화됐던 대한민국은

2023년 현재, 세계 각국으로부터 지원을 받던 나라에서 지원하는 나라가 된 유일한 국가로 발전했다.

대한민국은 자생적으로 민주화에 성공한 민주주의와 인권지수 상위국, 성공적인 산업화로 G10 경제력을 보유한 국가가 됐다. 이는 1953년 체결된 한미동맹을 기반으로 굳건한 안보태세를 확립할 수 있었기 때문이다. 한마디로 말해 한미동맹은 대한민국 발전의 주춧돌이었다.

70년 전 한반도에서의 전쟁 재발 방지 차원에서 맺은 군사 안보 동맹관계가 2023년 현재 경제·사회, 문화·기술, 글로벌 이슈로 영역이 확장되고, 동아시아와 지구적 수준을 넘어 우주·사이버 분야로까지 범위가 확대된 '글로벌 포괄적 전략동맹'으로 진화한 것이다. 21세기 들어 한미 양국의 가장 시급하고 지속적인 안보과제는 북한의 핵무기개발과 장거리 미사일 능력이다. 핵실험과 미사일 발사 등 북한의 도발로 지역 안정에 대한 우려가 커지고 있다. 경제·군사 강국으로서 중국의 부상은 세계 속에서 아시아 지역의 역할을 변화시켰고, 남중국해 영유권 분쟁에 대한 중국의 적극성과 영향력 확대로 한국과 미국은 변화하는 상황을 어떻게 헤쳐갈지 고민하게 됐다.

디지털 시대는 사이버공격 등 새로운 안보 위협을 불러왔고, 기후변화·전염병·테러·대량 살상 무기 확산 등도 중요한 안보 문제로 등장했으며, 이에 대한 국제적 협력과 공동의 대응이 필요하게 됐다.

이러한 변화 속에서도 한미동맹은 북한의 침략을 억제하는 중요한 역할을 계속하고 있다. 주한미군의 주둔은 북한의 잠재적 군사행동에 대한 강력한 억제력을 제공하며, 한미 연합훈련은 전시 작전 대비태세를 강화한다.

한반도 비핵화를 달성하고 항구적 평화를 구축하기 위해 한미동맹은 6자회담과 남북정상회담 등 북한과의 관계를 위한 외교적 노력에서 중요한 역할을 해왔다.

한미동맹은 변화하는 역내 안보 환경에 대응해 해양안보·대테러 등 공동의 문제를 해결하고, 증가하는 사이버공격 위협에 대비하기 위해 일본·아세안 등 다른 역내 국가들과 협력을 강화하고자 노력해 왔다. 양국은 비전통적 안보문제 해결의 중요성을 인식하고 있고, 기후변화·재난구호·팬데믹 대응과 같은 문제에 대한 협력방안을 함께 모색해 왔다.

한미동맹은 전통적·비전통적 안보문제를 해결함으로써 동북아 안정의 초석이 되며, 양국 공동의 가치와 이익을 유지하면서 현안에 대응할 수 있도록 계속 발전해 나갈 것이다.

군사안보동맹으로 태동한 한미동맹은 한반도와 역내 평화·번영의 핵심축으로 자유·민주주의·인권·법치주의 등 가치의 공유를 바탕으로 안보·경제·첨단기술·사이버공간·공급망을 아우르는 '글로벌 포괄적 전략동맹'으로 발전하고 있다.

급변하는 전략환경과 점증하는 글로벌 안보 도전에 효과적으로 대응하기 위해 2022년 5월 한미정상회담 등 3차에 걸쳐 양국 대통령은 한미동맹을 '글로벌 포괄적 전략동맹'으로 발전시켜 나간다는 양국 공동의 비전에 합의했다. 이에 따라 한미동맹의 공간적 범위를 글로벌 차원으로 확대하고, 기존의 전통적 군사안보에 더해 우주·사이버 및 국방과학기술·방위산업 분야에서도 동맹협력의 수준을 보다 심화시켜 나가기로 했다.

대한민국의 미래 패러다임이 지향하는 최종 목표는 G3 코리아로 발전하여 인류문명 발전과 자유평화에 기여하는 것이다. 세계의 등불 코리아 – 초일류 통일 선진강국 G3로 일어서기 위해 통합된 국민 의지로 역동성을 발휘해야 한다. 범국가적인 운동으로 혁신, 혁명적인 해법을 강구하지 않을 경우 사실상 실천이 어려운 대 과제이므로 국민 의지와 결집력이 발휘되어야 국가가 발전할 수 있다. 1940년 전시 내각 총리가 된 처칠은 '피와 땀과 눈물'을 국민에게 요구했고, 히틀러의 미수에서 영국의 승리를 이끌었다.

대한민국도 초일류 강국화 혁명 실천 모형을 구현하기 위해서는 백척간두

진일보百尺竿頭進一步의 절박하고 간절한 나라사랑 리더십이 필요하다. 처칠의 통치 리더십이 세계에 큰 울림을 주었듯이 우리에게도 국가의 운명을 개척하는 리더가 필요하다.

우리의 지도자들은 애민·위민 리더십을 발휘하여 국민이 리더들을 존경하는 나라를 만들어야 한다. 모든 국민과 지도층이 대승적으로 화합·통합되어 우리나라는 제2 한강의 신화, 대한민국의 기적을 낳아야 한다.

한반도를 둘러싼 동북아 정세의 불안정, 북한의 핵미사일 위협, 경제불안 및 양극화 등 위기 현상이 중첩해서 나타나고 있지만, 위기의 본질은 우리 사회 내부에서 찾아야 한다. 이념 갈등, 계층·지역 갈등, 세대·남녀 갈등에 이어 정치권의 진영 갈등에 이르기까지 분열·갈등·대립이 극단으로 치닫는 현상이 우리 사회의 자화상이다. 지금까지 피와 땀과 눈물로 이룩한 경제적 풍요와 국력 신장의 금자탑이 일순간에 무너질 수 있다.

국민이 절박한 위기의식을 공유해야 해법을 찾을 수 있다. 우리 국민은 국가 위기 또는 국난이 도래했을 때, 목숨을 걸고 조국을 수호할 애국심이 있는지를 자문자답해야 할 때이다. 안보의식이 약화되는 현상을 방치하거나 "설마, 전쟁이 나겠어?"라고 방심하면 대재앙을 낳는 전쟁의 소용돌이에 휘말리게 된다. 따라서 국가지도자들은 물론, 모든 국민이 하나가 되어 투철한 안보의식을 견지하고 적극적으로 대비해야 한다.

국가안보란 현실을 직시할 뿐 아니라 최악의 상황을 대비하는 유비무환의 자세가 절실하다. 군인들만의 사명이 아니라 모든 국민이 안보 대열에 동참하고 군을 성원해야 한다. 국방 안보를 경시하면 비참한 역사는 반복될 것이다.

대한민국의 미래를 G3 코리아의 위상으로 격상시키기 위한 패러다임 대전환은 국가발전 비전과 추진전략으로 기조가 형성되고 세부 실천 과제를 통해 구체화 된다.

3. 튼튼한 안보와 삼위일체
– 정신·교육·경제혁명

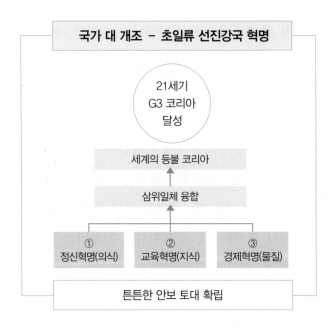

국가 대 개조 – 초일류 선진강국 혁명

21세기
G3 코리아
달성

세계의 등불 코리아

삼위일체 융합

① 정신혁명(의식)　② 교육혁명(지식)　③ 경제혁명(물질)

튼튼한 안보 토대 확립

　21세기를 이끌어 갈 시대정신은 해묵은 이념 갈등과 극단주의가 아닌 한국인의 인간 존중의 사상과 창의성(똑똑함)이 반영된 정신혁명·교육혁명·경제혁명과 안보가 융합된 선진강국다운 면모를 균형되게 갖추는 것이다. 다른 나라를 제압하는 패권이나 물질(돈)을 추구하는 세속적 기회주의가 아니다. 현대사에서 대한민국의 제1 혁명은 땀의 산업화 혁명이었고, 제2 혁명은 피의 민주화 혁명이었다.

　이제 제3 혁명은 인류 행복의 G3 혁명이다. 정신·교육·경제·안보 분야에 대한 국가 대 개조를 통해 지식과 지성의 나라, 정신 문화 대국을 건설하여 국민 대화합·통합을 이룬 세계의 등불 G3 초일류 선진국이 되도록 해야 할 것이다.

'국가 대개조 – 초일류 선진화 혁명'의 목적은 21세기 대한민국이 G3 코리아를 달성하여 후손에게 물려주고 인류문명 발전과 자유 평화에 기여하는 나라를 건설하는 데 있다.

이제 우리 대한민국은 20세기 아시아의 네 마리 용에서 21세기 세계의 등불로 도약하여 세계인이 존중하는 G3 코리아가 되어야 한다. 21세기 세계인이 존중하는 국격을 갖춘 세계의 등불 코리아의 길을 가기 위한 추진전략은 ① 정신혁명 ② 교육혁명 ③ 경제혁명을 튼튼한 안보 토대 위에 등 삼위일체로 융합하여 시너지 효과는 물론 균형된 발전을 이루도록 한다.

튼튼한 안보가 중요한 이유는 국가 차원에서 최악의 미래는 전쟁 억제에 실패하여 전쟁의 소용돌이에 휘말리지 않도록 예측 예방하는 것이다.

필자가 이 책의 핵심 메시지로 설정한 'G3 코리아' 달성의 비전은 한반도에서 전쟁이 발생하지 않는 것을 대전제로 하고 있다. 세계 역사 리더십 차원의 냉엄한 교훈은 '전쟁은 인류가 등장한 이후 끊임없이(70%가 전쟁과 분쟁의 역사) 이어져 왔다.'라는 것이다.

오늘의 대한민국이 있기까지 우리 민족은 전란(외침 932회, 내전 3천여 회)이 잦아 전쟁 속에서 삶을 이어왔다. 삼국시대의 전쟁 횟수는 460회에 이르는데 그중 내전을 275회(60%) 겪는 시대였다.

6·25전쟁 발생 이후에도 지난 70년간 북한의 대남 도발이 끊이지 않아 (3,094회, 국방백서) 군사적 긴장은 여전히 현재 진행형이다. 정전협정에 따라 '동족상잔의 비극'을 낳은 남북한 전면전은 포성이 멈췄지만, 무장공비 침투와 포격, 핵실험, 미사일 발사 등 도발이 끊이지 않았고 도발 양상도 진화하고 있다. 외침과 내전이 끊이지 않았던 과거사를 돌아볼 때 우리 선조들이 반만

년 역사를 보존한 것 자체가 경이롭다. 우리 민족의 국난극복 역사의 각론은 힘들었지만, 총론은 위대하다고 볼 수 있다. 고난과 역경의 역사 속에서 꿋꿋이 살아남은 선조들의 자취가 쌓여 한민족 특유의 기질을 형성하고 위기를 돌파하는 저력이 뛰어나다고 할 수 있다.

미국의 문명사학자인 듀런트 부부에 따르면 인류 문명사에서 전쟁을 치르지 않은 기간은 불과 268년이라고 한다. 전쟁이 없는 시기가 극히 단기라는 점에서 '인류는 전쟁과 함께 생존해 왔다'라고 할 수 있다. 전쟁이 일상이고, 평화가 예외라는 것이다. 전쟁의 원인이야 여러 가지가 있겠지만 대체로 인종, 종교, 경제, 이데올로기 등 4가지 요소가 단일 또는 복합 요인으로 작용해 일어난다고 한다.

독일의 유대인 학살과 발칸전쟁 등이 인종을 둘러싼 것이다. 흑인 히스패닉 유대인을 죽여 백인 세상에 평화를 가져온다는 '인종청소'라는 인터넷 게임까지 있다. 종교전쟁으로는 십자군 전쟁과 수니파와 시아파의 갈등 등이 있고, 한국전쟁과 베트남전쟁 등은 자유주의와 공산주의라는 이데올로기의 대결이다.

2022년 초 러시아의 우크라이나 침공으로 발생한 러시아-우크라이나 전쟁이 계속되고 있는 가운데 이스라엘-하마스 전쟁이 발발하면서 세계의 화약고들이 연속적으로 터지는 악재의 연속이다. 더욱 끔찍한 반인류적 문제는 전쟁의 피해자들이 그들이 당하던 학살 방식을 그대로 반복한다는 데 있다.

하마스가 이스라엘에 대한 보복을 내세우며 기습공격을 하고, 유대인 시민을 학살하고 인질로 잡는다. 이어서 네타냐후가 가공할 공격을 통해 어린아이를 포함한 팔레스타인 시민을 사살한다. 보복의 악순환이다. 탄압받을 때의 가해자가 하는 악행은 보복하는 자에게는 선행이 된다. 악행과 선행의 구분이 없어지고, 반복되며 강화될 뿐이다. '눈에는 눈, 이에는 이'라는 함무라비 법전의 '탈리오 법칙'을 적용하는 수준이 아니다. 이스라엘-팔레스타인 전쟁에서 드러나는 바와 같이 천 배·만 배 복수로까지 확장한다. 복수의 순환고리에 걸리게 되면 눈이 빠지고 이빨이 없어지고, 그래서 죽을 때까지 싸워야 한다. 일부 이스라엘 극우 의원들이 주장하는 핵탄두를 탑재할 수 있는 탄도미사일을 사용해 '야만의 땅 가자지구를 완전하게 파괴하겠다'라는 것이 그것이다. 하마스와 헤즈볼라 일원이 자행하는 자살폭탄도 마찬가지다. 세계정세의 궤도가 불행히도 나쁜 쪽으로 흘러간다는 불길한 전망이 득세하고 있다.

러시아의 우크라이나 침략 당시 막연했던 불안감이 이스라엘과 팔레스타인의 종교·영토 전쟁이 재연되면서 전쟁이 드물지 않은 시대가 다시 도래했음을 직감하게 된다. 세계역사를 성찰해 보면 끊이지 않은 전쟁 사이에 찾아온 잠시의 평화가 영구적일 것이라는 미몽에서 깨어나는 시기다.

이 잔인한 전쟁과 파괴의 바람이 한반도 주변으로 넘어와 대전쟁의 시대로 가는 최악의 문이 열리는 것이 최악의 시나리오다. 평화로운 음악제 중에 하마스의 무차별 살육에 희생된 청년들, 이스라엘의 소개령에도 국경이 막혀 오도 가도 못하는 가자지구 피난민의 절규는 70년을 위태롭게 이어온 살얼음 같은 한반도 평화라도 얼마나 소중한지 대한민국 국민에게 절규하는 듯하다.

두 전쟁이 일어난 과정을 보면 내부의 문제, 특히 신뢰를 상실한 정치의 타락이 도화선 역할을 했다. 우크라이나는 1991년 독립 이후 지속된 친서방과 친러시아 세력 간의 끝없는 분열이 러시아의 오판을 자극한 측면이 있다. 이스라엘을 상대로 팔레스타인 무장정파 하마스가 승산 없는 싸움을 건 배경에도 네타냐후 이스라엘 총리의 전횡이라는 내부 요인이 있었다. 자신의 '사법 리스크' 해소를 위해 초강경 극우 정당과 손을 잡고, 반이슬람 과격 행동을 일삼는 인물을 안보장관에 임명하는 무리수를 뒀다. 그 장관이 예루살렘 내 이슬람 성지인 알아크사를 무턱대고 방문해 이슬람을 도발했고, 하마스는 지난 7일 공습 작전명을 '알아크사 홍수'로 지어 이번 공격이 그 사건과 직결돼 있음을 분명히 했다.

물론 전쟁의 원인은 보다 다층적이다. 외교 전문가들은 이라크전 이후 미국의 대외 영향력 감소로 인한 힘의 공백이라는 더 깊은 배경을 지적한다. 그러나 오스트리아 황태자 피격이라는 우연한 사건이 1차 대전을 촉발했듯, 유증기가 가득한 갈등의 화약고에서 신뢰 잃은 리더십은 폭발의 불씨로 작용하기에 충분했다.

기존 세계질서를 유지하려는 미국, 그리고 이에 도전하는 신흥 세력이 뒤엉키다 보면 거대한 체스판인 유라시아 대륙에서 다양한 전쟁 위기가 연쇄적으로 나타날 수 있다.

유럽에서 러시아-우크라이나 전쟁이 치러지고 있고, 중동에서 이스라엘-하마스 전쟁이 발발한 것을 그 전조라고 볼 수 있다. 향후 아시아에서는 대만해협 위기가 재발할 수도 있다. 한반도 역시 위험 신호를 보내고 있다. 그동안 고조되어 온 북핵 위기가 이제는 '한-미-일 대 북-중-러'라는 선명한 대립 구도를 만들고 있는 형국이다.

어느 나라도 원치 않겠지만, 연쇄적인 전쟁의 도미노 현상은 섬뜩한 최악의 미래다. 이를 예측하고 예방하는 지혜는 한미동맹의 안보전략적 가치를 재발견하고 이를 더욱 공고화하는 조치부터 강화해야 한다. 경제 위기론이 자주 등장하지만 경제 상황은 주식시장의 그래프처럼 상승과 하락의 사이클에 적응할 수 있다.

하지만 한반도에서의 전쟁 재발은 최악의 미래다. 제2의 6·25 수준이 아니라 핵미사일로 난장판이 되는 한민족 공멸의 위기로 치달을 수 있다. "설마! 주한미군이 있는데…"라며 심리적 위안을 삼으려는 국민도 많지만, 안보위기가 전쟁의 소용돌이로 연결되는 것은 거대한 체스판처럼 큰 틀의 국제안보 역학관계와 연관되어 있다.

한국 정치가 글로벌 안보정세의 체스판을 읽지 못하고 절체절명의 안보 위기 앞에서 편 가르기와 총선 전략에 매몰되는 현상이 국민을 낙담하게 만든다. 최악의 미래 위기가 도래하지 않을 것이라는 오판이 위기를 재촉한다는 것은 역사의 준엄한 교훈이다.

필자는 국내외적인 대위기·복합위기를 대 기회로 대전환하는 범국가적 비상대책 마련을 절규하는 심경으로 국민을 향해 외친다. 나라의 운명을 결정할 중차대한 시기임을 망각하면 역사는 준엄한 철퇴를 가한다. 절실함을 갖고 확, 바뀌지 않으면 위기를 자초한다! 따라서, 정신혁명, 교육혁명, 경제혁명이 융복합으로 시너지 효과를 극대화하는 것만이 G3 코리아 초일류 통일 선진강국으로 가는 길이다.

1) 정신혁명

높은 정신문화는 국가의 근본

한민족의 전통적 정신문화는 현대의 문명 세계에 자랑스럽게 내놓을 수 있는 동방예의지국의 표상이다. 21세기에 향후 우리 국민이 대한민국 5천 년 문화를 토대로 더욱 예의의 나라로 발전할 때, 한민족의 자부심과 정신문화의 가치가 더욱 고양되어 선순환적 발전을 이룬다.

대한민국의 아름다운 일류 선진국 건설은 정신문화의 바탕 위에서만 실현이 가능하다. 정신문화 대국으로 다시 돌아가야 하는 것이 역사적·시대적 명제는 물론, 대한국인大韓國人의 책무이다.

우리나라는 인성, 도덕성, 역사의식, 리더십 실종 등 정신문화 퇴행으로 국가 위기를 맞이하고 있다. 정신문화는 선진국가 건설의 필수요인으로, 정신강국 없는 경제건설은 사실상 불가하고 설령 선진국 진입에 일시 성공했더라도 사상누각이 되어버린다. 정신문화를 토대로 지식, 지성 문화가 조성되어야 선진국 건설이 가능하며 그 기반은 인문학이다.

우리가 내우외환의 대위기를 극복하기 위해서는 위기를 기회로 만들 수 있는 대전략과 정책으로 국가를 개조해야 한다. 이를 위해서는 먼저 정신혁명을 토대로 정신 문화강국을 만들어야 한다. 개인뿐만 아니라 국가적·사회적으로도 정신문화가 교육문화, 물질 문화를 좌우하기 때문에, 국가의 운명은 정신문화에 달려있다고 해도 과언이 아니다.

인도의 마하트마 간디는 망국의 요인을 "원칙 없는 정치, 도덕성 없는 상업, 노력 없는 부, 인격 없는 지식, 인간성 없는 과학, 양심 없는 쾌락, 희생 없는 신앙"의 7가지를 꼽았다.[2]

즉, 도덕, 철학, 노동, 인간성, 윤리, 헌신 등이 없는 정신문화는 사회악 요인으로 나라가 망하는 길이라고 갈파한 것이다. 하나하나 음미하면 작금의 한국 문제를 그대로 꼬집는 것 같다.

정신문화는 인간을 진정 인간답게 만드는 것으로, 어떻게 인간이 인간다워질 수 있는가에 대한 끊임없는 성찰과 정진을 통해 인간다운 삶을 탐구하고 실천해야 한다. 인성, 도덕성, 역사의식 등 한민족 전통 정신문화는 동방예의지국의 상징으로 현대 문명 세계에 자랑스럽게 내놓을 수 있다.

안타깝게도 경제적 압축성장을 성취하는 지난 70여 년 동안 인성, 도덕성, 역사의식, 리더십의 실종 등 정신문화가 퇴행하여 국가위기를 맞이하고 있다. 정신문화는 초일류 강국으로 나아가는 여정에 중추적 역할을 한다.

국민 인성 바로 세우기 운동 – 동방예의지국으로 회귀

우리는 인성실종의 국가 위기가 전화위복이 되어 '지식국가 → 지성국가 → 인성국가 → 인성문화대국 → 동방예의지국 → 세계의 모범적인 인성문

---

2. 마하트마 간디 지음, 박홍규 역, 『간디 자서전』 (문예출판사, 2007) p.154

화대국'으로 발전할 수 있도록 단기·중기·장기 계획을 치밀하게 수립하고 범국가적·범국민적으로 적극 추진해야 한다.

인성이 바닥을 드러내면서 2014년 인성교육진흥법까지 만들었지만 시행은 부진하여 안타깝다. 인성교육을 범국가적으로 실시하여 독서문화 → 지식문화 → 지성문화 → 인성대국으로 국가를 개조, 세계를 선도하는 모범국가건설을 추진해야 한다. 더 이상 인성회복을 지연시킨다면 인성대국의 시대, 국민 행복시대, 그리고 초일류 통일선진강국의 시대로 가는 인성회복의 골든타임을 놓칠 수 있다는 것을 알아야 한다.

인성진흥법 입법하의 취지대로 '국가인성 바로세우기, 정신문화 바로세우기'를 통해 동방예의지국으로 다시 돌아가지 않으면 우리나라는 국가 위기를 치유할 수 없을 뿐만 아니라 미래희망이 없다는 여론이다.

《인성교육 진흥법》

입법 목적	건전하고 올바른 인성을 갖춘 시민 육성
인성교육의 정의	내면을 바르고 건전하게 가꾸며, 타인·공동체·자연과 더불어 사는 데 필요한 인간다운 성품과 역량을 기르는 교육
인성의 핵심가치	예, 효, 정직, 책임, 존중, 배려, 소통, 협동 등 8대 가치
인성교육 종합계획	교육부장관, 5년마다 수립, 시·도 교육감, 연도별 시행계획 수립·시행
국가인성교육진흥위	교육부·문화체육관광부·보건복지부·여성가족부 차관 및 민간 전문가 등 20명 이내 구성(신설)
유치원·초·중·고	학교장은 매년 인성교육과정 편성·운영
가정인성교육 인증제	부모는 학교 등에 인성교육 건의 가능 학교 밖 인성교육을 위한 프로그램·교육과정 인증제 실시
교원연수 강화	일정 시간 이상 교원들의 인성교육 연수 의무화, 사범대·교대 예비교사의 인성교육 역량 위한 과목(신설)

전통을 지키고 가꾸자는 것은 과거 역사와 옛것만을 고집하자는 것이 아니고, 역사정신과 온고이지신溫故而知新으로 지혜와 창조의 밑거름을 복원하자는 것이다. 모름지기 새로움(지신)이란 옛것을 바탕(온고)으로 이루어져야 한다. 즉 옛것의 바탕 없이 새로운 것이 있을 수 없다는 것이 역사의 가르침이다. 옛것은 낡고 역사는 고루한 것이 아니라, 현재의 원형이고 바탕으로 혁신과 창조를 불러온다. 그러므로 우리는 동방예의지국의 인성문화대국을 회복해서 반드시 대한민국 르네상스 시대를 열어야 한다.

우리는 항상 자각과 성찰로 마음을 가다듬고 세상의 이치와 순리에 따라 인간다운 인간으로서 삶을 가꾸고 완성해 가는 과정에 충실해야 한다. 개인의 인성을 회복하는 것은 개인·가정 행복은 물론 국민 행복의 근본이 되는 예의의 나라, 동방예의지국으로 다시 돌아가는 것이다. 근간 인성 실종으로 사회가 절망하고 무기력해지는 분위기에서 동 법이 제정되었다. 국민들은 뒤늦게나마 법이 만들어졌다는 것을 다행스럽게 생각하며 범국민적·범국가적으로 적극 추진해서 동방예의지국의 인성이 회복하기를 간절히 바라고 있으나, 용두사미격이 되고 있어 입법 취지를 살리도록 분발이 요구된다.

인성을 법으로 회복하고 제도화하기에는 사실상 문제가 있다고 볼 수 있다. 그러나 동방예의지국의 인성이 무너지는 현실에서 법이라도 만들어 인성이 무너지는 것을 막고, 회복해야 한다는 절박감은 우리 국민 모두 공감할 것이다.

그러므로 인성을 회복하는 데 인성교육진흥법뿐만 아니라 도덕·윤리와 같은 '법을 넘는 법'의 가치문화가 반드시 함께 작용해야 한다. 따라서 인성교육진흥법 추진은 인성교육 강화를 통해 예禮를 비롯한 8대 핵심 가치(예, 효, 정직, 책임, 존중, 배려, 소통, 협동)의 문화가 꽃피워 인성 회복을 주도하도록 해야 할 것이다.

우리나라 국민 대부분은 물론, 정부에서도 인성교육의 필요성에 대해는 공감대가 형성돼 있었지만, 입시 위주의 학교 풍토에서는 그 실효성을 갖지 못하고 있다. 이제는 인성교육진흥법을 토대로 인성교육 및 인성 회복 운동에 적극 나서야 한다.

도덕성 회복 운동

도덕성은 행동의 준칙으로 인간이 사회생활을 해나가는 데 공동체의 질서를 유지하고 개인과 조직은 물론 국가의 흥망성쇠를 좌우하는 중요한 요소이다. 더욱이 공직자 등 사회지도층의 도덕성은 사회의 기반이 되는 최고의 덕목이라고 할 수 있다.

'도덕'이라는 용어는 항상 많이 사용되고 있지만, 진정한 도덕성이 무엇인가에 대하여 명확하게 말하기보다는 단지 추상적으로 도덕성을 강조하는 경향이 많다. 도덕적인 사람은 스스로 도덕적 원칙을 지키며 살아가고 다른 사람들로부터 도덕적이라는 평을 듣는 사람이다. 반면에 도덕주의적인 사람은 자신은 도덕적 원칙을 소홀히 하고 남에게 도덕을 강요하는 사람이다. 미국 독립에 기여한 공로를 인정받아 "미국 건국의 아버지"로 불리는 벤자민 프랭클린(미국 독립선언서 공동 작성)은 자신의 성공 비결로 가치관 정립을 통한 '도덕성의 완성'을 꼽았다.

도道는 우리가 가야 할 옳은 길이요 덕德은 우리가 지켜야 할 올바른행동원리로서, 도덕은 인생의 근본이요 사회를 이루는 근간이며 역사의 원동력이다. 튼튼한 도덕이 바탕이 되어야 경제력과 국방력도 따라올 것이다.

믿음과 예의와 본분으로 통하는 길이 상식의 원천이며 도덕의 시발점인 것이다. 세상에는 운이 트여 탄탄대로를 걷는 행운도 있지만 가던 길을 잃고 미로를 걷는 불운도 많다. 잘나가던 길도 도리에 어긋나면 운명이 바뀐다. 도덕을 잃어버리면 '부도덕'이 되고 염치가 없으면 '몰염치'다. 인간사의 마지막 보루가 도덕이다.

《한국 전통윤리와 서구 합리주의의 조화를 통한 도덕성 실천》

전통윤리(한국) 홍익인간 선비정신 두레정신	도덕성의 실천	합리주의(서구) 준법정신 정직성 책임의식 공정성

병든 사회는 '도덕 불감증'에 시달리며 불신의 고통을 겪는다. 고금을 통해 도道가 무너진 국가치고 온전한 나라가 없었다. 도道가 떨어지면 멸망이 찾아온다. 가야 할 길이 막히면 방황과 탄식의 수렁에 빠진다. 도의가 통하지 않고 도덕이 실종된 풍토는 희망이 없다. 스승이 안 보이고 어른도 없다.

인간은 공동체의 존립 근거가 되는 윤리를 지킴으로써 도덕성 회복과 함께 그에 대한 실천을 이룰 수 있다. 우리는 한국, 동양의 전통 윤리와 더불어 서구의 합리주의를 조화롭게 실천하여 진정한 도덕성을 발현해야 하겠다.

노자의 『도덕경』 10계경十戒經 제18장 「아몰장我沒章」에 "대도폐유大道廢有"라는 말이 있다. 이는 크게 득도하게 되면, 이 세상에 있었던 모든 사악한 생각과 물질은 물론 번뇌와 고통마저도 모두 크게 폐하고 떨어져 나감을 의미한다.

도덕성이란 단순히 지켜야 할 규범 정도로 그치는 것이 아니라 옳고 잘못된 것에 대한 개인의 인간적 믿음 체계를 말한다. 한 사람의 가치체계와 사상을 완전히 뒤바꿀 수 있는 것이 되어야 한다. 단순히 '착하게 사는 것'의 도덕적인 삶보다는, 도덕적 가치관이 사고체계 속에 뿌리 깊게 박혀 있어야만 그 사람의 진정한 삶이 드러날 수 있는 것이다. 지금 우리가 살아가고 있는 삶의 터전이 몹시 불안정하다고 느끼는 것은 우리 스스로 도덕적으로 타락했기 때문이다.

인간이란 자신은 현명하기 때문에 올바른 길을 가고 있다고 생각하기 마련이다. 하지만 반성과 성찰을 통해 보면 평가는 다를 수 있다. 우리는 자신을 겸허히 받아들이고 일일삼성一日三省하는 자세를 생활화하여 도덕적 리더십을 발휘할 수 있도록 수신해야 한다. 도덕적으로 완전한 인격을 갖추기 위해 매일매일 수신과 성찰의 생활을 위해 최선을 다해야 한다. 도덕성은 단기간에 생기는 것이 아니므로 체계적인 교육을 통해 지속적으로 함양해나가야 한다.

역사에서 배우는 혜안의 해법

역사는 과거의 발자취이며, 현재와 미래의 거울이다. 따라서 역사의 특징과 교훈은 현재 우리가 직면한 여러 문제를 해결할 해답의 실마리를 제공한다. 어둡고 혼란할 때는 역사책을 읽어서 그 속에서 지혜를 찾아보라는 의미의 혼일독사昏日讀史라는 말이 있다. 역사는 문제해결에 길잡이가 되는 판례집으로서 현재 우리나라가 겪고 있는 위기의 상황에 지혜와 교훈을 줄 수 있다.

주지하다시피, 인류의 삶은 당대를 풍미한 리더들의 역사다. 그들의 이합집산과 리더십 행태에 따라 국가의 운명이 결정된다. 역사적인 교훈을 살펴보면, 대부분의 갈등과 혼란, 위기의 문제는 리더들의 자격 결여에서 야기되었다. 한국 사회 전반에 산적한 문제들을 해결하려면 무엇보다도 먼저 지도자들의 인성, 도덕성 등 정신문화 세우기가 선행되어야 한다.

역사는 과거의 실수를 반복하지 않기 위한 지식과 지혜의 보고 역할을 한다. 역사의 흐름에 뒤처지는 국가와 민족은 번영하지 못하고 지리멸렬하거나 망한다는 사실이다. 역사의 교훈이 중요한 이유가 여기에 있다 할 것이다.

역사의 어느 시대이거나 사회 내 갈등, 해결하기 어려운 과제들은 존재해왔다. 때로는 이익을 두고 때로는 미래로 나아갈 방향에 대한 의견 차이와 다툼이 있었다. 그러나 그 갈등을 풀어내고, 바람직한 해결을 하고자 했던 노력이 역사가 주는 귀중한 교훈이다.

우리의 주변국들이 역사 왜곡을 통해 역사침탈을 하고 있는데도 우리는 이슈가 될 때만 여론이 들끓고, 금세 언제 그랬냐는 듯 식어버리는 망각증후군을 앓고 있다. 역사의 교훈을 쉽게 망각하면 역사의식과 역사에 대한 주체의식도 쉽게 실종된다. 국가정체성이 확립된 국민이라면 올바른 역사의식을 가져야 한다. 국민의 힘과 긍지의 뿌리는 역사의식에서 나온다. 특히 국가의 리더가 주체적인 역사의식이 없으면 국민들로 하여금 힘과 긍지를 갖게 할 수 없다.

우리는 어리석게도 중요한 역사의 교훈을 너무 쉽게 망각하고 역사의 불행을 재현하고 있다. 너무나 뻔한 역사적 흐름에 우리 대한민국만 적응하지 못하고 있어 안타깝다. 예컨대 약육강식의 국제정세가 최근 더 강화되어 국익에 따라 먹고 먹히는 '헬지구'가 되어가는 현실에서 우리는 내우외환의 위기를 자초하고 있는 지도자들의 행태를 볼 때 역사의 교훈에서 우리가 나아가야 할 길을 찾고, 지혜로운 해법을 강구해야 할 것이다.

2) 교육혁명

우리의 교육법 제1조와 더불어 교육기본법 제2조는 홍익인간 이념 아래 전인교육을 목표로 한다. 지금 세계는 극단적 양극화로 인류 문명사에서 큰 전환점에 직면했으나, 서구식 합리주의 논리로는 그 답을 찾지 못하고 있다.

하지만 정작 우리는 우리의 것을 외면하는 사이, 세계철학자들은 우리 고유의 사상과 생활문화에서 그 답을 찾고 있었다. 교육혁명을 통해 민주주의적 가치와 창의성을 증진하며, 국민이 문제를 분석하고 비판적 사고를 통해 해결책을 강구하는 역량을 키워 나가야 한다.

4차산업혁명 본격화로 인해 교육의 지각변동이 일어나고 있는 시점이다. 전 세계적으로 교육의 패러다임이 바뀌는 쓰나미가 몰려오는데 대한민국의 교육체계는 그 흐름과 동떨어진 기존의 틀에서 벗어나지 못하고 있다. 우리나라는 입시제도만 바뀌었지 100여 년 동안 교육제도의 기본적인 틀이 바뀌지 않고 사교육 시장만 비정상적으로 창궐하고 있다. 교육 개혁은 시대 변화를 정확하게 읽고 추진해야 하고, 무엇보다 국민의 폭넓은 공감을 얻어야 한다. 미래를 내다보고 교육의 백년대계를 구상하고 여론을 모으고 새로운 시도를 해야 한다. 우리나라는 입시 위주 교육, 사교육, 교육 격차 등의 교육 난제를 안고 있다.

AI 교육혁명이 성공하면 이런 교육 난제를 해결할 수 있는 실마리를 찾을 수 있다. AI 교육혁명에 실패하거나 뒤처지면 우리의 미래는 어두울 것이다.

하버드대 출판부에서 출판된 『전에는 이렇게 생각했는데… 지금은 이렇게 생각한다I used to think... And now I think』라는 책이 있다. 교육개혁을 연구하는 명망 있는 20명의 학자가 과거에 가졌던 자신의 생각이 시간이 지남에 따라 현재는 어떻게 변했는지를 담았다. 그중 가장 인상적인 한 줄은 하버드대의 리처드 엘모어 교수의 고백이다. 과거에는 정책이 해결책인 줄 알았는데 지금은 오히려 문제라고 생각한다고 했다.

교육 개혁은 그만큼 어렵다. 그러나 지금 개혁하지 않으면 심각한 위기가 올 수 있다. 교육 개혁 차원에 머무르지 않고 혁명적으로 바뀌어야 우리 사회의 난제를 해결하고 G3 코리아 달성을 향해 나갈 수 있다.

교육현장의 문제점과 개선대책은 제23장에서 한국의 교육혁명 "확, 달라져야!" 제목으로 상세하게 제시한다.

3) 경제혁명

일제강점기 35년과 6·25한국전쟁의 폐허 속에서 한강의 기적을 이룬 경제분야의 성공신화를 시대정신과 정신문화 분야로 확산시키자는 것이다. 산업화, 민주화에 성공한 신화를 시대정신과 정신문화를 꽃피우는 방향으로 연계시키는 것이다. 국민 분열과 표퓰리즘을 조장하여 이득을 취하려는 일부의 속물근성에 넘어가지 않도록 성숙한 정치의식도 발휘해야 한다.

국민이 하나가 되어 "잘살아 보세!"를 외치며 보릿고개를 넘어 경제적으로 풍족하게 성장한 저력은 '방관자가 아니라 주역'으로 앞장서는 국민 리더십 문화와 연계된다. "쌀독에서 인심 난다."라는 우리 속담도 경제혁명의 중요성을 강조한 말이다. 더욱이 동서고금으로 국제사회는 약육강식의 경쟁 논리가 적용되어 부국강병 건설 없이 국가 보존은 물론 행복 국가 건설이 불가하다. 물질 문화 융성(경제혁명)을 위해 세계경제사에서 주요 이론과 교훈을 찾아 타산지석으로 삼아야 할 것이다.

우리나라는 시장경제주의와 자유민주주의 체제를 더욱 발전시켜 선진국으로 도약하고 더 나아가서는 초일류 통일선진강국을 건설하여 인류평화와 번영에 기여토록 해야겠다. 흔히들 경제학자는 '돈', 철학자는 '돈에 관하여' 사색한다. 하지만 경제학자가 '돈' 더 잘 아는 것은 시장의 상인이라고 할 수 있다.

세종대왕은 일찍이 '백성은 밥食이 하늘天이다'고 말했다. 경제가 무너지면 그 결과가 비참하다는 것은 너무나 자명하다. 지도자들은 세상을 잘 다스리고 민생이 편안한 국태민안의 시대를 만들어 백성을 구한다는 경세제민經世濟民(경제의 어원)의 리더십을 구현해야 안보가 튼튼해지는 것이다. 선진국 도약을 위해 국익 우선주의의 행위도 서슴지 않고 오직 국가발전과 부국강병을 위해 혼신을 쏟아 넣은 역사를 볼 수 있다.

최근에도 미·중 패권 경쟁이 국익 우선의 보호무역 전쟁으로 비화되고 있다. 과거 로마는 물론, 미국 (뉴프론티어), 영국(산업혁명), 스페인(아메리카 대륙 발견), 일본(메이지 유신) 등 나라마다 혁명의 과정을 거쳐 튼튼한 선진 국가의 기반을 구축하였고 민족 자본(국가자본)을 형성하였다.

그러나 대한민국은 역사상 한 번도 선진국 같은 혁명의 과정을 제대로 겪어보지 못하고 외침과 내전, 내란 등 나라 안 싸움(성안의 싸움, 가족 싸움)에 대부분의 국력을 소모하여 고난의 역사를 이어왔다. 우리가 가진 것은 인적 자원밖에 없다. 다행히도 한민족의 혼과 절대정신은 물론 세계 제일의 IQ와 역동성을 가지고 있어 전 국민이 뭉치면 무엇이든지 할 수 있는 저력과 능력을 갖추고 있다.

우리 경제는 지금 경쟁력 강화를 위한 경제혁명을 강력하게 이끌어 나가야 한다. 현대는 경제가 안보安保이고 경제가 민생이므로 경제 문제는 국가적 사활의 문제라는 것을 명심하고 부국강병의 나라가 되어야 한다. 따라서 최근의 경제 위기가 반드시 기회가 되도록 해야 한다.

우리나라 5천 년 역사 이래 경제와 안보는 위기가 아닌 적이 거의 없었다. 그러나 광개토태왕, 문무대왕, 세종대왕, 정조 등 위대한 리더들은 역사적 위기에서도 르네상스 시대를 열었다.

후손들에게 우리는 부끄러운 가난한 나라를 남긴 조상으로 기억될 것인가? 아니면 초일류 통일 선진강국으로 도약을 이끈 자랑스러운 조상으로 기억될 것인가?

위대한 대한민국의 자랑스러운 조상이 되려면 경제사의 교훈을 통해 강점은 살리고 약점은 사전 보완하면서 끊임없이 혁신, 개혁하는 등 지속적으로 경제혁명을 추진해야 한다.

대한민국 미래 비전의 경제혁명 세부 내용은 6부 대한민국 미래(시리즈 II)의 제24장 경제혁명으로 골고루 잘사는 행복한 나라, 7부 대한민국 미래(시리즈 III) 제2 한강의 기적(신화) 창조 전략 구도에서 상세하게 제시한다.

제21장

대한민국 대개조 혁명 목표와 전략

1. 왜, 혁명인가?

"대한민국을 변화·발전시킨다."라는 유화적 표현을 사용하지 않고 '혁명'이라는 단호하고 강경한 용어를 동원하는가에 대한 배경 설명이 필요하다고 본다. 우선, '혁신, 개혁, 혁명'이 함축한 의미를 살펴보자.

첫째, 혁신Innovation은 질의 변화를 뜻하는 것으로서 정신, 문화 등을 완전히 바꿔서 새롭게 한다는 의미이다.

둘째, 개혁Reform은 제도나 시스템 등을 새롭게 개선하는 것을 의미하는 것으로서 개혁은 구조의 패러다임을 전환시키는 것이다.

셋째, 혁명Revolution은 헌법의 범위를 벗어나 국가 기초, 사회 제도, 경제 제도, 조직 따위를 근본적으로 고치는 일이다.

필자가 지향하는 국가 대 개조-선진화 강국 혁명은 이제까지의 사회체제를 획기적으로 발전시켜 21세기 첨단 미래사회에 맞게 새로운, 한층 고도의 사회체제를 세움으로써 사회생활에 근본적인 전환을 가져오는 것을 의미한다. 헌법이 보장하고 국민이 공감하여 전폭적으로 지원하여 법적으로 보장되는 제도로 대전환하는 차원이다.

따라서 혁신, 개혁과 더불어 국가발전을 위한 광범위한 의미를 내포하고 있다. 초일류 선진화 혁명은 미래 비전을 위해 현재의 문제를 과감하게 혁신, 개혁하는 조치와 일맥상통한다.

일각에서는 '혁명'이란 단어 자체가 풍기는 비합법성을 고려하여 혁신革新,

쇄신刷新, 갱신更新, 창신創新 등과 혼용하기도 한다. 기본적으로 필자가 주장하는 혁명은 사회 속에서 새로운 사회체제의 요소, 전제조건이 점차로 성숙하여, 즉 진화 과정의 결과, 질적으로 새로운 것을 산출하는 시기에 도달함으로써 일류 선진강국을 이루는 과정의 산물이지, 갑작스럽게 출현하는 신기루는 아니다. 혁신과 개혁은 구체적으로 잘못된 것들을 고쳐나가는 일이기 때문에 혁신, 개혁의 과정에서는 주체 역시 혁신, 개혁의 대상이 된다. 2021년에 국민의 지탄을 받았던 LH사태 등에서 나타난 고질적 병폐를 없애기 위하여 혁신, 개혁하려면 정상적인 부동산 거래에까지 영향을 미치기 때문에 시간이 소요되고 어려운 일이 많아진다.

특히 혁신은 오늘날 변화를 관리하는 일도 마찬가지이다. 방향을 잡으려면 기술과 세계화, 환경 변화만큼 빠르거나 그보다 빠른 속도로 노를 젓는 수밖에 없다. 번영으로 가는 유일한 길은 역동적 안정성을 유지하는 것이다. 에스트로텔러가 말한 자전거 타는 요령과도 같은 것이다. 그렇다면 정치 사회적인 차원에서 물의 흐름과 같은 속도로 노를 젓는다는 것 또는 역동적인 안정성을 유지한다는 것은 무슨 뜻인가? 그것은 기술 외의 모든 일에서 혁신을 이루는 것이다. 그것은 우리 사회의 일터와 정치, 지정학, 윤리, 그리고 공동체를 다시 상상하고 설계하는 것이다.[3]

그래서 혁신과 개혁은 혁명보다 어렵다. 중간에 멈추거나 되돌리기 어려우므로 더욱 힘들 수가 있다. 혁신, 개혁은 지속적인 저항을 받기 때문에 상처를 많이 입는다. 특히 혁신, 개혁의 주체세력은 도덕적이고, 솔선수범해야 성공할 수 있다.

---

3. 토마스 프리드먼 지음, 장경덕 옮김, 『늦어서 고마워』 (21세기 북스, 2017) p.310

그러나 현실은 그렇지 못하기 때문에 제대로 이루어지지 않는 경우가 많다. 따라서 혁신, 개혁에 성공하려면 정부는 물론, 관련 기관까지 긴밀한 협조 관계가 필수로 요구된다. 지속가능성을 보장하려면 '정치의 역할'이 필수적이다. 현실적으로 정치가 4류로 평가받기 때문에 이기주의, 파벌주의, 부정부패 등의 영향을 받는다. 정치권의 풍토 대개조 혁명이란 문화구조와 체제를 바꾸어 초일류 강국을 건설하는 것이다.

마크롱 프랑스 대통령은 취임 이후 신속한 정책으로 위기 상황을 타개하였다.

코로나 상황에서 다른 유럽 국가에 비해 신속하게 재정 정책을 집행하였고 경영난에 시달리던 전력공사EDF를 2022년 과감하게 국유화함으로써 안정적인 전력 시스템을 유지하였다. 원자력 발전을 통한 저렴한 전기 요금이라는 장점을 극대화하기 위한 EU 전기 요금 제도 개편을 주도하면서 전기 요금 경쟁력을 통한 기업 유치에 성공하고 있으며, 동시에 에너지 전환을 위한 리랑스Relance 계획을 지속적으로 추진하면서 넷제로Net Zero(탄소 중립)를 추진하는 기업들 역시 프랑스로 향하도록 하고 있다.

프랑스의 이와 같은 변화는 2017년 마크롱 대통령 취임 후 지속적인 개혁노력을 한 결과이다. 입에는 쓰지만 병을 치료할 수 있는 약을 투여하겠다는 의지에 따른 연금 개혁 등은 대규모 반발을 가져왔고 지지율은 급락했지만 프랑스라는 나라의 경제적 매력은 높아졌고 두 자릿수를 기록하던 실업률은 7% 수준으로 낮아졌다.

프랑스의 사례는 국가가 올바른 방향을 잡고 일관된 정책을 신속하게 전개하면 어떤 결과를 만들어낼 수 있는지를 보여준다. 프랑스와 우리는 국가 주도 경제발전 전략을 채택하여 성장했던 경험을 공유하고 있으며 전략적 산업 육성을 통한 제조업 고도화에 성공했던 경험도 공유하고 있다. 우리나라와 프랑스의 차이점이라면 정치권의 의지와 결단 그리고 일관성일 것이다. 탈세계화의 흐름 속에서 국가의 역할과 중요성은 높아지고 있다. '국가 주도'는 더 이상 과거의 단어가 아닌 미래를 위한 키워드가 되고 있다. 국가가 어떤 역할을 해야 할 것인지에 대한 근본적인 성찰과 고민 그리고 빠른 변화가 필요한 시점이다.

현대사의 시대적 문제를 대한국인의 대개조 혁명으로 승화시키는 것은 국격 제고는 물론 국가발전을 이루는 큰 위업이라고 판단한다. 공정한 경쟁이 어려운 정글과 같은 속성에 짓눌려 있기 때문에 혁신이 제대로 숨 쉬지 못하고 있다. 개혁 또한 부조리와 규제가 판을 쳐 나라는 활력을 잃고 우왕좌왕하고 있다. 평등, 공정, 정의를 외치지만 개혁의 주체들이 이중잣대로 재단하기 때문에 국민으로부터 신뢰를 얻지 못한다. 혁신·개혁은 원칙을 중점으로 중장기 계획을 수립해야 한다. 혁신·개혁 주도 세력이 적폐 청산의 자가당착에 빠지면 혁신, 개혁은 요원하다.

그러므로 주체세력은 도덕성과 사명감으로 무장하고, 서번트 리더십으로 대상을 설득하여, 공감을 얻는 것이 중요하다. 그것이 진정한 리더십이고 참여와 숙의민주주의이다. 우리는 국가발전을 위한 혁명다운 혁명이 없어 정신·교육·경제·안보 분야가 제대로 뿌리내리지 못한 측면이 있다. 70년대 산업혁명과 80년대 민주화 혁명을 이룬 다음에는 선진화 혁명으로 꽃을 피워야 하는데 혁명의 방향타를 쥔 정치의 3류·4류화로 선진화 혁명은 표류하고 있다. 게다가 민족의 고질적인 병폐인 분열과 대립이 끊임없이 지속되어 '뭉치면 살고 흩어지면 죽는다.'라는 국민통합의 실천이 부족했다.

고난과 한의 역사를 수없이 겪었음에도 고뇌에 찬 과거와의 대화는 늘 부족했었다. 그러다 보니 제대로 된 혁신, 개혁, 혁명을 이루지는 못하여 많은 고난과 국난을 겪었고, 현재도 위기를 맞고 있다. 이젠 정신·교육·경제·안보 혁명을 통해 선진화 혁명을 반드시 이룩해야 하는 시점이다.

2. 혁명, 혁신, 개혁 미루면 대한민국 미래는 없다

국가 대개조란 선진화 혁명으로 국가 틀과 운명을 바꾸어 선진국을 이루는 것을 말한다. 세계 어느 나라든 국가 대 개조의 개혁, 혁신, 혁명의 과정 없이 선진국으로 발전한 경우는 없다. 더욱이 세계 패권국이 되는 나라는 이러한 과정을 끊임없이 반복하여 시대 여건과 상황에 맞추어 끊임없이 국가를 발전시켜 자랑스러운 나라(조국)를 건설하는 것이 국민들의 행복이자 여망이다.

인간은 누구나 자기 자신을 사랑하고 또 자신의 조국을 사랑한다. 그리고 사랑하는 자신과 조국이 자랑스러운 존재가 되기를 염원한다. 개인으로서 내가 자랑스럽고 또 내가 속해 있는 우리 조국이 자랑스럽다면 그 이상 바랄 것이 없을 것이다. 그렇다면 여기서 우리가 생각하지 않을 수 없는 것은 한 개인을 참으로 자랑스럽게 만드는 조건은 무엇이며, 또 한 국가를 자랑스럽게 만드는 조건은 무엇인가 하는 문제이다.

필자는 이런 문제에 대해 '모든 길은 통한다.'라는 말이 있듯이 자랑스러운 국가로 가는 길은 지속적인 혁명, 혁신, 개혁이라고 생각한다. 그러나 우리나라는 세계에서 가장 우수한 두뇌와 국민적 영웅 리더십을 가졌음에도, 정권이 바뀔 때마다 혁명, 혁신, 개혁의 방향이 바뀌고 지체되고, 지도자들의 무능과 열정 결여로 지지부진한 상태이다.

우리나라처럼 저출산과 고령화가 빠르게 진행되는 나라는 없다. 인구문제는 결국 연금과 재정 부족 문제로 이어지고 투자 부족에 따른 경제침체의 악순환으로 연결된다. 부정부패 근절, 교육개혁, 에너지 요금 현실화와 금융·노동 개혁도 시급하다.

나 한 사람의 변화가 우리 가정, 우리 조직의 변화를 불러오고, 나아가 개인의 변화가 확산되어 국민 전체의 변화를 가져오는 문화가 정착될 수 있는 아래로부터의 혁명이 이루어져야 한다. '정신·교육·경제혁명'과 부국강병을 통해 일류 선진국→초일류 통일 선진강국→G3 코리아를 실현하겠다는 국민 의지(정신)를 정립해야 한다. 우리 민족은 홍익문명을 살려 살기 좋은 세계로 이끌어갈 시대적 소명 앞에 서 있다. 우리에게 부여된 소명 앞에서 결코 주저하거나 소극적이어서는 안 된다.

우리에게는 하나부터 열까지 혁신·개혁과제가 산적해 있는데, 여야, 진보, 보수를 막론하고 정치권은 이걸 해결할 의지와 능력이 없어 보인다. 미래 세대에 더 많은 짐과 재정 부담을 넘기려는 행태는 현세대가 미래 세대에게 죄를 짓는 것이다. 우리 세대가 당장 혁신, 개혁을 단행해야 한다. 정치권은 선거를 앞두고 표퓰리즘적 정책만 남발하고 거시적 혁신·개혁 과제는 방기하여 국민의 분노와 우려가 고조되고 있다.

혁명, 혁신, 개혁을 더 미루면 미래가 없다. 더 이상 미룰 시간도 없다. 이제 최고의 혁명, 혁신, 개혁으로 세계의 등불, G3 코리아로 힘차게 나가는 길밖에 없다고 생각한다.

3. G3 코리아로 나가는 로드맵
– 초일류 통일 선진강국 건설

대한민국은 6·25전쟁의 잿더미에서 국제사회의 지원을 받던 나라에서 이제 세계를 향해 도움을 주는 국가로 대전환을 일구어냈다. 이미 종합국력 순위 6위권으로 진입한 대한민국은 앞으로 정신문화 리더십을 발휘하여 세계의 등불 국가로 자리매김할 것이다.

세계의 운명에서 한 지역만의 영원한 번영은 없었으며 문화의 성쇠도 시대에 따라 그 자리를 옮겼다. 실제로 세계역사의 흐름을 보면 주류의 변화를 알 수 있다. 문명권으로 보더라도 지중해의 시대에서 대서양의 시대로, 다시 태평양의 시대로 번영이 무대가 바뀌었다. 서양의 시대가 저물어 간다는 진단은 결코 성급한 것이거나 편견의 소산이 아니다. 서구 문명이 주도하는 현대의 세계는 그 퇴조에서 벗어날 새로운 견인력을 찾아 나서고 있다는 견해에는 근거가 있다. 필자는 그 견인력이 동방예의지국 정신문화 대국 코리아 르네상스에 중심을 두고 있다고 본다.

대한민국은 문화 대국이다. 문화는 인류 역사의 탄생부터 지금까지 인류가 축적해 놓은 모든 것(의식주, 언어, 풍습, 종교, 예술, 학문, 문학, 제도 등)의 특성이 녹아있는 특정 사회의 여러 현상을 일컫는다. 따라서 문화는 매우 방대하면서도 구체적이고, 또 매우 보편적이면서도 특수한 이중적, 다원적 서사구조를 가지고 있어 문화강국의 나라는 세계의 등불 코리아 G3 역할을 충실히 할 수 있도록 '국가 대개조–초일류 선진화 혁명'을 완수하여 위대한 대한민국을 건설해야 한다. 이것이 21세기 대한민국 시대정신이다.

고도의 정신문화, 전통 가치, 민족적 잠재력 등을 바탕으로 동아시아 문화권의 대표 주자로 동방의 등불에서 세계의 등불로 위상을 확보할 대한민국에 세계가 주목하고 있다. 동아시아권의 정신 문화는 서양 문명의 영향으로 약화하였었지만 이제 잠재되었던 추동력이 되살아나고 있다. 그것이 바로 코리아 르네상스로 집약된다.

동아시아 세력권의 주도국으로 코리아 르네상스에 대한 기대와 희망이 현실화하기 시작했다. 고도의 정신문화에서 솟아나는 코리아 르네상스의 새로운 생명력이야말로 서구 문명의 한계를 극복하기에 적합하다.

이제 한민족의 도약과 웅비의 시대를 구체화하고 실현하는 것은 이 시대를 준비하는 국민과 지도자의 역할이라 할 것이다. 그리스, 로마, 스페인 모두가 반도 국가로서 패권국가가 되었음을 본보기로 삼아 국민과 지도자가 힘을 합쳐 내우외환의 위기를 기회로 대전환한다면 세계적 번영의 나라로 만들 수 있다. 이를 구현하기 위해 다음과 같이 국민과 국가의 역할을 제시한다.

첫째, 21세기 대한국인 선진화 혁명 시대 국민의 역할: 민주주의에서는 성숙한 국민의식이 선진국가를 만든다. 국민이 성숙한 사회가 건강한 국가, 선진국가이다. 개인이 국가구성원으로서 역할을 다하는 것이 선진화 혁명 시대의 국민 역할이다. 대내적으로는 우리 국민의 올바른 인성과 도덕성으로 정신문화강국을 만들고 대외적으로는 국격을 갖춘 선진 문화국가가 되어 동방예의지국의 나라로서 존경받는 대한민국이 되어야 한다. 국민이 출세주의·물본주의 사고에서 벗어나 바르게 살아가는 풍토가 조성되어야만 할 긴요한 시대이다.

둘째, 21세기 대한국인 선진화 혁명 시대 지도자의 역할: 우리나라 5천 년 역사가 위기의 역사, 고난의 역사인 이유도 약육강식의 강대국 논리에 희생된 결과이다. 그런데 최근 국제정세 또한 약육강식의 인류 역사가 그대로 재현되고 있다. 이제는 백성이 굶주려 죽고 전쟁에 비참하게 죽어가며 '이게 나라냐!'라고 절규하는 한 많은 나라, 슬픈 역사는 절대 되풀이되어서 안 된다.

특히 이웃 나라 중국, 일본에 역사와 영토를 침입당하거나 겁박당하는 나라가 되어서는 안 되겠다. 우리나라와 같이 비운의 역사를 가진 나라의 지도자에게는 과거의 불행한 역사를 되풀이하지 않겠다는 강한 의지와 결기가 요구된다. 초일류 통일 한반도를 만들어야 하는 우리 지도자는 마키아 벨리 『군주론』에서 얘기하는 '비르투'(리더의 핵심 덕목: 능력·탁월함·용기)를 갖추어 '포르투나'(운명)에 결코 주저하지 말고 담대하게 맞서 개척해야 한다.

우리나라는 2차 세계대전의 신생 독립국으로서 70여 년 만에 선진국으로 진입한 기적의 나라임에도 내우외환의 위기를 맞이하고 있다. '61년 체제' 5·16쿠데타(5·16은 이성계의 역성혁명처럼 근대화에 성공한 혁명으로 정의할 수 있다.) 이후의 산업화 혁명시대와 '87년 체제' 6·10민주화항쟁 이후의 민주화 혁명시대가 화합하여 선진국가로 도약해야 함에도 지속적인 적대적, 대립적 이념과 반목으로 위기를 지속시키고 있다.

이젠 두 시대가 대승적 차원에서 융합, 화합하여 21세기 중반의 세계가 경이로운 시선으로 코리아를 주목하는 수준으로 시대정신을 이끄는 한국인의 새로운 비전을 정립해야 하는 당위성을 피력하고자 한다.

첫째, 우리나라는 동학혁명, 4·19혁명, 6·10항쟁 등 많은 대중혁명을 거쳐 왔으며 수많은 국민이 대중혁명, 대중운동 등에 참여했지만 사회도덕성과 국가 정의 등 정신문화는 성숙하지 못하고 오히려 도덕성 상실, 양극화 등 사회불안이 더욱 증가되는 실정이다. 이러한 상황을 극복하기 위해서는 대중혁명을 완성할 선진화 혁명이 제대로 이어져 이루어져야 한다.

둘째, 21세기를 이끌어 갈 시대정신은 해묵은 이념 갈등과 극단주의가 아닌 한국인의 인간 존중의 정서와 창의성(똑똑함)이 반영된 정신혁명·교육혁명·경제혁명과 안보가 융합된 선진강국다운 면모를 균형되게 갖추는 것이다. 다른 나라를 제압하는 패권이나 물질(돈)을 추구하는 세속적 기회주의가 아니다.

현대사에서 대한민국의 제1 혁명은 땀의 산업화 혁명이었고, 제2 혁명은 피의 민주화 혁명이었다. 이젠 제3의 선진화 혁명을 위해 정신·교육·경제·안보 분야에 대한 '국가 대 개조—대한국인 선진화 혁명'이 긴요한 시대이다. 선진화 혁명을 이룩하여 지식의 나라, 지성의 나라, 정신문화대국을 건설하여 국민 대화합·통합으로 일류 선진국이 반드시 되도록 해야 할 것이다.

셋째, 대한민국 위기의 본질이 분열과 대립에 있다고 볼 수 있다. '내 탓이오'라는 자아성찰을 통해 자아 혁명, 자강으로 위기를 극복해야 한다. 나 한 사람의 변화가 우리 가정, 우리 조직의 변화를 불러오고, 나아가 개인의 변화가 확산되어 국민 전체의 변화를 가져오는 문화가 정착될 수 있는 아래로부터의 혁명이 이루어져야 한다.

대한민국 운명이 세계의 등불 코리아로 자리매김하는 것은 역사의 교훈과 소명의식의 결과이다. 역사의 교훈까지를 담아내어 새로운 선진강국을 만들어 우리 후손들에게 물려주는 선진화 혁명의 시대적 사명과 연결되어 있다. 이를 위해 대통령을 비롯한 국가지도자들은 진정한 나라사랑愛國과 위민사상 爲民思想을 구현한 서번트 리더십Servant Leadership을 발휘해야 한다.

동시에 국민은 세계의 등불 G3 코리아—초일류 통일 선진강국 건설의 결기와 의지를 갖고 지도자를 중심으로 똘똘 뭉쳐 국민화합과 통합에 나서야 한다. 이제 모든 국민이 나서서 나 자신부터 우리 가정, 회사, 사회, 나라 전체가 정신(의식)혁명·교육(지식)혁명·경제(물질)혁명을 이루어야 한다.

4. 코리아 G3 르네상스 걸림돌
– 과감하게 제거(10대 악습)

코리아 G3 르네상스를 지향한 위대한 여정이 시작되었다. 21세기 중반에 접어들면 4차산업혁명이 본격화되어 인류의 생활방식 전반에 엄청난 변화를 몰고 올 것이다. 첨단 과학기술과 정보통신기술이 융합하여 전 세계가 초연결사회가 되고, 인공지능과 로봇의 활용이 일상화되며, 우주개발 경쟁이 심화되어 우주여행이 일상화되는 시대로 변모한다. 이미 그러한 현상들이 나타나기 시작했다.

그러나, 인류 공동체의 미래가 항상 장밋빛처럼 희망적일 수는 없다. 최근의 전쟁 도미노 현상같은 격량의 파고가 한꺼번에 밀려오는데도 내부 분열과 갈등으로 기존의 방식에 집착하면 대한민국의 미래 비전은 환상으로 전락할 수 있다. 미래 비전의 구현은 현실에 대한 냉철한 진단에 기초하여 미래를 예측하고 체계적으로 대비하는 행동화 조치가 병행되어야 한다.

이러한 시각에서 현실을 진단해 보면 고질적인 걸림돌이 한국호의 순항을 방해하고 있다. 한국 사회가 직면한 다양한 걸림돌 중에서 우선적으로 제거해야 할 10대 악습을 선별하여 제시해 본다.

1) 국민통합 방해하는 진영 갈등

대한민국이 G3 코리아로 도약하기 위한 첫 출발은 국민통합이다. 이러한 총론에는 합의하면서도 정치적 이해타산이 걸리면 진영 갈등이 심화된다. 국내적으로 진보와 보수 이념대결, 영호남 지역갈등, 정파적 이해다툼으로 허송세월하는 구조부터 개혁해야 한다.

한국 정치의 난맥상은 진영 싸움으로 국가 운명을 좀먹는 고질병이 된 지 오래되었다. 헌법기관인 300명의 국회의원은 패거리 정치에 매몰되어 국론 분열과 진영 갈등을 조장하며 정치적 반사이익을 탐닉하기에 여념이 없다. 국민만 바라보겠다는 약속을 저버리고 공천권자에게 매달리는 정치로 국민의 신망을 잃은 지 오래다. 국민이 정치인을 불신하고 걱정하는 세태가 오랫동안 지속되었다. 국회야말로 진영 카르텔이다.

국론 통합의 길이 멀고 험난할지라도 달성하려는 목표 자체를 정하지 못하고 국민을 진영의 이득을 위해 갈라치기 하는 것은 망국의 지름길이다. 우리는 국론 분열을 막고 흩어진 민심을 모아 국민통합과 안정을 찾도록 국가정체성을 정립해야 한다. 『노무현이 만난 링컨』에서는 다음과 같이 기술했다.

> 링컨은 국민통합을 통한 국가의 재건만이 미국의 미래를 약속한다는 사실을 호소했다. 대통령에 재선된 링컨은 취임사에서 남부의 분리주의자를 응징하자고 하지 않았을뿐더러 남북전쟁을 정의와 불의, 선과 악의 대결로 보지도 않았다. 그는 차원 높은 종교철학적 관점에서 화해와 관용으로 갈등을 해결하자고 촉구했다.[4]

국가정체성의 뿌리는 국가의 기본이념과 가치를 토대로 해야 한다.

우리의 기본이념과 가치는 5천 년 역사의 토대를 이룬 홍익인간 정신과 이념에서는 좌우를 떠나 공동체 정신으로 함께 사는 것이다. 우리나라는 진영

---

4. 노무현 지음, 『노무현이 만난 링컨』 (학고재, 2002) p.276

경쟁이 아니라 진영 간 죽기 살기식으로 싸우는 이전투구 형국이다. 최근 국민들은 진영 갈등과 싸움이 더욱 악화되어 가고 있는 현상에 안타까워하고 있다. 정치에 대한 불신과 환멸을 느껴 '제발 집안싸움 그만두고 위기를 직시하라.'라는 걱정의 소리가 들끓고 있다.

대통령 등 국가 주요 지도자들은 당리당략과 이기주의 근성에서 벗어나 협치를 극대화하여 진영 갈등 청산과 국론 통합의 길을 반드시 가도록 해야 할 것이다. 이젠 진영 싸움을 멈추고 대한민국 수호와 발전을 위해 진정한 '대한민국 애국주의'를 발휘해야 할 것이다.

2) 공무원 부정부패 확산과 지능화

부패腐敗는 썩을 부腐, 무너질 패敗의 한자 의미처럼 공동체가 썩어 무너진다는 뜻이다. 영어의 corruption 역시 라틴어 cor[함께]과 rupt[파멸하다]의 합성어로, 함께 파멸하다는 의미이다. 그동안 부패의 원인을 주로 개인적·도덕적·문화적 측면에서 설명하려는 시도가 많았으나, 이러한 접근법은 부패근절을 위해 도덕적 각성을 촉구하는 수준에 머문다. 부패는 개인적 차원의 일탈이 아니라 법·제도적 요인과 인간의 선택이 결합된 기회주의적 행동이 구조화된 것으로 국가권력의 문제이다.

국제투명성기구TI : Transparency International는 부패를 '사적 이득을 위한 위임된 권력의 남용'으로 정의하고 있으며, 세계은행 역시 부패를 '사적 이득을 위한 공적 직위의 남용'이라고 말하고 있다. 즉, 부패란 국가 자원 배분을 국민으로부터 위임받은 공적 직위의 개인·조직이 사적 이익(금전적, 지위상 이익)을 추구하면서 권한을 남용하는 것을 말하며, 공공 이익을 심각하게 훼손하는 결과를 낳는다. 부패는 공정성을 포섭하는 방향으로 진화하고 지능화되고 있다.

국제투명성기구에서 2023년 발표한 국가청렴도 점수에서 우리나라는 100점 만점 중 63점을 얻어 세계 180개 조사대상국 중 31위를 차지했다. 역대 최고 순위이며 5년 전보다 20위 상승한 기록이지만 갈 길이 멀다.

노자의 도덕경에서는 '하늘의 그물은 크고도 넓어서 성긴 듯 하지만 결코 놓치는 법이 없다.'라고 강조한다. 즉, 범죄는 언젠가는 드러난다는 뜻이다.

민간부문이 국가권력의 부패와 긴밀히 연결되어 있다는 점과 더불어 국제화·세계화에 따라 기업 규모가 커지면서 사회에 미치는 영향도 커졌다. OECD는 부패를 '사적 이득을 위한 공적 혹은 사적 직위의 남용'으로 재정의하였고, 기존에는 공적 직위에 국한하던 것을 사적 직위로까지 확장한 것이다.

부패유형을 분석해 보면 선출된 공무원(정치인), 선출되지 않은 공무원, 민간부문 간의 연결구조 속에서 발생하고 있으며, 정치인과 공무원, 민간부문이 커넥션을 형성할 경우 거대부패가 만들어진다. 민간부문의 경우 정부기관·공무원이 없어도 민간조직이나 사업자 간에 다양한 방식으로 부패가 존재하고 있으며, 민간부문의 부패로 인해 공적 지출이 발생하는 경우가 점점 많아지는 양상이다.

부패는 한국 사회에 구조화되어 있고, 일상화되어 있다고 할 수 있다. 공공부문과 민간부문이 유착해 부패를 공모하는 것은 특별한 일이 아니라 광범위하게 존재한다. 마이클 존스턴 교수(미국 콜게이트 대학)는 한국의 부패에 대해 '엘리트 카르텔형'이라고 진단하였고, 부패를 4가지 유형으로 분류하고 있다. 독재형과 족벌형은 주로 후진국에서 나타나고, 시장로비형은 선진국에서 주로 나타나는 부패이다.

독재형	족벌형	시장로비형	엘리트 카르텔형
중국, 인도네시아 등	러시아, 필리핀 등	미국, 영국, 캐나다 등	한국, 이탈리아 등

엘리트 카르텔형은 독특한 범주로 인맥을 중시하는 사회에서 나타나는 부패유형이다. 한국은 외국학자가 엘리트 카르텔형으로 분류할 정도로 정치인·고위 관료·대기업인 같은 엘리트들이 자신들만의 네트워크, 즉 인맥을 구축해 이익을 독점하는 특징을 갖고 있다. 사회 각 분야에서 엘리트들이 학연·지연 등으로 뭉쳐 권력 유지 기반을 만들고, 부패를 통해 이익을 추구하는 형태이다.

전통적인 형사법의 시각에서 정부 행정업무 등을 수행 시 이른바 금품, 뇌물 등 경제적 재화의 불법적 수수, 제공, 거래, 공유 등을 부패라고 인식하고 있었으나 최근에는 경제적 재화와 관련이 없더라도 공공부문에서 공직자의 업무 수행에서 발생하는 다양한 비윤리적 비리 행위나 잘못된 업무수행(Miss - Management)과 관련된 부패행위의 범주로 고려해야 한다는 시각이 점차 확대되는 양상임을 지적하고 있었다. 이들은 일반 국민들이나 이해 당사자들의 경우, 이런 공공부패의 의미를 다양하게 보려는 개연성이 존재하고 있음을 강조하고 있었다.[5]

역대 정부가 모두 부패 척결을 외쳤음에도 불구하고 부패가 척결되거나 축소되기보다 더욱 확산되는 것은 엘리트 카르텔의 완고한 저항 때문이라는 분석이다. 부패 척결 관련 법을 만드는 국회, 법을 집행하는 정부와 검찰·경찰, 사법적 판단을 내리는 사법부 등이 카르텔로 연결된 구조가 존속하는 한 부패 척결은 요원하다. 따라서 대한민국이 르네상스를 꽃피우기 위해서는 부정부패 척결을 위한 대통령의 결단이 절실히 요망된다.

---

5. 김영식 지음, 『한국의 보수주의는 건강한가』 (보민출판사, 2023) pp.84-85

3) 패거리 문화와 이권 카르텔

'패거리'란 이념이나 가치처럼 '방향지향성'이 아닌, 지연·학연·혈연·관연 등의 '연고 지향성'을 중심으로 함께 어울려 다니는 사람들의 무리를 낮잡아 이르는 말이다. 같은 패라는 집단의 울타리 안에서 서로만을 돌봐주며 존재의 안위를 구하고 공생하는 그들만의 진영논리를 통한 '끼리끼리' 문화가 바로 패거리 문화다. 역사적으로 패거리 문화가 형성된 요인은 무엇일까? 그 원인에 대해 수많은 학자가 다양한 관점을 제시했으나 논리적으로 설명되지 않는 점이 여전히 많다.

혹자는 깊은 역사적 뿌리를 지적한다. 4~7세기 삼국이 치열한 경쟁을 벌였고 신라가 통일한 뒤 정복지역에서 실시한 심한 차별 정책에서부터 영호남 균열은 시작되었으며, 후삼국시대에 들어 더욱 악화되었다. 또한 조선왕조실록 중 『선조실록』과 『선조수정실록』이 그 대표적인 사례라고 할 수 있다.

선조실록은 광해군 때 권력을 잡았던 북인들이 편찬한 것이다. 그런데 광해군이 인조반정으로 왕위에서 쫓겨나면서 서인들이 권력을 잡게 되었다. 그러자 서인들은 "북인 세력이 편찬한 『선조실록』은 서인출신 인물을 공정하게 기록하지 않았다."라며 실록의 내용을 수정해야 한다고 주장했다. 결국 서인의 뜻대로 내용을 수정해 편찬된 것이 바로 『선조수정실록』이다.

조선시대에도 역사를 두고 대립, 지역적 편견과 차별로 인해 야기되었던 갈등은 8·15해방과 남북분단, 6·25전쟁과 남북한의 대치, 3공화국 이후의 영호남 갈등, 최근 대한민국 내 공직 진출 및 승진 시 발생하는 지역·차별 인식으로 인한 지역갈등의 조짐 등으로 이어지며 적나라하게 드러나고 있다.

『대한민국은 있다』에서는 다음과 같이 말한다.[6]

---

6. 전여옥, 『대한민국은 있다』 (중앙 M&B, 2002) p.116

알고 보니 그 고향 의대는 '○○향우회' 조직이나 마찬가지였다. 개천에서 난 이무기들이 끼리끼리 모여 '개천에서 난 용'에게 모질게 셔터를 내리고 있었다. 혈연에, 학연에, 지연에 치여서 그는 꿈을 접었다. 지연·학연·혈연·관연 등의 패거리 문화가 진화를 거듭하면서 나쁜 습관으로 악화한 것은 부정할 수 없는 사실로서 나쁜 DNA로 자리 잡지 않도록 노력해야 한다. 나쁜 습관은 국가발전에 암적 요인은 물론 망국의 근원이 될 수 있으므로 조속히 청산해야 한다.

서울대학교 송호근 교수는 한국의 뿌리 깊은 연고주의의 만연과 연고 비리의 비극적 폐해를 신랄한 어조로 고발한다.

'커넥션 코리아' 온갖 연고를 총동원해 목적을 성취해내는 저돌성, 힘없는 '을'들의 십중경기를 느긋이 지켜보는 '갑'의 야비함, 줄 찾는 자와 대는 자들이 내지르는 허망한 교성으로 한국 사회는 삑적지근하다. (중략) 전통적 비리 연줄망은 망국이란 최고의 비용을 치르고도 조선시대 이래 아직도 건재하다. 평균 3.5명이면 타깃에 닿는다는 한국의 고밀도 연줄망에서 연고(緣故)와 안면(顏面)의 활차가 위력을 발휘했다. 고학력, 전문직, 상위계층이라면 타깃과의 거리는 더욱 좁아지고, 그렇게 맺어진 연(緣)은 파워 커넥션으로 발전해 초대형 비리를 만들고, 또 기획 중이다. 사회단체 활동을 하는 한국인 성인 40% 중 상부상조를 열창하는 동창회, 향우회, 종친회 등 연고단체 활동이 6할을 넘고, 3할은 여가 및 종교단체다. 대부분은 서울의 고위층과 커넥션을 만들어 출세하기 위해 옳고 그름을 가리지 않고 패거리 집단에 끼어든다. 우리의 패거리 문화는 삼국시대부터 역사를 뚫고 자라난 망국적 악습이다. 지금도 영·호남, 정·재·학계, 심지어 시골동창회까지 패거리 문화가 독버섯처럼 자라고 있다.

로마의 흥망성쇠에 관한 책을 여러 권 쓴 시오노 나나미는 "나라가 망하는 비극은 인재가 부족해서가 아니라 인재가 있어도 그 활용 시스템이 제대로 작동하지 않을 때 일어난다."라고 말했다. 인재 등용을 제대로 하기 위해서는 패거리 문화 근절이 긴요하다. 역대 대통령 모두가 패거리 문화에 휩싸여 친인척 및 권력형 대형비리 책임에서 자유롭지 못했다. 대통령 등 지도자들부터 패거리 문화를 척결하고 근절시켜야 한다.

특히 일의 옳고 그름은 따지지 않고 뜻이 같은 무리끼리는 서로 돕고 그렇지 않은 무리는 배척하는 이분법적 사고가 영·호남 패거리에서 더욱 두드러져 각계로 확산되고 있다. 진정한 국가 대 개조를 위해서는 패거리 문화를 근절시키는 것이 무엇보다 시급하다.

4) 양두구육 정치인

한때 정치권에서 회자 된 양두구육羊頭狗肉은 정치권 내부에서 상대 세력을 공격하기 위해 인용한 고사성어다. '양의 머리를 걸어두고 개고기를 판다'는 뜻이다. 겉과 속이 극명하게 다르고 위선적 행동임을 묘사한 말이다. 정치인들이 온갖 명분과 논리를 내세우지만, 실체는 진정성이 전혀 엿보이지 않고 정치권력을 둘러싼 볼썽사나운 모습이다. 한국 정치인들의 이전투구 모습을 상징적으로 표현한 것이기도 하다. 제도권 정치를 주도하는 정당들은 이념을 내세운 진영의 울타리를 세우고, 그 안으로 들어오지 않는다면 악으로 규정하고, 적대시한다.

정치인들이 선거를 의식하여 외치는 공약이나 정치개혁이 현실적으로 와닿지 않는다. 국회의원의 파행적 행태는 주권자인 국민에 대한 배신행위나 다를 바 없다. 말로는 공정, 정의, 평등을 내세우면서 이념편향과 내로남불의 뻔뻔한 이기주의가 한국 정치권에 횡행하고 날이 갈수록 심각해지고 있다.

한국 정당과 정치인들은 국민의 신뢰를 얻지 못하고 위대한 대한민국을 만들기 위한 정책은 없고 정쟁을 일삼으며 정파적 양극화만 조장하고 있다. 코리아 르네상스 시대에 정치가 걸림돌이 되지 말고 디딤돌이 되도록 대전환이 일어나야 한다.

우리나라 국회의원들의 혜택은 세계에서도 으뜸가는 실정으로 200여 개의 특권(불체포 및 면책, 세비 등 30여억 원)을 누리고 있다. 국회의원의 명백한 범죄 사실이 있는 경우에도 불체포특권이 남용되거나 소위 방탄국회를 정당한 사법 작용에 대한 부당한 회피 수단으로 악용해서는 안 된다.

불체포특권에 대한 공정한 국회 관행이 확립되고, 국회법상 불체포특권의 범위와 한계를 구체적으로 규정하는 합리적 조정이 필요하다. 형사상 중대한 범죄에 해당하거나 국민의 신뢰를 배반한 범죄행위를 저지른 국회의원을 국민의 대표로 보호해 주어야 할 것인지 우리 국민은 불편은 느낀다.[7] 특권 내려놓기 약속을 이젠 지켜야 한다는 것이 국민의 여망이다. 진영논리에 기대는 정치 패거리가 활개를 치는 현실의 저변에도 국회의원의 특권이 작동한다.

특권을 폐지하고 박탈해야 코리아 르네상스가 숨 쉰다. 올바른 정치는 적극 지지하고 잘못된 권력은 엄중하게 책임을 묻는 정치로 대전환을 이루어야 한다.

국민을 위한 서번트 리더십은 찾아볼 수 없다. 한국 현실 정치를 세계관이 다른 두 세력의 '주류 교체 전쟁'으로 보는 시각도 있다. 국익이나 공익보다 당파적 이익과 사익을 이토록 노골적으로 뻔뻔하게 먼저 챙기는 정치가 범람하고 있다. 애국심, 공적 의식, 책임감, 품격, 정직, 공동체 의식, 용기가 사라졌다. 부끄러움도 염치도 없다. "'통찰'도 없고 '성찰'도 없고 그저 '현찰'

---

7. 부산일보, 조소영의 법의 창, "무엇을 위한 특권인가", 2023년 5월 31일자.

(돈과 자리)만 탐할 뿐이다."라는 비판까지 등장했다.[8]

국민은 정치권에 혁명적 변화가 일어나길 고대하고 있다. 선거가 유일한 선택지인 국민은 정치인의 세대교체를 이루는 진정한 정치혁명을 기대한다. 4차산업혁명이 본격화된 시점에서 여야 정치권이 큰 행선지는 정해 놓고 최선의 경로를 다투는 정치가 가시화되기를 열망하는 것이 민심의 현주소다.

민심을 겸허하게 수용하여 정치 리더십이 본연의 자리를 되찾기를 기대해 본다.

최근 국민의 기대와 관심을 받는 한 청년 정치인이 '양두구육'에 관한 얘기를 수시로 하고 있는데 이런 현상을 3류 정치인의 행태라 볼 수 있다.

우리 국민 대부분은 경제는 이류, 정치는 삼류라고 생각한다. 정치가 관료를 선도해 위민 정치를 하고 국가 발전의 주축이 되어야 함에도 부정부패에 능한 인간군상人間群像으로 비난하는 여론이 지배적이다.

필자는 일찍이 『대한민국 리더십을 말한다』에서 3류 정치 리더십에 대해 논한 바 있다.[9]

근간 국민들은 국회의원 등 정치인들을 동네 강아지 이름 부르듯이 비하하고 국회의원 특권을 모두 내려놓으라고 질타하고 있다. 심지어는 적폐의 근원이라고 원망하며 국회의원 소환 제도를 입법화하기를 원한다. 김영란법 대상 1호가 김영란법에서 제외된 것은 삼류가 아니라 오류 수준의 집단에서나 가능한 행태라는 여론이다.

세계경제포럼World Economic Forum의 여론조사 결과 정치인 불신도에서 한국은 85%로서 많은 국민이 정치인들을 불신하는 반면, 싱가포르는 3%로 정

8. 조선일보, 박성민의 정치포커스, "반대를 위한 반대… '비토크라시'에 빠진 정치" 2023년 8월 25일자.

9. 최익용, 『대한민국 리더십을 말한다』 (스마트비지니스, 2010) pp.102~113

치인에 대한 신뢰가 높아 매우 대조적이다.

국민들에게 정치에 대한 불신을 넘어선 혐오가 깔려 있는데도 국회가 싸움만 하고 이렇다 할 비전이나 희망을 제시해 주지 못하고 있다. 국가 발전을 선도하고 사회적 갈등을 해결해야 할 국회는 해법 마련은 고사하고 '난장판' 국회라는 조롱거리로 전락하였다. 불행하게도 정치계 리더는 전문성, 도덕성, 능력, 자질 결여 등 리더로서의 결격 사유가 많아 '정치다운 정치'를 기대하기는 어려운 실정이다. 대화와 타협이라는 의회민주주의의 원칙은 실종되었고, 정치권은 부패, 무능 집단으로 국가 위기를 초래한 책임이 가장 커서 국민의 지탄을 받고 있다.

현재 EU 등 선진국에서는 정치를 봉사하는 직업으로 명예를 중히 여겨 봉급이 없는 나라가 많고 부정비리는 거의 없다. 그들은 국회의원이힘들어 못 하겠다는 소리가 나올 정도이다. 북유럽국가 국회의원들은 대중교통을 이용하며 보좌관도 없다. 법안을 발의하거나 대정부 질의를 할 때는 자정을 넘어 퇴근하는 것이 다반사다. 특히 스웨덴에서는 가장 고된 직업이 정치인이다.

반면 우리나라 국회의원들의 혜택은 세계에서도 으뜸가는 실정으로200여개의 특권을 누리고 있다. 지금까지 용두사미로 그친 특권 내려놓기 약속을 이젠 지켜야 한다는 것이 국민 여망이다.

정치인은 수기치인修己治人이어야 한다. 자신의 인격을 제대로 닦은 뒤에 남에게 봉사하는 치인治人의 일을 해야 한다는 의미이다.

정치인들은 노자의 말을 깊이 새길 필요가 있다.

탁월한 리더는 있는 듯 없고 없는 듯 있는 사람,

보통의 리더는 사람들이 갈채하며 따르는 사람,

최악의 리더는 사람들에게 손가락질 받는 사람,

최상의 리더는 말을 최소한으로 하고

과업이 완성되어 큰 목적이 달성되었을 때

사람들의 입에서 '우리가 스스로 해냈다'라는 말이 나오게 하는 사람

한국정치인의 과제는 분열, 대립과 소모적 정쟁을 지양하고 여·야간 정
책대결을 통해 진정한 의미의 입법기관의 역할을 충실히 수행하여 선진국을
건설하는 것이다. 더 나아가 한국 정치인의 향후 과제는 최근 한반도 평화
번영의 기회를 놓치지 말아야 한다는 점이다. 정치인들은 현재의 위기를 기
회로 바꿔야 할 책무가 제일 큰 만큼, 헌신적인 정치 리더십으로 초일류 통
일 선진강국이 되도록 '선진화 혁명'의 초석을 놓아야 할 것이다.[10]

일류정치로 대전환하기 위한 구체적 실천 방안은 무엇일까?

첫째, 정당개혁이 필수적으로 선행되어야 한다. 정당은 대의제 민주주의
의 핵심적인 존재로서, 국가와 시민사회를 연결하는 매개 역할을 해야 한다.
하지만 현재의 정당들은 이러한 역할을 제대로 수행하지 못하고 있다. 정당
내부 민주화, 국회의원 공천제도 혁신, 정당 재정 투명화, 정당 간 협력과 소
통 등을 통해 정당개혁을 추진해야 한다.

둘째, 기득권 정당 보호용 연 7백억 원의 정당 국고보조금 제도를 폐지하
고 특권을 폐지해야 한다.

셋째, 국회의원의 무분별한 입법을 규제하는 제도적 장치를 마련해야 한
다. 국회는 국가의 중요한 과제를 해결하기 위해 입법역량을 강화해야 한다.

넷째, 포퓰리즘 정치를 방지하는 대책이 강구되어야 한다. 포퓰리즘은 국
민의 단기적인 욕구나 감정에 호소하는 정치이다. 포퓰리즘은 국가의 장기
적인 이익이나 미래를 고려하지 않으며, 시장경제 원칙이나 헌법에 어긋날

---

10. 최익용, 『국가 대개조 국부론』(행복에너지, 2018) pp. 77~82

수 있다. 정치권의 포퓰리즘 경쟁에 재갈을 물려야 한다. 국내외 정세가 엄중한 시기에도 국민은 안중에도 없이 당리당략을 앞세운 정치권의 끝 모를 정쟁과 암투를 지켜보는 국민은 착잡하다. 여야가 밀리면 끝장이라는 듯 상대 진영 공격에 혈안이 되어 국익과 민생을 뒷전으로 밀어내는 정치행태를 혁파시켜야 한다.

이제 우리 정치인들은 민심을 겸허하게 수용하여 나라사랑·역사사랑의 리더가 되어야 할 것이다.

'대한민국의 주권은 국민에게 있고, 모든 권력은 국민으로부터 나온다.'라는 헌법 제1조를 행동으로 실천하는 책임은 국민에게 있다.

5) 노블레스 오블리주 실종

5천 년의 긴 역사에서 노블레스 오블리주 실종 현상이 이토록 국가와 국민을 능멸한 때가 있었던가! 국민이 통탄할 정도로 정치가, 공직자 등 지도층의 패거리가 야합하여 생긴 조직적인 부정부패로써 민족혼을 더럽힌 죄업罪業은 정말 통탄스러운 일이다.

고 김지하 시인은 몇 년 전 인터뷰에서 우리나라에 만연한 노블레스 오블리주의 실종 현상을 극명하게 대변하고 있다. 그는 "1970년에 시詩 '오적五賊: 재벌, 국회의원, 고급공무원, 장성, 장차관'을 발표했으니 벌써 40년이 넘었군요. 요즘에도 '오적'이 있습니까?"라는 질문에 "오적? 오적이 아니라 오십적, 오백적이 설쳐요. 별의 별 도둑놈들이 많아!"라고 통탄을 쏟아내어 국민의 가슴을 후련하게 했던 적이 있다.

'노블레스 오블리주Noblesse Oblige'란 국가·사회 지도층의 지위에 있는 인사들이 상응하는 사회적·도덕적 책무를 다한다는 뜻으로, 서양에서는 전통처럼 인식되어 있다.

로마가 1,000년의 역사를 유지할 수 있었던 것은 자신의 이익이 아닌 공익과 헌신으로 국가사회 변화를 선도하고 이끌었기 때문이다. 국민은 높은 사회적 지위를 가진 사람들이 도덕적인 의무를 다하는 '노블레스 오블리주'를 기대하지만 우리 사회 엘리트 계층에서 나타나는 모습은 정반대다. 약자를 상대로 갑질을 하고 권력에 유착해 각종 부정부패에 가담하는'노블레스말라드Noblesse malade(병들고 부패한 귀족)'의 전형을 보여주고 있다. 엘리트와 부유층의 비도덕적인 행태는 빈부격차에서 오는 계층 간 갈등을 확대시키고, 결과적으로는 사회 분열을 초래하게 된다.

노블레스의 타고난 재물도 결국 한국 사회라는 공동체를 기반으로 존재한다는 사실을 깨달아야 한다. 그러나 한국은 노블레스 오블리주의 인성 실종 현상으로 이른바 '노블레스 NO블리주'라는 신조어가 생길 지경이다. 노블레스 오블리주의 인성 실종은 국익이나 공익을 우선하지 않고 자신의 일신이나 친인척의 영달만을 생각하고 그 수단으로 금전이나 영예·권력을 얻는 것을 제일로 쳐 눈앞의 이익에만 관심을 가지는 데서 나온다. 이런 부끄러운 인성은 나쁜 인성문화 DNA로, '속물근성'에서 나오는 것이라고 할 수 있다.

국민은 우리 사회의 노블레스 오블리주 인성 실종 현상에 대해 분노를 넘어 자포자기 상태에 있다고 해도 과언이 아니다. 노블레스 오블리주 인성의 실종 사례는 수를 헤아리기 힘들 정도다. 그런데 일본인은 1800년대 1%도 되지 않던 노블레스 계층(사무라이)이 자기부터 희생하고 혁신하는 주체세력이 되었다. 이른바 메이지 혁명의 성공은 주체세력인 사무라이의 계급적 희생(자살) 결과였다고 한다.

심지어 6·25전쟁 시 우리 장군의 아들들이 참전하지 않은 데 반해 미국 장군의 아들들은 30여 명이 참전하여 전사자까지 속출했다. 역차별이 아니라 사회 지도층 리더들의 진정한 솔선수범이 나라를 살린다는 것이다. 이스라엘 등 외국의 노블레스 오블리주 리더십을 타산지석 삼아야 할 것이다. 노블레스 오블리주 리더십은 국가 안보는 물론 사회 발전의 핵심 역할을 하고, 국민통합과 행복에 크게 영향을 미친다. 우리는 노블레스 오블리주 정신을 계승해, 공직사회의 정신문화로 정착시켜야 할 것이다.

선진국에서는 사회지도층과 부유층이 주도적으로 유산 기부에 나서는 경우를 종종 보게 된다. 우리의 기부문화도 확대되고는 있지만 아직은 미미하다. 실종된 노블레스 오블리주의 부활을 위해 국가사회 지도층의 적극적인 동참이 필요한 시대이다. 우리나라 사회지도층의 병역기피 현상은 심각한 수준이다. 청렴은 국가 경쟁력이자 사회발전의 원동력이다. 사회적으로 지탄받는 공직 비리 사건을 보면 국민의 공분을 사기에 충분한 것으로, 저지른 죄에 알맞은 죗값뿐만 아니라 가중 처벌함이 마땅하다. 부정청탁방지법(김영란법)이 시행된 지 수년이 지났지만, 부패는 지속되고 있어 '공직자들은 보다 공정하고 청렴해야 한다.'라는 것이 민심이다.

우리는 역사적으로도 노블레스 계층의 타락으로 나라를 잃은 아픔이 있다. 구한말 주재 주요 국가 외교관들은 한결같이 자신과 가족의 안위 외에는 관심이 없는 조선의 궁정 대신들을 비난하며 조선의 멸망을 경고했었다. 역사는 종종 그 자체를 되풀이한다. 역사의 교훈을 반면교사로 삼아 노블레스 오블리주 회복에 결기를 다해야 한다.

6) 포퓰리즘 조장하는 나쁜 리더

절대 권력은 절대 부패한다. 역사의 준엄한 교훈이다. 그런데 권력자들은 절대 권력을 지키기 위해 위기 때마다 포퓰리즘 카드를 쓴다. 특히, 안보 포퓰리즘으로 인기몰이에 여념이 없는 정치인들은 영웅적 국민의 국민 리더십 문화운동으로 혹독한 대가를 치르도록 해야 한다. 왜냐하면, 대내 위기는 먹고 사는 문제이지만 대외 위기는 생사의 문제이고, 국가 존립과 직결되기 때문이다. 정치의식과 역사적 사명감이 있는 사람들이 정치에 입문하도록 정당의 공천제도부터 손을 보아야 한다.

일각에서는 '정치는 4류, 공무원은 3류'라는 자조 섞인 비판까지 등장할 정도로 "정치 논리가 경제 발전의 발목을 잡는다."라는 여론이 팽배하다. 청년층 실업이 구조화되고, 정부의 잘못된 보조금은 그들이 점점 노동시장에서 멀어지는 원인을 제공하기도 한다. 선거용 포퓰리즘 정치가 이러한 현상을 조장한 면이 크다.

통계청이 2023년 12월 '비경제활동인구 조사'를 통해 구직을 포기한 채 집에서 쉬는 청년이 56만 명에 달한다는 결과를 발표했다. 쉬는 청년의 급증은 이른바 일자리 미스매치mismatch 현상이 심화되고 있기 때문이다. 일자리 미스매치는 구인·구직 시장 수급이 맞지 않는 현상을 말한다. 일할 사람을 찾는 직장은 많은데 정작 거기서 일할 사람이 없는 상황을 누가 만들었나? 청년들만은 탓할 것이 아니다. 선거철마다 쏟아지는 무상복지 공약에다 부채 탕감 조치 등이 그런 사회를 조장했다. 단호하게 기본 원칙을 지키지 않고 젊은 층 표를 사려는 환심 팔이 정치가 청년을 병들게 한 것이다.

직업에 귀천이 없다는 정신으로 무슨 일이라도 해서 성공 스토리를 만들었던 1960-70년대와 너무나 대조가 된다. 서독의 광부와 간호사로 가기 위해 학력까지 낮추어가며 자원했던 이 땅의 젊은이들과 너무나 큰 차이가 난다. 우리나라의 일자리 미스매치 문제를 청년 탓으로만 돌릴 순 없다. 현대차 생산직 모집에는 수만 명이 몰리지만, 현대차 하청 부품 업체는 구인난을 겪는 데서 알 수 있듯, 대기업과 중소기업 간, 정규직과 비정규직 간의 과도한 임금 격차라는 사회 구조적 문제가 있다.

비어있는 일자리의 94%가 300인 미만 중소기업 일자리다. 집에서 그냥 쉬는 청년의 급증은 노동 개혁, 교육 개혁이 절박한 이유를 뚜렷이 보여준다. 도덕적으로 비난받는 정치인 못지않게 해야 할 책무를 하지 않으며, 여론조사 통계 수치 관리에 연연하는 정치인이 정말 나쁜 리더다. 리더라고 부르기조차 아까운 패악질이라고 준엄하게 질타해야 한다.

이처럼 한국 정치가 코리아 르네상스의 걸림돌이라는 심각성에 대해 국민적 공감대를 확산시켜 주권을 올바로 행사토록 해야 한다. 정치에 대한 냉소주의나 무관심으로 해결되지 않는다. 정치꾼들에게는 국가, 국민, 미래는 없다.

이런 정치꾼들을 맹목적으로 지지하는 일부 국민이 각성해야 한다. 한국이 초일류 강국으로 우뚝 서기 위해서는 무엇보다 정치권의 뼈아픈 반성과 피나는 노력이 선행되어야 한다. 정치권은 G3 코리아 건설을 위해 국민과 함께 걸어가는 참신한 모습을 보여주어야 한다.

7) 적화통일 세력 급증과 산업스파이

대한민국의 정체성을 부정하고 아직도 적화통일을 꿈꾸는 세력들이 실존하고 있다. 일각에서 이러한 현상을 '레드 바이러스Red Virus'에 비유할 정도로 국내에 창궐하는 현상이 공공연하게 식별된다. 2023년 초에 적발된 제주 간첩단, 창원 간첩단, 민노총 침투 간첩단 사건이 대표적이다. 일련의 간첩단 사건에서 식별된 공통적인 현상은 '적화통일 혁명 활동이 대한민국 영토 내에서 횡행하고 국민적 경각심이 약화되고 있다.'라는 점이다.

특히, 김정은 찬양 티셔츠 판매까지 공공연하게 횡행하는 것은 대한민국 헌법적 가치인 자유민주주의, 시장경제, 법치주의를 정면으로 부정하고 위협하는 반국가행위이다. 더 심각한 문제는 이러한 반국가행위를 목도한 국민들이 공분을 표출하지 않고 무덤덤하게 친북소행으로 치부하거나 이들을 옹호·대변하는 세력들이 설쳐대는 현상이다. 북한의 대남 도발의 특징을 살펴보면 1980년대까지는 주로 공비나 무장 간첩 침투와 같은 전술적 도발이 많았다.

1990년대부터 현재까지는 핵실험, 미사일 발사, NLL(서해북방한계선) 방사포 발사 등 전략적 도발을 자행해 왔다.

1953년 7월 체결된 정전협정은 종전이 아니다. 전쟁을 끝낸 것이 아니라 군사분계선을 설정해 놓고 휴전 중임을 잊지 말아야 한다. 휴전의 장기화를 평화 상태로 오인하면 안 된다. 창원 간첩단 사건 재판에서 변호인은 피고들이 단죄당할 게 아니라 존경받아야 한다고 강변했다. 대한민국이 반국가세력들로부터 능멸당하고 있는 대표적 사례다. 반국가활동을 민주화운동으로 포장해서는 안 된다.

일각에서는 대한민국의 총체적 국력이 북한을 압도하기 때문에 공산주의 등 사상표현의 자유를 폭넓게 인정하고 포용해야 한다고 주장한다. 이러한 주장은 적화통일 세력의 급증 현상에 텃밭을 제공하는 격이다.

「요즘 간첩이 어딨냐?」라는 제하의 사설은 국민을 충격에 빠뜨리게 한다.[11]

이른바 진보진영 인사들과 그에 동조하는 이들은 "요즘 간첩이 어딨냐"고 입버릇처럼 말해왔다. 그러나 국가정보원이 최근 적발한 '자주통일 충북동지회'의 기막힌 체제전복 활동을 보면 그 말은 이제 "간첩은 곳곳에 있다"로 바꿔야 할 듯싶다.

피의자들은 여전히 "국정원의 조작"이라고 주장하지만, 북한에서 직접 지령과 공작금을 받은 증거가 차고 넘친다. '원수님의 충직한 전사로 살겠다'라는 충성 혈서까지 나온 마당이라 대형 간첩단 사건으로 보는 데 무리가 없다. 이들에게 적용된 혐의는 국가보안법상 회합·통신, 찬양·고무, 잠입·

---

11. 한국경제신문, "요즘 간첩이 어딨냐"는 말 무색케 한 '北 충성혈서' 간첩단, 2021년 8월 21일자 사설.

탈출, 금품수수와 같은 온갖 이적행위 외에 제4조 '목적 수행'이 포함됐다. 목적 수행은 흔히 '간첩죄'로 불리는 것으로, 사형·무기 또는 7년 이상의 징역형에 해당하는 반(反)국가 중대범죄다. (하략)

'요즘 간첩이 어딨냐?'라는 왜곡된 인식은 "간첩은 곳곳에 있다."라고 바로 잡아야 한다. 북한에서 직접 지령과 공작금을 받은 증거가 차고 넘치고 '원수님의 충직한 전사로 살겠다.'라는 충성 혈서까지 나오는 현실을 감안할 때 우리 사회의 이념적 혼란이 얼마나 심각한지 보여준다.

대한민국에 암약하는 체제전복 세력의 실체를 규탄하면 '색깔론'이라며 정치 프레임으로 호도하는 것이 더 큰 문제다. 반국가 적화통일 세력이 발호하는 상황이 어떠한 명분으로도 합리화되어서는 안 된다. 코리아 르네상스를 향한 여정에 적화통일 세력은 동참할 수 없고 반드시 척결해야 한다. 우리 사회 내부에 암약하는 적화통일 세력의 폐해를 간과하고 방치하면 대한민국 전체를 병들게 하는 레드 바이러스가 된다. 우리 국민이 올바른 정신문화를 형성하고 나라사랑을 실천에 옮겨야 하는 논리와 연결된다.

국가전략 산업을 비롯한 산업현장에 침투하여 국가 핵심기술을 유출하는 산업스파이 문제에도 적극적인 대책을 강구해야 한다. 2016년부터 6년 동안 OLED(유기발광다이오드) 관련 기술 등 정부가 지정한 국가 핵심기술 45건이 해외로 유출된 것으로 나타났다. 전국경제인연합회가 대법원 사법연감을 기반으로 2017년부터 2021년까지 '산업기술의 유출방지 및 보호에 관한 법률' 위반으로 처리된 제1심 형사공판 사건 81건을 검토한 결과를 보면 집행유예가 39.5%에 달하는 것으로 조사됐다.

국가정보원이 2019년 1월부터 2023년 10월까지 최근 5년간 적발한 산업기술 해외 유출 사건은 총 92건, 1,300여 명이었다. 또한, 기업 추산 피해예방액은 확인 가능한 65개 기업이 연구개발비·예상 매출액 등을 반영해 자체 추산한 결과 25조 원에 이르는 것으로 나타났다. 특히 전체 92건 가운데 1/3에 해당하는 33건은 '국가 핵심기술' 사건이었다.

국가 핵심기술은 해외로 유출될 경우 국가 안전 보장과 국민 경제에 중대한 악영향을 미칠 수 있다. 기술을 빼간 나라는 중국이 70%로 가장 많았고, 미국·캐나다·이스라엘·독일·인도·말레이시아 등 관련 기술 경쟁국들이 두루 포함됐다. 당국에 적발된 전기·전자 관련 국가 핵심기술 유출 사건은 OLED 외에도 디스플레이 패널 제조 기술, 2차 전지 제조 기술, 조선 기술 등 대부분 한국이 세계 1위의 기술력을 보유한 것이다.

한국 기업이 세계 최초 상용화한 특수 선박 제작 관련 기술이 말레이시아에 유출되었고, 2022년 3월과 7월엔 고부가가치 선박 설계 도면과 세계 시장점유율 1위인 LNG선 건조 기술 자료가 중국에 넘어갔다. 이 밖에도 세계 시장점유율 1위인 초저온 보냉제 기술이 2015년 독일에 유출됐고, 선박 검사 프로그램 소스코드도 미국으로 넘어갔다.

이 밖에 해양 플랜트 설계 기술도 캐나다와 인도 등 경쟁국에 유출된 것으로 나타났다. 산업체 스파이색출에 실패한다면 기업의 타격은 물론 국가 경제까지 위태로울 수 있다. 한국이 기술력이나 시장점유율에서 세계 1위인 기술이 경쟁국에 유출된다면 국내 산업 경쟁력은 타격을 입게 된다. 특히, 중국의 산업스파이 활동은 경악할 정도이다. 특히, 삼성, LG디스플레이의 협력사에 중국인 산업스파이 두 명이 위장 취업하여 한국의 독보적 기술인 '휘어지는 OLED(유기발광다이오드)' 기술을 빼가려다 적발되었다. 산업스파이의 기술 탈취는 기업은 물론 국가 경쟁력에 영향을 미치는 중대 범죄이다.

미국 등 대부분 국가가 기술 유출을 간첩죄로 가중처벌하는 이유는 경제 안보 차원에서 중요하기 때문이다. 기술 유출을 막기 위한 보안대책 강화에 신업계는 물론 정부 차원의 대책이 깅구되어야 한다. 또한, 경쟁국이 관련 산업종사자를 매수하는 방식으로 이루어지므로 이에 대한 감시도 강화해야 한다. 산업스파이는 고정간첩 못지않은 이적행위로서 사전 예방·색출 활동 및 처벌을 강화해야 할 것이다.

8) 국민분열 선동하는 극우·극좌 세력

코리아 G3 르네상스 시대의 걸림돌로 작용하는 국민 분열 선동의 심각성을 지적하지 않을 수 없다. 극우세력과 극좌세력이 자신들의 정치적 이득을 취하기 위해 온갖 명분과 논리를 내세우며 국민을 선동하며 국민을 광장으로 내몰아치는 기현상이 만연하고 있다.

광장정치에 머물지 않고 유튜브 등을 악용하여 분열을 조장하거나 가짜뉴스를 퍼뜨려 극단적 대립을 부채질하고 있다. 정치 시즌이 다가올수록 극단적 세력들이 서로 반대진영에 대해 증오심을 부추기는 가짜뉴스를 양산하고 있다. 편 가르기 차원의 편견, 광기, 증오까지 이용하며 유튜브를 통해 사실상 내전 상황에 버금가는 치열한 인식의 전쟁이 벌어지고 있다.

독일의 유력 언론 프랑크푸루트 지는 2023년 9월 "한국은 1년 전부터 내전 상황이 지속되고 있다"라고 충격적 보도를 했다. 외국에서조차 분열의 심각성을 보도할 정도의 극단적 반목은 사실상 내전 상황과 유사하다는 평가다. 북한의 핵·미사일 도발에 직면한 안보 위협이 엄존하고 있음에도 불구하고 친북세력이 제도권 정치에 진출한 측면이 강하다는 분석을 내놓고 있다.

또한, 간첩의 은신처로서 친북 전위대가 돼버린 민노총이 장악한 방송의 공공성은 물론 공영성까지 상실되어 운명적 대결전으로 내몰고 있다는 지적도 포함되어 있다.

한국은 빈부격차와 이념대결이 중첩되는 상황에 대한 해법을 찾지 못하고 내부 갈등이 심화되어 일류 선진강국으로의 문턱을 넘지 못하고 있다. 최선을 다한 노력에 의한 소득증대보다는 아무 노력도 없이 나누기를 앞세우며 분배를 선동함으로써 쇠락의 지름길로 너무 빨리 접어들었다는 해석이다.

즉, 정치적 반사이익을 노린 국론분열 조장과 선동질의 수준이 도를 넘는 심각한 상황이다. 역사의 법정엔 사실 자체가 핵심이다. 사실Fact 자체를 왜곡해서는 안 된다. 대표적인 사례가 한국어가 유엔의 공식 언어가 되었다는 가짜뉴스다. 사실에 근거하지 않은 희망을 부풀린 왜곡이다. 현재 유엔의 공식 언어는 영어, 프랑스어, 스페인어, 중국어, 러시아어, 아랍어 등 6개 언어이다.

그런데 국제 공개어라는 것도 있다. 유엔의 세계지식재산권기구WIPO는 2007년 9월 27일(현지시각) 스위스 제네바에서 제43차 총회 본회의를 열고 183개 회원국의 만장일치로 한국어를 포르투갈어와 함께 '국제 공개어'의 채택. 기존의 8개어(영어, 프랑스어, 독일어, 일본어, 러시아어, 스페인어, 중국어, 아랍어)에서 10개어(영어, 프랑스어, 독일어, 일본어, 러시아어, 스페인어, 중국어, 아랍어, 한국어, 포르투갈어)로 늘어났다.

한국어가 유엔 공식 언어로 지정됐다는 주장이 소셜미디어상에서 반복적으로 공유됐다. 하지만 이 주장은 사실이 아니다. 유엔 관계자에 따르면 현재 유엔에서 사용되는 6개의 공식 언어에 한국어는 포함되지 않는다. 유엔과 유엔 산하기관의 공식 웹사이트에도 한국어는 공식 언어로 기재돼 있지 않다. '유엔에 한국어를 공식 언어로 지정하기 위한 결의안이 발의된 사실도 없다.'라는 것이 팩트다. 2021년 12월에 민간 사이버 외교사절단 '반크'라는 단체가 한국어를 유엔 공식 언어에 포함하기 위한 캠페인을 펼치고 있는 것은 사실이다. 사실에 대한 해석을 둘러싼 논쟁은 바람직하지만, 사실을 왜곡하고 선동하는 분열주의는 국력을 좀먹는 매국 행위나 다를 바 없다.

예를 들어, 중국 졸부들이 성형 여행을 위해 떼를 지어 한국을 방문하던 시기에 마약(프로포폴)은 '성형 마취제'라는 이름으로 병원에 쌓여갔다. 2009년 마이클 잭슨의 주치의가 치사량에 달하는 프로포폴을 투여해 사망에 이르게 된 것으로 밝혀져 오남용 사례에 대한 논란이 많았다.

우리나라에서 2011년 '마약류 관리에 관한 법률'에 따라 마약류 향정신성 의약품으로 지정되었다. 그것이 사실Fact임에도 불구하고 과량으로 투여하지 않으면 전혀 문제가 없는 듯이 보도하는 인터넷 매체들이 난립한다. 정치적 이해관계가 얽힌 사건에 대한 보도가 유튜브 채널, SNS를 통해 수없이 퍼나르기 경쟁이 벌어지며 극좌세력과 극우세력의 가짜뉴스 양산 채널로 국민 분열의 선봉장 역할을 하는 것이 우리 사회가 처한 현주소다. 극우세력과 극좌세력이 국민 분열을 선동하며 날뛰는 걸림돌을 제거하지 않으면 G3 코리아 실현은 어려울 수 있다.

9) 지식인의 침묵과 기회주의 행태

침묵하는 지성인과 대학교수 층부터 대각성해야 나라가 바로 선다. 침묵하는 지성인과 대학교수 층의 대각성이 절실함은 현대사에서 교훈적 사례를 찾아볼 수 있다.

4·19혁명 당시 고려대 교수들이 먼저 길거리에 나서서 불을 붙였던 사실을 기억하는가? 대한민국의 발전과 사회정의를 위해서 발언이 필요할 땐 침묵을 지키다가 사회적인 분위기나 대세에 편승해 뒤늦게 거들고 나서는 지식인의 기회주의적 행태가 나라 발전에 걸림돌이 된다. 침묵은 미덕이요, 삶의 지혜라고 합리화하면서 비겁한 침묵으로 보신주의나 냉소주의에 빠지는 것도 경계해야 한다.

위기에 처했을 때의 침묵은 비겁함이다. 할 말을 해야 할 때 침묵은 용기가 없는 것이기 때문이다. 침묵만이 만사형통이 될 수가 없다. 작금의 대한민국은 침묵할 만큼 녹녹한 나라가 아니다. 그런데도 대한민국의 수 많은 지식인들은 침묵 중이다, 아직 말을 해야 할 때가 아니어서 그런지, 괜히 먼저 나서서 침묵을 깼을 경우 불이익을 당할 것을 우려하여 그런지 알 수 없다. '내가 나선다고 나라가 바뀌겠는가?'라는 자조 섞인 합리화가 만연해 있는 분위기다.

대한민국 사회는 허약한 지식인들의 비분강개함은 들리는데 그 침묵을 깨는 자들은 보이지 않는다. 권력을 상실한 세력을 짓밟으며 살아있는 권력에 경쟁적으로 아부하면서 특혜와 특권을 누리려는 것도 배척해야 한다. 참지식인들은 왕조시대의 충신들이나 올곧은 선비들이 국가의 위난에 맞서 자신을 희생한 지사의 정신을 이어받아야 한다. 한국 사회 최고의 지성 집단인 교수사회가 초심을 되찾는 일이 대학의 진정성을 회복하는 길이다. 유니버시티의 어원인 유니베르시타스 콜라리움universitas scholarium은 학자 또는 학생들의 만남을 의미했다. 학자와 학생 사이의 만남의 고리는 학생 지도와 교육으로서 지성인의 산실이다.

대학은 과거로부터 현재까지 지성의 전당이고 국가의 희망이다. 근간 대학교수들은 학자로서 책무는 물론 폴리페서polifessor, 자문교수, 명예교수, 석좌교수 등 주요 분야에서 활동하고 있다. 그러나 대학 캠퍼스에는 교수들의 본분을 망각한 일탈 현상이 나타나고 있다. 대부분 대학에서 교수의 갑질, 연구비 횡령, 논문표절, 미투운동, 부정 입학, 학교 운영비리 등 세속화 문제가 끊임없이 제기되고 있다.

맹자의 '군자삼락君子三樂'은 진정 교수다운 교수로서의 길을 강조하고 있다. "군자에게는 3가지 즐거움이 있다君子有三樂. 천하의 왕이 되는 것은 여기에 넣지 않았다而王天下不與存焉. 양친이 다 살아계시고 형제가 무고한 것이 첫번째 즐거움父母俱存兄弟無故一樂也이요, 우러러 하늘에 부끄럽지 않고 굽어보아도 사람들에게 부끄럽지 않은 것이 두 번째 즐거움仰不愧於天 俯不怍於人 二樂也이요, 천하의 영재를 얻어서 교육하는 것이 세 번째 즐거움得天下英才而教育之三樂也이다."

맹자는 3가지 즐거움을 제시하면서 왕(대통령, 정치인)이 되는 것은 여기에 들어있지 않음을 두 차례나 언급하여 권력과 정치에만 관심을 두는 폴리페서들에게 경종을 울려주는 것 같다.

교수는 학문을 가르치고 연구하는 사람이며, 학문은 현실에 적용되면서 그 가치를 발현한다. 교수들이 현실 문제에 적극적으로 참여하고 정부에 건전한 비판의 목소리를 낼 수 있어야 하는 이유가 여기에 있다. 권력에 관심을 두는 폴리페서polifessor들은 현안에 침묵하고 정부 정책을 비판하는 데 소극적이다. 교수의 연구 논문들은 '세상을 위한 학문'보다는 '학문을 위한 학문', '논문 지상주의 학문'의 모습을 보인다. 공장에서 찍어내듯 질보다는 양에 집중한 논문들에 대해 속 빈 강정이란 지적이 많다.

일본의 노벨과학상은 23명이 배출됐는데 주로 대학에서 탄생됐다. 이에 반해 우리나라는 단 한 명도 노벨과학상이 없는 실정이다. 교수는 전문지식과 경험으로 학생지도와 교육활동을 통한 사회와 국가발전의 중심역할과 공공활동을 하는 주체이다. 그러나 많은 교수가 선거철이면 교수직을 유지한 상태로 선거에 출마하여, 학생들의 수업권을 심각하게 침해하는 경우가 있다. 교수들이 학생 지도에 소홀한 것은 교육자로서 양심을 저버리는 행동이다. 인재 양성과 연구 중심의 상아탑이라는 대학의 의미가 점점 퇴색되어 안타깝다.

대한민국의 내우외환 위기를 앞장서서 책임지고 해결해야 할 주체는 지성 집단이라고 생각한다. 이른바 지식, 지성인 집단이 국가 위기를 사전에 예측 예방하고 국가발전을 위해 책임질 대표적인 집단이 아닌가? 물론 대통령을 포함한 정치인, 공무원, 언론인 등에게도 큰 책임이 있다고 할 수 있으나 따지고 보면 지성인 집단 교수사회의 도덕적 책임은 정치인 못지않다 할 것이다.

정치, 경제, 안보, 사회 등 전문학자의 식견과 리더십 발휘는 왜 제대로 역할을 하지 못하고 있는가? 국가사회에 대한 무책임성이 그대로 드러나고 있다.

교수신문은 2020년 사자성어로 아시타비我是他非(이중잣대를 의미)와 후안무치
厚顔無恥를 1, 2위로 선정했다. '뻔뻔한 정치적 태도'라는 테마로 묶인다. 부끄
러움을 잊은 정치가 남 탓하기 시비 다툼에 세상을 가둬버렸다는 비판이다.

또한 2023년 사자성어로는 견리망의見利忘義를 선택했다. 눈 앞의 이익 때
문에 의리를 저버렸다는 뜻으로 현 정치행태를 빗대고 있다.

지식인 집단이 청정치 못하고 지성인 집단으로 승화하지 못하면 대한민국
의 미래는 암울하다. 대학, 대학인이라는 지식의 산실을 통해 대한민국이 초
일류 강국이 되어 주위 열강에 시달리지 않고, 겁박 또는 협박받는 나라가
되지 않도록 교수들이 이끌어야 할 책무가 있다. 대학교는 준 리더(대학생)의
보고이다. 준 리더를 리더다운 리더로 기르는 것은 교수의 소명이다. 교육은
백년지대계의 가장 소중한 자산이고 그 중심은 대한민국 교수이다.

우리나라 저출산 고령화 추세로 대학교 여건이 어렵지만, 선진국 교수처
럼 책임지고 대학생을 리더로 육성해서 리더가 넘치는 나라를 만들어야 한
다. 대학교수 사회는 집단지성의 산실이다. 집단지성이란 다양하고 독립성
을 지닌 많은 개체의 지성이 서로 협력과 경쟁을 통해 지속해서 축적되면서
조정되는 지적인 집단의 능력을 말하는 것으로 국가발전의 원동력이 되어야
한다. 한국을 이끌어가야 할 지성인 집단, 대학교수들이 시대적 통찰력과 역
사적 사명감으로 충실한 역할을 다하도록 대각성 및 쇄신 운동이 일어나야
한다.

10) 사기·무고·거짓말 악습

세계 각국이 다양한 범죄와 싸우고 법과 질서를 유지하기 위해 국가 공권
력을 강화하고 있다. 안타깝게도 대한민국에 사기, 조작, 무고, 거짓말 등이

넘쳐나고 있다.

우리나라는 OECD 회원국 중 사기 범죄율 세계 1위다. 일부 국민이 남을 음해하고, 속이는 전문가가 돼 가는 것 같다. 휴대전화를 이용한 전화금융사기(보이스피싱) 수법이 기존의 대량 발송 문자에서 가짜 우편물 발송 등 다양하게 '진화'하고 있다.

우리나라의 사기 사건 건수를 살펴보면, 2017년 23만여 건, 2020년 34만여 건, 2022년 32만여 건이다. 2017년부터 급증해 현재는 30만 건 전후로 발생하고 있다. OECD 국가 중 우리가 사기 피해 건수가 가장 많다는 통계가 그 심각성을 말해 주고 있다.

한국에서 무고죄로 고발되는 건수가 일본에 비해 인구수를 고려하면 무려 500배가 넘는다고 한다. 보험사기와 보이스피싱 피해도 급증하고 있다. 도덕적 해이를 뜻하는 모럴 해저드moral harzard도 보험 용어에서 비롯됐다. 취업난 탓인지 20대 청년들의 보험사기 범죄가 급증하고 있다.

2021년에 붙잡힌 보험사기꾼 5명 중 1명이 20대였다. 인터넷에서 악의적으로 날조된 내용이 마치 사실인 양 대량으로 살포되고 있고, 그중 딥페이크Deep Fake 이미지와 영상은 점점 실제와 구별하기 어려워지는 추세다. 사기 범죄는 망국병에 가까울 정도로 창궐하고 있다. 잘 속이니 또 잘 속는 것이다. 세계에서 '욕'이 가장 발달한 나라가 한국이라는 오명도 회자되고 있다. 돈 벌기 위해 한국에 오는 외국인 근로자가 한국에서 가장 먼저 배우는 말이 욕이라고 한다. 전철, 버스, 길거리에 지나다니는 청소년들의 대화에는 욕이 안 들어가면 말이 안 되는 꼴을 아는가? 선진국이란 돈이 많고 적음이 아니다. 아무리 포장이 좋은 명품을 들고, 좋은 차를 타고 다녀도 의식과 내용물이 쓰레기면 포장과 관계없이 쓰레기다.

한국은 명품 구입 총지출액이 2022년 기준 168억 달러(약 22조 원)으로 전년 대비 24% 증가하면서 세계 최대 명품 소비국이 됐다. 1인당 명품 구매액이 연간 43만 원에 달해 미국, 중국을 제치고 세계 1위를 기록했다.

대한민국이 '성형 수술의 세계 수도plastic surgery capital of the world'라는 비아냥을 듣는 것은 어느 나라보다 모양새와 경제적 신분으로 사람을 평가하는 경향이 만연해 있기 때문이다. '미용 의료' 최고의 국가로도 모자란 듯, 인재들이 의대로 몰리는 이유도 성형외과 의사가 되기 위함이다. 정말 안타까운 현실은 질서나 예의, 상대에 대한 배려가 사라지고 허세를 부리는 점이다.

정치인들의 거짓말은 폐해가 엄청난데도 이를 당연시하는 것이 더욱 심각한 문제다. 거짓말, 부정부패로 국민을 교묘하게 선전 선동하는 모리배 같은 정치꾼들이 나라를 오염시키고 있다. 거짓말에 대한 죄의식 자체도 없고 사기, 투기, 뇌물, 불륜 등의 온갖 추악하고 저질스러운 범죄에 해당하는 자가 정치 리더를 자처하고 나선다. 이러한 작태는 코리아 르네상스에 걸림돌이자 장애물이다. 과감하게 척결해야 할 악습 중의 악습이다.

정치꾼들의 뻔뻔한 거짓말은 국민의 정신을 오염시키고, 영웅적 국민에게 허탈감을 안겨준다. 그래도 사과 한마디 하지 않고 궤변만 늘어놓고 국회의원의 신분을 악용하여 이른바 '방탄 국회'로 전락시킨다. 결국은 진실이 거짓을 이길 것이지만 이래서는 안 된다. 사기·무고·거짓말 악습을 과감하게 제거해야 코리아 르네상스가 꽃을 피운다.

신뢰가 형성되면 조정과 협력이 쉬워져 사회 전반의 효율이 높아진다. 정부 신뢰는 국민의 지지를 통한 정당성을, 기업 신뢰는 이윤을 통한 경쟁력을 보장하는 등 신뢰는 사회적 도덕성의 기본이며 자산이다. 신뢰수준이 낮은 사회는 인맥에 대한 의존 심화로 커뮤니케이션을 방해하여 사회적 문제가 된다. 사회적 신뢰가 담보되지 않으면 지속적인 대립과 혼란이 불가피하게 된다.

신뢰 사회를 조성하면 국격 세고는 물론 노덕성 확립에 크게 기여하고, 준법정신을 증대시켜 민주주의 제도를 튼튼함으로써 국운 상승의 기반이 된다. 정의가 살아있는 조직은 반드시 융성한다. 그 대표적인 예가 바로 미국이다. 거짓말을 했다는 이유로 닉슨 대통령을 쫓아낸 나라가 바로 그 나라다. 그런 정의감이 미국이 과시하고 있는 거대한 번영의 진정한 원천이다. 오도된 정의관을 가진 집단은 반드시 궤멸한다. 그것은 그 누구도 어쩔 수 없는 역사의 준엄한 법칙이다.[12] 개인이든 국가든 흥망성쇠는 결국 정신자세가 좌우한다. 개인의 정신은 인격을 형성하고, 국민의 정신 문화는 세월이 켜켜이 쌓여 이루어져 국격을 결정한다.

인생은 자작자연自作自演으로 내가 내 인생의 각본을 쓰고 연출하고 주인공이 되어 선택하고 행동한다. 그리고 모든 선택 결과에 대해서 나 자신이 책임을 져야 한다. 결국 개인의 운명뿐 아니라 나라의 운명도 국민정신과 의지에 따라 결정되는 것이다.

필자는 사기·무고·거짓말의 악습이 완전하게 근절이 될 것으로 기대하지 않는다. 그러나 이러한 악습이 사회적으로 만연하고, 통용되고, 방조하는 풍조는 반드시 사라져야 한다.

코리아 르네상스의 걸림돌인 10가지 악습을 척결하지 못하면 슬픈 역사를 되풀이하게 된다.

---

12. 조선일보, 전성철의 글로벌 인사이트, "역사의 수레바퀴를 거꾸로 돌리고 있는 DJ의 후예들," 2023년 4월 7일자.

5. 미래의 운명:
세계의 등불 'G3 Korea'

　21세기 대한민국은 르네상스 시대의 꽃을 피워 세계의 등불로 인류평화와 문명의 발전을 선도하는 국가가 될 것이다. 21세기 코리아 르네상스 시대를 맞아 홍익인간 사상과 이념을 토대로 올바른 역사의식과 역사 주체성으로 무장해야만 한다. 우리는 홍익인간의 철학과 사상으로 '동방예의지국→동방의 등불→세계의 등불 코리아→초일류 통일 선진강국→G3 대한민국'이 되어 르네상스 시대의 꽃을 피워야 한다.

　등불의 사전적 의미는 앞날에 희망을 주는 존재를 비유적으로 이르는 말이다. 또한 등불은 '한구석을 지키면서 천 리를 비추고', '하나의 등불은 한구석을 비춘다.'라는 것이다. 역사적으로 등불의 의미는 홍익민족에서 홍익은 밝다는 의미가 있으며 등불과 상호관련성이 있다. 환국桓國은 밝은 땅의 의미가 있는 배달민족을 의미한다. 나라 이름도 환국桓國→단국檀國→조선朝鮮→대한민국大韓民國으로 바뀌었다. 나라 이름이 바뀌어도 국명에는 등불의 의미가 내포되어 있다. 홍익인간은 우리 민족의 건국 정신인 동시에 민족적 신념이고 이상의 등불이다.

　홍익인간 사상 철학은 나라가 융성할 때는 예술혼으로 문화대국의 기반이 되고 민족의 수난기에는 호국정신으로 안보의 기반이 되었다. 특히, 일제강점기에는 독립운동을, IMF 위기 시에는 금 모으기 운동을 전개하는 등 항시 민족의 등불 역할과 구심점으로 피어났다. 남을 위해 등불을 밝히다보면 내

앞이 먼저 밝아진다. 개인의 등불은 마음의 등불→가정의 등불→사회의 등불→국가의 등불이 된다. 따라서 나의 등불이 이웃집, 이웃 나라는 물론 세계의 등불로 승화되어 동방의 등불 코리아가 되는 것은 역사 생태학적 측면에서 의미가 깊다. 등불의 '밝다'와 홍익인간에서 홍익의 '밝다'라는 의미는 상호관련성이 있다.

노벨문학상을 수상한 최초의 동양인이자 인도의 시성으로 불리는 타고르 Rabindranath Tagore(1861~1941)는 1929년 일본을 방문하여 조선을 노래한 '동방의 등불'이라는 시를 발표하여 동방의 등불 코리아의 의미가 국내외적으로 널리 알려졌다. '동방의 등불 코리아→세계의 등불 초일류 통일 선진강국 G3 코리아'는 21세기 대한민국 시대정신이고 절대정신으로, 세계로 나아갈 시대정신이다.

현재 대한민국의 경제발전은 경이로운 속도감을 보여주었는데 이제 지속 가능한 고도화로 진입해야 한다. 한국전쟁 이후 빠른 경제성장을 이루어냈지만, 그 자체만으로 세계의 등불 'G3 Korea'가 될 수 없다. 21세기의 중반으로 접어들면서 미중 경쟁이 더욱 가속화될수록 대한민국의 외교안보 전략은 영리하고 민첩한 돌고래처럼 스마트 파워를 극대화시켜야 할 것이다.

민생에 여념이 없는 국민들이 국가의 외교 안보 전략까지 수립하고 추진할 수는 없다. 그래서 국가안보 의식이 투철하고 전략적 지략이 넘치는 국가 지도자를 선출해야 한다. 특히, 안보 포퓰리즘에 의한 인기몰이는 국민 리더십 문화운동을 통해서 정치꾼들이 혹독한 대가를 치르도록 해야 한다. 왜냐하면, 대내 위기는 먹고사는 문제이지만 대외 위기는 생사의 문제이고, 국가 존립과 직결되기 때문이다.

우크라이나 전쟁과 이스라엘-팔레스타인 전쟁이 동시에 발생되자 한반도 안보 위기론이 다시 고개를 들고 있다. 위기를 기회로 대전환시켜 한반도 번영시대를 역사정신으로 마련하여 반드시 후손들에게 계승시켜주어야 한다.

2015년 유엔총회는 유엔 창설 70주년을 맞아 인류 공동의 개발 목표인 '지속가능발전목표Sustainable Development Goals: SDGs'에 합의하였다. SDGs의 개별목표들은 사람People, 지구환경Planet, 번영Prosperity, 평화Peace, 파트너십 Partnership 등 모두 5P 원칙으로 제시됐는데, 빈곤, 기아, 보건, 교육, 젠더, 불평등, 물, 도시, 경제성장과 일자리, 인프라, 기후, 해양, 육상 생태계, 에너지, 평화, 글로벌 파트너십 등의 목표를 포괄한다. 대한민국은 해방 직후 해외 원조를 받고 6·25 전쟁 당시에는 유엔의 기치하에 파병의 도움을 받았던 국제협력의 최대 수혜국이다.

G3 코리아 글로벌 리더십을 발휘하기 위해서는 개발도상국의 빈곤을 퇴치하고 발전을 돕는 글로벌 개발 협력에 적극적으로 나서는 것이 도리다. 21세기 세계의 등불 코리아 정신을 승화시켜 협력과 연대를 통한 글로벌 가치 및 상생의 국익을 실현해야겠다.

21세기는 '문명사의 대전환', '세계사의 대전환'의 시대가 될 것이다. 대전환의 시대에 방관자나 조력자가 아니라 당당한 주역이 되어야 한다. 국민이 앞장서서 국가발전을 선도하는 모델로 세계발전을 선도하는 국가가 되어야 할 것이다.

6. 초일류 통일 선진강국 건설 핵심과제

초일류 강국 건설을 위한 핵심과제는 정신, 교육, 경제, 안보의 공동화 현상에 대한 해법과 직결된다. 학교, 가정, 사회, 국가의 단위별로 각종 병리현상이 고착화되어 있는데 혁명의 방향타를 쥔 정치의 3류·4류화로 선진화 혁명은 표류하고 있다.

게다가 민족의 고질적인 병폐인 분열과 대립이 끊임없이 지속되어 '뭉치면 살고 흩어지면 죽는다.'라는 국민통합의 실천이 부족했다. 고난과 한의 역사를 수없이 겪었음에도 고뇌에 찬 과거와의 대화는 늘 부족했었다. 그러다 보니 제대로 된 혁신, 개혁, 혁명을 이루지는 못하여 많은 고난과 국난을 겪었고, 현재도 위기를 맞고 있다. 이젠 정신·교육·경제·안보 혁명을 통해 선진화 혁명을 반드시 이룩해야 하는 시점이다.

일찍이 영국의 역사학자 에드워드 카Edward Hallett Carr는 "역사란 역사가와 사실 사이의 지속적인 상호작용 과정이며, 현재와 과거의 끊임없는 대화이다."라고 정의했다. 우리의 역사를 거시적이고 객관적인 통찰력으로 현재의 문제를 도출하고 미래의 비전을 세워야 한다. 세계적 저명 학자들은 21세기의 메가트랜드가 동양회귀라는 사실에 공감하며 21세기 중반 한·중·일 중 한나라가 세계패권을 주도할 것이라고 예측하고 있다.

대한민국이 세계의 등불 G3 코리아가 되지 못할 이유가 없다. 국민 리더십 문화를 '국가 대 개조─초일류 선진화 혁명'으로 승화시킨다면 21세기 세계의 등불 G3 코리아는 이루어질 것으로 확신한다. 이제 한민족의 도약과 웅비의 시대를 구체화하고 실현하는 것은 이 시대를 준비하는 국민과 지도자의 역할이라 할 것이다. 그리스, 로마, 스페인 모두가 반도국가로서 패권국가가 되었음을 본보기로 삼아 국민과 지도자가 힘을 합쳐 내우외환의 위기를 기회로 대전환 하는 세계적 번영의 나라로 만들 수 있다.

'달성하려는 목표'Desired Goal는 세계 3위 수준의 초일류 통일된 선진강국 United Korea G3이며, 추진 전략Driving Strategy은 4대 중추(정신, 교육, 경제, 안보)를 혁명적으로 개혁하여 체계적으로 성취하는 방향으로 설정했다. 이것이 대한민국의 운명을 새롭게 개척하는 프로젝트라고 할 수 있다. 특정 정치세력이나 권력자에게 의존하는 것이 아니라 '국민 리더십' 문화로 성취한다.

이 모델은 현재 한국사회가 당면한 위기를 기회로 전환하고 세계적 흐름을 선도하기 위한 비전이며, 추진 전략을 집약한 것이다. 목표가 달성되는 시기는 21세기 중반(2050년 전후)으로 설정했다. 5년 단위로 6차에 걸친 평가 과정을 거치며 단계적으로 제도와 시스템의 변화까지 장착시킨다.

이 추진 모델의 개념은 '한강의 기적'에 비유될 정도로 '경제발전 5개년 계획'을 성공시켰던 경험과 자신감을 벤치마킹하여 국가의 핵심 골격(중추)부터 견고하게 만들려는 것이다. 어떠한 외풍에도 흔들림이 없도록 기초가 든든하고 기둥이 균형 잡힌 건강하고 행복한 '대한민국 집', 이른바 '건행建幸의 집'을 새롭게 건축하는 프로젝트로서 주역도 주인도 국민이다.

정신혁명의 뿌리인 홍익인간은 우리 민족의 건국정신인 동시에 민족적 신념이고 이상이다. 우리 민족은 홍익인간을 표방하며 5천 년을 이 땅에서 살았다. 그러므로 홍익인간은 우리 민족의 삶의 애환과 철학이 농축되어 있는 개념이며, 우리가 성장과 발전을 고민할 때 가장 먼저 고려해야 할 사항이기도 하다.

홍익인간의 정신과 이념은 나라가 융성할 때는 물론, 민족의 수난기에도 호국정신이자, 국혼으로 영원히 피어날 것임이 분명하다. 우리는 "인성이 운명이다."라는 명제를 명심하여 어떤 인성으로, 어떤 선택을 하여, 어떤 운명의 길을 가는가에 대해 개인은 물론, 특히 국가의 지도자들이 항상 고뇌하면서 운명의 길을 개척해 나가야 한다. 인성은 개인, 모든 조직, 국가, 지구촌의 흥망성쇠를 좌우하기 때문에 인성은 최대의 자본, 자산이라 할 수 있다.

또한 인생의 운명은 인성의 자본과 자산에 따라 좌우된다는 결론을 도출할 수 있다. 인성은 인간의 밑천(자산)으로서 바른 인성은 행복의 밑천이 되고, 나쁜 인성은 불행의 씨앗이 된다. 나의 인성이 내 밑천에서 나아가 가정의 밑천이 되고 국가사회 발전의 밑천이 된다.

소크라테스 역시 "악한 행위를 하는 사람은 다른 사람은 물론 자신에게도 해악을 끼친다."라고 말했다. 동서고금의 역사를 볼 때, 인성이 개인은 물론 모든 조직, 국가, 인류의 흥망성쇠의 운명을 좌우한다는 교훈을 결코 잊어서는 안 될 것이다.

저급한 정신문화 수준으로는 절대 선진국으로 갈 수 없다. 정신혁명을 기반으로 교육혁명과 경제혁명을 융합시켜 시너지 효과를 통해 '국가 대개조 – 선진화 혁명'의 국민적 소망을 이루어야 할 것이다. 21세기 정신문화는 인류문명사적 급변의 시대로 세계는 대전환의 시대를 맞이하고 있다. 따라서 우리는 인문학과 디지털, 4차 산업의 공학은 물론 경제, 비지니스 융합 등 학문간 경계를 뛰어 넘어야 한다.

최근 한류가 세계적인 붐을 일으키고 있다. 21세기 한국의 정신문화가 세계를 이끌 조짐이 세계 도처에서 발현되고 있다. 백범 김구 선생의 소원인 정신 문화 대국이 이루어지고 있다. 정신문화의 힘은 우리를 행복하게 하고 이웃 나라를 행복하게 해 주어 세계의 등불 코리아 구현의 토대가 되고 있다.

7. 청년세대 계층상승의 전략정책 확대

청년세대의 계층상승에 대한 좌절감은 한국사회가 풀어야 할 난제 중의 난제다. "빈부격차가 고착화되었고 극복될 수 없다."라는 포기심리가 MZ세대의 희망을 좌절시킨다.

부모의 사회계층에 따라 자녀들의 계층이 결정되는 '수저 담론'이 사회적 문제로 급부상하면서 청년들의 삶의 만족도는 점점 낮아지고, 60여만 명이 은둔 생활을 하여 사회통합을 저해하고 세대 간 갈등을 발생시키는 등 부정적 연쇄반응이 꼬리를 물고 발생하고 있다. '금수저, 흙수저, 헬조선' 등이 청년층이 꼽은 신조어로 통용되는 것은 한국 사회를 바라보는 자조 섞인 자화상이다.

따라서 국가전략 차원에서 개인의 노력이나 능력을 통해 계층이동이 가능할 수 있는 사회적 분위기와 공정한 청년정책을 마련해야 된다. 특히 빈곤한 청년층이 개인의 노력과 능력을 통해 공정하게 높은 계층으로 올라갈 수 있도록 기존의 사회보장 제도를 개편하며, 교육의 평등을 통해 계층상승이 보장될 수 있는 정책을 마련해야 한다.

고달픈 청년 500만 명에게 절실한 것은 공짜 배급이 아니라 일자리다운 일자리이다. 양질의 일자리를 만들려면 정권과 귀족노조의 야합을 깨는 것이 우선적일 것이다. 세금으로 만든 급조한 일자리가 아니라 기업들이 만드는 진짜 일자리이다. 정부는 성장주도와 혁신주도의 조화를 통한 일자리 창출의 선순환 경제를 이룩해야 한다.

4차산업혁명과 관광산업은 일자리 창출의 핵심이며 경제성장을 좌우하는 열쇠가 될 것이다. 또한, 청년들의 사회참여를 활성화할 수 있도록 정부 부처에 흩어져 있는 청년정책을 하나로 관리할 수 있는 컨트롤 타워를 구축하고 청년들이 지역사회에서 의사결정에 참여할 수 있는 조직과 제도, 프로그램을 마련해야 한다. 수저계급론이 청년층에서 이슈화 되고 있는 배경에는 계속되는 청년실업과 치솟는 집값, 비정규직과 정규직 간의 양극화 등 사회적 문제의 중심에 청년들이 소속되어 있고 이러한 사회 구조는 이들이 살아가는 데 있어 정의·공정 등의 사회적 문제가 자괴감을 느끼게 하며, 노력해도 성공할 수 없다는 무력감으로 이어진다. 또한, 부모보다 높은 사회경제적 위치로 올라갈 수 없는 첫 세대의 출현이라는 이들의 현실을 반영한다. 부모 세대보다 열악해진 사회환경 속에서 고군분투해야 되는 20~30대의 고달픈 현실이 여실히 투영되어 있다.

이는 부모에 대한 의존으로부터 독립하고 새로운 자신의 삶을 만들어 나가야 하는 청년기의 과업을 수행하지 못하고 경제적, 심리적으로 많은 문제를 겪게 되는데, 청년 시기의 이러한 문제들이 장년, 노년의 불평등과 빈곤 문제로 이어질 수 있어 우리 사회가 시급하게 해결해야 되는 문제다.

부모의 능력과 지위, 배경에 따라 사회계층이 대물림된다는 주관적인 계층인식은 청년층이 사회를 바라보는 시각도 부정적일 수밖에 없는데 이는 우리 사회에도 부정적인 영향을 미친다. 계층 대물림 혹은 계층세습으로 인한 좌절감은 개인의 노력으로는 더 이상 이 사회에서 성공할 수 없다는 사회에 대한 불신을 가져오고 사회를 부정적으로 인식하게 되면서 이는 결국 청년층의 사회참여에 영향을 끼칠 수 있다.

계층이동의 어려움은 사회를 불신하는 요인으로 작용하는데 계층이동이 가능한 사회일수록 사회에 참여하는 개인의 동기나 사회경제적 역할이 증가하고 경제적인 성과가 커지는 반면, 계층이동의 어려움으로 인해 개인의 경제적 성과가 낮을수록 정부에 대한 신뢰는 낮아지고, 계층의 세습화나 경제 불균형의 영향을 받는다.

이처럼 청년층의 경우 미래의 계층이동에 대한 가능성 여부가 좌절감과 심리적 박탈감에 직접적인 영향을 미치고 사회신뢰에 영향을 끼쳐 사회구성원으로 인식하는 태도가 달라질 수 있기 때문에 청년층이 자신의 노력으로 상향계층이동인식을 가질 수 있는 시스템을 마련해야 한다. 절망의 늪에 빠져든 대학생들은 "왜, 대학에 다니는가?"에 대해 심사숙고하고 나아가 삶의 방향을 재정립하여야 한다고 생각한다. 학문에 정진하기보다는 적당히 즐기고, 노는 생활에 익숙해지는 것은 청년실업을 가중시키는 요인도 되고 있다.

기업체에서는 대학생들의 의식구조가 중소기업은 외면하고 대기업만 선호하는 것이 문제이며, 대기업에 입사한 대학생들은 실력이 부족해 재교육받아야 하는 실정이라고 말한다.

더욱이 입사 후 이직률이 30~40%에 달해 국가적 낭비가 심하다고 한다. 이러한 요인은 여러 가지가 있겠지만 그중에서 가장 큰 요인은 손자삼요損者三樂의 대학생활이라 할 수 있겠다.

필자는 국부론에서 대학생의 손자삼요 문제를 세부적으로 경고했다.[13]

우리 청소년들은 "왜, 학교에 다니는가?"에 대해 심사숙고하고 나아가 자아 정체성에 따라 삶의 방향을 재정립하여야 한다. 학문에 정진하기보다는 적당히 즐기고, 노는 생활에 익숙해지는 것은 청년실업을 가중시키는 요인이 되고 있다. 기업체에서는 대학생들의 의식구조가 중소기업은 외면하고 대기업만 선호하는 것이 문제이며, 대기업에 입사한 대학생들은 실력이 부

13. 최익용, 『국가 대 개조 – 국부론』(행복에너지, 2018) p.468

족해 재교육을 받아야 하는 실정이다. 더욱이 입사 후 이직률이 30 40%에 달해 국가적 낭비가 심하다. 이러한 요인은 여러 가지가 있겠지만 그중에서 가장 큰 요인은 손자삼요에 젖은 청소년들이라 할 수 있다.

공자는 『논어』, 계씨편에 우리를 망가뜨리는 3가지 즐거움을 들고 있다. 이른바 해로운 3가지 즐거움은 아래와 같다.

- 교만방탕의 즐거움을 좋아하고 樂驕樂(낙교락)
- 편안히 노는 즐거움을 좋아하며 樂逸樂(낙일락)
- 향락을 베푸는 즐거움을 좋아함 樂宴樂(낙연락)

손자삼요損者三樂는 동서고금을 막론하고 정체성의 훼손으로 인간을 망가뜨리는 유혹의 요소로 작용한다. 특히 청소년, 대학 시절의 손자삼요는 아편과도 같아 특별한 경계와 주의가 요구된다. 젊은 시절엔 쾌락주의에서 더욱 헤어나기가 어렵고, 인생의 황금시기에 큰 병이 들면 인생을 망가뜨릴 수도 있다. 일찍이 아리스토텔레스는 "쾌락을 지나치게 추구하다 보면 중독이 되어 인생이 파괴된다."라고 말했다.

오늘을 최고의 날로 만드는 것이 자신이 자신에게 주는 진정한 선물이다. 인생은 마라톤과 같이 처음과 끝이 중요하며 장기적이다. 현재를 즐기는 것도 중요할 수 있지만 더 중요한 것은 항상 현 상태에서 최대한 꿈꿀 수 있는 게 무엇인지 생각하고 나의 10년 후, 20년 후는 물론 백년대계의 인생에 있어서 더 뒤의 시간까지도 준비하고 계획하는 모습이다.

미래에 대한 준비가 아름답고 숭고한 결과물을 가져올 것이다. 기성세대는 '청년들이여 일어서라, 힘차게 일어서서 웅비하라!'라고 힘차게 응원해야 한다.

제22장

국운융성을
위한
정신문화 혁명

1. 국민 인성 바로 세우기와
도덕성 회복 운동

대한민국의 국운융성을 위한 정신문화 혁명은 국민 인성 바로 세우기와 도덕성 회복 운동에서부터 시작된다. 올바른 인성과 도덕성은 존경받는 한국인의 품성이자 동방예의지국의 전통과 일맥상통한다.

우리나라는 근간 동방예의지국東方禮儀之國→동방불예지국東方不禮之國→동방망례지국東方亡禮之國으로 전락하는 실정이다. 대한민국은 세계 최초로 인성교육을 법으로 의무화한 나라가 되었다.

이와 같은 특이한 인성교육법의 등장은 '동방예의지국'이라 불릴 만큼 예와 공경의 문화로 존경받던 우리에겐 위기를 알리는 신호이기도 하다.

대한민국은 지난 반세기 동안 남북한 분단이라는 열악한 조건에서도 전세계가 깜짝 놀랄 만큼 경제의 고도 압축성장을 일구어냈다. 그러는 동안 국민들은 지나친 경쟁에 내몰렸고, 우리 청소년들도 예외가 아니었다. 새벽부터 늦은 밤까지 공부와 씨름하며 보내는 그들에겐 인성을 함양할 겨를이 없었다. 주입식 암기수업과 오직 개인의 이익과 권리를 추구해 온 에고이즘egoism에 함몰된 결과 인성의 상실을 불러왔다.

물질과 출세가 최고의 선善으로 치부되어 합리적 사고를 상실하는 사회적 병리현상이 일어나 비정상적 행동이 일상에 만연하고 있다. 이들의 정신적 방황은 자아정체성의 혼란과 함께 많은 부분에서 사회 부적응 문제를 가중시킨다.

세계적으로 높은 자살률, 불법 성매매, 이혼율 등도 이러한 현상과 무관하지 않다. 자살률의 경우 10만 명당 24.7명으로 OECD 평균 11.5명의 2배에 이르는 1위이다. 이렇게 높은 자살률에서 노인 자살이 가장 큰 비중을 차지하고 있다. 2위인 슬로베니아의 38.7명으로 2위를 차지하고 있는 것에 반해 대한민국은 58.6명이다. 노인 자살률의 원인은 빈곤이 가장 큰 요인으로 나타났다.

대한민국 고유의 역사, 문화, 철학에 대한 연구와 교육이 체계화되어야 한다. 인성교육은 역사와 국혼에 바탕을 두고, 국가공동체에 대한 자긍심을 갖게 하면서 인류의 보편적 가치관을 담아야 한다.

이러한 차원에서 홍익인간 사상의 가치를 조명하여 인성교육으로 연결할 필요가 있다. 인성교육을 통해 개인의 사리사욕을 넘어 이타주의와 공동체 정신을 함양하여 나라사랑으로 승화되어야 한다. 인성교육의 핵심은 널리 사람을 이롭게 한다는 홍익인간 정신으로 연결된다.

《한국 전통윤리와 서구 합리주의의 조화를 통한 도덕성 실천》

전통윤리(한국)		합리주의(서구)
홍익인간		준법정신
선비정신	도덕성의 실천	정직성
두레정신		책임의식
		공정성

도덕성은 행동의 준칙으로 인간이 사회생활을 해나가는 데 공동체의 질서를 유지하고 개인과 조직은 물론, 국가의 흥망성쇠를 좌우하는 중요한 요소이다. 더욱이 공직자 등 사회 지도층의 도덕성은 사회의 기반이 되는 최고의 덕목이라고 할 수 있다.

병든 사회는 '도덕불감증'에 시달리며 불신의 고통을 겪는다. 고금을 통해도道가 무너진 국가치고 온전한 나라가 없었다. 도道가 떨어지면 멸망이 찾아온다. 가야 할 길이 막히면 방황과 탄식의 수렁에 빠진다. 도의가 통하지 않고 도덕이 실종된 풍토는 희망이 없다. 스승이 안 보이고 어른도 없다. 인간은 공동체의 존립 근거가 되는 윤리를 지킴으로써 도덕성의 회복과 함께 그에 대한 실천을 이룰 수 있다. 그렇기 때문에 우리는 한국, 동양의 전통윤리와 더불어 서구의 합리주의를 조화롭게 실천하여 진정한 도덕성을 발현해야 한다.

대외적으로 내세우는 K-Culture 문화강국 이미지에 도취할 상황이 아니라 우리 사회 내부의 병리현상에 대한 치유가 시급하다. 인성 바로 세우기는 자연발생적으로 형성되지 않는다. 인성교육이 강화되어야 한다.

『하버드의 생각수업』에서는 인성과 철학의 중요성을 교육프로그램과 연관하여 설명하고 있다.[14]

옥스퍼드 대학교는 시험성적보다는 인성면접을 중요시한다. 생각에 관한 교육이라고 하면 프랑스라는 나라를 빼놓을 수 없다. 그들의 대입시험, 바칼로레아(Baccalaureate)에는 어떤 전공을 원하든 관계없이 철학시험이 포함되어 있다. 프랑스는 철학이 생각을 발전시켜 나가는 중요한 학문이라 생각한다. 철학을 공부하면서 학생들이 내 생각은 어떤지, 왜 그렇게 생각하는지 찾아가길 의도한다. 요컨대 자신의 철학, 가치관, 진정한 교양을 가져야 한다는 말이다.

정치리더들이 온갖 편법·탈법·불법을 저지르며 죄의식조차 없이 물질만능주의와 권력을 탐닉하는 현상을 국민들이 선거를 통해 응징해야 한다. 올

---

14. 쿠하라 마시히로, 김정환 역, 『하버드의 생각수업』(엔트리, 2014) pp.6-9 요약

바르게 살아가며 근면 성실한 국민들을 허탈하게 만드는 현상이 지속되면 극심한 갈등과 공동화 상황이 파생된다.

'인성, 도덕성, 리더십'은 추상적 관념이 아니라 민생에 직접 영향을 미치고 국가의 품격으로 연결되는 국가자산으로 인식되어야 한다. 도덕성 회복이 미흡한 상태에서 법·제도 등의 규범을 만들어도 지키지 못한다면 국가의 질서와 정의는 무너질 수밖에 없다.

마치 경제 살리기가 최고의 가치인 양 호들갑이지만 사실은 국민인성을 바로 세우고 도덕성 회복 운동을 재점화시켜야 한다. 한국사회의 도덕적 피폐 현상은 이제 대다수 국민의 보편적 인식이 되어 버렸다. 압축성장의 그늘 탓인지 정신문화가 쇠퇴하여 사회 전반에 인성 타락, 도덕성 실종으로 동방불예지국의 나라가 되었다.

초일류 강국으로의 도약은 경제적 풍요만으로 달성할 수 없다. 먼저 리더는 도덕성을 갖추어야 한다. 도덕성은 리더의 생명이다.[15] 도덕성이라는 원칙을 세우고 정도를 추구해야 한다.

우리 선조들은 청렴과 검소를 몸소 실천해 사리사욕을 멀리했던 공직자를 '청백리淸白吏'라 부르며 존경과 칭송을 보냈다. 그런 의미에서 선비정신이 우리의 정신사를 다시 일으켜 세울 각성제가 되도록 우리 공무원들은 학습하고 성찰하여야 한다.

리더는 국민을 선도하여 긍정적인 정신문화를 추구하게 만들며, 우리의 정신문화적 가치와 연계하여 다양한 문화를 인정하고 존중하는 문화 정책을 추진해야 한다. 이는 국민들이 자신의 문화를 자랑스럽게 여기고, 다른 문화에 대한 이해와 존중을 높이는 데 도움이 된다.

또한 국제 협력을 통해 우리의 정신문화적 가치를 전 세계에 알리는 역할

---

15. 최익용, 『대한민국 리더십을 말한다』 (이상 biz, 2010)

을 해야 한다. 이로써 세계가 우리나라의 풍부한 문화적 가치를 인식하고 존경하게 된다.

도덕성은 한 사회에 속한 사람들의 말이나 행동의 좋고 나쁨을 판단하는 정신적 기준이며, 한 사회의 정신적 가치체계를 의미한다. 그것은 부모에 대한 태도, 가정에서의 태도, 이웃에 대한 태도, 조직에서의 태도, 자신에 대한 태도에 관한 것이다.

리더는 조직 구성원에게 도덕성의 중요성과 필요성을 마음 깊이 인지시킬 필요가 있다. 도덕적 기반 없이는 경제발전 자체가 어려울 뿐 아니라, 경제 상황이 좋아졌다고 하더라도 도덕적 기반이 없다면 이는 모래성과 같다. 도덕성 회복은 시급한 국가적 화두가 되어야 한다. 수단 방법을 가리지 않고 출세하고 돈 벌면 되는 것이라고 교육현장에서 은연중 가르치는 것은 아닌지 자성해야 한다.

도덕적으로 산다는 것은 개인적으로 행복해지는 일일 뿐만 아니라 경제적으로도 사회에 기여하는 것이다. "하늘에는 반짝이는 별, 내 마음속에는 도덕률이 있다."라고 한 칸트처럼 모든 구성원의 마음속에 '도덕률'이 살아있다면 그 조직의 미래는 밝을 것이며 한마음 한뜻의 '이심전심 조직체'가 될 것이다.

한국의 정치, 경제, 사회적 제반 문제를 해결하려면 먼저 리더의 도덕성을 확립해야 한다. 어느 시대든 권력이 도덕적 정당성을 상실하면 그 권위를 잃게 된다. 사회적 혼란을 수습할 명분과 힘을 잃을 뿐만 아니라, 스스로 그러한 혼란의 제공자가 된다.

그러므로 우리 사회의 고질적인 부정부패를 일소하기 위해서는 도덕성을 갖춘 리더 그룹이 정부와 지도층의 기반 및 주도권을 확립해야 한다. 정부와 사회의 모든 조직과 기업 등 모두가 부정부패를 척결하지 않는다면 한국은 절대 선진국이 될 수 없을 것이다.

'영유아 살인 사건', '묻지 마 살인 사건' 등 잔인한 범죄가 속출하는 원인을 인간성의 부재에서 찾을 수 있다. 종교계의 세속적 타락 현상도 극히 일부분의 파행이라고 넘어갈 수 없다. 노조 간부들의 취업장사 사건도 심각한 도덕 불감증에서 나온 것이다. 노조는 조합원의 임금, 근로조건 개선 등을 위해서 경영자 측에 대항하는 역할을 담당하기 위해 존재하는 것인데, 파업을 무기로 노조원채용의 이권을 받아 채용장사를 하고 경영에 참여하며 납품비리에도 관여한다는 혐의를 받고 있으니 이는 노조의 협박에 경영자측이 굴복, 타협하는 것이고 그런 기업체가 잘될 수 없을 것이다. 이런 노조가 있는 나라에 외국인들이 과연 투자할 마음이 생기겠는가.

이런 타락한 노조가 있는 한 경제 발전은 쉽지 않을 것이다. 도덕성 회복 없이 진정한 초일류 강국으로의 도약은 불가능하다. 인성의 기초가 되는 윤리, 도덕, 양심 교육의 산실인 초·중·고 교육의 정상화와 실효적인 인성교육 없이는 국민 인성 바로 세우기가 어렵다. 국가관과 가치관이 허물어진 것을 다시 세우기 위해 인성 교육에 힘써야 한다.

사람을 사람답게 받쳐주는 것은 물질이 아니라 함께 더불어 살아갈 수 있는 근간인 인성을 바로 세우기와 도덕성 회복이 절실하다.

공정·정의 등 인성과 도덕성은 단기간에 생기는 것이 아니므로 체계적인 교육과 학습, 성찰을 통해 지속적으로 함양시켜 나가야 한다.

도덕은 인생의 근본이요, 사회를 이루는 근간이며, 역사의 원동력이다. 튼튼한 도덕이 바탕이 되어야 경제와 안보도 따라올 것이다.

2. 세계 정신문화를 선도하는 한류 문화 대국

　우리나라도 한민족의 혼과 정서가 반영된 품격 있는 정신문화를 형성하여 초일류 선진강국으로 발돋움해야 한다. 품격 있는 정신문화는 교육문화로 연결되고, 교육문화는 물질(경제)문화를 만들어 국격을 형성한다. 사우디아라비아처럼 돈이 많다고 선진국이 아니듯, 국격을 갖추어야 선진국이 되는 것이다.

　국격이 K-pop처럼 브랜드 파워를 형성하여 대한민국의 가치를 증진할 뿐 아니라 세계인의 존경과 선망이 되는 국가로 자리매김하게 한다. 오직 한없이 갖고 싶은 것은 높은 정신 문화의 힘이다. 높은 정신 문화의 힘은 우리 자신을 행복하게 하고 나아가서 남의 행복을 주기 때문이다.

　"인류가 현재에 불행한 근본 이유는 인의仁義가 부족하고 자비가 부족하고 사랑이 부족하기 때문이다." 김구 선생은 정신문화를 토대로 교육, 물질(경제)문화의 발전을 통한 행복한 선진국 건설을 꿈꾸었다. 그러나 현실은 정신문화가 추락하면서 교육, 물질문화가 쇠퇴하여 심각한 국가사회 문제를 빚으며 악화되고 있다.

　인류는 자연적·사회적인 제약으로부터 자유를 얻기 위해 최고의 능률과 최대의 생산을 주요 가치로 여기며 노력해 왔다. 하지만 현대인은 자신들이 쌓아 올린 경제적, 기술적인 성취와 위력 앞에서 오히려 스스로가 무력해지는 딜레마에 빠져 있다. 정신문화의 혼돈 현상은 글로벌 차원의 고민거리다.

21세기가 도래하였을 때 인류는 그렇게도 열망했던 꿈이 실현될 것으로 믿었다. 하지만 21세기의 인류는 정신문화의 빈곤 속에 절망적 상황에 직면하게 된다.

키에르케고오르Kierkeggard(1813~1855)는 현대 비판이라는 글에서 근대 서구 사회의 피상성, 야수성, 넌센스, 가치 질서의 파괴, 인간성 상실 등에 대해 날카로운 비판을 가했다.

인간 실존을 외친 니이체Nietzsche(1844~1900)는 "서구 문명이 니힐리즘에 봉착했다. 따라서 새로운 가치의 체계를 세워야 한다"고 설파했다. 아울러 그는 삶, 삶의 기쁨, 삶의 절대 긍정을 주장했다. 이들의 주장은 근대 서구 기계 문명 속에서 몰락되어 가는 인본주의에 대한 깨우침이었다.

과학기술에 대한 믿음이 서구 문명의 놀라운 발전을 가져오고 있지만 사람들이 주체성과 이상을 상실하고 있음을 한탄하는 주장이 설득력을 얻게 되었다. 하이데거는 현대인의 일상생활을 '무자각, 무성실, 무책임'한 생활로 보았다. 인류가 쌓아올린 평화와 가치, 인간으로서의 존엄을 송두리째 파괴하는 2차 세계대전이 촉발되었다.

특히 우리나라는 5,000년 전통문화와 역사적 가치관이 잘 갖춰져 있는데도 제대로 실현하지 못하고 있는 실정이다. 전통 가치의 수직 문화는 역사, 철학, 사상 등의 인문학과 고난의 체험으로 이루어져 쉽게 변하지 않는 문화로서 지혜를 이루는 기반이 된다. 반면 외면적 수평 문화는 권력, 명예, 물질 등으로 이루어져 시대 상황 여건에 따라 자주 변하는 문화이다.

수직 문화가 인생의 의미와 삶의 길을 찾는 심연深淵의 문화라면 수평 문화는 손자삼요損者三樂와 같이 본능적 쾌락과 재미를 추구하는 문화이다. 국가가 발전하려면 전통 가치의 수직 문화가 중심을 이루고 수평 문화는 수직 문화와 조화 및 균형을 이루어야 한다. 수평문화가 수직 문화를 압도하여 본능적 유희와 쾌락을 찾는 사회 분위기가 조성되고 물본주의 문화 현상이 심화되어 사회문제로 대두되고 있다.

'이게 나라냐!'식의 자조주의가 파생된 원인이 정치권에만 있는 것은 아니다. 학교·가정·사회·국가 등 전반적으로 가치관의 혼란 현상이 노블레스 오블리주 실종 현상과 복합되어 나타난다. 대한민국 공동화 상황에까지 이르게 된 것은 인성, 도덕성, 리더십 실종으로 인해 각계각층이 서로 분노하는 연쇄작용이 일어나기 때문일 것이다.

대한민국이 배고픔을 이겨냈지만 분노하는 사회로 변한 것은 상식이 통하지 않는 현상이 너무 빈번하게 발생하는 측면도 있다.

3. 정신문화 기반의 스마트파워 코리아

유럽의 기사도 정신, 중국의 유학 사상, 일본의 사무라이 정신, 미국의 개척정신 등은 해당 국가의 정신문화이자 영혼이며, 기층을 형성하는 토대로 맥을 이어오면서 국가의 정체성을 유지·발전시켜 왔다. 우리가 찾고 회복해야 할 절대정신과 국혼은 정치, 경제, 사회, 문화적 이해, 또는 종교적 교리에 의해서 무시되거나 퇴색되어서는 안 된다.

대한민국 절대정신과 국혼이 바로 서야 정치·경제·종교도 바르게 갈 수 있고, 신뢰받는 나라가 되어 국격이 높아진다. 노블레스 오블리주 리더십은 국가 안보는 물론 사회 발전의 핵심 역할을 하고, 국민통합과 행복에 크게 영향을 미친다. 우리는 노블레스 오블리주 정신을 계승해, 공직사회의 정신문화로 정착시켜야 할 것이다.

선진국에서는 사회 지도층과 부유층이 주도적으로 유산 기부에 나서는 경우를 종종 보게 된다. 우리의 기부문화도 확대되고는 있지만 아직은 미미하다. 실종된 노블레스 오블리주의 부활을 위해 국가사회 지도층의 적극적인 동참이 필요한 시대이다. 21세기는 문화가 국력의 시대로서 한류는 문화발전의 등불 역할을 하고 있다. 한류가 세계인들의 사랑을 받으며 행복을 주고 있어 한류는 친한세력으로 형성되고 있어 동방의 등불 코리아 붐이 확산되고 있다.

우리의 한류는 5천여 년의 역사와 전통을 가진 유무형의 찬란한 문화유산과 정신문화의 토대 위에서 결실을 맺은 것이다. 이제 다양한 장르의 한류 창작 활동을 지원하고 문화와 첨단기술이 융합된 한류 육성을 통해 국가 위상을 제고함은 물론, 경제발전에 이바지하도록 해야 하겠다. 우리의 문화는 5천여 년의 역사와 전통을 가진 유무형의 찬란한 문화유산을 토대 위에 한류 르네상스 시대의 결실을 맺고 있다.

이제 다양한 문화유산과 한류를 융합하여 문화 시너지 효과를 거둠으로써 국가 위상 제고는 물론 문화경제와 문명의 역할로 크게 확산될 것이다. 한류는 세계인 모두가 이념과 관습을 넘어 세계가 하나가 되도록 인류평화와 문명발전에 기여하고 있다. 문화융성 시대를 맞아 인류가 첨병 역할을 하도록 더욱더 노력해야겠다.

변증법 철학을 주창한 헤겔은 민족정신(국민정신)을 세계사의 각 발전 단계에서 보편적인 '세계정신'의 현상으로 파악하고, 민족정신에서 볼 수 있는 역사적 성격을 분명히 했다. 여기서 출발하여, 보편적인 인간 정신이 특수적·역사적 현실 속에 펼쳐 있는 가운데, 한 시대의 정신문화를 나타내는 시대정신이 존재한다고 보는 견해가 확립되게 되었다.

이 같은 생각은 19세기에 걸쳐 역사학, 법학, 경제학 등 다양한 분야로 확산되었다. 따라서 우리나라 21세기 시대정신을 한 시대에 지배적인 지적·정치적·사회적 동향을 나타내는 의미로 우리의 5천 년 등불정신과 연관 지을 때, 코리아 절대정신과 시대정신 의미가 더욱 깊어진다.

4. 한국인의 의식변화와 지구촌 견인 역량

대한민국의 절대정신과 시대정신은 세계의 등불 코리아가 되도록 모든 후발국가에게 발전 가능성에 대한 신념을 전해주고 세계 평화와 문명발전을 실현하도록 세계역사 리더십 구현에 적극적인 역할을 하는 것이다.

또한, 세계 문화대국으로서 세계문화발전에 기여토록 협력하는 것이다. 한국의 국격이 획기적으로 높아졌다. 선배 세대의 성장 신화가 바탕이 되었지만, 이제는 기성세대와 신세대가 상호 존중하고 화합하여 융합의 시대를 만들어 대한민국의 발전의 시너지 효과를 이뤄야겠다.

21세기 세계의 시대정신으로서 우리 민족이 세계발전에 기여하는 일이라 할 수 있다. 패권경쟁이 아니라 세계적인 문화융성을 통하여 인류평화와 문명의 발전을 위해 앞장서야겠다.

우리 민족의 홍익인간 리더십을 발휘하여 우리의 정신과 문화를 세계에 전파하고, 인류평화와 발전에 기여하는 것이 진정한 21세기 코리아 시대정신의 구현이다. 시대정신은 18세기 후반부터 19세기에 걸쳐 독일을 중심으로 등장하여 독일의 철학자 요한 고트프리트 헤르더가 제시한 민족정신이라는 개념에까지 이르게 된다.

헤르더는 인류사를 인간정신의 완성으로 향하는 보편적 역사라고 말한다. 시대의 징신을 나타내는 '민족의 정신'은 동방의 등불 코리아와 깊은 의미를 같이하고 있다. 세계의 등불 코리아 – 초일류 통일 선진강국 건설에 대한 국민적 공감대를 형성해야 한다.

대한민국 21세기 시대정신을 한 시대에 지배적인 지적·정치적·사회적 동향을 나타내는 의미로 우리의 5천 년 등불정신과 연관 지을 때, 시대정신 의미가 더욱 깊어진다. 대한민국의 시대정신은 세계의 등불 코리아가 되도록 모든 후발 국가에게 발전 가능성에 대한 신념을 전해주고 세계평화와 문명 발전을 실현하는 적극적인 역할을 하는 것이다.

또한, 세계 문화대국으로서 세계문화발전에 기여토록 협력하는 것이다. 우리나라 경제는 이미 글로벌 가치창조 네트워크 시스템에 깊이 뿌리박은 채 성장하고 있다. 우리 젊은이들이 열정과 헌신적인 노력의 결과물로서 한국의 국격을 획기적으로 높였다. 이런 성공적인 신화는 선배 세대의 성장신화가 바탕이 되었지만,

이제는 기성세대와 신세대가 상호 존중하고 화합하여 융합의 시대를 만들어 대한민국의 발전의 시너지 효과를 이뤄야겠다. 세계의 등불 국가가 되는 일이야말로 21세기 세계의 시대정신으로서 우리 민족이 세계발전에 기여하는 일이라 할 수 있다.

한민족의 우수성을 이야기하면 민족우월주의나 국수주의를 부추긴다며 비난하는 경우가 종종 있다. 올바른 역사의식이 개인의 세계관에 영향을 미치듯 올바른 민족의식은 개인의 정체성에 큰 영향을 준다. 따라서 민족과 민족의식에 대한 이해는 편향된 시각으로 재단할 일이 분명 아니다.

우리 민족만 최고라고 자랑하기 위함도 아니요, 다른 나라를 위협하기 위함도 아니요, 내가 나를 알고자 하는 지극히 기본적이고 인간적인 소망의 표현인데, 왜 단군을 이야기하면서 눈치를 보아야 하는가? 무엇이, 어디에서부터, 어떻게 잘못되었는가? 부끄럽고 통탄스러운 현실이다.

우리는 자유와 평등을 기본이념으로 인류 전체에 이로운 발전을 가져다줄 수 있는 민족주의를 지향하여 우리의 시대정신을 세계의 시대정신으로

승화시켜야 한다. 정정당당히 세계사의 흐름과 인류 문화의 발전에 기여할 수 있는 호혜적인 민족주의가 되어야 하는 것이 21세기 코리아 시대정신일 것이다.

주변 강대국의 끊임없는 침략 위협에도 끝내 나라를 지켜낸 스위스는 오늘날 국제사회에서 평화의 상징이자 사도로서 민족주의의 순기능을 여실히 보여주고 있다. 이들 나라들은 자국의 국가의 발전뿐만 아니라 세계사에도 크게 기여했다. 물질문명의 풍요를 가져온 서구의 문화는 바로 그 물질 중심의 가치관으로 인해 여러 장벽에 부딪히고 있다.

이를 극복하기 위해서는 새로운 힘이 필요하다. 서구 국가들은 지금 그 힘의 원천을 동양에서 찾으려 한다. 여기서 우리 민족의 지향점은 자명해진다. 우리가 지향하는 민족주의는 단지 우리만을 위한 배타적 의미가 아니라, 세계의 등불 코리아가 되어 등불 정신을 시대정신으로 승화시키는 것이다.

우리의 능력을 통해 세계평화에 공헌하고 기여하는 것이다. 그 기저에 홍익인간의 절대정신이 관통하고 있음은 물론이다.

5. 위국헌신에 대한 존경과 보훈 강화

'위국헌신 군인본분爲國獻身 軍人本分'은 나라를 위하여 헌신하는 것이 군인의 본분이라는 뜻으로, 안중근 의사가 평생을 살아온 자신의 신념을 간명하게 표현한 남긴 유묵遺墨 중 하나다. 이 유묵은 안중근 의사가 뤼순旅順감옥에 수감되었을 당시 간수 노릇을 했던 지바 도시치千葉十七라는 일본군 헌병이 직접 받은 안중근 의사의 친필이다.

안 의사는 이 글귀 옆에 '경술 3월 여순 감옥 중 대한국인 안중근 근배'라고 부기하고 왼손에 먹을 묻혀 손도장을 찍었다고 한다. 감옥에 갇혀 사형 집행을 앞두고서도 대한제국의 명예로운 군인으로서 당당하게 처신한 그의 모습은 참군인의 표상으로 길이 빛난다. 대한제국의 군인정신이요 나라 사랑의 실행에 옮긴 위인이다.

"대한제국의 군인으로서 전장에서 적국의 수뇌를 죽인 것은 죄가 될 수 없다. 군인으로서 할 일을 다 했다."라는 안 의사의 당당함과 기개는 일본군 병

사에게까지 보여주었다.

안 의사의 기개를 가장 가까이서 지켜본 당시 27세의 지바는 당시 31살의 안중근 의사의 인품에 감복되어 인간적 우애를 나눴다.

1910년 3월 25일 저녁, 지바는 안 의사에게 내일 오전 형이 집행될 것 같다고 조용히 알려줬다. 그러면서 친필 문장 하나 받기를 원한다고 요청했다. 3월 26일 날이 밝아 감방 창문 밖으로 보슬비가 내리고 있었다. 안 의사는 평상시와 다름없이 기도를 드린 후 이생에서의 마지막 아침밥을 먹었다. 식사를 마치자 지바가 찾아왔다. 지바는 책상 위의 벼루에 먹을 갈았다. 안 의사는 온 정성을 다해 힘차게 글을 써내려 갔다. 그리곤 단지한 손의 장인을 찍었다. 지바는 이 유묵을 가보로 간직하겠다고 약속했다. 지바는 안 의사 처형 후 자진 제대했다.

안 의사 생애 마지막 유묵을 품에 안고 본국으로 돌아온 지바는 1944년 숨질 때까지 이를 소중히 보관했다. 그리고 매일 예를 올리며 안 의사의 명복을 빌었다.

그의 사망 후 부인과 조카딸이 이를 보관하다가 1980년 8월 안중근 의사 숭모회에 기증되어 현재 안중근 의사 기념관에 보관되어 있다. 안중근 의사는 망해가는 나라에서 조금도 군인으로 대우받은 적이 없는데도, 스스로 군인으로 자부하며 나라를 구하는 일에 헌신하였다.

나라가 위기에 처하자 위국헌신군인본분爲國獻身軍人本分이라는 신념대로 목숨을 던져, 참군인의 길을 택해 청사에 빛나는 불멸의 공적을 남겼다. 이러한 참군인의 정신을 숭모하고 대한민국이 보훈해야 한다.

우리는 6·25전쟁 후 나라 경제가 세계 최빈국으로 전락하여 수많은 애국지사와 상이군인이 생계가 어려워도 국가가 돌보지 못한 슬프고 안타까운 괴기를 겪었다. 나라 독립을 위해 재산과 목숨을 모두 바쳐 후손들은 가난에 허덕였고, 조국의 자유 수호를 위해 전쟁터에서 죽고 부상당했는 데도 국가가 마땅한 보훈을 하지 못해 가슴에 상처를 주었다.

필자는 남도의 섬마을에서 만난 6·25 참전유공자의 원성이 아직도 마음을 아프게 한다. "요즘 민주화 유공자들에게는 큰 관심을 보이면서도, 나라를 구하기 위해 다리에 총알이 박힌 우리에게는 홀대하는 느낌이다. 나라가 있어야 민주화도 있는 것 아니냐?"

전쟁은 비극적이며 어떠한 명분으로도 합리화되어서는 안된다.

하지만 싸워야 하는 절박한 상황에서 나라를 위해 목숨을 초개와 같이 바치는 위국헌신을 다 한 순국선열과 애국 군인들의 유족들의 기초 생활은 국가가 보장해 주어야 한다. 그래야만 국가 위기 시 주저함 없이 헌신하여 애국심을 발휘할 수 있을 것이다.

윤석열 대통령은 2023년 크리스마스를 앞둔 12월 22일 전몰·순직한 군인·경찰·소방관 등의 배우자와 자녀 등 30여 명을 용산 대통령실 앞 파인그라스에 초청해 '히어로즈 패밀리와 함께하는 꿈과 희망의 크리스마스' 행사를 개최하면서 "대통령 할아버지가 여러분의 아빠 노릇을 하겠다."라고 위로하며 자긍심을 불어넣어 주었다.

최근 정부 세종청사 국가보훈부 정원에 세워진 표지판 문구 "영웅을 기억하는 나라"가 필자의 가슴을 울린다.

제23장

한국의
교육혁명
"확, 달라져야!"

1. 진정한 교육혁명 없이는 G3 불가

1) 한국교육의 현주소

인류의 역사는 위기의 역사이다. 즉, 위기危機의 의미는 위기와 기회가 동시에 부여된다는 것인데, 역사의 발전을 가져오는 것은 위험을 기회로 만드는 것이고, 역사의 퇴보를 가져오는 것은 위험을 방치하여 위기를 맞게되는 것이다. 그래서 진정한 승자는 전화위복의 능력을 갖추는 것이다. 여기서 작금의 대한민국 실태를 냉철하게 살펴보자.

21세기 국내외 정세는 대위기로서 우리나라는 대위기를 대기회로 대전환하여 G3로 가느냐, 아니면 대위기를 극복하지 못하고 후진국으로 전략하느냐의 기로에 서 있다.

총리, 장관 후보자를 비롯한 공직자 임명 청문회마다 등장하는 단골 메뉴에 위장전입 문제가 등장한 지 오래다. 본질적으로 교육열 과잉에서 비롯된 것으로 간과할 일이 아니다. 명문고교와 일류대학 진학을 위해 자녀의 주소지를 실제 살지도 않는 곳에 허위로 옮겨 놓은 것이 전형적인 위장전입 사례다. 자녀에 대한 교육열 과잉이 이제는 부모 자신의 입신양명에 걸림돌이 되어 부메랑을 맞은 셈이다.

학부모들의 악성 민원에 시달리다 극단적 선택을 하는 선생님들이 속출하여 교육계는 물론 사회 전반에 큰 파장을 일으키고 있다. 학부모들의 교사괴롭힘은 물론 학생들의 교사 폭행과 망동은 교사들을 심리적 공황으로 내

몰고 있다.

수업시간에 욕설한 초등학생을 복도로 내보내고 또 반성문을 쓰게 했다고 초등학교 선생님이 시달리다 자살하는 사건 등 무수한 사례들이 학교공동체를 파괴하고 있다.

'23세 새내기 교사, 학교에서 극단 선택', '초등생에게 얻어맞은 교사가 지난 5년간 1,100명', '학생·학부모에게 폭행당한 교사 361명으로 급증' 등 황량한 교육 환경에서 선생님들은 고립된 채 의기소침하거나 극단적 선택을 탈출구로 삼는다.

이러한 기저에는 아동학대, 학생 인권 등에 대한 잘못된 인식과 빗나간 교육열이 복합되어 나타나는 병리현상이다. 학교라는 사회는 인간적 관계와 사회적 관계를 통해 '학생, 교직원, 학부모'가 함께 학교공동체 문화를 만들어 가는 것이 무엇보다도 중요하다.

지금 한국 교육체계의 심각성은 '학교공동체 문화'가 파괴되고 있다는 점에서 비롯된다. 학교공동체를 건강하게 살려내지 않는 한 빗나간 교육열의 폐해는 악화되고 사교육은 더욱 창궐하게 될 것이다. 영유아 사교육실태 보고서도 심각성을 드러냈다. 5세 이하 아동들이 하루의 4분의 1을 사교육으로 보내고 있는 끔찍한 결과가 나타났다. 1960~70년대에는 자녀를 대학에 보내려고 부모는 농촌에서 없어서는 안 될 소까지 팔아 학자금을 감당한 우골탑牛骨塔이란 용어가 회자 되었다.

요즘에는 아버지 월급만으로는 대학 등록금을 감당하지 못해 엄마까지 돈벌이에 나서야 하는 실정에 모골탑母骨塔이란 용어까지 등장했다. 자식 잘되기만을 바라는 높은 교육열이 부모의 허리를 휘게 한다는 의미를 품고 있다. 부모의 교육열은 나무랄 일이 아니다.

한국의 학부모들은 값이 비싼 학원에 보내야 부모 할 일을 다 했다고 생각하고, 값이 비싼 학원이어야 잘 가르친다고 착각하고 있다. 값이 비싼 학원에 아이를 보내 돈으로 지식을 사주겠다는 빗나간 교육열이 아이들을 망치고 있다. 점수 따는 기술을 익히려고 사교육에 몰려서 공교육은 붕괴되고 사교육 시장만 비정상적으로 부풀리는 현상이 타개되어야 한다. 교육 평준화 정책은 학교의 서열화와 사교육의 폐해를 막겠다고 교육의 자주성을 말살해 버렸다.

산업화의 시대에는 교육의 평준화가 필요했을 수 있다. 그러나 21세기 첨단정보화와 인공지능이 진화하는 시대에는 창의성과 다양성의 교육이 필수적이다.

더욱이 학령인구가 급감하는 추세를 고려할 때 학부모들의 자식에 대한 교육 욕구를 평준화의 틀로 대응하기에 한계를 드러냈다. 교육의 창의성과 다양성을 위해서는 교육의 자주성이 확립돼야 한다. 교육의 공공성을 명분으로 자주성을 억제하는 잘못된 경우가 많다.

21세기는 4차산업혁명이 본격화되면서 산업구조 전반에 대전환을 요구하는 시기이다. 이를 위한 창의적 혁신과 다양한 인재 교육은 혁명적 변화를 요구한다. 기존의 방식이 최선이라는 고정관념부터 타파해야 교육이 산다.

2) 정신, 교육, 경제 쇠퇴가 위기를 불러온다

우리나라의 과거 역사는 홍익인간 정신과 동방예의지국의 나라로서 정신, 교육, 물질문화가 조화를 이루었었다. 그러나 조선 말 강제 합병, 6·25전쟁, 20세기 후반 산업화 혁명을 거쳐 오면서 매너없는 나라, 공공성이 없는 나라, 떼법의 나라 등 부정적 모습을 보인 측면도 있다. 대한민국이 정신, 교육, 물질(경제) 문화를 수준 높게 끌어올리고 각각의 가치가 절묘한 조화와 균형을 이루어야 글로벌 리더국가로 자리매김할 수 있다.

일찍이 백범 김구 선생은 『백범일지』에서 수준 높은 문화의 중요성을 강조하면서 '아름다운 나라'로 발전하기를 소원하였다. "나는 우리나라가 세계에서 가장 아름다운 나라가 되기를 원한다. 가장 부강한 나라가 되기를 원하는 것은 아니다. 내가 남의 침략에 가슴이 아팠으니 내 나라가 남의 나라를 침략하는 것을 원치 아니한다. 우리의 부력富力은 우리의 생활을 풍족히 할 만하고 우리의 강력强力은 남의 침략을 막을 만하면 족하다.

오직 한없이 갖고 싶은 것은 높은 정신 문화의 힘이다. 높은 정신 문화의 힘은 우리 자신을 행복하게 하고 나아가서 남의 행복을 주기 때문이다. 인류가 현재에 불행한 근본 이유는 인의仁義가 부족하고 자비가 부족하고 사랑이 부족하기 때문이다."

김구 선생은 정신문화를 토대로 교육, 물질(경제) 문화의 발전을 통한 행복한 선진국 건설을 꿈꾸었다. 그러나 현실은 정신문화가 추락하면서 교육, 물질문화가 쇠퇴하여 심각한 국가사회 문제를 빚으며 악화되고 있다.

특히 우리나라는 전통 가치관이 잘 갖춰져 있는데도 제대로 실현하지 못하고 있는 실정이다. 전통 가치의 수직 문화는 역사, 철학, 사상 등의 인문학과 고난의 체험으로 이루어져 쉽게 변하지 않는 문화로서 지혜를 이루는 기반이 된다. 반면 외면적 수평 문화는 권력, 명예, 물질 등으로 이루어져 시대 상황 여건에 따라 자주 변하는 문화이다. 수직 문화가 인생의 의미와 삶의 길을 찾는 심연深淵의 문화라면 수평 문화는 손자삼요損者三樂와 같이 본능적 쾌락과 재미를 추구하는 문화이다.

국가가 발전하려면 전통 가치의 수직 문화가 중심을 이루고 수평 문화는 수직 문화와 조화 및 균형을 이루어야 한다. 최근 수평 문화가 수직 문화를 압도하여 본능적 유희와 쾌락을 찾는 사회 분위기가 조성되고 물본주의 문화 현상이 심화되어 사회문제로 대두되고 있다. '이게 나라냐!'식의 자조주의가 파생된 원인이 정지권에만 있는 것은 아닐 것이다.

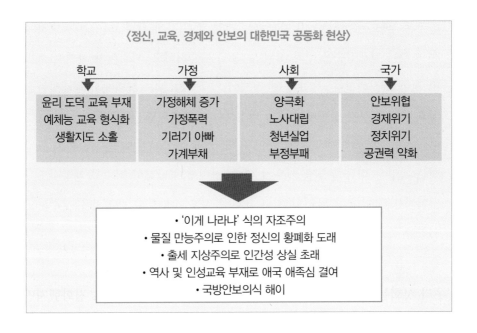

위 그림에 예시한 바와 같이 학교·가정·사회·국가 등 전반적으로 가치관의 혼란 현상이 노블레스 오블리주 실종 현상과 복합되어 나타난다. 대한민국 공동화 상황에까지 이르게 된 것은 인성, 도덕성, 리더십 실종으로 인해 각계각층이 서로 분노하는 연쇄작용이 일어나기 때문일 것이다. 이로 인해 정신, 교육, 물질적 가치의 공동화 현상은 악화되고 있다. 이러한 공동화 현상은 여러 가지 문제를 일으킨다.

대한민국이 배고픔을 이겨냈지만 분노하는 사회로 변한 것은 상식이 통하지 않는 현상이 너무 빈번하게 발생하는 측면도 있다.

김민은 분노하는 사회 현상을 다음과 같이 진단했다.[16]

---

16. 김민, 『이기적 국민』(틔움출판, 2017) p.331

한국은 '배고픈 사회'에서 '분노하는 사회'로 변하게 됐다. 타인과 비교하는 성향이 강해질수록 일과 지위 및 물질을 중시하고, 과소비와 과시적 소비 경향도 심해진다. 특히 공정 경쟁이 가능하지 않는 상태에서 행해지는 상호 비교는 자기 발전의 촉매가 되기보다 역기능으로 발전하는 경향이 있다. 낮은 지위로 인해 자신의 운명을 더 이상 스스로 지배할 수 없다고 느끼는 사람은 더욱 분노를 키우게 된다. 상대적 박탈감이 커지고 행복감도 떨어지는 것이다. 한국인이 지닌 묘한 특성도 사람들의 행복감을 낮추는 기능을 하고 있다.

우리 사회는 농경사회, 산업사회를 거쳐 4차산업혁명 시대로 진화했지만, 행복지수는 이러한 발전과 정비례하지 않는 듯하다. 산업화, 민주화 그리고 급속한 외래문물 유입 등 급격한 성장과 양극화 현상을 경험하면서 가치관의 혼란이 심화되었다. 더욱이 IMF를 거치면서 돈이 인간의 생명까지 좌우하자 물질만능주의에 물들어 국민 인성이 더욱 훼손되었다.

동방예의지국의 전통에 대한 애정과 관심은 사라지고, 물본주의가 사회를 지배했다. 그 결과 우리의 민족혼을 21세기 대한민국 절대정신과 국혼으로 승화시키지 못해 정체성과 국가관이 흔들리는 시대가 되었다.

그렇다면 우리는 대한민국의 국민으로서 어떠한 결단을 내려야 할 것인가? 인성과 도덕이 실종된 나라가 되어 5천 년 역사의 한국혼을 표류토록 할 것인가? 아니면 동방예의지국의 자랑스러운 전통과 역사를 다시 살려 위기를 슬기롭게 극복하고, 초일류 통일 선진강국으로의 발판을 만드는 당당한 국민이 될 것인가?

한 나라의 정신, 교육, 경제, 안보의 가치는 그 나라의 국민 정체성과 국가 정체성을 좌우한다. 대한민국 국민이 전통 가치를 살리지 못한다면 외국의 전통 가치에 지배를 받게 된다. 따라서 정신, 교육, 경제문화의 전통 가치를 보존하고 살리는 것이 국운융성의 상승기류를 타고 세계의 등불, G3 초일류 통일 선진강국으로 가는 지름길이다.

3) 온고지신(溫故知新)의 교육혁명

우리는 행방 직후 건국 과정에서 교육이념과 교육 방침을 수립했다. 이때 채택된 기본이념이 고조선의 건국 신화에서 이끌어낸 홍익인간 정신이었다. 홍익인간 이념을 토대로 널리 인간을 이롭게 하는 교육을 펼치겠다는 교육철학이 담겨 있는 것이다.

1949년 12월 31일 법률 제89호로 제정·공포된 교육법 제1조는 우리나라 교육의 근본이념을 다음과 같이 천명했다.

교육은 홍익인간의 이념 아래 모든 국민으로 하여금 인격을 완성하고 자주적 생활 능력과 공민으로서의 자질을 구요하게 해 민주국가 발전에 봉사하며 인류공영의 이상 실현에 기여하게 함을 목적으로 한다.

이렇듯 홍익인간은 단군 이래 우리나라 정교의 최고 이념으로서 건국 이후 오늘날까지 우리의 교육이념이 되었다.

홍익인간의 이념은 민주적이요 민족적인 교육이념으로, 개성의 신장과 인격의 완성은 물론 민족의 중흥과 국가 발전을 동시에 강조하고 있다. 다가오는 21세기는 고도의 산업화, 정보화, 국제화, 그리고 다원화의 시대가 될 것이다. 이런 미래사회에 비추어 볼 때 홍익인간의 이념으로부터 다음과 같은 4대 이념을 추출할 수 있다.
① 인본성: 인본성은 인간존엄의 가치를 수용하고 개개인의 고유한 인격을

존중하는 것을 의미한다. 이에는 자아의 실현, 심미적이고 정서적인 풍요성, 그리고 자유와 평등의 조화로운 균형 등이 내포된다.

② 민족정체성: 민족정체성이란 민족과 국가에 대한 자존적 의식구조를 의미한다. 이는 민족과 국가에 대하여 자긍심을 가지고, 공동체의식으로 자아를 실천하고 이를 통하여 민족과 국가의 목적과 가치를 실현하기 위하여 노력하는 정신적 특성을 말한다.

③ 도덕성: 도덕성은 사회적 규범을 내면화한 의식구조를 말하며, 성실, 정직, 박애, 협동, 신의 등의 특성을 가진다. 도덕성은 개인과 사회생활에서 요구되는 기본 품성이다.

④ 진취성: 진취성은 과거의 인습에 얽매이지 않고 부딪힌 문제를 창조적으로 해결하며, 바람직한 대안을 과감히 수용하는 개방적이고 미래지향적이다. 이러한 진취성은 합리적 사고, 창조적 능력, 개방적 태도, 개척정신 등을 그 본질적 특성으로 한다.[17]

이와 같은 교육이념은 물론 교육법, 교육방침 등을 혁명적으로 펼쳐 세계의 등불 역할을 해야 한다.

진정한 세계 등불 역할은 온고지신의 교육혁명을 통해 정신문화 대국을 건설하여 국내외적으로 대한민국의 정신문화 가치를 공감·감동토록 해야 할 것이다.

근간 세계 문명이 발전되고 현대화되면 될수록 물질적 풍요에 비해 정신적 빈곤이 심화되어 국제적, 국가적, 사회적, 가정적, 개인적 문제로 확산되고 있다. 이러한 문제현상을 근본적으로 치유하기 위해서는 한 개인을 참으로 자랑스러운 인격체로 만드는 전인교육이 기본이다.

---

17. 교육개혁심의회, 『교육개혁심의회 발족의 역사적 의미』(1985) pp.140-141

전인교육全人敎育이란 학술중심의 교육과는 반대로, 지식 전달에 치우친 교육에서 탈피하여, 체體·덕德·지知의 균형 잡힌 발달을 지향하는 교육을 가리킨다. 체·덕·지는 고대 그리스 사회에서 주로 중요하다고 여겨지는 덕목으로, 완전한 '인간'이 되기 위한 조건을 육성하는 교육이라 볼 수 있다.

한편, 1986년 12월에 발표된 제7차 교육과정에서 홍익인간의 이념을 바탕으로 추구해야 할 다섯 가지 인간상을 다음과 같이 제시하였다.

① 전인적 성장 기반 위에 개성을 추구하는 사람
② 기초능력을 토대로 창의적인 능력을 발휘하는 사람
③ 폭넓은 교양을 바탕으로 진로를 개척하는 사람
④ 우리 문화에 대한 이해를 토대 위에 새로운 가치를 창조하는 사람
⑤ 민주시민 의식을 기초로 공공체의 발전에 공헌하는 사람

최근 심각한 사회적 문제로 부각되고 있는 저출산율·자살률·노인 빈곤율 등이 세계 최고인 이유는 입시·출세 위주의 교육으로서 전인교육이 사실상 매몰된 상태이기 때문이다.

이제 확 달라진 교육혁명(전인교육)으로 상전벽해의 대한민국 교육 그랜드 디자인을 적극 펼쳐야 한다. 교육혁명이 정신혁명, 경제혁명 등 모든 혁명, 혁신, 개혁의 원동력이다.

2. 초·중·고 교육 실상과 대책

1) 잘못된 교육열과 사교육 문제

4차산업혁명 시대 도래로 자기 주도 및 창조적 교육이 요구되고 있지만, 우리 교육은 아직 산업사회의 패러다임에 맞춰져 있다.

특히, 공교육이 심히 어렵다. 공교육이 강화되어야 내 자녀가 바로 선다. 공교육 위상 강화를 위해서는 무엇보다 학부모들의 책무성이 요구된다.

공교육이 사교육에 짓눌린 현상이 수치로도 나타난다. 정부가 발표한 '2022년 초·중·고 사교육비 조사 결과'에 따르면 학생 수(528만 명)는 4만 명이나 줄었는데 사교육비는 2조 6,000억 원 늘었다. 사교육비 총액은 약 26조 원으로 2021년(23조 4,000억 원)에 비해 11% 가량 증가했다. 조사가 시작된 2007년 이후 최고치라고 한다. 과도한 사교육비 지출은 가계 경제에 부담을 줄 뿐만 아니라 교육 외 다른 부문의 소비를 위축시킴으로써 국가 경제 정체에 심각한 불균형과 악영향을 초래한다.

한국 학부모들의 교육열은 빗나간 교육열이다. 한국은 세계서 가장 교육열이 높은 나라가 아니라 학부모들이 교육을 포기한 나라다. 그 이유는 학부모들이 아이들 교육에 관심 없고 학원에만 관심이 많기 때문이다. 학원에만 보내면 부모가 할 일을 다 했다고 착각하기 때문에 교육이 실패하는 것이다.

현재의 비정상적인 사교육 열풍은 '망국병'이라고 걱정하는 목소리가 갈수록 높아지고 있다. 인내할 줄 아는 부모상, 믿고 기다려 주는 신뢰가 필요하다. 아이의 바른 성장을 위해 아이에게, 학교에게 조급한 요구, 무리한 요구가 아닌 참고 지켜보는 지혜가 절실히 요구된다.

고조선의 홍익인간 이념의 태동은 물론, 삼국시대, 발해, 고려, 조선, 대한민국으로 이어지는 교육 열정은 세계가 부러워할 정도다.

고구려의 태학(우리나라 대학의 효시), 신라의 국학, 발해의 주자감, 고려의 성균관, 조선의 향교, 성균관 등 교육의 역사와 전통이 세계 제일의 교육열을 잉태했다.

조선의 성균관에서는 귀족과 양반 고위계층을 중심으로 논어, 맹자, 중용, 음양오행학 등을 가르쳤다. 이렇듯 교육은 융성했던 과거 역사의 견인차 역할을 했었다.

우리 민족은 일제 침략에 대응하여 무장투쟁의 전열에 서는 한편, 교육을 통해 나라를 구하려는 운동을 맹렬히 전개했다. 방방곡곡에서 학회가 조직되고 사립학교가 섰으며, 서당은 학당·의숙養熟으로 속속 개조되어 새 학문·새 교육의 터전으로 바뀌었다.

우리 조상들의 구국 교육운동은 위로는 황실에서부터 아래로는 지방 유지와 학생에 이르기까지 전 국민의 협력과 호응을 얻었다. 이러한 애국열은 국내에만 국한되지 않고 간도, 연해주, 블라디보스토크 등지에서까지 활활 타올랐다. 교육을 통해 강탈당한 조국을 구하려 했던 만큼, 당시 뜨거운 민족의식을 반영하고 있었다.

1948년 건국 이후에는, 초근목피로 연명하는 가난한 나라였음에도 1950년부터 초등학교는 의무교육이었다. 6·25전쟁 당시에도 천막 학교로 교육은 지속되었다. 학부모 대부분은 '아는 것이 힘이다, 배워야 산다.'라는 말을 좌우명으로 삼고, 소를 팔고 논밭을 팔아가면서 자녀교육만큼은 최우선으로 시켰다. 자원도 없고 자본도 없는 나라에서 단시일 내에 급성장을 이룰 수 있었던 데는 높은 교육열이 큰 역할을 했다.

역사적으로 대한민국의 교육열은 삼국시대부터 이루어졌다. 신라시대 최치원은 12세에 당나라로 혈혈단신 조기유학을 떠나 18세에 빈공과(외국인 과거 시험)에 합격했다. 조선시대에도 교육문제에 큰 관심을 가졌었다. 조선 명종 13년(1558), 과거 과목의 하나이던 책문策問에 "지금 우리나라의 교육제도는 어떠하며, 만일 문제가 있다면 어떻게 개선해야 할지 말해보라."라는 문제가 출제되었을 정도다.

유학을 숭상한 우리나라는 예로부터 '배워야 산다.'를 생활철학으로 삼고, 입지立志의 길은 교육이라고 믿었다. 예나 지금이나 인재는 국가의 기둥이요, 대들보다. 그래서 인재를 동량지재棟梁之材라 하지 않았는가? 이 모든 것은 인재양성이 곧 국가의 번영과 직결된다는 자각에서 나온 것이다.

『문명의 충돌』의 저자 새뮤얼 헌팅턴은 1960년 비슷한 경제수준이던 한국과 가나가 수십 년 후 엄청난 경제력의 차이를 보인 주요 이유 중 하나로 한국의 교육열을 꼽았다. 우리나라는 자원 빈국이라는 악조건 속에서도 교육강국으로 발돋움해 선진국이 되었다.

임마누엘 칸트Immanuel Kant는 '교육은 인간을 인간답게 형성하는 작용'이라 하였고, 슈프랑어와 케르쉔슈타이너는 '교육은 비교적 성숙한 자가 미성숙한 자를 자연의 상태에서 이상의 상태로 끌어올리기 위하여 구체적이면서 계속적으로 주는 문화작용'이라고 말했다.

다시 말하면, 교육이란 성숙한 사람이 미성숙한 사람에게 무엇인가 가치있는 것을 가르쳐주고 미성숙한 자는 그것을 배우는 상호작용이라는 점이다.

우리나라가 한강의 기적을 이루고 이만큼 세계적 위상을 확보하게 된 것은 바로 이러한 교육열이 있었기 때문이다. 한국은 세계 제1의 대학 진학률 (70% 내외, 선진국은 평균 30~50%)을 자랑한다. 오바마 미국 전 대통령은 교육에 대한 학부모들의 관심을 고취시키기 위해 기회가 있을 때마다 한국의 높은 교육열을 극찬하며 국민들을 독려했다. 그러나 학생들의 교육열이 높은 것이 아니라 학부모들의 교육열이 높은 데서 문제점이 발생한다.

최근 과열되고 있는 입시, 취업의 경쟁사회에서 부모들의 과욕은 점점 증대되어 청소년들의 정신적, 신체적 고통을 증대시키고 있다. 부모들은 자식이 능력, 학벌, 취업 등 모든 것에 완벽한 사람이 되길 원한다. 하지만 지나친 경쟁에 따라 인성교육이 실종되어 청소년들은 건강성을 잃어버린 채 파탄의 길을 걷는 경우가 상당수다.

2) 지·덕·체가 아니라 체·덕·지의 자아 주도 교육

미국의 베스트셀러 『넘치게 사랑하고 부족하게 키워라Parent Who Love Too Much』의 공동저자인 제인 넬슨은 과도한 자식 사랑으로 빚어진 빗나간 자녀교육에 대해 아래와 같이 경고한다. 사랑이라는 이름으로 저지르는 부모의 자녀교육 욕심이 부모와 자식 간의 관계를 해치고, 서로에게 상처만 준다.

엄마들의 지나친 간섭과 관심 그리고 관리가 아이들이 독립적이고 책임감 있는 성년으로 성장할 기회를 빼앗는다. 나아가 야단치고 화내고 처벌하는 훈육은 아이를 망칠 뿐이다. 시민의식을 가르치지 않는 한국교육은 올바른 인성과 정체성보다는 남보다 앞서 나가야 한다는 경쟁의 압박을 받게 된다.

요즘 유치원생은 대학생보다도 더 열심히 학원에 다니고 과외를 받다 보니 인성교육은 오히려 악화일로다.

유엔 '아동권리협약' 제31조, '모든 아동은 휴식과 여가를 즐기고, 놀이와 문화생활에 자유롭게 참여할 수 있어야 한다.'에 엄연히 위반되는 행위다. 더욱이 최근 조기교육의 부작용으로 어린 시절 자신감 발달에 어려움을 겪는 경우가 급증하고 있다. 5세 정도의 아이들에게 가장 중요한 것은 가정교육과 더불어 자연 속에서 마음껏 뛰어놀아 인성을 키우는 것이다.

그러나 대부분 어린이가 매일 공부하느라 뛰어놀 틈이 없다고 한다.

부산시 교육청이 2023년 3월 시작한 '아침 체인지(體仁知)' 프로젝트가 전국으로 확산 조짐이 나타나고 있다. '아침 체인지'는 학교에서 정규교육 과정 시작 전의 아침 시간을 활용해 다양한 신체활동을 하는 프로그램이다. 학생들이 서로 유대감을 높이고, 기초체력을 향상하고, 남을 배려하고 존중하는 인성을 습득할 수 있도록 부산시 교육청에서 전국 최초로 시작한 사업이다.

　'건강한 신체에 건전한 정신이 깃든다.'라는 말처럼 강인한 체력은 모진 세파를 헤쳐 나가는 자양분이다. 미래 꿈나무들이 체력을 굳세게 다져 치열한 글로벌 경쟁 시대에 리더로 발돋움하기를 바란다.

　동서양을 막론하고 인성교육을 전제로 하지 않는 교육은 올바른 교육이 될 수 없다. 그러나 우리나라의 공교육은 불행하게도 수능, 취직, 출세의 덫에 갇혀 인성을 갖추기 위한 교육보다는 입시·취직 위주의 천편일률적 교육만을 우선시하고 있어 청소년들의 정신적, 육체적 성장을 저해하고 있는 실정이다. 통계청이 발표한 '2021 청소년 통계'에 따르면 특히 코로나 이후 청소년 정신건강이 10명 중 5명이 학교가 싫어졌다고 나타났다.

　엘빈 토플러는 한국교육의 혁신을 강조하며 "상자 밖에서 생각하라."라고 말했다. 학생 맞춤형 진로 설계의 핵심인 자아 주도적 진로 개발 역량을 강화하기 위해서는 지금처럼 단순한 물리적 문제풀이 능력을 가르칠 것이 아니라 인문학적 사유 능력을 통한 미래지향적 마인드를 심어주어야 한다.

　학교는 학생들의 꿈을 제대로 펼칠 수 있도록 인생 설계에 대한 체계적 교육 서비스를 제공하지 않으면 안 된다. 미래지향적, 포용적, 혁신적 리더십으로 국가 개조의 패러다임을 구축하는 것이다. '나는 누구인가? 나는 어디서 와서 어디로 가는가? 나는 어떻게 살아가야 하는가?'란 자아 정체성과 인식적 물음에 대하여 이젠 학생 스스로가 답을 찾을 수 있어야 한다. 사회의 거친 파도를 헤쳐 나가기 위해서는 강인한 체력과 정신력을 바탕으로 한 문제해결 능력이 필요하다. 문제해결 능력은 지식과 더불어 창의력에서 나온다.

아인슈타인은 "창의력은 지식보다 중요하다. 지식은 한계가 있다."라고 말했다. 유대인이나 독일인이 노벨상을 많이 받는 것은 창의적인 기초교육 덕분이다. 교육의 목적은 자아정체성에 따라 '창의적 사고'를 지닌 '미래형 인간'을 기르는 것이며, 학교는 이러한 교육 목적을 구현할 의무가 있다.

'4차산업혁명'의 패러다임을 준비하는 한국교육은 급변하는 사회환경과 노동 현실 속에서 개인이 가진 전문지식과 기술을 주어진 행동 맥락과 환경에 맞게 적용하고 변용하고 창조할 수 있는 역량을 교육하는 새로운 패러다임에 필요한 인재를 기르기 위한 교육 방향으로 설정해야 한다.

3) 인성, 도덕성 교육 부활 – 인간이 되라

나의 정체성은 무엇이며 나의 인생 목표는 무엇이며 나는 무엇 때문에 사는가? 이 세계에 대한 나의 책임은 무엇인지 끊임없이 스스로 질문하고 답할 수 있도록 교육 시켜야 한다.

자아는 '나 자신'이며 '나의 의식'이다. 찾지 않으면 보이지 않지만 없는 것은 아니다.

철학자 칸트는 경험적 자아 외에 도덕적으로 살려는 '본래적인 자기'가 있다고 했다. 이 '자기'가 자기중심을 잃고 흔들리는 것이 문제다. 이 시기의 중심 문제는 바른 자아 정체성 교육은 인류의 미래를 결정짓는 중요한 요소로서, 개인과 사회의 발전을 위해 필수적인 도구이다. 그러나 단순한 지식의 전달뿐만 아니라 역사의식, 인성, 도덕성과 같은 가치를 함양하는 역할 역시 중요하다.

역사의식은 우리에게 어떻게 사회가 발전해왔는지, 어떠한 결정과 행동이 그에 영향을 미쳤는지를 배우게 함으로써 비판적 사고와 판단력을 키우는 데 도움을 준다. 역사의식을 가진 사람들은 전통을 존중하고 다양성을 이해하는 데 능숙하며, 과거의 잘못된 선택들을 피하기 위한 교훈을 얻을 수 있다.

교육은 인성의 형성에도 영향을 미친다. 인성교육을 통해 형성된 바람직한 정체성은 학생들에게 역사의식을 올바로 정립시키며 자유민주적 기본질서와 가치에 대한 인식을 형성하며 이는 장차 글로벌 리더로 성장하는 데 결정적 도움을 준다. 또한 교육은 도덕적인 가치와 행동을 가르치는 과정을 통해 학생들이 올바른 선택을 할 수 있는 능력을 갖게 한다. 도덕적 가치는 자기 존중감, 인격, 정의감을 형성하는 데 기여하며, 이는 민주적인 사회에서 윤리적인 리더십을 발휘하는 데 도움이 된다.

교권침해로 인해 무너지는 교육 현장이 사회적 이슈화가 된 지 오래되었지만, 근본적 해법을 찾지 못하고 있다. 공교육 시스템에서 내면을 바르고 건전하게 가꾸며 타인 공동체·자연과 더불어 사는 데 필요한 인간다운 성품과 역량을 기르는 인성 교육을 위해 예禮, 효孝, 정직, 책임, 존중, 배려, 소통, 협동 등의 가치를 강조하고 있다. 그러나 근간 교권침해 문제가 날로 악화되어 교육입국教育立國이 무너지고 있다. 교사, 학생, 학부모들이 각자 입장에서 서로를 탓하고 원망하고 불신하는 풍토를 만들고 있다.

결국 '학교를 당장 그만둘 수 있는 교사들이 가장 행복한 교사'라는 기이한 풍토가 조성되고 있다. 현재 학생인권조례는 선량하고 일반적인 학생들의 보편적인 인권보다는, 문제 학생들의 인권만을 지나치게 옹호하는 부작용을 보이고 있다. 최근의 교권침해 문제가 암처럼 확산되어 교육은 물론 국가의 미래가 암울한 실정이다.

최근 인성, 도덕성, 예의, 정의교육은 실종되어 교권침해가 일상화되고 있다. 일찍이, 플라톤은 '아카데미아'를 설립하여 스승인 소크라테스의 교육적 이상을 교학상장敎學相長의 정신으로 구현하고자 했다. 플라톤의 교육철학은 국가적 목적에 기여할 수 있는 개인의 육성과 도야陶冶를 추구하는 것이었다. 소크라테스가 밝히고자 했던 것은 도덕이 무엇이며 정의가 무엇이냐는 것이었다. 우리나라 교육이념은 고조선 시대의 홍익인간 정신이 모태가 되어 현재까지 이어져왔다.

즉 고조선 홍익인간, 부여의 연맹선인, 고구려 조의선인, 백제 무사도, 신라 화랑도, 고려 국선도, 조선 선비도의 정신이 면면이 이어져 군사부일체君師父一體의 아름다운 교육과 스승과 제자상을 세운 자랑스러운 역사와 전통을 갖고 있다.

교권침해로 학교가 황폐해진다면 결과적으로 교사와 학생 모두가 큰 피해를 입게 된다. 정부는 교권침해를 유발한 학생, 학부모 등에 대해 필요한 조치를 대폭 강화하는 등 교육 당국 등에서 공교육 정상화를 위해 교권을 철저히 보호·확립하는 방안을 시급히 마련하고는 있지만 갈 길이 멀다. 교권침해→교권확립→교권존경→교권사랑의 21세기 현대적인 군사부일체로 승화시켜 새로운 교육상을 정립하여야 할 것이다.

인공지능의 발달은 한국 교육체계에 혁신적인 변화를 가져올 것으로 기대된다. 맞춤형 학습 경험, 교사 역할의 변화, 창의적 사고와 문제 해결 능력의 강화 등은 한국 교육의 질을 향상하는 데 도움이 될 것이다. 그러나 이러한 변화가 무엇보다도 윤리적인 측면과 데이터 보안을 고려한 적절한 대응이 필요하며, 이러한 도전에 대한 대비책을 마련해야 한다. 교육으로 조속히 전환해야 한다.

대한민국 사회는 초·중·고 교사들의 절규에 귀 기울여야 한다. 교육계 자체의 문제가 아니다. 학교 현장은 교권과 아동이 학대로부터 보호받을 수 있는 권리와 함께 교권이 지켜져야 하는 대한민국 미래의 자화상이다. 학교 현장은 교권과 아동이 학대로부터 보호받을 수 있는 권리가 함께 지켜져야 하는 곳이다. 교권침해로 인해 무너지는 교육현장이 사회적 이슈화가 된 지 오래되었지만, 근본적 해법을 찾지 못하고 있다.

한국의 교육 문제에는 입시제도나 서열화, 능력주의 등 당장 해결하기에는 여러 가지 문제가 얽혀 있다고 하면서 해결을 포기하는 것이다. 교육 과정을 통과하는 일이 고통스러워 학부모도 학생도 어서 끝나기만을 바라고, 그렇게 지나가고 나면 바로 잊고 싶어 하는 게 지금의 학교이다. 교육에서 이런 개인적 생존주의의 횡행은 그동안 제시되었던 교육 대책들이 학교를 더 나은 곳으로 만들 수 있다는 확신을 주지 못해 지속하는 일이기도 하다.

사교육 시장에 '초등학생 의대반'까지 만들고 있는데 30년 뒤에 세상이 어떻게 바뀔지 예단할 수 없다.

초·중·고교 교육현장의 교사와 교육자는 입시학원 강사로 전락해서는 안 된다. 학생들에게 올바른 역사의식, 인성, 도덕성을 전달하는 역할을 맡고 있다. 대한민국은 교사와 교육자의 전문성과 열정을 지원하고, 연구와 교육 방법의 혁신을 촉진해야 한다. 교사들의 교육과 자기계발을 위한 지원체계를 구축하고, 교육자들에 대한 평가 체계를 공정하고 투명하게 운영해야 한다.

스웨덴, 캐나다, 네덜란드, 핀란드 등 교육 선진국들이 학교 수업에서 디지털 기기를 사용하는데 소극적이거나 학력 저하를 우려하여 아날로그 방식의 교육으로 회귀하는 움직임도 의미심장하다. 디지털 기기가 수업 분위기를 해칠 뿐 아니라 읽기 능력 등 기초 학력 저하를 유발한다는 우려가 학계에서 제기되면서 지나친 디지털화에 멈춰 세운 것이다.

대표적으로 스웨덴은 유치원에서 디지털 기기 사용을 의무화(2017년) 했던 기존 방침을 전면 백지화하기로 했다. 태블릿PC 등 사용을 멈추는 대신 책을 읽도록 하고, 종이에 글을 쓰는 교육을 강화하겠다는 방침이다. 과도한 디지털화가 학생들의 문해력 저하를 유발했다는 우려가 커지면서 교육현장의 탈 디지털화가 힘을 받았다.

3. 대학교육 실상과 대책

2024학년도 대입 수시 모집에서 주요 대학 의대 평균 경쟁률은 대략 45대 1인데, 반도체 등 첨단 학과 경쟁률은 16대 1 정도에 그쳤다. 최상위권 학생들이 첨단 학과 대신 의과대학을 선택하는 의대 쏠림 현상이 도를 넘어섰다. 최상위권 학생들의 의대 쏠림 현상을 나무랄 필요는 없다.

하지만 오늘날 국가의 흥망성쇠는 글로벌 과학기술 패권 경쟁에 달려있다는 현실을 고려할 때 한국의 장래가 어두울 수밖에 없다. 그뿐 아니라 의대에 입학 이후에는 성형외과, 피부과 등 '미용 의료' 분야로 2차 쏠림현상이 발생하여 생명과 직접 연관된 전공은 의사 부족난이 심각해지는 기현상이 심화되고 있다.

21세기 대한민국의 흥망성쇠가 첨단산업 육성에 달려있다지만 현실은 대한민국이 미용천국을 지향하는 듯한 병리현상이 심화되는 것이다. 우수인재 확보 없이 갈수록 치열해지는 글로벌 기술 패권 경쟁에서 살아남기 힘들다. 우수 인재들이 성형 시술 전문가로 몰리는 병리현상의 이유를 정치권과 세무당국, 의료업계가 너무나 잘 안다. 비보험처리 현금거래의 관행이 대한민국 강남을 세계 '미용 의료의 수도'로 전락시킨 주범이다.

대학교육이 이로 인해 파행을 거듭한다. 정상적으로 이공계 학과에 입학한 학생들이 자퇴 또는 대학생 신분을 유지한 재수를 하여 다음 해에 의대 입학을 시도하는 현상이 오랜 기간 지속되었다.

우수 인재를 유치하려면 안정적으로 고소득을 올리는 성형외과 의사만큼 우리 사회가 수험생들을 첨단학과로 돌려놓는 시스템을 구축하지 못하면 미래는 기약할 수 없다.

아랍에미리트UAE는 30대 여성을 우주청장에 임명했다. 과학기술을 전공하는 공과대학에 여성 인재들을 유인하였다. 우주개발 경쟁에 뛰어드는 정책추진에 걸맞은 인재 육성의 상징적 조치를 취한 것이다. 이슬람권 국가임에도 불구하고 30대 여성 우주청장(아미리)이 이끈 성공은 젊은 여성에게 자극이 됐다. 공대 수업에 들어가면 학생 중 60%가 여성이다. UAE 우주청 화성 탐사선의 이름은 '아말', 희망을 뜻한다.

한국의 젊은이들이 강남의 성형외과 개업을 꿈꿀 때 세계의 젊은이들은 우주탐험에 대한 꿈과 희망을 키운다. 대학교육의 기초인 대학입학 문제를 국가가 전체주의적으로 주도한다는 것 자체가 넌센스다.

구글, 마이크로소프트 등 세계적 기업의 CEO들은 인도인이다. 14억 인도인 중에서 내로라하는 인재들은 국립 인도공과대학을 간다. 세계 최초로 달남극에 탐사선을 보내고, 태양 관측용 인공위성을 쏘아 올리는 힘의 저력은 바로 인도공과대학에 있다고 해도 과언이 아니다.

인도공과대학은 매년 2,850만 명의 고등학생 중 졸업시험 상위 25%만 입학시험에 응시 가능하며, 최종 1만 6,000명만이 전국에 있는 23개 캠퍼스에 입학할 수 있다.

인도공과대학 입시 경쟁은 우리의 의대 입시 경쟁과 비교되지 않을 정도로 치열하다. 이들은 졸업 후 세계적인 유수의 IT 기업에 채용되거나 창업을 해 세계적인 기업가로 성장하여 부와 명예를 거머쥐는 성공 신화를 이어가고 있다. 그래서 인도 아이들의 간절한 꿈은 인도공과대학에 입학하여 엔지니어가 되는 것이다. 실리콘 밸리가 있는 미국 또한 MIT를 비롯한 세계적인 공과대학에서 우수 인재들을 모아 엔지니어들을 양성하고 있다.

한국의 대학교육의 실상은 어떠한가? 의대 쏠림 현상에 학령인구 감소, 정부의 R&D 예산 삭감까지 겹치면서 이공계 대학의 어려움은 더욱 가중되고 있다.

교육부가 사라져야 교육이 산다는 말은 여전히 설득력을 지닌다. 적어도 지역대학의 현실만 놓고 보면 교육부도 이를 부인하지 못할 것이다. 물론 제대로 혁신하지 못한 지역대학의 책임도 있겠지만, 정책을 수립하고 견인해 온 교육부의 책임은 막중하다고 할 수밖에 없다. 지방대학 육성법도, 공공기관 지방 이전도, 지역인재 채용제도의 도입도 학령인구 감소와 '인 서울'이라는 흐름 속에서 제대로 된 역할을 하지 못하고 있다.[18]

정부에서 야심 차게 추진한 반도체학과 활성화 정책에도 불구하고 반도체학과 학부생 중도 탈락 비율이 2021년 4.9%에서 2022년 8.1%로 두 배 가까이 늘어났다. 취업을 보장하는 학과마저 학생들이 이탈하다 보니 대학뿐만 아니라 기술 인재를 확보해야 하는 기업에도 어려움은 다가오고 있다. 사업을 확대하고 투자를 하려 해도 이를 뒷받침할 수 있는 인력이 부족하여 현장의 혼란은 더 크다.

---

18. 국제신문, 최우용, "지역대학이 살아야 나라가 산다." 2022년 5월 5일자.

4. 지방자치 시대의 지방대학 활성화 전략

　1992년 지방자치제 실시 이후 지역의 경제 성장을 이루기 위한 수단으로 지방대학 발전 전략이 활발해지고 있다. 그러나 이러한 교육개혁으로 인한 문제점도 적지 않게 드러나고 있다. 결국, 교육개혁을 함으로써 얻는 편익은 다른 부분에서 나타나는 비용을 감수해야 하는 대가라고 볼 수 있다.

　즉, 일반적으로 편익 측면에서 관찰되고 있는 교육개혁의 경제적인 영향들은 이러한 기대효과를 얻는데 필수적으로 따르는 많은 예산에 대한 지원이 여의치 않는 문제가 있는 것이다.

　교육개혁의 성공을 위해서는 각 지방자치단체에서 SWOT[19]를 치밀히 분석, 추진하여야 한다. 철저한 학생 위주와 지속 발전 가능성에 중점을 두어 교육개혁을 전개함으로써 부작용은 극소화시키고 효과는 극대화시킬 수 있다.

　최근 정부가 대학 한 곳당 5년간 1,000억 원을 지원하는 '글로컬 대학' 30여 곳 중 우선 10곳을 발표했다. 인구감소와 지역 간 소득 격차가 심화되는 상황에서 비수도권 지역의 인재 양성과 지역발전을 꾀하기 위한 시도다. 오는 2026년까지 20곳 정도의 비수도권 대학이 추가 선정된다.

---

19. SEOT는 Strength(강점), Weaknees(약점), Opportunities(기회), Threats(위협) 4가지 요인별로 분석하여 전략을 세우는 방법론이다.

특히 이번 글로컬 대학 선정은 지역 특성을 살린 교육과 인재 양성을 통해 지역발전을 추구하는 정책의 일환이라고 할 수 있다. 이는 유럽연합EU의 여러 나라에서 각 지역 산업과 환경에 맞는 대학 발전을 통해 지역발전을 꾀하는 장소 기반 지역발전 정책과 맥을 같이한다.

우리나라는 저출산·고령화로 절대인구가 감소하는 상황이다. 설상가상으로 줄어드는 인구와 산업이 수도권으로 집중하면서 비수도권 지역에선 '지방소멸' 위기가 현실화되고 있다. '글로컬 대학30' 정책은 비수도권 지역의 위기를 극복하고 세계적 대학을 육성하려는 국가발전 비전의 일환이다. 그러나 '글로컬 대학 30' 선정이 곧바로 지방소멸을 막고 비수도권 지역의 대학 발전을 보장하는 것은 아니다. 1차로 선정된 대학과 해당 지역은 대학과 지역 발전을 위한 쾌거라고 환호하지만 실질적인 과제는 이제 시작이다. 이번 기회를 제대로 살리지 못하면 각 지역 지속 가능성에 더 큰 위기가 닥칠 수 있다.

우선 대학은 장기적인 차원에서 세계 경제와 기술 변화에 부합하고 선도할 수 있는 인재 양성을 위해 혁신을 꾀해야 한다. '글로벌Global'과 '로컬Local'을 연결할 수 있는 인재를 키우기 위해 기존 학문 분야 간 벽을 허물고 교육과정의 유연성과 자율성을 증진시킬 수 있는 과감한 제도 혁신을 해야 한다. 또 학생들의 창의성과 리더십을 강화할 수 있는 기업가정신 교육과 창업 기회를 확대하는 노력도 필요하다. 이를 위해 대학 구성원들이 기득권을 내려놓고 함께 고통을 극복하는 것이 무엇보다 중요하다.

지방자치단체는 권위주의 의식에서 탈피해 대학 혁신을 지원하고 수평적인 관계에서 상호 협력해야 대학과 지역의 상생 발전이 가능하다. 중앙정부는 장기적인 차원에서 대학의 구조조정, 등록금 책정 등 대학의 자율권을 최대한 보장해야 한다. 자율권이 보장되지 않으면 대학은 각 지역 상황에 맞는 교육과 연구, 나아가 지역발전을 주도하는 역할을 할 수 없다.

또 대학과 지방자치단체 및 공공기관, 기업 등이 상생 발전을 통한 비수도권 지속 가능성에 공감하고, 이를 위한 구체적인 협력 거버넌스 구축이 필요하다. 지역 인재가 수도권으로 유출되지 않고 지역발전을 견인할 수 있도록 다양한 지원 프로그램도 마련해야 한다. 이런 프로그램을 실행하기 위해 학부과정에서부터 세계적 수준의 교육뿐 아니라 지역 밀착형 교육과 연구를 진행해야 한다.

지역 공공기관이나 기업이 지역 대학의 인턴 제도를 확대해 활용하는 것도 사례가 될 수 있다. 졸업생들이 각 지역에서 취업할 수 있는 양질의 일자리 공급을 위해서는 산·학·연·관의 실질적인 협력 체제가 중요하다.

5. 4차산업혁명과 미래 교육

"세상이 바뀌고 있고, 앞으로 더욱 급변할 것이다."라는 깃을 절감하지 않으면 대한민국 미래 교육이 올바로 정립되기 어렵다. 이미 AI가 사람 일자리를 위협하는 시대로 진입했다. 그럴수록 21세기 인재는 자기만의 아이디어로 승부해야 한다. 창의력을 말살하며 점수로 서열을 세우는 기존의 교육방식은 혁명적으로 개혁해야 한다. 미래사회 개인의 행복과 창의성, 자율적 역량 강화는 문화예술 교육을 대학과 연계하는 것에 달렸다.

4차산업혁명은 경제, 산업, 직업뿐만 아니라 교육에도 큰 영향을 미칠 것이다. 제4차산업혁명의 선두권 진입은 판교에서 기흥지역까지 경부고속도로 일대를 미국의 실리콘 밸리처럼 클러스터를 조성하는 방안을 비롯한 효율성을 극대화하는 융복합 방향으로 추진되어야 한다.

지방자치단체 이해관계에 의해 행정관료적 입장에서 접근하면 4차산업혁명의 특성과 엇박자를 낸다. 특히 사물인터넷, 빅 데이터, VR/AR, 인공지능 등 4차산업혁명 기술들은 교육 체계와도 밀접하게 연관되어 있다. 교육현장과 교수학습법에도 적용되어 이른바 '에듀테크EduTech' 시장이 새롭게 형성하는 시대로 변모하고 있다. 미국 실리콘밸리의 빅테크 기업들이 기술개발 단계를 넘어 실용성이 크게 높아진 서비스를 내놓기 시작하면서 일상 속 AI의 존재감이 빠르게 확대되고 있다.

한국은 생성형 인공지능의 특성을 발빠르게 파악하여 세계 최초로 '인공지능(AI) 디지털 교과서' 도입을 추진하고 있다. 대한민국 교육현장의 디지털화는 속도감을 발휘할 뿐 아니라 창의력을 키우는 방향으로 질적 수준을 향상시켜야 한다. 이러한 인식을 바탕으로 교육부가 2025년 초·중·고교 일부 학년, 일부 과목에 디지털 교과서를 도입하고 2028년에는 대다수 학년·과목으로 확대한다는 계획이다. 학생들은 기존의 종이 교과서와 함께 디지털 교과서를 이용하게 된다. 독일 등 해외에서 지역이나 학교별로 디지털 교과서를 사용하는 곳은 있지만, 국가 차원에서 전체 학생에게 도입하는 것은 한국이 처음이다. 디지털 교과서 도입의 핵심적 논리는 학생의 특성에 적합한 맞춤형 학습이 가능하기 때문이다.

AI를 비롯한 첨단기술을 활용하면 학생의 강점과 약점을 파악해 부족한 부분을 더 공부할 수 있게 해주고 학습 태도까지 분석해 알려준다. AI 교과서에는 학생이 궁금한 걸 질문할 수 있는 AI 챗봇 기능도 장착할 예정이다. 디지털 교과서가 '보조 교사' 역할을 하게 됨에 따라 '1 대 1 맞춤 교육'이 가능해진다.

21세기 미래사회가 요구하는 인재를 양성하는 교육 시스템으로 개선될 것으로 기대된다. 미래 교육 시스템은 도전과 모험, 개척과 변화를 추구하는 성향의 인재를 양성하는 방향으로 대개조가 일어나야 한다. 미래 교육은 디지털 교과서 도입으로 해결될 문제가 아니다. 전공으로 속박되는 한계를 뛰어넘어 다양한 도전을 시도하고 문제해결 능력을 키워야 한다.

최첨단 과학기술의 발전을 교육현장에 과감하게 수용하고 단순 반복 작업은 AI가 맡도록 하고 학생은 지식경영 관점의 훈련을 해야 한다. 21세기 인재는 전략 기획, 창의성, 문제해결, 리더십, 대인관계 업무에 집중하면서 고차원의 사고 활동에서 성과를 내는 인재로 키워야 한다. 결국 AI는 인간을 대체하는 기술이라기보다는 조력자로서 활용하는 대상으로 자리매김해야 한다.

6. 시대변화에 적합한
평생교육 시스템

급격한 시대변화 속에서 평생교육 시스템은 개인의 성장과 사회의 지속 가능성을 위해 매우 중요한 역할을 한다. 유연하고 맞춤형 교육을 통해 개인들은 변화에 대해 두려움 없이 적응하고 발전할 수 있는 능력을 갖출 수 있다.

정부, 교육 기관, 기업 등 다양한 주체들이 협력하여 효과적인 평생교육 시스템을 구축함으로써 미래의 불확실한 시대에도 안정적인 발전을 이룰 수 있는 기반을 마련할 필요가 있다.

기존의 대학교육은 4차산업혁명 시대에 혁신 생태계 허브로서 기능해야 한다. 4차산업혁명이 본격화되면 교육계는 지각변동을 겪을 수밖에 없다. 학교와 가정, 직장의 경계가 급속도로 허물어지면서 일자리의 대전환을 가져오면서다.

이렇게 급변하는 시대에 적합한 인재를 양성하기 위해 지금의 규격화된 제도권 교육과는 다른 교육 체제가 필요하다. 그 대안으로 '평생교육'의 중요성이 대두되고 있다. 대학의 평생교육과 고등교육은 기업·지역사회와 유기적으로 연계돼 있으며 대학 기능은 교육에서 연구개발, 더 나아가 혁신으로 확대되고 있다.

전문가들은 대학이 지역·국가·글로벌 차원에서 혁신생태계의 중심 허브로 전환하기 위해선 평생교육 기능을 강화함과 동시에 정부 지원 등이 필요하다.

대학의 연구 및 산학협력 지원기능을 통합하고 대학의 평생교육을 강화하기 위해 과기정통부가 대학의 연구·혁신·평생교육에 관해 통합적으로 지원하도록 부처 기능을 조정할 필요가 있다. 대학 교육은 여전히 전통적인 학제에 기반한 학위 과정에 매몰돼 있다.

21세기는 지식기반사회, 학습사회를 기반으로 교육의 변화를 요구하고 있지만 학교 교육은 시대변화를 따라가지 못하는 모습이다. 디지털 전환에 따른 산업구조와 필요 역량은 높아지고, 학령인구 감소와 대학교육 대중화 등 고등교육 환경도 급변하면서 대학은 새로운 역할을 모색해야 하는 상황에 처했다. 그 대안으로 평생교육 기능 강화 방안이 거론되고 있다.

4차산업혁명에 대비하여 평생학습체제를 구축해야 한다. 21세기 미래사회에서 요구되는 기술과 현재 구성원이 가진 기술 간 격차를 줄이고, 디지털 전환Digital Transformation 시대가 바꿀 미래 변화에 적응력을 높이는 평생교육이 필요하다.

우리나라 대학도 재교육에 있어서 평생학습의 플랫폼으로의 기능을 강화해 나가야 한다. 대학의 평생교육 기능 제고는 성인의 재교육 수요 확대와 학령인구의 급감 속에서 그 필요성이 논의되고 있다. 그러나 현재 대학 수준의 평생교육은 학점은행제의 테두리에서 운영되고 있다. 성인 학습자의 재교육이나 성인 학습자의 교육을 촉진하기 위해서는 학비 지원이나 진로 및 경력 개발 강화 등의 지원 방안과 생애주기별 특성을 고려한 평생교육 프로그램 제공 등의 방안이 구체화되어야 한다.

교육프로그램 측면에서 성인의 재취업이나 재교육 수요에 부응하는 비학위과정의 개발 및 활성화를 추진해야 한다.

또 평생교육 활성화를 위해 학위과정 및 비학위과정 등 다양한 학습 경험 인정에 대한 체계적인 설계가 필요하다. 현재 대학의 평생교육체제 지원 사업은 일부 학점을 감면받아 학위를 취득하는 과정으로 설계돼 있지만, 성인 학습자가 고등교육 수준의 학습을 하는 방식과 그 결과를 인정받는 방식은 다양해져야 한다.

평생교육 기능이 활성화된 선진국의 대학처럼 입학 경로의 다양화, 야간 또는 주말 교육과정 운영, 온라인 강의, 선행 학습경험에 대한 학점인정, 다학기 제도 및 시간제 등록제의 활성화 등 성인 학습자의 시·공간적, 환경적 제약을 해소하기 위한 학사구조 개편도 병행되어야 실효를 거둘 수 있다.

평생교육은 인간의 전 생애와 연결되는 만큼 연령에 구분이 없는 탄력적이고 다양한 교육 콘텐츠의 개발과 지속 가능한 학습 체계가 요구되고 있다. 평생교육 시스템 도입은 구호가 아니라 제도적 장치로 실효를 거둘 수 있다.

4차산업혁명으로 세상이 워낙 빠르게 변하는 통에 지식의 유통기한은 점점 짧아져 간다. 평생 배워야 하는 시대가 도래했다.

인생은 학교에 비유된다. 산다는 것은 배우는 것이다. 즉, 우리는 죽는 날까지 평생 배워야 한다. 산다는 것은 스스로 인성에 적응하는 것이며, 인성에 적응하면 인간답게 살 수 있을 것이고, 적응하지 못하면 불행해질 것이다. 미래는 100세 시대의 '평생교육시대'로서 새로운 도전과 배움으로 미래를 준비해야 한다.

디지털 시대에서 새로운 환경에 적응하고 새로운 기회를 찾아야 한다. 대학이 중심이 되어 평생교육이 활성화되도록 정부의 지원책이 요구된다. 공부는 평생 하는 것이고, 재미있고 당연히 해야 하는 것으로 여기게 해야 '평생학습시대'에 살아남는 사람으로 키울 수 있다.

프랑스의 교육가 폴 랑그랑P.Lengrand(1910~2003)은 "평생교육lifelong education 이란 개인의 출생부터 죽을 때까지 생애에 걸친 교육과 개인 및 사회전체의 통합이다. 인간의 통합적 성장에 중점을 두고 각 단계에서 훈련과 학습을 통하여 융화시키고 잘 조화되게 하여 인간의 갈등 해소를 도와주는 노력이며, 삶의 모든 상황에서의 필요와 학습이 계속 연계되는 교육조건을 제공하여 개인의 자기완성을 이루도록 하는 것이다."라고 정의하였다.

평생교육은 인간이 태어나서 모성접촉과 자율인식 단계부터 유년기→청년기→장년기→노년기를 거치며 학습하면서 일생을 완성하게 된다. 그러면서 가정, 학교, 동료, 직장, 대중매체 등에 영향을 주게 된다. 국민의 평생학습 참여율과 1인당 소득은 상당한 상관관계가 있다. 국민의 학습량이 많을수록 소득은 늘어나는 것이다.

최근의 한 연구에 의하면 평생학습 참가율이 1% 높아지면 1인당 국민소득이 332달러 증가하는 것으로 밝혀졌다. 노르웨이, 덴마크, 핀란드, 스웨덴 등의 평생학습 참여율은 50%를 상회하며, 이러한 학습이 국민 개개인의 혁신역량을 지속적으로 강화해 기업과 국가의 경쟁력 강화를 가능하게 한 것이다.

정부는 "교육은 요람에서 무덤까지 생애에 걸쳐 계속되어야 한다."라는 폴랑그랑의 명언을 주의깊게 살피어 평생교육 시스템을 완비하고 충실한 교육을 통해 국민 개개인의 고용의 질과 삶의 질을 향상시켜야 한다. 국가 전체의 교육역량과 성장동력을 강화하여 국민 행복을 증진해야 한다.

제24장

경제혁명으로 골고루 잘사는 행복한 나라

1. 한국 경제
구조개혁의 시급성

경제혁명이 지향하는 목표는 골고루 잘사는 행복한 나라를 만드는 것이다. 경제적 궁핍이나 절대빈곤을 벗어났지만, 아직도 한국사회의 그늘진 복지 사각지대가 많다.

20세기에 독립한 국가 중에서 경제 발전과 민주주의 발전을 동시에 성취한 모범적인 나라인 것은 사실이다. 하지만 화려한 성공 신화에 가려진 어두운 그늘이 많다. 국민적 통합을 이루는 기본적 토대인 경제적 안정이 이루어지지 못했다.

세종대왕은 일찍이 "백성은 밥(식: 食)이 하늘天이다."라고 말했다. 클린턴 미국 대통령이 후보시절에 선거용 구호로 내세웠던 "바보야 문제는 경제야!"라는 메시지는 1990년대 말에 세계적인 화두가 되었고, 21세기에도 세계적 공감을 불러일으키는 명언으로 자리잡고 있다.

국가 경제가 무너지면 그 결과가 개개인의 민생에까지 비참함을 몰고온다는 것은 역사가 실증하고 있다. 따라서 국가지도자들은 세상을 잘 다스리고 민생이 편안한 국태민안의 시대를 만들어 백성을 구한다는 경세제민 經世濟民 (경제의 어원)의 리더십을 구현해야 한다.

경제혁명을 통해 경제 위기를 대 기회로 반전시키는 대전략과 정책이 긴요한 시대이다. 지금이야말로 진정한 애국심으로 경제 강국으로 도약하여 통일시대를 대비해야 할 것이다.

2024년을 맞이하는 한국 경제는 장밋빛 낙관론에 기댈 수 없는 정도로 대내외의 불안요인이 복합되고 있다. 미·중 패권경쟁, 유럽·중동에서의 전쟁, 보호무역주의 확산, 저출산·고령화 심화, 반도체 수출의존형 구조 등 한국 경제는 자칫 '아시아의 병자病子'로의 전락을 우려할 수준임을 냉철하게 직시해야 한다.

특히, 노동 생산성 저하는 심각한 도전요인이다. 전체인구 중 65세 이상 인구 비율이 7% 이상인 경우를 고령화 사회라고 하는데 대한민국은 2000년에 이미 7.1%를 넘어 고령화 사회에 진입했고, 2022년에는 14%를 넘어 초고령사회가 되었다. 2025년에는 총인구 5명 중 1명이 65세 이상이 될 정도로 심각해 진다. 경제혁명은 필연적으로 구조개혁, 기술혁신, 인프라 개선, 환경 보호, 노동시장 개선, 글로벌 시장 진출 등 다양한 측면을 복합적으로 고려해야 한다.

가장 먼저, 한국 경제는 구조적 한계를 극복해야 한다. 기존 산업의 혁신과 새로운 비즈니스 모델을 창출하면서 인공지능, 디지털화 기술 등 첨단기술 분야에서 선도적인 입지를 확립해야 한다.

인재 양성과 노동 시장의 유연성을 확보하여 첨예화되는 글로벌 경쟁 심화에 대처해야 한다. 저출산과 고령화 심화로 인해 세계 최저수준의 출산율을 반전시키고 미래 산업에 투자해 잠재성장률을 높여야 한다. 젊은 세대의 감소는 급속한 고령화와 맞물려 성장 동력의 상실을 비롯한 경제, 사회 전반의 악순환으로 이어질 수밖에 없다.

저출산 고령화 문제는 정치권의 보수·진보 진영의 이해타산으로 접근하지 말고 국가 전략적 차원의 해법을 모색해야 한다. 정부가 지난 16년간 저출산 해법에 쏟아부은 280조 원의 예산이 실효를 거두지 못한 원인도 규명해야 한다. 젊은 세대의 가치관 변화와 다양한 가족 모델, 사회적 소외 등에 대한 이해와 대처가 필요하다.

2023년 출생 통계에 따르면, 합계 출산율은 0.7명으로 집계되면서 1년 전보다 0.08명 낮아졌다.

미국 뉴욕타임스(2023.12.2.자) 로스 다우댓 칼럼리스트는 '힌국은 소멸하나'라는 제목의 칼럼을 통해 '한국이 현재 출산율을 유지한다면 흑사병이 강타했던 중세 유럽 시기보다 더 큰 폭의 인구 감소를 겪게 될 것이다. 한국은 선진국들이 안고 있는 인구감소 문제에서 대표적인 연구대상'이라고 했다.

정부가 출산·양육 부담을 줄이고 신혼부부 지원을 늘리는 등 대책을 강구하고 있지만, 저출산 현상은 더욱 심화되어 연간 합계 출산율은 0.6명대에 진입할 가능성이 높아졌다.

2021년 수능 지원자 수가 49만 명인데, 2021년 출생자 수는 21만 명에 불과하다는 통계수치가 저출산의 심각성을 대변해 준다. 전문가들은 한국의 저출산을 비싼 주거 비용과 불안정한 고용 문제, 일과 육아를 병행하기 어려운 노동 환경 등이 복합적으로 작용한 결과로 해석하고 있다. 결혼·출산·육아를 꺼리면서 일하지 않고도 생존하려는 국민이 늘어나는 것도 심각한 문제다.

청년층 실업이 구조화되고, 정부의 잘못된 보조금은 그들이 점점 노동시장에서 멀어지는 원인을 제공하기도 한다. 선거용 포퓰리즘 정치가 이러한 현상을 조장한 면이 크다.

국가지도자의 경제 철학이 얼마나 중요한지를 단적으로 보여 주는 예시로, 영국의 마거릿 대처와 아르헨티나의 후안 페론이 있다. 대처는 영국병으로 인해 영국 경제가 점차 몰락해 가고 있음을 간파하여 복지 혜택을 축소하고, 강성 노조를 탄압하며, 만성 적자에 시달리는 국영기업들을 민영화하는 등 신자유주의 정책을 폈다. 영국은 이러한 대처의 노력 덕에 영국병에서 탈출하여 다시금 경제적 도약을 할 수 있게 되었다.

대처와 대조적인 인물로, 잘나가던 아르헨티나를 복지병의 수렁으로 빠뜨린 페론을 들 수 있다. 아르헨티나의 대통령이었던 후안 페론은 매년 20%에 달하는 높은 임금 인상과 과도한 복지정책 등 포퓰리즘 정책을 남발하였다. 아르헨티나 국민들은 더 많은 복지를 원하고 일할 의욕이 떨어져 노동 생산성이 하락했기에, 아르헨티나 경제가 피폐해지고 경제 파탄의 길을 걸었다. 이는 지도자가 얼마나 올바른 철학을 가지고 있느냐가 한 나라의 운명을 좌지우지할 정도로 매우 중요한 요소임을 보여준다.

올바른 경제 철학의 실천에 따라 국민이 공감하여, 국민화합과 결집력이 생김으로써 경제의 성장과 함께 일자리 창출 등 지속적 성장이 가능하다. 불확실한 경제 미래 시대에서 부국강병의 나라를 건설하기 위해서는 지혜로운 경제 철학과 통찰력을 통해 국가의 꿈과 희망을 비전으로 제시하고 그 비전을 실현할 수 있는 지도자의 통치력이 매우 중요한 요소이다.

글로벌 컨설팅사 맥킨지는 지난 2013년 '한국 경제가 성장한계에 직면했다.'라는 보고서를 통해 한국 경제를 서서히 가열되는 '냄비 속 개구리'에 비유한 바 있다. 그로부터 10년이 지난 2023년 12월 11일 맥킨지 후속 보고서 '한국의 다음 상승곡선Korea's next S-curve'에서는 한국의 저출산 문제를 또다시 지적함과 동시에 "노동 생산성 감소와 국가 기간산업의 글로벌 경쟁 심화 등으로 냄비 속 물 온도가 더욱 올라갔다. 과감하게 개구리를 냄비 밖으로 꺼내 개구리가 더 큰 무대에서 맘껏 뛰어놀 수 있게 틀을 짜야 한다."라면서 한국 경제 구조개혁의 시급성을 강조하였다. 맥킨지는 한국이 과감한 시도와 변화를 추진한다면 2040년 1인당 국내총생산GDP 7만 달러, 세계 7대 경제 대국으로 도약하게 될 것으로 전망하였다.

2. 국가 위기를 초래할 국가부채, 가계부채, 기업부채

국가 위기를 가장 현실적으로 체감하는 척도는 민생경제 위기다. 통계적 지표에서 국가부채와 가계부채의 급증 현상은 심각하다. 국가부채 위기는 가계부채와 더불어 우리 국가경제의 큰 위험 요소이다.

개인이나 나라가 흥하는 데는 수십 년의 축적이 필요하지만 주저앉는 데는 오래 걸리지 않는다. 우리 경제는 정치지도자의 무능과 경제관료의 안이함으로 1997년 IMF 위기를 초래한 아픈 경험을 안고 있다.

우리나라는 최근 국가부채와 가계부채가 증가하고 있어, 1990년대 IMF 위기가 재현될 수도 있다. 국가부채가 감당하기 어려울 정도로 증가하면 위기는 필연적으로 온다. 먼저 외국 자금이 떠나면서 환율이 급등하고, 물가가 폭등하면 금융기관이 마비되고 기업들이 망한다.

실업자가 쏟아져 나오지만, 국가가 재정 능력이 없어 할 수 있는 일은 없다. 미국의 자국 우선주의, 보호무역주의로 신흥국 대부분이 금융위기에 빠져들어 가고 있다. 1년 사이에 미국의 기준 금리는 3%대에서 6%대로 뛰었다. 미국이 금리 인상을 단행하면 부동산에 투자됐던 돈이 채권과 예금 등 안전자산으로 빠르게 옮겨간다.

특히 우리나라처럼 주택담보대출로 인한 가계부채가 큰 폭으로 늘어난 나라는 금리 인상에 더 취약하기 마련이다. 우리나라는 외형상 아직 문제가 없는 듯 보이지만 실제는 경기 침체와 더불어 국가부채, 가계부채가 과도하여 신흥국가가 IMF체제로 들어갈 경우 국제 투기 자본의 영향을 받아 위험할 수 있는 상황이다. 대한민국의 국가부채, 가계부채, 기업부채의 심각성을 인정하고 대책을 강구해야 한다.

첫째, 2022년 국가부채가 사상 처음으로 1,000조 원을 돌파했다. 국가채무는 2021년 970.7조 원에서 2022년 1,067.7조 원으로 97.0조 원 늘어났다. 또한 동 기간 GDP 대비 국가채무 비율은 46.9%에서 49.6%로 2.7%p 상승했다. 사상 처음으로 국내총생산GDP을 추월했다. 2023년 5월 국제금융협회가 발간한 '세계 부채 보고서Global Debt Monitor'에서도 이러한 동향이 통계수치로 나타났다.

둘째, 2023년 1분기 세계 주요 34개국의 국내총생산 대비 가계부채 비율은 한국이 102.2%로 가장 높았다. 한국은 조사 대상 국가 가운데 유일하게 가계부채가 경제 규모를 웃돌았으며 이는 국가 경제 규모를 고려할 때 세계 주요국 가운데 가장 높은 수준이다.[20]

셋째, 한국의 기업부채가 국내총생산GDP 126%를 돌파하며 사상 최고 수준으로 불어났다. 2023년 9월말 기준으로 한 나라의 경제 규모보다 기업부채총량이 큰 나라는 한국을 포함해 홍콩(267.9%), 중국(166.9%) 싱가포르(125%), 일본(115.2%), 베트남(107%) 등 6개국뿐이다.

세계 경제는 글로벌화와 디지털화로 인해 점점 연결되고 있으며, 국가 간 상호의존도가 높아지고 있다. 글로벌 협력을 통해 인류 공동의 가치와 문제에 대한 해결책을 모색하고 지원해야 한다. 글로벌 협력과 개방은 대한민국의 영향력과 지도력을 강화할 수 있다. 우리 경제는 경쟁력 강화를 위한 경제혁명을 강력하게 이끌어 나가야 한다.

---

20. 한국경제, 2023년 5월 30일자, https://stock.mk.co.kr/news/view/135507 (검색일, 2023년 9월 15일).

현대는 경제가 안보이고 경제가 민생이므로 경제 문제는 국가적 사활의 문제라는 것을 명심하고 부국강병의 나라가 되어야 한다. 경제위기가 반드시 기회가 되도록 해야 한다.

우리나라 5천 년 역사 이래 경제와 안보는 위기가 아닌 적이 거의 없었다. 그러나 광개토태왕, 문무대왕, 세종대왕, 정조 등 위대한 리더들은 역사적 위기에서도 르네상스 시대를 열었다. 후손들에게 우리는 부끄러운 가난한 나라를 남긴 조상으로 기억될 것인가? 아니면 초일류 강국으로 도약한 자랑스러운 조상으로 기억될 것인가? 자랑스러운 조상, 위대한 대한민국을 건설하려면 경제사의 교훈을 통해 강점은 살리고 약점은 사전 보완하면서 끊임없이 혁신, 개혁하는 경제혁명을 추진해야 한다. 온 국민이 일치단결하여 위기를 극복하는 정신과 결기가 긴요한 시대이다.

우리 경제는 반도체와 자동차산업이 이끌어왔으나 근간 통상임금 판결, 사드로 인한 중국 판매 급감 등으로 위기를 맞으면서 한국 경제는 매우 취약한 상황과 여건이다.

주력 제조업종 상당수가 매출과 영업이익이 지속적으로 하락하거나 성장 정체 상태에 빠졌다. 제조업 평균가동률이 하락한 것은 근본적으로 기술 경쟁력을 잃어가는 우리 산업의 구조적 문제라는 게 경제전문가들의 분석이다.

국가부채가 감당하기 어려울 정도로 급격히 증가하면 위기는 필연적으로 온다. 먼저 외국 자금이 떠나면서 환율이 급등하고, 물가가 폭등하면 금융기관이 마비되고 기업들이 망한다.

1992년 1월 1일 소련이 해체된 이면에 국가부채가 원인을 제공했던 역사적 사실을 교훈으로 삼아야 한다. 소련은 미국과 군비경쟁을 벌이다가 전쟁이 아닌 국가부채로 무너졌다. 선진국들은 국가부채의 무서움을 알기 때문에 국가안보 차원에서 대비한다. 대한민국은 선거철만 되면 표를 의식해 포퓰리즘에 의해 기초연금 지급액을 올리는 등 선심성 개발공약과 현금지원형

복지정책을 남발한다.

스위스는 공짜로 기본 소득을 보장해주겠다는 법안을 국민이 반대했다. 포퓰리즘 성격의 복지 지출은 한번 늘어나면 다시 줄어들기 어렵다.

대한민국은 국가부채 문제를 전면 검토하여 장기 재정 전략을 새로 마련해야 한다.

가계부채 문제는 상황이 더욱 심각하다. 저출산·고령화로 인한 노동인구 감소, 빈익빈 부익부의 양극화, 부동산투기 이후 가격하락 등 복합위기 조짐을 보이고 있다. 가계부채가 한국 경제의 시한폭탄이 되어 1990년대 밀 IMF 경제 위기와 같은 어려움으로 피눈물을 흘리지 않도록 경제 정책을 주도면밀하게 점검하고 근본적인 치료를 해야 한다.

명약은 입에 쓰지만, 죽어가는 사람을 살린다. 마찬가지로 나라 경제를 살리기 위해서라면 쓴 처방이라도 때를 맞추어 내려야 한다.

3. 지방 살리기 – 소멸도시 부활,
인프라 격차 해소, 관광 진흥

1975년 수도권의 인구는 우리나라 인구의 34%에 불과했다. 2005년에는 48%로 급증했으며, 2020년 사상 처음으로 50%를 넘어 비수도권 인구를 추월했다. 대한민국 인구는 2028년 5,194만 명을 정점으로 감소하는 것으로 전망된다. 핵심은 이러한 인구감소가 지역적으로 균등하게 나타나지 않는다는 점이다.

「통계청 장래인구특별추계」에 따르면 2017년과 비교했을 때 2047년에는 경기, 세종, 충남, 제주, 충북, 인천 등 6개 시도의 인구만 증가하고, 다른 시도의 인구는 감소할 전망이다. 비수도권의 인구비중은 2020년 5월 49.8%까지 떨어졌으며 지속적으로 감소추세다.

우리 국민은 지역 불균형이 점차 심화될 것이라는 심각성을 대부분 인지하고 있다. 국토 균형발전 필요성에 대해서는 공감하나, 해결 가능성은 부정적으로 보고 있다. 일자리, 교통체계, 인프라 등 핵심적인 생활 여건에서의 격차는 지역 간 삶의 만족도 차이로 이어진다. 지역 불균형이 초래한 삶의 만족도 격차는 거주 이전 의향으로 이어지며, 수도권 인구 집중을 가속한다. 지방도시 소멸 위기를 빗대어 '지방에는 먹이가 없고, 서울에는 둥지가 없다.'라는 비유가 유행하고 있다.

수도권으로 일자리를 찾아 떠난 지역 젊은 세대가 있던 곳엔 소멸 현상이 나타나는 중이다. 지방소멸은 예고된 위기인 동시에 그 저출산 고령화와 맞물려 심각한 국면으로 접어들고 있다.

감사원이 분석한 '인구구조변화 대응 실태'를 보면 2047년에는 전국 229개 시·군·구가 인구학적으로 쇠퇴위험단계 진입한다고 진단했다. 2067년에는 13개 지역을 제외한 전국 216개 시·군·구(94.3%)가 소멸 고위험 단계로 높아진다. 수도권과 부산, 광주, 대전 등 광역 대도시를 빼면 미래에는 전국 대부분이 소멸을 맞이한다.

2023년 전국평균 합계 출산율이 0.7명 수준으로 소멸 속도는 더 빠를 것이다. 따라서 지방 소멸도시를 부활하는 전략과 정책을 개발하고 특히 인프라 격차 해소에 과감한 투자가 필요하다.

17개 시·도는 지방소멸 위기 극복, 지역주민의 삶의 질 개선, 지속가능 성장을 위한 공정한 환경을 조성하기로 했다.

이에 지방소멸·낙후지역 활성화, 의료·복지 확충·강화 및 사각지대 해소, 지역 환경생태계 보전 및 주거환경 개선 등의 전략과 과제를 이번 계획에 담았다.

먼저 지방소멸·낙후지역 활성화 방안으로 경기는 경기 북부 저발전 지역 균형발전을 위한 경기 북부 인프라에 집중 투자한다. 강원은 인구감소 및 폐광·접경지역 지역 개발 지원을, 충북은 지방소멸 위기 극복을 위한 충북형 도시농부 사업을 추진할 계획이다. 구체적으로 지역 간 불균형 해소를 위해 '지역 산업 진흥을 위한 투자와 개발'이 이루어져야 한다. 대한민국 전체 국토의 약 12%에 불과한 수도권에 인구 절반이 살고 있다.

더 많은 사람이 수도권으로 몰려가는 현상은 국가의 균형발전 측면에서 결코 바람직하지 않다. 교육 환경과 일자리가 수도권에 집중돼 있다 보니 더 많은 성공을 바라며 지방 젊은 세대가 떠나고 있다.

지방소멸 해결 방안으로 자치분권이 강화되고 중앙정부가 지고 있는 권력과 예산, 의사 결정권 등을 지방 지역에 이양해야 한다. 지자체가 서로 힘을 합쳐 광역화된 도시계획을 구성해야 한다. 교육·문화·취업 등 생활 인프라를 제대로 구축하는 것이 인구소멸에 대응할 수 있는 수단이다. 생활 인프라 격차가 해소되지 않으면 균형발전 정책이나 지역 불균형 문제의 해결에 한계가 있다. 국가리더와 정책결정자들이 막중한 책임감과 의지를 갖고 균형발전을 추진해야 한다.

한편, 필자는 2018년 12월 『국가 대개조 – 국부론』[21] 제22장 지방자치시대 관광 전략에서 관광산업의 전국 연계 강화로 시너지 효과를 거두어 관광 대국이 되어야 한다는 이론과 실제를 구체적으로 제시한 바 있다. 그런데 2023년 12월 22일 문화체육관광부에서 '남부권 광역관광 개발' 계획을 발표했다. 주요 내용을 살펴보면 다음과 같다.

• 부산을 비롯한 울산, 경남, 광주, 전남 등 남부권 5개 시도의 관광 자원을 개발하기 위해 2024 ~ 2033년까지 10년 간 3조 원의 예산을 투입

• 유인촌 문체부 장관과 5개 시도 단체장이 업무협약 체결

• 영호남을 아우르는 지역의 관광 경쟁력을 높일 수 있는 제도적 기반 마련과 계기 형성

위와 같은 남부권 광역관광 개발 계획은 서울 관광 계획과 연계되어 시너지 효과가 기대된다.

---

21. 최익용, 『국가 대개조 – 국부론』 (행복에너지, 2018) pp.547~585

4. 지자체의 자율적 거버넌스 강화

우리나라는 1995년 지방자치단체장 직접선거를 통해 지방자치의 첫발을 내딛었으나, 중앙집권적인 권력구조와 수도권 중심의 권력 집중에 따른 제도와 관행이 고착되어 지방분권이 제대로 이루어지지 못하고 있다. 특히 재정분권 확대를 위한 정책적 노력에도 불구하고 자율적 거버넌스의 핵심인 재정분권은 답보된 상태이다. 재정분권을 통한 지역의 재정적 자율성은 개선될 수 있는 반면, 지역 간 재정력 격차를 심화시킬 우려가 제기되고 있다.

지방자치 단체의 자율적 거버넌스 강화를 위해서는 정보제공 및 중간 지원 조직의 역량 강화가 요구된다. 즉, 사업 집행의 실효성을 높이기 위한 중간 지원 조직의 역량 강화와 자율적 운용을 위한 국고보조사업 플랫폼 구축이 필요하다. 또한 중앙과 지방간 협력 및 공조체계를 강화하는 것도 중요하다.

지역개발 분야 역시 국가균형발전특별회계 설치, 포괄보조금 도입, 지역발전투자협약의 시범 도입 등을 통해 지방자치단체의 재정자율성을 높이기 위한 노력을 추진해 왔으나, 지방자치단체 유형별 재정 격차가 크고, 매칭펀드 방식으로 인한 지방비 부담 증가 등 재정 자율성에 제약이 되고 있다.

한편, 중앙정부에 대한 재정의존도가 높은 지방자치단체의 무분별한 지역개발사업의 남발 방지, 사업의 사후관리 강화, 사업 실행력 제고 등을 위해서는 지방재정의 책임성 확보방안도 동시에 고려할 필요가 있다. 지방분권과 균형발전 조화를 이루어야 한다. 각종 규제권한을 이양하고, 거점형 균형발전을 도모하며 필요에 따라 지방행정 단위를 과감하게 통합하는 조치가 이루어져야 한다.

이러한 맥락에서 2023년 10월 정부가 역대 최초로 '지방분권-균형발전' 5개년 계획을 통합 수립해 17개 부처·청, 17개 시·도 함께 지방시대 5대 전략을 실현하는 것은 올바른 방향이다. 특히, 중앙과 지방이 협력해 지역정책 과제의 차질없는 이행으로 지역발전을 선도하는데, 특히 '지방 주도 균형발전과 책임있는 지방분권'을 목표로 제시했다. 또한 글로벌 경제·산업구조의 전환에 대응해 성장거점·특화산업을 통해 혁신 성장기반을 확립하고 양질의 일자리를 창출한다.

이는 필자가 강조해 온 골고루 행복한 대한민국 사회에 부합하는 정책이다. 지속가능한 성장을 구현하기 위한 각각의 비전·전략·추진과제 및 공간구상을 이번 5개년 계획에 구체적으로 제시했다. 아울러 자치입법권 강화, 자주재원 확충 등 자치분권 강화와 시민이 정책에 직접 참여하는 시민주도 정책기획 및 주민자치 활성화 등의 과제를 이번 계획에 담았다.

이에 울산은 스마트 재난관리체계 고도화 및 중대재해 없는 안심도시를 조성하고, 세종은 세종특화형 지방 주도적 발전모델을 위한 세종시법을 개정한다.

강원은 미래산업 특례 발굴을 위한 강원특별법 특례 확대 추진을, 충북은 충청권 특별자치단체 설립 및 충북형 자치경찰제 도입 등을 통한 충북 맞춤형 자치모델을 개발한다.

대한민국
G3 미래 비전(시리즈Ⅲ)

제2 한강의 기적 − "G3 코리아 신화 창조"

'제2 한강의 기적(신화) 창조' 전략 구도

③ 우주항공, 과학기술
도약

시너지
효과

① 코리아
관광 대국 건설

② 제2 중동신화
창출

★ 삼위일체 시너지 효과로 G3 코리아 시대 개막 ★

① 코리아 관광대국 건설: 서울을 세계 1위 도시로!

② 제2 중동신화 창출: 제2 한강의 기적으로

③ 우주항공, 과학기술 도약: 최첨단 산업 선도국가로!

※ 2035 부산엑스포 재유치 적극 준비
→ 코리아 산업혁명 기대

제25장

관광대국화
전략과
세계 1위
서울 건설

1. 역사와 천혜의 경관 활용한
관광대국 건설

1) 21세기 관광산업 – 무한 성장산업

21세기는 관광의 시대이다. 국민소득 수준의 향상과 여가시간 증대, 생활의 여유를 중시하는 현대인의 삶의 가치관 변화는 관광산업의 성장을 촉진하는 요인이다. 코로나−19 펜데믹 여파로 관광업계가 타격을 입었지만, 2023년부터 이른바 '보복관광 심리'까지 가세하여 급신장할 것으로 전망되고 있다. 세계적인 석학이자 미래학자인 존 나이스비트John Naisbitt(1929−2021)는 "관광은 10대 성장동력의 하나로 글로벌 경제의 무한 성장 산업이며 국가의 경제를 발전시키는 성장엔진이다."라고 말했다.

세계적인 경제학자 애덤 스미스Adam Smith(1723 - 1790)는 일찍이 '보이지 않는 손'을 정의했다. 예컨대 "우리가 저녁 식사를 기대할 수 있는 것은 푸줏간 주인, 양조장 주인, 빵집 주인의 자비 때문이 아니라 그들이 각자 이익에 관심을 갖기 때문"이라고 지적했다. 자유로운 시장에서 재화를 사고파는 사람들의 자발적인 자기 이익 추구가 놀랍게도 의도하지 않는 사회 전체적인 이익으로 귀착된다는 것이다. 필자는 관광산업에서 보이지 않는 손을 강조하고 싶다. 진정한 자본주의, 민주주의 국가로서 꽃을 피우려면 관광산업의 보이지 않는 손을 강조하고 싶다.

21세기 관광산업은 국가 경제의 새로운 성장동력을 제공할 수 있는 종합 산업으로 무한한 가능성이 열려 있다. 코리아 관광대국 건설의 당위성은 경제혁명의 기폭제로 칭할 만하다. 코리아 관광대국은 한국의 관광산업을 세계적인 수준으로 발전시키고 국내외 관광객을 유치하는 것을 목표로 한 정책 또는 비전을 나타내는 표현일 수 있다.

관광산업은 부가가치가 높은 산업이며 파급효과가 관광업계에 국한되지 않는다. 코리아 관광대국을 구현하기 위해서는 관광 환경의 안전성, 문화적인 다양성, 관광지 인프라의 개선, 관광 마케팅 등 다양한 측면에서 지속적인 노력이 필요하다.

국내적으로는 국민 소득증대로 관광 욕구가 증가하고, 국제적으로는 국가간, 대륙 간 관광 욕구가 급증하고 있다. 관광산업 진흥정책이 코로나 여파로 큰 어려움을 겪고 있다. 그럼에도 불구하고 21세기 관광산업은 국가 경제의 새로운 성장동력을 제공할 수 있는 종합 산업으로 무한한 가능성이 열려있다. 국토개발의 패러다임이 도시재생으로 변화하면서, 지역 및 도시 분야에서는 지역관광 개발의 개념을 도시 마케팅의 수단으로써, 도시브랜드 개발, 역사문화적 자산의 활용, 숙박시설 및 서비스개발 등의 행위로 정의하고 있다

한국은 독특한 문화와 역사, 아름다운 자연경관 등 다양한 관광자원을 보유한 나라로, 글로벌 관광산업의 중요한 주역 중 하나이다. 하지만 더욱 다양하고 지속적인 관광 수요를 유치하고, 관광대국으로 거듭나기 위해서는 체계적이고 창의적인 건설 방안이 필요하다.

관광산업은 미래의 모든 산업을 능가할 주요 산업으로 선진국 기준 산업이 될 것이다. 관광산업의 취업유발계수는 52.1명으로 전 산업 평균 25.4명에 비해 2배 이상으로 관광산업이 고용에 미치는 영향이 크고, 관광산업의 육성이 고용문제 해결에 기여할 수 있다.

2018년에 설립된 서울관광재단이 제시한 SEOUL VISION 2030에 따르면, 서울을 세계 5대 관광도시로 만들고 외래 관광객 2천만명 달성을 목표로

제시하고 있다.[1] 포스트 코로나 시대에는 세계 각국이 침체기를 벗어나 폭풍 성장하게 될 관광시장을 선점하기 위해 총성없는 전쟁이 벌어질 것으로 예상하고 있다.

산업별 외화가득률 측면에서 관광산업(88%)은 자동차산업(71%), 휴대폰산업(52%), 반도체산업(43%)을 제치고 월등한 우위를 차지한다. 10억 원 투자 시 창출되는 일자리 수에서도 관광산업(52명), 일반제조업(25명), IT산업(10명)으로 분석되었다.

필자는 21세기 대한민국은 한해에 1억 명의 외국 관광객이 방문하는 관광대국 건설을 실현시키는 담대한 제안을 한다. 왜냐하면, 신개념의 코리아 관광대국을 만들어 부국강병의 초석으로 삼으려는 것이다. 관광대국의 국가 이미지를 새로이 정립하는 한편, 신성장 핵심 동력 산업으로 적극적으로 육성하여 경제혁명의 기폭제 및 촉매제 역할을 하도록 해야 할 것이다.

코로나 팬데믹 이후의 관광산업은 주요 산업군의 저성장 기조와는 다르게 지속적인 성장세가 전망되는 산업이다. 산업규모 측면에서도 관광은 전통산업을 대체하기에 충분하다. 일자리를 창출하고 저성장에서 탈피하는 데는 관광산업이 큰 효과를 발휘할 수 있다. 관광산업은 내수산업, 서비스산업 등 종합 산업으로서 일반산업, IT산업보다 3~5배 정도의 일자리를 만들 수 있다. 박지순 고려대 교수는 "현재 고용을 창출할 수 있는 산업은 전자업종 정도에 불과하다.

일자리를 만들어낼 새로운 동력을 빨리 찾지 못하면 청년뿐만 아니라 모든 세대가 고용 재앙에 빠질 것"이라고 말했다. 서울이 가진 천혜의 관광자원을 활용하면 일자리 창출은 물론, 무한 성장산업으로서 국가의 비전과 국민의 꿈을 실현할 수 있다. 더욱이 제4차산업혁명과 기존 산업을 융합할 경

---

1. 서울관광재단 홈페이지 sto.or.kr/vision (검색일, 2023년 10월 1일).

우 시너지 효과가 증대될 것이다.

한강의 기적을 이룬 역동성을 최첨단 관광콘텐츠와 융합한다면 세계 제일의 '1억 코리아 관광대국'이 될 수 있는 나라임에도 불구하고 발상의 전환을 바탕으로 한 관광산업 정책개발이 이루어지지 못하고 있다. 노벨경제학상을 수상한 더글러스 노스 교수는 경제 성장의 근본적인 원천은 "효율적인 제도"라고 주장했다. 대한민국이 세계 역사상 유례없는 속도로 산업화에 성공한 요인은 정부의 전략과 정책이 뒷받침되었기 때문이다. 코리아 관광대국을 건설할 전략·정책·제도를 마련하여 경제혁명의 원동력이 되도록 총역량을 경주하면 한국의 관광산업은 비약적으로 발전할 수 있다.

2) 대한민국 관광산업 현주소

문화체육관광부와 한국관광공사는 2023년 1월 포스트-코로나 시대의 관광트렌드가 "일상에서 행복을 찾는 방향으로 형성된다."라고 발표했다.[2] 국내관광의 추세를 분석한 것으로 이해하지만 한국을 방문하는 외국인 관광객 유치를 위한 전략적 방향 제시가 미흡하다. 외래 관광객 목표로 제시한 1,800만 명 역시 기대에 부응하지 못했다.

한국관광공사에 따르면 2023년 상반기 우리나라 관광수지는 46억 5,000만 달러 적자를 기록했다. 이는 2018년 상반기 70억 6,000만 달러 적자 이후 5년 만에 최대치로, 2023년 관광수지는 23년째 적자를 이어갈 전망이다. 20년 이상 지속적으로 적자를 내는 대표적 분야가 관광이다. 2023년 상반기 방한 외래 관광객은 443만 1,000명으로, 코로나 전인 2019년 상반기의 52%에 그친 반면, 해외로 나간 우리 국민은 993만 명으로 66% 수준을 회복했다.

---

2. https://kto.visitkorea.or.kr/viewer/view.kto?id=86192&type=bd

문화체육관광부는 2021년 세계경제포럼WEF: World Economic Forum 관광경쟁력
평가에서 대한민국이 평가 대상 117개국 중 15위를 기록했다고 밝혔다. 동
발표에서 일본이 1위를 차지했고 이어 미국, 스페인, 프랑스, 독일 순으로 이
름을 올렸다. 중국은 12위, 아랍에미리트UAE는 25위, 베트남은 52위다.

　한국문화관광연구원이 한국과 일본, 말레이시아, 싱가포르 등 아시아 4개
국의 관광시장을 비교한 결과, 한국은 중국 의존도가 가장 높은 반면, 여행
수입은 가장 적었다. 중국 의존도가 높다 보니 저가로 관광객을 모집하여 쇼
핑센터를 전전하는 행태가 되풀이되고 있다. 반면 일본은 2012년 중국과의
센카쿠尖閣열도 분쟁을 겪은 뒤 '비지트 재팬Visit Japan' 캠페인 대상 국가를 늘
리고 전략적으로 홍보를 강화하여 관광객 다변화에 나섰다.

　중국의 사드THAAD(고고도미사일방어체계) 보복이 풀리면서 중국인 관광객(遊客:
유커)이 한국을 다시 찾고 있다. 하지만, 안타깝게도 포스트 코로나 시대에 진
입했음에도 불구하고 중국 관광객의 한국 방문 회복세가 기대에 못 미치고
있다. 중국 유커 의존도가 높은 한국 관광산업의 체질을 개선할 기회라는 지
적도 있었지만, 싸구려 쇼핑관광은 조금도 달라지지 않았다. 더 큰 문제는
중국 단체관광이 끊긴 뒤 저가 관광 관행이 동남아에까지 확산되면서 '한국
관광은 싸구려'라는 인식이 자리 잡고 있다는 점이다.

　우리나라 관광시장의 다각화 전략을 위해서 관광수요층의 트렌드 분석이
이루어져야 한다. 예를 들어 '나 홀로 관광객'을 위한 편리하고 안전한 서울
의 관광 환경 조성이 절실하다. 또한, 서울을 방문하는 외래 관광객들의 지
출 규모에서 쇼핑이 가장 크다 하더라도 쇼핑은 부수적인 활동의 결과이지
서울 방문의 주목적으로 보는 것은 적절하지 않고, 오히려 그런 부수적인 활
동을 유발할 주된 방문목적을 정확히 파악하여 관련 정책적 관심을 두는 것
이 필요하다. 국제 정세나 주변국과의 외교 관계의 영향으로 좌우되는 단체
관광이 아니라 성숙한 개인 여행객으로부터 선택받는 '세계인의 관광 코리

아'를 만드는 전략을 구사해야 한다. 한중 외교 관계의 영향을 받는 구조에 의존하지 않도록 과감하게 전략적 행보를 취해야 한다.

중국의 한한령限韓令을 틈타 한류를 제친 일류日流는 치밀하게 준비한 결과라는 것을 관광업계와 관계 당국은 자성하고 포스트 코로나 시대의 관광산업 진흥을 위한 전략적 소통을 강화해 나가야 한다.[3]

3) 관광 선진국의 추세

세계적인 관광시장은 중장기적으로 꾸준한 성장세를 이어갈 것으로 전망된다. 세계 경제의 침체에도 불구하고 관광산업은 매년 4% 이상 꾸준한 성장을 보이고 있다. 세계 주요국들은 국가발전의 신 성장 동력 산업으로 인식해 관광산업을 세계화하는 정책과 전략을 적극적으로 펴고 있다. 특히 일본이 최상위권으로 부상한 점을 주목해야 한다.

세계 각국은 관광산업을 통한 내수 촉진은 물론 지역경제에 대한 파급효과를 중시하고 있다.

관광산업이 세계 경제에 미치는 영향도 크다. UNWTO(국제관광기구)에 따르면 관광산업은 세계 GDP의 10%, 전체 무역의 7%, 전체 서비스 수출의 30%, 수출량은 1조 5천억 달러에 달한다. 11명의 외래 관광객을 유치하면 1개의 일자리가 생길 만큼 경제적 부가가치가 높다. 이에 따라 세계 각국은 관광 사업을 21세기 국가 전략산업으로 육성하고자 다양한 관광 상품 개발과 관광인프라 확충, 맞춤형 홍보전략 등 관광진흥정책을 치밀하게 추진하고 있다.

---

3. 서울특별시, 「서울시 관광산업의 경제적 파급효과 분석을 위한 연구」(서울연구원, 2016년 2월) p.112-113

• 영국은 주요 도시 일간지에 특별광고를 게재하는 한편, TV 광고를 하면서 이벤트를 개최한다. 외래객 유치를 위한 캠페인 로고 제작, 안내책자 제작·배포 등의 홍보활동을 다양하게 하고 있다.

• 프랑스는 젊음이 있는 광장, 자연의 발견, 비즈니스 여행, 낚시의 즐거움, 골프의 매력, 자연주의, 산악관광, 프랑스의 축제, 프랑스의 역사·문화, 도시 관광의 10가지 홍보주제를 선정하였고, 유럽시장 대상으로 홍보활동을 강화하고 있다.

• 스페인의 경우 식도락, 와인루트, 쇼핑관광에 대한 상품전략 및 홍보를 강화하고 있다. 뿐만 아니라 농촌관광, 환경관광, 문화관광 상품의 개발을 확대하고 있으며, 관광청의 관리하에 관광품질관리소를 설치하고 경쟁국과의 차별화를 꾀하고 있다.

• 중국은 중앙정부뿐만 아니라 전국 22개 성, 자치구, 직할시 등 각 지방정부에서도 관광산업을 해당지역 경제발전의 견인산업, 중점산업으로 전략화하고 관광산업 발전의 가속화에 관한 방침을 제정하였다. 한편 중국은 WTO 가입에 따른 관광시장의 대외개방 방침에 따라 관광산업을 지속적으로 개선하는 정책을 추진하고 있다.

• 미국은 세계에서 네 번째로 많은 외래 관광객이 입국하는 나라이다. 외래 관광객으로부터 벌어들이는 수입은 744억 달러로 세계 1위를 차지하고 있다.

• 러시아는 동북아시아 지역과 인접한 블라디보스토크에 6개의 대형리조트와 12개의 카지노가 입주하는 매머드급 복합리조트 타운을 개발 중이다.

• 일본은 관광산업을 신성장 동력 산업으로 인식하여 국가정책적으로 관광진흥정책을 추진하고 있다. 2025년에 열릴 오사카·간사이엑스포는 인간의 삶을 위한 다양한 기술을 선보이며 미래사회의 경험을 전달할 예정이다. 최근의 일본 관광 붐에서 오사카엑스포 유치 효과도 크게 작용한 것으로 평

가되고 있다. 1970년 이후 오사카에서 두 번째로 열리는 엑스포의 효과로 2030년 6,000만 명의 해외관광객 유치를 추진 중이다.

2023년 10월 기점으로 관광객 수가 폭발적으로 증가하고 있다. 코로나 팬데믹 이전의 2017년 기준으로 일본의 관광수입은 44조 3,200억 원으로 우리나라 15조 원의 3배에 달한다. 일본은 세계가 방문하고 싶은 일본을 만들기 위해 모든 여행자가 스트레스 없이 쾌적하게 여행을 만끽할 수 있는 환경을 구축하고 관광서비스의 다양화를 추구하고 있다.

관광산업 발목을 잡는 규제를 일일이 찾아내 없애고 있다. 관광객 유치를 위해 비자발급 요건을 대폭 완화했고 주택숙박업법을 만들어 인구감소로 남아도는 빈집을 외래 관광객 숙박시설로 활용했다. 일본 관광정책이 성공한 배경엔 일본 정치 특유의 두 가지 강점이 작용했다.

첫째, 지난 정권이 해놓은 일이라도 필요하고 좋다고 판단되면 그대로 이어가는 풍토이다. 아베 정권이 관광 구호로 내세웠던 '쿨 재팬Cool Japan(매력적 일본)'만 해도 2000년대 자민당 정권이 시작했다. '쿨 재팬'은 민주당 정권을 거쳐 아베 정권에 이어 기시다 정권까지 이어지고 있다.

둘째, 각 부처가 같은 정책 목표를 협력해 추진하는 시스템이다. 일본 대기업 서울지사에서 7년을 근무하고 귀임한 야마자키 히로유키(가명·46) 씨는 도쿄에 돌아와서 본사가 있는 마루노우치 일대(광화문과 서울역과 같은 지역)가 몰라보게 달라진 것에 깜짝 놀랐다고 했다. 서울 발령이 나기 전인 2000년대 중반까지만 해도 수십 년 된 우중충한 건물이 즐비했던 이곳이 현대적인 고층 빌딩 숲으로 바뀌었다는 것이다.

정부는 필요할 때 관련 규제를 융통성 있게 풀어주는 역할을 했다. 30년 가까운 불황과 정권 교체에 상관없이 민관이 협력해 꾸준히 개발을 밀고 나간 것이다. 대한민국도 관광선진국들의 관광진흥 전략과 정책을 타산지석 삼아야겠다.

2. 서울, 관광메카 및 스마트 메가시티화 전략

1) 청와대 이전 – 관광산업 발전의 기폭제

필자는 10여 년 전부터 청와대 이전이 대한민국 관광산업 발전의 기폭제가 될 것이라고 역설해 왔다. 2022년 5월 10일부로 청와대 이전이 결행되어 용산 대통령 시대가 시작된 셈이다. 비록 국방부 청사가 리모델링을 거쳐 대통령실로 재탄생하여 아쉬운 점도 있겠으나 기존의 청와대 활용의 관점에서 역사적 전환점을 맞이한 셈이다.

청와대 이전은 윤석열 대통령 5년 임기 전체를 통틀어 가장 잘한 일로 꼽힐 수도 있을 것이다. 더 중요한 것은 청와대 이전 지역을 어떻게 활용할 것인가에 대한 발상의 전환이다.

필자는 대통령실 용산 이전으로 기존의 청와대가 국민에게 무료 개방된 것을 활용하여 대한민국 관광산업 발전의 구조 자체를 대개혁하고 경제혁명의 효과로 승화시켜야 한다고 확신한다. 이러한 확신은 필자의 저서 『대한민국 국부론』의 실천전략에 상세하게 기술되어 있다. 대한민국 관광발전의 기폭제로 "청와대가 함축한 역사적 상징성과 천혜의 자연경관을 활용하자!"라는 제안 논리를 다시 한번 집약하여 제시한다.

첫째, 청와대를 이전이 실현된 현실적 상황변화에 기초하여 기존의 청와대 자리를 관광산업의 메카로 만들자는 것이다. 북악산 자락의 청와대와 경복궁, 삼청동으로 연결되어 서울 도심과의 근접성이 확보됨으로써 역사와 문화, 풍광과 편의성이 어우러지는 관광의 보물이다. 삼청동 초입의 소격동에 위치한 국군기무사령부가 이전되어 미술관이 들어서며 문화의 거리로 재탄생한 삼청동, 소격동, 가회동 일대는 관광객이 수십 배로 증가하여 호황을 맞이하고 있다.

둘째, 청와대가 용산으로 이전함에 따라 북악산, 삼청동 일대의 민간인 통제구역이 해제되어 국내외 관광객이 급증하는 명소로 부상하고 있다. 역사문화, 자연경관, 자유평화의 개념이 복합되어 시너지 효과를 발휘할 수 있다. 기무사령부 이전으로 삼청동, 소격동 지역이 관광 특수효과를 보이듯이 청와대 개방에 한정시키지 말고 서울 관광의 필수 코스로 관광서비스를 다양화하면 시너지 효과는 폭발적일 것이다.

셋째, 세종 행정도시 완성을 시행하여 국토의 균형발전에 기여하여야 한다는 것이 국민의 여망이다. 대부분의 국민들은 막대한 예산을 들여 세종시를 신설(20여 조)하고도 청와대, 국회의사당 등이 서울에 있는 것을 납득하지 못하고 있다. 우리는 용산 대통령실 시대를 넘어 대승적 차원에서 세종시 청와대 시대까지 고려하는 전략적 고려까지 생각해야 한다.

넷째, 청와대를 옮긴 이후에 기존의 시설에 대한 관람에 국한하지 말고, '홍익광장'을 새로 조성하면 광화문 광장 등 서울에 조성되는 10대 광장을 융합되어 세계적인 광장문화를 선도해 나가는 발상의 전환도 요망된다. 이러한 탄력성이 서울의 이미지와 품격을 제고시켜 광장문화 조성에 크게 기여할 것으로 예상된다.

다섯째, 정부종합청사(정부의 관광부서, 국내외 주요관광단체, UN의 관광기구 유치)를 세계 관광 종합 센터로 발전시켜 1억 코리아 관광대국으로 도약하는 데 기폭제 역할을 할 것이다.

문재인 정부가 실현하지 못한 청와대 이전공약을 윤석열 정부가 결행했으니, 대한민국의 미래를 설계하는 대승적 차원에서 국민행복과 관광발전을 위한 전략을 재정립할 필요가 있다.

　이러한 관점에서 2023년 11월 어젠더로 부상한 메가시티화 전략은 대한민국의 미래 경쟁력 관점에서 심층적으로 검토할 가치가 있다. 정쟁의 대상으로 삼을 것이 아니라 글로벌 경쟁력을 갖춘 메가시티 관점에서는 경기·인천과 사실상 같은 생활권으로 유기적인 연계 방안이 검토되어야 한다. 그동안 메가시티 담론이 제대로 논의되지 못한 것은 '지역 간 이해관계'와 '수도권 과밀화'라는 문제에 밀렸기 때문이다. 하지만 수도권과 지방을 달리하는 '투 트랙 전략'을 통해 서울 경쟁력 업그레이드와 국토 균형발전을 함께 달성하는 전략이 필요하다. 서울 중심의 수도권 메가시티가 주변 지역과의 통합으로 행정적 비효율을 없애 글로벌을 지향하는 성장 전략을 추구하고, 지역 메가시티는 지방 소멸과 인프라 과잉 투자를 막아 독자적인 생존 전략을 짜야 한다는 것이다.[4]

2) 세계적 랜드마크 건설 – 관광 클러스터 형성

　서울에 세계 최초로 '스마트 동굴도시'를 건설하여 관광 클러스터를 형성하는 새로운 프로젝트를 제안한다. 인류는 태초에 동굴에서 태어나 동굴에서 거주했었다. 우리 민족의 건국신화 신화에 따르면, 동굴 속에서 21일을 마늘과 쑥을 먹으며 인내한 곰은 인간으로 변해 환웅과 결혼하여 단군을 낳았고 단군은 고조선을 건설했다.

　따라서 서울에 21세기형 스마트 동굴도시를 건설하는 것은 과거에서 현재를 반추하고 미래세계를 꿈꾸는 상징성을 함축한다. 가칭 '서울 스마트 동굴도시'를 도심과 직접 연결하여 건설할 경우, 관광대국을 이룰 수 있는 랜드

4. 조선일보, "글로벌 대세가 된 메가시티", 2023년 11월 9일자.

마크를 창조하고 서울의 위상을 높일 것이다. 이 제안의 가치를 이해하기 위해서는 천혜의 관광자원을 갖춘 북악산과 청와대 일대의 자연경관은 그대로 유지한 채 지하를 활용하는 발상이 필요하다. 사우디아라비아가 추진 중인 '네옴시티'와 비교되지 않는 친환경 스마트 메가시티가 될 것이다.

12세기 킬케 족이 세운 잉카제국(문명)이 21세기 인류에게 그대로 전해졌듯이 우리는 21세기 최첨단 스마트 동굴도시를 지하에 건설하여 먼 훗날 세계 역사문화로 남길 수 있을 것이다.

남미 페루에 잉카문명이 1450년 경에 건축한 '마추 픽추'가 유네스코 세계 문화유산으로 지정되었듯이 서울의 명산 북악산에 역사문화와 어우러진 4차 산업혁명을 상징하는 스마트 동굴도시를 건설하게 되면 우리나라 5천 년 역사와 융합되어 현대문명의 정수를 세계 인류에게 보여줌은 물론, 서울이 세계 제일의 관광도시가 되는 대전환의 계기가 된다. 즉, 역사문화, 자연환경, 자유평화가 어우러진 스마트 동굴도시 건설은 인류문명 발전과 더불어 대한민국이 관광대국으로 도약하는 데 획기적인 역할을 할 것이다. 북악산과 삼청공원을 활용하여 건설한 '서울 스마트 동굴 도시'는 경복궁, 덕수궁, 창덕궁, 창경궁 등의 고궁과 아름다운 조화를 이루면 세계 제1의 랜드마크로 부상할 것이다. 북악산과 삼청공원을 연결하는 가칭 '서울 스마트 동굴 도시' 건설 프로젝트의 개요는 다음과 같다.

① 북악산 남쪽(자하문 고개~종로경찰서장 동상)에서 스카이웨이 팔각정 방향으로 지하동굴을 만든 후 끝부분 3/4 지점에서 다시 팔각정~군부대 통신기지~삼청동 삼청각 방향으로 지하동굴을 'ㄷ' 형상으로 구축

② 동굴 도시를 건설하되 평창동, 북악산, 성북구, 성균관대 후문 쪽등 필요한 지역에 출입구를 만들어 공기순환 및 자연채광을 하도록 함과 동시에 출입구 부근에 동굴전망대 설치하여 4방 8방에서 외부의 전경을 관광할 수 있도록 천혜의 자연을 활용한 '친환경 Smart City' 디자인 개념을 반영하여

건설

③ 스마트 지하동굴 건설에 필요한 재원은 전액 민자로 건설하여 정부 재정 투입 논란 및 관련 부처의 거부감 해소

④ 동굴도시 굴설 과정에서 나오는 모든 화강암을 활용하여 북악산 북쪽 방향(평창동), 9사단 유격장 인근 유휴지를 석조·석탑 문화 예술단지로 조성 (21세기판 마츄픽추 조성)

⑤ 서울시가 추진 중인 '광화문 도심권 지하도시'와 연계 건설하여 시너지 효과를 제고하는 한편 동북아 요충지로서의 안보위협을 고려한 유사시 대피소로도 활용

상기 프로젝트의 세부 기획단계에 홍익광장(가칭), 광화문광장, 종로, 명동 등 도심지가 북악산, 삼청공원의 자연경관과 조화되도록 신개념의 디자인 감각을 반영한다. 서울시는 2016년 9월 종각-시청-동대문을 잇는 '광화문 도심권 지하도시' 개발계획을 발표했으나 진전이 없다. 지하철역 12개와 빌딩 30개를 연결하는 4.5km 길이의 'ㄷ'자형 지하공간에 각종 상업, 문화, 휴게시설을 만들겠다는 계획을 발표한바 있다. 따라서 서울시의 계획을 필자가 제안하는 '스마트 지하동굴 도시'와 연계시키면 시너지 효과가 더욱 증진될 것으로 기대된다.

또한, 세계 최고의 지하·지상 마천루의 '서울 횃불타워(가칭)'와 전망대, 삼청공원을 연계시키면 세계 최고의 명품 랜드마크가 될 것이다. 세계 제1의 횃불타워 '서울 횃불타워'를 '서울 스마트 지하동굴 도시' 건설부지 위에 세운다면 시너지 효과가 탁월할 것이다. 서울 잠실의 롯데월드타워Lotte World Tower(123층, 555m)는 서울 세계 횃불타워 호텔과 함께 서울의 격을 더 높여주고 시너지 효과를 낼 것이다.

'서울 횃불타워'가 건설된다면 다음과 같은 특징이 있을 것이다.

① 마천루로 치솟은 세계 제1의 높이(120~150층, 600m 내외)의 '슈퍼 공간'과 위용

② 북한산과 DMZ, 한강, 서해, 임진강, 2천만 수도권 도시 등이 복합적으로 전개되는 세계에서 보기 드문 랜드마크

③ 하늘 높이 펼쳐진 호텔과 마이스MICE 시설, 업무 시설, 오락과 휴식 공간이 어우러지는 전망대의 경관과 경제효과[5]

④ 세계인이 '꼭 한 번 와 보고 싶은 명소' 이미지와 역사 스토리텔링으로 대한민국의 브랜드 가치 제고

'서울 횃불타워'의 공원호텔이 삼청공원에 세워진다면 단연 세계 제일의 랜드마크로 관광명소가 될 것이다. 21세기 랜드마크는 단순히 높거나 크다는 이유만으로 상징적 명소로 자리매김하기 어렵다. 진정한 랜드마크는 그 건물을 통해 지역의 특성뿐만 아니라, 사회적 역사성, 지역민의 삶과 문화의 상징적 표출이 이뤄져야 한다. 높이 경쟁에서 벗어나 역사문화, 자연환경, 자유평화의 개념이 융합되고 역사와 예술성을 상징하는 위대한 명작이 될 수 있다.

파리의 대표적 랜드마크인 에펠탑의 첫 출발은 순조롭지 않았다. 1889년 프랑스 혁명 100주년을 기념하기 위해 세워진 에펠탑은 초창기 시민들로부터 외면받았다. '흉측한 고철 덩어리'라는 비판이 쏟아졌다. 그런 수난을 이겨내고 130여 년이 지난 지금 에펠탑은 프랑스의 랜드마크로 자리 잡았다. 파리를 찾은 관광객들은 에펠탑을 보고서야 자신이 진짜 파리에 왔다는 것

---

5. MICE: 대규모 회의장이나 전시장 등 전문시설을 갖추어 기업회의(Meeting), 전시회, 인센티브관광 (Incentive tour), 국제회의(Convention), 전시(Exhibition)를 의미하는 영어 단어의 첫머리를 따서 축약한 용어이다. 비유해서 일산킨텍스 전시장과 강남 코엑스 전시장을 서울 도심 한복판의 동굴도시로 융복합하여 관광자원으로 활용하는 발상에서 제안하는 것이다.

을 실감한다. 에펠탑이 만들어내는 관광, 소비 진작 등의 경제적 가치가 년간 616조 원에 달한다는 보고서도 있다. 대한민국이 '서울 횃불타워'를 건설에 성공하면 서양의 에펠탑, 동양의 '서울 횃불타워'가 쌍벽을 이루어 명성을 떨칠 것이며 세계적인 관광의 메카가 될 것이다.

아름다운 산자수명에 둘러싸인 도심 속에 랜드마크를 지으면 금상첨화가 된다. 삼청공원 지하동굴 도시에 지하 마천루(지하로비)를 건설하고 북악산 스카이웨이 정상 옆에 있는 군부대 터에 지상 마천루가 지상을 뚫고 하늘로 웅비하는 '서울 횃불타워'를 건설 (지상120~150 층) 할 경우, 세계 제1의 경이로운 랜드마크를 탄생시킬 수 있다.

예컨대 2023년 12월 15일 서울라이트 광화문 초대형 빛 축제(서울 윈터 페스타 2023)에서 다양한 국적의 미디어 아티스트들이 광화문을 매개로 미디어아트 축제의 막을 열었다. 주제는 "두근두근 빛의 광장 Beat's Square", "빛과 음악으로 변화하는 광화문 광장, 가슴 뛰는 서울을 새롭게 창조하다."였다. 위 축제를 대 확대 응용하여 서울 횃불타워를 중심으로 4대 궁, 4대 문, 광화문, 역사박물관, 세종문화회관, 명동, 북악산, 삼청공원, 인왕산, 남산, 한강 등 다양한 서울라이트 서울 횃불타워 축제를 개최할 경우 세계의 관광명소가 될 것이다.

세계 유일의 프리미엄 '서울 횃불 타워' 건립안을 구체적으로 제시한다.

- 장소: 삼청공원 및 북악산 정상(수방사 통신단) 일대(3~5만여 평)
- 규모: 북악산과 삼청공원을 융합한 북악산 정상 120~150층
- 예산: 전액 민자 유치(공원부지를 공매하여 관광산업 인프라 구축)
- 효과: 세계에서 최고의 높은 위치에 자연경관 수려함의 극치 창출
  - 동쪽에는 산악풍경이 병풍처럼 펼쳐지며 파노라마 효과
  - 서쪽에는 한강하구와 서해바다가 그림처럼 펼쳐지는 풍경
  - 남쪽에는 서울 도심의 야경이 한강을 배경으로 불야성을 연출
  - 북쪽에는 비무장지대(DMZ) 생태환경의 보고지역 관측이 용이

위에서 제안한 서울 대개조 프로젝트의 첫 단추였던 대통령 집무실 이전(삼청동 청와대→용산 대통령실)이 2022년 3월 결행됨에 따라 실현가능성이 더욱 제고되었다.

새역사 창조는 이처럼 리더의 과감한 의사결정으로 촉발되는 것이다. 타고르의 「동방의 횃불 코리아」를 상징하는 세계 유일한 「서울 횃불 타워」를 건립하여 세계의 관광 메카는 물론 인류평화와 번영의 상징이 되도록 천지인天地人의 의미를 살려 건설한다.

타워 완공 이후의 세부적인 관광코스를 상정해 보자.

① 삼청공원 제1로비→북악산 스카이웨이 정상의 제2로비→120~150여 층의 횃불 모형의 타워가 용틀임하는 형상으로 건축디자인하여 하늘을 향해 횃불이 타오르는 이미지를 동굴 내부에 설치된 가사현실과 디지털트윈Digital Twin으로 체험하며 관광

② 5천 년 역사의 고궁과 산업화·민주화 성공의 21세기 첨단도시를 동시에 관람할 수 있는 세계 최고의 경관 및 조망 타워를 통해 남산타워를 내려

다보는 '제2 한강의 기적' 체험 관광

③ 지하동굴도시 제1로비→지상제2로비(수방사 통신단)→120~150여 층의 서울 햇불타워→서울햇불타워 전망대(정상) 등이 연계되어 1개 도시 규모가 융·복합되는 신개념 도시 관광

위에서 예시한 관광코스의 설계는 사우디아라비아가 추진 중인 '네옴시티'가 따라올 수 없다. '역사＋문화＋과학기술＋친환경＋편의성' 디자인의 제반 도시기능과 아름다운 조형물이 예술미를 갖추어 건설될 것이다. 특히, 햇불타워 정상의 전망대는 세계 제1의 명소가 될 것이다. 1~30층은 한식호텔로 특성화하고, 고층에는 최첨단 현대식 호텔을 배합하는 설계를 반영하면 동서양의 건축양식이 융합되는 상징성까지 표현할 수 있다.

싱가포르의 랜드마크 마리나베이샌즈의 CEO 타나시예비치는 다음과 같이 말한다.[6] "초고층 빌딩이나 지역 랜드마크 빌딩의 경쟁력은 인간이 닿을 수 없던 구름 위를 향해 치솟은 건물의 높이에서도 형성되지만 더 중요한 것은 그 빌딩 안에 담긴 콘텐츠라는 확신 때문이다." 마리나베이샌즈는 싱가포르의 국제적 위상을 높였고, 이로써 관광 지형까지도 바꿔냈다. 90만 제곱미터의 면적에 전시와 컨벤션, 엔터테인먼트 등 다양한 시설 및 볼거리를 집약했다. 세계 각국은 세계 최고의 랜드마크 조성을 위한 경쟁이 치열하다. 랜드마크 초고층 건축물은 투자 대비 가장 효율적인 투자일 것이다.

필자는 서울에 세계 최고의 랜드마크 건설은 서울의 위상 제고는 물론 국가발전을 위해서는 물론 세계 메가시티 발전을 선도하는 G3 코리아로서도 꼭 필요하다고 확신한다. 21세기 세계는 어느 나라가 세계의 최고층 건물을 짓는가에 대한 경쟁이 치열하다 보니 역사성이 있어야 하고 나아가 지역민

---

6. http://news.mk.co.kr/newsRead.php?&year=2017&no=90708

의 삶과 영혼을 담은 문화적 장치와 연계되어야 한다.

다시 말해 역사문화와 자연환경의 창조물이 융합해야 랜드마크가 될 자격이 있는데 '서울 횃불타워 전망대'는 모든 조건을 갖췄다고 볼 수 있다. '서울 횃불타워 전망대'가 위치한 삼청공원은 서울의 명당으로서, 명당자리 지하에 명품 동굴 도시가 있고 지하동굴 도시 내부로부터 솟구쳐 오르는 디자인이 반영된 '서울 횃불타워 전망대'가 세워진다. 지하와 땅 위에 세워진 서울 횃불타워 전망대는 하늘이 품는 천지인天地人이 어우러진 신비하고 경이로운 명작이 된다.

천지인의 진선미眞善美와 신의 섭리를 느낄 수 있고 서울만이 창조할 수 있는 랜드마크의 고유한 가치와 의미는 다음과 같다.

① 천天으로서 세계적인 사계절의 해 뜨고 해지는 모습은 물론, 천고마비의 하늘 등 시시각각으로 변하는 대한민국의 아름다운 하늘을 감상하게 될 것이다.

② 천天과 융합한 지地로서 산자수명한 삼천리 금수강산에 북한산성과 서울도성이 첨단도시와 어우러진 모습을 보여줄 것이다.

③ 천지天地와 융합한 인人으로서 자유평화를 즐기는 시민의 모습 세계 최상위권이라 해도 손색이 없다. 특히 휴전국가, 분단국가를 생각하고 온 관광객들은 서울의 시민 모습에 의아함은 물론, 신기함을 느낀다고 한다.

④ 위의 천지인天地人 관광요소를 결합·융합하여 횃불타워 전망대에서 바라볼 때는 더욱 환상적일 것이다. 우리의 '서울 횃불타워 전망대'는 세계 최고의 역사 문화, 자연환경, 자유평화가 융합하고 어우러져서 조망 관광의 조건을 갖춘 글로벌 관광명소가 될 것이다.

세계인이 감탄할 수 있는 자연, 역사, 문화가 어우러진 세계 최고의 쉼터 공원 가운데에 현대판 무릉도원 서울 횃불타워가 우뚝 설 것이다. 횃불타워가 자리잡을 삼청공원은 서울 시내 중심부에 위치한 388,109㎡(10만여 평) 면적의 공원으로 교통이 편리한 데다 주변의 삼청동 일대에 화랑가, 맛집, 패션상가들이 운집하여 시민들의 산책 코스로 사랑받고 있다.

　조선시대 문장가인 성현成俔이 『용재총화慵齋叢話』에서 도성 안에 제일 경치 좋은 곳으로 꼽은 기록이 있다. 삼청공원은 그 역사적·문화적 가치를 인정받아 2013년 서울 미래유산으로 등재되었다. 대통령실 용산 이전으로 새로운 전기를 맞이했다. 삼청공원을 품에 안고 있는 북악산은 서울시 종로구 팔판동·삼청동·부암동·청운동·궁정동과 성북구 성북동에 걸쳐 있는 산으로 높이 342m의 화강암으로 이루어진 서울의 주산主山이다. 서쪽의 인왕산仁王山(338m), 남쪽의 남산南山(262m), 동쪽의 낙산駱山(125m)과 함께 서울의 사산四山 중 하나로, 삼청공원을 더욱 아름답게 품고 있다. 북악산은 북한산의 남쪽 지맥의 한 봉우리에 해당한다. 산경의 흐름을 보면 한북정맥漢北正脈의 끝자락인 북한산 보현봉에서 서남 방향으로 형제봉을 거쳐 북악터널로 이어져 경복궁의 배산인 북악에 다다른다. 이처럼 북악산과 더불어 북한산, 남산, 관악산 등이 병풍처럼 펼쳐져 있어 삼청공원의 전경과 전망은 가히 세계적 도심 속의 명산이다. 북악산과 삼청공원이 어우러진 산자수명한 대공원은 세계 제1의 공원이 될 수 있는 조건을 갖췄다. 뉴욕 센트럴 파크보다 자연경관이 좋은데다 경복궁 등 고궁과 조화를 이루어 자연과 역사가 어우러진 환상적인 공원이 될 것이다. 서울에 (가칭) '서울 스마트 지하동굴 도시＋서울 횃불타워＋서울 횃불타워 전망대＋삼청공원' 4가지가 클러스터처럼 건설된다면 세계적인 랜드마크가 된다고 확신한다.

〈세계 제1의 4대 랜드마크〉

세계인의 쉼터, 삼청공원		
서울 스마트 지하 동굴 노시	서울 횃불타워	서울 횃불타워 전망대

대규모 랜드마크 건설은 국민 행복 증진과 더불어 일자리 창출에도 기여한다. 더욱이 삼청공원을 더욱 아름답게 조성하여 시민의 쉼터, 시민의 힐링 장소는 물론, 세계인이 애용하는 쉼터가 될 수 있다.

나아가 대한민국 국민의 자유평화 정신과 더불어 인류애를 상징하는 터전으로 발전할 것이다. 랜드마크는 인간의 사유체계가 건축으로 표현된 것이다. 파리의 에펠탑, 뉴욕의 자유여신상 등 세계 주요 랜드마크는 도시의 중심, 핵심 역할을 하면서 역사성을 지니며 사유의 공간으로 과거, 현재, 미래를 끊임없이 연결하고 교류한다.

21세기 우리 국민들과 세계인들은 역사도시, 첨단도시, 랜드마크 도시를 넘나들며 자유평화의 행복관광을 만끽할 수 있을 것이다. 따라서 필자가 서울 사랑의 정신으로 제안한 4대 랜드마크를 융합시킬 경우, 세계 제1의 종합 관광지로서 관광경쟁력을 갖출 것이다.

3) 서울 10대 광장 조성

세계의 주요 관광도시는 광장문화를 중심으로 도시발전을 도모하여 시민과 관광객이 어울리는 곳이 되고 있다. 특히 로마 광장 등 세계의 주요 광장은 관광객들의 필수코스로 자리 잡고 있다. 이에 반해 우리나라는 역사적인 광장이 없다고 해도 과언이 아니다. 이러한 인식을 바탕으로 서울에 10대 광장을 조성하는 정책 제안을 한다.

① 홍익광장(청와대 앞) 신설 – 국혼의 상징으로 만드는 제안이다.

서울은 천혜의 자연환경과 경관이 돋보이는 도시이므로 역사문화와 조화를 이루는 광장을 조성하면 효과를 극대화할 수 있다. 그 출발점이 5천 년 역사의 근본이 되는 홍익광장이다.

특히 홍익광장은 사직공원의 단군과 연결시켜 효과를 더욱더 증대시킬 수 있다. 여기에다 홍익광장의 역사성과 예술성을 살려 광장공연의 장을 마련해야 한다. 궁중음악, 예악, 사물놀이 등의 광장공연을 통해 민족정신을 되살릴 수 있는 효과가 기대된다.

윤석열 정부 출범을 계기로 청와대를 국민에게 돌려주겠다는 공약이 실현됨으로써 새로운 변화의 계기가 마련된 셈이다. 기존의 청와대 건물과 공간을 관람하도록 예약제 개방제도에 머물지 않도록 대한민국 경제 재도약과 국민화합을 위한 상징으로 홍익광장을 만들어야 한다.

홍익인간 정신은 물론, 위민爲民, 여민與民, 애민愛民, 5천 년 민족정신을 구현토록 하고, 관광대국의 메카로 만들어 광장문화의 상징이 되도록 해야 한다. 홍익광장을 역사 박물관처럼 세계적인 광장으로 새로이 조성할 경우 역사문화, 자연환경, 자유평화가 융합된 광장을 조성할 수 있어 세계적 광장이 될 수 있다.

기존의 청와대는 민족기념관 관광 특별 구역 등으로 활용해야 할 것이며, 효자로의 주택지(청와대 입구 도로 옆, 경복궁 건너편)를 철거하고 광장을 조성하여야 한다.

특히 광장 조성과 더불어 세검정 터널 입구로부터 광화문-시청-서울역 지하 도로화하여 광장을 넓혀서 삼청공원, 사직공원과 연계시켜 역사적인 광장문화지대를 조성하는 제안을 한다. 홍익광장의 역사성을 살려 광장 주변에 고조선~대한민국 5천 년의 왕 239명(고조선 47, 고구려 28, 백제 31, 신라 56, 발해 15, 고려 34, 조선 27)과 대통령 13명의 조각상(총 251명)을 설치하는 방안도 국민여론을 수렴하여 추진될 수 있다.

특히 한국의 유구한 역사와 전통을 바로 알리게 됨은 물론 세계적인 관광자원이 되어 국격제고에도 크게 기여할 것이다.

② 광화문 국가 광장을 제안한다.

광화문은 경복궁의 남문이며, 궁성의 정문이다. 광화문은 국왕이 출입하는 정문이기도 했지만, 조선의 법궁인 경복궁의 정문이었기 때문에 다른 궁궐의 정문에 비해 그 규모와 격식 면에서도 매우 웅장하고 화려했다.

경복궁 창건 당시에는 특별한 이름이 없다가 태조 3년(1395) 정도전에 의해 '정문正門'으로 이름을 바꾸었으나, 세종 8년(1426)에 경복궁을 수리하면서 광화문光化門이라 했다. 대한민국 수도 서울 한가운데인 세종로는 광화문·경복궁, 세종문화회관 등 문화적·역사적 건축물들과 함께 대한민국역사박물관이 눈에 들어온다. 역사의 부침에 따라 광화문과 육조대로六曹大路에 영광만 있었던 건 아니었다. 동학농민운동과 청·일 전쟁이 일어나 위기에 봉착한 1894년 육조 명칭이 바뀐 데 이어 일제강점기 들어 육조대신 식민 통치기관들이 자리를 차지하게 됐다.

현재는 세종대로로 불리는 광화문 앞 큰길은 한반도의 운명과 함께였던 셈이다. 대한민국 역사박물관은 우리의 역사를 함축하는 국가 상징거리에 있어 '문화적 쉼'과 '역사와의 대화'가 가능한 소통의 광장 역할도 한다. 미국의 중심은 링컨이, 영국의 중심은 처칠이 지키듯이 우리의 광화문광장에도 성왕 세종대왕과 이순신 장군 동상이 지키고 있다. 광화문광장은 '우리나라를 대표하는 상징 축'이다. 대한민국을 대표한다는 광화문 광장문화가 국가의 격을 높이는 광장이 되도록 격조있게 보완하면 실현할 수 있다.

③ '서울시민광장'을 조성하자는 제안이다.

어느 국가든 시민광장이 품고 있는 상징성은 매우 크다. 나라의 정기spirit를 압축적으로 담고 있는 공간이기 때문이다. 대한민국 심장부에 위치한 시민광장은 내국인은 물론, 외국인도 대한민국의 숨결을 느끼기 위해 즐겨 방문하는 명소다. 서울특별시가 기존의 교통광장을 교차점 광장·미관광장·시민광장 중심의 대광장으로 이용하기 위해 40여 년간 서울특별시청 앞에 놓여 있던 분수대를 헐고 주변을 다듬어 2004년 5월 1일 서울광장으로 개장하였다.

　서울광장은 1987년 6월항쟁과 2002년 FIFA 월드컵 등 각종 집회·시위·행사의 장소로 널리 이용되었다. 이러한 서울시민 광장의 의미를 살려, 시울시청 구건물(일제강점기 건물)을 일제만행 역사박물관으로 건립하여 일제 만행을 기록하여 역사유산으로 남겨야 한다. 대한민국의 저력은 한민족의 인성문화에서 발현된 호국인성 DNA의 역사의식에서 나온 것이다. 국민이 역사 창조와 국가 수호의 주체세력이므로 일제강점기의 모든 만행을 최대한 수용할 수 있는 일제만행 역사박물관을 만들어야 한다.

　이것이 후손의 도리이자 역사 사랑, 나라 사랑의 길이다. 서울시민광장은 6·10 민주항쟁의 장소로서 민주화의 상징 광장이다. 또한, 월드컵 붉은 악마의 태극기와 함성이 국민의 정신으로 승화된 애국과 역동성의 광장이기도 하다. 이러한 서울시민광장을 월드컵의 역사적 광장, 민주화 광장으로 역사성을 살려 조성하여야겠다.

　④ '서울역 광장'을 '서울-유라시아역 광장'으로 새롭게 조성하자는 제안이다.

　서울역은 우리 국민들의 애환이 서린 유서 깊은 광장이다. 그런데 이러한 유서 깊은 서울역 광장이 고풍을 잃어가고 복잡한 교통망과 무질서로 시민들의 눈살을 찌푸리게 만들고 있다.

　근간 서울역 광장이 상업화되고 축소되어 광장의 의미를 상실해가고 있다. 서울역 광장을 역사문화적으로 복원함은 물론, 유라시아로 진출할 수 있는 서울역을 만들이 중국, 러시아 및 유럽인까지 활용할 수 있는 광장으로 조성할 필요가 있다.

서울역은 경부선과 경의선, 서울 지하철 1호선과 서울 지하철 4호선, 인천 국제공항철도가 복합된 대규모 철도플랫폼이다.

대한민국 철도네트워크의 중심 역할을 하는 서울역은 통일이 되면 한반도가 아시아 대륙은 물론 유럽까지 지리적으로 연결되어 세계 각국의 철도망과 연결되는 물류의 핵심 플랫폼이 되어 유라시아 대륙철도의 종착국가의 중심역으로 위상이 달라진다.

세계 문명의 중심축이 동양으로 회귀할 것으로 전망하는 필자의 입장에서는 서울역에 대해 세계사적 의미를 부여하게 된다. 서울역은 한반도를 넘어 세계 문명의 출발역, 종착역, 중심역으로 위상이 달라진다.

따라서 국제적인 안목에서 서울역광장과 더불어 서울역 건물을 규모 있게 새로이 건축해야 할 것이다. 또한, 축소된 서울역 광장도 다시 복원하고 염창동 방면으로 확장하는 동시에 깨끗한 광장문화와 환경을 갖추도록 해야 할 것이다.

특히 서울역 광장을 '서울-유라시아역 광장'으로 명명한다면 역사적 의미는 물론 관광자원 측면에서도 큰 효과가 기대된다.

⑤ 남산 애국광장(신설)을 제안한다.

별칭으로 태극기 광장도 적절하다. 대한민국 수도 서울에 애국광장이 없는 현재 모습은 국가의 품격에 맞지 않는다. 미국은 역사가 짧은 나라임에도 애국심 고취를 위해 뉴욕에 워싱턴 광장을 조성하여 시민의 나라사랑, 역사 사랑을 고취하고 있다.

특히 국기를 신성시하며 국기를 중심으로 국민이 단결하고 나라를 사랑한다. 우리나라는 5천 년의 역사를 가진 자랑스러운 민족국가임을 감안하여 태극기를 더욱 소중히 생각하고, 태극기를 통해 애국하고 국민이 하나가 되어야 한다.

더욱이 애국가 2절은 남산이 상징이다. "남산 위에 저 소나무 철갑을 두른 듯 바람서리 불변함은 우리 기상일세…." 남산에 애국광장을 만들어서 유관순, 안중근, 윤봉길 등 주요 애국지사의 동상을 세워 국민들의 애국심을 고취시킬 수 있다. 또한, 우리 민족은 3·1절, 6·10만세운동 등 수많은 백성이 태극기를 통해 애국운동을 전개한 역사와 애국혼을 가지고 있다. 이와 같은 애국혼을 기리기 위해 애국광장에 태극기를 테마로 설정한 광장을 조성하여야겠다.

우리 국민들이 애국광장에서 태극기를 휘날리고 태극기의 의미를 더 깊이 새길 수 있는 애국교육의 장을 조성해야 한다. 대한민국을 영원히 보존할 수 있는 혼과 정신을 키울 수 있는 '애국광장' 조성은 큰 의미가 있다.

우리는 애국지사를 기리면서 조국을 사랑하는 정신과 기상을 생활화하여야 할 것이다. 이를 위해서 애국광장에 우리의 영웅 기념관을 다양하게 건설하여 유대인이 통곡의 벽에서 애국심을 기르는 것 이상으로 나라사랑, 역사사랑의 장소로 적극 활용해야 할 것이다. 따라서 우리 국민들은 애국광장을 아름답고 장엄하게 조성해야 할 것이다.

⑥ 장충단 한류광장(신설)을 제안한다.

장충단이 공원으로 된 것은 1919년이다. 일제는 민족정기를 말살하기 위하여 박문사라는 절을 세우고 공원을 조성하였으나 광복 후 일제가 세운 건물은 모두 철거되었다. 장충단공원은 특징상 공원과 국립극장의 역할을 분리하여 조화시켜야 한다. 국립극장은 공연, 예술 발전의 중심이 되도록 하고 장충단 공원은 한류공연 중심지가 되도록 해야 한다.

최근 한류는 중국, 일본, 동남아시아를 넘어 EU, 미국, 남미 등 세계적으로 확산되고 있다. 한류는 2013년 오바마 미국 대통령이 한·미 정상회담 도중 "세계의 많은 사람들이 대한민국 문화에 매료당하고 있다."면서 딸들이 자신에게 강남스타일 춤을 가르쳐 줬던 일화를 언급할 정도로 유명하다.

더욱이 2017년에는 방탄소년단의 미국 시장 진출과 트와이스의 일본활동으로 다시 불기 시작한 한류가 세계를 무대로 활성화되었다. 이와 같은 한류 확산 현상을 더욱 고양시켜 국가브랜드 가치 제고에 적극 활용해야 한다.

따라서 장충단공원을 한류 야외공연장으로, 장충체육관을 실내 한류공연장으로 하여 한류공원과 국립극장 공연이 상호 보완하는 힘을 발휘토록 해서 한류 확산을 지원해야 한다. 한류를 활용 못 하는 정책은 국가보물을 사장시키는 것과 같다. 장충단광장이 한류를 세계화시켜 대한민국 위상 제고와 국격 향상에 기여토록하는 광장이 되도록 하여야겠다.

⑦ 국립중앙박물관 광장을 제안한다.

국립중앙박물관은 1909년 11월 1일 창경궁 제실박물관 개관이 그 효시이며 1915년 12월 1일 조선총독부에 박물관이 개관되었다. 1945년 해방 후 조선총독부박물관을 인수 개편하여 1945년 12월 3일 덕수궁 안의 석조전 건물에서 국립중앙박물관으로 처음 개관하였다.

2004년 10월까지 경복궁에서 운영되다가 2005년 10월 28일 용산가족공원 내의 새로운 건물에서 개관했다. 대한민국 보물창고인 국립중앙박물관은 30만 제곱미터의 방대한 공간에 30만여 점의 유물을 보관, 전시하는 세계적 규모의 박물관이다.

박물관에 담겨 있는 선조들의 삶의 흔적을 통해 현재의 우리를 이해하고, 미래를 통찰하는 원천을 개발할 수 있다. 국립중앙박물관은 구석기시대의 소박한 손도끼에서부터 삼국시대의 화려한 금관, 고려시대의 청자, 조선시대의 회화, 근대의 사진들에 이르기까지 우리의 역사와 문화예술이 한데 모여 있는 5천 년 역사의 보물 광장이다. 국립중앙박물관은 우리 문화를 외국에 알리기 위해 우리 문화재 국외전시, 해외 문명전 개최 등 외국과의 전시

교류를 적극적으로 추진하여야 한다.

5천 년 역사의 문화에 대해 자부심과 긍지를 갖게 함은 물론, 우리 문화의 정수를 마음껏 즐길 수 있는 광장으로 키워나가야 하겠다. 국립중앙박물관을 이해하고 사랑할수록 역사의식과 문화의식이 깊어진다.

국립중앙박물관에 전시 중인 30여만 점의 유물에 저마다 얽힌 이야기, 시대적 배경을 알고 나면 우리 역사와 문화가 더욱 친근하고 흥미롭게 다가올 것이다. 따라서 국립중앙박물관 광장을 조성하여 역사와 문화에 대한 관심을 높이는 데 기여하여야 하겠다.

⑧ 전쟁기념관 평화의 광장에 대한 제안이다.

전쟁기념관은 호국 자료의 수집·보존·전시, 전쟁의 교훈과 호국정신 배양, 선열들의 호국 위훈 추모를 목적으로 1994년 6월 10일 개관한 기념관이다. 연건평 2만 5천 평에 지하 2층, 지상 4층 규모이며, 호국추모실·전쟁역사실·한국전쟁실·해외파병실·국군발전실·대형장비실등 6개 전시실로 구분되어 있다. 기념관 자료의 수집·보존·관리·전시·조사·연구 외에 기념관 자료 및 기념사업에 관한 홍보·교육, 기념관 관련 각종 간행물의 제작 및 배부, 전쟁에 관한 학예 활동, 전쟁사 연구 등 전쟁 관련 사업을 수행한다.

전쟁기념관은 세계적인 여행전문사이트 '트립 어드바이저'에서 '트래블러스 초이스 어워드' 명소 부분을 선정하기 시작한 2013년부터 4년 연속 3위 안에 올랐으며, 2015년에는 주요 관광 명소를 제치고 대한민국 명소 1위에 선정된 바 있다. 2016년 발표한 '아시아 랜드마크 TOP 25'에 대한민국 명소로는 최초로 '경복궁'과 함께 '전쟁기념관'이 선정된 바도 있다.

6·25 전쟁 시 전투부대(16개국)와 의료진(5개국)을 파병했던 21개국의 UN 참전 국가들은 제2차 세계대전 이후 처음으로 '평화의 파괴자'에 맞서 유엔헌장에 입각한 국제기구의 집단적 행동으로 평화를 회복하려고 노력하였다.

한반도가 위기에 처한 상황에서 주도적인 임무를 수행함으로써 한국을 도왔다. 전쟁기념관은 우리 선조들이 목숨 바쳐 참전한 각종 기록과 유물자료를 보존, 전시하고 있는 곳으로서 호국정신과 애국정신을 고양할 수 있는 광장으로 적극 활용해야 한다.

⑨ 잠수교 지역 한강 둔치에 치맥광장(신설)을 제안한다.

서울의 한강의 다리 중 잠수교는 유일하게 반포대교와 같이 1층과 2층으로 건설되어 사용하고 있다. 그중 잠수교는 홍수 때에는 수면 아래에 잠기도록 낮게 가설한 교량으로 물의 흐름을 방해하거나 떠내려 오는 물건이 걸리지 않도록 난간을 설치하지 않았다. 서울 한강의 잠수교 위에 다시 교량을 가설하여 2층은 반포대교로 사용하고 있다.

도심 속 잠수교 교각에 LED 조명을 설치해 이미지를 바꾸면 효과가 클 것이다. 서울의 한강은 세계적으로도 손꼽힐 정도로 아름다운 자연조건을 가지고 있다. 그러나 한강엔 도보다리가 없다. 체코 프라하는 도보다리 중심으로 시민들이 휴식하고 힐링하며 관광산업의 중심지가 되고 있다. 용산공원에서 잠수교로 가는 걷는 길을 만든 후 잠수교와 잠수교 좌우의 한강고수부지를 확보하여 치맥 문화 광장으로 만들어 레저스포츠 관광을 활성화해야 한다.

'치맥'은 치킨과 맥주의 합성어다. 치킨과 맥주는 외국에서 유래됐지만, 이둘을 조화시켜 특별한 음식문화로까지 발전시킨 건 우리나라다. 인기 드라마 '별에서 온 그대'에서 여주인공 전지현이 치맥을 즐기는 장면이 중국에서 방영되고 나서 한국의 '치맥문화'는 세계적으로 유명해졌다.

우리는 한강의 분위기와 잠수교 둔치공원을 조화시켜 잠수교라는 특징 있는 교량을 이용하여 대규모 치맥 행사 시에는 차량통행을 차단하고 치맥광장으로 전체를 사용토록 해야 할 것이다. 치맥문화는 대한민국이 효시로서 치맥광장을 통해 치맥한류를 세계화로 발전시켜야겠다.

⑩ 강남스타일 광장(신설)을 제안한다.

서초문화예술 공원은 양재 시민의 숲 공원에 딸린 공원으로 1994년 10월에 개장하였다. 총면적은 68,200㎡이고 주요 시설물로 기획전시장과 놀이마당·중앙광장·야외공연장 등이 있다. 야외공연장은 690석 규모로 숲속 영화제와 음악회 등 문화공간으로 활용된다.

강남스타일 노래가 세계화되어 강남지역을 국제적으로 알리는 계기가 되었다. 이 공원의 일부 공간을 강남스타일 광장을 조성할 경우, 서울의 홍보는 물론, 관광객 증가 등 효과가 클 것이다. 따라서 서초문화예술 공원을 활용하여 강남스타일 광장을 건설한다면 공원과 광장의 효과가 증대될 것이다.

강남스타일, 방탄소년단의 신드롬은 그냥 이루어진 것이 아니다. 우리의 유형 문화재나 무형의 음악, 마당놀이, 탈춤 등의 DNA가 승화되고 현대화되어 한류의 세계화를 이룬 것이다. 민족문화에 접목되지 않은 뿌리 없는 남의 문화는 마치 화병에 꽂아 둔 꽃과 같아서 언젠가는 시들고 만다.

한류 문화에 대한 주체성을 확립하는 일은 민족의 자존심을 높이고, 발전시키기 위해서도 대단히 중요하다. 우리의 문화를 제대로 알고 올바르게 계승·발전시킬 때 비로소 우리는 진정한 문화강국으로 거듭날 수 있을 것이다. 강남스타일을 세계화하도록 발전시킬 수 있는 것이 문화의 힘이다.

우리 민족은 스스로에 대한 강한 자부심과 뛰어난 문화적 기반을 바탕으로 주변 국가들의 문화와는 차별화되는 우리만의 한류문화를 이루어냈다. 그랬기에 중국, 일본의 수많은 침입을 받으면서도 그들의 문화를 무조건적으로 수용하거나 그들에게 동화되지 않고 세계사에 자랑할 만한 우리 고유의 문화를 꽃피울 수 있었다.

강남스타일 광장을 통해 앞으로의 한류발전에 기여할 수 있도록 최선을 다해야 하겠다. 위와 같이 서울 10대 광장을 연계시켜 조성할 경우 그 효과는 클 것으로 예상한다. 고궁과 스마트도시 그리고 산과 강이 연결된 10대 광장은 세계 관광지로 부상할 것이다.

4) 서울 구도심지 재개발

대한민국 서울이 세계 제1의 도시로 도약하기 위해서는 역사 문화, 첨단 도시, 관광도시, 무역금융도시 등 여러 가지 조건을 갖추어야 한다. 그런데 서울은 세계적인 도시인데도 불구하고 서울의 구도심지 개발 제한으로 서울 발전을 저해하고 있다. 서울의 구도심지인 종로, 을지로, 퇴계로의 중심지역은 한강과 남산경관 보호에 막혀 도심지 재개발이 제한되어 서울의 위상을 훼손하고 있다. 서울 종로, 을지로, 퇴계로 일대엔 5층 전후 노후 건축물이 넓게 자리를 잡고 있다.

한국 경제신문의 한경·건설산업연구원 공동 기획기사의 요지는 다음과 같다.[7] 세계 선진국가에서는 도심지의 재개발을 통해 신도시를 건설하고 있다. 미국 뉴욕, 일본 도쿄 등 선진국 도시들이 도시재생사업을 통해 치솟는 집값을 잡고 4차 산업에 적합한 첨단 업무시설을 만들어내고 있다.

이를 위해 변두리가 아니라 수요가 가장 많은 도심을 특구로 지정해 대담하게 규제를 푸는 추세인데 반해 서울은 규제를 강화해 도심 내 첨단 오피스와 새 아파트 공급을 막고 있는 등 대조적인 모습을 보이고 있다. 건설산업연구원에 따르면 2017년 뉴욕시 주택 인허가 증가율(15.4%)은 미국 평균(4.8%)의 세 배를 웃돌았다. 허드슨 야드, 하이라인 프로젝트 등 도심 곳곳에서 복합개발이 활발하게 진행되고 있는 상황이다. 도쿄에선 2014년부터 2020년

---

7. http://news.hankyung.com/article/2018022581161

올림픽 때까지 준공한 오피스빌딩(연면적 1만㎡ 이상)이 325개에 달한다.

허윤경 건설산업연구원 연구위원은 "뉴욕과 도쿄의 복합개발은 양질의 주택을 공급하고 새로운 명소를 탄생시켜 부동산시장 안정과 일자리 창출 효과를 낳고 있다."라고 설명했다. 세계 주요 도시가 규제 완화로 도시 경쟁력을 키우고 있는 것처럼 서울시도 규제를 혁신적으로 완화시켜야 한다.

일본의 경우 미국을 추월하기는 어려워도 도쿄는 뉴욕을 이길 수 있다고 한다. 한국은 미국, 일본, 프랑스, 영국, 이탈리아를 추월하여 세계 제1의 서울은 물론, 세계 제1의 관광대국이 될 수 있는 환경과 여건을 가지고 있어 이를 적극 활용해야 한다.

최민수 한국건설산업 연구원은 "도심의 시한폭탄 노후건물 재건축규제를 완화해야 한다. 도시 주거환경을 개선하고 일자리 창출에도 기여할 수 있다."라고 말한다. 도시계획 이론가인 패트릭 게데스는 『진화 속의 도시』에서 도시재생의 성공 여부에 따라 도시의 미래가 결정된다고 했다. 도시성장과 쇠퇴의 순환 과정을 거치는 동안 도시재생은 우리가 살아가는 삶의 터전이 성장할 수 있게 돕는다는 것이다.

우리나라는 경제, 건설, ICT, 문화예술 등 모든 부문이 고루 발전돼있어 서울을 세계 제1의 첨단도시, 세계 제1의 관광도시로 건설할 수 있는 능력을 갖추고 있다. 그런데도 도심 한복판을 슬럼가로 내버려 둔다는 것은 국가는 물론, 서울의 위상을 위해서도 있을 수 없는 정책이다. 세계 모든 나라의 도시 경쟁력이 국가경쟁력이 되어 국가경쟁력이 곧 선진국 경쟁력을 좌우하는 시대다. 서울의 첨단도시 건설은 관광 제1의 대국이 되기 위해서도 필수적이다.

5) UN 평화시티 용산공원 유치

UN 기구의 유치는 상징성이 클 뿐만 아니라, 국가 위상을 높이고 자유 평화에 기여한다. 뉴욕에 UN 본부가 있음으로써 뉴욕의 위상 및 영향력이 세계적으로 확산하였고, 이는 미국의 국격 및 국가 브랜드 제고에 크게 기여함과 동시에 뉴욕이 세계 제1의 관광 대도시로 발전하는 계기가 되었다.

또한, UN산하 기구가 위치한 유럽의 많은 도시도 뉴욕 못지않게 자유, 평화의 상징 도시로 평가받고 있다. 대한민국은 6·25전쟁에서 UN의 도움으로 김일성의 무력적화 통일야욕에서 비롯된 남침을 막아낼 수 있었다.

국제 공산세력의 전쟁 모의에서부터 유엔의 참전과 중·소의 개입, 그리고 전쟁 종결에 이르기까지 모든 과정에서 국제사회는 이에 직접 관여해 해결했다. 이와 같은 역사적 사실과 UN 정신에 따라 용산공원(358만㎡)에 UN 기구를 포함한 'UN 평화시티'를 건설하는 것은 대한민국과 세계평화와 공동번영을 위해서도 매우 의미가 깊다고 할 수 있다.

사람을 이해하고 사람을 위하는 길을 모색하는 인류문화가 조성되도록 용산공원 용지를 기부하여 UN시티를 유치한다면, UN 정신을 실현함은 물론 훌륭한 자유 평화의 관광자원으로서 국가 위상을 높일 수 있으며 서울이 세계평화와 자유의 상징이 되어 인류 공존공영에 기여하게 될 것이다.

이러한 점에서 바티칸 시국은 UN시티와 비교할 만하다. 바티칸 시국 State of the Vatican City은 이탈리아의 로마 시내에 있으며, 국경 역할을 하는 장벽으로 둘러싸인 내륙국이자 도시국가이다. 바티칸 시국은 바티칸 언덕과 언덕 북쪽의 바티칸 평원을 포함하며, 0.44㎢의 면적에 약 400명 정도의 인구를 지녔으며 면적과 인구로 보아 매우 작은 독립 국가지만 세계적으로 정치, 종교, 외교 등 평화와 인류발전에 크게 이바지하고 있다. 이와 마찬가지로 용산공원 일부 지역에 'UN평화시티'가 건설된다면 바티칸 시국 못지않은 효과가 기대된다.

최근 K팝 등 한류가 세계적으로 확산되어 코리아 붐을 조성하고 있다. 이런 분위기에서 서울 UN시티(용산공원)에 UN 아시아본부 등 UN 기구가 들어선다면 세계의 자유 평화를 상징하는 대한민국이 될 수 있으며, 세계 최고의 평화상징 관광지가 될 수 있을 것이다.

6) 여의도를 동양의 맨해튼으로

관광산업은 종합산업으로서 무역, 금융과 경제, 정치, 사회, 문화, 예술 등 모든 것이 융·복합되어야 하는 산업이다. 서울이 세계 최고의 관광도시로 격상하려면 금융·관광·무역이 융합하여 발전되어야 한다. 이를 위해서는 여의도 금융 지역을 제2의 맨해튼으로 발전시켜야 할 것이다. 그러나 우리나라는 금융 분야를 발전시킬 수 있는 여건보다는 제약이 많아 국제적 기준에 따라 반드시 제도를 개선하고 지원하는 체제를 갖추어야 한다.

현재 우리나라의 금융구조는 '한국판 골드만삭스', '동북아 금융 허브'는 신기루 같은 애기에 불과할 정도로 크게 뒤떨어져 있다. 최근 각 시중은행들이 사상 최대의 이익을 내고 있지만, 머지않아 가계부채 등으로 인해 금융 위기가 도래할 위험도 내재하고 있다.

우리나라 금융 수준은 후진국 수준으로 한국의 경제 규모에 비해 은행의 건전성이 브라질보다 나쁘다는 설문조사 결과가 나와 더욱 충격적이다. 금융 선진국이 경제강국인 점을 감안할 때 금융 선진국이 되는 정책을 조속히 강구하여야 한다.

따라서 뉴욕 맨해튼을 벤치마킹하여 금융 초일류 강국화를 이룰 수 있도록 금융개혁 및 혁신적인 조치가 이루어져야 한다. 금융초일류 강국화를 통해 여의도를 제2의 맨해튼으로 만드는 것이 경제선진국으로 가는 길이다.

뉴욕은 세계적인 금융도시로, 그 핵심지역인 맨해튼은 여의도의 20배 면적에 약 160만 명이 거주하고 있다. 맨해튼 금융 지구에는 주요 금융기관의 수많은 사무실과 본부가 위치하고 있으며 이곳은 세계 경제의 중심지이자 관광의 중심지이다.

서울도 여의도를 동양의 맨해튼으로 집중 육성토록 관계법 정비는 물론, 종합 마스터플랜을 수립하여 단계적으로 발전시켜야 한다. 또한, 국회를 세종시로 완전히 이전하고 국회의사당을 '세계금융 지원센터'(가칭)로 과감히 내어주는 국가 대전략 차원의 지혜가 필요하다. 이곳에서 금융발전과 여의도의 맨해튼을 창조할 수 있도록 모든 육성체제를 강구해야 한다.

금융 분야의 도약을 위한 새로운 패러다임 전환은 필수적인 조건이다. 예컨대 홍콩의 금융시장을 서울로 유치하여 한다. 여의도의 맨해튼화 정책 등을 심층 연구하여 정부와 업계가 공동 정신을 갖고 우리나라가 금융 선진국과 더불어 관광선진국이 되도록 강력히 이를 추진해야 한다.

7) 역사 체험 관광 – 5천 년 왕조 vs 21세기 대한민국

21세기 서울은 고대, 중대, 근대, 현대사를 견학 및 체험할 수 있는 스토리 관광지다. 5천 년 역사의 왕조 국가를 고궁에서 체험하고, 견학할 수 있는 조건을 갖추고 있기 때문이다.

* 경복궁, 덕수궁, 창경궁, 창덕궁 등 서울의 4대 궁궐 적극 활용

5천 년 역사의 왕조국가 (고궁에서 체험, 견학 관광)	70년 자유민주주의 체제의 한국 (현 시설에서 체험, 견학관광)
• 고조선: 사직공원 • 삼국시대: 고구려(아차산), 백제(한성수도 5백 년 재현), 신라(한강상류) • 고려: 강화도 • 조선: 경복궁, 창덕궁 등 고궁 • 대한제국: 덕수궁 대한제국 역사관 • 2019년 대한민국 임시정부: 임정기념관 • 일제: 舊서울시청, 서대문 형무소	• 역사박물관(광화문)에서 홍보·관광 • 비디오 관람 후, 현장 견학/체험/관광 • 청와대: 주요 집무 재현 • 입법: 여의도 국회 • 사법: 서초동 검찰, 법원 • 행정: 정부종합청사 • 6·25전쟁: 용산 전쟁기념관

최근 조선왕조 500년 역사를 품은 궁궐이 나들이 명소로 자리매김한 결과, 2023년 11월 현재 4대 궁(경복궁·창덕궁·창경궁·덕수궁)과 종묘를 찾은 내외 국인 관람객 수는 1억여 명(2017년 1,500여만 명)으로 집계됐다. 문화재청은 "궁에서 진행되는 체험 및 견학관광 등 다채로운 프로그램이 관람객 증가에 영향을 미쳤다."라고 분석했다.

경복궁의 수문장 교대의식, 창덕궁의 후원 특별관람, 덕수궁의 석조전 음악회, 창경궁의 야간특별개방 등은 4대 궁의 최고 인기프로그램으로 자리매김했다.

조선은 물론 삼국시대, 고려시대 왕조의 주요시설을 복원한다면, 고조선부터 대한제국까지 모든 역사를 체험 및 견학할 수 있는 특별한 서울로 탈바꿈시킴으로써 관광 활성화에 크게 기여할 수 있을 것이다.

서울은 고조선(사직공원), 삼국시대(고구려 아차산, 백제 몽촌토성, 신라 암사동 재현), 고려(강화도), 대한제국(덕수궁), 대한민국(광화문 역사박물관 및 2천 년 서울), 북한산 성곽 도시 등 5천 년 유구한 역사와 전통을 직접 체험 비교하며 견학할 수 있는 세계적인 관광자원을 가지고 있다. 또한, 조선 500년 역사를 완전히 품고 있어 역사 문화를 관광자원으로 활용하여 경제활성화는 물론, 국가브랜드 가치도 제고할 수 있다.

예컨대 서울 경복궁에서 왕의 자리를 체험할 수 있는 관광 상품을 판매하여 일일 왕이 되어 보는 체험을 할 수 있도록 하고, 왕과 더불어 신하 등 왕조체제의 시스템을 그대로 도입하여 관광 상품화할 수 있다. 거기에다 궁궐스테이Palace Stay까지 확산하면 효과는 배가 될 것이다.

5천 년 역사의 왕조국가(고궁에서 체험관광)와 대비되는 70년 자유민주주의 체제의 한국(주요 정부기관 체험관광) 비교관광은 매우 흥미롭고 역사의 교훈을 배우는 장이 될 것이다. 예를 들면 행정, 입법, 사법부의 주요 건물과 광화문의 대한민국 역사박물관을 활용하면 체계적인 현대 대한민국 체험 및 비교의 현장견학 관광을 할 수 있다. 과거 청와대 시절의 대통령, 비서실장, 수석, 비서관 등이 근무하는 시스템을 그대로 도입하여 관광 상품화 할 수도 있다. 거기에다 국무총리, 장관 등 행정부는 물론 입법, 사법 조직도 같은 시스템으로 관광객을 모집하면 좋은 반응을 보일 것으로 예상된다.

관광은 체험적 커뮤니케이션이고 체험은 가장 큰 여행의 선물이다. 여행객이 체험관광으로 많은 것을 느낀다면 우리나라 관광홍보 요원으로 발전할 수 있다. 체험관광은 관광이미지 형성에도 큰 영향을 미치기 때문에 관광산업 홍보는 물론 서울의 위상제고를 위해서도 꼭 필요하다.

이와 같이 수천 년 역사와 21세기 최첨단 스마트 도시가 융·복합적으로 구성된 서울 특징을 제대로 활용한다면 역사 문화 관광산업은 물론이고, 역사교육, 역사의식, 역사사명 제고 등 여러 면에서 시너지 효과가 나타날 것이다.

8) 서울 둘레길의 세계화

서울 둘레길은 서울 외곽을 크게 돌 수 있는 산책로로서 총 8개 코스로 이루어져 있으며, 전체 길이는 157km이다. 2011년부터 조성 공사가 시작되어, 2014년 11월 완전 개통되었다.

서울시 외곽에 중간중간 끊겨 있던 숲길, 하천길, 마을길을 모두 이어 산책길을 조성했다. 각 코스의 기점과 종점이 23개 지하철역으로 구성되어 있어 교통이 편하며, 서울에 소재하는 하천, 사찰, 유적을 함께 돌아볼 수 있도록 했다.

• (1코스) 수락·불암산 코스: 도봉산역에서 시작하여 화랑대역까지14.3km 거리이며, 6시간 30분이 소요된다. 서울 창포원과, 덕릉고개, 경수사, 성관사, 학도암, 태릉 등의 명소가 있다.

- (2코스) 용마·아차산 코스: 화랑대역에서 시작하여 광나루역까지 12.6km 거리이며, 5시간 10분이 소요된다. 아차산 해맞이 광장, 아차산보루, 아차산 생태공원 등의 명소가 있다.
- (3코스) 고덕·일자산 코스: 광나루역에서 시작하여 수서역까지26.1km 거리이며, 9시간이 소요된다. 암사동 선사주거지, 올림픽공원, 방이동 생태경관보전 지역 등의 명소가 있다.
- (4코스) 대모·우면산 코스: 수서역에서 사당역까지 17.9km 거리이며, 8시간이 소요된다. 우면산 자연생태공원 등의 명소가 있다.
- (5코스) 관악산 코스: 사당역에서 석수역까지 12.7km 거리이며, 5시간이 소요된다. 낙성대 공원, 약수암, 한우물 등의 명소가 있다.
- (6코스) 안양천 코스: 석수역에서 가양역까지 18km 거리이며, 4시간 30분이 소요된다. 목동종합운동장, 양화교폭포 등 명소가 있다.
- (7코스) 앵봉산 코스: 가양역에서 구파발역까지 16.6km 거리이며, 6시간이 소요된다. 월드컵경기장, 서오릉 등의 명소가 있다.
- (8코스) 북한산 코스: 구파발역에서 도봉산역까지 34.8km 거리이며, 17시간이 소요된다. 북한산 생태공원 등의 명소가 있다.[8]

서울 둘레길은 제주 올레길과 더불어 국내 대표적인 트레킹 명소로 자리잡고 있다. 서울을 병풍처럼 둘러싼 산세와 곳곳에 산재한 문화자원을 만날 수 있다.

성인이 하루 8시간씩 걸으면 열흘 정도에 완주할 수 있으며 경사가 가파른 곳이 드물어 남녀노소 누구나 즐길 수 있다. 서울 둘레길은 서울과 수도권 주민들이 지하철이나 버스만 타면 닿을 수 있다는 게 가장 큰 장점이다. 8개

8. http://www.doopedia.co.kr/doopedia/master/master.do?_method=view&MAS_IDX=141114001489543

구간의 출발·도착 지점이 23개 지하철역과 가깝다.

서울 둘레길을 스토리 관광, 힐링 관광의 세계적인 명소로 조성할 만한 가치가 있음에도 관광정책이 결여되어 둘레길이 제 역할을 다하지 못하고 있다. 우리 서울 둘레길은 장대하고 규모가 큼에도 불구하고 홍보 부족으로 외국 관광객이 거의 없다. 반면 일본 규슈 올레길은 제주 올레길을 벤치마킹하여 만들었는데도 불구하고 일본의 적극적인 관광정책으로 세계인이 몰려들고 있다.

서울 둘레길엔 산과 강, 마을의 정취가 있다. 북한산·도봉산·사패산·불암산·수락산·아차산·청계산·관악산·국립현충원뒷산·신촌 앞산·인왕산 등 서울 경계를 둘러싸고 있는 15개의 산의 숲길(85㎞)이 전체 둘레길의 절반이 넘는다.

봄철 벚꽃으로 유명한 안양천 둑길, 한강과 탄천 일대의 하천 길(40㎞)이나 평창동·낙성대 등 산기슭 마을 길(32㎞)의 운치도 좋다.

암사동 선사유적지, 방학동 연산군 묘, 4·19 민주묘지 등 역사·문화 자원을 둘러보거나 상암 월드컵경기장 등을 찾아 스포츠 관람으로 여가를 보낼 수도 있다.

역사 따라 문화 따라 산 따라 꽃 따라 강 따라 서울 둘레길을 걸으면 서울의 아름다움을 만끽할 수 있고 관광은 물론 힐링 차원에서도 건강과 행복을 느낄 수 있다.

국내 관광객은 물론 외국 관광객들이 몰려올 수 있도록 둘레길을 적극 홍보하고 잘 가꾸어야 한다. 우리 둘레길을 지속적으로 보완 정비하여 안전하고 아름답게 가꿔야 한다. 둘레길 환경에 어울리는 카페, 다과점, 산사 찻집 등을 운영하면 여행객 편의와 고용 창출에 기여할 것이다.

9) 하늘에서 조망하는 서울 케이블카

세계인이 모이는 서울을 역동적인 관광산업 대국으로 혁신하기 위해서는 글로벌한 감각으로 세계 최장(157km)의 서울 둘레길 케이블카 관광산업을 시행할 것을 제안한다. 관광케이블카를 예술적으로 설계 시공할 경우 아름다운 (가칭) '꽃가마 케이블카'를 건설할 수 있다.

서울 둘레길 '꽃가마 케이블카'는 하늘에서 서울 최고의 경관을 조망할 수 있어 관광객이 몰려올 것이다. '꽃가마 케이블카' 건설은 경제 활성화를 통한 일자리 창출, 소득증대, 관광객 급증 등 효과가 지대하여 서울관광산업의 기폭제가 될 수 있다.

2019년 건설된 목포 해상케이블카는 바다 위를 지나는 국내 케이블카 중 가장 노선이 길다. 애초 지역에선 경제성이 떨어진다는 우려와 달리 개장 석 달만에 45만여 명의 관광객이 몰리는 등 명소가 되었다.

경남 통영의 한려수도 조망 케이블카는 2017년 200여만 명의 이용객을 기록하며 제2의 전성기를 누리고 있다. 통영시는 남해안 섬 관광의 패러다임을 획기적으로 전환시키는 전략으로 '미륵권-한산도 간 해상케이블카 설치 사업'을 적극 추진하고 있다.

서울 둘레길 케이블카도 수익성을 분석하여 단계적으로 건설할 경우 큰 성과가 기대된다. 1단계로 광화문(북악산)에서 정릉~대남문~대동문~백운대 코스는 경제성이 클 것으로 판단된다. 또한 꽃가마 케이블카가 이용객이 많을 경우 중장기 관점에서 지하철과 연결시키면 관광 상품은 물론 교통편으로도 기여할 것이다.

박종학은 박사논문에서 다음과 같이 말한다.[9] 관광 편의시설업의 하나가 케이블카 사업이다. 적합한 입지에서는 투자비용을 단시간에 회수할 수 있고, 지속적인 수익을 거둘 수 있어 경제적 효과가 매우 큰 사업이다. 뿐만 아니라 지역경제의 연관 산업에 미치는 파급효과가 매우 큰 사업이다.

오스트리아, 독일, 스위스 등의 유럽 국가들은 케이블카 사업에 대한 지속적인 투자를 하고 케이블카와 다른 관광 사업과의 연계를 통하여 많은 관광수입을 올리고 있다. 서울의 역사문화·자연환경을 즐기는 것은 가장 자연스럽게 서울을 사랑하고 펼치는 것이다. 이러한 '꽃가마 케이블카'는 서울의 역사문화·자연환경을 한눈에 내려다볼 수 있어 관광객을 모으는 효자 노릇을 당당히 할 수 있을 것이다.

10) 서울의 위상을 높이는 한강 르네상스

한강이라는 명칭의 유래는 우리말로 '큰 물줄기'를 의미하는 '한가람'에서 비롯하였다. 광개토태왕비에는 '아리수阿利水'라 기록되어 있다. 한반도의 중

---

9. 목포대대학원박종학 박사논문(지역관광활성화를위한케이블카사업에관한연구) 2016년 ,p.2

앙부 평야지대를 차지하는 한강은 신석기시대부터 문화발달의 터전이 되어 왔다.

또한, 한강은 한반도의 정치, 경제, 안보, 문화의 요충지로 삼국시대부터 주도권 경쟁이 이루어졌다. 한강은 서해바다와 인천공항, 김포공항 등 교통의 요충지에 위치하고 있는 데다 넓고 아름다운 강으로서 관광레저종합센터를 건설하기 위한 입지 조건이 탁월하다고 볼 수 있다.

서울에는 국제적 규모의 복합리조트가 없어 내국인은 물론 관광객유치에 큰 문제가 되고 있다. 복합리조트의 경제적 파급효과는 이미 입증되어 있다. 싱가포르 샌즈그룹이 산학연구모임 인원을 투입하여 연구한 바에 따르면, 생산유발 효과가 12조 2천억 원, 고용효과로는 4만 3천여 명 창출이 추산됐다.

서울 상암동 하늘공원에 싱가포르 마리나 베이 샌즈 수준의 복합리조트를 세운다면 약 10조 원 규모의 경제 효과가 기대된다. 싱가포르 '마리나 베이 샌즈'의 사례처럼, 하늘공원에 글로벌 복합리조트, 관광천국 테마파크를 조성하여 한강관광과 융합시킬 경우 경제효과가 클 것이다.

서울관광은 장기적 관점에서 크루즈 관광객이 하늘공원 앞 한강까지 직접 올 수 있도록 주도해야 세계 제일의 관광도시로서 경쟁력을 가질 뿐 아니라 체류형 관광과 재방문의 비율이 높아질 수 있다. 싱가포르는 열악한 환경에서도 세계적인 글로벌 복합리조트 건설로 해외관광객이 20%가 증가하여 서울만 한 면적의 싱가포르가 우리나라보다 외국 관광객이 훨씬 많다. 한강에 글로벌 복합리조트를 건설하여 관광천국 테마파크의 모범적 모형이 되어야 한다.

또한, 과거에 추진되었던 전경련의 3대 과제인 한강사업 등과 연계시켜 민자사업으로 추진한다면 한강 르네상스가 올 것으로 기대된다. 서울 코엑스는 전시 일정이 너무 촘촘히 짜여 있어 비정기적으로 등장하는 행사나 각종 대규모 행사를 놓치는 경우가 많다고 한다.

따라서 제2의 서울 코엑스를 한강 관광레저 종합센터와 융합하면 시너지 효과가 매우 클 것이다. 특히 최근 거론되고 있는 김포시가 서울로 될 경우, 경인운하와 한강, 서해바다 관광이 융합되어 한강 르네상스는 물론 서울의 관광 제1 도시 전략에 중요한 역할을 할 것이다.

11) 대장금 한식 관광의 세계화

우리 한식은 품질과 가치에 비해 세계적으로 인정을 받지 못하고 있어, 국내적으로는 물론 세계인들을 불러들이는 미식味食국가가 되지 못하고 있다. 대장금 요리는 국내는 물론 세계가 인정하고 있음에도 세계 주류 음식으로 발전되지 못했다.

최근 세계여행은 그 지역에서만 맛볼 수 있는 음식이 여행지를 결정하는 중요한 요인이 되는 쪽으로 트렌드가 바뀌고 있다. 관광객들은 식도락을 중시하기 때문에 요식관광의 소비지수가 높고, 음식문화의 질에 따라 재방문의 여부가 결정되기도 한다.

한국에는 면세점에서 명품을 사는 사람이 많지만, 일본에는 식도락을 즐기러 가는 사람이 많다. 여행자는 배를 채우기 위해서만 먹는 것이 아니다. 지역 음식에 담긴 '이야기'를 알고 싶어 하고, 그런 음식을 통하여 체험하는 '즐거움'을 소비한다. 뉴욕의 유명한 음식평론가는 한식을 두고 "이렇게 훌륭한 음식이 잘알려지지 않은 것은 불가사의하다."라고 했다.

한식은 유구한 역사를 가지고 발전해 왔기 때문에 그 문화적 총량은 대단한 것이다. 긴 역사를 가지고 있는 만큼, 한식은 많은 특징을 가지고 있는 건강식품이기도 하다. 최준식은 『위대한 문화유산』에서 다음과 같이 말한다.[10]

---

10. 최준식, '위대한 문화유산', 네이버 캐스트 2010.03.04.

김치와 같은 발효음식이 특히 발전해 있는 것은 우선적으로 꼽히는 특징이다. 발효음식은 영양이나 건강 면에서 매우 뛰어난 효능을 갖고 있기 때문에 앞으로 더욱더 각광 받을 음식이다. 또한, 한식은 음식을 섞어서 비비고 삶고 하는 것이 유달리 많은 음식이다. 그렇게 해서 태어난 국제적인 음식에는 비빔밥이 있고, 서민적인 음식으로는 설렁탕이나 각종 매운탕들이 있다. 아울러 육식보다는 채식을 선호하는 것도 큰 특징이다.

한국 TV 드라마 가운데 '대장금'은 세계적으로 널리 알려졌다. 중동국가, 아프리카 국가 출신 사람들(주로 여성)은 한국이라는 말만 나오면 친숙함을 표현한다. 한국관광을 홍보하기 위해 내세운 포스터도 '한정식 상차림'으로 꾸며 놓은 것을 캐나다에서도 쉽게 발견하게 된다. 우리나라는 5천 년 역사를 가진 고유의 한식은 물론, 사찰음식, 지방의 토종음식 등 다양한 소재가 많으나, 사장시키고 있다.

특히, 세계적인 인기를 누리고 있는 대장금 요리는 관광객들이 구경조차 할 수 없는 실정이다. 대장금의 전통 요리를 특화시켜 외국 관광객들에게 제공할 경우, 그 효과는 상상을 초월할 것이다. 우리 대장금과 전통 사찰음식을 키워드로 미식과 관광을 결합하는 것으로도 많은 관광객을 불러들일 수 있다. 2023년 김밥은 K푸드로 각광을 받고 있어 미래 반도체에 버금가는 금맥이 될 것이라고 추정할 정도로 인기가 높다.

2024년 1월 9일 보도에 따르면 한식이 맛도 좋고 건강한 음식으로 알려지면서 뉴욕 호텔에서 1인당 130만 원이 넘는 고가임에도 예약이 어려울 정도로 호평받는다 한다.

우리도 지역의 미식이 관광 동기가 되고, 식문화를 관광 매력으로 내세울 수 있는 도시를 만들어야 한다. 계절마다 식재와 그 지역만의 요리 등 '지역 地域의 식食'을 즐기는 새로운 여행 스타일인 '푸드 투어리즘'으로 새로운 활로를 모색해야 한다.

대장금 요리의 세계화를 위해 다음 사항을 제안한다.

① 경복궁 부근에 있는 초·중·고를 활용(일부 학교 이전)하여 특성화고교를 설립하고 서울시립 정독도서관을 용산공원으로 이전시켜 대장금 전문대학, 전문대학원을 설립한다.

② 특성화고교, 전문대학, 전문대학원의 숙련된 학생을 경복궁과 연결시키고, 인근 호텔과 협약을 맺어 대장금 식당을 개설토록 하는 등 기업화를 통해 발전시킨다.

③ 삼청공원 안에 있는 성북동 삼칭긱을 한국형 전용 한식당 및 호텔로 신축하고, 대장금 전문요리를 체인화시켜 조속히 세계 요리로 발전토록 한다.

④ 경복궁, 광화문, 북촌, 서촌, 남촌과 삼청각(성북동) 등을 중심으로 대장금요리 요식업을 장려하여 대중화시킨다. 대장금 한식의 세계화로 한식 요식산업을 세계적으로 발전시켜 한류가 뻗어 나가도록 해야 한다.

아울러 대장금 한식과 맥을 같이하고 있는 각 지방의 전통요리와 사찰 요리도 대장금 학교와 공동연구 등을 통해 한식의 발전과 세계화를 이루어야 할 것이다. 한류는 최고의 관광 문화 산업의 원천이다.

3. 대통령실·국회, 세종으로 완전 이전 – 행정수도 완성

1) 서울, 세계 제1의 도시로 대개조: 서울은 뉴욕–세종시는 워싱턴

한강의 원래 이름은 아리수로서 한반도 허리를 가로지르는 민족의 젖줄이다. 한강 유역(암사동)에 사람이 살기 시작한 것은 기원전 4천 년전 선사시대부터이다.

백제는 2천여 년 전에 지금의 서울 한강 위례성(잠실) 유역에 나라를 세웠다. 우리나라에서 가장 오래된 역사책, 『삼국사기』에는 백제건국과 관련된 기록이 남아 있다.

고구려를 건국한 주몽의 아들 비류와 온조 형제는 주몽의 또 다른 아들 유리가 왕위에 오르자 남쪽으로 내려왔다. 비류는 미추홀에 자리 잡고, 온조는 위례에 자리 잡았다. 온조는 나라를 세운 후 나라 이름을 십제라 하였다.[11]

온조는 한강 남쪽에 목책을 세우고 백성들을 이주시켰다. 도읍을 정식으로 옮긴 것은 다음 해 1월이었다. 한성 백제가 한강 이북에 있던 시대를 하북 위례성 시대, 한강 남쪽에 있던 시대를 하남 위례성 시대라고 부른다. 온조는 대대적으로 하남 위례성(몽촌토성, 방이동과 가락동)을 쌓았다. 위례성은 자연 구릉을 이용하여 본성과 외성으로 이루어졌다.

미추홀은 지금의 인천지역으로 땅은 습하고 물은 짠 곳이었고, 위례는 지

---

11. 이수광 지음, 『한강이 말걸다』 (서울특별시, 2014) 29p

금의 서울지역으로 매우 기름진 곳이었다. 4세기 때에 백제는 전성기를 맞이하였고, 뒤를 이어 5세기에는 고구려가 전성기를 맞이하였다. 또 신라는 6세기 때에 그 전성기를 맞으면서 결국은 삼국을 통일하는 업적을 세웠다.

여기서 한 가지 흥미로운 공통점이 있다. 그것은 각 나라의 전성기는 위례지역, 즉 오늘날의 서울지역을 차지한 이후로 특히 국력이 융성하고 3국 간의 주도권을 가졌다는 점이다.

이처럼 서울은 백제의 건국 수도로서 고구려, 신라, 백제 삼국이 서로 차지하기 위해 치열하게 다투던 곳이었으며, 그 흔적이 문화유산으로 그대로 남아 있다. 서울은 조선시대 수도를 거쳐 이제 한국의 수도를 넘어 세계적인 대도시가 되었다.

서울은 북한산, 도봉산, 수락산, 관악산, 한강, 서해 등 천혜의 관광자원을 보유하고 있다. 우리 국민 누구나 느끼듯 서울의 자연환경과 도시 규모는 세계 어느 도시와 비교해도 뛰어난 경쟁력을 갖고 있다.

더욱이 고도 2천 년의 역사성과 문화유산이 현대화된 도시의 문화와 조화를 이루고 있다. 2천 년 역사성의 의미에서 보면 서울은 백제가 지금의 풍납동 위례지역에서 건국된 후 고려 수도(5개월)를 거쳐 조선 500년 수도에서 한국의 수도로 이어지는 유서 깊은 2,000여 년의 역사 도시이다.

노벨문학상 수상자 프랑스 소설가 르 클레지오는 "서울은 그 자체로 한국을 설명하는 뿌리 깊은 역사다. 곳곳을 거닐다 보면 서울이 버텨온 시간을 느낄 수 있다."라고 말했다. 서울은 반만년 역사와 전통을 자랑하는 역사 도시로 박물관화한 도시의 위상을 세계 제1로 가꿀 수 있음에도 사장되어 있다.

서울의 5천 년 역사성을 살려 박물관화된 도시로 건설하면 세계 제1의 역사도시·관광 대도시로 도약할 것이다.

서울의 역동성에 대해 보잉 코리아 사장 에릭 존Eric John은 다음과 같은 극찬을 했다.

처음 한국에 온 1980년대부터 2020년대에 이르기까지, 종로구에 거주하며 시대상의 변천을 직접 목도했다. 서울은 대한민국의 수도이자 나아가 거대한 변화의 물줄기를 한눈에 보여주는 '소우주'와도 같은 곳이다. …

짧은 주말 동안 3대에 걸친 한국인의 감성을 경험하고 싶다면, 먼저 삼청동에서 모닝커피 한잔을 들고 거리를 거닐어 볼 것을 추천한다. 이 지역 주요 명소 중 하나는 단연 국립현대미술관 서울관으로, 옛 국군기무사령부 부지에 자리하고 있다. 기무사 옛 심장부에 위치한 이곳에서 최근 1970~80년대 민중 예술을 다룬 전시를 관람하면서, 한국보다 더 아이러니한 국가는 없으리라 생각했다.[12]

21세기 세계의 도시들은 치열하게 경쟁하고 있으며 각국의 대도시는 나라발전의 상징이 되고 있다.

그러나 서울은 도시 경쟁력이 점점 떨어져 10여 년 전 세계 10위권 도시였으나, 2023년 현재 50위 권 이하로 떨어졌다. 산업화, 민주화 혁명으로 한국이 이뤄낸 경제 기적이 세계의 귀감이 되고 있음에도 불구하고 서울이 세계를 대표하는 가장 멋진 도시로 도약하기 위한 계획은 미흡했기 때문이다. 오랜 역사성과 문화를 모두 발굴하여 우리의 서울을 세계적인 문화 도시, 스마트 도시로 가꾼다면 세계인이 사랑하는 대도시가 될 수 있다.

두바이는 자연적 환경이 혹독해서 서울과는 비교할 수 없을 정도이나, 바닷물을 사막으로 끌어들여 운하를 만들고 바다를 매립하여 섬을 만들어 세계적 관광도시를 만들었다. 그 결과 두바이(인구 300만 명)를 방문한 외국 관광객은 2017년 1,579만 명으로 우리나라 1년 관광객 수준이다.

세계 최대의 인공섬, 최고층 건물, 고급호텔, 최대 쇼핑몰, 사막 속의 스키

---

12. 조선일보, 에릭 존의 창, "한국의 역동성이 소용돌이치는… 종로구라는 '소우주'", 2023년 3월 30일자.

장 등 상상 속의 그림을 현실로 그려 내었다. 4차산업혁명의 선두주자가 되기 위해 로봇공학, 3D프린팅, 블록체인 등 7개 분야의 신생기업들을 두바이로 끌어들이고 있다. 셰이크 모하메드 시장은 미래 상상력 비전의 리더십으로 두바이를 세계적인 관광도시로 혁신하고 있다.

새로운 트렌드를 예측하는 빅데이터 전문가들은, '누구와 언제 무엇을 했는가'라는 보편적 장소에서의 경험보다는 '내가 어디에서 무엇을 했는가'라는 특정장소와 문화가 갖는 가치를 주목하고 있다. 보편적이고 흔한 장소가 아니라 독창적인 나만의 장소, 혹은 자신만의 트렌드를 만드는 것이 향후 도시의 경쟁력을 만드는 중요한 원동력이 될 것이라 진단하고 있다.

이런 트렌드를 감안할 때, 서울은 세계 어느 도시보다 독특한 역사문화, 자연환경, 자유평화의 특징을 융합하여 디자인하면 매력적인 환상의 공간으로 스마트한 도시를 꾸밀 수 있는 뛰어난 여건과 환경을 갖추고 있다. 문명의 성장은 계속되는 도전에 성공적으로 융합함으로써 이루어진다고 말했다.

서울의 미래 역시 계속되는 도전에 성공적으로 응전할 때 성장과 발전이 있을 것이다. 우리가 처한 내우외환의 위기에 서울을 관광천국의 창조도시로 건설하여 국가 대 개조 전략의 기폭제 역할을 하도록 해야 한다.

필립 코틀러는 『어떻게 성장할 것인가』라는 저서에서 "브랜드가 없으면 성장도 없다. 평범한 기업은 경쟁자를 따라가고 승리하는 기업은 경쟁자를 앞서간다. 브랜드 가치는 치열한 경쟁이 벌어지는 세계 시장에서 기업의 가장 중요한 자산이다."라고 강조했다. 기업뿐 아니라 국가·도시의 성장은 더욱 브랜드 가치에 달려있다. 도시 브랜드는 특정 도시가 지닌 고유한 이미지로서 다른 국가 또는 타 도시의 사람들이 갖는 인식의 총체다.

현대는 도시 브랜드가 국가 브랜드를 이끄는 시대로서 도시의 브랜드 개발에 힘을 쏟고 있다. E.B.화이트가 1949년에 쓴 에세이 『Here is New York(이곳이 뉴욕이다)』에서 뉴욕이 '국가의 수도'가 아님에도 '전 세계의 수도'가

되는 길로 향하고 있다고 한다.

대한민국 국민들은 서울이 뉴욕 이상의 아름다운 추억과 낭만이 서린 애정 깊은 도시로 세계 제1의 도시로 발전하길 염원하고 있다. 2천 년 역사와 전통을 가진 수도 서울은 대도시 중 가장 자연환경이 뛰어날 뿐만 아니라 역사 문화와 더불어 안전관리와 대중교통이 편리한 스마트 기능까지 융합된 도시로 세계 제1의 관광자원을 가지고 있다.

이와 같이 관광자원의 보고인 서울을 가지고 있음에도 우리나라가 관광 후진국·중진국으로 머무르는 것은 지도자들의 리더십과 전략·정책 결여라고 할 수 있다.

이제라도 서울이 세계 제1의 도시, 세계 제1의 관광대국으로 도약할 수 있도록 구체적인 실천 전략을 수립·추진하고, 관광도시로 대 개조하여 세계에 감동과 희망을 주는 나라가 되어야 한다.

2) 1억 관광산업 대국 신화 창조

'1억 관광산업 대국 신화 창조'의 의미는 중·장기적으로 연간 2천만 명 수준이 아니라 1억 명의 외래 관광객을 유치하는 비전이다. 그러한 비전이 달성이 뜻하는 의미와 실천전략은 다음과 같다.

① 1억 외래 관광객 유치 규모를 산출한 근거는 다음과 같다. 미국, EU 등 관광대국(선진국)의 최근 외래 관광객 숫자가 1억여 명에 달한다. 21세기는 관광산업시대로 우리나라도 평화 관광산업 대국을 국가 대전략과 정책으로 추진할 경우, 1억 외래 관광객 유치를 넘어서 세계 제1의 관광대국 건설이 가능하다.

② 우리나라는 세계 최고 수준의 역사문화, 자연환경, 자유평화 등의 산위 일체 관광자원을 가지고 있어 탁월한 관광전략과 정책을 구현할 경우, 통일

시 1.5억 명 수준의 관광객 유치도 가능하다고 판단된다.

③ 한반도 평화의 시대가 도래하여 유라시아 지역으로 관광산업이 확산될 경우 세계 제일의 관광대국이 되어 세계평화와 번영에 기여할 것이다.

④ 최근 한류 붐이 세계로 넘쳐, 삼위일체 1억 코리아 관광산업 대국을 건설할 수 있다.

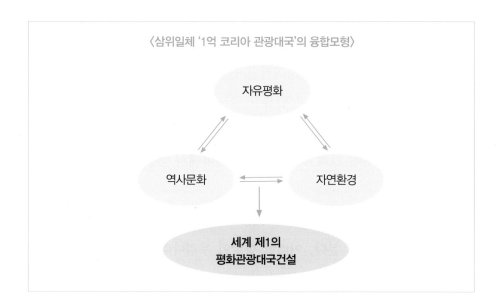

'1억 코리아 관광대국'은 '역사문화, 자연환경, 자유평화'의 관광자원을 삼위일체로 융합하여 관광산업을 대한민국 국부론의 뉴딜종합정책으로 추진할 경우, 경제 발전의 견인차 역할을 하게 될 것이다. 삼위일체 관광 자원을 융합시켜 우리나라의 첨단산업과 결합하고, 서울 세계 랜드마크 건설, 10대 광장 건설 등 세계 최고의 다양한 관광산업시설을 건설할 경우 세계 관광대국으로 발전할 수 있다.

1억 관광대국 건설의 혁신, 혁명적 대정책은 대한민국에 꼭 필요한 창조개발로서, 우리나라는 세계적 관광산업 대국이 될 수 있는 세 가지 특징을 갖추고 있다.

① 한국은 5천 년의 역사의 유물, 한글, 전통문화, 민속놀이, 고유의상, 전쟁, 분단, 월드컵, 올림픽, 산업화·민주화의 동시 성공, 한강의 기적, 경제성장의 신화 등 헤아릴 수 없이 많은 역사문화의 관광 자원과 보물이 있다.

② 한국은 삼천리 금수강산이라 할 정도로 산자수명山紫水明하여 아름다운 강과 바다와 산, 그리고 하늘이 조화를 이루는 데다, 4계절이 뚜렷하여 환상적인 경관을 연출한다.

이러한 자연환경에 역사문화와 자유평화를 융합시켜 관광산업을 개발할 경우, 세계인들에게 신선하고 경이적인 인상을 주어 관광대국이 될 수 있다. 우리나라를 살펴보면 좌청룡은 알류산 열도로부터 일본열도이며, 외청룡은 알래스카로부터 북미, 남미, 칠레까지이고, 우백호는 천산으로부터 중경을 거쳐 말레이시아까지, 그리고 외백호는 러시아에서 중동을 거쳐 아프리카까지이다.

서에서 동으로 흐르는 물은 황하와 양자강, 자기를 막아 주는 곳은 오키나와와 남사군도 등으로 본다. 이러한 형국이 우리나라를 자연환경의 명당으로 만드는 것이다.

③ 우리 민족은 평화를 애호하는 DNA를 가진 백의민족으로서 자유평화 관광대국을 건설해야 하는 당위성을 가지고 있다. 이젠 자유평화의 관광대국을 건설하려는 의지를 대내외에 보여주고, 세계 유일의 분단국가가 자유평화의 중심국가로 발전하는 신화를 창조할 수 있다.

세계인이 몰려들어 한국은 자유평화의 관광 중심지가될 수 있다. 관광산업은 우리의 경제와 평화의 두 마리 토끼를 동시에 잡을 수 있는 국가전략 산업으로 발전할 것이다

세계적인 관광선진국들은 그 국가를 연상할 수 있는 국가 이미지를 가지고 관광자원으로 활용하고 있다. 관광 이미지란 개인이나 집단이 어떤 대상과 장소에 대해 갖는 대상의 지식, 인상, 편견, 상상력과 정서적 사고의 표현

이라 정의할 수 있다.

관광 이미지는 국가 이미지와 직결된다. 가령, 미국 뉴욕의 자유의 여신상, 프랑스 파리의 에펠탑, 네덜란드 풍차 등은 그 나라를 상징한다. 그 국가가 가지고 있는 관광 이미지가 좋고 나쁨에 따라 관광객의 관광지 선택에 커다란 영향을 미친다.

서울에 세계적으로 공감, 감동할 수 있는 세계 제1의 랜드마크를 많이 건설하여 새로운 국가이미지를 조성할 수 있다. 서울 스마트 동굴도시, 서울 횃불타워, 서울 횃불타워 전망대, 서울 삼청공원, 서울 10대 광장, 스마트시티, 서울 둘레길, 꽃가마 케이블카 등을 융합하여 국가 이미지 브랜드 가치를 격상시켜야 한다. 대부분의 선진국들은 높은 수준의 역사 문화의식과 자긍심으로 미래지향적 관광산업 정책을 추진하고 있으며 민간참여를 장려한다.

우리도 정부와 기업 그리고 시민단체 공동의 노력으로 관광산업을 육성하여 국부를 창출하고 고용증대 효과를 제고시켜야 한다. 문화산업 육성을 통해 관광산업의 경제마인드를 획기적으로 제고시켜 관광대국으로서 국가 위상을 높이도록 하여야겠다. 우리나라는 외국 관광객 유치를 위해 많은 노력을 해왔지만 중국, 일본, 동남아 관광객을 제외한 서구 관광객들은 상대적으로 적은 편이다.

이젠 우리도 역사 문화적 가치가 있는 새로운 관광명소를 지속적으로 창조할 수 있는 관광산업 패러다임 전환이 긴요하다. 우리나라는 역사 문화, 자연환경, 자유평화가 어우러진 환상적인 관광천국의 나라를 건설하기 위해 국운을 걸어야 하는 시대를 맞이했다고 생각한다. '1억 코리아 관광대국' 건설의 꿈과 비전을 반드시 구현해야 한다.

제26장

제2 중동 신화 창출 – 제2 한강의 기적으로

1. 제1 중동 특수, 한강의 기적을 이루다

1) '제1 중동 붐'의 주역, 박정희와 정주영

박정희 대통령과 정주영 현대그룹 회장은 대한민국 경제혁명의 초석을 쌓은 전략적 리더십의 주역이었다. 1973년 10월 제4차 중동 전쟁이 발발하자 석유 생산국들은 원유생산량 25퍼센트 감축을 결정했고, 원유가격은 평균 배럴당 3.1달러에서 10.7달러로 세 배 이상 올랐다. 세계 경제는 즉각 혼란에 빠졌으며 한국 역시 큰 충격에 빠졌다. 내수경제는 직접적으로 타격을 입었다.

박정희 대통령과 정주영 회장은 위기를 극복할 방법을 찾아 나섰다. 그들은 석유 산유국에 돈이 몰리고 있음에 주목했다. 그중 전략적으로 주목한 나라가 사우디아라비아였다. 사우디아라비아는 오일 달러로 두둑해진 경제력을 바탕으로 선진국에 자국의 인프라 건설을 의뢰했다가 거절당했다. 열사의 사막에 공사하기가 어렵다는 이유였다. 그러자 사우디아라비아는 박정희 대통령에게 공사를 맡아 줄 것을 제안했다.

박 대통령은 먼저 사업의 타당성과 수익성을 조사하기 위해 공무원들을 사우디아라비아에 급파했다. 그러나 귀국한 공무원들의 보고는 매우 부정적이었다. "각하, 곤란합니다. 나무 한 그루 없는 땡볕에서 공사한다는 것은 무리입니다. 게다가 물도 너무 부족합니다. 이런 환경에서는 도저히 일을 할 수 없습니다."

그러자 박 대통령은 정주영 회장을 직접 사우디아라비아에 보냈다. 사우디아라비아를 둘러보고 귀국한 정주영 회장은 상기된 얼굴로 이렇게 말했다. "각하, 호박이 넝쿨째 굴러 들어왔습니다." "무슨 뜻입니까? 공무원들은 다들 불가능하다고 하던데." "그 나라에는 공사에 필요한 모래와 자갈이 지천에 널려 있고, 모두 공짜로 쓸 수 있죠. 더운 낮에는 자고, 밤에 불을 켜고 작업하면 됩니다. 물은 외국에서 들여오면 되고요." 두 사람은 이때부터 본격적인 동반자가 되어 감동적인 국운융성의 서막이 열렸다.

정치와 경제를 아우르는 두 명의 걸출한 리더는 세계적인 석유파동을 전화위복의 기회로 만들어 한강의 기적, 한국의 경제 성장 신화를 창조했다. 박정희 대통령은 사우디아라비아 건설 공사를 맡아 엄청난 외화를 벌어들인 정주영 회장의 노고를 크게 치하하고, 정주영 회장은 특유의 진취적 도전정신으로 경부고속도로 건설, 조선·자동차 산업 등 중공업 발전을 선도해 화답한다. 두 리더의 시너지 효과는 대한민국 발전의 초석이 되었다.[1]

2) 중동에서 흘린 땀, 한강의 기적으로 연결

대한민국이 70년대와 80년대에 중동 진출을 통해 경제 성장을 이룬 것은 역사적 전환점이었다. 1차 오일쇼크로 인한 한국경제의 위기로 대전환시킨 대사건이었다. 그 출발은 발상의 전환과 진취적 도전정신이었다. 산유국들은 고유가에 힘입어 오일머니가 쌓이게 되자 이 돈을 경제건설과 도로, 항만, 공항 등 사회간접자본에 대대적으로 투자한다는 방향성과 큰 그림을 볼 줄 아는 안목이 자산이었다.

한국 정부는 원유 대금을 지급하기 위해 중동으로 빠져나간 달러를 건설

1. 최익용, 『대한민국 5천년 역사리더십을 말한다』(옥당, 2014)

시장에 진출하여 되찾아 오자는 역발상을 했다. 이러한 역발상을 통해 한국은 경제 위기를 극복하고, 고도성장을 이룰 자본을 축적할 수 있었다.

중동 진출 첫해인 1974년 수주액은 2억 6,000만 달러였으나 다음해에는 그 세배인 7억 5,000만 달러, 1980년에는 다시 10배 이상으로 늘어 82억 달러가 되었다. 1975년~1980년 기간 한국 외화수입액의 85.3%가 중동 건설에서 벌어들인 달러였다. 1981년과 1982년 해외건설 수주 총액은 각각 137억 달러와 133억 달러로 미국에 이어 2위를 기록했다. 파견 근로자 수도 급증했다. 1975년 6,000명이던 것이 1978년에는 10만 명에 육박했고 한때 20만 명까지 이르렀다. 성취욕이 강하고 근로기강이 엄정한 한국 근로자들은 해외 건설업체와 중동 현지인들에게 높은 신망을 받았다.

한국의 건설 업체는 공사 기한을 맞추는 것에 만족하지 않고 늘 완공 일정을 단축해 명성을 쌓았다. 해외건설은 수입 유발 효과가 거의 없으므로 외화 가득률이 매우 높은 알짜 자산이었다. 당시에는 한국의 인건비가 국제적으로 낮은 수준이었기에 한국인 근로자를 많이 고용할 수 있었고, 시공 관리 수익뿐만 아니라 노무 인건비도 고스란히 국내에 유입되었다.

중동에서 벌어온 오일머니 덕분에 오일쇼크로 위축되었던 한국 경제는 다시 활력을 되찾았다. 수출입국輸出立國을 국가적 목표로 추진해온 한국은 1977년에는 수출 100억 달러를 돌파하고 경상수지 흑자까지 기록했다. 내수시장도 활성화되어 자동차·냉장고 등 고가 소비재 수요가 크게 늘었고, 주택시장도 활기를 띠게 되었다. 이런 성과는 한국의 건설업체들이 성장하고 국제적인 수준으로 경쟁력을 갖추게 된 데에도 큰 기여를 했다. 중동 특수로 세계적인 수준으로 성장한 대표적 기업이 현대건설이다.

현대는 1975년 10월 바레인 아랍수리조선소 건설공사 수주를 시작으로 12월 사우디 해군기지 해상공사를 따냈다. 1976년에는 기술적으로 난공사인 사우디아라비아의 주베일 산업항 공사를 9억 3,000만 달러에 수주했다.

현대는 이런 공사에 필요한 초대형 철 구조물을 울산조선소에서 제작하여 대형 바지선에 실어 현지로 보냈다.

국토의 대부분이 사막인 리비아의 물 문제 해결을 위해 동아건설이 시공한 대수로 사업은 그 공사 규모와 수주 금액 모두 전설적이었다. 동아건설은 이 사업의 1단계 1,874km를 39억 달러에, 2단계 1,730km을 102억 달러에 수주하여 성공적으로 완공했다.

초기의 중동 건설 진출에는 한국의 건설근로자가 대거 참여했으나 1990년대부터는 동남아와 서남아 지역의 근로자를 고용했다. 수주 내역도 초기의 단순건설에서 원자력발전소, 대형교량, 댐, 초고층빌딩, 지하철, 복합주택단지, 항만과 물류센터 등 기술적으로 고도화되고 규모도 대형화되고 있다. 대표적 사례로, 삼성건설은 세계 최고층 빌딩인 두바이의 부르즈할리파(높이 829m)를 시공했으며, 현대건설은 세계최장 교량인 말레이시아의 페낭대교를 건설했다.

중동 진출을 통해 한국은 경제적으로 크게 성장하였고, 이는 '한강의 기적'으로 연결된다. 한강의 기적은 세계적으로 유래를 찾기 어려울 정도로 눈부신 속도와 수준 향상을 겸비했다. 이 기적은 "석유파동으로 잃은 돈을 산유국에 가서 다시 벌어오자."라는 발상으로 진취적 행동을 주도했던 리더십과 '아무도 가지 않으려는 열사의 사막에서 모래 섞인 밥을 먹으며 가족과 나라를 위해 외화벌이에 나선' 국민이 힘을 합쳐 이루어낸 감동적인 드라마였다.[2]

---

2. 한국학중앙연구원, 중동건설진출, 디지털인문학연구소. http://dh.aks.ac.kr/Korea100 (검색일, 2023년 11월 1일).

2. '제2 중동 신화' 향한 대한민국 정부의 열정

1) 아랍에미리트(UAE), 제2 중동 붐의 시발점

윤석열 정부는 현 글로벌 경제위기의 돌파구를 찾기 위해 과거 오일쇼크 위기를 '한강의 기적'이라는 기회로 대전환시킨 중동 붐을 벤치마킹하고 있다. 윤석열 대통령은 2023년 1월 첫 해외 순방을 아랍에미리트UAE로 선택하고 출국을 하루 앞두고는 공식일정 없이 순방 준비에만 집중했다. 알 나흐얀 대통령 초청으로 UAE를 첫 국빈 방문하여 전방위적인 세일즈 외교를 펼쳤다. 100여 개 국내기업 경제 사절단과 경제부처 장관이 총출동했다.

2023년 첫 순방국으로 UAE를 택한 것은 외교 초점을 국익에 두고 '제2 중동 붐'을 불러오겠다는 의미로 해석된다. 산업 다각화를 통해 포스트 오일 시대에 대비하는 중동의 정책 방향이 대한민국의 강점 분야와 맞아떨어진다는 판단에서다.

UAE 국부펀드는 세계 금융시장의 큰손으로 불린다. 이에 대한 적극적인 수주·투자 유치를 통해 우리 경제가 도약할 수 있도록 하자는 전략으로 평가된다. 한·UAE 원전 협력의 상징인 바라카 원전을 방문한 것도 같은 맥락이다. 한국과 UAE의 원전 협력은 이명박 정부 시절 바라카 원전 수출로 시작됐다. 1980년 수교를 맺은 양국은 2009년 186억 달러 규모의 초대형 원전 플랜트 사업을 통해 교류가 본격화됐다. 당시 UAE측 원전 시찰단은 영광 한빛원전을 방문, 안전하고 효율성이 높은 한국의 원자력발전소를 보고 감탄했다. "바라카 원전을 한빛원전(사무실 문고리까지도)과 똑같이 건설해 달라."라고 요청할 정도로 대한민국의 원전시설과 운영시스템에 대해 깊은 신뢰를 보였다고 한다.

현재 바라카 원전 1·2호기는 이미 준공되어 상업운전을 시작했고, 3호기도 준공을 앞두고 있다. 한편, 윤 대통령은 UAE 순방 중 2011년에 파병한 아크부대(UAE 군사훈련협력단)에 방문해 장병들의 노고를 격려했다. 부대명인 아크Akh는 아랍어로 '형제'라는 의미다. 아크부대는 군사 협력을 넘어 경제 협력의 밑거름이 되는 큰 의미를 지니게 되었다.

윤 대통령의 2023년 1월 UAE 방문은 양국관계 복원 및 원전 세일즈 의지를 분명히 하였다. 그 결과 UAE에서는 한국에 40조 원을 투자하기로 하였고, 방위산업·에너지·원전·투자 등 4대 핵심 분야에서 양해각서MOU가 체결되었다.

2) 사우디아라비아 세일즈 외교

윤석열 대통령은 스스로 '대한민국 영업사원 1호'로 브랜딩하며 2023년 10월 사우디아라비아를 국빈 방문하였다. 제2의 중동 붐을 조성하기 위해 중동 국가들과의 협력 강화 등 다양한 외교 전략을 치밀하게 추진하면서, 새로운 협력 영역을 발굴하기 위해 인프라·에너지·건설 부문 등을 중심으로 다양한 협력을 추진했다.

대규모 경제 사절단(이재용 삼성회장 등 130여 명)이 동행하여 제2 중동 붐의 교두보 역할을 수행하였다.

국제사회에서 '미스터 에브리싱Mr. Everything'으로 통하는 빈 살만은 국가 정상들조차 만나기 어렵다. 그러한 성향의 빈 살만이 윤 대통령 숙소 영빈관에 깜짝 방문하여 벤츠 옆자리에 윤 대통령을 태우고 직접 운전해 포럼 행사장까지 동행하는 퍼포먼스를 보여주기도 했다. 이례적인 특급 환대와 파격 의전의 기저에는 한국에 대한 신뢰가 깔려 있다.

빈 살만은 한국이 건설·반도체·전기차 등 첨단 제조업 기술과 디지털 역량을 갖추었고, 석유가 없이도 신산업을 일궈내어 선진국의 반열에 오른 것을 높게 평가하고 있었다.

이러한 맥락에서 윤 대통령의 사우디아라비아 국빈 방문은 구체적인 성과로 연결되었다. 약 21조 원 규모의 계약 및 업무협약MOU이 체결됨으로써, 대형건설·인프라, 정보통신기술, 친환경에너지 등 3대 분야의 파트너십 강화 및 결실을 맺었다.

한국이 사우디 건설시장에서 오랜 신뢰와 명성을 쌓아온 덕분에 사우디 정부는 한국을 '중점 협력국가'로 선정했다. 현대건설은 1976년 이래로 170곳의 누적 수주액이 280억 달러에 달하며, 사우디 정부가 탈석유·첨단기술·친환경 국가로 도약하기 위해 야심차게 추진 중인 '네옴시티' 프로젝트에도 참여하고 있다.

네옴시티는 규모가 서울시의 43배로, 알려진 사업규모만 5,000억 달러(약 670조 원)에 달한다.

현대건설은 2022년 네옴시티 중 직선도시 '더 라인' 지역의 지하 터널 공사를 수주한 뒤 삼성물산 등과 컨소시엄을 구성하여 이미 공사를 진행 중이다.

또한, 사우디 정보통신 분야 시장 규모가 2022~2027년 사이 연평균 7.5% 성장할 것으로 추정되는 등 ICT 산업이 빠른 성장세를 보이는 만큼, 한국 ICT 분야의 진출이 활성화될 것이다.

공동성명 내용 중에는 "1962년 수교 이후 교역규모가 400배 증가하고 양국 경제협력이 높은 수준에 도달한 점을 환영하며, 향후 상호 투자를 더욱

확대한 여지가 크다는 점을 확인했다"라고 밝혔다.[3]

3) 카타르 국빈 방문

한국과 카타르는 2024년에 수교 50주년을 맞이하는데 한국 대통령의 국빈자격 방문은 2023년 10월이 처음이었다. 윤 대통령은 하마드 알사니 국왕과 정상회담을 하면서 한국 기업의 LNG 운반선 건조 수주 및 선박 운영 계약에 대해 카타르측의 관심과 지원을 요청했다.

양국 기업인 250여 명이 참석한 한·카타르 비즈니스 포럼에도 참석하여 스마트 팜, 태양광, 자율주행차, 문화 콘텐츠, 의료 등 신산업 분야에서 업무협약을 체결하는 데 힘을 보탰다.

HD 현대 중공업의 LNG 운반선 17척 건조 수주 등 12건의 MOU·계약 체결로 약 6조 2,000억 원의 투자를 이끌어 냈다. 정상회담에서는 스마트 건설 공법과 기술협력을 강화하는 내용의 MOU와 토지·공간정보 분야 신기술을 활용을 위한 MOU가 양국 정부 간 체결됐다. 양국은 기존의 장관급 전략회의에 에너지 공급망·디지털·그린·보건 분야를 신설하고 정부 간 상설 협의 채널을 구축하기로 했다.

카타르는 원유와 LNG 등 에너지 수출국이지만 경제구조를 제조업, 지식산업 등 신산업 구조로 전환을 시도하고 있다. 한국은 이런 흐름에 맞춰 카타르를 상대로 에너지 공급망을 안정적으로 확보하면서, 한국 기업 진출을 확대하기 위한 세일즈 외교 성과를 거두었다.

---

3. 한국−사우디아라비아 공동성명 주요 항목: ① 미래지향적 전략 동반자 관계의 심화 및 발전 ② 교역 및 미래지향적 산업 분야 투자 확대 ③ 건설 및 인프라 분야 협력 강화 ④ 에너지 및 기후변화 분야 협력 강화 ⑤ 국방·방산·대테러 협력 강화 ⑥ 문화교류·관광 증진을 통한 미래세대 간 상호이해 증진 ⑦ 새로운 분야로의 협력 다변화 ⑧ 국제 및 역내 평화와 안정을 위한 파트너십 범위 확대 등, 출처: 대통령실 정책홍보담당관실 발표자료(2023.10.24.).

3. 중동 진출 이니셔티브에 대한 평가와 전망

제2 중동 붐은 1970-80년대의 제1 중동 붐과는 다르게 중동 산유국들이 앞으로 석유 자원이 고갈될 때를 미리 대비해 산업 다각화를 통한 지속 가능한 성장산업 육성과 비석유부문 강화를 통한 경제모델 재편에 목적을 두고 있다. 이는 한국 경제에 새로운 활력소와 돌파구 역할을 할 것으로 평가된다.

대통령이 직접 대한민국 영업사원 1호로 나서서 2023년 11월 현재 중동에서 107조 원의 오일머니를 잡았다. 사우디 156억 달러, 카타르 46억 달러 등 총 202억 달러(약 27조 2,300억 원) 규모의 양해각서와 계약을 따냈다. 2022년 11월 빈 살만 왕세자 방한을 계기로 사우디와 290억 달러 규모의 양해각서를 체결했고, 2023년 1월 윤 대통령의 아랍에미리트UAE 방문 때에는 300억 달러 투자 유치를 했다. 중동의 빅3 국가에서 투자 유치한 돈을 모두 합하면 792억 달러(약 106조 8,000억 원)에 달한다. 포스트 오일시대를 대비한 중동의 변화 속에 우리 기업이 전략적 거점을 마련한 셈이다.

중동 언론에서는 빈 살만 왕세자의 '비전 2030' 국가발전 프로젝트 추진 흐름에 맞춰 윤 대통령이 방문해 협력 범위를 다변화하고 한국기업의 프로젝트 참여 가능성을 키웠다고 분석했다. 윤 대통령은 빈 살만이 졸업한 '킹 사우드' 대학을 찾아 "여러분의 선조인 아라비아인들이 인류의 발전과 번영에 크게 기여했다는 사실을 잊지 않길 바란다."라고 연설을 했는데, 이는 사우디 왕실과 학생들에게 큰 감동을 주었다는 평가도 있다.

대한민국의 중동 진출에 K-Pop 등 한국의 문화콘텐츠의 영향력이 큰 역할을 했다. 영화, 음악 등 콘텐츠 분야에서부터 문화유산, 공예 등 전통문화, 문화예술 분야에 이르기까지 여러 방면에서의 교류와 협력을 확대하고 있다.

중동 진출의 에피소드로 "사우디 빈 살만 왕세자는 자국 젊은 세대에게 인기가 많다. 체제를 안정적으로 이끌기 위해 젊은 층이 좋아하는 K콘텐츠에 대해 주목할 수밖에 없으며, 빈 살만을 한국으로 끌어당기는 요인 중 하나였다."라는 배경설명이 외교가에 전해졌다.

실제로 빈 살만이 이끄는 사우디 국부펀드PIF는 카카오엔터테인먼트에 투자를 확정했고. 사우디 문화부장관은 지난 2022년 방한 시 CJ·ENM 등 한국의 엔터테인먼트 업체를 방문했었다.

세계에서 주목하고 세계 젊은이들이 환호하는 K-culture는 한국문화의 세계 확산이라는 차원을 넘어 한 국가의 전략자산으로 승화되고 있다.

이는 대한민국 정신문화의 파워가 정치·경제·사회 등에 많은 영향을 미치고 있음을 실증적으로 보여주는 사례다. 앞으로 제2 중동 붐 조성뿐 아니라 세계 각지로의 진출 및 G3 코리아 달성에도 K-정신문화의 위력은 한 몫을 차지하며 큰 도움을 줄 것이다.

한국 정부에서는 792억 달러에 달하는 정상외교 성과가 국민들이 체감할 수 있는 '신 중동 붐'이 된다는 확신을 갖고 후속조치에 만전을 기하고 있다.

한국 정부와 기업들은 이러한 트렌드를 인식하고 다양한 첨단 솔루션을 제공함으로써 중동 시장을 계속 선도해 나가야 할 것이다.

이러한 진취적 노력들이 집약되어 제2 중동 특수가 실현될 것이다. 대한민국 경제는 글로벌 경제의 침체상황을 극복하여 우리 경제를 반등시키는 터닝포인트가 되어 '제2 한강의 기적'이 탄생할 것으로 확신한다.

제27장

우주항공×
과학기술×
첨단산업＝
21세기 코리아
산업혁명 엔진

1. 우주를 향한
대한민국의 위대한 도전

1) 미래산업 중의 미래산업은 우주개발

우주는 인류에게 남은 마지막 남은 블루오션이다.

미국, 러시아, 중국, 인도 등은 우주의 가치에 눈을 뜨고 경쟁적으로 개척을 추진해 왔다. 비록 우주개척 후발국이지만 대한민국도 자체 기술로 만든 위성발사용 로켓 누리호를 쏘아 올리고 우주항공청 설립을 추진하면서 우주를 향한 도전을 구체화하고 있다.

21세기는 과학과 기술의 급격한 발전으로 새로운 시대를 열어나가고 있는데, 대한민국 또한 그 발전의 기적을 이뤄내고자 다양한 노력을 기울이고 있다. 이러한 발전은 단순히 경제적인 성장뿐만 아니라 국가의 안보와 문화적 발전에도 긍정적인 영향을 미치고 있다. 그중에서도 과학기술 분야와 우주탐사는 대한민국이 미래를 대비하고 글로벌한 리더십을 발휘하기 위한 중요한 전략과제로서 떠오르고 있다.

우주탐사는 단순한 과학적 호기심을 넘어 인류의 미래와 안보, 기술 발전을 위한 중요한 영역이다. 우주에서의 연구는 지구 환경 이슈의 해결과 첨단 기술의 발전을 도모하며, 우주를 통해 인류의 역량을 증명하는 의미도 가지고 있다. 미국의 케네디 대통령은 1960년대 달 정복을 선언하여, 국민 결집과 국가발전을 도모하고 미·소 경쟁에서 승리하게 되었다. 초일류 선진국의 우주개발 성공은 국가의 정신·물질주의가 융합되어 세계를 선도하는 국가임을 입증하고 있다. 최근 세계는 달탐험 프로젝트를 경쟁적으로 추진하고 있다.

대한민국도 과학기술의 꽃인 우주산업에 뛰어들었지만, 아직 우주항공청 설립이 완결되지 않고 있다.

우리의 우주항공청 설립 계획이 왜 지지부진한가 철저한 점검과 대책이 긴요하다. 정부는 항공우주청의 설립과 운영 철학과 목적, 업무 영역 등에 대해 전문가 의견을 듣고 반영해야 한다.

'우주항공전담기관의 설립을 위한 민간추진위원회 설치법' 입법이 지연되어 민간추진위도 구성되지 못하고 있어 과학계가 실망하고 있다. '한국판 NASA' 항공우주청은 설립과정이 생략·왜곡됐으며 정쟁과 지역 균형발전 문제로 퇴색돼버렸다. 외국인 채용과 백지신탁, 연봉 수준에 관한 갑론을박이 헤드라인을 장식했다. 기관 설립의 철학과 목적은 증발했고, 공무원 처우만 거품처럼 남았다. 대부분의 전문가들이 우주항공청 소식을 듣는 유일한 통로가 언론인 것은 이해할 수 없다.

우주경제 성장도(단위=십억달러) / 우주항공청 역할 / 우주전담기관 간 비교

우주경제 성장도(단위=십억달러)
2016년 285 / 2021년 370 / 2026년 515 / 2030년 642

우주항공청 역할
우주항공 분야 장기 계획 수립
연구 및 기술개발 총괄
우주 정책과 법적 틀 마련
우주 관련 규제 관리
우주산업 육성
국제협력 조율

국가	미국	유럽	일본	한국
우주 전담기관	항공우주국 (NASA)	유럽우주국 (ESA)	일본항공 우주개발기구 (JAXA)	우주항공청 (KASA)
역할	우주과학연구, 민간우주 프로그램 수립 등	과학연구, 우주프로그램 수립 등	연구개발 기관, 국제협력 등	연구개발, 국제협력, 산업육성 등
인력	1만7960명	2200명	1600명	300명

출처 : 매일경제

초일류 강국을 꿈과 희망을 선포하는 수준에서 한 걸음 나아가 진취적으로 우주를 향한 실천적 조치를 취해야 한다.

미국의 일론 머스크 SpaceX 회장은 '화성 식민지에 관한 구상'을 구체적으로 밝혔다. 민간 우주항공 기업인 스페이스X는 우주선 발사 비용을 10분의

1로 줄이는 것을 목표로 하였고, 화성을 식민지화하여 사람이 살 수 있는 환경을 만들고 로켓을 통해 사람을 이주할 수 있어야 성공한다고 구체적 플랜을 제시했다. 궁극적으로 50년에서 100년 동안 100만 명이 화성에 정착해 자족하는 식민지를 세운다는 도전적 목표까지 제시했다.

21세기에는 우주를 향한 인류의 도전은 끊임없이 진화할 것이다. 스페이스X의 '화성 식민지 프로젝트' 첫발과 NASA의 '제2의 지구 찾기'에 이어 지구 생명체의 기원을 밝히는 소행성 탐사가 진행되고 있다. 머스크는 화성 이민 프로젝트에 대한 '인류를 다행성 종족으로 만들기'라는 구상까지 밝힌 상태다.

우주산업이 빠르게 성장하고 있는 만큼 2035년 정도에는 인류가 달에 거주가 가능하다. 우주와 에너지 등 미래기술에 중점적으로 투자하는 IBX를 설립한 캄 가파리안 대표이사는 2023년 11월 6일 조선일보와 인터뷰에서 "민간 우주 기업들이 계속 성장하면 우주 접근 비용이 점점 낮아지며 더 많은 산업이 발달할 것"이라고 말했다.

이미 2017년 6월 호 우주 과학 잡지 '뉴 스페이스'에 화성 이민에 관한 구체적 플랜을 제시했다. '우리가 화성에 가는 비용을 1인당 20만 달러(약 2억 2,000만 원) 수준으로 낮출 수 있다. 그렇게 되면 인류가 화성에서 살아갈 가능성이 매우 크다. 80~150일 안에 화성에 도착하는 100인승 대형 로켓 1,000여 개를 만들면, 50년 후에는 화성에서 100만 명이 자급자족 형태로 살 것이다.

1969년 인간을 달에 보냈던 전통적인 방법으로 인간을 화성에 보낼 경우 그 비용은 편도만 100억 달러(약 11조 원)로 추정된다. 로켓 재활용이 보편화되면 1인당 20만 달러 미만으로 낮아질 전망이다.'

대한민국의 우주 사업은 2007년 11월 수립한 '우주개발 세부 실천 로드맵'에서 시작했다. 당시 정부에선 2025년까지 달에 한국이 제작한 탐사선을 보냈다는 계획을 세웠지만, 중장기 국가 우주개발사업이 줄줄이 연기됐다. 한국의 우주 개발산업은 걸음마 단계라고 볼 수 있다. 달 착륙, 우주여행 등의 꿈이 실현될 수 있도록 ICT 강국 및 4차산업혁명 주도국으로 도약하여 우주산업의 역량을 기울여야 할 시기이다.

우주산업 발전은 과학입국, 경제강국으로 가는 길이기 때문에 국민의 꿈과 가치관 실현을 위해서라도 반드시 융성시켜야 할 분야이다. 대한민국은 항공우주산업은 거시적인 전략과 정책으로 핵심 전략산업으로 육성해야 한다. 우주를 향한 대한민국의 도전은 국민들의 비전과 자긍심을 불러일으키고 초일류 강국의 위상을 확립하게 되는 데 영향을 준다.

대한민국 우주항공산업은 2020년대에 들어서면서 새로운 기회와 도전에 직면하고 있다. 우주 경쟁이 본격화되어 강대국은 물론 민간 기업의 우주개발 활동이 활발해지고 있다. 우주의 상업적 가치가 부각되고, 우주의 안보적 중요성이 증대되고 있다. 이러한 변화에 대응하기 위해서는 한국 우주항공산업의 발전 방향과 전략을 재정립하는 것이 필요하다.

한국 우주항공산업의 발전 방향으로, 우선 민간 기업의 역할 강화를 정책적으로 장려해야 한다. 민간기업은 우주개발의 주체로서 더 많은 자율성과 책임성을 가지고, 국가와 협력하면서 우주산업의 활성화를 이끌어야 한다. 민간기업은 우주탐사, 인공위성, 발사체, 무인기 등 다양한 분야에서 창의적이고 혁신적인 기술과 서비스를 개발하고, 국내외 시장에서 경쟁력을 갖추어야 한다.

민간기업은 국제분업과 협력을 통해 세계 우주산업에 기여하고, 한국의 우주력을 강화해야 한다.

한국은 우주항공 분야에서 세계적인 수준에 도달하기 위해 과학기술과 인재 양성에 투자해야 한다. 한국은 2020년까지 유망한 항공우주산업 분야에 대한 기술로드맵을 수립하고, 연구개발 및 시범사업을 통해 기술 경쟁력을 향상시켜야 한다. 또한, 한국은 학교와 산업체가 연계된 체계적인 인재 양성 프로그램을 구축하고, 다양한 분야에서 활동할 수 있는 우주항공 전문가들을 육성해야 한다.

지금 우리는 과거의 상업우주 활동과 비교할 수 없는 거대한 쓰나미를 목격하고 있다. 발사 능력과 고도화된 산업구조에 거대 예산을 투자하는 선진국은 나라 안팎의 우주 활동을 통제·관리하는 방식을 바꾸고 있다. 종합적이고 지속가능한 우주 계획이 없는 나라는 뒤처진다. 과거 10년, 전 세계 벤처기업과 억만장자들은 500개에 이르는 우주 스타트업에 약 80조 원을 투자했다.

우주 환경은 극단적이며 가혹하다. 시간과 거리, 질량은 우리 일상과 경험을 벗어나 있으며 중력과 속도, 온도와 압력, 자기장과 방사선도 우리의 감각 밖에 있다. 우주 부품은 일반 부품과 달리 극한 온도와 진공, 방사선 환경을 견뎌야 한다. 우주기술은 인류 최고의 기술이다.

지구를 도는 위성은 2013년 1,000개에서 현재 7,000개로 늘었다. 인공위성은 영상, 통신, 항법 같은 우주산업의 성장을 이끌었다.

2) 미래전 양상과 우주전쟁 대비

미래 전쟁 양상은 미래에 '누가', '왜' 우리를 위협할 것인지, '언제', '어디서' 위협과 맞닥뜨리게 될 것이며, '무엇'을 가지고 '어떻게' 싸우게 될 것인지를 치열하게 고민해야 한다.

우크라이나와 러시아 전쟁은 재래식과 최첨단이 복합된 전쟁이다. 인공지능AI이 조종하는 전투기가 도시를 폭격하고, 스스로 적을 탐색해 사격하는 로봇개가 전장을 휘젓는다. 인간 병사는 수십, 수백㎞ 밖의 요새에서 카메라로 전투 현장을 살피고, 실시간으로 들어오는 AI의 '사살 요청'을 클릭 한 번으로 허가한다.

실제로 러시아-우크라이나 전쟁에 AI가 조종하고 자폭하는 드론으로 서로를 공격하고 있다. 실전에 활용되는 AI 무기는 전투기를 넘어 전투 로봇개, 탱크, 장거리포까지 확대되고 있다. 호주 군대는 인간 병사의 뇌파를 분석해 명령을 수행하는 전투용 로봇개를 실험하고 있다.[4] 2022년의 우크라이나 전쟁에 이어 2023년 10월에 시작된 이스라엘·팔레스타인 전쟁에서도 민간기업의 우주 자산은 전쟁의 판도를 바꿀 정도로 큰 역할을 하고 있다.

군사 분야에 AI가 활발히 적용되면서 미 실리콘밸리 테크 기업들도 방산사업을 확대하고 있다. 구글의 모회사 알파벳은 작년 6월 '구글 퍼블릭 센터'를 설립하고 군 기관의 정보를 AI를 이용해 클라우드로 통합하는 사업 수주를 추진했다. 인공지능으로 작동하는 미래 기술이 구현되면 수년 내에 인공지능으로 인간의 뇌와 항공기의 인터렉션 인터페이스가 구현됨으로써 전투기 정밀 조종까지 가능하다.

이스라엘·하마스 전쟁에서도 이스라엘군IDF은 하마스 추적에 AI를 적극 활용하고 있다. 가자 지구 지상 전투가 시작된 뒤 이스라엘군 '표적 센터'가 땅굴 등 약 1,200개의 새로운 하마스 공격 표적을 확인했는데 AI가 상당한 역할을 한 것으로 알려져 있다.

실제로 미 공군은 인공지능을 활용한 무인전투기 '스카이보그Skyborg' 시제품을 개발하여 2024년에 시험비행을 추진하고 있다. 전문가들은 과거 핵무기가 나타났을 때처럼, AI를 선점하는 나라가 군사 패권을 재편할 수 있게될 것이라고 본다. 군사 영역에서 AI 기술이 적용된 '자율 무기'의 범위가 끝없이 확장되고 우주 전쟁에 대비하는 연구개발도 활발히 진행되고 있다.

우주 자산은 대한민국이 핵무기를 가질 수 없는 현실적 여건에서 우리가

---

4. 그림 출처: 조선일보, "현실로 다가온 'AI 전투'", 2023년 9월 7일자.

확보해야 하는 최소한의 필수 전략자산이다. 우리의 우주 자산을 우리의 영토에서 우리의 발사체로 원하는 궤도에 투입하기 위해서는 우선적으로 정지궤도에 5~6톤을 투입할 수 있는 수준의 능력 개발은 필요하다.

첨단 과학기술을 융합한 한국형 무기체계 발전을 도모하는 것은 국력신장에 걸맞는 무기체계 발전을 위한 방향이다. 미래전쟁 양상의 변화, 군사강국의 무기체계 발전추세, 한반도 전장환경 등을 총체적으로 고려하여 Korea G3 위상에 부합되는 한국형 군사력 건설 방향을 정립해야 한다.

한반도 주변국들은 모두 세계 최대 강대국들로서 첨단 정보통신 기술의 혁명적 발전과 전쟁패러다임의 본질적 변혁에 대비하여 군사력 발전의 개념 및 방식을 근원적으로 전환할 것이 예측된다.

미국은 핵의 소형·정교화, 정보지배, 항공·우주지배, 원거리 신속투사, 장사정 정밀타격, 무인화 전투 등을 추구하여 군사력의 절대 우위를 지속할 것이다. 따라서 대한민국은 미국의 군사력 증강 방향과 차별화된 정보통신, 정밀전자, 항공우주, 신소재, 레이저, 생명공학 등을 활용한 새로운 차원의 무기체계 발전 방향을 모색할 필요가 있다.

특히 정보통신기술의 발달로 전장 가시화, 전장정보 실시간 유통 네트워크화, 정밀유도무기 장사정화가 가능한 추세를 고려하되 국방예산의 가용수준과 무기체계 운용에 소요되는 비용을 염두에 두어야 한다. 한국형 무기체계 발전이라고 하여 너무 국산화율에 너무 매달리면 안 된다. 국산화율 제고도 좋지만 중요한 것은 경제성과 실익이다. 국산화율을 높이기 위해 처음부터 고가, 첨단장비를 개발하는 것은 매우 위험하다.

한국의 강점인 4차산업혁명 관련 기술력을 바탕으로 첨단 국방과학 기술력으로 연계시키는 민군겸용기술 개발을 활성화해야 한다. 우리의 국방과학 기술 수준은 선진강국 수준까지 끌어올릴 수 있지만 막대한 비용과 시간이 소요된다. 이러한 차원에서 현재 한국군도 미래전과 전방위 안보위협에 대비할 수 있는 한국형 첨단무기체계 개발을 지원하며 미래지향적 발전을 도모하고 있다.

구체적으로 한국군의 전략·작전계획·전술 전반을 무기 획득 방향과 연동시키면서 전시작전권 전환을 추진하고 있다. 첨단과학기술의 발전과 이에 따른 전쟁양상의 변화에 적합한 군 구조로의 전환과 더불어 한국형 무기체계 발전에 박차를 가해야 한다.

이러한 차원에서 국민이 국가 차원의 안보전략이 올바로 정립되도록 여론을 조성해야 한다. 이것이 국민 리더십 문화 운동과 연결된다.

3) 우주로 가는 길의 치열한 세계경쟁

세계 5대 우주기술 강국으로 도약을 목표로 우주산업을 육성하려면 목표의 실행력을 높이기 위해 우주항공청 신설이 조속히 완결지어야 한다. 정부의 주무부처와 우주항공청 유치 장소 논란 및 우주법률안 입법 절차 등으로 더이상 시간을 끌어서는 안 된다. 우주의 끝을 가보거나 관측할 수 있는 기술은 현재로서는 존재하지 않는다.

21세기 중반으로 진입할수록 상상을 초월하는 과학기술의 발달이 진척되겠지만 우주의 끝을 가보거나 관측할 수 없을 정도로 우주의 공간적 크기는 무한대에 가깝다. '인류가 관측 가능한 우주Observable Universe'의 크기는 지구를 중심으로 반경 465억 광년(약 $4.399 \times 1026m$)이므로 총 930억 광년 규모로 추정되어 무궁무진한 가능성으로 충만해 있다.

우주 환경은 극단적이며 가혹하다. 시간과 거리, 질량은 우리 일상과 경험을 벗어나 있으며 중력과 속도, 온도와 압력, 자기장과 방사선도 우리의 감각 밖에 있다. 우주 부품은 일반 부품과 달리 극한 온도와 진공, 방사선 환경을 견뎌야 한다. 우주기술은 극한 기술이다.

지구를 도는 위성은 2013년 1,000개에서 현재 7,000개로 늘었다. 인공위성은 영상, 통신, 항법 같은 우주 산업의 성장을 이끌었다.

이러한 기술과 제품, 서비스를 공급하는 우주경제가 뜨고 있지만, 2023년에 나온 보고서를 보면 전 세계 우주경제에서 발사체와 위성 제작이 차지하는 비중(5.9%)은 의외로 낮다. 공공우주, 상업 우주비행(27%), 지상관제시설(38%), 위성서비스(29%)에서 더 큰 수익이 발생한다. 우주항공청이 전통적 하드웨어 산업을 육성하는 한편, 고부가가치에 눈을 돌려야 하는 이유다.

여기서 우리는 경제협력개발기구OECD가 정의한 우주경제의 개념을 들여다볼 필요가 있다. 즉, 우주경제에는 발사체와 위성 개발, 제작, 발사는 물론 위성 자료 응용과 관련된 산업이 포함된다. 또 OECD가 정의한 우주경제는 우주 탐사와 우주과학 연구로 경제 가치를 만들어내는 R&D와 산업 활동을 망라한다.

위성 응용 분야에서 비중이 높은 서비스는 위성을 쓰는 통신(전화 · 인터넷 · 방송)과 항법(비행 · 항해 · 차량 · 기차 운행 등)이다. 농업과 해양, 수산과 국토 관리, 재난 감시와 자원 관리, 기상 관측 자료 서비스는 한국에 강점이 있는 정보기술IT의 집중 투자가 시급한 분야다.

2. 과학기술 중시 문화와 창의력 인재

1) 과학기술 진흥은 국가운명 좌우

미래사회의 거친 파도를 헤쳐 나가기 위해서는 강인한 체력과 정신력을 바탕으로 한 문제해결 능력이 필요하다. 문제해결 능력은 지식과 더불어 창의력에서 나온다. 아인슈타인은 "창의력은 지식보다 중요하다. 지식은 한계가 있다."라고 말했다.

기술발전에 따른 경제성장 이론을 구축해 1987년 노벨 경제학상을 받은 미국 거물 경제학자 로버트 솔로 교수(매사추세스공대 경제학과)는 '기술혁신이 있으면 새로운 투자와 고용이 일어난다.'라는 돌파구를 제시했다. 실리콘밸리를 중심으로 한 미국 테크 기업들의 눈부신 도약은 그의 이론을 입증한다.

유대인이나 독일인이 노벨상을 많이 받는 것은 창의력을 키우는 기초교육 덕분이다. 교육의 목적은 자아 정체성에 따라 '창의적 사고'를 지닌 '미래형 인간'을 기르는 것이며, 학교는 이러한 교육 목적을 구현할 의무가 있다.

창의는 '생각의 독창성'에서 시작된다. 독창적인 것만으로는 고부가가치가 창출되지 않는다. 인류의 삶에 유용하고 편리하며 이익을 주는 것이 창의력의 핵심이다.

이러한 측면에서 예술이 '독창적'인 것에 초점을 맞춘다면, 과학기술은 유용성과 편익성에 초점을 맞춘 것이라고 볼 수 있다. 스티브 잡스가 이끌었던 애플의 최고 슬로건은 "다른 것을 생각하라Think different."다. 잡스는 기술자,

전문가를 넘어서 창의력이 뛰어난 인재를 발탁하는 안목을 가졌다. 똑같은 것을 다르게 생각하는 수준이 아니라 발상 자체를 달리하여 새로운 것을 만드는 창조자가 세상을 바꾼다.

시간을 많이 투자해서 열심히만 한다고 해서 과연 창의력이 생기는 것은 아니다. 생각의 질과 상관없이 무조건 책을 많이 읽으라고 했던, 숙련된 기술자가 중요했던 그 시절의 인재에 대한 잣대를 그대로 적용하는 시대가 아니다. 무조건 기존의 방식으로 열심히 일하는 태도만을 강조하는 문화부터 바꿔야 한다.

세상을 바꾸고 새롭게 만들려는 위대한 도전을 장려하는 문화를 형성해야 한다. 이러한 창의력을 존중하는 문화가 미국을 세계 최고의 강대국으로 만든 원동력이다. 창의력은 관찰과 도전, 협조와 경쟁에서 나온다. 또한, 창의력을 키우는 교육과 밀접한 관계가 있다. 창의적 교육을 위해서는 학제 간 융합 연구와 유연성을 장려하는 시스템이 구축되어야 한다.

대한민국의 인재들이 모험을 기꺼이 감수하고 실패에 굴복하지 않고 이전과는 새로운 방식을 시도하는 창조자들이 되려는 열망으로 충만해야 한다. 최고의 인재들이 성형외과.피부과 의사가 되어 돈을 많이 벌어서 편안함을 추구하는 '인재 쏠림 세태'가 지속되면 G3 초일류 강국을 향한 여정은 험난해질 것이다.

다양함 속에서 창의력이 발현된다는 측면에서 글로벌 인재를 유입하는 정책을 과감하게 도입해야 한다. 이른바 '웰컴 투 코리아' 정책이 시급하다. 세계 꼴찌 출산율에 현재의 추세대로 라면 2070년엔 인구가 26.7% 줄어 3,765만 명 수준으로 전락한다. '단군의 자손 단일민족'임을 자랑으로 여기며 해외 인재의 유입에 거부반응을 보이는 경직되고 틀에 박힌 시고방식으로 세상을 바꾸기 어렵다.

이민 정책의 큰 틀을 새로 짜서 싱가포르를 모델로 삼아서 '기업·세제·교육'에 전향적 인센티브를 부여해야 한다.

유능한 외국인 인재들을 받아들이고 환영하는 매력적인 국가로 이미지를 형성해야 한다. 대한민국이 진정한 발전을 이룩하는 진정한 힘은 창의력이 풍부한 인재들이 과학기술 분야에 넘쳐나는 기풍에서 나온다. 21세기형 인재는 날로 커지고 있는 불확실성에 대한 대응력과 유연성을 갖추고 창의력으로 도전을 극복하는 인재상으로 바뀌고 있다.

2) 과학기술은 개선을 넘어 혁신으로

과학기술은 개발도상국이었던 한국의 산업화를 견인하는 결정적 역할을 맡았다. 변변한 자원 하나 없는 상황에서 한강의 기적이라 불리는 국가발전을 이끈 한 축이었으며, 동시에 국가경쟁력을 가늠하는 지표 중에서 항상 가장 높은 평가를 받으며 국가 순위를 끌어올린 주역이었다.

선진국 대한민국에서 과학기술의 시대적 사명은 추격이 아닌 선도다. 과학기술 전반에 깊이 새겨진 빠른 추격 전략을 선도형 R&D 패러다임으로 전환하기 위한 노력이 지난 20여 년간 이어졌다. 과거 모든 정부에서 혁신을 표방하며 국가 연구개발 사업을 뜯어고쳐 왔지만 돌이켜 보면 결국 개선에 그쳤을 뿐이다. 덧칠하는 개선만으로는 한계가 분명했다.

이제 세계 최고, 최초를 추구하는 선도형 연구개발을 지향해야 할 때다. 기술 재현, 성능 향상 수준의 연구를 넘어서기 위해서는 부분적 개선이 아닌 전체를 바꾸는 파괴적 혁신이 필수다. 최초의 도전을 장려하고 문화로 정착시키려면 관 주도 펀딩, 추격형 연구에 최적화된 기획, 수행, 평가 등 시스템 전체를 바꿔야 한다.

선도형 연구개발을 위해서는 먼저 두려움 없는 도전이 지속해서 이뤄질 수 있어야 한다. 노벨상 수상식이 열리는 10월이면 우리 과학기술계는 한없이 작아진다. 노벨상은 추격형 연구에 눈길을 주지 않는다. 지식과 기술적 한계를 극복하고 새로운 시대를 연 연구자를 향한다. 우리도 이제 투입 대비 산출을 따지는 효율성에서 탈피해야 할 때다. 그래서 과학기술이라는 배는 두려움 없이 산으로도 갈 수 있어야 한다.

이 과정에서 혁신 주체 간 소통은 선택이 아닌 필수이다. 정부는 국가 자원에 대한 방향과 분배에서 결정권을 갖는다. 국가와 인류 미래를 위한 수요에 집중하고, 최선의 공급 방안을 제시하는 과학자들의 목소리에 귀를 열어야 하는 이유다.

과학자와 기업을 포함한 일반 국민과의 소통 역시 중요하다. 왜 연구하고, 이를 통해 무엇을 기대할 수 있는지 서로 적극적으로 알려야 한다. 한편으로 개방형 혁신을 과학기술계 전반에 정착시켜야 하겠다. 연구자, 그룹, 기관과 분야 간 융합으로 국가사회가 당면한 문제를 해결하는 개방형 연구 플랫폼이 필요하다.

이번에 새롭게 도입하는 출연연 통합 예산제가 출발점이 될 수 있다. 관에서 목표부터 결과까지 지정하는 방식을 넘어 연구자들이 중심이 되는 것이 중요하다. 치열한 논의를 통해 꼭 해야만 하는 주제를 발굴하고, 역량을 집중시켜 체감할 수 있는 대형 연구 성과를 창출해야 한다.

거위의 배를 가르는 우를 범하지 말 것을 강조하고 싶다. 칼은 칼집에 있을 때 무섭고, 보이지 않는 호랑이가 더 무섭다고 했다. 만시지탄, 우려하던 일이 현실이 되고 말았다. 하지만 우리에겐 어려움 속에서 더 강인함을 발휘하는 유전자가 있다.

차제에 시스템을 새롭게 설계하는 완전한 혁신을 이번에야말로 해내자. 미래를 위한 과학기술을 포기해서도, 수명이 다한 과거 방식으로 회귀해서도 안 되기 때문이다.[5]

---

5. 매일경제 칼럼 2023.11.30. 윤석진(한국과학기술연구원 원장)

3. 첨단산업,
고부가가치 경쟁력 확보

　대한민국은 과학기술 분야에서 놀라운 성과를 보이며 세계적으로 주목받고 있다. 정보통신 기술, 인공지능, 로봇공학 등에서 선도적인 연구개발 역량을 국제사회로부터 인정받고 있다. 첨단 바이오헬스 분야와 생명과학 분야의 발전에 힘입어 재생의료를 비롯한 치료연구 활동에 기여하고 있다.

　21세기는 팩스 테크니카Pax Technica시대로서 과학기술이 사회변화를 선도하는 시대이다. AI를 비롯한 과학과 기술이 국가발전의 핵심 역할을 하게 된다. 대한민국은 제4차산업혁명 경쟁구도에서 미국과 유럽을 바짝 추격하는 입장이라고 할 수 있다.

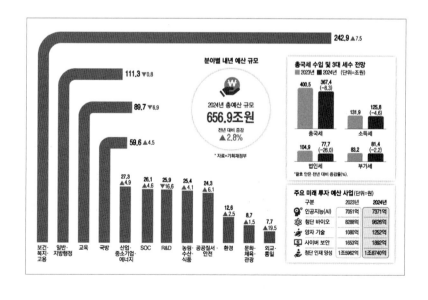

대한민국은 인공지능AI, 바이오 등 미래형 첨단산업을 통해 고부가가치를 창출하는 '선택과 집중' 전략을 적용해야 한다. 정부는 인공지능AI, 바이오Bio, 사이버 보안Cyber-Security, 디지털 플랫폼Digital Platform 부문을 고부가가치 첨단산업 분야로 선정하고 2024년에는 2023년보다 22.2% 증액한 4조 4,000억 원을 투자한다. 핵심은 AI와 바이오다. 민간 기업들의 AI 기술과 서비스를 개발에 1조 2,000억 원, 신약·줄기세포를 비롯한 바이오 원천기술 개발 등에 1조 9,000억 원을 각각 지원·투입한다. AI를 접목하는 서비스를 개발하고 국가 재정을 투입해 '국가통합바이오 빅데이터 센터'도 구축한다. 2024년도 정부의 예산안에도 미래투자 예산 사업에도 이러한 전략이 반영되어 있다.[6]

한국의 의료데이터와 미국의 첨단 바이오 기술을 융합하는 사업(보스턴-코리아 프로젝트)에도 속도를 붙인다. 국가산업정책에 부합하는 고부가가치의 첨단산업 클러스터를 지역별 여건에 적합하도록 조성하는 특화전략도 구현해야 한다.

기술과 비용 측면에서 세계 최고 수준인 의료헬스 분야의 성장잠재력을 극대화해야 한다. 글로벌 시장에서 중저가 이미지로 통하던 '메이드 인 코리아'가 세계 1등이 될 수 있음을 보여줌으로써 대한민국 경제에 자신감과 도약의 전기를 마련했다.

대한민국은 글로벌 초일류국가가 될 수 있다는 것은 꿈이 아니라 현실이다. 아직 우리 국민들이 체감하지 못할 뿐이다.

---

6. 그림 출처: 매일경제, 2023년 8월 29일자. mk.co.kr/news/economy/10817949(검색일, 2023. 10.21.)

4. 첨단 과학기술을 융합한 K-방산 열풍 고도화

1) 총성 없는 전쟁터

방위산업은 안보와 경제를 뒷받침하는 첨단 국가전략 산업이다. K-방산은 무에서 유를 창조하며 한국 경제의 뉴 엔진으로 새로운 역사를 써 가고 있다.

미국의 원조와 무기체계 완제품 수입에 의존했던 나라가 이제는 최첨단 KF-21 전투기를 만들어 수출하는 수준으로 도약했다. 세계 각국과의 방산협력은 단순히 무기의 수출을 넘어 장비와 부품 공급, 교육 훈련, 공동 연구 개발 분야까지 범위를 확장함으로써 고부가가치를 창출하는 수준으로 고도화되고 있다.

K-방산의 달라진 위상을 상징적으로 보여주는 사례를 소개한다. 세계 최대 방위산업 전시회 'AUSA 2023'이 열린 2023년 10월 9일 미국 워싱턴 DC의 '월터 E. 워싱턴 컨벤션 센터' 앞에서 미국 육군협회가 매년 주최하는 AUSA는 방산업계에선 IT·가전 전시회 'CES'와 같은 위상으로 통한다. 연간 1,000조 원대 국방 예산을 집행하는 미국의 심장부에서 열리는 이 행사에는 미국·독일·영국 등 전 세계 80여 국, 650여 방산 기업에서 온 관계자 3만 명 이상이 참여한다. 방산 기업들이 숨겨온 비장의 신형 무기를 일제히 선보이는 '총성 없는 전쟁터'이기도 하다.

2023년은 장기화한 러시아의 우크라이나 침공에다 개회 직전 발생한 하마스의 이스라엘 공격으로 전례 없는 관심이 쏟아졌다. 러시아와 우크라이나 전쟁으로 촉발된 글로벌 군비 확장 기조와 한국 무기의 우수성이 재조명되면서 'K-방산'의 질주가 지속되고 있다. 이스라엘·하마스 전쟁으로 중동 지역에서 안보 불안이 대두되고 있어 방산 열풍은 지속될 것이다.

6·25전쟁 당시 소총 하나 만들지 못했고 이후에도 미국이 제공하는 군사 원조 장비에 의존했던 한국은 이날 세계 최강 군사 대국 미국에까지 무기를 팔기 위해 행사장 중앙에 230㎡(약 70평) 규모 부스를 차렸다. 이 부스에 많은 글로벌 방산 관계자들이 쉴새 없이 찾았다.

한국 정부는 올해 6대 방산 수출국, 자유 진영으로 치면 미국·프랑스·독일 다음인 4위를 목표로 한다. 무역 순위보다 앞서는 수치다. 한국 방산은 작년 역대 최대인 173억 달러(약 22조 6,800억 원) 수출을 기록했고, 현재 수주 잔액은 100조 원에 달한다.[7]

특히 K-9 자주포는 전 세계 자주포 시장 절반 이상을 차지해 '21세기 베스트셀러'로 꼽힌다. 돌이켜보면 방위산업은 미국의 닉슨 독트린과 베트남 공산화 소용돌이 속에서 자주국방의 일환으로 태동했다. 1970년대 소총·야포 등 기본 무기 제작을 발판 삼아 1980년대엔 독자적인 무기체계 개발에도 본격적으로 나서기 시작했다.

현재 한국국방연구원이 위치한 서울 동대문구 홍릉 지역이 자주국방을 다짐하며 외국에서 몰래 도입한 소총을 비롯한 초보적 무기체계를 연구개발한 곳이다. '홍릉기계공업사'라는 명칭으로 무기 국산화의 집념을 불태웠던 연구원들을 박정희 대통령이 직접 찾아 와 격려하고 중국집에서 짜장면을 사주었다는 일화는 지금까지 심금을 울린다. 이러한 안보 리더십에 힘입어 소

---

7. 조선일보, "한국 경제의 뉴 엔진 3부 – 소총도 못 만들던 나라의 기적", 2023년 11월 08일자, https://www.chosun.com/economy/industry-company/2023/11/08/KMS5D2NQHFFXTCK6FJUR7U6NUA/ (검색일, 2023년 11월 08일).

총도 못 만들어 수입에 의존하던 나라가 세계적 베스트셀러 K9 자주포를 워싱턴 DC에 당당하게 전시하고 미군들이 줄을 지어 둘러보면서 자국산 무기 체계와의 호환성을 질문하는 자랑스러운 방산 강국이 되었다.

핵 무장한 120만 북한군과 맞서야 하는 특수한 안보 환경 영향으로 K방산은 육·해·공 모든 분야에서 급성장했다. 지상군 무기인 장갑차·전차·화포는 국내 독자 개발과 생산가능 수준을 넘어 세계 상위권 수준으로 도약했다.

항공 분야는 1970년대부터 전투기·헬기 기술 이전 생산을 바탕으로 이제는 고등 훈련기(T-50), 한국형 기동 헬기(수리온), 차세대 전투기(KF-21)까지 기술이 올라왔다. 함정 분야도 세계 최고 수준의 조선造船 기술을 바탕으로 국내 자체 건조가 가능하고, 전투 성능을 좌우하는 전투 체계도 꾸준히 확충하고 있다.

K-방산은 첨단과학 기술을 융합하여 글로벌 경쟁력을 확보함으로써 방산 열풍을 이어 나가야 한다. 지·해상 무기체계 수출에 만족 할 수 없다. 미래 전장 환경에서 승리하는 관건은 우주항공 기술과 AI 디지털 기술이다. K-방산은 글로벌 무기 수요에 대응하며 수익성을 증진하고 우주발사체 사업 등 신성장 동력 확보를 위한 고도화 프로젝트를 추진할 필요가 있다.

1990년엔 경제 성장을 바탕으로 첨단 정밀무기 개발과 생산에도 힘을 쏟았다. K1A1 전차와 K9 자주포 등을 개발 생산한 게 대표적이다. 이처럼 꾸준히 기술을 축적한 K-방산은 21세기에 접어들면서 세계적 수준의 무기 체계를 독자적으로 개발하는 단계까지 나아갔다. K2 전차와 K21 장갑차, T-50·FA-50 전투기, 손원일급 잠수함 등 첨단 무기가 자체 개발됐다.

2010년대엔 현무-2 탄도미사일과 현무-3 순항미사일, 한국판 패트리엇 PAC-3인 천궁-Ⅱ 요격미사일, 한국판 고속기동 포병로켓시스템HIMARS인 천무 다연장 로켓 등도 잇따라 실전 배치됐다. 대한민국은 50여 년 만에 K-방산의 기적을 이룬 셈이다. 무기는 국가만 구매할 수 있으며 국가 간 거래도 동맹이냐, 적대국이냐 등에 따라 제한된다. 적어도 10년 이상 꾸준히 개발을 지원해야 하고 최소한의 생산 물량도 보장해야 경쟁력을 유지할 수 있다. 성능 못지않게 '숫자'도 중요하다. 충분한 수량을 적절한 가격으로 생산해 요구되는 시기 내에 각 군에 인도할 수 있어야 한다.

초기의 방산 수출은 피복·장구류나 탄약·소총 등 가격 대비 성능이 우수한 저가 장비 위주였다. 이후 국내 첨단산업 역량이 발전하고 이를 무기체계 개발에 적용하면서 K-방산은 세계 첨단 수준의 강력한 무기체계를 갖추기에 이르렀다.

2) G3 방산 코리아로 도약

국방의 핵심 주력 장비인 전차·자주포·전투기 등은 완전히 다른 얘기다. 정상적인 국력으로 안보 위협에 대응하는 국가라면 가성비만으로 주력 장비를 결정하진 않는다. K-방산은 세계 최고 수준의 성능과 합리적인 가격에 더해 수요에 따라 납기 일정을 맞출 수 있는 생산 능력까지 갖추면서 세계 시장에서의 입지를 급속히 넓혀가고 있다. 가격 경쟁력을 유지하면서도 실질적인 위협에 효과적으로 대처할 수 있는 K-방산의 기초는 과학기술 차원으로 접근하면 한계가 있다.

방산 수출 증가를 지속가능한 추세로 만들기 위해 디지털트윈을 활용한 방위산업 수출 확대 전략을 수립해야 한다. 또한, 도전적인 국방 연구개발을 통해 첨단 무기체계 전력화를 달성하고 이를 방산 수출로 연결하는 국가 먹거리 산업화 전략을 추진해야 한다.

즉, 대한민국 안보를 굳건하게 다지는 첨단전력 건설과 방산 수출 확대의 선순환 구조를 마련해야 한다. 특히, 첨단 무기체계에 도입되는 경제적·안보적 중요도가 높은 첨단 과학기술에 대한 도전적 국방 연구개발만이 대한민국이 과학기술 5대 강국으로 도약하는 데 기여할 것이다.

한국은 과학기술 G5 도약을 넘어 G3까지 달성할 수 있다. 국제정세의 급격한 변화와 반도체·통신 등 국가 전략기술 중심의 기술 패권 경쟁 속에서 방위산업의 중요성 증대에 대한 국민적 공감대가 형성되어 있다. 더구나 중국의 반도체 소재의 수출통제, 미국의 중국 견제를 위한 다양한 조치 등을 감안 할 때 대한민국의 자체 역량에 의한 방위산업 고도화 전략을 구사해야 한다. 역대 최고 실적의 방산 수출 성과의 지속 및 4대 방산 선도국 도약을 위해 첨단 과학기술을 도입한 무기체계 확보방안 마련이 절실하다.

그리고 방산 분야에 종사하는 국방 과학기술 인력의 애국적 헌신과 남모르는 애환을 인정해 주는 리더십이 절실하다. 국가지도자가 무기체계 개발에 헌신하는 과학기술자들과 허심탄회하게 소통하며 막걸리를 나누는 가슴 찡한 스토리텔링이 그렇게 어려운 것인가? K-방산 현장에서는 박정희 대통령의 안보 리더십에 갈증을 호소한다.

이러한 무기개발 정신을 이어받은 듯한 감동적인 사연이 언론을 통해 알려져 훈훈함을 넘어 K-방산의 열풍에 힘을 보태고 있다.[8]

1970년 국방과학연구소(국과연) 창립 당시 직원으로 일했던 강춘강(80) 여사가 100만달러(약 13억원) 상당의 유산을 연구소에 기부하기로 했다. 국과연은 지난 7일 미국 펜실베이니아주 필라델피아에 거주 중인 강 여사를 초청해 기부 약정서 전달식을 열었다고 밝혔다. 국방 연구 분야에 꾸준히 관심을 가졌던 강 여사는 폴란드 방산 수출을 계기로 국과연에 유산을 기부하기로 했고, 올 8월 박종승 국과연 소장에게 유산을 기부하겠다는 뜻을 담은 편지

---

8. 조선일보, "K방산 위해 100만 달러 써달라" 美서 날아온 편지, 2023년 11월 9일자.
   https://www.chosun.com/politics/diplomacy-defense/2023/11/08/FHOU5PGB7ZGB
   PPJJOY2ELP66GQ/

를 보냈다. 강 여사는 기부 약정서 전달식에서 "퇴직자로서 대한민국 안보
를 위해 노력하는 과학기술자들에게 감사한다"고 소회를 밝혔다. 그는 "북
한의 핵·미사일 위협에 대비하려면 국과연의 국방 연구·개발이 중요하다
고 늘 생각해 나중에 받게 될 개인연금 전액을 기부하겠다고 결심했다"고
했다.

K-방산이 미국에 의존하는 수입국의 위상을 벗어나 2023년을 기점으로
'글로벌 빅4' 수출국가로 위상이 격상되어 국운융성의 중추산업으로 탈바꿈
한 것이다. 이러한 연장선에서 2023년 10월에 개최된 '서울 ADEX 2023'은
세계 항공우주 및 방위산업의 현재와 미래를 한눈에 볼 수 있는 동북아 최대
규모의 에어쇼이자 방산 전시회로 확고한 위상을 확보했다. 서울 ADEX는
국내 항공우주와 방위산업 생산제품의 수출 기회 확대와 선진 해외업체와의
기술교류를 위해 매 홀수년 10월에 개최되고 있다.

2023년에는 역대 최대 규모인 35국에서 550개 업체가 참가했다. 2022년
에 173억 달러 수출로 사상 최대를 기록했던 K-방산의 수출 호조와 우주/
AAM(미래 항공 모빌리티) 산업을 대한민국이 선도하기 시작한 표상 역할을 한다.
서울 ADEX 2023은 세계 4대 방산 수출국 진입을 위한 도약대 마련, 미래를
주도하는 우주산업과 AAM 등 신기술 확산 기회 제공, 국민의 참여 확대를
통한 안보 의식 고취 등을 중점 추진사항으로 하고 있는 게 특징이다. 이를
통해 대한민국은 4차 산업 혁명 기술을 접목한 글로벌 방산분야 과학기술 혁
신의 선도국가로 인정받고 있다.

5. 한국경제 위기 극복 프로젝트

1) 4차산업혁명의 트렌드 선도

한국경제의 위기를 극복할 돌파구는 4차산업혁명의 트렌드를 선도하여 AI, 바이오헬스, 우주항공 등 신시장을 창출하여 글로벌 중심국가로 도약하는 곳에 있다. 2019년 촉발된 코로나 팬데믹 발생 경험이 바이오헬스에 대한 관심을 증폭시켜서 국가핵심 전략 산업으로 발전이 추동되었다.

코로나 종식 이후 세계경제가 활성화될 것으로 기대를 모았지만, 우크라이나−러시아 전쟁에 이스라엘−팔레스타인 전쟁까지 중첩되는 악재를 만났다.

세계 경제가 미·중 갈등과 전쟁으로 글로벌 공급망이 악화되는 와중에 국내적으로 정치 포퓰리즘의 여파가 경제로 밀려 닥쳐서 저성장 위기를 가속화시켰다.

대한민국 경제는 규모에 비해 초고령화사회로 진입함에 따라 역동성을 잃어가고 있다. 중국의 추격은 속도를 더하고 일본과의 격차는 도로 벌어지고 있으나 새로운 성장 동력도 잘 보이지 않는다. 따라서 단순히 기존 산업 현장의 인력감축, 자산매각을 통한 몸집 줄이기가 아닌 국가 전략적으로 핵심 산업을 재설정하고 고부가가치 산업으로 재편하는 구조조정이 필요하다.

'소득주도 성장'이라는 인기영합적 논리는 경제의 근간을 망치는 술수에 불과하다는 것을 국민들이 깨달아야 한다. 정치논리가 경제원리를 압살하면 국가의 운명에 타격을 준다.

4차산업혁명이 본격화될수록 최첨단 과학기술의 파급력은 상상을 초월하는 변화의 바람을 몰고 온다. 21세기 중반으로 진입할수록 변화의 속도와 폭이 걷잡을 수 없는 수준이 될 것이며, 바이오, 우주항공, 양자컴퓨터, 인공지능, 로봇, 자율주행 등 신산업 분야의 글로벌 주도권 경쟁은 더욱 치열해진다.

따라서 대한민국이 글로벌 중심국가로 도약하기 위해서는 '국가핵심 전략산업'을 글로벌 트렌드에 맞도록 육성해 나가야 한다. 예를 들어, 바이오헬스 산업은 인공지능 기술과 융합이 가속화되면서 고도화, 분업화, 친환경 방향으로 급속히 발전하고 있다. 바이오헬스는 제2의 반도체 산업처럼 국가의 핵심 전략 산업으로 육성하고, 규제 혁신을 해야한다. 이러한 맥락에서 2023년 10월 출범한 국무총리 주관의 '바이오헬스혁신위원회'의 역할이 주목을 받는다.

대한민국이 반도체 분야에서 대만과 함께 세계적 선도 그룹에 속해 있으나 미국·중국·일본의 대규모 신규투자로 경쟁이 치열하다. 대만이나 중국에 이어 미국과 일본까지 경쟁대열에 동참하는 구조가 되고 있으며 시스템 반도체 개발을 선도하여 주력제품의 경쟁력을 향상시키고, 선진국과 경쟁하는 시스템 반도체 강국이 되어야 한다.

특히, 공정과 소재 분야 혁신기술 개발로 메모리 반도체 기술혁신을 이끌어 온 한국의 세계 메모리 반도체 산업 1위국 지위는, 중국의 추격을 따돌리고 계속 선도적 위치를 점유해야 한다.

경제는 국민의 삶의 수준과 직결되며 국가 위상과 안보에 결정적 영향을 준다. 우리의 반도체 산업은 2022년 기준 총 수출의 19.3%를 점유할 정도로 경제의 핵심 산업이고 동시에 중국에 맞선 전략적 무기가 될 수 있다.

반도체산업은 통상 4~5년 단위로 호황·불황을 반복한다. 반도체의 호황이 언제까지 지속될 것인가이다. 한국산업의 반도체 의존이 과도한 만큼 호황이 꺼졌을 때 실적이 급격히 하락할 수밖에 없기 때문이다. 자칫 잘못하면 앞으로 본격화될 4차산업혁명 시대에 반도체 기술과 시장을 잃을 가능성도 있다. 반도체산업은 물론 제조업 전체의 세계 주도 국가의 위상을 계속 지키기 위해서 업계는 물론 정부의 전폭적인 지원이 필요하다.

양자컴퓨터는 더 나눌 수 없는 에너지 최소량 단위인 양자quantum가 중첩되고 얽히는 현상을 이용한 컴퓨터다. 기존의 디지털컴퓨터의 한계를 뛰어넘는 엄청난 컴퓨팅 파워를 지녀서 '꿈의 컴퓨터'로 불린다. 현재의 컴퓨터는 전기 신호로 1과 0이라는 두 가지를 사용해 연산을 수행한다. 하지만 양자컴퓨터는 동시에 여러 상태를 나타낼 수 있는 양자비트quantum bit나 큐비트qubit라는 정보처리 단위를 사용해 연산을 수행한다. 양자컴퓨터나 양자인터넷, 양자라우터 등이 상용화되면 한곳에서 무한한 정보를 다른 곳으로 순식간에 이동시킬 수 있게 되어 인터넷 3.0의 시대가 열린다.

슈퍼컴퓨터가 1만 년 걸리는 연산을 3분에 처리하는 시대로 진입하게 된다. 양자컴퓨터의 놀라운 성능에도 불구하고 영하 273.15도에서 작동되어야 하는 딜레마에 직면해 있다. 이러한 최첨단 과학기술 분야는 다양한 도전을 극복해 나갈 창의적 인재양성과 병행되어야 발전한다.

2) 한국경제 구조개혁과 혁신의 시급성

21세기 세계경제는 4차산업혁명으로 거대한 분기점을 지나고 있다. 중차대한 전환기에 한국경제는 경제개발계획이 시작된 1960년대부터 60년간 세계 경제의 모범생으로 칭송받았지만, 열등생으로 추락할 수 있다는 위기감이 고조되고 있다.

세계 최빈국이었던 한국경제는 1961년부터 1990년까지 30년간 연평균 10%가량의 고도성장을 했다. 외환 위기를 겪었던 1990년대에도 연평균 7%대의 성장률로 OECD 평균(2.78%)을 압도했다. 하지만 2001~2010년과 2011~2020년 경제성장률은 각각 4%대와 2%대로 주저앉았고, 급기야 2021년부터 3년 연속으로 선진국 평균에 미달하는 저성장의 늪에 빠진 듯한 위기 조짐이 나타나고 있다.

개혁reform이란 제도나 기구 따위를 새롭게 뜯어고치는 것으로 구조의 변화를 의미한다. 또한, 유사한 개념으로 혁신innovation이란 조직, 관습 등을 바꾸어서 새롭게 한다는 뜻으로 질의 변화를 의미한다.

우리나라 경제 전문가들은 우리 경제가 중대한 변화에 직면해 있으며, 속히 대응하지 않으면 큰 위기를 겪을 것으로 보고 있다. 경제 정책 및 발전전략 면에서 대외경제의존, 국제경쟁력의 약화, 외채의 부담 및 경제적 불안 등이 문제가 되고 있다.

정부가 혁신 성장과 관련해 규제 개혁을 국정 주요 과제로 오랫동안 추진했지만, 기업개혁 및 혁신은 제대로 이루어지지 않고 있는 데다 노동개혁조차 지지부진하다.

국제통화기금IMF에서는 '한국은 2030년에는 0%대 성장의 저성장 진입시대를 맞이할 것'으로 예측하면서, 3% 성장에 만족하지 말고 구조개혁에 적극적으로 나서라고 조언하고 있다. 아직도 각종 규제가 너무 많아 기업인들의 애로사항이 많다.

국회는 IMF의 한국 경제에 대한 경고를 겸허하게 받아들여 혁신주도 성장을 기반으로 소득주도 성장과 공정 경제가 이루어지도록 해야 할 것이다. 먼저 '되는 게 없는' 이 나라를 '안 되는 게 없는 나라'로 만들어야 혁신 성장이 가능하다. 능력과 열정만 있으면 누구라도 해 볼 수 있게 해야 한다. 역대모든 정부가 모두 실패한 혁신 성장과 신성장 동력 창출의 두 날개를 튼튼히 하여 경제 위기 극복은 물론, 선진국으로 도약할 수 있는 정부가 되어야 할 것이다. 나라가 흥하는 데는 수십 년의 축적이 필요하지만 주저앉는 데는 오래 걸리지 않는다.

우리 경제는 지도자의 전략 부재로 98년 IMF 위기를 초래한 아픈 경험을 갖고 있다. 최근 우리나라는 민생은 물론 대북정책을 위해서도 경제 활성화가 너무나 중요한 상황이다.

급변하고 있는 글로벌 지정학에 따라 미래 산업 지형이 변화하면서 한국의 생존이 위태로워질 수 있다는 경고가 나왔다. 생존을 위해서는 국가 차원의 산업 전략을 세워 인공지능AI과 미래 모빌리티, 바이오 의료 등 7개 미래 산업 분야에서 대체불가능한 경쟁력을 확보해야 한다.

공학기술 석학 단체인 한국공학한림원은 2023년 11월 14일 'IS4T(미래를 위한 산업 전략) 2023 포럼'을 열고 2040년 다가올 글로벌 미래 시나리오를 예측하고 한국의 대응 전략을 공유했다. 한림원은 국가 산업의 미래 경쟁력을 강화하기 위해 지난 2018년부터 산업미래전략위원회를 발족해 연구해 왔다. 지난 6월에는 100여 명의 한림원 회원과 함께 국가 산업 경쟁력을 끌어 올릴 7가지 미래 핵심 산업으로 '초인공지능', '에너지·환경', '미래 모빌리티', '바이오 의료', '제조·농업', '정보통신기술ICT 생태계', '생활 인프라'를 선정했다.

김기남 한국공학한림원 회장은 개회사에서 "불확실한 글로벌 복합 위기에 선제적으로 대처하기 위해서는 집중할 핵심 영역 선정과 정부와 기업 같은 관련 주체 간의 연결과 협력이 매우 중요하다."라고 했다.

장석권 한림원 산업미래전략위원장(한양대 명예교수)은 첫 발표자로 나서 "미래기술과 지정학 향방에 따라 미래 세상을 주도할 세력이나 부의 비중이 달라질 것"이라고 했다. 그는 미국과 중국 등 세력 구도의 움직임과 기술 개발 방향에 따른 4가지 미래 지정학 시나리오를 제시했다. "미래 세상의 무게 중심에 최대한 한국을 가까이 놓아야 하며 이때 필요한 것이 '대체불가성'"이라며 "정치적 패권과 경제적 파워를 동시에 확보하기 위해 필수적으로 갖춰야 할 조건"이라고 했다.

이날 포럼에서는 미래 핵심 산업별로 주요 기업 임원들이 구체적인 추진 전략을 발표했다. 초인공지능 연사로 나선 배경훈 LG AI연구원 원장은 "한국은 강점을 가진 제조, 바이오, 문화예술, 로봇, 반도체 AI 영역에서 대체불가한 영역을 만드는 데 집중해야 한다."라고 했다.

에너지 분야 성장 전략을 분석한 장혁 삼성SDI 부사장은 "1분 충전 전기차, 24시간 일하는 휴머노이드 등을 위해서는 리튬이온배터리 성능 한계를 극복하는 전고체 배터리, 리튬에어 배터리, 퀀텀 배터리 등 차세대 배터리를 개발해야 한다."라면서 "배터리 분야에서 대체불가 역량을 갖기 위해 국가 차원의 배터리 융합 센터를 구축할 필요가 있다"라고 했다.

정부는 필요한 부분이 있다면 과감하게 규제를 풀고 기업가 정신을 고취시키는 등 시장에 활력을 불어넣는 선견지명의 전략과 정책을 적극적으로 펼쳐야 할 것이다. 이와 같은 역사의 가르침에서 깨닫고 선견지명의 전략과 정책을 강구해야 할 것이다.

3) 중소 · 벤처기업 및 중견기업의 경쟁력 강화

우리나라는 중소기업이 90여 퍼센트에 달하고 그중의 47%가 대기업협력업체로서, 이들은 매출액의 85%를 대기업에 납품하고 있다. 우리경제의 초일류 강국화를 이루기 위해서는 대기업 의존에서 벗어난 대·중소기업 간 동반성장이 필수적이다. 국내 벤처기업에서 일하는 근로자 수가 삼성 등 6대 대기업 그룹의 전체 직원 수와 대등할 정도로 많아졌다. 지난 3~4년 동안 주요 대기업들의 직원 수는 소폭 감소한 반면, 벤처기업들은 꾸준히 직원 채용(76만 명)을 늘리며 고용 시장의 큰손으로 등장하고 있다.

그러나 우리나라 중소기업의 경쟁력은 선진국에 비해 미약하다. 특히 대한민국의 중소기업에 필요한 창의력과 기업가 정신은 사라져가고 있다. 능력 있는 젊은이들이 도전정신을 잃어가고, 사회적으로는 반反기업 정서가 팽배해 있다. 또한 기업에 대해 잘 알지 못하는 지도층이 기업 활동에 지나치게 간섭함으로써 기업가 정신을 가로막고 있다.

반면 선진국 중소기업들은 기업가 정신, 적절한 지원 및 규제로 중소기업이 사회의 중추역할을 담당하고 있다. 독일, 일본, 스위스, 이스라엘 등 선진 중소기업은 자생력이 강하여 수출비중이 꾸준히 증가하고 있으며, 높은 기술력, 산학연 산업클러스터 조성 등으로 건강한 기업생태계를 조성하여 부국강병의 중심역할을 하고 있다.

정부는 중소기업의 특성을 파악하여 다음 사항을 중심으로 중소기업생태계를 건전하게 육성하며 관리를 철저히 하여야 한다.

- 중소기업 지원 제도 통폐합 및 지원정책의 합리적 평가와 효율화
- 중소기업의 상시적 혁신이 이루어지고, 중소기업 간 또는 중소기업-대기업 간 M&A가 활성화되어 기업생태계의 활력 제고
- 미래가치, 기술력에 근거한 자금지원 및 성과연동형 중소기업지원 확산
- 부처별로 복잡다기한 중소기업 지원 제도를 재정비하여 지원정책 효율성 강화
- 정량적 평가에서 벗어나 기업의 미래가치와 기술력 평가를 위한 금융기관 공조 신용평가 시스템 구축
- 성장 의지가 없는 한계 중소기업 지원보다는 수출, 고용, 투자 등에서 성과를 낸 기업에 자금지원을 확대
- 중소기업 취업자에 대한 세제혜택, 주택·출산·육아 등 실생활에 도움이 되는 지원책 마련
- 유망한 중소기업의 마케팅으로 고급 청년인력 유치 지원청년들은 중소기업의 근무 여건이 좋지 않다는 이유로 기피하고 있는 실정(중소제조업 인

력부족률 2.51%(대기업 1.7%))이다.

근무여건 개선, 행복한 일 터 만들기, 선취업·후학업 여건 조성, 클린 사업장 확대 등 작업환경개선으로 일할 맛 나는 직장으로 변화시켜야 할 것이다. 경쟁력을 높이고 성장하고자 노력하는 중소기업이 더 많은 지원과 혜택을 받아 강한 중소기업이 중견기업, 대기업으로 성장하도록 하며, 필요시 문제업체는 삼진아웃 제도를 도입하여 부조리와 부정부패는 강력하게 조치하여 근절시켜야 한다.

대기업이 협력업체들 중 우수 중소기업을 해외 글로벌 기업에추천하여 중소기업의 수출시장 개척을 지원하는 등 세계화 및 국제경쟁력 강화에 역량을 집중할 필요가 있다. 또한 대기업과의 공동브랜드를 통해 글로벌화 과정에서 겪는 낮은 브랜드 인지도 문제를 해결하고 중소기업의 브랜드 파워를 키워 시장지배력을 강화하여야 할 것이다.

모든 중소기업이 끊임없는 자구 노력으로 경영의 투명성을 높이고 적극적인 R&D 투자로 원천기술을 개발하여 적극적인 해외시장 개척을 통한 수출역량의 강화가 요구된다. 세계적인 경쟁력을 갖춘 중소기업을 육성하고, 이를 통해 우리 경제의 초일류 강국화를 이루기 위해서는 중소기업이 든든한 뿌리 역할을 하도록 중소기업 활성화 정책을 강화시켜야겠다.

중견기업의 경쟁력 강화가 절실하다. 우리나라 중견기업은 2021년 기준으로 수출의 18.2%, 고용의 7.5% 담당했다. 혁신을 주도하고 양질의 일자리를 창출하는 등 경제의 견인차 역할을 해왔다. 최근 중견련에서는 중견련 패싱현상에 대해 우려하면서 정부·여당에 "중견기업의 목소리에 귀를 기울여 달라."라고 호소하고 나섰다. 정부 여당은 전체 기업의 0.076%(5,480개, 2021년 기준)에 불과한 중견기업이 크게 중요치 않다고 생각하고 있는지도 모른다. 하지만 국내 중견기업이 산업과 경제에서 차지하는 역할과 비중은 결코 작지 않다. 중견기업의 연평균 고용 증가율은 12.7%로 전체 기업(3.4%)의

약 4배나 된다. 상대적으로 양질의 일자리를 창출하는 중견기업이 늘어날수록 소득 양극화도 완화될 수 있다. 세계 경제의 불확실성이 커질수록 기업 생태계의 '성장 사다리'인 중견기업이 곳곳에서 나와야 우리 경제의 안정적인 성장도 가능할 뿐만 아니라 대기업으로 성장할 수 있다.

그럼에도 한국에서 중견기업은 '찬밥 신세'다. 중견기업이 되는 순간, 70여 개 새 규제가 기업을 옭아맨다. 규모 키우기를 꺼리는 '피터팬 신드롬'이 극성을 부릴 수밖에 없다. '히든 챔피언' 탄생을 기대하는 것은 더 어렵다.[9]

9. http://news.hankyung.com/article/2018012253611

6. 21세기 코리아 산업혁명 대전환

1) 경제혁명의 결기 긴요

세계 일류선진국이 된 나라의 역사를 살펴보면, 수많은 위기를 기회로 바꾸고 끊임없는 혁신과 개혁의 과정이 지속되었다. 선진국 도약을 위해 오직 국가발전과 부국강병을 위해 국민들이 고난과 역경을 감내하며 헌신하는 과정을 거쳤다. 미국(뉴프론티어), 영국(산업혁명), 스페인(아메리카 대륙 발견), 일본(메이지 유신) 등 나라마다 혁명의 과정을 거쳐 튼튼한 선진국가의 기반을 구축하였고 국가자본을 형성하였다. 안타깝게도 대한민국은 내부의 갈등과 싸움으로 국력을 소진하여 고난의 역사를 이어왔다.

대한민국은 물려받은 민족 자본도 없는 데다 부존자원도 거의 없다. 우리가 가진 것은 한민족의 혼과 절대정신, 인적 자원이 전략자산이라고 할 수 있다. 다행히도 세계 제일의 IQ와 역동성을 가지고 있어 전 국민이 뭉치면 무엇이든지 할 수 있는 저력과 능력을 갖추고 있다. 그러나 우리는 당쟁, 진영 싸움 등 성城안의 집안싸움에 매몰되고 선진국 도약의 골든타임을 놓쳐 한국경제는 위기에 직면하고 있다. 경제가 무너지면 한반도 평화번영은 어려워지고 공허한 메아리에 그친다. 따라서 정치인 등 국가지도자들은 대내적으로는 경제발전과 더불어 국민들을 화합과 통합으로 이끌고 대외적으로는 국익 우선주의의 외교안보에 전력을 다해야 한다.

우리 경제는 지금 경쟁력 강화를 위한 경제 혁신을 강력하게 이끌어나가야 한다. 현대는 경제가 안보이고 경제가 민생이므로 경제 문제는 국가적 사활의 문제라는 것을 명심하고 부국강병의 나라가 되어야한다.

따라서 범국가적인 경제위기가 반드시 기회가 되도록 해야 한다. 우리나라 5천 년 역사 이래 경제와 안보는 위기가 아닌 적이 거의 없었다. 그러나 광개토태왕, 문무대왕, 세종대왕, 정조 등 위대한 리더들은 역사적 위기에서도 르네상스 시대를 열었다. 후손들에게 우리는 부끄러운 가난한 나라를 남긴 조상으로 기억될 것인가? 아니면 초일류 강국으로 도약한 자랑스러운 조상으로 기억될 것인가? 자랑스러운 조상, 위대한 대한민국을 건설하려면 세계 경제사의 교훈을 통해 강점은 살리고 약점은 사전 보완하면서 끊임없이 혁신, 개혁하는 등 경제혁명이 반드시 이루어져야 한다.

경제가 무너지면 그 결과가 비참하다는 것은 역사적인 반면교사이다. 온 국민이 일치단결하여 경제위기를 경제혁명으로 극복하는 정신과 결기가 필요한 시대이다. 경제침체, 노사갈등, 글로벌 경쟁력 약화, 중국의 견제 등 한국경제가 풀어나갈 문제가 산재해 있다.

민생이 해결 안 되면 사람 중심의 경제가 아니다. 소득주도 성장론에 입각하여 공무원 신규채용, 근로시간 단축, 비정규직의 정규직 전환, 최저임금 인상 등이 추진되었던 모순이 드러나 경제침체를 가중시키고 있다. 소득주도 성장은 마차가 말을 이끈다는 억지논리다. 경제는 살아있는 유기체로서 단편적인 경제정책이 아니라 종합적인 정책 운용이 필요하다.

기존의 주요 산업은 고도화하는 한편, 신성장 산업을 개척해야 한다. 사전 예측 예방에 의한 유효한 정책을 실행하지 않으면 더욱 경제는 더욱 악화될 수 있다. 경제를 살려야 민생도 살고 한반도 번영 평화정책도 실현할 수 있다. 대한민국 경제분야 공직사회 전체를 충무공 정신으로 승화시켜 제2 한강의 기적을 이뤄야 한다. 바로 지금이야말로 진정한 애국심과 사명감을 갖고 경제 도약으로 나서야 할 때이다.

2) 저성장률 시대의 발전 전략 추진

우리나라가 초일류 강국으로 도약하고 자유민주주의를 발전시키기 위해서는 반드시 경제 발전을 이룩해야 한다. 경제 발전은 개인적인 차원에서는 국민 각자가 생활하는 데 없어서는 안 될 물질적 기초를 제공해 줌으로써 모든 사람에게 인간적 삶의 조건을 마련해 주고, 국가적 차원에서는 국력 신장과 군사력 증강의 핵심적 요소가 되는 것이다. 또한 김세직 서울대 경제학부 교수는 한국경제는 1990년대 중반 이후 지난 20년 동안 5년마다 평균 1%씩 규칙적으로 장기성장률이 하락했으며 궁극적으로는 0%대로 추락할 수도 있다고 경고했다.

지금 성장과 관련한 최대 과제는 경기회복이다. 경기 순환적 요인에따라 불황에서 하루빨리 벗어나야 한다. 일자리 창출, 양극화 해소, 중소 및 벤처기업 육성, 중견기업 육성, 4차산업혁명 대비, 관광산업 활성화 등 효과적인 대책을 강력히 추진해야 한다.

서울대 한종훈 교수는 2015년 서울대 공대 동료 교수 25명과 함께 집필한 『축적의 시간』에서 다음과 같이 지적한다.

> "선진국을 따라가는 데 급급했던 한국 제조업이 막다른 골목에 몰렸다. 최근 반도체와 석유화학 같은 제조업이 사상 최대 호황을 누리는 것은 20~30년간 혁신과 노력이 축적蓄積된 과거의 결실이다. 그런데 현재 우리 사회에는 미래를 내다보는 축적이 없다."

요즘 전 세계 기업의 평균 수명은 약 13년 정도이고, 기업의 80%가 30년을 지속하지 못한다고 한다. 세계 100대 기업 생존율은 고작 38%에 불과하다는 통계도 있다. 한국은 더 열악하다. 30대 기업 중 최근 5년간 제조기업 4곳이 순위에서 사라졌다. 국내 신생기업의 5년 생존율은 27%로 해외 주요

5개국 평균(42%)의 3분의 2 수준에 불과했다. 최근 세계 재정위기에서 보듯이 개별 국가의 경제위기가 다른 국가로 빠르게 전이되면서 글로벌 경제의 변동성은 더욱 심각해지고 있다. 또한 기후변화와 에너지 위기, 4차산업혁명과 초연결 등 미래 트렌드의 불확실성과 이에 대한 선제적 대비책 강구가 긴요한 시대이다.

우리나라는 이제 '패스트 팔로워fast follower(빠른 추격자)'에서 '퍼스트 무버first mover(선도자)'로 전략을 바꿔야 한다. 역사적으로 보면 우파 정부는 성장 정책을, 좌파 정부는 분배 정책을 주로 써왔다. 하지만 우리나라는 내우외환의 위기를 극복하고 경제성장의 기회로 만들기 위해서는 좌우 가리지 말고 강점은 더욱 살리고 약점은 보완하는 등 우파정책과 좌파정책의 장점들을 융합, 연결하여야 한다.

정부는 미래 경제에 대해 저성장 시대 진입 또는 성장 속도가 느릴 것이라는 데 베팅해서는 안 된다. 경제 성장의 주요 요인이 노동력과 자본투입 증가와 함께, 주어진 투입량 대비 산출량을 전보다 늘려주는 생산성 향상이라는 데 관점을 두고 효과적인 정책 및 전략을 적극 추진해야 할 것이다.

제28장

세계 산업혁명 견인을 위한 2035 부산엑스포 재도전

1. 역대 엑스포 개최국가, 초일류 강대국으로 발전

우리의 2030 세계박람회 부산 유치는 실패로 돌아갔다. 박빙을 점쳤으나 예상외의 큰 차이로 실패하면서 부산시민은 물론 모든 국민이 상실감을 느꼈다. 세계 3대 메가 이벤트(월드컵, 올림픽, 세계박람회)를 모두 개최한 일곱 번째 나라가 되겠다는 꿈도 잠시 접어야겠지만 우리는 예서 멈출 수 없다. 박형준 부산시장도 "2035 세계박람회 도전을 합리적으로 검토하겠다."라고 밝혔다.

2035 세계박람회 부산 개최는 코리아 산업혁명의 견인차가 될 것이다. 부산이 압축성장을 이뤄내고, 나아가 대한민국이 글로벌 중추국가로 도약할 수 있는 계기가 된다. 70조 원 이상의 경제효과는 물론 부산은 세계가 주목하는 도시로 우뚝 설 것이다.

많은 국가가 엑스포를 개최하려는 이유는 크게 세 가지로 볼 수 있다.

첫째, 국가 브랜드를 향상하기 위해서다. 엑스포 부지 개발을 위해 각종 인프라를 구축하고 교통망을 확충하는 등 장기적으로 국가경제가 활성화되고 일자리 창출까지 동시에 이끌 수 있다. 따라서 국제사회에서의 위상이 높아지는 것은 물론 다양한 국제 교류 및 국제 교역의 촉진을 기대할 수 있다.

둘째, 엑스포는 도시 재창조의 시작점이 되기 때문이다. 각종 사회간접자본을 확보해 지역경제를 활성화시키고 관광 촉진 및 지역주민의 의식수준 향상 등 다양한 부문에서 도시개발 촉진에 긍정적인 효과를 가져온다.

셋째, 엑스포 개최를 통해 정보통신기술ICT 및 제조업 기술 발전상을 세계에 널리 알리고, 메타버스, 인공지능AI, 블록체인 등 차세대 기술을 한국 기업이 선도해 나가는 무형의 경제효과도 기대한다.

국내적으로는 부산엑스포 개최가 수도권 집중 문제와 이에 따른 사회·경제적 문제를 해결하기 위한 촉매제가 될 수 있다는 전망도 나온다. 부산을 중심으로 한 '부산·울산·경남 경제 동맹' 논의가 엑스포를 계기로 추동력을 얻는다면 부산을 중심으로 남부권 발전축이 공고해질 수 있다.

18세기 산업혁명으로 강대국이 된 영국은 국력을 전 세계에 과시하고 싶었다. 1851년 5월부터 10월까지 개최되었던 런던 세계박람회는 이렇게 탄생했고 여러 의미가 있었다.

첫째, 최신 기술과 산업 제품이 세계 최초로 한자리에 모였다. 당시 선진 32개국에서 출품된 기관차 등 10만여 개의 전시품을 무려 600만여 명의 사람이 관람했다.

둘째, 다른 국가의 문화를 이해하고 교류하는 장으로서 미래 박람회의 길을 열고 영감을 줬다. 또 국제 자유무역과 협력을 촉진하면서 세계 무역기구 창설의 마중물이 됐다.

셋째, 전시회 공간으로 사용된 수정궁Crystal Palace은 디자인, 건축공학 및 엔진니어링기술 개념을 탄생시켰다. 마지막으로 영국 국민에게 통합, 애국심 및 자긍심을 심어줬다.

이후 유럽과 미국과의 박람회 개최 경쟁이 시작됐다. 프랑스 파리는 런던에 이어 1855년 두 번째 세계박람회를 개최한 후 11년마다 1900년도까지 총 5번의 박람회를 개최하는 박람회 마니아 국가였다. 프랑스 혁명 100주년을 기념해서 열렸던 1889년 파리박람회는 에펠탑을 박람회 입구로 사용했다. 이 박람회는 무려 2,800만여 명이 관람했고 에펠탑은 세계건축사의 획기적 건물로 평가됐다.

20세기에 들어 미국은 1904년 세인트루이스에 이어 1939년 뉴욕까지 네 차례의 박람회를 개최하면서 박람회의 흐름을 주도했다. 1차 국가위기 중에 열렸던 1915년 샌프란시스코 박람회는 에디슨의 장거리 전화 시연이 있었다.

포드사는 박람회장에서 자동차 T모델을 직접 생산했다. 1939년의 뉴욕 박람회는 세계 최초로 텔레비전으로 개막식을 중계했고 아인슈타인은 우주 광선에 대해서 연설했다.

박람회 개최를 희망하는 국가들이 늘어나면서 이를 조정하기 위해 1928년 세계박람회기구BIE가 설립됐다. 이후부터는 이 기구에서 박람회 주최국과 시기를 결정했다. 박람회는 5년에 한 번씩 열리는 등록박람회와 인정박람회로 나뉜다. 인정박람회는 등록박람회 사이 기간에 한 번씩 열리는 중규모 전문박람회다.

아시아 최초의 등록 세계박람회는 1970년 일본 오사카에서 개최됐다. 2차 국가위기의 패전국으로부터 25년 만에 이룩한 경제 대국의 위상에 걸맞게 박람회 역사상 가장 많은 6,400만여 명이 관람했다. 필자가 관람한 2010년 중국 상하이 박람회는 '잠에서 깬 용'의 포효를 알리면서 G2의 부상을 과시했다. 190개국 참가와 7,300만여 명의 관람객 유치로 세계 최대 규모의 박람회로 기록됐다.

중동 최초의 박람회는 2021년 아랍에미리트 두바이에서 열렸다. 코로나19 팬데믹으로 '2020 두바이엑스포'의 명칭은 유지한 채 박람회는 1년이 연기돼 열렸다. 1970년에 이어 일본에서 두 번째 열리는 2025년 엑스포는 같은 도시인 오사카다. 명칭은 간사이 연합을 상징하는 오사카·간사이 박람회다.

일본의 오사카와 중국의 상하이가 박람회의 성공적인 개최를 통해 세계적인 도시로 발돋움한 것처럼 2035 부산 세계박람회도 국가 위상 제고는 물론 세계 산업혁명을 견인할 것으로 믿는다.

2. 세계의 등불
G3 코리아 도약의 트리거

　세계박람회가 지향하는 이념은 '인류 공동의 번영과 평화 공존'이다. 한국의 근대 발전사가 실천해 온 길이다. 대한민국은 조선 자동차 반도체 가전제품 스마트폰 등 인류 공동의 번영을 위한 첨단기술제품 선도국가다. 부산은 공산주의의 침략으로부터 민주와 자유를 수호하면서 인류 평화를 지켜낸 세계 유일의 도시다. 따라서 대한민국 부산은 2035 세계박람회의 최적지다.

　세계박람회기구BIE 실사단은 국가와 시민의 관심과 참여를 중요하게 본다. 많은 기업과 시민이 성금을 내고 자비로 BIE회원국을 찾아가 설득하는 국민은 한국인밖에 없다. 세계인을 놀라게 했던 1997년 외환위기 때의 '금 모으기' 운동과 같은 나라 사랑 열정이 재연될 것이다.

　엑스포는 다양한 국가와 문화가 한자리에서 만나고 소통할 수 있는 소중한 기회였고, 강대국으로 성장하는 디딤돌 역할을 해 왔다. 2035부산엑스포의 유치는 국제사회 간의 유대감과 협력을 높여주며, 문화 교류와 경제 발전에 획기적 전기가 될 것이다. 이는 국가 간 갈등 해소와 지속 가능한 발전에까지 크게 기여할 것으로 기대된다.

　혁신과 미래 기술의 전시 및 공유는 주최국의 위상을 획기적으로 격상시킬 뿐 아니라, 21세기를 주도할 산업발전과 경제성장을 도모하며 새로운 아이디어를 공유함으로써 더 나은 미래를 상상할 수 있는 계기가 될 것이다.

　또한, 엑스포를 통해 세계인들이 대한민국의 역사와 문화를 경험하고 이해할 수 있는 기회를 제공한다. 부산 엑스포가 실현되면 다양한 문화와 인종이 대한민국을 찾아와서 만나거나 인터넷을 통해 미래산업 발전에 대한 모델을 보여줄 수 있을 것이다. 이는 문화적 갈등을 해소하고 서로 다른 배경을 가진 사람들 간의 이해를 촉진시킬 것이다. 세계 역사와 정신문화를 바탕으로 코리아가 강대국의 반열에 오르는 계기가 될 것이다. 부산 엑스포를 통해 환경 보호와 친환경 기술의 중요성을 강조하며, 지구의 생태계와 자연 자원의 보전에 대한 더 나은 방안을 모색하여 지구촌의 문제를 선도적으로 해결하는 중추국가가 될 수 있다.

부산 엑스포 유치는 단순한 행사의 성격을 넘어서 국제 사회의 협력과 소통, 미래 기술의 발전, 문화 다양성과 인류의 공동 목표인 지속 가능한 미래에 대한 희망을 담고 있다. 이는 세계 전역에 긍정적인 영향을 미치며, 더 나은 세계를 향한 첫걸음으로 기억될 것이다.

부산 엑스포를 통한 기업의 신규 투자를 활성화하고 경제가 성장하는 선순환 구조를 만들 수 있다. 선순환 구조가 구축되면 경제 성장을 촉진할 수 있다. 불확실성의 시대에 국가발전 전략을 추진하려면 세계 역사의 흐름, 경제·사회 트렌드, 과학기술의 진보 등을 모두 읽어야 한다.

세계박람회World Expo 2035년 유치에 도전하는 부산은 우리나라 제2의 도시이자 대표적 무역도시이다. 2002년 월드컵, 아시안게임과 부산국제영화제 개최지로 자국민은 물론 전 세계의 관광객이 찾을 만큼 매력적인 도시이다.

2035 부산 세계박람회 개최가 G3 초일류 강대국으로 가는 방아쇠가 될 것이므로 범국가적인 역량을 집중해야 한다.

3. 부산 엑스포 유치 재도전의 의미

엑스포는 세계박람회기구BIE에 의해 공인된 행사로, 올림픽, 월드컵과 함께 세계 3대 국제행사로 꼽힌다. 일반 시민의 교육, 국가 및 기업의 혁신과 협력 촉진을 위한 글로벌 대화의 장으로서 산업·과학기술 발전 성과를 소개하고 개최국 역량을 과시하는 경제·문화 올림픽이다. 특히 참가국들은 그간 이룬 과학·기술·문화적 성과와 새로운 미래상을 전시·연출해 자국의 총체적인 역량을 선보이는 장으로 활용하고 있다.

세계는 끊임없이 진화하며 새로운 기술과 아이디어가 일상생활에 녹아 들어오고 있다. 이에 따라 국제 사회는 문화와 산업, 환경 등의 다양한 분야에서 함께 협력하고 공유하는 플랫폼이 필요하다. 이러한 필요성을 충족시키는 한 방법이 바로 세계 엑스포이다. 부산이 엑스포 유치를 목표로 하는 이유는 그 안에 품고 있는 미래에 대한 희망이다.

부산은 세계 10대 항만물류 도시이자 우수한 MICE[10] 인프라와 관광시설이 돋보이는 곳이다. 또한, '세계 유일의 피란避亂 수도'라는 역사를 가져 엑스포가 지향하는 '인류 공동의 번영과 평화'라는 메시지를 전하는 계기를 마련할 수 있다.

---

10. Meeting(기업회의), Incentives(포상관광), Convention(컨벤션), Exhibition(전시)의 네 분야를 통틀어 말하는 서비스산업으로 기업대상이라는 점 때문에 MICE산업 부가가치는 일반관광산업보다 훨씬 높다.

2035 세계박람회가 부산에 유치될 경우, 대한민국이 전 세계에서 국제 3대 행사인 올림픽, 월드컵, 등록 엑스포를 모두 개최한 7번째 국가가 된다.

이를 통해 세계 10위권의 경제력 규모에 맞는 국격 제고의 기회도 맞이할 수 있다. 1988년 서울 올림픽이 국민소득 1만 달러 시대, 2002년 한일 월드컵이 국민소득 2만 달러 시대로 견인했다면 2035년 부산세계박람회는 국민소득 5만 달러 시대를 여는 도약대가 될 것으로 기대된다.

경제적 파급효과도 올림픽과 월드컵에 비해 월등히 크다. 지난 2002년 한일 월드컵 관람객은 300만 명, 생산유발효과는 11조 5,000억 원이었고 2018년 평창 동계올림픽 관람객은 138만 명, 생산유발효과는 20조 5,000억 원이었다.

엑스포는 개최 기간이 긴 만큼 기대되는 경제효과가 약 61조 원에 달할 것으로 예상돼 앞서 열린 행사들과 비교해도 규모가 더 크다. 또한, 엑스포가 열리는 6개월간 200개국에서 우리나라 인구와 맞먹는 5,050만 명이 부산을 방문할 것으로 추정돼 이로 인한 부가가치와 국가 이미지 제고는 물론 기업 홍보 효과가 클 것으로 예상된다.

원조를 받던 국가에서 원조를 하는 국가로 성장한 경험을 바탕으로 디지털 격차 해소, 기후변화, 보건 위기, 식량문제 해결을 위한 국제협력 프로젝트를 추진하겠다는 부산이니셔티브는 BIE 회원국들로부터 많은 공감을 이끌었지만 결국 사우디의 '오일머니'에 이길 수 없었다. '고기를 잡는 법'보다는 당장 먹을 수 있는 '고기'를 원하는 가난한 회원국들의 입장도 이해가 간다.

부산엑스포가 인류 공동의 지속 가능한 솔루션 플랫폼으로 가능하도록 하겠다는 것이 부산의 약속이다. 이 같은 부산의 진정성과 열정은 2035 엑스포 유치에 희망으로 다가온다.

더욱이 우리가 국제행사 유치에 고배를 마신 것은 처음이 아니다. 여수가 2010 세계엑스포 유치에 도전했지만 상하이에 밀려 실패하고 그보다 규모가 작은 박람회에 그쳤다. 평창동계올림픽도 세 번에 걸친 도전 끝에 유치에 성공했다.

역대 엑스포 개최국 중 두 차례 이상 시도한 곳도 적지 않다. 우리는 산업의 다양성, 첨단화 측면에서 엑스포를 개최하기에 세계에서 가장 적합한 나라 중 하나이다.

2035 엑스포에 중국이 도전한다고 한다. 사우디아라비아보다 결코 쉽게 볼 수 없는 어려운 상대이지만, 지난 2030 엑스포 유치 활동 과정에서의 정보 부족과 판세분석 오류 등 뼈아픈 실패를 교훈으로 삼아 더욱 치밀한 전략을 세우고 실천한다면 2035 엑스포를 유치하지 못할 이유가 없다.

더욱이 중국은 왕성하던 기운이 꺾이고 내려앉아 황혼 무렵 너머로 향하는 형국으로서 대한민국의 2035 엑스포 유치는 밝게 전망된다.

8부

21세기 인류 행복 시대
선도하는 대한민국

제29장

세계의 등불
G3 Korea

1. 한국민이 행복해야
세계 인류도 행복하게 할 수 있다

1) 우리는 행복한가?

한국인들이 스스로 인식하는 행복 수준(2021년 기준)이 경제협력개발기구 (OECD) 회원 38국 중 32위로 최하위 수준인 것으로 집계됐다.

한국보건사회연구원(2023.11.26.)에 따르면, 갤럽월드폴 한국 행복 수준은 2021년 기준 10점 만점에 6.11점이었다. OECD 회원국 중 한국보다 낮은 나라는 그리스(6.10점), 일본(6.09점), 멕시코(5.99점), 폴란드(5.98점), 콜롬비아(5.29 점), 튀르키예(4.37점) 등 6국뿐이었다.

행복 수준이 가장 높은 나라는 핀란드(7.79점)였고, 덴마크(7.70점), 이스라엘 (7.58점), 아이슬란드(7.56점), 스웨덴(7.44점) 순으로 행복도가 높았다. 미국과 영 국은 각각 6.96점, 6.87점이었고 독일과 프랑스는 6.75점과 6.66점이었다. 코스타리카(6.41점), 라트비아(6.35점), 헝가리(6.23점), 포르투갈(6.18점) 등도 한국 보다 점수가 높았다.

다만 2021년 한국 행복 수준은 2020년(5.79점)보다 높아졌고, 2012년(6.00 점) 이후 10년 만에 6점대를 기록했다.

UN에서 행복지수를 측정하는 6가지 독립변수를 살펴 보면 ① 1인당 GDP, ② 사회적 안전망, ③ 출생 시점 건강 기대수명, ④ 인생·삶에 대한 선택의 자유로움, ⑤ 너그러움, ⑥ 부정부패에 대한 인식이다.

유엔은 세계 행복보고서 발간을 2012년부터 시작해 12년째를 맞고 있는

데 우리나라 행복지수는 여전히 제자리 걸음이다. 한국은 OECD 경제 대국으로 들어섰지만 행복지수 순위가 최하위권에 머물러 있다는 것은 사회 전체가 풀어야 할 숙제이다.

김성아 한국보건사회연구원 부연구위원은 "한국이 압축 성장이란 경제적 성과를 달성했지만 국민들이 실질적으로 양질의 행복한 삶을 누리지 못하고, 사회적 고립도마저 크다."라며, "사회정책이 제대로 작동하고 있는지 재검토할 필요가 있다는 걸 의미한다."라고 말했다.

2) 한국인들이 중시하는 가치

전 세계 17개 선진국을 대상으로 삶에서 가장 가치 있게 생각하는 것이 무엇인지 조사한 결과, 한국만 유일하게 '물질적 행복material well-being'을 1위로 꼽았다. 이어 건강(17%), 가족(16%), 일반적 만족감(12%), 사회·자유(각각 5%) 순이었다.

대부분 국가에서도 '물질적 행복'은 5위 이내였지만 1위는 한국이 유일했다. 17국 중 절대다수인 14국에서 '가족'이 1위를 차지한 것과 대조적이다.

미국 여론조사기관 퓨리서치센터는 2023년 두 차례에 걸쳐 전 세계 17국 성인 1만 8,850명을 대상으로 실시한 전화·온라인 설문조사 결과를 공개했다.

미국·영국·프랑스·독일·일본 등을 대상으로 한 이번 조사에서 퓨리서치는 "당신이 삶에서 가장 가치 있다고 생각하는 것은 무엇인가"를 물었다. 응답은 주관식으로 받은 후, '물질적 행복'·'건강'·'가족' 등 19가지 카테고리로 분류했다.

이번 퓨리서치 조사에 따르면 전 세계 17개 선진국 국민들이 삶에서 가장 가치 있게 생각하는 것은 가족(38%), 직업(25%), 물질적 행복(19%) 순으로 나타났다. 가족을 최우선 순위로 꼽지 않은 3국은 한국, 대만, 스페인 등이었다.

'물질적 행복'을 삶의 1순위로 꼽은 국가는 한국뿐이지만, 영국·그리스(6위)를 제외한 나머지 15국에서도 '물질적 행복'은 5위 안에 들었다. 어느 나라 사람이건 의식주와 같은 기본적인 요소를 중시하고 좋은 음식을 먹는 것 등의 물질적 행복의 가치를 높게 평가한 것이다.

한 한국 여성은 "(물질적 풍요) 덕분에 요즘처럼 어려운 시기에도 큰 어려움 없이 편안하게 살 수 있지 않으냐"고 답했고, 스페인 여성은 "제대로 된 집과 직장을 갖추고, 맥주 한잔하러 나갈 수 있을 권리를 모두가 누릴 수 있어야 한다. 물질적 행복은 곧 존엄한 삶을 사는 것"이라고 말했다.

삶의 가치를 물질적 행복에서 찾는 우리 한국인의 행복 지수가 하위권에 머물고 있다는 것은 무엇을 의미하는 것일까? 선진 경제 대국이 된 우리나라 국민은 풍요를 누리면서도 왜 행복하지 않을까?

인간 개인사에서도 내가 행복해야 남을 행복하게 해 줄 수 있다는 것이 일반적인 생각이다. 우리나라가 세계 인류의 행복을 선도해 나가기 위해서는 먼저 우리 국민이 행복해야 한다.

'나는 지금 행복하지 않다.'라는 생각을 가진 국민이 어찌 인류를 위해 봉사하고 도움을 줄 수 있겠는가? 행복한 사랑의 마음에서 나온 정성이 없이 물질(돈)의 지원으로만 인류의 행복을 선도할 수 없다고 생각한다.

3) 영웅적 국민이 나서 행복 바이러스 전파

나라가 국민에게 잘해준다 해서 행복 지수가 올라갈 수 있는 것은 아니다. 현실적으로 국가 리더십에 의존하여 행복을 창출하기란 정말 어렵다. 따라서 국민이 스스로 나서서 리더십 문화를 형성해 가는 것이 행복에 이르는 지름길이라고 할 수 있다. 국민리더십 문화운동을 통해 우리 자신을 행복하게 만들고 나아가서 주변으로 행복 바이러스를 전파해야 한다.

미래 대한민국은 행복 바이러스의 진원지가 되어 세계 정신문화를 선도하는 행복의 나라로 자리매김할 것으로 확신한다.

행복을 과학적으로 연구하는 전문가들은 어떤 조건을 얼마나 갖추어야 행복할 수 있는지에 대해서 관심을 기울여왔다. 역사를 거슬러 올라가면 지중해 연안을 따라 꽃피웠던 그리스의 헬레니즘 문화는 "인간은 어떻게 하면 행복해질 수 있는가?"에 대해서 철학적 질문을 던지고 해답을 찾으려고 부단히 노력하였다. 대표적 해답을 제시한 철학자는 소크라테스, 플라톤, 아리스토텔레스였다.

『내 목은 매우 짧으니 조심해서 자르게』에서는 "악법도 법이다!"라는 격언을 남긴 소크라테스의 생애와 사상, 그리고 사형과정을 생생하게 묘사하고 있다. "너 자신을 알라."라는 경구는 그의 철학적 사상을 한마디로 웅변해 준다. 모르는 것이 무엇인지를 아는 것이 참된 지혜라는 것이다.

아리스토텔레스는 인생의 궁극적 목표가 행복이며, 행복을 얻으려면 덕을 얻으라고 갈파했다. 동양의 성현 공자도 인과 덕을 강조하고 인의 궁극적 목표는 행복이라고 했다. 『행복의 역사』를 쓴 역사학자 대런 맥마흔은 현대적 의미의 행복의 개념이 17~18세기부터 정립된 것으로 보고 있다.

고대인들에게 행복은 운명과 동의어였다. 행복을 통제할 권리는 신들이 쥐고 있었다. 중세를 거쳐 계몽시대에서야 행복은 레크레이션, 사치품, 패션 등으로 상징화되고 상업주의 확산과 더불어 행복을 사고팔기까지 가능한 개념으로 변화되었다.

상업주의는 미디어의 발달과 함께 사람들에게 비교의식을 키우려는 광고 전략을 구사했다. 이로 인해 사람들은 때로 자기가 가진 것의 소중함은 잊은 채 남의 것을 한없이 부러워하도록 만들었다. 도스토옙스키도 "인간이 불행한 것은 자기가 현재 행복하다는 사실을 모르기 때문이다."라고 했다. 이처럼 행복의 개념이 극히 주관적이고 상대적인 것으로 바뀐 것이다.

행복에 대한 이론은 수없이 많다. 이론이 많고 행복에 대한 과목을 공부한 다고 해서 행복해진다면 누구나 행복해질 수 있겠지만 행복은 그렇게 오지 않는다.

필자는 우리나라 국민이 풍요로움 속에서도 행복감을 느끼지 못하는 원인 을 전통 문화정신과 가치관의 망각에서 비롯한다고 생각한다.

베이비붐세대는 과거를 회상하면서 어려운 경제 형편 속에서도 가족들과 지냈던 날들을 행복하게 생각한다. 물질적 빈곤에서도 행복한 가족, 친구들 은 행복의 요소였기 때문이다.

조사에서도 나타났듯이 우리 국민이 삶의 가치를 물질적 풍요에 두고 있 다는 것이 너무나 안타깝다.

우리 전통 정신문화 계승과 도덕성 회복이야말로 우리 국민의 행복을 찾 는 지름길이며, 그래야만 G3 행복 선도국이 될 수 있다.

2. 수준 높은 정신문화와 K-Culture - 인류의 행복 견인

1) 한민족 정신문화, K-Culture 탄생의 뿌리

대한민국의 수준 높은 정신문화는 국가발전을 위한 전략자산이다. 경제적으로 잘사는 나라에 자족하는 수준이 아니라 인류 행복을 구현하고, 정신문화 리더십을 발휘하는 나라로 도약해야 한다. 21세기 세계를 이끌어 갈 시대정신과 정신문화를 창출해야 한다.

'K-Culture'란 대중문화 콘텐츠 산업뿐만 아니라 전통문화, 문화예술, 문화콘텐츠를 포함한 한국인의 생활양식으로 지속성과 파급효과가 높은 라이프스타일(한국문화)로 정의하고 있다. K-POP은 한국의 문화 산업을 세계에 알리는 중요한 역할을 하고, 글로벌 문화 교류에 큰 영향을 미치고 있는 것이 사실이다.

필자는 이러한 시대정신을 초일류 강대국 Korea G3!로 집약하여 '세계의 등불 코리아'로 승화시켰다. 이러한 목표를 달성에 적합한 역사적 전통과 역동적인 국민의 나라사랑 정신이 있다. 한민족의 혼을 살리고 역동성을 결집시키면 21세기 중반에 세계를 이끌 정신문화 강국이 된다고 확신한다.

지난 수십 년간, 한국의 문화적 영향력은 꾸준히 세계적으로 확대되었으며, 특히 'K-컬처Korean Culture'는 이러한 현상을 대표하는 중요한 키워드 중 하나로 떠오르고 있다. K-컬처 열풍은 한국의 음악, 드라마, 영화, 패션 등 다양한 요소들이 해외에서 큰 인기를 끌면서, 한국 문화의 세계적인 정체성에 대한 논의를 불러일으키고 있다.

대한민국은 정신문화 구심력을 바탕으로 자유·민주·평화·번영의 보편적 가치를 추구하는 나라다. 역사적인 흐름 속에 숱한 도전과 역경을 헤쳐나오며 대한민국은 홍익인간에 바탕을 둔 독특한 정신문화를 이어 왔다.

대한민국의 수준 높은 정신문화는 고유의 역사와 전통을 존중하면서도 열린 마음으로 다양성을 수용하는 특징을 갖고 있다. 한국은 오랜 역사를 지닌 민족으로서, 외세 침략과 분열을 겪으면서도 정체성을 유지하며 발전해왔다. 이러한 역사적인 경험은 국민들의 인내와 협력의 정신을 기반으로 한 구심력을 형성하게 되었다. 대한민국은 이러한 정신문화를 통해 어려움을 극복하며 발전할 수 있는 민족의 힘을 보여주고 있다.

전통문화의 소중함을 인식하고, 고유의 예술, 음식, 의상 등을 통해 그 가치를 전승하며 현대사회의 디지털 문화와 조화를 이루고 있다. 이러한 노력은 독특하고 매력적인 K-Culture 현상으로 자리매김하며 세계 각국의 젊은 세대들이 한국의 언어, 문화 배우기 열풍으로 연결되었다. BTS의 선풍적 인기몰이가 K-pop의 독특한 장르가 되었으며, 미국과 유럽의 선진문화 보다 앞서나가는 문화 현상으로 자리잡고 있다.

세계 각국의 젊은이들이 한국 방문 열풍을 불러일으키고 있다. 한국 정신문화의 구심력은 사회적 통합과 협력의 기반으로도 작용한다. 일각에서는 한국의 대중문화를 저급한 것으로 평가절하시키려는 해석을 내리기도 하지만 유튜브, 넥플릭스 등의 영상매체의 영향력을 활용하는 창작 기획역량을 발휘하고 있다. 대한민국의 정신문화 구심력은 미래를 준비하는 데에도 큰 역할을 한다.

급변하는 국제정세와 기술혁신의 파도에서 대한민국은 문화분야에서 참신하고 기발한 아이디어를 구현하여 세계적인 인기를 얻고 있다. 정신문화의 구심력은 미래에 대한 불확실성을 극복하고 새로운 가치를 창출하는 데에 필수적인 요소로 작용하고 있다. 역사와 전통을 존중하며 미래를 준비하는 자세, 그리고 다양성을 인정하고 공동의 목표를 위해 협력하는 태도는 대한민국을 더욱 강하고 번영하는 나라로 성장시키고 있다. 이러한 가치와 정신문화는 인류 모두에게 영감을 주며, 미래를 위한 희망의 빛으로 작용할 것이다.

세계무대에서 주목받는 한류는 역사적 전통과 문화의 뿌리가 깊은 결과이다. 전통문화의 현대화와 문화예술의 초일류 강국화가 함께 융합된 한류가 세계적으로 확산되어 경제적 성과는 물론, 국격 제고의 큰 역할을 하고 있다. 21세기 한류는 유튜브를 비롯한 인터넷 콘텐츠 산업의 경쟁력을 높여 문화대국의 기반을 다져 가고 있다.

한류를 통해 대한민국은 문화대국으로 국격이 오르고 있다. 문화대국으로서 코리아 르네상스 시대를 꽃피우면 21세기 세계적으로 활짝 펴나갈 것이다. 세계적으로 문화의 패러다임이 바뀌고 있다. 문화창조 대국은 문화와 첨단산업이 융합하고, 국가 간의 벽을 허문 경계선에 인류 문명 창조의 꽃을 피우는 것이다.

세계적인 붐을 일으키는 한류는 시장을 단순히 확대하는 방식에서 벗어나 문화경제의 융합을 통해 시너지 효과를 거둘 것이다. 방탄소년단의 글로벌 한류 팬이 새로운 문화산업을 형성할 정도로 형성되고 있다. 팬 중심의 산업을 의미하는 신조어 '팬더스트리' 산업은 물론 차별화된 소통을 원하는 팬과 아이돌을 직접 이어주는 팬덤 플랫폼을 기반으로 하고 있다.

2) 한류, 세계 문화 중심으로 성장 – 인류에 행복을 선물

최근 세계적으로 돌풍을 일으키고 있는 방탄소년단의 한류는 70년대 국의 비틀즈에 비견될 만큼 중국, 일본 등 아시아권은 물론 유럽, 남북미, 아프리카 등 지구 전체로 확산되고 있다.

특히 '아미'로 불리는 전 세계의 방탄소년단 팬덤은 인종과 문화, 언어의 차이를 뛰어넘어 단일한 세계를 구축하고 있다. 지구촌 젊은이들의 새로운 글로벌리즘이다. 2018년 9월 방탄소년단은 UN에서 연설하는 기회도 가졌다. 유튜브, SNS등 인터넷 매체의 발전은 한류열풍을 전 세계 곳곳에 불어 넣는 데 큰 역할을 했다. 세계 어느 후미진 곳에서도 케이팝과 드라마를 접할 수 있게 된 것이다.

BTS는 K-pop의 글로벌 위상을 드높인 문화자산이다. K-pop 팬덤 경제 규모는 8조 원대(IBK 기업은행 추정)를 넘어 앞으로 더욱 커질 것으로 보인다. 한국국제교류재단과 외교부가 함께 발간한 2018년 545만 명에서 2023년 한류 팬은 2.5억여 명으로 급증했다. BTS는 초국가적 팬덤을 형성했으며, 'ARMY'(아미)라고 불리는 팬들은 사회, 경제 세력으로 거듭나, BTS와 관련 각종 이슈에 적극적으로 대응한다. 방탄소년단과 같이, 콘텐츠의 힘도 한몫했다.

영화 '기생충'은 2020년 미국 아카데미 시상식에서 4관왕을 거두는 한편, '미나리'는 2021년 아카데미 시상식 여우조연상을 받아 한국 영화를 세계에 알렸으며, 최근 웹드라마 오징어 게임도 전 세계를 열광시키면서 한국의 문화 컨테츠가 세계인의 관심을 집중시키고 있다.

K-pop은 국내외 학자들의 주요 연구 대상이다. 한 나라의 문화가 이렇게 빠르게 세계로 확산된 사례는 유례를 찾아보기 어렵기 때문이다. 미국 빌보드 차트를 석권하며 K-pop 시장 규모를 1조 2,000억 원(2018년 기준), 세계 9위까지 키웠다. Allied Market(2023.9.17.) 보고자료에 따르면, 코로나 팬데믹의 어려움에도 불구하고 K-Pop 이벤트 시장은 2021년에 81억 달러였고, 2031년까지 200억 달러에 이를 것으로 예상되며, 이는 2022년부터 2031년까지 연평균 성장률CAGR이 7.3%라는 것을 의미한다.

아이돌 산업의 경쟁력은 철저한 영재 교육과 글로벌한 기획에서 나온다. 창의와 열정으로 가득한 융합형 문화 인재를 키워 21세기 문화창조의 대한민국은 물론, 세계 문화창조를 주도하는 역할을 해야 한다.

미래의 대한민국은 끊임없는 문화창조를 통해 세계 문화부흥을 주도하는 역할을 해야 한다. 최근, 한류가 세계인들의 사랑을 받으며 행복을 주고 있어 한류의 파급력은 세계의 등불 G3 코리아로 발전하는데 크게 기여하게 될 것이다.

한류는 5천여 년의 역사와 전통을 가진 유무형의 찬란한 문화유산과 정신문화의 토대 위에서 결실을 맺어 가고 지속적으로 확산되고 있다. 이제 다양한 장르의 한류 창작 활동을 지원하고 문화와 첨단 기술이 융합된 한류 육성을 통해 국가위상을 제고함은 물론, 경제발전에 이바지하도록 해야 하겠다.

한국의 창작자들과 그들의 매력적인 이야기는 이제 글로벌 문화 시대정신의 변방이 아니라 중심축으로 이동했다.

2023년 4월, 넷플릭스 공동 CEO인 테드 서랜도스는 한국 콘텐츠산업에 25억 달러(3조 3,000억 원) 규모의 파격적인 투자계획을 밝혔다. K콘텐츠의 글로벌 영향력이 산업차원에 머무는 것이 아니라 시대정신의 흐름까지 바꾸고 있다. 시대정신이란 한 시대의 문화적 소산에 공통되는 인간의 정신적 태도나 양식 또는 이념을 말한다. 수준 높은 한국 K-Cultue가 세계인의 문화를 이끄는 위치에 올라섰다. 한류문화 영향력이 커지자 저작권 침해를 방지하는데 국제기구의 도움을 필요로 하는 수준이 되었다.

한국의 정신문화가 배어있는 저작물은 대한민국의 '브레인 차일드Brain child'다. 저작권 보호는 창작자들의 투자를 정당하게 회수하고, 새로운 창작을 위한 자금을 마련하는 기반이다. 지금 우리나라 수출 성적표를 빛내고 있는 한류가 '반짝 추억'으로 끝나지 않고 지속적인 창작과 투자, 그리고 저작권 보호를 받으며 오랫동안 세계인의 문화적 시대정신을 대표해야 한다.

K-Culture는 한민족의 자랑스러운 역사와 미래를 아우르는 방향으로 종합적으로 기획하면 영향력 확산은 무궁무진하다. K-팝·댄스, K-영화·드라마, K-웹툰, K-Lifestyle(패션·뷰티·굿즈), K-푸드(한식 패권), K-게임, K-스포츠, K-힐링·관광, K-ICT판타지쇼(드론, 불꽃) 등 콘텐츠 산업에 이르기까지 K-컬처를 모두 아우르는 제반 영역은 세계박람회를 추진할 정도로 광범위하다.[1]

'2023 해외 한류 실태조사'에 따르면 해외에서 소비 비중이 가장 높은 한국문화콘텐츠는 웹툰과 뷰티이다. K웹툰의 해외 소비는 꾸준히 증가하여 2023년 일본에서 사상 최고 거래 규모를 기록하는 동시에 유럽 시장까지 넓혀 나가고 있다.

세계 속에 우뚝 선 K문화 컨텐츠 중 K문학도 한 몫을 차지한다. 한강의 『작별하지 않는다』가 메디치 외국문학상을 수상하고, 백희나의 그림책 『알사탕』은 이탈리아 프레미오 안데르센상 시상식에서 올해의 책으로 선정되는 등 한국문학도 주목을 받고 있다.

이같은 한류 열풍의 배경에는 K드라마·K팝 등 K콘텐츠 문화예술이 있다. 문화예술 경험이 쌓인 곳에서 새로운 콘텐츠가 자라날 수 있다. 한류의 씨앗인 문화예술에 대한 적극적인 지원을 통해 세계인의 문화 다양성을 포용하고 반영한 새로운 K콘텐츠를 지속 개발해야 한다.

K-Culture는 이념과 관습을 넘어 세계가 하나가 되도록 화합하게 하여 인류 평화와 행복 증진, 그리고 문명 발전에 기여하고 있다. 문화융성 시대를 맞아 K-Culture가 첨병 역할을 하도록 더욱더 노력해야겠다.

---

1. https://www.koreapost.com/news/articleView.html?idxno=32876

3) 한류, 행복문화의 상징

한류라는 용어가 처음 어떻게 생겨났으며 어디에서 시작되었는지에 대해 여러 가지 논의나 의견들이 있다. 그러나 1990년대 아시아에서 우리나라의 대중문화의 열풍이 가시화되자 문화관광부에서 우리 음악을 홍보하기 위해 제작한 음반과 포스터의 제목 〈韓流 – Song from Korea〉에서 공식적으로 사용되었으며 이후 널리 확산되었다고 한다.

한류의 원조라고 할 수 있는 것은 조선시대 통신사로 1607년(선조 40년) 여 우길 정사 등 467명으로 시작되어 1811년(순조 11년)까지 204년간 12회 지속 되었다. 이들은 대륙의 최신 문물과, 시문, 서화 등을 일본에 전해주었다.

1990년대 말부터 아시아에서 우리나라의 대중문화에 대한 열풍이일기 시 작하였으며 이후 유럽, 중남미 등 전 세계로 확산되고 있는데, 이러한 현상 을 '한류韓流'라고 부른다.

이런 한류를 우리나라의 강점으로 상징되는 역사한류, 문화한류, 치안한 류, 관광한류, 식품한류, IT한류, 뷰티한류, 의류한류 등 직접적인 연관 산업 외에도 자동차, 의류 등의 제조업 전반에도 긍정적인 파급효과를 끼칠 수 있 도록 대폭 확대하고 붐을 조성할 필요가 있다.

각종 한류가 우리나라의 국가 브랜드 제고는 물론 경제 활성화, 국가 홍보 에도 기여하고 있다. 『코리안 쿨』에서는 다음과 같이 말한다.[2]

> 대한민국은 '소프트 파워'를 가지고 있다. 1990년 하버드의 정치 과학자 조 지프 나이가 개념화한 소프트 파워란 한 국가가 물리적인 강제보다는 이미 지를 통해 행사하는 무형의 힘이다. 하드 파워가 군사력이나 경제 제재라 면, 소프트 파워는 미국이 전 세계에 말보로 레드와 리바이스 청바지를 판

---

2. 유니 홍, 정미홍 옮김, 『코리안 쿨』 (원더박스, 2015) pp.17~18

방식이다. 보암직한 이미지의 유포, 다시 말해 '쿨함'을 여기저기 퍼뜨린 것이다. 한류열풍은 전 세계적으로 한국의 문화 콘텐츠 소비를 확산시키는데 머물지 않고, 한국의 소비재 수출과 관광객 유치, 외국인 직접투자유치 등을 유발한다. 드라마 한류, K팝 한류를 넘어 IT와 결합한 한류4.0을 앞둔 지금, 정부도 규제를 풀고 지원을 통해 한류 기업들이 날개를 달아 한류 열풍을 지속하게 할 수 있는 방안을 제고할 필요가 있다.

우리 한류의 원조는 바로 한글이다. 우리 한글의 우수성은 이제 온 세계가 다 안다. 세계 젊은이들이 K-pop 공연장에서 우리말로 떼창을 하며 행복을 느낀다. 외국의 많은 학교가 한글을 배우고 한류에 젖어가고 있다. 이 바람은 오래오래 훈훈하게 불 것으로 보인다.

우리의 국기인 태권도도 한류의 원조로서 이미 전 세계를 사로잡았다. 세계 각국의 태권도 지도자들은 태권도의 기예는 물론 한국의 정신문화와 예의범절 등을 전파하여 지금은 한국문화라기보다는 세계 스포츠와 정신문화로 자리를 잡았다.

최근의 한류 확산은 우리나라 국가 위상 제고에 크게 기여하고 있다. 한류는 우리 국민을 행복하게 해줄 뿐만 아니라 세계인을 행복하게 만드는 한국문화의 상징이 되었다.

정부는 한류가 더욱더 꽃을 피우도록 다양한 정책적 지원을 강구해서 한국의 정신문화가 세계 곳곳에 꽃피우도록 해야 할 것이다.

3. 세계 발전의 모델, 세계의 등불 G3 코리아

1) 도움을 주는 선도국가

개인이 주변을 도우며 선도해 나가는 일도 쉬운 일이 아니다. 하물며 한 나라가 발전의 모델로서 다른 나라를 위해 도움을 주고 선도해 나간다는 것은 더더욱 어려운 일이다.

코로나-19 대유행(팬데믹) 상황에서 미국 등 선진국들이 코로나19 대응 리더십을 보이지 못한 상황에서 우리나라는 국제협력을 강조하는 등 코로나 등불 국가 위상에 걸맞는 선도국가의 역할을 다하였다. 뉴욕타임스 칼럼니스트인 토머스 프리드먼은 한 인터뷰에서 "한국은 엄청난 위기에 민주적으로 잘 대응해 세계적 모델이 되고 있다."라고 했다.

또한, 문화대국 코리아의 우리 젊은 세대들이 한류의 주역으로 역동적인 활동을 하고 있어 세계가 경이로운 눈으로 바라보고 있다. 한국은 6·25 전쟁의 1세대, 산업화·민주화의 2세대, 이른바 밀레니엄 세대로서 3세대가 한류 문화로 문화대국의 국가적 위상을 높이고 있다.

이명박 정부 시절, 국가브랜드위원회를 만들어 대한민국을 아무리 홍보하려 해도 성과가 미흡했다. 문제는 국가 수준에서 아무리 노력해도 전 세계인의 인식을 바꿀 뾰족한 방법을 찾기 어려웠던 점이다. 이와 같은 국가적 난제를 싸이, 동방신기, 소녀시대, 슈퍼주니어, 방탄소년단 등의 아이돌 그룹이 세계적으로 한류 돌풍을 일으켰다.

우리나라는 한강의 기적으로 산업·민주화를 이루고 86민주화 항쟁으로 자유민주주의 기적을 이루어 강력한 소프트 파워를 가진 정치, 경제, 문화 선진강국으로 나아가고 있다.

2015년 유엔총회는 유엔 창설 70주년을 맞아 인류 공동의 개발 목표인 '지속가능발전목표Sustainable Development Goals: SDGs'에 합의하였다. 이 SDGs는 종래 새천년개발목표MDGs를 보완해 개발도상국뿐 아니라 선진국도 공동으로 추진해야 하는 17개 목표와 169개 세부목표Targets를 제시한다.

SDGs의 개별목표들은 사람People 지구환경Planet 번영Prosperity 평화Peace 파트너십Partnership 모두 5P 원칙으로 제시됐는데, 빈곤, 기아, 보건, 교육, 젠더, 불평등, 물, 도시, 경제성장과 일자리, 인프라, 기후, 해양, 육상 생태계, 에너지, 평화, 글로벌 파트너십 등의 목표를 포괄한다.

이에 따라 유엔경제사회이사회는 해마다 고위급 정치포럼HLPF을 열어 국가별로 SDGs 이행과 후속조치를 검토하여 회원국의 자발적 참여를 독려한다. 우리나라는 자발적 참여 독려를 뛰어넘어 21세기 동방의 등불에서 세계의 등불 팍스Pax 코리아가 되어야겠다.

『민족과 자유의 이념』에서는 다음과 같이 말한다.[3]

우리 민족은 이제 세계사 속에서 헌신해야 할 시점에 이르렀다.
첫째로 모든 후발 민주국가에게 가능성의 신념을 전해주는 것이다.
둘째, 세계평화 실현의 적극적인 기여 세력으로 자리하는 것이다.
셋째, 세계문화 발전에 기여하는 것이다.
이제 우리민족의 발전은 사실상 21세기의 민족 신화를 창조하였다. 가장 가난하고 후진이었던 식민지 사회가 이제는 가장 열심히 일하고 가장 효율

---

3. 박용헌 외 9인, 『민족과 자유의 이념』 (고려원, 1987) pp.87-88

적이고도 급속하게 발전하면서 주체적인 민족국가를 지향하고 있기 때문이다. 세계평화의 실현에 대한 책임은 오늘의 국제적인 상황이 갈등과 대립을 기조로 하고 있기 때문에 전쟁유사성을 보여주고 있는 실정이다. 이러한 상황을 초래한 원인은 강대국들이 이익만을 고집하는 힘의 도전을 감행하기 때문이라 할 수 있다. 이러한 강대국의 힘의 도전을 막으면서 평화적이고 국제지향적인 민족사의 대등성을 정립하는 일이야말로 우리 민족의 세계적인 기여라 할 수 있다.

2030 세계박람회(엑스포)의 부산 유치 무산과 관련, 원인 분석 중에 대외 원조의 빈약함이 주요인이었던 것에 대해 우리는 관심을 가져야 한다. 사실 한국은 2022년 국내총생산GDP 기준 세계 13위의 경제 대국이지만 공적개발원조ODA 수준이 빈약하다는 고질적인 약점이 있다. 글로벌 중추 국가로 나아가기 위해선 엑스포 유치 과정에서 노출된 약점을 보강해 경제·외교 네트워크를 관리해야 한다는 목소리가 나온다.

아프리카를 비롯한 개발도상국에 대한 사전 투자가 부족했다는 점도 뼈아픈 대목이다. 29일 국무조정실과 경제협력개발기구OECD에 따르면 지난해 한국의 ODA 실적은 27억 9,000만달러로 OECD 산하 개발원조위원회DAC 30개국 중 16위에 그쳤다. ODA는 개도국 경제·사회 발전 등을 위해 유·무상으로 지급하는 지원금이다. 국가 경제 규모에 비해 개도국을 돕는 비중은 더 낮다. 한국은 2010년 DAC에 가입한 후 해외 원조를 늘리기 시작했으나 지난해 국민총소득GNI 대비 ODA 비율은 0.17%(28위)에 불과하다. DAC 회원국 평균(0.36%)에도 크게 못 미치는 수치다.

아프리카 개발 사업을 추진 중인 한 공기업 관계자는 "한국이 중추 국가를 지향하고 있지만, 엑스포 유치 과정에서 만성적으로 저조한 ODA 실적이 개도국의 표심을 잡는 데에 제약 요인으로 작용했다."라고 분위기를 전했다. 정부는 2024년 ODA 예산으로 6조 5,000억 원을 편성하며 전년 대비 44.4%나 늘린다는 방침이다.

엑스포 유치 과정에서 구축된 광범위한 글로벌 네트워크가 야당 반대로 급격히 약화되는 게 아니냐는 우려 역시 크다. 정부는 내년 룩셈부르크, 자메이카, 수리남 등 12개국에 새로 외교 공관을 설치할 예정이다.

해방 직후 원조받던 대한민국은 이제는 원조하는 나라로서 개발도상국의 빈곤을 퇴치하고 발전을 돕는 글로벌 개발 협력에 적극적으로 나서야 할 의무와 책임이 있다. 21세기 시대정신으로 세계의 등불 코리아 정신을 승화시켜 협력과 연대를 통한 글로벌 가치 및 상생의 국익을 실현해야겠다.

2) 인류평화와 공동번영 - 시대정신 구현

OECD는 한국의 발전 경험이 개도국에 '특별한 설득력'을 가질 것이라고 말하는 것처럼 우리나라는 인도적 차원은 물론, 인류평화와 발전에 기여하는 차원에서 과거 원조를 받은 경험과 경제성장 경험을 토대로 정치, 경제, 사회, 문화, 종교 등 모든 면에서 우리가 할 수 있는 일은 무엇이든지 적극적으로 추진해야 된다.

등불 코리아 역할을 하다 보면 세계 각국과 선린관계와 동시에 국익 차원에서도 크게 도움이 될 것이다. 생색내는 개발협력 원조보다는 인류애와 국제협력차원에서 대승적으로 구현해야 한다. 대한민국의 홍익인간 절대정신이 시대정신을 승화시켜 인류평화와 공동번영에 기여해야 한다.

21세기 세계의 등불 G3 코리아는 대한민국의 시대정신일 뿐만 아니라, 세계의 시대정신으로 발전시켜야 한다. 우리 국익만을 위한 것이 아니라, 세계 문명 발전과 인류의 공영, 평화와 행복을 위해 앞장서야 한다.

특히 우리의 절대정신인 홍익인간弘益人間(인간을 널리 이롭게 함)의 이념과 사상을 적극적으로 구현하여 효과를 제고시켜야 한다.

이제 대한민국이 '오리엔탈리즘'의 시대를 넘어 세계의 등불 팍스Pax 코리아의 시대정신으로 '문명사의 대전환', '세계사의 대전환'의 신호탄을 힘차게 쏘아 올려야 한다. 대표적인 역동적인 국가로 발전하고 표준이 되어야 한다.

국민이 앞장서서 국가발전에서 나아가 세계 발전을 선도하는 모델 국가가 되어야 한다. 대한민국의 미래는 초일류 선진 통일 강국으로서 세계의 등불 팍스Pax 코리아의 위상을 가지게 될 것이다.

통일 한국United Korea은 일본, 독일, 프랑스, 이탈리아를 초월하여 미국, 중국에 대한 견제적 균형 역량을 갖춘 G3 국가 그룹에 합류하는 비전이다.

선진화된 통일강국은 강력한 국력이 뒷받침되어야 한다.

현재 유엔안전보장이사회 상임이사국(5개국) 각각의 국가들이 통일한국과 전략적 동반자 관계를 유지하기를 희망할 것이고, 세계평화를 위한 중요한 균형추 역할을 하는 초일류 강국이 될 것이다.

4. 국가지도자는 국가운명을 개척

대한민국 헌법은 행복추구권을 국민의 기본권으로 보장하고 있다. 10조에 '모든 국민은 인간으로서의 존엄과 가치를 가지며, 행복을 추구할 권리를 가진다.'라고 천명한 것은 행복추구권이 다른 기본권의 기초일 뿐 아니라 인간다운 삶의 가치와 연결됨을 헌법 정신에 반영한 것이다.

국가지도자는 대한민국의 시대정신을 정립하고 국가운명을 개척하기 위한 비전·목표·추진전략을 제시해야 한다. 구체적인 정책은 국민이 위임한 권한에 따라 정부 조직체계와 공무원을 활용하여 추진되도록 독려하고 신바람을 형성해야 한다. 자기편을 챙기고 상대편을 적대시하는 삼류정치의 굴레에서 벗어나야 한다.

국가지도자는 온갖 명분을 내세우고 뒤에서 사리사욕을 챙기는 정치꾼이 절대 아니다. 우리 국민은 투표권을 신중하게 행사하여 국가 지도자를 선출해야 한다.

'국민 리더십 문화운동'은 관념이 아니라 투표 참여와 같은 행동으로 구현되는 것이다. 국가 최고 지도자인 대통령의 몫이 있고, 국민 개개인의 몫도 있다. 대통령의 리더십도 공과가 있고, 성공과 실패가 전부 대통령으로 귀결되는 것도 아니다. 대통령은 국민들과 소통하고 공감하는 리더십으로 국민 행복을 증진시켜야 한다.

대한민국이 세계의 등불로 우뚝 서는 비전을 제시하여 국민 행복을 책임

지겠다는 자세가 필요하다. 부국강병, 국태민안의 나라를 만드는 것도 국민 행복을 위한 기본 요건이다. 전쟁억지에 실패하면 국민행복론은 물거품이 된다. 지금까지 많은 대통령이 당시의 시대적 상황에 맞도록 헌신하며 이룬 업적에 이념의 잣대를 들이대지 말아야 한다.

물론, 대한민국이 세계가 놀라는 발전을 성취하면서 때로 넘어져 상처 입고 피를 흘리기도 했다. 성취의 감격과 보람도 맛보았지만, 좌절과 회한의 눈물을 삼키며 몸부림치기도 했다. 우리 사회의 어두운 그림자도 무수하게 파생되었다. 역대 대통령의 역정을 통해서도 교훈적 요소는 넘쳐난다.

한국의 전직 대통령들은 누구나 공功·과過가 있다. 공은 공대로 인정해 주고 과는 과대로 평가하는 역사적 인식과 더불어 재평가가 필요하다.

특히, 이승만 대통령은 과보다는 국가를 세운 국부國父 대통령으로서의 공을 높이 평가해야 한다. 이승만 대통령은 장기집권과 후계자에 관련한 선거 부정으로 민심이반을 겪으며 결국 4·19 혁명으로 대통령직에서 물러났다. 비록 말기에는 과도 있었지만 신생 국가 발전에 큰 공을 세운 것은 인정해야 한다.

박정희 대통령은 반만년 역사 이래 처음으로 우리 국민을 가난에서 탈퇴시킨 최초의 경제·안보 대통령으로 공을 바르게 평가해야 한다는 여론이 일고 있다.

오늘날 우리가 이렇게 안정되고 풍요로움 속에서 '행복'을 논할 수 있는 여유를 갖게 한 지도자는 누구인가? 곰곰이 생각해 보면서 국민 행복에 있어 지도자들의 역할이 얼마나 큰지 새삼 느낀다.

여러 조사에서 나타났듯이 경제적 풍요로움이 행복을 보장해 주지 못한다는 것을 우리의 현실이 웅변해 준다. 국민 개개인의 삶에서 부와 명예, 일과 성취, 건강과 사랑 등은 행복한 삶의 대표적 필요조건임을 부정하는 것은 아니다.

이러한 조건들을 많이 갖출수록 행복한 삶에 가까울 수 있다는 믿음이 급속도로 퍼지고 있다. 하지만 우리의 막연한 믿음과 달리 이러한 요건을 갖추는 정도와 행복감은 비례하지 않는 것이 현실이다. 세속적 기준의 대표 격인 돈을 많이 벌거나 지위가 높아진다고 행복한 것은 아니다.

성공한 자들만의 특권이 행복은 더더욱 아니다. 최소생계비로 가족을 겨우 부양하며 몸이 불편한 장애가 있는 가장도 삶의 행복을 고백하는 인생 스토리에서도 감동을 불러일으킨다. 부나 명예를 갖추었지만, 더 갖기 위해 자신과 주변을 불행하게 만드는 출세주의, 기회주의를 추구하는 각계각층의 지도자들이 국민을 실망하게 하는 경우가 빈발하는 것이 현실이다.

특히 정치 리더십에 환멸을 느껴서 냉소적이거나 방관자적 태도를 보이는 흐름도 실존한다. 국민 행복지수를 향상하기 위한 우리 국민의 역할은 무엇인가? 골고루 행복한 나라는 특정 정치세력의 그럴듯한 캐치프레이즈로 전락하여서는 안 된다. 진정으로 국민이 행복하도록 국가 리더를 꿈꾸는 정치인들의 자세부터 달라지기를 기대하기도 어렵다.

정치인들의 공약이나 정부의 정책만으로 국민을 행복하게 해 줄 수 없다. 그래도 국민행복에 있어 국가 지도자들의 역할과 힘은 매우 크고 막대하다. 그래서 지도자를 잘 뽑아야 한다.

결국, 국민 리더십 문화운동을 통해서 창달되어야 한다. 국민이 나서야 국민 행복을 최우선시하는 국가 리더십이 올바로 정립기 때문이다.

제30장

남북통일의 위대한 여정, 세계사의 주역으로!

1. 국민이 환호하는 대한민국 웅비

대한민국 미래는 통계수치나 세계 속의 국력서열로 보장되는 것이 아니다. 가장 중요한 지표는 국민이 행복하고 환호하는 미래를 만드는 것이다. 'G3 코리아' 달성은 역사 리더십의 관점을 상실해서는 성취하기 어렵다. 오늘날 대한민국이 겪고 있는 위기의 가장 큰 원인이 역사의식 결여와 위정자들의 리더십 부재라는 문제의식에서 집필을 시작했다.

이 책을 통해 특히 젊은 세대들이 미래에 대한 밝은 비전을 갖고 희망의 메시지로 받아 주기를 소망한다. 창의력을 키워주는 교육 시스템을 통해 성장한 차세대 주역들이 만드는 사회는 다양성과 포용성을 존중하는 사회로 발전할 것으로 믿는다.

21세기 대한민국 미래는 청년들의 열정과 창의력을 바탕으로 끊임없이 도전하며 AI 비서까지 거느리며 우주여행을 이야기하는 시대가 될 것이다. 결국 세계의 운명과 대한민국의 미래는 우리의 선택에 달려 있다. 운명은 선택과 개척이라는 논리는 2024년을 맞이하는 젊은 세대에게 전하는 희망의 메시지가 되기를 소망한다. 자칫 필자와 같은 산업화·민주화 세대가 과거 경험의 잣대로 스마트폰·인공지능 활용하는 시대를 재단하는 시행착오를 범하지 않기 위해 역사적 통찰력이 살아 숨 쉬는 콘텐츠를 담아내려고 노력했다.

미래에 대한 희망은 우리의 선택과 노력에 달려 있다. 우리는 지속적인 자기계발과 교육을 통해 지식과 기술을 습득하며, 이를 창의적으로 활용하여 혁신과 발전의 엔진으로 삼아야 한다. 인공지능과 우주탐험의 시대의 새로운 주역으로 자리매김해야 한다.

대한민국의 발전 모델이 경제적 분야에 한정되지 않도록 세계사적 역사의식으로 한 단계 끌어올리고, 후손들에게 자랑스러운 선진강국, 통일된 초일류 국가를 물려주어야 한다. 이는 국민이 앞장서서 나라사랑과 역사의식을 갖고 만들어 나가는 위대한 여정이다. 『세계 운명과 대한민국 미래』는 비장함마저 감도는 열정과 결기가 담겨 있다. 초일류 강대국 Korea G3를 향한 프로젝트의 기본방향은 "정신(의식) × 교육(지식) × 경제(물질)"를 융합하여 시너지 효과를 극대화하면서 튼튼한 국방안보태세 확립을 핵심적 기초(토대)로 삼는 것이다.

미중 패권경쟁의 희생양이라는 피해의식을 탈피하여 초일류강국 G3를 성취하는 것이 목표다. 목표를 달성하기 위한 추진 전략은 4대 중추(정신, 교육, 경제, 안보)를 혁명적으로 개혁하여 체계적으로 성취하는 방향으로 설정했다.

세계역사 속에서 진정한 리더의 면모를 식별하여 역사적 교훈을 도출하고 이를 21세기 4차산업혁명 시대를 이끌어 갈 리더십을 창출해내려는 의도와 연결되어 있다. 또한, 젊은이들의 공감을 얻어서 추동력을 발휘해 나가려는 필자의 의지가 녹아있다.

운명의 본질에 대한 논의로 시작된 이 책의 골격은 세계 운명과 역사의 큰 흐름을 집약하여 이를 대한민국의 미래와 연동시키려는 열망이 담겨있다. 우선 안보기초가 든든하고 3가지 중추(정신, 교육, 경제)가 삼위일체로 균형 잡힌 대한민국을 만들고 이를 글로벌 정신문화의 리더십과 연결하려는 것이 이 책의 핵심 맥락이다.

21세기의 주역인 미래 세대에게 물려줄 초일류 강국은 패권을 다투고 지배구조를 고착시키려는 나라가 아니다. 국제사회의 냉엄한 현실과 자국 이익 최우선주의가 횡행함을 도외시하려는 것이 절대 아니다. 남북한 군사적 대치가 존속하는 냉엄한 현실을 직시하고 강대국 의 치열한 패권경쟁을 돌파하기 위해서는 애매한 동북아 균형자론에 매달려서는 안 된다.

고래 싸움에 등 터지는 새우의 신세로 전락했던 구한말의 치욕을 되풀이하지 않아야 한다. 대한민국이 세계 10대 경제대국이 되었고, 국력 서열로 6위로 미국 언론이 평가했으며, 문화 콘텐츠로 세계를 지배했고, 2023년부터는 K-방산 열풍까지 가세하여 영민한 돌고래처럼 역동적이고 똑똑하게 국가발전 전략을 구사해야 한다. G3 코리아 달성이 먼 미래의 비전이 아니라 실현 가능한 목표로 떠오르고 있다는 점을 세계가 주목하기 시작했다.

대한민국의 희망찬 미래를 개척하는 주체는 우리 국민이요, 국민이 영웅이다. 국민이 나서서 '국민리더십 문화운동'을 일으키고 이를 바탕으로 세계의 운명을 개척하는 등불이 되어야 한다.

현재 대한민국이 직면한 대내외 정세는 복합적 위기가 격랑처럼 몰려오는 형국이다. 역사를 돌이켜보면, 이러한 위기 국면일수록 국민이 나서서 위기를 극복해 왔다. 성숙한 국민 리더십 문화로 위기 상황을 슬기롭게 극복하여 대한민국 미래를 확실히 바꾸어 국가위상을 높여야겠다.

근현대사의 역경을 극복해 온 우리 국민의 저력이 다시 한 번 '용龍이 승천하고 봉황鳳凰이 춤추는' 용비봉무龍飛鳳舞의 기세를 타야 한다. 한국인은 신바람이 나면 엄청난 일들을 성취해 온 눈부신 발전역사가 실증하고 있다. 신바람을 불러일으키는 흥의 문화가 '국민 리더십 문화운동'이다.

우선 국민들이 '나Me!가 아니라 우리We!'라는 Weism으로의 발상의 대전환을 이루어야 한다. 이제 우리 국민은 세계의 운명과 대한민국의 미래가 밀접한 상호작용을 하는 현상을 인정하면서 초일류 강대국으로 나아가는 위대한 여정을 담대하게 시작해야 한다.

2. 인류의 등불이 되는 자유민주평화 통일

한민족에게 통일 과업은 민족혼인 동시에 역사적 소명이며 민족 웅비의 기회이다. 통일을 이루어야 고유한 민족정신을 보전하고 민족적 역량을 발휘할 터전을 확보할 수 있다.

대한민국은 70여 년 전 최빈국의 굴레에서 벗어나 압축성장으로 일구어내는 경이로운 신화를 창조했다. 이제 한반도에 고착된 마인드를 벗어나서 글로벌 리더국가인 G3 코리아로 발돋움하기 위해서 필수적으로 거쳐야 하는 과정이 남북통일이다. 통일지상주의나 감상적 통일논리에 빠지지 않도록 자유·민주·평화의 기본원칙이 준수되는 통일을 성취해야 한다.

대한민국 헌법 제4조는 '자유민주적 기본질서에 입각한 평화적 통일'을 명시하고 있다. 대한민국을 정통성을 부정하거나 폄훼하는 세력이 굴종적 대북한 행보를 취하면 한반도의 자유민주적 평화 통일을 이룰 수 없다. 한민족의 통일은 민주적 통일, 평화적 통일이어야 하고, 통일을 통해 이루어야 할 평화도 민주의 평화, 생명존중의 평화이어야 한다.

통일의 추진에 있어서 그 무엇보다도 중요한 것은 국민의 행복지수를 끌어올릴 수 있는, 국민이 행복한 통일을 이루어야 한다는 점이다. 즉, 국민의 존엄과 삶의 질 향상을 보장하는 체제가 되어야 할 것이다.

통일과정에서 발생할 수 있는 많은 문제요인과 불확실성을 제거하면서 안정된 통일을 이루려면 민생안정, 통일 자금 등 경제적 준비가 철저해야 한다. 대한민국의 역사적 대과업인 비핵화와 통일문제는 서두르지 말고 치밀하게 준비해야 우리 국민이 원하는 진정한 통일, 행복한 통일을 이룰 수 있을 것이다.

우리의 통일 과정은 불가피하게 주변 강대국들의 역학관계에 영향을 받는 것이 현실이다. 통일의 목표는 국민이 행복한 자유민주 평화통일이 되어야 한다.

연방제 방식으로 김정은 체제와 병립하는 방식은 어떠한 명분과 논리로도 합리화 될 수 없다. 진정한 통일을 이루기 위해 대통령을 비롯한 리더들은 담대한 비전을 제시하여 국론을 결집하고 인류사회 전체에 자유, 민주, 평화, 행복의 가치를 구현하는 추진력이 필요하다.

세계 3대 투자가로 손꼽히는 짐 로저스Jim Rogers는 북한과의 통일 이후에 가지게 될 대한민국의 미래 가치를 높이 평가했다.

그는 "남한의 경제력과 지능, 지성 그리고 북한의 높은 출산율과 풍족한 자원이 융합되면 눈부신 발전을 다시 성취하게 될 것이다"라고 예견했다. 그는 "통일이 되어 남북 경제통합이 이뤄지면, 일본을 제치고 세계 2위 경제대국이 될 수 있다. 한국경제의 걸림돌인 부채 상황이나 저출산율은 통일이 된다면 해결될 수 있다"라고 전망했다.[4]

남북의 경제통합이 이뤄지면 교통 인프라 부문에서 막대한 투자가 유입되고 많은 일자리가 창출될 수 있을 것으로 보았다. 특히, 대륙횡단철도와 북극 항로는 지금까지와는 전혀 다른 차원의 국제협력을 가능케 하고 통일한국에는 새로운 기회를 제공할 것이라는 전망이다.

---

4. 연합뉴스, 2019년 11월 20일, yna.co.kr/view/AKR20191120073600005

"21세기 세계는 한국이 이끌어간다."라는 세계적 투자가의 전망은 절대 과대망상이 아니다. 데이터 분석력과 추세를 판별하는 예측력에 서 내린 실현가능성이 명백한 목표다.

스위스 심리학자 칼 융Carl Gustav Jung(1875~1961)의 집단 무의식개념 이론에 의하면, 홍익인간사상은 한민족 집단무의식이다. 한민족은 홍익인간사상을 토대로 역사를 시작하였고, 그 속에 내재되어 있는 숭고한 가치와 이상의 실현을 목표로 공동체를 건설하는 등 홍익인간을 삶의 목표와 실천원리로 받아들이고 내세운 민족이다. 현재의 한민족은 집단무의식으로 선조들의 이러한 과거와 전통에 연결되어 있으며, 집단무의식 이론이 통일과 관련하여 시사하는 바는 다음과 같다.[5]

한민족이 현재는 비록 남과 북으로 나눠진 채 갈등과 대립 속에 살아가고 있지만, 특정한 계기들이 주어질 경우 이에 반응하여 홍익적 가치를 발현하고 표출할 잠재가능성, 달리 표현하면, 정신적 차원에서 홍익적 가치로 하나가 될 가능성을 잠재하고 있는 것이다. 실제로 남과 북은 갈등을 빚어오면서도, 그리고 여전히 갈등의 심연에서 빠져 나오지 못하고 있는 다른 한편으로 통일정책이라든지 통일의 대원칙 및 통일방안, 그리고 남북 간에 이뤄진 「7·4 공동성명」을 위시한 몇 가지 합의 등에서 홍익적 가치의 방향과 내용으로 수렴하고 있는 양상도 보여주고 있다.

자유민주 평화번영을 이룬 대한민국은 이제 통일의 여정으로 나가야 한다. 대한민국은 동북아시아의 작은 반도에 위치한 나라로, 그 역사는 다양한 변화와 도전을 거쳐 오면서도 지속적인 발전을 이루어내며 자유, 민주, 평

---

5. 칼 G융 저, 한국금융연구원 C.G. 융 저작번역위원 옮김, 『원형과 무의식』(서울: 솔, 2002)

화, 번영의 가치를 실현해 온 나라이다.

이를 가능하게 한 다양한 원인과 과정에서 국민의 근면 성실한 열정을 강조했지만 상대적으로 국민의 행복추구권에 대한 정신함양은 약했다. 끝없는 희생정신을 강조한 것에 비하면 대한민국이 자유민주 평화번영을 어떻게 가꾸고 누릴 것인가에 대한 정신문화적 비중이 상대적으로 약했다.

통일을 이루기 위해서는 대내적으로는 정치·사회적 성숙도를 높여 국민 여망 해소의 통합능력을 갖추고, 대외적으로는 미국, 중국 등 관계국과 긴밀한 협조 체제를 구축해야 한다.

독일은 대승적 차원에서 강한 경제력을 통해 통일을 앞당기고 통일 후유증을 조기에 극복했다. 우리나라는 특히 북한의 경제가 취약하므로 통일자금을 충분히 확보해야 한다. 한민족의 대 과업인 한반도 비핵화와 통일 문제를 서두르지 말고 치밀하게 준비해야 우리가 원하는 진정한 통일을 이룰 수 있다. 통일부가 성급하게 가시적인 성과에 급급한 나머지 무리하게 일을 추진하면 역효과를 보게 마련이다.

남북대화를 북한체제의 긍정적인 변화와 통일을 위한 수단이 아니라 목적으로 여기고 '대화를 위한 대화'에 매달려서는 안 된다. 대화 자체가 목표가 되면 억압받는 북한 주민 대신 대화 결정권을 가진 북한 지도부의 심기를 거스르지 않는 방향을 취하게 되다 대북굴종을 평화를 위한 선택으로 포장하고 그럴듯한 논리를 개발해서도 안된다.

한민족의 대 과업인 한반도 비핵화와 통일 문제를 서두르지 말고 치밀하게 준비해야 우리가 원하는 진정한 통일을 이룰 수 있다. 우리도 통일에서 가장 유의할 점은 자유민주주의 통일이 보장되어야 한다는 점이다. 그 이유는 김정일이 생전에 말하기를, "한반도 적화통일 달성 시 남한의 1천만 명은 이민 갈 것이고, 2천만 명은 숙청될 것이며 남은 2천만 명과 북한 2천만 명으로 공산국가를 건설할 것이다."라고 말했다.

가장 근본적인 한계는 개혁·개방에 대한 거부감과 김정은 유일 영도체계 강화 기조가 정비례한다는 데 있다. 김정은 집권 초기만 해도 '젊고 해외 유학 경험도 있으니 개혁·개방에 대해 열려 있을 것'이라던 세간의 기대 섞인 관측이 있었다. 하지만 실상은 우리가 지난 10년간 목격한 대로다. '자력갱생, 자급자족'을 강조하면서 아예 개혁·개방 논의의 싹이 잘렸다고 해도 과언이 아니다. 북한의 변함없는 목표는 핵을 보유하면서 경제발전도 이루는 것이다.

맞춤형 외교를 통해 통일의 걸림돌은 제거하고 버팀목은 활용하는 등 탄력적으로 대처해야 한다. 우리의 통일은 위험과 기회를 동시에 갖고 있다.

특히 어떤 상황에서도 한반도 평화체제와 국민안전을 수호할 국방정책과 군사력을 갖추는 것이 절대적 요건임을 간과해서는 안 된다. 국가적 모든 역량을 동원하여 주변 4대 강국들과의 밀착전략을 통해 위대한 통일을 맞이하도록 해야 할 것이다. 한미의 긴밀한 협조로 북한의 완전 비핵화가 이뤄지도록 북한이 핵무기를 사용가치가 아닌 교환가치로 인식하도록 해야 한다.

즉, 비핵화를 받아들이지 않을 수 없도록 협상력을 강화해야 한다. 우리가 강력한 국방안보를 지속한다면 북한의 김정은 체제는 생명의 경계선, 한계선에 와 있다. 북한이 핵보유국 행세를 하며 유엔에서 조차 핵무기 불포기 선언까지 서슴치 않는 책략과 술수는 실효를 거두지 못한다. 굳건한 한미동맹으로 핵은 핵으로 방어하여 평화를 지켜야 한다. 한반도 행복통일은 유엔의 안전보장 하에 통일을 성사시키는 과정이 가장 중요한 일이다.

우리의 통일은 국제적 시대 흐름은 물론, 세계의 등불 코리아의 시대정신을 살리는 아름다운 통일이 될 것이다. 특히, 북한 주민의 절대다수가 스스로 자유민주주의 체제의 통일을 원하도록 해야 우리는 평화통일을 주도할 수 있는 게임 체인저를 확보할 수 있다.

3. 한반도 고착 탈피로
글로벌 리더 국가 위상 확립

대한민국은 한반도에 고착된 마인드를 탈피하여 글로벌 리더국가로 자리매김해야 한다. 한반도는 대륙 세력과 해양 세력이 충돌하는 요충지임은 분명한 사실이다. 한국인의 의식을 지배해왔던 지정학적 숙명론에 따르면 외침에 시달리는 약소국의 피해의식을 고착화시키는 측면이 없지 않다.

아시아대륙의 극동부의 중앙에 위치한 한반도는 중국, 러시아, 일본의 팽창 세력이 선점하려는 대상이 되어왔다. 주변 강대국들 입장에서는 완충지역이면서 절대로 경쟁세력의 영향력 독점을 허용할 수 없기에 끊임없는 각축의 무대가 되어왔다.

글로벌리더십이란 글로벌 질서 구축 및 규범 확립에 있어 지도력을 발휘하는 과정에서 단순히 자국의 국익만을 추구하는 것이 아니라 '글로벌 공공재(공동선) 확충에 기여'하고, 또한 '모범사례Role Model로서 직간접적으로 다른 나라들의 정책에 영향력을 행사하는' 것으로 정의할 수 있다.[6]

대한민국은 반세기 만에 산업화와 민주화를 이루고 선진국 반열에 오른 국가다. 국력 신장과 국격 향상을 바탕으로 국제 역학관계의 변화를 적극 활용하여 경제, 정치, 사회, 문화 등 글로벌 무대의 다양한 분야에서 영향을 미치고 있으며, 개도국과 선진국을 아우르며 국제협력을 증진하고 있는 등 국

---

6. KDI. 『글로벌 리더십』. (2012)

익과 국제사회의 공동선을 동시에 추구하는 역량을 발휘하고 있다.

이제 대한민국은 국제사회가 갈망하는 희망 리더십을 갖춘 국가로서 책임 의식 아래 글로벌 무대에서 활약할 시기를 맞이하였다. 인류 행복 선도국으로서 신뢰를 얻고 국제사회의 평화와 번영 구현에 공헌하기 위한 역할을 모색해야 한다.

자유적 국제주의Liberal Internationalism를 지지하며 특정 의제에 초점을 맞춰 틈새외교Niche Diplomacy를 펼치는 중견 국가들과는 달리, 개도국과 선진국을 설득할 수 있는 비교우위를 가지고 있으므로 이를 적극 활용하여 국제사회에서 공정한 중재자 역할을 해야 한다.

군사·경제력 등 하드 파워Hard Power뿐만 아니라 정치·사회·문화 등 소프트 파워Soft Power도 함께 배양하여 균형 있는 리더십 자산을 확보해야 하며, 축적된 리더십 자산과 변화된 국제관계를 배경으로 한국이 글로벌리더십을 발휘할 수 있도록 역량을 결집해야 한다.

대한민국은 21세기 세계 경제 성장의 중심축이 될 아시아에서의 핵심적 지위를 바탕으로 글로벌 리더 국가 역할을 하고 있다. 따라서 개발협력, 녹색성장, 경제위기 예방 및 대응 등 비교우위가 있는 분야를 중심으로 의제 설정과 규범 확립에 기여하고, 공적개발원조와 평화유지활동을 통한 국제공헌도 확대하여 세계역사 글로벌리더십에 있어 효과적인 전략을 수립해야 한다.

먼저, 외교 분야에 있어는 '성숙한 세계국가'를 대외관계의 목표로 삼은 실용외교를 펼쳐야 한다. 미국과의 공고한 동맹을 바탕으로 신아시아 외교를 통해 아세안, 오세아니아, 서남아시아 등으로 지평을 넓혀 경제·외교적 측면세서 중요한 파트너로 삼아야 한다. 또한 세계적 열풍을 일으키고 있는 한류 문화를 활용한 문화외교에도 관심을 가져야 한다.

안보 분야는 국제사회의 공통 안보 위협인 북핵 문제를 평화적으로 해결하기 위한 고민과 함께 핵 테러·핵 안전·방사능 테러에 대응한 국제적 논의에 앞장서며, 국제 평화유지활동PKO을 선진국으로서의 도덕적 의무로 받아들이는 등 안보 분야에서 리더십을 발휘하여 국격을 높여야 한다.

경제·통상 분야에 있어서는 6·25전쟁을 겪으며 세계 최빈국이었던 우리나라가 선진국이 되기까지의 노하우 이른바 '고기 잡는 법'을 전 세계 개발도상국에 전수해야 한다. 한국은 IMF와 금융위기 등 우리의 글로벌 경제위기 극복에 그치지 않고 글로벌 경제위기의 예방과 대응을 위한 홍익인간 리더십으로 인류 공영에 이바지해야 한다.

이 밖에도 한국은 ODA(개발도상국에 대한 원조) 확대 등 개발·원조 분야에 있어 선진국으로서 역할을 다해야 하며, 녹색성장의 신념을 공유하는 국가, 기관, 오피니언 메이커들과 연합 등을 통한 녹색성장 국가전략에도 올바른 글로벌 리더십 발휘해야 한다.

이제 대한민국의 국력신장에 걸맞게 완전히 발상의 전환이 이루어져야 한다. 한반도는 대한민국이 G3 코리아로 전척해 나가기에 적합한 전략적 교두보로 탈바꿈해야 한다. 나아가 지구촌과 인류사회 전체에 자유, 민주, 평화, 행복을 지향하는 새로운 정신문화를 형성하는 글로벌 중추국가가 될 수 있다.[7]

대한민국은 선한 영향력을 행사하며, 국제사회의 평화 유지 및 협력 구축에 핵심적인 역할을 담당할 수 있다. 대내적으로는 국민 의지와 통합능력을 갖추고 반드시 국민적 합의를 이끌어 내야 하는 상황이다. 또한, 대외적으로는 주변강국과 긴밀한 협조 체계를 구축해야 한다.

일각에서는 중국경제가 2030년 전후, 미국 GDP를 추월할 것이라는 전망도 등장하지만 21세기 동안 미국의 총체적 국력을 따라잡기에는 역부족이다. 현실적으로 미국은 중국의 부상을 견제하며 강경한 대응 기조를 유지하

7. NEAR 재단 편저, 한국의 새길을 찾다, 한국의 새 길을 찾는 원로 그룹 지음, 청림출판, (2023년 1월).

고 있다. 경제·군사적으로는 물론, 외교적으로 주요 국가와 협조하여 중국을 포위하는 전략을 취하고 있다.

중국에 우호적인 국가는 러시아, 북한 등 몇 개국에 불과하다. 따라서 21세기 대한민국은 한미동맹의 굳건한 지조를 유지한 가운데 외교, 안보, 경제, 기후 문제를 통합 조율해 나가는 역량을 발휘해야 한다. 21세기에 반드시 성취해야할 한반도 평화 통일은 한미동맹을 중심으로 주변국들과의 원만한 관계가 필수적이다. 독일 통일처럼 미국이 한반도 통일에 적극 기여하도록 모든 정책과 전략을 동원해야 할 것이다.

대한민국은 국운 융성 시대를 맞이하고 있다. 개인의 운명이든, 나라의 운명이든 '물 들어올 때 배 띄워라'라는 말이 있듯이 나라의 운명도 국운융성기를 온 국민이 진인사대천명의 정신과 자세로 맞이하면 부강한 나라가 되고 국운을 흘려버리면 기회를 놓쳐 위기 지속의 악순환이 되는 것이다. 개인, 가정, 조직, 나라의 운명 모두가 내 탓으로 돌려야 한다.

즉, 모든 운명은 자신의 노력에 따라 결정되는 것이다. 우리나라가 맞이한 대외적 위기상황은 먼동이 트기 전의 어둠이라고 판단한다. 동트는 새벽이 바로 열릴 것이기 때문에 대한민국은 세계의 등불 코리아의 덕을 쌓아 용이 유덕승명有德勝命으로 승천하고 봉황새가 춤추는 용비봉무龍飛鳳舞 나라가 될 것이라 확신한다.

4. 북한 핵미사일 위협은 고립·파멸의 자충수

국방안보 역량이 약한 나라는 국제사회에서 영향력을 행사할 수 없고, 자국민을 보호하지 못한다. 북한은 핵·미사일 개발로 인해 국제사회로부터 강력한 제재를 당하고 있지만 '핵보유국 행세'를 하면서 김정은 체제 유지에 안간힘을 다하고 있다. 북한이 헌법에 '핵보유국'임과 함께 '핵무력 고도화'를 명기하고, 핵무기 포기 절대 거부를 UN에서 공언했다. 게다가 핵무력을 선제사용 할 수 있는 조건과 원칙을 법령화까지 했다.

한반도의 변화를 이끌 수 있는 주역은 한국과 미국이다. 북한 핵문제로 압축되는 지정학적 위험요소는 여전하다. 사실상 북한의 핵무장은 전직 대통령들의 전략 리더십과 혜안 부재로 인한 결과물이다. 노태우 대통령의 일방적인 한반도 비핵화 선언으로 인해 전술핵무기는 철수되었고, 김영삼 대통령은 북한이 핵폭탄을 제조하고 있는데도 무기수 간첩 이인모를 북송시켜 주었다.

또다시 "어느 동맹국도 민족보다 나을 수 없다."라는 시대착오적 망발을 하여 감상적 통일운동이 확산되고, 북한의 핵무기 제조를 막지 못했다. 또한, 김대중 대통령의 햇볕 정책, 노무현 대통령의 포용 정책 등은 남북한 관계를 일시적으로 호전시키는 듯한 '전략적 착시 현상'을 유발했고 북한으로 하여금 핵무기 완성에 필요한 시간과 자금을 제공해 주는 결과로 귀착되었다. 이명박, 박근혜 대통령의 대북 압박정책도 북한의 핵무장 완성을 저지하기는커녕, 핵무기 완성의 속도를 가중시키는 결과가 되었다.

오늘날 김정은 정권이 사실상의 핵보유국 행세를 하는 상황으로 악화된 것은 우리나라만의 잘못이나 전략적 패착은 아닐 것이다. 북핵문제 해결을 위한 6자회담 참여국 모두의 전략적 허점을 파고든 북한 정권의 집요함이 오늘의 상황에 이르게 한 것이다.

하지만 김정은 정권의 전략적 오판으로 인해 국제사회와 대립을 지속하면 국제사회로부터 고립이 심화되고 결국에는 체제붕괴의 도미노 현상에 휘말릴 것이다. 김정은이 핵무장을 완성했다고 호언장담하지만 핵 때문에 체제불안이 가중되는 딜레마에 빠질 개연성이 높다.

이런 와중에 북한의 김정은과 러시아의 푸틴 대통령은 2023년 9월 13일 북·러 정상회담을 러시아 보스토치니 우주기지에서 전격적으로 개최했다. 두 정상의 만남은 2019년 4월 블라디보스토크에서의 첫 정상회담 이후 4년 5개월 만이다. 푸틴이 북한의 인공위성 개발을 돕겠다는 의지를 공개적으로 표명한 수준에 한정되지 않았다.

우크라이나 전쟁 와중에 군사협력을 넘어 무기 거래가 현실로 다가오면서 한반도가 신냉전의 격랑 속으로 빠져드는 형국이다. 러시아 극동의 보스토니치 우주기지에서 회담이 열렸다는 사실을 주목해야 한다.

첨단 우주 기술과 재래식 무기의 성능 개량이 필요한 북한, 여기에 북한의 소모성 전쟁 물자가 필요한 러시아의 전략적 이해관계가 일치한 상황이라는 점은 과거의 정상회담과 결이 다르다. 러시아가 우크라이나와의 전쟁에 필요한 재래식 포탄을 지원받고, 러시아가 북한에게 대륙간탄도탄 탄두의 대기권 재진입 기술 등 첨단 군사기술을 넘긴다면 심각한 안보위협이 아닐 수 없다.

미 백악관은 2023년 9월부터 10월 사이에 북한이 러시아에 지원한 1,000개 분량의 컨테이너가 '탄약과 군사장비'라고 공개했다. 재래식 무기 지원은 김정은의 러시아 방문 직전이던 9월 7일부터 시작되었다. 한미 정보당국의 분석대로 북한이 재래식 무기와 탄약 지원의 대가로 러시아의 정찰위성 기술을 비롯한 첨단 기술을 제공 받을 것인지가 한미 양국의 민감한 이슈다.

하지만, 북한과 러시아의 군사적 밀착은 북한의 국제적 고립을 더욱 심화시키고 파멸의 길로 들어서는 자충수다. 두 불량 국가의 정상이 만난 것 자체를 문제 삼으려는 것은 아니다. 우크라이나와 전쟁 중인 러시아의 푸틴이 극동의 우주기지에서 김정은과 깜짝회동을 하는 수준에 멈추지 않고, 정상회담 이후 외무장관을 북한에 파견하여 마치 푸틴의 북한을 방문을 조율하는 듯한 후속조치를 통해 한미동맹을 향한 지렛대로 활용하려는 행보까지 식별된다. 북한과 러시아의 후속 행보 여하에 따라 국제사회로부터의 고립 심화와 제재 강화로 이어질 것이다. 특히 NATO 회원국은 우크라이나 전쟁에 더 적극적으로 개입하고, 동시에 북한을 압박·제재하는데 동참할 가능성도 커졌다.

북한이 사실상의 핵보유국 행세를 하고 각종 미사일에 전술핵무기 탑재가 가능하다고 호언장담한 가운데 러시아와 밀착하려는 행보는 "핵 무력 고도화를 위한 투쟁을 멈춤없이 영도해 새로운 승리를 쟁취했다."라는 김정은의 공개 메시지와 연관되어 있다.

김정은이 러시아에 베팅하는 것이 보여주기 행보에 그치지 않고 군사협력을 통해 핵미사일 분야의 기술적 진전이 이뤄질 개연성이 높다. 북한은 러시아를 뒷배로 7차 핵실험이나 군사정찰위성 3차 발사, 극초음속 미사일 등 유엔 결의를 노골적으로 위반하는 기습도발을 감행할 가능성이 크다.

핵미사일 개발의 진정한 목적은 체제 유지와 세습 독재체제의 공고화에 있다. 따라서 북한 주민들이 김정은 체제의 실체를 깨닫고 노골적으로 배척하는 수준에 도달하도록 외부사조를 북한사회에 투입하고 잘사는 한국의 모습을 통해서 북한 주민들의 마음을 사로잡아야 한다. 북한이 아무리 핵 무력을 고도화해도 김정은 체제의 종국적 운명은 경제난과 사상전쟁에서 결판난다.

북한이 2020년 12월 4일 제정한 "반동사상문화 배격법"은 김정은 체제가 주민들의 사상적 동요를 얼마나 두려워하는지를 상징적으로 보여준다. 북한처럼 폐쇄된 통제사회에서 사상적 동요가 발생하면 민생의 파탄으로 증폭된다. 따라서 대한민국은 사실상 문화·사상·정보 전쟁을 통해 '마음과 생각을 향한 치열한 전투'를 벌이고 있는 셈이다. 북한의 엘리트와 주민들이 자신들의 모든 불행의 근원이 김일성-김정일-김정은으로 이어지는 3대 세습독재와 핵무장에 있음을 깨우치게 되면 김정은 체제는 걷잡을 수 없는 파멸의 길로 들어서게 된다.[8]

김정은은 2023년 12월 30일 노동당 중앙위원회 제8기 제9차 전원회의에서 남북관계를 '동족관계'가 아닌 '적대적 두 국가 관계'로 규정하고 대한민국과의 통일은 성사될 수 없다는 입장을 밝혔다. 그는 "유사시 핵무력을 포함한 모든 물리적 수단과 역량을 동원하여 남조선 전 영토를 평정하기 위한 대사변준비에 계속 박차를 가해 나가야 하겠다."라고 말했다.

김정은이 남한과의 '통일 불가' 방침을 선언하자 주요 외신들도 북한의 기조 변화에 관심을 쏟아냈다. 영국 BBC 방송과 미국 CNN 방송은 과거 북한이 남한을 상대로 적대적인 발언을 이어 오긴 했으나, 이번처럼 '통일 불가'를 못 박은 건 극히 드물다고 평가하며 김정은의 발언 강도에 집중했다.

BBC는 "남북한 통일이 이뤄지리란 전망이 희박하긴 했으나 김 위원장이 이런 발언을 하면서 공식적인 정책 전환을 선언한 건 이번이 처음"이라고 지적했다. 특히 북한이 군사정찰위성 1호기를 발사하고 한국과 맺은 9·19 군사합의를 전면 파기한 점을 지적하며 "양국 관계가 좋지 않다."라고 짚었다.

북한 전문가인 동아시아국제관계EAIR 코커스의 후추핑 선임연구원은 "향후 한국 정부가 화해의 손길을 내밀더라도 북한은 격하게 거부할 것"이라며

---

8. 조선일보, 천영우 칼럼 "김정의 러시안 룰렛, 그 끝은 어디인가?", 2023년 10월 6일자.

"한반도에 중요한 전환점"이라고 평가했다.

한편, AP통신은 김 위원장의 핵무력 증강 선언이 2024년 11월 미국 차기 대선을 염두에 둔 발언일 수 있다고 해석했다. 2018년 정상회담을 가졌던 도널드 트럼프 전 미국 대통령이 내년 대선에서 재임에 성공할 경우, 미국의 대북 정책에 변화가 생길 수 있다는 계산 끝에 이 같은 발언을 했다고 분석하면서 "김 위원장은 차기 미국 대선을 앞두고 무기 실험을 강화할 것이며, 핵 역량을 강화함으로써 트럼프 전 대통령이 돌아 올 경우 제재 완화를 위한 미국과의 고위험 정상외교를 재차 시도할 여지가 있다."라고 전망했다.

통일연구원 홍민 선임연구위원은 "김정은이 남북 간 통일논의를 포기하고 외교관계가 없는 적대적 교전국가로 정리할 경우, 같은 민족에게 핵무기를 사용한다는 모순이 제거된다."라며 "결국 북한은 핵·미사일 고도화와 대남 실전화의 정당성을 확보하기 위해 '국가 대 국가' 구도를 설정한 측면이 있다."라고 분석했다.

북한의 조선중앙통신(2024년 1월 1일)에서는 김정은이 인민군 대연합부대장 등 주요 지휘관들을 격려하는 자리에서 "적들의 그 어떤 형태의 도발도 가차 없이 짓부셔 버려야 한다."라고 했다고 전하면서 한반도에 무력 충돌 위험이 현실로 다가오고 있으며 언제든 무력충돌이 생길 수 있다는 점을 기정사실화 했다고 보도했다.

이는 '우리 민족끼리'를 말하면서 민족을 공멸시킬 핵무기 개발에 몰두해 온 북한의 본심을 나타낸 것이다. '햇볕정책'에 대한 우리의 기대는 애초에 환상이었음을 자각해야 한다.

대한민국은 북한의 핵무력을 두려워할 필요가 없다. 굳건한 한미동맹을 바탕으로 국방태세에 추호의 빈틈이 발생하지 않도록 해야 한다. 나아가 국가안보 전략 차원에서 대한민국이 잠재적인 핵보유국이 될 수 있도록 한·미 원자력 협정 개정을 미국에 전향적으로 제안하고 긴밀하게 협의해야 한다.

5. 세계사 주역으로 우뚝 서는 대한국인(大韓國人)!

 'G3 코리아' 달성은 꿈이 아니라 현실이 된다. 대한민국이 경제적 풍요를 넘어 정신문화 리더국가로 웅비하는 것은 운명이다. 대한민국 운명을 개척해 온 국민이 '제2의 한강의 기적'을 반드시 성취할 것이다. 하지만 역사의 흐름을 방해하는 걸림돌이 물길을 가로막고 있다.

 필자가 '10대 악습'으로 집약한 한국의 고질적 폐단을 영웅적 국민들이 척결하여 '좌도 우도 아닌, 미래를 향해' 한국호가 전진하도록 거대한 물길을 만들어야 한다. 국내적으로 진보와 보수 갈등, 영호남 지역감정, 정파적 이해다툼으로 허송세월하는 구조부터 개혁해야 한다.

 필자는 절규하는 마음으로 '국가 대 개조'를 부르짖으며 '정신혁명, 교육혁명, 경제혁명, 튼튼한 안보'를 위한 추진전략과 실천과제를 제시했다. 대한민국의 영웅적 국민을 '대한국인大韓國人'으로 부르는 이유는 한반도에 고착된 마인드와 약소국 의식 및 패배주의부터 벗어나는 상징적 의미를 내포하고 있다.

 그리이스, 로마, 스페인 모두가 대륙에 접한 반도 국가였지만 약소국 운명에 머물지 않았다. 물론 수세기 동안의 영광이 지속되지 못했던 역사의 흥망성쇠 속에서 반면교사로 삼을 만한 교훈이 넘쳐난다.

 대한민국이 글로벌 리더국가로 도약하기 위해서는 국민과 정치지도자가 이심전심으로 역량을 결집해야 위기를 기회의 대전환시킬 수 있다. 필자가 체계화시킨 '이심전심 리더십'은 성숙한 국민의식과 역사의식을 바탕으로 시너지 효과를 창출한다. 국민이 성숙한 사회일수록 '지속 가능한 초일류 강국'으로 자리매김할 수 있다.

세계사의 주역으로 우뚝 서려면 대내적으로는 국민들이 올바른 인성과 도덕성으로 정신문화 강국을 만들고, 대외적으로는 국격을 갖춘 총체적 국력이 뒷받침 되어야 한다. 아무리 훌륭한 법과 제도를 만들어도 이를 지키지 못하면 국가의 기본이 흔들리게 된다.

경험의 함정에 빠져서 달라진 현실을 재단하거나 기존의 방식이 최상인 것처럼 오판하거나 이념의 잣대로 편 가르기를 해서는 안 된다. 대한민국이 나아가 방향은 좌도, 우도 아니다. 앞으로, 미래로 정진해야 한다. 또한 세계사의 흐름이 대한민국의 미래와 연동되어 있음을 직시해야 한다. 이미 시작된 코리아 르네상스가 21세기에 활짝 꽃피우게 하려면 국민이 나서서 걸림돌부터 제거해야 한다.

대한민국은 세계 10위권 국가 위상에 안주할 수 없다. 인류의 문제를 해결해 나가는 선도국가로 우뚝 서야 한다. 이러한 인식을 바탕으로 제시한 비전이 'G3 코리아 달성'이다. 위대한 우리 국민들이 앞장서서 만들어야 하는 비전이며 달성가능한 목표다.

대한민국이 세계사의 당당한 주역으로 우뚝 서는 것이 먼 미래의 소망이 아니다. 이미 한국인은 일본 강점기와 전쟁의 폐허로 허덕이던 나라에서 세계 10위권의 경제대국으로 일어섰다.

현재의 수준에 안주하지 않고 존경받는 초일류 강국이 되기 위해서는 무엇이 필요한가? 대한민국의 정체성에 대한 역사의식과 자긍심을 바탕으로 나라사랑 정신을 견지해야 한다. 이러한 관점에서 필자는 한민족의 중심가치를 형성하는 '홍익 정신' 속에 해답이 있다고 확신한다.

대한민국이 일제 강점기와 전쟁의 아픔을 딛고 '한강의 기적'을 만들어 낼 수 있었던 것도, '금 모으기'로 온 국민이 하나 되어 IMF 외환위기를 극복했던 저력도, 월드컵 때 전 세계를 감동하게 했던 붉은 악마의 하나 된 힘도, 바로 한민족의 유전자 속에 숨을 쉬고 있는 '홍익 정신'이 있었기 때문이다.

현대사에 발현된 '한강의 기적'에는 1960년대에 서독에 파견된 광부와 간호사의 눈물겨운 삶도 밑거름이 되었다. 약 2만 명의 광부와 간호사들이 보내온 외화를 종잣돈 삼아 대한민국은 한강의 기적을 이뤘다. 월남 파병에서 목숨을 바친 국군장병들의 위국헌신도 잊어서는 안 된다. 이러한 눈물과 헌신이 밑거름되어 우리나라는 한반도 역사 대전환의 위치까지 올라섰다.

이제 대한민국이 21세기 주역으로 우뚝서기 위한 용틀임이 일어나는 대전환기를 맞이했다. 그런데도 우리나라 세계사의 운명사적 변화에 둔감하여 위대한 시대 흐름을 방해하거나 비관하며 내부 갈등과 권력다툼에 휘말리는 현상도 공존하고 있다.

역사적으로 통찰해보면, 인류의 4대 문명보다 먼저 홍익 문명을 태동시킨 우리 민족이 초일류 강국 G3 코리아 건설을 꿈꾸고 실현하는 것은 자연스러운 재부흥(르네상스)이며 너무나도 당연하다.

결론적으로 한국호는 '좌도 우도 아니라 앞으로, 미래로!' 항행해야 한다. 이는 국민과 역사의 준엄한 명령이다. 이러한 소명을 깨닫는 것이 진정한 역사의식이요 애국애족의 정신이다.

필자가 줄기차게 절규하는 심정으로 강조해 왔던 '국가 대 개조―국부론'이나 '21세기 초일류 강국 혁명'의 최종적 지향점은 국민이 행복하고 세계 평화와 번영에 기여하는 대한민국으로 우뚝 서는 것이다. 21세기 세계사의 주역으로 우뚝 서는 대한국인大韓國人이 진정한 영웅이다.

대한민국의 운명을 바꾸는 주역은 국민이요, 국민이 영웅이다. 이러한 확신은 운명 개척론의 관점에서 세계역사 리더십을 통찰한 결과를 대한민국의 미래와 연동하여 얻은 결론이다. 구체적으로 세계역사 리더십과 국민 리더십 문화 운동이 'G3 코리아' 비전과 실천 전략으로 연결된다.

우리 국민은 시대정신의 소명 앞에서 결코 주저하거나 머뭇거리지 않을 것으로 확신한다. 홍익인간의 정신과 문화를 세계에 전파하고, 인류평화와 발전에 기여할 것이다. 국민이 환호하고 감동하는 국운융성 시대는 지속 가능한 경제 성장, 사회적 포용, 혁신적 기술 발전 등의 성과를 달성한 결과물이다. 그러나 이러한 성과와 함께 극복해야 할 과제들을 인식하고 그에 대한 방향을 올바로 설정하여 과감하게 고정관념에서 탈피해야 한다.

'세계의 등불, G3 코리아'의 위업은 '나라사랑·역사사랑·국민리더십'이 삼위일체가 되어 성취되는 것이다.

맺음말

위대한 대한국인의 정신과 혼은 자신을 바로 알고 올바른 가치관으로 민족과 국가 그리고 세계평화와 문명발전에 기여하는 것입니다. 이를 위해 21세기 코리아 르네상스 시대를 맞아, 세계의 등불 G3 코리아로 힘차게 도약하길 간절히 기도하는 마음에서 책을 출간하였음을 감히 고백합니다.

이러한 간절함으로 펴낸 『세계운명과 대한민국 미래』는 세계역사 리더십의 관점에서 교훈을 도출하여 대한민국 미래 비전을 'G3 코리아'로 제시한 책입니다.

필자는 위국헌신의 나라사랑 정신을 바탕으로 세계역사를 통시적으로 고찰하며 영웅적 국민의 시대적 소명을 고뇌해 왔습니다.

이러한 고뇌와 숙성의 과정을 거쳐서 거대한 담론을 책의 제목으로 삼을 정도로 "나의 조국을 위해 평생의 경험과 고뇌, 영혼까지 담아서 마지막 책을 쓰겠다."라는 결의를 함축하고 있습니다.

일찍이 영국의 재상 윈스턴 처칠이 설파한 "현재가 과거와 싸우도록 내버려 두면, 잃는 것은 미래다."라는 경구를 가슴 깊이 새기며 후손에게 물려줄 대한민국의 미래 청사진을 구체적으로 제시했습니다.

"대한 국민에게 외친다!"라는 심정으로 이 책이 담아내려 한 핵심적인 메시지를 네 가지로 정리해 드립니다.

첫째, 대한민국의 영웅적 국민은 위기를 기회로 대전환하여 코리아 르네상스 시대가 이미 개막했고, 21세기에는 'G3 코리아'로 도약할 것입니다. 위기를 기회로 전환해온 영웅적 국민들이 G3 코리아 성취는 기필코 성취할 것으로 확신합니다.

둘째, '과거–현재–미래'를 통시적으로 고찰하여 얻은 역사리더십의 교훈은 세계 운명과 대한민국 미래가 연동되어 있다는 사실입니다. 영웅적 국민이 한반도 역사 대전환을 이끌어 나가려면 코리아 르네상스 걸림돌(10대 악습)은 과감하게 제거해야 합니다.

전체를 보지 못한 채 자신의 가치나 지식, 기준, 잣대가 세상의 전부인 양 집착하고 재단하는 데서 불화와 비극이 비롯됩니다.

셋째, 대한민국의 운명은 경제적 풍요를 넘어 정신문화 리더국가로 웅비하는 것입니다. 이를 위해 한미동맹을 기초로 한 튼튼한 안보와 정신·교육·경제혁명이 삼위일체가 되어 초일류 강국을 향한 국가 대 개조가 필수적입니다.

이를 통해 '좌도, 우도 아닌 미래로' 나아가도록 국민을 통합하는 리더십을 발휘해야 '제2의 한강의 기적'을 후손들에게 자랑스럽게 물려 줄 수 있습니다.

인간 세상은 수많은 양극단의 상대모순이 대립하고 투쟁하는 세계입니다. 좌우가 상극처럼 대치하는 양극단을 과감하게 떨쳐버리고 대한민국의 미래와 후손을 위해 대승적으로 융합해야 합니다.

넷째, 필자는 "한국인은 누구인가?"라는 본질적 명제로 회귀하며 '나라사랑·역사사랑·국민리더십'의 가치를 재발견하게 됩니다.

앞으로 한국호가 나아가며 직면할 도전과 위기가 만만치 않을 것입니다. 하지만 한반도 역사의 대전환이 일어나는 코리아 르네상스가 활짝 꽃피우는 것은 영웅적 국민이 선택하고 개척한 운명이고 세계역사에 우뚝 서는 대한민국이 될 것입니다.

이 책을 쓰면서 우리 민족은 국력이 약해 상처받는 역사를 이어 왔다는 자괴감을 지울 수 없었습니다. 최근 북핵 위협 증가를 비롯하여 경제침체, 노블레스 오블리주 실종 등으로 국민들은 여전히 힘들어 하고 있습니다. 할 일이 산더미인데도 국가 리더들은 진영 싸움에 매몰되어 국민과 국론을 분열시키고 있는 참담한 상황입니다.

필자는 이 책에서 대한국인의 위대한 능력을 결집하여 '콘셉트에 의한 사고conceptual thinking'로, '국가 대 개조 – 초일류 선진 통일강국'이라는 각각의 개념에서 나아가 '21세기형 대한국인 선진화 혁명'을 통한 '국가 대 개조 – 세계의 등불, G3 코리아'라는 종합적 개념을 만들어 내고자 했습니다. 그리고 국민이 행복한 나라, 어느 나라도 우리 조국을 얕보지 못하는 강한 나라를 만들고 싶은 간절한 염원을 켜켜이 담았습니다.

결론적으로 한민족은 홍익문명을 태동시킨 정신문화 강국의 DNA를 가진 위대한 민족입니다. 21세기에 'G3 코리아'를 달성하는 비전은 꿈이 아니라 현실이 됩니다. 이를 위해서는 한반도에 고착된 마인드를 탈피하여 세계 경영의 관점을 가져야 합니다. 미국과 중국이 벌이는 패권경쟁에 휘둘리며 전략적 균형론에 매달리는 나라가 되어서는 안 됩니다.

영국 킹스칼리지런던KCL 국제관계학 교수인 '라몬 파체코 파르도' 박사가 펴낸 책의 제목『새우에서 고래로 : 잊힌 전쟁에서 K팝까지의 한국: Shrimp to Whale: South Korea from the Forgotten War to K-Pop』이 필자의 심경을 상징적으로 대변해 줍니다. "한국은 더 이상 고래 싸움에 등 터지는 새우가 아니다. 싸움의 승패를 가르는 역할을 할 제3의 고래가 됐다."라는 언론의 메시지가 가슴에 확 다가옵니다. 파르도의 책 말미엔 "한 가지 분명한 것이 있다."라고 썼습니다. "밝은 미래가 한국을 기다리고 있다. 한국은 이미 제자리를 찾았고, 앞으로도 계속해서 그 자리를 다져나갈 것이다."라고 결론지었습니다. 이것이 대한민국의 자화상인 동시에 미래 청사진입니다. 아이러니하게도 우리 국민 스스로 달라진 국격과 위상을 잘 모르거나 인정하지 않아서 안타까운 마음입니다.

대한민국이 21세기 주역으로 우뚝 서기 위한 용틀임은 시작되었습니다. 이 책의 독자 여러분께서도 큰 흐름에 공감하시리라 믿습니다. 『G3로! 세계 운명과 대한민국 미래』에 담아낸 21세기 조국의 미래에 대한 희망찬 비전에 대해 국민적 공감으로 확산되기를 소망합니다.

개인적으로 후손들에게 '위국헌신의 일념으로 대한민국 미래를 위해 열정을 바친 최익용'으로 기억되길 바랄 뿐입니다. 대한민국은 세계의 정신문화를 이끌어가는 'G3 코리아'로 우뚝 서게 될 것입니다.

위대한 과업을 성취할 국민이 영웅입니다!

영웅적 국민—당신이 대한민국 미래의 주역입니다!

참고문헌

국내문헌(저서/편서)

- LG경제연구원, 『2010 대한민국 트렌드』, 한국경제신문, 2005
- KBS 공부하는 인간 제작팀, 『공부하는 인간』, 예담, 2013
- 강윤철, 『한 번뿐인 인생 큰 뜻을 세워라』, 휘닉스, 2011
- 강헌구, 『아들아, 머뭇거리기에는 인생이 너무 짧다: 1 비전편』, 한언, 2000
- 가재산 · 김기진, 『왜 지금 한국인가』, 글로벌콘텐츠, 2022
- 고동영, 『단군조선 47대』, 한뿌리, 1986
- 공병호, 『10년의 선택』, 21세기북스, 2007
- 권기경 외 2인, 『임금의 하늘은 백성이고 백성의 하늘은 밥이다』, 한솔수북, 2009
- 권이종, 『청소년교육개론』, 교육과학사, 2000
- 권영근, 『한반도와 강대국의 국제정치』, 행복에너지, 2021
- 국회미래연구원, 『2050년 대한민국 미래전망과 대응전략』, 2022
- 김명훈, 『리더십의 이론과 실제』, 대왕사, 1992
- 김보람, 석사학위논문, 『유아를 위한 기독교 성품교육 연구』, 장로신대대학원, 2010
- 김보성, 『참된 깨달음』, 태웅출판사, 1994
- 김상일, 『한사상』, 상생출판, 2014
- 김성홍 · 우인호, 『삼성 초고속 성장의 원동력』, 김영사, 2003
- 김양호, 『성공하는 비결은 엉뚱한 데 있다』, 비전코리아, 2004
- 김영민, 『리더십 특강』, 새로운 제안, 2008
- 김영한, 『삼성사장학』, 청년정신, 2004
- 김재웅, 『제갈공명의 도덕성 우선의 리더십』, 창작시대, 2002
- 김종권, 『명가의 가훈』, 가정문고사, 1982
- 김종두, 『군 장병의 효심과 복무자세 간 관계에 관한 연구』, 영남대 석사학위논문, 1996
- 김종의, 『마음으로 읽는 동양의 정신세계』, 신지서원, 2000
- 김중근, 『난 사람, 든 사람보다 된 사람』, 북포스, 2015
- 김현오, 『현대인의 인성』, 홍익재, 1990
- 김 헌, 『인문학의 뿌리를 읽다』, 이와우, 2016
- 김휘경, 『팀장 수업』, 랜덤하우스코리아, 2008
- 노무현, 『노무현이 만난 링컨』, 학고재, 2001
- 문국인, 『반 고흐 죽음의 비밀』, 예담출판, 2003
- 박성희, 『공감학』, 학지사, 2004
- 박세당, 『새하늘 이야기』, 삼육오, 2016

- 박연호 · 이상국, 『현대 행정 관리론』, 박영사, 2005
- 박영규, 『조선왕조실록』, 들녘, 2003
- 박원순, 『내 목은 매우 짧으니 조심해서 자르게』, 한겨레, 2005
- 박장현 편역, 『독일통일, 한국의 모델인가?』(문원출판, 1999)
- 박정규, 『IQ포럼』 보성, 2000
- 박제윤, 『철학의 나무』, 함께북스, 2006
- 박종연 · 이보연, 『지식의 힘』, 삼진기획, 2005
- 박종학, 목포대 박사학위 논문, 「지역관광 활성화를 위한 케이블카 사업에 관한 연구」, 2016.
- 박희권, 『문화적 혼혈인가』, TB, 2010
- 배병삼, 『논어, 사남의 길을 열다』, 사계절출판사, 2005
- 백기복, 『이슈 리더십』, 창민사, 2005
- 백지연, 『자기설득파워』, 랜덤하우스중앙, 2005
- 베르너 바이덴펠트외 1명, 임종헌외 4명 역, 『독일 통일 백서』(한겨레 신문사, 1999)
- 불학연구소 편저, 『간화선』, 불학연구소, 2005
- 손기원, 『정신혁명, 행복 방정식이 바뀐다』, 경영베스트, 2003
- 신응섭 외 5인, 『리더십의 이론과 실제』, 학지사, 1999
- 안병욱, 『인생론』, 철학과현실사, 1993
- 안성호 외 12인, 『지역사회 정체성과 사회자본』, 다운샘, 2004
- 안외순, 『논어』, 타임기획, 2005
- 오윤진, 『신고리더십론』, 일선, 1994
- 오인환, 『조선왕조에서 배우는 위기관리 리더십』, 열린책들, 2003
- 우현민 편, 『논어』, 한국교육출판공사, 1984
- 유광남, 『사야가 김충선』, 스타북스, 2012
- 웨이슈밍 지음, 『하버드 새벽 4시 반』, 이정은 역. (라이스메이커, 2015)
- 이기석, 『명심보감』, 홍신문화사, 1990
- 이남철, 『인성과 예절상식』, 대보사, 2014
- 이병도, 『정주영 신화는 계속된다』, 찬섬, 2003
- 이상수, 『운명 앞에서 주역을 읽다』, 웅진, 2014
- 이선호, 『이순신의 리더십』, 팔복원, 2011
- 이성형, 『라틴 아메리카 영원한 위기』, 역사비평사, 1998
- 이수광, 『한강이 말걸다』, 서울특별시, 2014
- 이승주, 『전략적 리더십』, 시그마인사이트컴, 2005
- 이승헌, 『한국인에게 고함』, 한문화멀티미디어, 2002
- 이어령, 『젊음의 탄생』, 생각의 나무, 2008
- 이어령, 『말』, 문학세계사, 1990
- 이어령, 『생명이 자본이다』, 미로니에북스, 2013

- 이영직, 『란체스터 경영전략』, 청년정신, 2004
- 이원설 외, 『아들아 머뭇거리기에는 인생이 너무 짧다』, 한언, 2004
- 이종선, 『달란트 이야기』, 토네이도, 2006
- 이종주, 『사람을 읽으면 인생이 즐겁다』, 스마트비즈니스, 2005
- 이준형, 『리더십 먼저 민주주의 나중에』, 인간사랑, 2004
- 이한우, 『세종, 그가 바로 조선이다』, 동방미디어, 2003
- 임원빈, 『살고자 하면 죽으리라』, 순천향대학교출판부, 2012
- 정다운, 『사람은 사람일 때 행복하다』, 위스덤교육포럼, 2011
- 정   민, 『미쳐야 미친다』, 푸른역사, 2004
- 정약용, 『목민심서』, 다산연구회 역, 창작과비평사, 1993
- 정여울, 『공부할 권리』, 민음사, 2016
- 정영국, 『정치 변동과 정치과정』, 백선사단, 2003
- 제장명, 『이순신 파워인맥』, 행복한 나무, 2008
- 제정관, 『리더십 포커스』, 교보문고, 2006
- 조경제, 『21세기 세계 웅비를 향한 한민족의 나침반』, 다물, 1997
- 조성용 편, 『명장일화』, 병학사, 2001
- 조지훈, 『지조론』, 나남, 1996
- 주희, 박성규 편, 『대학』(해제), 서울대학교 철학사상연구소, 2004
- 차상원 편, 『대학/중용』, 한국교육출판공사, 1984
- 차평일, 『명심보감』, 동해출판, 2008
- 최규성, 『한국의 역사』, 고려원, 1995
- 최문형, 『유럽이란 무엇인가』, 지식산업사, 2009
- 최윤식, 『미래학자의 통찰법』, 김영사, 2014
- 최익용, 『리더다운 리더가 되는 길』, 다다아트, 2004
- 최익용, 『리더십이란 무엇인가』, 스마트비즈니스, 2008
- 최익용, 『대한민국 5천 년 역사리더십을 말한다』, 옥당, 2014,
- 최익용, 『이것이 인성이다』, 행복에너지, 2016
- 최익용, 『대한민국 운명』, 행복에너지, 2021
- 최진석, 『인간이 그리는 무늬』, 소나무, 2014,
- 한국공자학회 편, 『김경탁 선생의 생성철학』, 한울, 2007
- 한국교육학회, 『인성교육』, 문음사, 1998
- 한영우, 『한국 선비 지성사』, 지식산업사, 2010
- 한우리독서문화운동본부 교재집필연구회, 『독서교육론 독서지도방법론』, 위즈덤북, 2010
- 함규진, 『역사를 바꾼 운명적 만남』, 미래인, 2010
- 함진주, 『아시아속의 싱가폴 세계속의 싱가폴』, 세진사, 2000
- 홍익인간 이념 보급회, 『홍익학술총서』, 나무, 1988

- 홍일식, 『한국인에게 무엇이 있는가』, 정신세계사, 1996
- 홍창성, 『무아, 그런 나는 없다』 김영사, 2023
- 홍하상, 『이병철 vs 정주영』, 한국경제신문, 2001
- 황헌식, 『신지조론』, 사람과 사람, 1998
- tvN 제작팀, 『벌거벗은 세계사』, 교보문고, 2022.

외국문헌(번역서)

- 다니엘 골먼 외 2인, 정석훈 역, 『감성의 리더십』, 청림출판사, 2004.
- 다치바나 다카시, 태선주 역, 『21세기 지(知)의 도전』, 청림미디어, 2003
- 달라이 라마, 류시화 역 『달라이 라마의 행복론』, 김영사, 2001
- 렁천진, 김태성 역, 『유가 인간학』, 21세기북스, 2008
- 레이 클라인, 김용석 역, 『국방분석론』, 국방대학원, 1981
- 루스 실로, 『한국여성교육진흥회편; 유태인의 천재교육』, 문맥관, 1981
- 리차드 니스벳, 최인철 역, 『생각의 지도』, 김영사, 2004
- 리차드 바크, 공경희 역, 『갈매기의 꿈』, 현문출판사, 2014
- 마리사 피어, 이수경 역, 『나는 오늘도 나를 응원한다』, 비즈니스북스, 2011
- 마이크 샌델, 김명철 역, 『정의란 무엇인가』, 미래앤, 2014
- 마이 클린버그, 유혜경 역, 『너만의 명작을 그려라』, 한언, 2003
- 마하트마 간디, 박홍규 역, 『간디 자서전』, 문예출판사, 2007
- 샤론 모알렘, 정경 역, 『유전자, 당신이 결정한다』, 김영사, 2015
- 스티븐 코비, 김경섭 역, 『성공하는 사람들의 8번째 습관』, 김영사, 2005
- 아마르티아 센, 이상환 역, 『정체성과 폭력』, 바이북스, 2009
- 윌리엄 제임스, 정양은 역, 『심리학의 원리』, 아카넷, 2005.
- 워렌 베니스, 김원석 역, 『워렌 베니스의 리더십 기술』, 좋은책만들기, 2003
- 오 쇼, 서미영 역 『운명이란 무엇인가』, 젠토피아, 2016
- 웨인 다이어, 신종윤 역, 『서양이 동양에게 삶을 묻다』, 나무생각, 2010
- 윌 듀런트, 황문수 역, 『철학이야기2』, 한림미디어, 1996
- 조나단 와이트, 안진환 역, 『애덤 스미스 구하기』, 생각의 나무, 2007
- 존 템플턴, 남문희 역, 『열정』, 거름출판사, 2002
- 천웨이핑, 신창호 역, 『공자 평전』, 미다스북스, 2002
- 대니얼 길버트, 최인철 역, 『행복에 걸려 비틀거리다』, 김영사, 2006
- 데이비드 네이더트, 정해영 역, 『리더십의 사계절』, 비즈&북, 2006
- 데이비드 호킨스, 박윤정 역, 『치유와 회복』, 판미동, 2016
- 데일 카네기, 최염순 역, 『카네기 인간관계론』, 씨앗을뿌리는사람, 2004

- 딘 토즈볼드 외, 조민호 역, 『리더십의 심리학』, 가산출판사, 2007
- 램 차란, 김상욱 역, 『노하우로 승리하라』, 김영사, 2007
- 레리 보시드 외, 김광수 역, 『실행에 집중하라』, 21세기북스, 2004
- 로버트 그린 외, 정영목 역, 『권력의 법칙』, 까치, 2007
- 로버트 피셔, 박종평 역, 『마음의 녹슨 갑옷』, 골든에이지, 2008
- 로버트 E.켈리, 김영민 역, 『새로운 노동력의 동력화』, 을유문화사, 1992
- 로이 J. 레위키 외, 김성형 역, 『최고의 협상』, 스마트비즈니스, 2005
- 리처드 D 루이스, 박미준 역, 『미래는 핀란드』, 살림, 2008
- 마고트 레셔, 박만엽 역, 『공감연습』, 자유사상사, 1994
- 마이클 린버그, 유혜경 역, 『너만의 명작을 그려라』, 한언, 2002
- 마틴 메이어, 조재현 역, 『교육전쟁, 한국 교육을 말하다』, 글로세움, 2010
- 막스 갈로, 임헌 역, 『나폴레옹』, 문학동네, 2003
- 모리아 히로시, 박화 역, 『중국 3천 년의 인간력』, 청년정신, 2004
- 목포대 대학원 박종학 2016년 박사논문, 「지역관광 활성화를 위한 케이블카 사업에 관한 연구」
- 쿠하라 마시히로, 김정환 역, 『하버드의 생각수업』, 엔트리, 2014
- 미하이 칙센트미하이, 이희재 역, 『몰입의 즐거움』, 해냄, 2007
- 베라 홀라이터, 김진아 역, 『서울의 잠 못 이루는 밤』, 문학세계사, 2009
- 슬라보예 지젝 외, 이운경 역, 『매트릭스로 철학하기』, 한문화멀티미디어, 2003
- 시오노 나나미, 한성례 역, 『또 하나의 로마인 이야기』, 부엔리브로, 2007
- 아우구스티누스, 최민순 역, 『아우구티누스 고백록』, 바오르딸, 2007
- 앤드루 카네기, 박상은 역, 『성공한 CEO에서 위대한 인간으로』, 21세기북스, 2005
- 앤드류 로버츠, 이은정 역, 『CEO 히틀러와 처칠 리더십의 비밀』, 휴먼북스, 2003
- 앤드슨 에릭슨, 『케임브리지 편람』, 2006
- 앨빈 토플러, 유재천 역, 『제3의 물결』, 학원사, 1992
- 에드워드 윌슨, 최재천 역, 『통섭』, 사이언스북스, 2005
- 여명협, 신원봉 역, 『제갈량 평전』, 지훈, 2007
- 워렌 베니스 외, 『워렌 베니스의 리더와 리더십』, 황금부엉이, 2005
- 워렌 베니스, 김원석 역, 『워렌 베니스의 리더십 기술』, 좋은책 만들기, 2003
- 자넷 로우, 신리나 역, 『신화가 된 여자 오프라 윈프리』, 청년정신, 2002
- 제인 넬슨, 조형숙 역, 『넘치게 사랑하고 부족하게 키워라』, 프리미엄북스, 2001
- 제임스 노엘 외, 한근태 역, 『리더십 파이프라인』, 미래의 창, 2008
- 제임스 흄스, 이채진 역, 『링컨처럼 서서 처칠처럼 말하라』, 시아, 2003
- 제임스 쿠제스 외, 김원석 · 함규진 역, 『리더십 챌린지』, 물푸레, 2004
- 조정원, 『대학이 미래의 펀드다』, 룩스문디, 2008
- 조지 베일런트, 이덕남 역, 『행복의 조건』, 프런티어, 2009
- 존 나이스비트 외, 김홍기 역, 『메가트랜드』, 한국경제신문사, 2009

- 존 로크, 박혜원 역, 『교육론』, 비봉, 2014
- 존 맥스웰, 강준민 역, 『리더십의 법칙』, 비전과 리더십, 2003
- 존 클레먼스 외, 이용일 역, 『위대한 리더십』, 현대미디어, 2000
- 중국사학회, 강영매 역, 『초각박안경기』, 범우사, 2007
- 증선지, 『십팔사략』, 동서문화사, 2009
- 지그 지글러, 성공가이드센터 역, 『정상에서 만납시다』, 산수야, 2005
- 크리스토퍼 핫지키슨, 안성호 역, 『리더십 철학』, 대양문화사, 1990
- 키스 소여, 이호준 역, 『그룹 지니어스』, 북섬, 2008
- 데이비드 레이놀즈, 이종인 역, 『정상회담』, 책과함께, 2009
- 토마스 크레인, 김환영 역, 『코칭의 핵심』, 예토, 2008
- 톨스토이, 유명우 역, 『톨스토이 인생론─인생을 어떻게 살 것인가』, 아이템북스, 2010
- 톰 모리스, 성시중 역, 『성공하려면 하고 싶은 대로 해라』, 한국 언론자료간행회, 1995
- 프란스 요한스, 김종식 역, 『메디치 효과』, 세종서적, 2005
- 피터 센게 외, 박광량 역, 『학습조직의 5가지 수련』, 21세기북스, 1996
- 한비자, 신동준 역, 『한비자』, 학오재, 2015
- 허브 코헨, 강문희 역, 『협상의 법칙』, 청년정신, 2004
- 호사카 유지, 『조선 선비와 일본 사무라이』, 김영사, 2007
- 황견, 장세후 역, 『고문진보』, 을유문화사, 2007

인터넷 자료

- 신문자료: 조선일보, 중앙일보, 동아일보, 한겨레신문, 부산일보, 국제신문, 한국경제신문, 매일경제신문, 전자신문 등 다수
- 인터넷 검색자료 및 AI 답변 자료 등
- 정주영 회장의 어록 16가지(https://m.post.naver.com/viewer/postView.nhn?volumeNo=3543043) (검색일, 2023년 9월 20일).
- 한국국방연구원, 세계분쟁 데이터베이스, "이스라엘─팔레스타인 분쟁" (kida.re.kr/frt/contents/frtContents.do?sidx=2262&depth=3) (검색일, 2023년 10월 16일).
- 허구생, "엘리자베스 초상화의 비밀", 네이버 블로그 자료 m.blog.naver.com/PostView.naver?isHttpsRedirect=true&blogId=hanulnew&logNo=220413771852, (검색일, 2023년 9월 20일).

하루 5분 나를 바꾸는 긍정훈련

행복에너지

'긍정훈련'당신의 삶을
행복으로 인도할
최고의, 최후의'멘토'

'행복에너지
권선복 대표이사'가 전하는
행복과 긍정의 에너지,
그 삶의 이야기!

인터파크
자기계발 분야 주간
베스트 1위

권선복 지음 | 15,000원

권선복

도서출판 행복에너지 대표
지에스데이타(주) 대표이사
대통령직속 지역발전위원회
문화복지 전문위원
새마을문고 서울시 강서구 회장
전) 팔팔컴퓨터 전산학원장
전) 강서구의회(도시건설위원장)
아주대학교 공공정책대학원 졸업
충남 논산 출생

책『하루 5분, 나를 바꾸는 긍정훈련 - 행복에너지』는 '긍정훈련' 과정을 통해 삶을 업그레이드하고 행복을 찾아 나설 것을 독자에게 독려한다.

긍정훈련 과정은 [예행연습] [워밍업] [실전] [강화] [숨고르기] [마무리] 등 총 6단계로 나뉘어 각 단계별 사례를 바탕으로 독자 스스로가 느끼고 배운 것을 직접 실천할 수 있게 하는 데 그 목적을 두고 있다.

그동안 우리가 숱하게 '긍정하는 방법'에 대해 배워왔으면서도 정작 삶에 적용시키지 못했던 것은, 머리로만 이해하고 실천으로는 옮기지 않았기 때문이다. 이제 삶을 행복하고 아름답게 가꿀 긍정과의 여정, 그 시작을 책과 함께해 보자.

『하루 5분, 나를 바꾸는 긍정훈련 - 행복에너지』